구약주석
여호수아·사사기·룻기
에스라·느헤미야·에스더

A Commentary on THE BOOK of JOSHUA,
THE BOOK of JUDGES, THE BOOK of RUTH
THE BOOK of EZRA, THE BOOK of NEHEMIAH,
THE BOOK of ESTHER

구약주석
여호수아·사사기·룻기
에스라·느헤미야·에스더

초판 1쇄
여호수아·사사기·룻기　　1971년 5월 10일
에스라·느헤미야·에스더　　1979년 9월 20일

개역개정판　2025년 9월 30일

지은이　　박윤선
펴낸곳　　도서출판 영음사
주　소　　서울특별시 강남구 광평로 56길 8-13, 1406호
전　화　　02-3412-0901
팩　스　　02-3412-1409
이메일　　biblecomen@daum.net
등　록　　2008년 4월 21일 제2021-000311호

디자인　　디자인집(02-521-1474)

ISBN 978-89-7304-201-2(03230)

※ 신저작권법에 의하여 보호받는 저작물이므로 무단 전재와 무단 복제를 금합니다.
※ 책 값은 뒷표지에 있습니다.
※ 잘못된 책은 구입처에서 교환하여 드립니다.

박윤선 성경주석
개역개정판

구약주석
여호수아 · 사사기 · 룻기
에스라 · 느헤미야 · 에스더

A Commentary on THE BOOK of JOSHUA,
THE BOOK of JUDGES, THE BOOK of RUTH
THE BOOK of EZRA, THE BOOK of NEHEMIAH,
THE BOOK of ESTHER

박윤선 지음

도서출판 **영음사**

여호수아·사사기·룻기
에스라·느헤미야·에스더 주석
총 목차

여호수아·사사기·룻기 주석

머리말   17

여호수아 주석

서론
    Ⅰ. 여호수아서 저자   23
    Ⅱ. 여호수아서 저작 시기   24
    Ⅲ. 여호수아서에 관한 고등비평 학설 비판   24
    Ⅳ. 여호수아서의 목적   26
    Ⅴ. 여호수아서 내용 분해   27

해석
    제1장   31
    제2장   36
    제3장   42
    제4장   51

제5장	56
제6장	63
제7장	71
제8장	77
제9장	84
제10장	90
제11장	99
제12장	106
제13장	114
제14장	123
제15장	128
제16장	140
제17장	144
제18장	148
제19장	154
제20장	165
제21장	170
제22장	177
제23장	183
제24장	188

설교

설교 평생 처음 가는 길(3:1-6)	44
설교 이스라엘이 요단강을 건넌 사건과 우리의 죽음(3:14-17)	48
설교 제사장들의 순종(3:14-17)	49
설교 태양아 머무르라(10:12-14)	93

| 참고서적 | 29 |

사사기 주석

서론
Ⅰ. 사사기 저자	199
Ⅱ. 사사기에 대한 고등비평 학설 비판	199
Ⅲ. 사사기 내용 분해	200

해석
제1장	202
제2장	212
제3장	222
제4장	232
제5장	239
제6장	248
제7장	260
제8장	271
제9장	281
제10장	290
제11장	295
제12장	302
제13장	307
제14장	314
제15장	324

제16장	329
제17장	336
제18장	341
제19장	349
제20장	354
제21장	361

설교

설교 영적인 승리의 비결(7:1-8)	263
설교 기드온 군대의 승전에서 배울 수 있는 믿음(7:9-23)	267
설교 피곤하나 따르라(8:4-12)	273
설교 하나님의 구원 운동에 협력하지 않는 자의 죄(8:5-17)	275
설교 두 종류의 나무(9:7-15)	283
설교 꿀이 가득한 손(14:1-9)	316

룻기 주석

서론

I. 룻기 저작자와 저작 시기	369
II. 룻기의 목적	370
III. 룻기의 역사성	371
IV. 룻기 내용 분해	371

해석
- 제1장   373
- 제2장   382
- 제3장   390
- 제4장   395

설교
- **설교**_ 룻의 믿음(1:15-18)   379

에스라·느헤미야·에스더 주석

머리말   403

총서론
- I. 유대인 귀환과 그 지도자들   407
- II. 유대인 귀환과 예루살렘 복구 일람   409
- III. 앗수르 영토에서 다스린 왕들   410
- IV. 메대 페르시아의 역사   410

에스라 주석

서론
　I. 에스라서의 저자　　　　　　　　　　425
　II. 에스라서의 저술 시기　　　　　　　426
　III. 에스라의 업적　　　　　　　　　　427
　IV. 에스라서 내용 분해　　　　　　　　428

해석
　제1장　　　　　　　　　　　　　　　 433
　제2장　　　　　　　　　　　　　　　 440
　제3장　　　　　　　　　　　　　　　 448
　제4장　　　　　　　　　　　　　　　 453
　제5장　　　　　　　　　　　　　　　 458
　제6장　　　　　　　　　　　　　　　 464
　제7장　　　　　　　　　　　　　　　 470
　제8장　　　　　　　　　　　　　　　 479
　제9장　　　　　　　　　　　　　　　 486
　제10장　　　　　　　　　　　　　　　492

참고서적　　　　　　　　　　　　　　　430

느헤미야 주석

서론
  Ⅰ. 느헤미야서의 저자 503
  Ⅱ. 느헤미야서 내용분해 504

해석
  제1장 507
  제2장 512
  제3장 519
  제4장 526
  제5장 534
  제6장 539
  제7장 544
  제8장 550
  제9장 555
  제10장 563
  제11장 573
  제12장 576
  제13장 582

참고서적 505

에스더 주석

서론

I. 에스더서의 저자	589
II. 에스더서의 정경 문제	590
III. 에스더서에 대한 기독교 해석 역사	590
IV. 부림절의 기원	591
V. 에스더서의 역사성	597
VI. 에스더서에 대한 고등비평	598
VII. 에스더서에 대한 반대론	600
VIII. 에스더서의 내용분해	601

해석

제1장	605
제2장	617
제3장	629
제4장	636
제5장	647
제6장	653
제7장	659
제8장	664
제9장	669
제10장	673

참고서적	602

박윤선 성경주석

개역개정판

구약주석
여호수아·사사기·룻기

A Commentary on THE BOOK of JOSHUA,
THE BOOK of JUDGES, THE BOOK of RUTH

박윤선 지음

도서출판 영음사

"내가 너를 떠나지 아니하며 버리지 아니하리니

강하고 담대하라"

(수 1:5하-6상)

לֹא אַרְפְּךָ וְלֹא אֶעֶזְבֶךָּ

חֲזַק וֶאֱמָץ

머리말

이 주석을 저술하는 과정에서 필자는 해석상의 난제들을 적잖게 만나게 되어 때로는 붓을 멈추고 오랫동안 사색하는 시간을 가지기도 했었다. 미국과 유럽의 몇몇 도서관에서 참고문헌들을 대출하여 살펴보았으나 별로 도움을 얻지 못하였다. 예를 들어 여호수아 12-19장은 본문 가운데 상당한 분량이 지명들을 나열한 것이어서 해석을 덧붙일 말씀을 찾지 못하여 고심하였다. 그런데 주님의 도우심으로 이 부분에 대해서도 다소나마 해석할 수 있게 된 것을 감사하는 바이다. 오늘날 세계 교회의 병폐들은 성경의 권위를 오해한 데서 비롯한 것이다. 그러므로 성경의 권위를 올바로 깨닫고 그대로 믿으며 증언하는 운동은 우리에게 맡겨진 시급하고도 중대한 사명이다.

이 주석은 칼빈주의 성경해석 원리를 따라 주해를 진행하였다. 간혹 참고하기 위하여 우리와 신학적 관점이 다른 학자들의 학설을 인용한 바 있으나, 그런 경우에도 적절한 비판을 덧붙였다.

필자가 간절히 기도하는 바는 이 주석을 읽는 이마다 영적 은혜로 충만하게 되십사 하는 것이다. 이 주석 사업을 위하여 각 방면으로 후원해 주시고 기도해 주신 성도들에게 감사하여 마지않는다.

저자 씀

구약주석
여호수아

A Commentary on THE BOOK of JOSHUA

여호수아 주석
목차

서론
- I. 여호수아서 저자   23
- II. 여호수아서 저작 시기   24
- III. 여호수아서에 관한 고등비평 학설 비판   24
- IV. 여호수아서의 목적   26
- V. 여호수아서 내용 분해   27

해석
- 제1장   31
- 제2장   36
- 제3장   42
- 제4장   51
- 제5장   56
- 제6장   63
- 제7장   71
- 제8장   77
- 제9장   84
- 제10장   90
- 제11장   99

제12장	106
제13장	114
제14장	123
제15장	128
제16장	140
제17장	144
제18장	148
제19장	154
제20장	165
제21장	170
제22장	177
제23장	183
제24장	188

설교

설교 평생 처음 가는 길(3:1-6)	44
설교 이스라엘이 요단강을 건넌 사건과 우리의 죽음(3:14-17)	48
설교 제사장들의 순종(3:14-17)	49
설교 태양아 머무르라(10:12-14)	93

참고서적　　　　　　　　　　　　　　　　　　　　　　　29

서론

Ⅰ. 여호수아서 저자

본서는 여호수아 자신이 기록하였다(5:6; 24:26). 다만 어떤 부분은 여호수아의 저술이 아니고 그때 여호수아와 함께 있으면서 모든 사건을 친히 목격한 사람이 영감을 받아서 기록하였다고 생각된다. 특히 여호수아가 별세한 후에 일어난 일들은 여호수아 자신의 기록이 아니다. 전통적으로 유대인들은 엘르아살(아론의 아들)이 여호수아의 죽음에 대한 기록을 증보했고(24:29-31), 비느하스(엘르아살의 아들)가 엘르아살의 죽음에 대한 기록을 증보했다고 한다(24:33). 카일(Keil)은 여호수아와 함께 있었던 목격자(어떤 장로)가 하나님의 신령한 감동을 받아 본서를 기록하였을 것이라고 말한다. 그러나 이 책이 저술되는 과정에서 모세의 후계자인 여호수아가 주도적인 역할을 한 것은 틀림이 없으므로 이 책을 여호수아의 저술이라고 해도 문제가 되지 않는다. 이 책에 있는 여호수아 이후의 사건들에 대한 증보는 여호수아가 살아있을 때 영감을 받아서 일하던 어떤 선지자가 기록하였다고 할 수 있다.

이런 경우 필요에 따라 성령의 인도하심으로 원작에 대한 다른 저작자의 증보가 있을 수 있다.

II. 여호수아서 저작 시기

고등비평가들은 여호수아서가 여러 시대에 걸쳐 편집, 혹은 추가되어 작성된 것이라고 하면서 주전 950년부터 200년까지 완성되었다고 한다. 그러나 본서는 그보다 훨씬 오래전에 저술된 책이다. 구체적인 저술 시기는 (1) 기생 라합이 살아 있던 때이고(6:25), (2) 예루살렘 본토인들(여부스 사람들)이 그곳에 살던 때다(15:63). 그들은 다윗왕 때에 이르러서야 예루살렘에서 추방되었다(삼하 5:5-9). (3) 게셀에 가나안 사람들이 거주하던 때다(수 16:10). 그들이 게셀에서 사라진 시기는 바로가 그들을 죽이던 솔로몬 때였다(왕상 9:16). (4) 기브온 사람들이 나무를 패고 물을 길으며 살던 때였다(수 9:27).

그러므로 우리는 고등비평가들의 학설이 옳다고 생각할 수 없다. 그들의 견해대로라면 주전 200년경에 이르러서야 본서가 완성되었다는 것이므로 앞에 언급한 사건들과 부합하지 않는다. 따라서 본서는 다윗이나 사울이나 솔로몬 시대 훨씬 전에 기록된 것이 분명하다.

III. 여호수아서에 관한 고등비평 학설 비판

고등비평가들은 이 책의 저자가 여러 사람이라고 생각한다. 그들이 그렇게 생각한 이유는, 여호수아서의 재료들이 통일되어 있지 않고 서로 대립한다는 것이다. 그러나 이 책에 여러 가지 어긋나는 재료들이 있다는 것은 이

책을 바르게 이해하지 못한 데서 생긴 오해다. 예를 들면 다음과 같은 것들이다.

1. 그들의 주장에 따르면, 소위 "여호와 문서" 저자의 기록에서는[1] 이스라엘 지파들이 각각 가나안 땅에서 전쟁을 하였으나 "엘로힘 문서" 저자의 기록에서는(2-12장) 여호수아가 이스라엘의 모든 지파 연합군을 거느리고 가나안을 정복하였다는 것이다. 그러나 이 두 가지 서로 다른 듯한 기록은 사실상 서로 어긋난 것이 아니다. 2-12장 말씀은 여호수아의 주도하에 이루어진 대국적인 전쟁의 승리를 말해 준다. 그러나 여전히 지역적으로 가나안 족들을 쫓아내지 못했다(13:1). 이 남은 전쟁은 각 지파가 받은 영토의 분깃에 따라 남아 있는 가나안족들과 싸운 내용을 보여 준다.

2. 여호수아 4:8의 내용과 4:9의 내용에서 열두 개의 기념비를 세운 장소가 서로 어긋난다고 한다. 그러나 사실은 그렇지 않다. 8절은 그들이 유숙하는 곳에 12개의 돌을 세웠다는 뜻이고, 9절은 12개의 돌을 강 가운데 세웠다는 뜻이므로 기념비가 두 곳에 세워진 것이다.

3. 여리고 성 함락에 관한 기사에서 6:3, 7, 10에서는 성 주위를 이스라엘 군대가 일곱 번 돌았다고 하였고, 6:4, 6에서는 제사장 일곱 명이 돌았다고 하였으므로 서로 어긋난다고 한다. 그러나 실제로는 이 두 기록도 서로 대립되지 않는다. 당시에 제사장들은 군대와 함께 언약궤 앞에서 행하였으므로, 군대가 성을 돌았다는 기록과 함께 제사장들이 성을 돌았다는 기록이 있을 수 있다. 이러한 사실은 6:8-9, 13절에 자세히 기록되어 있다.

---

1) 13:13; 15:13-19, 63; 16:10; 17:12-13, 16-18; 19:47.

4. 고등비평가들의 말에 의하면, 아이 성 함락에 동원된 인원수가 8:3에는 3만 명이라고 기록되어 있고, 8:12에는 5천 명으로 기록되어 있으므로 서로 대립된다고 주장한다. 그러나 이것도 두 가지 문서가 합쳐졌기 때문에 그렇게 된 것이 아니다. 여기 나오는 숫자의 차이는 다음과 같이 설명된다. ① 여호수아가 두 차례 복병시켰을 경우(한 번은 3만 명, 또 한 번은 5천 명) 문제될 것 없고, ② 성경을 베끼는 사람들이 숫자를 적으면서 실수할 수 있으므로 이 또한 원본의 오류가 아니다. 아마도 그것은 5(ה)를 30(ל)으로 잘못 베낀 것일 것이다(Keil & Delitzsch). ③ 또 다른 학자들은 3절에 언급한 3만 명은 전투에 뽑힌 병력의 총인원수고, 그중에서 5천 명을 복병 될 자로(12절) 포함시킨 것이라고 한다.

이 중 어느 해석이 옳든지, 여기 나오는 군인들의 숫자가 다른 것은 두 가지 문서(여호와 문서와 엘로힘 문서)와 연관되지 않는다. 저술자로서 두 가지 문서의 내용을 읽어 보지도 않고 막무가내로 그것들을 합칠 사람은 없을 것이다.

고등비평가들의 말에 의하면, 여호수아서는 "여호와 문서"의 저자와 "엘로힘 문서"의 저자가 각각 어떤 부분을 기록하였고, 신명기 편집자(R^D)도 기록한 것(1장; 24장)이 있고, "제사장 문서" 저자(P)도 첨부한 것이 있다고 한다. 그러나 이와 같은 주장은 그들의 추측에 불과하며 아무런 객관적인 근거를 가지지 못하였다.

IV. 여호수아서의 목적

본서의 목적은 약속을 지키시는 여호와의 신실하심을 보여 주는 것이다(수 21:43-45). 곧 하나님께서 이스라엘의 조상들에게 가나안 땅을 주시겠다고 약속하셨고, 여호수아는 전능하신 하나님의 도우심으로 이스라엘과 함께 가나안 땅을 점령하게 되었다. 구약에서 여호수아서는 오경(五經)에 계시된 내용이 실제로 이루어진 것을 보여 준다. 따라서 이 책은 신약에서 사복음서의 내용이 실현된 사실을 기록한 사도행전과 같다.

V. 여호수아서 내용 분해

1. 가나안 정복(1:1-12:24)
    1) 서론(1:1-9)
    2) 요단강 건너갈 준비(1:10-2:24)
    3) 요단강을 건넘(3:1-4:24)
    4) 길갈에서 일어난 일들(5:1-12)
    5) 여리고 함락(5:13-6:27)
    6) 아간의 사건(7:1-26).
    7) 아이 성이 멸망하고 에발산에 제단을 설치함(8:1-35)
    8) 기브온 족속의 거짓말(9:1-27)
    9) 가나안 남부 정복(10:1-43)
    10) 가나안 북부 정복(11:1-15)
    11) 가나안 정복 마감과 패배한 가나안 왕들의 이름들(11:16-12:24)

2. 각 지파에 지역을 분배함(13:1-24:33)
    1) 점령하지 못한 도시들(13:1-7)
    2) 동부를 차지한 지파들(13:8-33)
    3) 서부를 차지한 지파들(14:1-19:51)

4) 도피성들(20:1-9)

5) 제사장들과 레위 족속이 차지한 도시들(21:1-45)

6) 그 밖의 다른 지파들의 분깃(22:1-34)

7) 결론(23:1-24:33)

참고서적

Adams, J. Biblical Backgrounds.

Calvin, J. Commentary, Joshua.

Cohen. Joshua, Judges.

Cook, F. The Bible Commentary.

Davidson, F., A. F. Stibbs, & E. F. Kevan, The New Bible Commentary.

De Jong, H. Brood in Bethlehem.

Exell, Joseph. The Biblical Illustrator. Deuteronomy, Joshua, Judges, Ruth.

Fausset, Jamieson and Brown. One Volume Commentary.

Garstang, John. Joshua, Judges.

Gerleman, Gillis. Biblischer Kommentar, Altes Testament. Ruth, Hohelied.

Gray, John. ed., Joshua, Judges and Ruth.

Henry, Matthew. Commentary on the Whole Bible.

Keil and Delitzsch. Commentary on The Old Testament. Joshua, Judges, Ruth.

Kohlbrügge, H. F. Verklaring van Het Boek Ruth.

Kroeze, J. H. Commentaar op het Oude Testament. Jozua.

Leggett, Donald A. The Levirate and Goel Institutions in The Old Testament, With special Attention to the Book of Ruth.

Lockyer, Herbert. All the Books and Chapters of the Bible.

Morgan, G. C. An Exposition of the Whole Bible.

Pink, A. W. Gleanings in Joshua.

Redpath. Victorious Christian Living, Studies in the Book of Joshua.

Roorda, A. Jozua, De Held Gods.

Soggin, F. Joshua.

The Pulpit Commentary, Numbers 21 - I Samuel.

Velema, J. H. De Bijbel En Zijn Boodschap. Jozua, Rich-teren, Ruth.

Vonk, C. De Voorzeide Leer, Deel Id, De Heilige Schrift, Inleiding op De Profeten, Jozua.

_____. De Voorzeide Leer, Deel Ie, De Heilige Schrift, Richteren.

Würthwein, E. Handbuch Zum Alten Testament, Die Fünf Megilloth. Ruth, Das Hohelied, Esther.

제 1 장

✣ 내용분해

1. 하나님께서 여호수아에게 가나안 땅을 취하라고 명령하심(1-4절)
2. 하나님께서 여호수아에게 강하고 담대하라고 하심(5-9절)
3. 여호수아가 백성의 지도자들이 출발 준비를 갖추게 함(10-11절)
4. 르우벤 지파, 갓 지파, 므낫세 반 지파 용사들이 정복 전쟁에서 선봉이 됨(12-18절)

✣ 해석

1 여호와의 종 모세가 죽은 후에 여호와께서 모세의 수종자 눈의 아들 여호수아에게 말씀하여 이르시되. 수종자(מְשָׁרֵת)는 일을 시키는 사람이 지도하는 대로 하는 일꾼이다. 하나님께서는 여호수아를 모세의 후계자로 세워 주셨다(민 27:15-23). 하나님께서는 한 사람이 어떤 일을 다 이루게 하시지 않고 후계자들을 세워서 그들이 그 일을 계속하게 하시고, 결국 완성하게 하신다. 그러므

로 하나님의 참된 일꾼들은 후대의 일꾼들을 세우는 데 주력해야 한다(딤후 2:2 참조).

2 **내 종 모세가 죽었으니 이제 너는 이 모든 백성과 더불어 일어나 이 요단을 건너 내가 그들 곧 이스라엘 자손에게 주는 그 땅으로 가라.** 이 말씀은 하나님께서 이스라엘 백성에게 가나안 땅을 주시겠다고 하신 약속을 재확인하시는 것이다. 그리고 그는 여호수아에게 "이 요단을 건너…가라"고 하셨다. 그런데 그 당시는 요단강에 물이 가득한 시절이었다(3:15). 하나님께서 여호수아에게 가장 먼저 요구하시는 것은 신앙적인 결단이었다(C. Vonk). 하나님은 그의 약속을 받는 자들에게 용기와 담력과 소망과 인내를 주시고, 그들로 하여금 그 약속이 이루어질 때까지 분투하고 노력하도록 만드신다. 우리는 언제든지 하나님의 약속의 말씀을 따라 용기를 내야 한다. 그것이 신앙이다.

3-4 **내가 모세에게 말한 바와 같이 너희 발바닥으로 밟는 곳은 모두 내가 너희에게 주었노니 곧 광야와 이 레바논에서부터 큰 강 곧 유브라데 강까지 헷 족속의 온 땅과 또 해 지는 쪽 대해까지 너희의 영토가 되리라.** 하나님께서 이스라엘이 얻을 땅의 경계선을 밝혀 주셨다. 그 경계선이 "유브라데에 이른다"고 하신 것은 이스라엘의 이상적 국경을 말하는 것이다(창 15:18). 즉 이것이 약속의 내용이었다. 훗날 이스라엘이 그 내용대로 다 취하지 못한 것은 그들의 신앙이 부족했기 때문이었다(Vonk). 그러나 여기 언급된 영토가(레바논에서 유브라데에 이르는 지역) 오랜 세월이 지난 후 다윗의 시대(특히 솔로몬의 시대)에 이르러 이스라엘의 소유가 된 적도 있었다(왕상 4:21). 이것을 보면, 하나님의 약속은 단시일 내에 다 이루어지는 것이 아니라 어떤 부분은 장구한 시일이 지난 다음에 성취되기도 한다. 그러므로 신자들은 하나님의 약속을 기다릴 때 믿음으로 오래 참아야 한다(벧후 3:8-9 참조).

5-9 하나님께서는 여호수아에게 "강하고 담대하라"고 말씀하신다. 여호수아가 담대할 수 있는 것은 하나님께서 그와 함께하여 주시겠다는 약속 때

문이다(5절). 신자들이 담대해지는 비결로 하나님의 약속보다 좋은 것은 없다(렘 1:8; 참조. 마 28:20). 또한 여호수아가 강하고 담대해야 할 목적 두 가지가 여기에 계시되었다. 곧 가나안 땅을 얻는 것(수 1:6), 그리고 율법을 지키는 것이다(7-8). 신자들이 어떤 위험한 환경에서도 하나님의 말씀을 지키려면 강하고 담대한 마음을 지녀야 한다(대하 15:8 참조).

우로나 좌로나 치우치지 말라 그리하면 어디로 가든지 형통하리니(7하). 이 말씀은 하나님의 율법을 떠나지 말라는 뜻이다. 구체적으로 말하면 하나님의 율법에 인간의 말을 더하거나 무엇을 감하지 말라는 뜻이다(신 4:2; 12:32 참조). "형통한다"는 말(תַּשְׂכִּיל)은 잘되고 번영하는 것을 가리킨다.

10-11 여호수아는 백성의 관리들(שֹׁטְרִים)에게 온 백성이 가나안 땅에 들어갈 준비를 갖추기 위해 식량을 준비하게 하라고 명령한다.

너희의 하나님 여호와께서 너희에게 주사 차지하게 하시는 땅을 차지하기 위하여. 우리는 여호수아의 이 말씀에서 그의 견고한 신앙을 볼 수 있다. 그는 백성들에게 부탁하는 말씀을 할 때에도 하나님의 약속을 믿는 믿음을 앞세운다. 즉 그는 여기서도 이스라엘이 가나안 땅에 들어가게 하시는 이가 "하나님 여호와"시라고 강조한다. 이와 같은 말로 그는 하나님을 기쁘시게 하였을 뿐 아니라 백성들이 용기와 담력을 얻게 하여 주었다.

12-15 이 부분 말씀은, 여호수아가 르우벤 지파와 갓 지파와 므낫세 반 지파에게 일러 준 내용이다. 그것은 일찍이 모세가 그들에게 약속한 대로 요단 강 저편 땅(야셀과 길르앗 땅)을 그들에게 주어 그 가족들은 거기에 머물게 하고 장정들은 다른 지파들과 함께 가나안 전쟁에 참여하도록 한 것이다(민 32:1-42). 여호수아가 가나안 땅에 들어가기 전에 우선적으로 ① 이 문제를 취급한 것은 자연스럽다. 그 이유는 이 지파들 중에 용사들이 많았고, 그들이 실제로 가나안 전쟁에 앞장서야 했기 때문이다(대상 12:8 참조). 우리는 이 점에서 하나님의 특별한 섭리를 볼 수 있다. 곧 이 지파들의 대표자들이 모

세에게 그 땅(요단강 동편)을 차지하게 해 달라고 청원한 것이 결국 이스라엘 민족에게 유익한 결과가 되었다는 사실이다. 사실상 군인들이 가족과 함께 다니면서 전쟁을 하는 것은 매우 어려운 일인데 르우벤 지파와 갓 지파와 므낫세 반 지파의 용사들은 단신으로 가나안 전쟁에 가담하게 되었으니 다행한 일이었다. ② 이 문제를 취급하여 의리를 세웠다. 봉크(C. Vonk)의 말과 같이, 신앙은 수직적인 관계(하나님과의 관계)로만 결정되는 것이 아니라 수평적인 관계(사람들과의 관계)도 살핀다.[2]

16-18 당신이 우리를 보내시는 곳에는 우리가 가리이다(16하). 그들은 여기서 여호수아에게 충성하겠다고 서약한다. 그와 동시에 그들의 요구도 있다. 그것은 여호와께서 그(여호수아)와 함께 계시기를 원하는 것이다. 이같이 그들의 서약은 맹목적인 것이 아니라 오직 하나님께서 함께하시는 지도자에게만 순종한다는 것이다(17절).

오직 강하고 담대하소서(18하). 여기서 "오직"이란 말(רק)이 중요하다. 그들은 자신들이 순종하는 조건으로 고상한 신본주의를 택한다. 신약에서도 베드로와 사도들이 말하기를 "사람보다 하나님께 순종하는 것이 마땅하니라"고 하였다(행 5:29).

| 설교자료

1. "내가 모세와 함께 있었던 것 같이 너와 함께 있을 것임이니라"(5절). 이와 같은 행복은 오늘날의 신자들도 누릴 수 있다. 그 이유는 그들도 여호수아처럼 하나님의 구원 언약에 속하였고 그 약속을 믿는 자들이기 때문이

---

2) Het geloof isniet slechts bepalend voor onze verhouding tot God maar ook voor onze verhouding jegens Gods volk. De Voorzeide Leer, Deel I^d, De Heilige Schrift, In leiding op De Profeten, Jozua, 1972, 43.

다. 예수님께서 말씀하시기를, "볼지어다 내가 세상 끝날까지 너희와 항상 함께 있으리라"(마 28:20)고 하셨다.

   2. "강하고 담대하라"(6절). 이것은 타고난 용맹함을 의미하는 것이 아니라 믿음으로 말미암는 담력을 가리킨다. 사람은 언제나 믿고 의지할 것이 있을 때 마음이 평안하고 담력을 얻게 된다. 우리는 전능하신 하나님을 믿으므로 두려워할 것이 없다.

   3. "율법을 다 지켜 행하고 우로나 좌로나 치우치지 말라"(7절). 신자가 죄악 세상 가운데서도 하나님의 율법을 지키는 것은 하나님에 대한 그의 신실한 신앙을 입증하는 것이다. 하나님께서는 이처럼 공고하게 믿음을 지키는 자를 돌아보시고, 마침내 그가 약속하신 대로 그를 축복하여 형통하게 하신다.

   4. "양식을 준비하라"(11절). 하나님께서는 지나간 40년 동안 광야에서 이스라엘 백성에게 만나를 내려 먹여 주셨다. 그러나 이제부터는 이스라엘 백성에게 직접 양식을 준비하라고 명하신다. 우리는 여기서도 하나님의 오묘한 경륜을 볼 수 있다. 그것은 하나님께서 자기만 홀로 아시는 경륜으로 오묘한 기적을 베풀기도 하시지만 어떤 때에는 그리하시지 않는다는 것이다. 그는 이때 이스라엘 백성들이 3일 안에 요단강을 건너게 하실 계획이었지만 배를 준비하라는 말씀은 하시지 않았다. 그 이유는 이스라엘 백성들이 기적적으로 요단강을 건너게 하시기 위해서였다. 사람은 하나님께서 이적을 행하시는 경륜을 예측할 수 없다. 그러므로 범사에 하나님께 순종해야 한다.

제 2 장

✤ 내용분해

1. 여호수아가 정탐꾼 두 사람을 여리고로 보냄(1절)
2. 이스라엘의 정탐꾼들이 여리고에 왔다는 정보가 여리고 왕에게 입수됨(2-3절)
3. 라합이 정탐꾼들을 숨겨줌(4-7절)
4. 라합의 신앙(8-14절)
5. 라합이 정탐꾼들을 창으로 달아내려 피신시킴(15-16절)
6. 붉은 줄을 구원의 표로 삼음(17-21절)
7. 정탐꾼들이 여호수아에게로 돌아와 보고함(22-24절)

✤ 해석

1 눈의 아들 여호수아가 싯딤에서 두 사람을 정탐꾼으로 보내며 이르되 가서 그 땅과 여리고를 엿보라 하매 그들이 가서 라합이라 하는 기생의 집에 들어가 거기서 유

숙하더니. "싯딤"(השטים)이란 지방은 요단강을 건너가기 전 이편에 있는 연안으로, "아벨싯딤"이라고도 한다(민 33:49). 이곳은 현재의 텔 엘 함맘(Tel el Hammam)과 동일시된다. "싯딤"은 아카시아나무란 뜻이며, 실제로 그 지방에 아카시아나무가 많다.

여호수아가 가나안에 들어가기 전에 먼저 정탐꾼들을 보낸 것은 얼핏 보면 신앙적인 행동이 아닌 것 같다. 여호와께서 가나안 땅을 이스라엘 백성에게 주시겠다고 약속하시지 않았는가? 그렇다면 그 땅에 정탐꾼을 보낼 필요 없이 곧바로 돌입할 수도 있지 않았을까? 그러나 우리는 이 점에서 바르게 생각해야 한다. 하나님께서 사람들에게 좋은 것을 주실 때에는 언제나 기적으로만 주시는 것이 아니다. 때로는 그들이 노력하여 그것을 얻도록 하신다(마 11:12; 시 128:2 참조).

"라합이라 하는 기생의 집에 들어가" 타르굼역(Targums)은 "기생"이란 말(זונה)을 여관 주인(פונדקאתא)으로 해석한다. 어쩌면 라합은 기생이면서 여관을 경영하였을지도 모른다. 근동 지방에는 실제로 그런 사례가 있었다고 한다.[3] 우리는 라합이 기생 신분이었다는 것에서 중요한 영적 교훈을 얻을 수 있다. 그것은 사람의 신분이 어떠하든 그가 주님께로 돌아오기만 하면 구원의 축복을 받는다는 사실이다. 기독교 복음을 전하는 사람은 상대방의 신분 여하를 막론하고 누구에게나 다가가야 한다. 예수님께서 말씀하시기를 "내가 의인을 부르러 온 것이 아니요 죄인을 불러 회개시키러 왔노라"고 하셨다(눅 5:32). 주님께로 돌아온 라합은 마침내 그리스도의 조상 중 한 사람이 되었다(마 1:5).

2 어떤 사람이 여리고 왕에게 말하여 이르되 보소서 이 밤에 이스라엘 자손 중의 몇 사람이 이 땅을 정탐하러 이리로 들어왔나이다. 고고학자들이 발견한 텔 엘 아

---

3) A. Jeremias, Handbuch d. Altor. Geistes Kultur, 1913, s. 339.

마르나(Tel el Amarna) 서신에도 가나안에는 여러 도시 국가가 있었고, 그 도시마다 왕이 있었다는 사실이 나타난다(J. H. Kroeze). 당시에 이스라엘의 정탐꾼들이 여리고 성에 들어왔다는 정보가 즉시 왕에게 전달된 것을 보면 가나안의 군사적 활동이 치밀하였다는 사실을 알 수 있다. 그뿐 아니라 일찍이 모세의 지도하에서 가나안을 정탐한 자들의 보고에 의하면, 이스라엘의 힘으로는 그 족속들을 당할 수 없는 처지였다. 그럼에도 불구하고 이스라엘이 끝까지 가나안을 향하여 진군한 것은 오직 여호와 하나님의 약속과 그 권능을 믿었기 때문이다(신 1:28-33 참조).

3 여리고 왕이 라합에게 사람을 보내어 이르되 네게로 와서 네 집에 들어간 그 사람들을 끌어내라 그들은 이 온 땅을 정탐하러 왔느니라. 라합에게 전달된 것은 왕의 명령이었다. 그만큼 라합의 신앙적 투쟁은 목숨을 건 결단이었다. 그는 왕도 두려워하지 않고 이스라엘의 정탐꾼들을 끝까지 보호하였다. 이같이 신자들은 왕조차 무서워하지 않고 주님의 뜻을 이룬다(히 11:23, 27 참조).

4-7 라합이 이스라엘의 정탐꾼들을 숨겨 놓고 그들을 잡으러 온 사람들에게 말하기를, "그 사람들이 어두워 성문을 닫을 때쯤 되어 나갔으니 어디로 갔는지 내가 알지 못하나 급히 따라가라 그리하면 그들을 따라잡으리라"라고 하였다(5절). 어떤 학자들은 라합이 이같이 행동하면서 속인 것은 죄악이라고 한다. 그리고 그의 신앙 때문에 그 거짓말이 용서되었다고 한다. 그러나 다른 학자들은 그런 해석에 찬성하지 않고 말하기를 "신자가 하나님의 원수를 막기 위하여 행한 은닉은 죄악이라고 할 수 없다"라고 한다. 이 해석이 옳다고 생각되는 이유는, 숨기는 행위가 모두 다 반드시 죄악이라고 할 수 없기 때문이다. 엘리사가 하나님의 백성을 대적하는 자들을 막기 위하여 그들의 눈을 어둡게 해 주시기를 하나님께 기도했을 때 그 기도가 응답되었다(왕하 6:8-23 참조). 그뿐 아니라 신약의 저자들은 라합의 이 행위를 참된 신앙의 결과라고 높이 평가하였다(히 11:31; 약 2:25 참조).

8-14 라합의 신앙은 다음과 같은 몇 가지로 성립되어 있었다. ① 하나님께서 이스라엘 백성에게 가나안 땅을 주셨다는 것을 확신함(9절). ② 그때까지 하나님께서 그의 권능으로 이스라엘을 구원하신 것을 확신함(10절). ③ 여호와만이 천지를 주장하시는 유일하신 참하나님이라고 믿음(11절). ④ 여호와의 이름으로 맹세하는 것이 중요하다고 믿음(12-14절). 이것은 자기의 구원 문제가 여호와의 이름에 달렸다고 생각한 신앙이다.

"우리가 들었음이니라." 라합의 신앙은 하나님의 일하심을 듣고 믿은 신앙이었다(10-11절). 하나님의 일하심은 언제나 참되므로 사람이 보지 못하고 듣기만 하고 믿어도 그 믿음이 옳다고 인정된다. 오히려 성경은 이같이 보지 못하고도 믿는 것을 장려한다(롬 10:17; 요 20:29 참조). 라합이 이와 같은 믿음으로 구원을 얻은 것은 다음과 같은 사실을 보여 준다. 곧 "하나님은 전능자이실 뿐 아니라 주권자이시며 자유로우셔서 멸망 받아 마땅한 사람들에게 은혜를 베푸시기도 하신다"는 것이다.[4]

15-16 라합이 그들을 창문에서 줄로 달아 내리니 그의 집이 성벽 위에 있으므로 그가 성벽 위에 거주하였음이라 라합이 그들에게 이르되 두렵건대 뒤쫓는 사람들이 너희와 마주칠까 하노니 너희는 산으로 가서 거기서 사흘 동안 숨어 있다가 뒤쫓는 자들이 돌아간 후에 너희의 길을 갈지니라. 라합은 정탐꾼들을 창문으로 탈출시키고 다시 그들의 안전을 보장하기 위하여 한 가지 방법을 제시하였다. 이것을 보면, 이스라엘 정탐꾼들에 대한 그의 도움은 시종일관 매우 자세하고 또 철저하였다. 이것은 마치 선한 사마리아 사람이 강도 만난 사람을 끝까지 돌보아 준 것과 같다(눅 10:30-35). 이렇게 행하는 것이 그리스도의 사랑에 부합한다(빌 1:6; 딤후 1:12 참조).

17-21 두 정탐꾼은 라합에게 구원받을 표로 붉은 줄을 창문에 매어 두라

---

[4] C. Vonk, De Voorzeide Leer, Deel I^d, De Heilige Schrift, Inleiding op De Profeten, Jozua, 1972, 51.

고 당부하였다. 그리고 라합은 그들의 지시대로 실행하였다. 이 "붉은 줄"은 그리스도로 말미암은 속죄의 피를 예표한다.[5] 이와 같은 사상은 이스라엘의 구원 역사에 근거한 것이다. 봉크(C. Vonk)는 말하기를, "여호와께서 생명, 구속, 정결케 함에 관하여 이스라엘을 가르치실 때 사용하신 빛이 붉은 빛이다"라고 하였다.[6] 일찍이 이스라엘이 애굽에서 나올 때 문설주에 양의 피를 바름으로써 그 집의 장자가 구원을 받은 일이 있었다(출 12:1-13). 이때 그 중요한 양의 피는 장차 오실 그리스도의 피를 예표한 것이었다(고전 5:7). 이같이 중요한 구속의 핏빛은 이스라엘 역사에서 흐려지지 않고 전승되어왔다. 라합이 정탐꾼들의 지시대로 즉시 실행한(21절) 것도 그의 신앙을 보여 주는 일면이다.

22-24 정탐꾼들은 무사히 사명을 완수하고 여호수아에게 돌아와서 보고하였다. 그 보고의 요점은 "여호와께서 그 온 땅을 우리 손에 붙이셨으므로 그 땅의 모든 거민이 우리 앞에서 간담이 녹더이다"라고 한 것이다(9절 참조). 즉 그들은 여호와께서 가나안 땅을 이스라엘의 손에 붙이신 사실을 보고의 요점으로 삼았다. 이같이 그 정탐꾼들도 하나님 중심으로 활동하고 신앙으로 일관하였다(민 14:6-9 참조). 이스라엘의 소망은 오직 여호와 하나님 뿐이었다.

| 설교자료

1. 라합의 신앙은 위험을 무릅쓰는 행동으로 나타났다(4-7절). 라합이 이

---

[5] Clemens Romanus, Justinus Martyr, Origenes.
[6] Een kleur waaraan Jah weh voor Israel uitdruk-kelijk zijn onderwijzing aangaande leven, verlossing en reiniging verbonden had. De Voorzeide Leer, Deel I^d, De Heilige Schrift, Inleiding op De Profeten, Jozua, 1972, 54.

스라엘의 정탐꾼 두 사람을 숨겨 준 것은 자기 나라에 대한 일종의 반역 행위였다. 그러나 그는 하나님을 자기 나라보다 더 귀하게 여기는 사고방식에서 그런 일을 단행하였다. 신앙인은 단지 이론에서 그치는 것이 아니라 필요한 경우에는 이같이 위험을 무릅쓰고 전진한다.

   2. 구원을 얻는 신앙생활은 멸망할 죄악 세상에서 구분되는 표지를 가진다(18절). 라합이 그의 집 창문에 달아 맨 붉은 줄은 이런 표지를 가진 것이며, 구속자이신 주님을 믿는 신앙이다. 성경에 기록된 대로 구원받은 모든 성도들의 삶에는 멸망할 세상과 구별되는 신앙 사상이 구체적으로 움직이고 있었다. 노아 때에 많은 사람들이 이 세상에 속하여 하나님을 외면하였으나 오직 노아와 그의 가족들은 장차 있을 홍수를 내다보았으며, 하나님의 구원 약속을 믿고 방주를 예비하였다(창 6장).

제 3 장

✜ 내용분해

1. 이스라엘이 싯딤에서 떠나 요단에 이르러 유숙함(1절)
2. 백성과 제사장들에게 각각 행진하는 방법을 지시함(2-6절)
3. 하나님께서 여호수아와 함께하시는 사실을 백성에게 보여 주시겠다고 하심(7-8절)
4. 여호수아가 하나님의 말씀을 백성들이 알게 함(9-13절)
5. 이스라엘 백성이 기적적으로 요단강을 건너가는 광경(14-17절)

✜ 해석

1 **요단에 이르러 건너가기 전에 거기서 유숙하니라.** 그들이 가나안을 향하여 가는 도중에 요단에서 머문 목적은 하나님의 인도하심을 받기 위함이었다. 하나님께서는 이스라엘이 기적적인 방법으로 요단강을 건너게 하려고 하셨다. 또한 이 사건으로 그들에게 가나안 땅을 주시겠다고 하신 약속을 성취하

셨다.[7]

2-4 이스라엘 백성이 행진하는 방법은 그들이 언약궤를 멘 제사장들의 뒤를 "이천 규빗쯤 되게"(1규빗은 약 45센티미터) 거리를 두고 따라가는 것이었다. 이렇게 간격을 두고 법궤를 따라가게 하신 하나님의 목적은 온 백성이 법궤를 바라볼 수 있게 하시려는 것이다. 당시에는 법궤를 바라보는 것이 그들의 신앙이었다. 그 이유는 하나님께서 그 당시 이스라엘이 요단강을 건너게 하시는 하나님의 권능이 법궤를 통하여 나타나도록 경륜하셨기 때문이다. 이스라엘이 출애굽할 당시에는 하나님께서 모세의 손에 들린 지팡이를 통하여 그들이 홍해를 육지같이 건너도록 능력을 베푸셨다(출 14:16).

너희가 있는 곳을 떠나 그 뒤를 따르라(3하). 히브리 원문에는 이 문구의 앞부분에 강조체로 "너희가"(אתם)란 대명사가 나온다. 이것은 이스라엘 백성을 힘 있게 언급하여 그들이 법궤의 뒤를 따라야 할 것을 깊이 명심하게 한다.

너희가 이전에 이 길을 지나보지 못하였음이니라. 이 말씀에 대한 해석은 다음 설교로 대신한다.

5-6 여호수아는 이스라엘 백성에게 몸을 성결케 하라고 명한다. "스스로 성결케 하라"는 것은 옷을 빨거나 여인을 가까이하지 않는 것을 의미한다는(출 19:10, 14-15) 학자가 있다. 그러나 여호수아가 여기서 강조한 것은 그런 외부적 순결보다 심령과 인격의 순결이다. 그것은 여호와를 전적으로 신뢰하여 헌신하는 것이다. 물론 이와 같은 성결이 하나님께서 기적을 행하시는 데 요구되는 조건은 아니다. 그러나 이스라엘 사람들이 이같이 성결하게 준비되어야 하나님의 위대하신 기적이 나타날 때 그들의 영혼이 구원을 받는다. 하나님은 우리의 육신보다 영혼의 구원을 더 원하신다.

"여호와께서 내일 너희 가운데에 기이한 일들을 행하시리라"(5하). 여호

---

[7] C. Vonk, De Voorzeide Leer, Deel I⁴, De Heilige Schrift, Inleiding op De Profeten, Jozua, 1972, 56.

수아는 이스라엘 백성에게 "내일" 요단강을 건너게 해 주실 하나님의 권능을 믿으라고 외친다.

설교 ▸ 평생 처음 가는 길(1-6절)

여호수아가 이스라엘 백성을 거느리고 가나안을 정복하기 위해 행진하던 중에 그 길목이 되는 여리고 성 가까이에 이르렀다. 그러나 그들은 먼저 요단강을 건너가야 했다. 즉 그들의 앞길은 하나님의 기적적인 도우심 없이는 더 이상 전진할 수 없는 역경이었다. 그야말로 이전에는 지나 보지 못하였던 길이고 처음 가는 길이었다. 이같이 지나 보지 못한 길을 가는 사람들을 영적으로 말하면 이 세상에서 믿음을 따라 나아가는 신자들이라고 할 수 있다. 신자들이 이 세상을 지나는 동안에 하나님의 기적적인 축복을 받아서 잘 가게 되는 비결은 다음과 같다.

1. 스스로 성결케 해야 한다(5절)

우리는 미래를 모른다. 그렇지만 하나님께서 우리와 함께하여 주시면 어떠한 어려움이라도 헤쳐 나갈 수 있다. 그러나 우리가 이 길을 가면서 우리 자신의 힘으로 모든 난관을 돌파하려고 하면, 염려가 앞서게 되어 덤벼들며 우리의 심령이 어두워진다. 우리가 하나님의 기적을 힘입을 때만 평생 처음 가는 이 길에서 형통할 수 있다. 우리가 하나님의 기적을 힘입는 비결은 우리를 스스로 성결케 하는 것이다. 우리가 난관 앞에서도 평안하게 주님만 바라보고 주님의 뜻대로 거룩하게 산다면 그것으로 이미 승리한 것이다. 만일 우리가 평생 처음 가는 이 길을 가면서 거룩하게 행하지 않고 죄를 범한다면 그 길을 다 간 후에는 쓴 열매를 거둘 수밖에 없다. 우리는 성결하게 사는 것이 행복보다 낫다는 것을 알아야 한다(Holiness is better than happiness).

2. 언제나 하나님을 앞세워야 한다(6절; 참조. 3-4절)

요단강을 건너는 이스라엘 백성은 제사장들이 메고 가는 법궤를 앞세우고 그 뒤를 따랐다. 하나님을 앞세운다는 것이 무엇을 의미하는가? 우리는 이 문제에 관하여 구체적으로 알아야 한다.

1) 하나님의 말씀으로 지도를 받아야 한다(믿고 복종함). 우리는 하나님의 말씀을 듣는 것에 그치지 말고 실제로 순종해야 한다. 신자들 중에는 하나님의 말씀을 들을 때에도 자기 마음대로 듣고 행할 때도 자기 마음대로 생각하여 자기 마음에 맞는 것만 행하는 사람들이 많다. 이 같은 행동은 하나님의 진노를 쌓는 어리석은 일이다.

2) 하나님의 영광을 우선적으로 생각해야 한다. 현대의 그리스도인들 가운데는 하나님을 섬긴다고 하면서 실제로는 자기 자신을 위하는 사람이 많다. 그런 사람들은 하나님께 드릴 때에도 무엇이든 조금씩 드린다. 시간도 조금씩 드리고 물질도 조금씩 드리면서 드리는 시늉만 한다. 이런 행동은 하나님을 높이는 것도 아니고 영화롭게 하는 것도 아니다. 하나님의 영광을 위하지 않는 삶은 하나님의 지위를 도둑질하는 악행이라는 것을 알아야 한다. 말라기 선지자는 그 당시 사람들을 향해 하나님의 것을 도둑질하는 자라고 꾸짖었다(말 3:8). 우리가 여기서 주의해야 할 것은 도둑질은 사람들 모르게 행하여진다는 것이다. 그러므로 말라기 선지자에게 책망을 받은 사람들은 "우리가 어떻게 주의 것을 도둑질하였나이까?"라고 반문하였다. 이때 선지자는 대답하기를, 하나님께 드릴 십일조를 드리지 않은 것은 하나님의 것을 도둑질한 것이라고 분명하게 말하였다. 그러므로 우리가 수입의 십일조를 하나님께 드리지 않으면 도둑이 되고, 그것을 드리면 물질의 축복을 받는다(말 3:10-12). 하나님께서는 십일조를 바치는 자에게 물질적으로 축복하실 것을 반드시 보장하신다는 의미로 이 문제를 가지고 그를 시험해 보라고 말씀하셨다.

7 여호와께서 여호수아에게 이르시되 내가 오늘부터 시작하여 너를 온 이스라엘의 목전에서 크게 하여 내가 모세와 함께 있었던 것 같이 너와 함께 있는 것을 그들이 알게 하리라. 이 말씀은 하나님께서 여호수아를 사용하셔서 큰일(요단강을 기적적으로 건너갈 일)을 행하심으로 온 이스라엘이 여호와께서 그와 함께해 주신다는 사실을 알게 하시겠다는 뜻이다. 지도자가 이같이 높아질 때에 지도를 받는 자들은 더욱 쉽게 순종할 수 있다(1:17 해석 참조). 또한 여기서 "오늘부터 시작하여"란 말씀(היום הזה אחל)을 보면, 이스라엘이 요단강을 건너게 하실 기적은 시작이고, 앞으로 계속해서 하나님이 기적적으로 도와주실 것을 암시한다. 이 말씀을 들은 여호수아는 더욱 믿음과 용기를 얻었을 것이다. 주님께서도 그의 제자들을 전도자로 세워 주시고 약속하시기를 "볼지어다 내가 세상 끝날까지 너희와 항상 함께 있으리라"고 하셨다(마 28:20).

그러나 이스라엘은 여호수아 개인을 숭배하지 말고 그를 사용하시는 하나님을 경외해야 한다. 만일 그들이 하나님을 생각하지 않고 인간만 높인다면 그것은 하나님 대신 사람을 숭배하는 죄악이다.

8 너는 언약궤를 멘 제사장들에게 명령하여 이르기를 너희가 요단 물 가에 이르거든 요단에 들어서라 하라. 하나님께서는 그의 백성을 위하여 친히 그의 권능으로 행하실 일에도 사람들의 순종을 요구하신다. 그 목적은 ① 그들로 하여금 믿고 순종하는 자가 언제나 하나님의 은혜를 받게 되는 위대한 구원사적 진리를 다시 한번 배우게 하시려는 것이다. ② 그들이 하나님께서 하시는 일에 참여하고 협력하게 하심으로써 더욱 실제적인 신앙을 경험하게 하시려는 것이다. 그들이 자신들의 힘으로는 깊은 요단강을 도저히 건널 수 없지만 "요단에 들어서라"고 하신 하나님 말씀의 권위를 의지하고 신앙적인 용단을 할 수는 있다. 그럴 때 하나님의 말씀대로 하나님의 권능이 나타나고, 그들이 그것을 더욱 깊이 체험하게 되는 것이다. 신자는 하나님 말씀의 권위를 깨달을 때 한층 더 그 말씀대로 순종할 용기를 가지게 되는 법이다. 예수님께서 손 마

른 자에게 손을 펴라고 명령하셨을 때 그는 그 말씀에 순종하였다. 그 순간 주님의 능력이 그에게 임하여 그의 손이 건강하게 되었다(막 3:1-5).

9-13 여호수아는 하나님의 말씀을 받은 대로 이스라엘 백성에게 알려 주었다. 그가 말한 요점은 다음과 같다. 곧 ① 이스라엘 백성이 기적적으로 요단강을 건너게 된다는 것이다(13절). 이와 같은 기적의 목적은 이스라엘로 하여금 가나안 모든 민족들이 그들의 손에 정복된다는 사실을 더 확실히 알게 하려는 것이다. 하나님께서는 그의 권능으로 시작하신 일을 끝까지 그의 권능으로 이루어 주신다(빌 1:6). ② 하나님이 어떤 분이신지 알게 한다는 것이다. 곧 "살아 계신 하나님"이라고 하였고(10절). "온 땅의 주"라고도 하였다(11절). 이 두 가지 칭호는 살아 계신 하나님께서 어디에서나 역사하신다는 것을 알려 준다. 이같이 하나님을 믿는 신자들은 어디를 가든지(그 당시 이방인의 가나안 땅에서도) 두려워할 것이 없다.

14-17 "궤(언약궤)를 멘 제사장들의 발이 물가에 잠기자" 넘쳐흐르던 강물이 더 내려오지 못하고 담처럼 높이 쌓여 있었으므로 이스라엘 백성은 강 가운데 "마른 땅으로" 통과하였다. 요단강이 넘쳐흐를 때는 12척쯤 깊어진다고 하는데, 그 많은 물이 갈라져서 길이 생기고 남녀노소 할 것 없이 모두 다 건너간 것은 하나님의 기적으로 이루어진 놀라운 일이다. 그럼에도 불구하고 어떤 해석가들은 이 사건이 기적이 아니라 지진 때문에 일어난 일이라고 그릇된 주장을 펼친다. 그러면서 자신들은 언제나 역사적 사실에 근거하여 그런 주장을 한다고 내세운다. 아라비아 역사가 엔-누와이리(en-Nuwairi)는 말하기를 "1267년 12월 7일에 그 지방에 지진이 일어나서 약 10시간 동안 요단강에 흐르던 물이 막힌 적이 있었으며, 또 1927년에도 약 21시간 반 동안 그런 일이 있었다"고 하였다.[8] 그러나 설령 이스라엘 백성이 요

---

8) Geographie de la Palestine, F. M. Abel, I, 1933; II. 1938, 481.

단강을 건너려던 그때 이런 지진이 있었다고 하더라도 분명히 하나님의 기적적인 간섭에 의하여 그 지진이 일어났을 것이다. 그 이유는, 하나님께서 이스라엘이 기적적으로 요단강을 건너게 해 주시겠다고 미리 예언하셨기 때문이다(3:8, 13). 어쨌든 이때 이스라엘 백성이 요단강 물이 갈라진 마른 땅으로 건너간 것은 하나님의 기적으로 이루어진 사실이다. 하나님은 굳이 지진을 사용하시지 않고도 흐르는 물을 막으실 수 있었다. 40년 전에도 이스라엘 백성이 홍해를 육지같이 건너지 않았는가! 봉크(C. Vonk)는 이 사건에 대하여 다음과 같이 말하였다. 곧 "장정들뿐 아니라 여자들과 아이들과 가축들이 많았으므로 그들이 강을 건너는 데 상당한 시간이 걸렸을 것이다. 그리고 백성들이 다 건넌 후에는 법궤 멘 제사장들이 섰던 자리로 12명을 들여보내어 돌을 가져오게 하였으므로 그 또한 상당한 시간이 소요되었을 것이다. 그 후에 여호수아 자신이 마지막으로 육지에 올라갔을 것이다"라고 하였다.[9]

설교 ▶ 이스라엘이 요단강을 건넌 사건과 우리의 죽음(14-17절)

1. 요단강의 영적 의미

우리는 14-17절에 있는 이스라엘이 요단강을 건넌 사건에서 영적인 의미를 찾을 수 있다. 존 번연(J. Bunyan)이 요단강을 죽음의 상징으로 본 것은 성경적이라고 할 수 있다. 예레미야 12:5을 보면 요단강을 인간의 죽음으로 비유한 표현이 있다. 곧 "만일 네가 보행자와 함께 달려도 피곤하면 어찌 능히 말과 경주하겠느냐 네가 평안한 땅에서는 무사하려니와 요단강 물이 넘칠 때에는 어찌하겠느냐"라고 한 말씀이다. 여기서 "요단강 물이 넘칠 때에는"이란 표현은 최대의 환난, 곧 죽음을 가리킨다.

---

9) De Voorzeide Leer, Deel I^d, De Heilige Schrift, Inleiding op De Profeten, Jozua, 1972, 66.

2. 법궤를 멘 자들의 발이 물에 잠긴 것의 영적 의미

이스라엘 백성이 요단강 물에 들어가기 전에 법궤가 앞에서 행한 것에는 깊은 의미가 있다. 그것은 하나님이 이스라엘 앞에서 그들의 어려움을 해결해 주신다는 진리를 보여 준다. 또한 이 진리의 영적 의미는, 신자가 죽을 때에는 하나님께서 임재하셔서서 그가 평안히 죽도록 도와주신다는 것이다.

설교▶ 제사장들의 순종(14-17절)

1. 순종의 중요성

이스라엘 백성이 요단강을 마른 땅으로 건넌 것은 하나님의 기적으로 이루어진 사건이었다. 이 기적과 관련된 제사장들의 신앙도 놀랍다. 그것은 순종하는 신앙이다. 그들은 "요단 물가에 이르거든 요단에 들어서라"고 하신 하나님의 명령(8절)에 그대로 순종하여 물에 들어섰다(15절). 믿음과 순종은 분리될 수 없다. 그러므로 신자들의 많은 별명 중에서도 다음의 몇 가지는 그것이 가지는 순종의 특성을 보여 준다. 곧 신자를 가리켜서 ① 갓난아이 같다고 하였다(벧전 2:2). ② 아내와 같다고 하였다(엡 5:32). ③ 제물과 같다고 하였다(롬 12:1). ④ 죄인이라고 하였다(딤전 1:15). ⑤ 양이라고 하였다(요 10:14). 이는 모두 다 하나님께 순종할 자들이란 뜻이 있는 이름이다. 신자들을 가리켜 제사장, 왕, 선지자라고도 하는데, 이것은 하나님에 대한 그들의 신분을 말하는 것이 아니다. 그들이 만물과 죄와 세상에 대하여 어떻게 권위 있게 행해야 하는지를 가리킨다.

순종이 자유를 잃는 것처럼 생각되지만 사실은 그것이 자유를 보호하는 방법이다. 사람은 하나님께 순종하여 살도록 지음 받았다. 곧 그가 하나님의 형상으로 지음 받아 하나님을 알도록 설계되었다. 그러므로 하나님과 인간의 관계를 볼 때에도 순종이 중요하다. 사람은 하나님이 어떠한 분인지 아는 만큼 순종하며, 생명도 받고 기쁨과 자유도 누린다.

2. 권위 문제와 순종

1) 창조의 권위. 하나님은 창조자이시므로 피조물인 인간은 창조주이신 그의 권위에 순종해야 한다. 만일 인간이 하나님께 순종하지 않는다면 그것은 하나님과 다투는 것이다. 이사야 45:9-10에 말하기를, "질그릇 조각 중 한 조각 같은 자가 자기를 지으신 이와 더불어 다툴진대 화 있을진저 진흙이 토기장이에게 너는 무엇을 만드느냐 또는 네가 만든 것이 그는 손이 없다 말할 수 있겠느냐 아버지에게는 무엇을 낳았소 하고 묻고 어머니에게는 무엇을 낳으려고 해산의 수고를 하였소 하고 묻는 자는 화 있을진저"라고 하였고, 이사야 10:15에는 "도끼가 어찌 찍는 자에게 스스로 자랑하겠으며 톱이 어찌 켜는 자에게 스스로 큰 체하겠느냐 이는 막대기가 자기를 드는 자를 움직이려 하며 몽둥이가 나무 아닌 사람을 들려 함과 같음이로다"라고 하였다.

2) 사랑의 권위. 하나님은 우리를 구원하시는 사랑의 권위를 가지셨다. 따라서 우리는 그의 사랑의 권위에 순종해야 한다. 그의 사랑의 권위에 순종하지 않는 것은 사랑을 배반하는 것이다. 그 사랑은 사람이 사람 되게 하는 진리이고, 사람이 구원받게 하는 진리다. 그 사랑은 존재론적이고 구원론적이다. 그러므로 사람은 하나님께 순종해야 한다. 자식이 부모를 순종할 때도 이런 원리를 포함한다. 부모의 사랑은 하나님의 사랑에 비유된다(사 49:15; 히 12:9). 따라서 부모의 사랑에 순종하지 않는 자도 화를 당한다(잠 30:17).

제 4 장

✣ 내용분해

1. 요단강을 건넌 이적을 기념하기 위하여 강 가운데서 열두 개의 돌을 메어 옴(1-9절)
2. 기적적으로 요단강을 건너는 광경(10-14절)
3. 법궤를 멘 제사장들이 마지막으로 요단강에서 올라오자마자 강물이 다시 흐름(15-18절)
4. 길갈에 열두 돌을 기념으로 세운 사건과 그 기념석을 세운 목적 해설 (19-24절)

✣ 해석

1-3 이 부분 말씀은 아직 요단강을 건너는 일이 끝나지 않았을 때 하나님께서 여호수아에게 주신 명령이다. 그것은 곧 "백성의 각 지파에 한 사람씩 열두 사람을 택하고" 그들로 하여금 강 가운데 제사장들이 서 있는 곳에

서 열두 돌을 취하여 오게 하라는 것이었다. 그 목적은 이스라엘이 기적적으로 요단강을 건너게 하신 하나님의 능력을 후손들에게 전승하고 기억하게 하여 하나님을 영원토록 경외하게 하기 위함이다.

4-9 여호수아가 각 지파에서 한 사람씩 선출한 열두 사람에게 명하여 강 가운데, 곧 제사장들이 법궤를 메고 서 있는 곳까지 다시 들어가서 각각 돌을 한 개씩 가지고 오라고 하였다. 그리고 그는 강 가운데, 곧 제사장들이 서 있는 그 자리에 돌 열두 개를 기념석으로 세우게 하였다. 이것은 이스라엘의 후손들이 능력의 하나님을 믿게 하려는 것이다. 하나님께서는 한번 자기를 나타내신 사건을 통하여 대대로 인간에게 믿음을 주기 원하신다. 이것이 "단번에 주신 믿음의 도"의 목적이다(유 1:3). 주님은 과거에 행하신 것을 현재와 미래에도 행하신다. 우리는 주님께서 과거에 우리를 어떻게 인도하셨는지를 기억하고 현재의 삶을 재정비하며, 또 미래에 대하여 하나님 중심으로 올바른 비전(vision)을 가져야 한다.

10-14 이 부분 말씀에서 강조된 것은, 여호수아가 모세의 후계자로서 모세의 뜻을 그대로 이룬 지도자가 되었다는 것이다. "모세가 여호수아에게 명령한 일이 다 마치기까지"(10하) 백성들을 올바르게 지휘했으며, 또 "모세가 그들에게 이른 것 같이"(12절) 백성들이 담대하게 행진하도록 하였다. 여호수아가 이같이 훌륭한 후계자가 된 이유는 하나님께서 그렇게 되게 하셨기 때문이다(민 27:18-23; 수 3:7; 참조. 신 31:1-23). 하나님께서 친히 경영하신 일은 그가 정하신 때에 반드시 열매를 맺는다.

궤를 멘 제사장들이 요단 가운데에 서 있고 백성은 속히 건넜으며 모든 백성이 건너기를 마친 후에 여호와의 궤와 제사장들이 백성의 목전에서 건넜으며(10-11절). 이스라엘이 기적적으로 요단강을 건넌 사실(3:14-17)이 다시 진술된 것은 조금도 이상하지 않다. 이것은 앞(3:14-17)에 있는 기사에서 이어진 것일 뿐 반복이 아니며, 또 하나의 사건, 곧 제사장들이 요단강을 건넌 사실을 말하기 위한 것이다. 이 사건에 대해서는 15-18절에 더 자세하게 진술된다. 물론 여기서 어떤 내용들이 약간 중복되기는 한다. 이렇게 반복되어 거듭 기록된 것은 그 사건으로 말미암은 계시의 중요성을 강조하기 위해서이다. 히브리어 문법에서 반복은 강조를 의미한다. 그럼에도 불구하고 그레이(John Gray)는 이와 같은 중복이 이 부분(10-11절)이 여러 가지 문서로 편집된 증표라고 잘못된 견해를 말하였다.[10]

르우벤 자손과 갓 자손과 므낫세 반 지파는 모세가 그들에게 이른 것 같이 무장하고 이스라엘 자손들보다 앞서 건너갔으니(12절). 이들이 이같이 가나안 전쟁에 앞장선 것은 일찍이 모세 앞에서 서약한 대로 실행한(민 32장) 의리이다. 자기 가족들을 요단강 이편에 평안히 머물게 하였기 때문에 그들 자신은 가나안 전쟁에 끝까지 앞장서서 복무해야 했다. 여호수아 1:12-18에도 이 문제가 길게 언급된 것을 보아 그것이 매우 심각했음을 알 수 있다.

여호수아를 크게 하시매(14절). 하나님께서 교회의 지도자를 높이시는 목적은 그가 높아짐에 따라서 그가 회중에게 전하는 하나님의 말씀을 회중이 잘 순종하도록 하시려는 것이다.

15-18 이스라엘의 모든 백성이 다 요단강을 건넜고 제사장들만 법궤를 메고 강 가운데 남아 있었다. 그리고 마지막으로 여호수아는 하나님의 명령대로 제사장들에게 육지로 올라오라고 지시하였다. 그들의 발이 육지를 밟자마자 요단강의 물이 다시 흘러넘쳤다. 이는 하나님께서 그의 능력으로 그 물을 막아 주셨다는 증거이다.

19-24 이스라엘의 후손들에게 신앙이 생겨나고, 그들이 영원토록 하나님을 경외하게 하기 위하여 "길갈"이란 곳에 "열두" 기념석을 세웠다.

너희의 하나님 여호와께서 요단 물을 너희 앞에서 마르게 하사 너희를 건너게 하신

---

10) The Century Bible, Joshua, Judges, and Ruth, 1967, 58.

것이 너희의 하나님 여호와께서 우리 앞에 홍해를 말리시고 우리를 건너게 하심과 같았나니(23절). 롤다(A. Roorda)는 이 말씀에서 다음과 같은 비유의 암시를 찾아냈다. 그는 말하기를, "애굽은 죄에 매인 노예살이를 비유한다. 그러므로 이스라엘이 거기서 나오기 위하여 홍해를 건넌 것은 그리스도 신자들이 예수 그리스도를 믿는 믿음의 결단으로 죄악의 노예살이에서 건져진 사실을 비유한다. 또한 이스라엘의 광야 여행은 그리스도 신자들이 이 세상의 나그네인 것을 비유하며, 이스라엘이 요단강을 건너서 가나안에 들어간 것은 신자가 죽어서 천국에 들어가는 것을 비유한다"고 하였다.[11]

| 설교자료

1. 신앙의 계승(1-9절). 하나님께서는 여호수아에게 명령하여 요단강에서 돌 열두 개를 취하게 하셨고, 그것을 제사장들이 서 있던 자리에 기념석으로 세우게 하셨다. 그것은 이스라엘이 요단강을 기적적으로 건너게 하신 하나님의 권능을 후손들에게 전하여, 그들이 하나님을 경외하도록 하기 위함이다. 이것은 하나님을 믿는 신앙을 대대로 전승하는 기독교의 방법이다. 우리는 과거에 하나님께서 행하신 구원 사건을 그대로 믿고 구원을 받는다. 우리가 믿는 내용은 오늘날 갑자기 발견된 것이 아니라 옛날부터 믿어 내려오는 확고한 역사적 사실이다.

우리는 앞서간 사람들의 발자취를 따라서 현재의 태도를 결정해야 한다. 로빈슨 크루소가 파선하여 표류하다가 무인도에 닿았을 때 그 섬에서 사람의 발자국을 보고 그곳에 사람이 있었다는 사실을 깨달은 것과 같이, 우리

---

11) Het zag ook in Egypte het dienthuis der zonde, in de woestijnreis de reize door de woestijn van dit leven, in Kanaän het hemelsche Kanaän, beloofd aan allen die God vrzeezen. Jozua, De Held Gods, 1913, 60을 같은 책, 64에 비추어 意譯함.

는 과거에 나타났던 하나님의 기적적인 역사를 보고 하나님께서 살아 계신다는 것을 믿게 된다. 특히 하나님의 기적적인 역사에 대한 전승은 진실한 것이므로 우리는 더욱 그것을 믿는다. 바울은 말하기를, "청결한 양심으로 조상적부터 섬겨 오는 하나님"이라고 하였다(딤후 1:3). 하나님의 모든 말씀은 사람의 양심을 향한다. "왜 믿지 않는가?" "왜 사랑하지 않는가?"라고 꾸짖는 내용으로 성경은 우리의 양심(거듭난 양심)을 향하여 외친다.

2. 이스라엘은 요단강을 건널 때 질서와 규율을 지켰다(10-18절). 그때 르우벤 지파와 갓 지파와 므낫세 반 지파가 먼저 무장한 선발대로 건넜고, 그 뒤에 백성이 건넜고, 언약궤를 멘 제사장들이 마지막으로 건넜다. 이것을 보면 그 당시 온 백성이 각각 자기의 책임을 다했음을 알 수 있다. 무장한 사람들은 전장에서 선봉에 서야 하기에 앞에서 건너갔고, 제사장들은 언약궤를 메고 서서 사람들이 다 건너도록 해야 했기 때문에 요단강 가운데에 섰다가 마지막으로 건넜다. 즉 그들은 희생자의 책임을 한 것이다. 이와 같은 상황은 교회와 가정에도 적용하여 생각할 수 있다. ① 교회에는 무장한 군인과 같이 불신자들을 회개시키는 전도자들이 있어야 하고, 또 교회 전체를 위하여 희생하는 교역자들이 있어야 한다. 그리고 ② 가정에는 전투적으로 가사를 위하여 힘쓰는 자녀들이 있어야 하고, 또 그 가족을 위하여 희생적으로 봉사하는 부모가 있어야 한다. 무엇보다 이 모든 노력과 희생은 하나님 중심이어야 한다.

제 5 장

✤ 내용분해

1. 이스라엘이 요단강을 건넌 사실로 인하여 원수들이 놀람(1절)
2. 이스라엘 민족이 할례를 받음(2-9절)
3. 이스라엘 민족이 유월절을 지킴(10-12절)
4. 여호와의 군대장관이 여호수아에게 나타남(13-15절)

✤ 해석

1 요단 서쪽의 아모리 사람의 모든 왕들과 해변의 가나안 사람의 모든 왕들이. 그들은 여호와께서 그의 크신 능력으로 이스라엘 백성을 인도하신 소문을 듣고 놀랐을 뿐 아니라, 이스라엘 백성들 때문에 공포에 사로잡혔다. 이와 같은 그 왕들의 공포심은 여호와의 능력 때문이었다. 그들의 기세가 이처럼 위축되었으므로 그들과 싸우기만 하면 이스라엘 민족이 승리하게 될 것이 명백했다. 그럼에도 불구하고 하나님은 이스라엘 민족이 전진하기 전에 할례를 받도록

명하셨다(2절). 하나님의 백성이 전쟁에서 확실한 승리를 얻으려면 먼저 성결해야 한다. 신자들의 신앙생활에서 벌어지는 영적 전쟁도 마찬가지이다.

2-3 그 때에 여호와께서 여호수아에게 이르시되 너는 부싯돌로 칼을 만들어 이스라엘 자손들에게 다시 할례를 행하라 하시매 여호수아가 부싯돌로 칼을 만들어 할례 산에서 이스라엘 자손들에게 할례를 행하니라. 이스라엘 백성이 오랫동안 광야 생활을 하며 할례를 행하지 못했으므로 가나안을 점령하기 전에 그들의 허물을 바로잡아야 했다. 모세도 이스라엘을 애굽에서 인도해 내는 큰일을 하기 전에 먼저 그의 아들에게 할례를 행하였다(출 4:24-26). 하나님의 사람들에게는 그들이 무슨 큰일을 이루는 것보다 더 귀한 것이 있다. 그것은 하나님의 거룩한 규례(율례)를 지키는 것이다. 신약 시대 성도들에게 할례는 그들이 스스로를 돌아보고 깨달아 다시 믿음으로써(고전 16:13) 그리스도 안에 확고히 거하여 죄를 떠나는 것이다(골 2:11-12).

이스라엘이 전투에 임하기 전에 할례를 행한 것은 사실 위험한 일이었다. 사람들이 할례를 받고 고통스러워할 때에 적군이 틈을 타서 공격해 올 우려가 있기 때문이다(창 34:24-29 참조). 그러나 여호수아는 하나님의 명령에 믿음으로 순종하였다. 그는 무엇보다 중요하고 시급한 것이 하나님 백성의 성결 문제라는 것을 잘 알고 있었던 것이다. 때마침 요단 서쪽의 나라들이 이스라엘을 두려워하여 정신을 잃고 있었으므로(수 5:1) 그들의 갑작스러운 공격은 없을 것이었다.[12] 이것도 하나님의 섭리에서 비롯된 결과이다.

4-7 이스라엘 백성 중 광야에서 난 자들은 다 할례를 받지 못하였다. 그 이유는 "길에서는 그들에게 할례를 행하지 못하였"기 때문이다(7하). 지난 40년 동안 이스라엘 백성은 광야 생활을 하며 온전히 하나님의 인도하심(불기둥과 구름기둥)을 따라 움직이고 멈추었다. 그러므로 그들은 한 곳에 얼마

---

12) C. Vonk, De Voorzeide Leer, Deel I^d, De Heilige Schrift, Inleiding op De Profeten, Jozua, 1972, 83.

동안 머물게 될지 전혀 모르고 행진하였고(민 9:15-23), 일정한 기간이 소요되는 할례도 행할 수 없었다.

8-9 또 그 모든 백성에게 할례 행하기를 마치매 백성이 진중 각 처소에 머물며 낫기를 기다릴 때에 여호와께서 여호수아에게 이르시되 내가 오늘 애굽의 수치를 너희에게서 떠나가게 하였다 하셨으므로 그 곳 이름을 오늘까지 길갈이라 하느니라. "애굽의 수치"란 것은 애굽에 속하여 있을 때에 애굽의 우상도 섬겼던 수치스러운 이스라엘의 신분을 말한다. 그들은 광야에서도 그 수치를 완전히 벗어 버리지 못하고 40년이란 긴 세월을 유리하였던 것이다. 그러나 이제는 가나안 땅에 들어서면서 할례를 받았으니 비로소 그 수치를 버리고 새출발을 하게 되었다. 그들이 할례를 받은 것은 그들이 완전히 하나님께 속했다는 증표이다. 그러므로 할례받은 그 지역을 "길갈"(גִּלְגָּל)이라고 불렀고, 그 말은 "굴려 버린다"는 의미를 지녔다. 곧 그들이 할례를 받은 것은 애굽에서의 수치를 벗어 버린 것과 같다는 뜻이다.

신약 시대에 이루어지는 신자들의 영적 할례는 외형적인 의식이 아니라 성령으로 말미암는 심령의 변화를 가리킨다(겔 36:26; 참조. 빌 3:3). 그러므로 심령이 완악하여 의로운 말씀에 순종하지 않는 자는 아직 영적 할례를 받지 못한 자이다.

10-12 이스라엘 백성이 여리고 평지에서 유월절을 지킨 것은 의미심장하다. 이것은 구원의 새로운 의미를 가리킨다. 그들이 애굽에서 나온 것도 구원이었지만 이제 광야의 고난을 벗어나 가나안에 들어온 것은 구원의 완성을 상징한다. 가나안은 천국의 예표라고 할 수 있다.

그들이 가나안에서 그 땅의 곡식을 먹은 이튿날부터 만나가 내리지 않았다고 한다. 이것도 의미심장하다. 광야 생활 40년 동안 그들에게 만나가 내린 것은 하나님의 기적적인 사랑의 간섭이었다. 그러나 이제는 그들이 하나님의 자연 은총으로 생산되는 곡식을 먹을 수 있게 되었으므로 하나님께서 그와 같은 기적을 더 이상 행하시지 않으셨다. 기적은 자연법칙으로 행할 수 없는 어떤 일을 담당하는 법이다. 그런 일을 할 수 없는 때에 우리는 기적이 나타나기를 기도할 수 있다. 그러나 그럴 때도 기적이 나타나고 나타나지 않는 여부는 어디까지나 하나님의 주권에 달려 있다. 하나님은 결코 인간의 게으름을 조장하는 불필요한 기적을 행하시지 않는다.

13-15 여리고 가까이에서 여호수아에게 나타난 "여호와의 군대 대장"(שַׂר־צְבָא־יְהוָה)은 보통 전사가 아니라 여호와를 대리하는 자, 곧 여호와 자신(그리스도)이시다. 그것은 "네 발에서 신을 벗으라"고 하신 말씀에서 드러난다. 여호와께서 전에 모세에게 나타나셨을 때도 그와 같은 말씀을 하셨다(출 3:5). 이제는 이스라엘이 가나안을 정복하기 시작하려 할 때에 여호와께서 친히 동행해 주실 것을 약속하신 것이다.

"여호와의 군대 대장"이 나타나신 일에 대하여 봉크(C. Vonk)는 몇 가지 중요한 해석을 하였다. 곧 여호와께서 이스라엘 백성에게 가나안 민족들을 심판하는 사명을 주셨고, 이제 그 사명을 수행하기 위하여 이스라엘이 전쟁을 시작하게 된다. 이때 "여호와의 군대 대장"이 여호수아 앞에 나타나신 것은 의미심장하다. 그분은 바로 여호와 자신이시다. 이는 마치 신약 시대에 예수 그리스도께서 하나님의 보내심을 받아 이 땅에 오셨지만, 그분 자신이 하나님이신 것과 마찬가지이다. 이때 여호수아 앞에 나타나신 분이 그리스도시다. 그가 이때 나타나셔서 가나안 왕들을 진멸하도록 도와주신 것은 세상 끝 날에 이 세상의 적그리스도 나라들을 진멸하실 일을 예표한다(계 19:11-21 참조). 신약 시대에는 그가 여호와의 종으로 사람처럼 육체를 입고 오셔서 우리의 구원을 이루어 주셨다. 그러나 장차 승리하신 그리스도의 자격으로 온 땅을 깨끗하게 하시기 위하여 곧 오실 것이다.[13]

---

13) De Voorzeide Leer, Deel I⁴, De Heilige Schri-ft, Inleiding op De Profeten, Jozua, 1972, 88-92 해석역.

| 설교자료

1. 할례를 행하는 것에 대하여(2-9절). 이것은 인간의 육적 부패성을 제거하는 비유적인 의식인 동시에 하나님의 약속을 믿고 자녀를 하나님께 드리는 행위이기도 하다(창 17:7, 11). 할례를 받은 자는 하나님의 백성이 된다. 이것은 약속에 의한 것이다. 이것이 신약 시대에는 믿음으로 말미암아 그리스도와 연합함으로써 하나님의 자녀 됨을 예표한다(골 2:11-12; 참조. 요 1:12-13).

이스라엘은 가나안 땅에 들어가면서 많은 전쟁을 해야 하는 상황이었고 그 전쟁은 그들의 힘만으로 할 수 없었다. 그들이 하나님의 능력을 힘입을 때만 그 전쟁에서 승리할 수 있었기에 그들은 무엇보다 먼저 하나님을 그들의 하나님으로 모시는 일을 해야 했다. 그것은 할례를 행함으로써 거룩한 백성이 된다는 하나님의 약속을 믿고 실행하는 것으로 성취되었다. 이처럼 약속은 귀한 것이다. 신약 시대의 신자들도 하나님의 약속대로 그리스도를 믿어야만 구원의 축복을 받게 된다(요 3:16 참조). 오늘날 교회에 다니는 사람들 중에는 하나님을 믿는다고 자처하면서도 기독교 신앙을 등한히 여기는 사람들이 많다. 참으로 유감스러운 일이다. 그들의 신앙은 철학이 될 수는 있어도 구원받는 신앙이 될 수는 없다. 구원에 이르는 신앙은 하나님의 약속에 근거하여 죄인을 위해 피 흘려 사죄해 주신 그리스도를 믿는 것이다. 이렇게 약속을 믿음으로써 그리스도와 연합하는 것은 경험적인 사건이 아니라 법적인 결정이다. 우리가 믿음으로 이와 같은 법적 사건에 참여하면 영적인 위로와 기쁨을 경험한다.

2. 유월절을 지키는 것에 대하여(10-11절). 이스라엘 백성이 요단강을 건넌 후 여리고 평지에서 첫 번째 유월절을 지켰다. 유월절을 지키는 것은 하

나님의 구원의 사랑을 기념하는 행사인 동시에 그의 구원의 능력을 전승하는 신앙 행위이다. 다시 말하면, 이 명절을 지키는 것은 "영원한 규례로 삼아…대대로 이날을 지킬지니라"고 하신 하나님의 명령(출 12:17)에 순종하면서 유월절 양으로 예표 되신 메시아(그리스도)를 바라보는 신앙 행위였다(고전 5:7). 신약 시대에는 신자들이 그리스도께서 제정하신 성찬 예식에 참여하면서 그(그의 살과 피)를 기념한다. 구약 시대에 유월절을 지키는 내용에도 신약 시대 성찬 예식의 의미가 포함되어 있다. 곧 ① 유월절에 잡는 흠 없는 어린 양은 그리스도를 비유하며,[14] ② 그 양의 피는 그리스도께서 죄인의 죽음의 문제를 해결하기 위하여 십자가 위에서 흘리신 피를 예표하고(출 12:23; 롬 3:25), ③ 쓴 나물을 먹는 것은 죄를 원통하게 여기는 회개를 비유한다(출 12:9; 고전 11:28).

   3. 만나가 그친 것에 대하여(12절). 이스라엘 백성이 식량 없는 광야를 여행할 동안에는 하나님께서 그들에게 만나를 내려 주셨다. 그러나 그들이 광야 여행을 마치고 곡식이 있는 가나안 땅에 들어온 후에는 만나가 그쳤다. 하나님의 기적은 기계적으로 나타나는 것이 아니라 살아 계신 그분의 선하신 판단에 따라 그가 친히 행하신다. 옛날의 기적과 똑같은 것이 오늘날에는 나타나지 않는다고 하여 현대인들이 기적을 믿지 못하겠다고 생각하는 것은 선하신 주권과 지혜로 행하시는 살아 계신 하나님에 대한 그들의 불신앙이다.

   4. 여호와의 군대 대장이 나타나신 일에 대하여(13-15절). 이 일이 있은 후에 여호수아는 여리고 정복에 대한 여호와의 지시 받았다(6:2-5). 이스라엘 사람들은 그 지시대로 단지 여리고 성을 매일 한 번씩 엿새 동안 돌고, 일

---

14) 출 12:5; 고전 5:7; 히 7:26-27; 벧전 1:19.

곱째 날에는 일곱 번 돌았을 뿐인데 그 순간 성이 무너졌다. 이것이야말로 부전승이다. 여호와의 군대 대장이 싸워서 이기신 결과이다. 신약 시대에 우리 신자들이 얻은 구원이 바로 이런 구원이다. 예수님께서 말씀하신 대로 이루어진 것이다. 곧 "세상에서는 너희가 환난을 당하나 담대하라 내가 세상을 이기었노라"고 하신 말씀이다(요 16:33; 참조. 사 63:1-6; 계 12:7-9; 19:11-21).

제 6 장

✤ 내용분해

1. 이스라엘 민족으로 인하여 굳게 닫힌 여리고 성(1절)
2. 여호수아에게 임한 하나님의 말씀(2-5절)
3. 여호수아가 하나님의 말씀대로 백성에게 부탁함(6-7절)
4. 이스라엘이 첫날에 여리고 성을 한 바퀴 돎(8-11절)
5. 이스라엘이 둘째 날에서 여섯째 날까지 매일 여리고 성을 한 바퀴씩 돎(12-14절)
6. 이스라엘이 일곱째 날에는 여리고 성을 일곱 번 돌았고 성이 무너짐 (15-21절)
7. 기생 라합과 그에게 속한 자들을 구원함(22-25절)
8. 여호수아가 여리고 성 재건을 엄하게 금함(26-27절)

✣ 해석

1 이스라엘 자손들로 말미암아 여리고는 굳게 닫혔고 출입하는 자가 없더라. 여기서 "굳게 닫혔고"란 말(סֹגֶרֶת וּמְסֻגֶּרֶת)은 매우 견고하게 닫혔다는 뜻이다. 여리고 성 사람들은 이스라엘의 공격을 막기 위하여 성문을 굳게 닫고 출입을 금하고 있었다. 이것을 보면 그들이 믿은 것은 견고한 성벽이었다. 그러나 하나님은 인간이 하나님 외에 다른 것을 믿을 때 그가 믿는 대상을 조만간 파괴하신다.

많은 학자들은 여리고 성이 굳게 닫힌 사실에 대하여 사람들이 복음을 받지 않으려고 그들의 마음 문을 굳게 닫고 있는 것을 비유한다고 해석한다. 그러나 이같이 굳게 닫힌 마음도 하나님은 살과 같이 부드럽게 하시며 또한 열어 주시기도 한다(겔 36:26; 행 16:14).

2-5 봉크(C. Vonk)는 이 부분의 말씀을 5:13-15에서 이어지는 것으로 보고 다음과 같이 문맥을 찾아서 그 뜻을 연관시켰다. 곧 ① 전쟁의 지도자가 나타나고,[15] ② 작전 계획이 알려진 것이라고 하였다.[16] 즉 이 부분(6:1-5)에서 하나님의 명령으로 지시된 작전 계획은 5:13-15에 나타나신 "여호와의 군대 대장"이 말씀해 주신 것이라는 것이다.

여기 지시된 대로 여리고 정복의 작전 계획은 기적적인 것이다. 이것은 여호수아의 지휘 아래 있는 이스라엘 백성에게 소망과 확신을 준다. 그들의 힘으로는 굳게 잠겨 있는 여리고 성을 정복할 방법이 없었다. 그러나 그들은 하나님의 도우심으로 승리하도록 되어 있었다.

이 부분(2-5절)에 자주 나오는 숫자 "일곱"은 이 부분의 말씀이 상징적

---

15) De krijgsheer komt. 5:13-15.
16) De krijgstactek bekenidgemaakt, 6:1-5.

의미도 포함하였음을 알려 준다. 곧 일곱은 하나님께 속한 완전함을 상징하는 숫자이므로, 여리고 성을 무너뜨리는 것은 전적으로 하나님의 능력으로만 되는 것이라는 사실이 계시되어 있다.

이스라엘이 엿새 동안 아무 소리도 내지 않고 여리고 성을 매일 한 바퀴씩 돈 것에는 깊은 의미가 담겨 있다. 이것은 고요하게 주님을 믿고 기다리는 행위라고 할 수 있다. 어떤 때에는 신자가 그 신앙의 열매를 보게 되기까지 많은 시간이 소요되기도 한다(애 3:25-26 참조).

그렇다면 이스라엘이 일곱째 날에 여리고 성을 일곱 번 돌면서 나팔을 불며 소리친 것은 무엇을 의미하는가? 그것은 하나님의 능력이 나타나는 것을 선포하는 행동이다. 그리스도께서 재림하실 때도 그의 구원의 능력을 선포하는 하나님의 나팔 소리가 나게 될 것이다(마 24:31; 고전 15:51-52; 살전 4:16 참조).

이스라엘이 엿새 동안 여리고 성을 돌 때 하나님께서는 아무런 능력도 행하지 않으시고 잠잠히 이스라엘의 믿음을 지켜보셨다. 그들은 하나님의 약속대로 마침내 성이 무너질 것을 확신했으므로 끝까지 순종하였다. 이렇게 믿음으로 일관하는 자들에게는 하나님의 능력이 임하는 분명한 때가 있는 법이다.

6-7 여호수아는 하나님의 말씀을 받은 대로 이스라엘 백성에게 그들이 행할 것을 지시하였다. 신자들이 때때로 난관과 역경을 만났을 때 그것을 가장 참되고 안전하게 해결하는 방법은 하나님의 말씀(성경)으로 지시를 받는 것이다. 또한 이스라엘이 성을 돌 때에 매일 언약궤를 앞세우고 행한 사실은 우리에게 중요한 교훈을 준다. 구약 시대에 언약궤는 하나님의 임재를 상징하는 것이었다. 신자들이 어려운 일을 당할 때는 가장 먼저 하나님을 찾으며 그를 모시는 것이 무엇보다도 중요하다. 곧 간절한 기도와 순종으로 하나님의 도와주심을 기다리는 것이다(시 50:15; 55:22; 약 5:13상 참조).

8-14 이스라엘은 하나님의 말씀대로 하루에 한 바퀴씩 여리고 성을 돌고 진영으로 돌아왔고, 이것을 같은 방법으로 엿새 동안 되풀이하였다. 이는 이스라엘이 강적인 여리고를 정복하는 방법이었으며, 오직 하나님의 지시대로 순종한 것이었다. 하나님께서는 그를 믿고 순종하는 자가 아무리 약할지라도 그의 순종을 통하여 큰일을 이루신다. 고린도전서 1:27-29에 말하기를, "하나님께서 세상의 미련한 것들을 택하사 지혜 있는 자들을 부끄럽게 하려 하시고 세상의 약한 것들을 택하사 강한 것들을 부끄럽게 하려 하시며 하나님께서 세상의 천한 것들과 멸시 받는 것들과 없는 것들을 택하사 있는 것들을 폐하려 하시나니 이는 아무 육체도 하나님 앞에서 자랑하지 못하게 하려 하심이라"고 하였다.

15-16 이레 되는 날 온 이스라엘은 새벽에 일찍 출발하여 성 주위를 일곱 번 돌았다. 그들은 여호와의 지시대로 끝까지 순종하였다. 신자들의 신앙생활에서 끝까지 참고 순종하는 것은 매우 귀하다. 우리는 하나님의 축복과 능력의 도우심을 받는 마지막 순간까지 계속 순종해야 한다.

17-19 여호수아가 이스라엘 자손들에게 여리고 성에 속한 사람이나 물건에 대한 처리 방법을 지시하였다. 그것은 모두 다 멸망시키고 여호와께 바치라는(חרם) 것이었다. 여리고 성은 가나안 땅의 첫 성이었으므로 하나님께서는 그들에게 그 처음 열매를 바치라고 하셨다(Calvin). 그들이 바치는(חרם) 방법은 하나님의 진노를 풀어 드리는 일종의 심판으로서, 그 성 안의 모든 생명체를 칼로 완전히 멸하는 것이었다(21절). 이때 여호와를 믿었던 사람 라합과 그 가족 외에는 모두 다 멸망하였는데, 이것은 이 세상 마지막 날에 불신자들이 모두 다 영원히 멸망받을 일에 대한 모형이라고도 할 수 있다. 신앙이 얼마나 귀한가! 라합은 기생 신분이었고, 멸망한 성인 여리고의 시민이었지만 오직 그의 믿음 때문에 그와 그 집이 구원을 받았다(히 11:31).

은금과 동철 기구들은 다 여호와께 구별될 것이니 그것을 여호와의 곳간에 들일지니

라. 이것은 여호와께 완전히 바치는 것(חֵרֶם)이다(레 27:28-29). 이렇게 드려진 물건은 사람이 사용할 수 없다. 만일 사람이 그것을 다시 취하면 그 사람 자신이 바쳐지는 것(חֵרֶם)이 되고, 그것은 곧 죽음의 심판이 된다(수 6:18).

20-21 이에 백성은 외치고 제사장들은 나팔을 불매 백성이 나팔 소리를 들을 때에 크게 소리 질러 외치니 성벽이 무너져 내린지라 백성이 각기 앞으로 나아가 그 성에 들어가서 그 성을 점령하고 그 성 안에 있는 모든 것을 온전히 바치되 남녀노소와 소와 양과 나귀를 칼날로 멸하니라. 이스라엘이 마지막으로 성을 돌 때에 그 성이 무너진 것에는 깊은 의미가 담겨 있다. 이것은 이 세상이 오랫동안 하나님을 대적하지만 결국에는 멸망할 것을 가리키는 모형이다. 이때 이스라엘이 여리고의 남녀노소를 한 사람도 남김없이 다 죽인 것은 몹시 잔인해 보인다. 그러나 가나안 땅의 여러 족속은 그와 같은 멸망을 받아도 아깝지 않을 만큼 심히 부패하고 악하였다. 하나님은 언제나 진노 중에도 긍휼을 베푸시기를 기뻐하시며(합 3:2), 죄인이 회개하고 구원받기를 원하신다(겔 18:23). 그러나 죄악이 너무도 가득하고 끝까지 회개하지 않는 자에게는 최후 심판을 내리신다. 그러므로 여리고 성에 내리시는 하나님의 심판은 가나안 땅 여러 족속의 죄가 얼마나 극악하였는지를 보여 준다. 자비로우시며, 은혜로우시며, 노하기를 더디 하시며, 인자하심이 풍부하신 하나님의 사랑(시 103:8) 앞에서도 녹아들지 않는 완악한 자들은 하나님의 공의로운 심판밖에 받을 것이 없다. 하나님은 그들의 죄악이 최고도로 가득할 때까지 심판을 미루고 기다리다가 행하신다(창 15:16 참조).

22-23 **그 기생의 집에 들어가서 너희가 그 여인에게 맹세한 대로 그와 그에게 속한 모든 것을 이끌어 내라**(22절). 여호수아가 그 땅을 정탐한 두 사람으로 하여금 그 기생에게 맹세한 것을 이행하도록 명하였다. 그러므로 그 사람들이 라합의 집에 들어가서 그녀와 그의 부모 형제와 그녀에게 속한 모든 것을 이끌어 내어 이스라엘 진 밖에 두었다. 이 말씀을 보면 신자들을 구원하시기 위

한 하나님의 열심이 지극히 큰 것을 알 수 있다. 기생 라합을 구원하실 일에 대하여는 성이 무너지기 전에도 하나님께서 여호수아를 통하여 다짐하셨다(17절). 이같이 그는 자기 백성을 끝까지 기억하시고 구원하신다(사 49:15).

"그 여인에게 맹세한 대로." 여리고로 갔던 두 정탐꾼이 라합에게 맹세한 것은 여호와의 이름으로 한 것이었다(수 2:13-14). 여호수아가 이처럼 하나님의 이름과 관련된 맹세를 실행한 것은 하나님의 이름을 귀히 여기는 그의 신앙적 행동이다(시 15:4 참조).

24-25 이 부분에는 모든 것이 불타는 멸망 중에도 기생 라합과 그의 가족들은 구원을 받았다고 서술되었다. 이것은 하나님의 약속이 그것을 믿는 자들에게 결국 그대로 실현된다는 것을 강조하는 것이다.

그가 오늘까지 이스라엘 중에 거주하였으니(25절). 그는 훗날 다윗의 조상이 되었고, 또한 예수 그리스도의 조상도 되었다. 이와 같은 사실은 이후에 신약 시대의 많은 이방인들이 새로운 이스라엘의 반열에 참가하게 되는 일들의 전주곡이기도 하다. 시편 87:6에 말하기를, "여호와께서 민족들을 등록하실 때는 그 수를 세시며 이 사람이 거기서 났다 하시리로다"라고 하였다(시 87:1-7 참조).

26-27 **누구든지 일어나서 이 여리고 성을 건축하는 자는 여호와 앞에서 저주를 받을 것이라**(26중). 하나님께서 여리고 성을 재건하지 못하게 하신 이유는 그의 능력으로 이루신 기적적인 사건을 영구히 보존하여 후세들을 교훈하시기 위해서다. 곧 죄악을 멸하시고 그의 택하신 백성들을 구원하시는 공의와 사랑의 하나님의 능력을 보여 주시려는 것이다.

그 기초를 쌓을 때에 그의 맏아들을 잃을 것이요 그 문을 세울 때에 그의 막내아들을 잃으리라(26하). 이 예언은 유다의 아합 왕 시대에 이루어졌다. 곧 벧엘 사람 히엘이 여리고를 건축하다가 그의 두 아들을 잃었다(왕상 16:34).

│ 설교자료

1. 이스라엘이 여리고 성 주위를 돌기만 했는데도 그 성이 무너진 사건은 온전히 하나님의 권능으로 이루어지는 일이다. 우리가 하나님을 전능하신 하나님으로 믿을 때 우리에게 기쁨과 평안과 영생이 있다. 천지 만물을 창조하신 분이 이런 기적을 행하지 못하시겠는가! 신자로서 이런 기적을 못 믿는다면 아직도 하나님을 하나님으로 믿는다고 할 수 없다. 그뿐 아니라 기적을 못 믿는 그 사람이 영혼 구원 또한 진정으로 믿는 것인지 의심하지 않을 수 없다.

어떤 사람들은 여리고 성이 무너진 것은 그 당시에 일어났던 지진 때문에 그렇게 된 것이라고 이야기한다. 그러나 그것이 설령 지진 때문이었다고 할지라도 그것 역시 일종의 기적 아니겠는가? 하나님께서 미리 말씀하신 대로 이스라엘이 엿새 동안이나 성을 돌았고, 일곱째 날에 이르러 성이 무너졌다. 그것을 굳이 지진 때문이었다고 한다면 그것이야말로 하나님의 특별하신 간섭으로 일어난 지진이라고 할 수밖에 없다. 그럼에도 우리는 지진 때문에 그 성이 무너진 것이라고 할 이유가 없다. 하나님께서는 땅을 흔들지 않으시고도 고요하게 그의 능력으로 그 성을 무너뜨리실 수 있다. 하나님이 행하신 기적을 지진의 결과라고 억지를 부리지 말아야 한다. 하나님의 방법은 우리의 지식으로 다 측량할 수 없다.

2. 이스라엘이 7일 동안 여리고 성 주위를 돈 것은 그들의 믿음을 행동으로 나타낸 것이다(히 11:30 참조). 그 이유는 그들이 여호수아가 전한 하나님의 말씀대로 그렇게 하였기 때문이다(롬 10:17 참조). 믿음은 신자의 마음 한 모퉁이에 관념적으로 있는 것으로 충분한 것이 아니다. 그가 믿은 대로 반드시 실행되어야 한다.

3. 여리고 성 함락과 관련된 몇 가지 중요한 영적 교훈이 있다

1) 여리고 성이 무너지기 전에 그들이 6일 동안 그 성 주위를 돈 것은 그들의 신앙을 훈련하시려는 하나님의 인도하심이었다. 신앙의 성과가 나타나기 전에도 계속 신앙을 지켜야 하는 것은 오늘날의 신자들에게도 동일하게 해당하는 중요한 문제다.

2) 여리고 성을 무너뜨리는 비결을 하나님께서 여호수아에게 먼저 말씀하셨고(1-5절), 여호수아가 이스라엘 백성들에게 그 말씀을 전하였다(6-7절). 이것은 모든 시대에 적용되는 기독교의 지도 원리다. 하나님께서는 언제나 특정한 인물을 세우시고 그를 통하여 일반 대중을 지도하게 하신다. 그리고 모든 사람이 그 지도를 받고 순종하게 하신다. 순종하는 것이 지도하는 것보다 쉽고 비교적 안전하다(약 3:1).

3) 이스라엘이 여리고 성을 돌 때에는 아무 소리도 내지 않고 6일 동안 고요하게 돌았다. 그들이 소리를 낸 것은 성이 무너지기 직전뿐이었다. 이것도 하나님께서 일하실 때의 특성을 보여 준다. 하나님은 조용히 역사하신다. 창조, 섭리, 중생에 관한 그의 역사는 모두 고요하다(Pink).

제 7 장

✤ 내용분해

1. 이스라엘 자손들의 범죄와 여호와의 진노(1절)
2. 여호수아가 아이 성으로 사람을 보내어 정탐하게 함(2-3절)
3. 이스라엘이 아이 성 사람들에게 패배를 당함(4-5절)
4. 여호수아가 하나님께 기도함(6-9절)
5. 여호와께서 이스라엘이 실패한 원인을 알려 주심(10-12절)
6. 여호와께서 여호수아에게 사건을 처리할 방법을 계시하심(13-18절)
7. 여호수아가 아간을 권면하여 자복하게 함(19-21절)
8. 여호수아가 사람들로 하여금 아간이 감추어 둔 물건을 가져오게 함 (22-23절)
9. 여호수아가 아간과 그 가족을 징계함(24-26절)

✣ 해석

1 아간이 온전히 바친 물건을 가졌음이라. 유다 지파에 속한 "아간"이란 자가 여리고 점령 당시에 "바친 물건"(חרם), 곧 하나님께 바치고 사람이 가져서는 안 되는 물건을 훔쳤다. 이것은 단순한 도둑질로 끝나는 것이 아니라 하나님을 모독한 큰 범죄였다. 여리고 성의 모든 물건을 하나님께 바치라고 하신 것은(6:17-19) 그 성을 완전히 멸망시키려는 하나님의 진노를 의미하는 것이다. 그럼에도 불구하고 아간이 그 성의 물건을 탐하여 취득한 것은 하나님의 진노를 무시한 반역 행위였다. 아간의 이와 같은 행동 때문에 이스라엘 전체가 아이 사람들에게 패하는 화를 당하게 되었다. 이런 의미에서 "이스라엘 자손들이 온전히 바친 물건으로 말미암아 범죄하였으니"라고 하였다. 그 이유는 아간의 행동이 비록 개인적인 범죄였을지라도 그가 속해 있는 공동체 전체에 손해를 끼쳤기 때문이다.

2-5 여호수아가 사람을 보내어 아이 성을 정탐한 결과 그 성을 정복하는 일은 매우 용이한 것으로 판단되었다. 그래서 그는 소수의 군대를 보내어 전쟁하였으나 실패하고 말았다. 사람이 보기에는 쉬운 일 같을지라도 하나님께서 이루어 주지 않으시면 그 일이 성사되지 않는다. 잠언 21:30-31에 말하기를, "지혜로도 못하고, 명철로도 못하고 모략으로도 여호와를 당하지 못하느니라 싸울 날을 위하여 마병을 예비하거니와 이김은 여호와께 있느니라"고 하였다. 또한 믿음의 용장 다윗은 말하기를, "전쟁은 여호와께 속한 것"이라고 하였다(삼상 17:47).

백성의 마음이 녹아 물 같이 된지라(5하). 주님을 의지하는 믿음이 없는 사람들의 마음은 염려와 걱정과 공포심이 주장한다. 이때 아이 성을 치기 위하여 나아갔던 이스라엘 군대는 하나님께서 그들과 함께해 주시지 않았기 때문에 두려움에 사로잡혔다.

6-9 여호수아는 이스라엘이 패배했다는 소식을 듣고 극도로 슬퍼하며 하나님의 궤 앞에 엎드려 기도하였다. 그가 어려운 일을 당하였을 때 하나님께 나아가 기도한 것은 성도의 모범이 된다. 여호수아의 기도 내용을 분석하면 다음과 같다. ① 질문 형식으로 말하며 상황을 바르게 알고자 했다(7절). 곧 그는 이스라엘이 전쟁에서 패한 원인을 알고자 했다. 이와 같은 기도는 하나님 앞에 합당하지 않은 것처럼 보인다. 그러나 이것은 그와 하나님 사이에 아무 장벽이 없이 표현된 신앙의 대화라고 할 수 있다. 진실한 성도는 경우에 따라 하나님께 질문하듯 기도하기도 한다. 그것은 불신앙이 아니라 진리를 알기 위한 사랑의 태도다. ② 하나님의 이름이 훼손될까 봐 두려워했다(8-9절). 진실한 성도는 어떠한 문제를 만나든 주님의 이름을 귀하게 여긴다. 심지어 자기의 생명보다도 하나님의 이름을 귀중히 여긴다.

10-12 하나님께서 이스라엘 백성에게 그들이 전쟁에서 패한 원인을 알려주신다.

일어나라 어찌하여 이렇게 엎드렸느냐(10하). 하나님의 이와 같은 말씀은 여호수아의 기도를 반대하신 것이 아니라 그의 기도에 대한 응답을 약속하신 것이다.

이는 그들도 온전히 바친 것이 됨이라 그 온전히 바친 물건을 너희 중에서 멸하지 아니하면 내가 다시는 너희와 함께 있지 아니하리라(12하). "바친 것"이란 말(חרם)은 저주받은 것을 가리킨다. 곧 하나님의 진노의 대상이 되어 있음을 의미한다. 그의 진노의 대상은 멸망의 심판을 받아야 하므로(여리고 성이 그렇게 되어야 함) 그 사람들은 다 죽어야만 하고, 그 물건들도 불로 태우거나 여호와의 곳간에 보관되어야 했다. 그런데 이스라엘 사람들 중에 "바친 것"(저주의 대상이 된 물건)을 훔친 자가 있었으므로 그들 전체가 함께 책임을 지고 그 자신들이 "바친 것"(חרם)이 되었다고 여호와께서 말씀하신다. 다시 말하면 그들도 저주의 대상이 되었다는 것이다.

만일 이스라엘 자손들이 그것을 도둑질한 자를 멸망시키지 않고 그대로 용납하여 둔다면 하나님께서 그들과 함께하여 주시지 않겠다고 하신다. 이것을 보면 하나님의 구원 행위(그의 사랑)를 거역한 것도 큰 죄악이지만 하나님의 심판 행위(그의 진노)를 거역한 죄도 무서운 보응을 받게 된다는 것을 알 수 있다.

13-15 하나님께서는 여호수아에게 그 범죄자를 색출하는 방법을 가르쳐 주셨다. 그것은 이스라엘 각 지파가 여호수아 앞에 나아와서 제비를 뽑고, 뽑힌 그 지파의 각 가정이 뽑고, 뽑힌 그 가정의 각 남자가 뽑아서 마지막으로 뽑히는 자가 범인이라는 것이었다.

여호와께 뽑히는 그 지파. 여기서 "뽑히는"(אֲשֶׁר יִלְכְּדֶנּוּ)이란 말은 제비를 뽑아서 잡히는 것을 가리킨다(삼상 14:42).

16-18 여호수아는 하나님의 말씀대로 제비를 뽑는 방법으로 범인을 찾아냈다. 이 일을 행함에 있어서 그는 하나님께서 지시하신 방법 그대로 철저하게 순종하였다. 이같이 철저한 순종을 통해 우리가 알 수 있는 것은 그의 신앙이다. 그는 하나님의 말씀을 진실하게 전심으로 믿었다. 많은 신자들이 하나님의 말씀을 순종한다고 하면서 그것을 순종하는 방법에서는 막연하고 철저하지 못한 경우가 많다. 참으로 유감스러운 일이다.

19-21 여호수아는 아간을 권면하여 죄를 자복하라고 하였으며, 아간은 그 말에 응하여 자기가 행한 것을 낱낱이 자복하였다. 그러나 그의 자복은 하나님 앞에서 죄를 원통히 여기는 회개가 아니었다. 권면에 못 이겨, 또는 제비 뽑힌 당사자로서 막다른 골목에 이른 어쩔 수 없는 처지에서 한 것이었다. 사람이 자기가 범한 죄를 진심으로 회개하지 않으면서도 마지못하여 자기 죄를 고백하는 일이 허다하다. 마지막 심판 때는 멸망할 자들도 어쩔 수 없이 그들의 죄를 하나님 앞에 고백하지 않을 수 없을 것이다. 로마서 14:11에 말하기를, "주께서 이르시되 내가 살았노니 모든 무릎이 내게 꿇을 것이

요 모든 혀가 하나님께 자백하리라"고 하였다.

22-26 여호수아는 하나님의 말씀에 순종하여 아간과 그의 자녀들과 그의 모든 육축과 그가 도둑질한 모든 물건을 다 이끌고 아골 골짜기로 가서 이스라엘 자손들로 하여금 아간과 그에게 속한 모든 것을 돌로 치게 하였다. 그리고 그 무더기를 불사르고 그것이 돌무더기를 이루게 하였다. 얼핏 보면 이러한 행위가 몹시 잔인한 것 같다. 그러나 아간이 범한 죄악의 성질을 생각할 때 우리는 그것이 당연한 벌이라는 것을 알 수 있다. 곧 그가 범한 죄악은 여리고 성을 진멸할 정도로 맹렬한 하나님의 진노를 무시한 큰 죄악이었다. 우리는 언제나 벌이 크면 그것에 해당하는 죄악도 크다는 것을 알아야 한다. 여기서 "아골 골짜기"란 말(עֵמֶק עָכוֹר)은 괴롭힘(troubling)의 골짜기란 뜻이다 (25절 참조).

| 설교자료

1. 하나님의 진노가 이스라엘 자손에게 나타났다(1절)

아간이 "바친 물건"을 취하였으므로 하나님의 진노가 임하였다. "바친 물건"이란 말(חרם)은 하나님의 진노를 만족시키기 위해 드려지는 것(to be devoted)을 의미한다.

하나님께서는 아간 한 사람의 죄 때문에 이스라엘의 모든 자손에게 진노하셨다. 그 이유는 공동체는 언제나 그 구성원과 연대 관계를 가지기 때문이다(고전 5:6; 참조. 히 12:15). 그러므로 개인은 자기의 행동 하나가 자신이 속한 공동체의 흥망에 큰 영향을 준다는 책임감을 가지고 신중하게 행동해야 한다. 이때 아간 개인의 범죄는 곧바로 이스라엘 자손 전체의 범죄로 간주되었다. 더욱이 죄악을 진멸하는 가나안 정복에서 성결을 유지해야 할 이스라엘 자손들 가운데 그 성결을 침해하는 죄악이 들어온 것이었으므로, 이것은 이스라엘 전체의 범죄로 간주되었다.

2. 여호수아가 옷을 찢고 기도했다(6-9절)

1) 그의 기도는 간절했다. 일찍이 모세도 이스라엘을 애굽에서 인도하여 나오던 중 광야에서 난제를 당할 때마다 하나님께 기도하였다(출 32:31-32; 민 12:13; 14:5). 여호수아는 그의 후계자로서, 그 또한 기도의 인물이었다. 신자들은 언제든지 난제를 만날 때마다 기도로 그것을 해결해야 한다. 그런데도 그들은 그때 기도보다는 인간의 지혜나 수단을 앞세웠다. 그들이 그렇게 하게 된 원인은 ① 조심하지 않고 행동하였기 때문이며, ② 하나님보다 사람을 더 의지하는 불신앙 때문이었다.

2) 그의 기도는 하나님의 영광을 중요시했다(9절). 우리는 언제나 하나님의 영광을 귀하게 여기고 움직여야 하나님의 응답을 받는다.

3. 아간의 범죄 과정(21하)

그는 노략한 물건을 "보고 탐내어 가졌다"고 하였다. 이것은 인류의 조상 하와의 범죄 과정과 흡사하다. 하와도 선악을 알게 하는 나무를 보았을 때에 "먹음직도 하고 보암직도 하고…탐스럽기도" 하여서 그 열매를 따 먹었던 것이다(창 3:6). 그러므로 우리 신자들은 매력 있는 것들에 집중하지 않아야 한다. "안목의 정욕"(요일 2:16)부터 물리쳐야 한다.

제 8 장

✣ 내용분해

1. 하나님께서 여호수아에게 전쟁할 수 있는 용기를 주심(1절)
2. 하나님께서 여호수아에게 전쟁을 치를 방법을 가르쳐 주심(2절)
3. 하나님의 지시에 의한 여호수아의 작전 계획(3-9절)
4. 이스라엘이 아이 성을 진멸함(10-29절)
5. 여호수아가 제단을 쌓고 율법을 낭독함(30-35절)

✣ 해석

1 **두려워하지 말라 놀라지 말라.** 이는 하나님께서 아간의 죄악 문제를 해결한 여호수아에게 용기를 주시는 말씀이다. "두려워 말라"고 하신 것은 언제나 역경과 난관에 처한 신자들에게 부탁하시는 구주님의 말씀이기도 하다. 예수님 당시에 바다의 파도 위에서 당황하는 제자들에게 말씀하시기를 "내니 두려워하지 말라"고 하셨으며(요 6:20), 딸이 죽었다는 보고를 듣고 근심

하는 야이로에게도 "두려워하지 말고 믿기만 하라"고 부탁하셨다(막 5:36). 이때 여호수아에게 주신 말씀도 무모한 위로가 아니고 하나님께서 친히 이스라엘의 승리를 보장하시고 주시는 말씀이다.

신자들이 신앙으로 모든 난제를 주님께 맡기고 안심하면 주님께서 직접 그 문제를 해결해 주신다. 시편 37:5에 말하기를 "네 길을 여호와께 맡기라 그를 의지하면 그가 이루시고"라고 하였고, 시편 55:22에는 "네 짐을 여호와께 맡기라 그가 너를 붙드시고 의인의 요동함을 영원히 허락하지 아니하시리로다"라고 하였으며, 시편 68:19에는 "날마다 우리 짐을 지시는 주 곧 우리의 구원이신 하나님을 찬송할지로다"라고 하였다.

2 탈취할 물건과 가축은 스스로 가지라. 이스라엘이 여리고 성을 정복할 때는 거기 있는 물건을 스스로 취하지 못하도록 금지되었다. 그런데 아이 성을 정복할 때는 하나님께서 거기 있는 물건과 가축을 마음대로 취하라고 하신다. 핑크(A. W. Pink)의 설명에 의하면, 여리고 전쟁은 가나안 정복의 첫 번째 전쟁에 해당하는 것이었으므로 이스라엘이 처음 얻은 것을 하나님께 바치는 것이 마땅하다고 한다(출 23:19; 잠 3:9 참조). 여기서 우리는 영적인 교훈을 얻는다. 곧 여리고 정복 시기에 있었던 하나님의 금지 명령을 잘 지킨 이스라엘 사람들이 얼마 후 아이 성을 정복할 때 이르러서는 많은 물건을 자유롭게 취할 수 있는 혜택을 받았다는 사실이다. 하나님은 그분께 마땅히 바칠 것을 바치는 신자들에게 풍성한 것으로 갚아 주시겠다고 약속하셨다(잠 3:10).

3-9 여호수아는 아이 성을 정복하기 위해 전략을 세웠다. 그것은 복병 전술, 유도 작전, 그리고 양쪽에서 동시에 공격하는 협공 전술 등이었다. 이 점에서 우리가 생각해 볼 문제가 있다. 곧 이스라엘이 여리고 전쟁에서 순전히 하나님의 권능으로 승리를 거둔 것과 달리 여기서는 그들이 전술을 사용하면서 전쟁을 하였다는 것이다. 그런데 이 점에서도 하나님의 경륜을 볼 수 있다. 하나님께서는 신자들이 기적만 바라보게 하시지 않고 스스로 노력하

여 성공을 거두게도 하신다. 물론 우리는 인간의 노력에서도 하나님의 축복으로 성과를 거두게 된다는 사실을 명심해야 한다.

여호수아가 벧엘과 아이 사이에 3만 명을 복병시키도록(3-4절) 지시한 것이 12절에 기록된 5천 명 복병과 상충하는 것처럼 보인다. 그러나 이것은 문제 될 것이 없다. 두 차례 복병한 것으로 생각할 수 있기 때문이다(한 번은 3만 명, 또 한 번은 5천 명). 다만 3만 명(שלשים אלף)이란 숫자가 너무 많다고 여겨지는데, 이것에 대해 여러 학자들은 성경을 베껴 쓴 사람들이 실수로 잘못 기록한 것이 아닐까 추정하고 있다. 이것은 성경의 원본(여호수아서 원본)에 과오가 있다는 말이 아니다.

10-23 여호수아는 복병 전술로 아이 성을 무난히 정복하였다. 이 점에서 우리는 영적 전쟁의 원리를 생각할 수 있다. 즉 우리의 영적 전쟁에도 전략이 필요하다. 우리는 하나님 앞에서 단순하고 솔직하게 그를 믿고 사랑해야 하지만 마귀와 세상 사람들에게는 전략을 사용해야 한다. 곧 ① 마귀를 대할 때에는 그의 궤계를 대적하기 위하여 복음의 전신갑주를 입어야 하고(고후 2:11; 엡 6:11), ② 세상 사람들에게는 지혜롭게 처신해야 한다(마 10:16). 이 지혜는 하나님의 말씀에 굳게 서서 죄와 타협하지 않고(욥 28:28) 여호와 경외하는 것을 그 중심에 두는 것이다(시 119:100 참조).

그가 약 오천 명을 택하여 성읍 서쪽 벧엘과 아이 사이에 매복시키니(12절). 여기서 "오천 명"이란 말은 3절의 "삼만 명"이란 말과 상충되는 것처럼 보인다. 그러나 사실은 그렇지 않다. 3-9절에 있는 같은 말 해석을 참조하라.

그의 손에 잡은 단창을 들어 그 성읍을 가리키니(18하). 그레이(John Gray)는 이와 같은 여호수아의 행위를 마술인 것처럼 잘못 말하였다.[17] 여호수아는 하나님의 명령에 순종하여 그같이 하였으며(18상), 그것은 복병들에게 공격 개

---

17) The Century Bible: Joshua, Judges and Ruth, 1967, 92.

시를 알리는 신호였다.

여기에 기록된 대로 이스라엘의 전술은 복병 전술이었다. 복병 전술은 여호와께서 여호수아에게 명하신 것이다(2하). 복병은 속이는 행동이 아닌가? 그것은 십계명 중 제9계명을 위반하는 것이 아닌가? 15절에 보면 "이스라엘이 그들("아이" 사람들) 앞에서 거짓으로 패한 척하여 광야 길로 도망하"였다고 하지 않았는가? 이 점에서 우리는 계명을 위반하는 거짓이 무엇인지 분명하게 알아야 한다. ① 신자들의 거짓말을 금한 계명은 하나님의 저주 대상이었던 그 당시의 가나안 족속을 상대로 한 것이 아니라, "이웃"을 상대한 것이다(출 20:16). ② 그리고 계명에서 금한 거짓말은 주로 약속 위반을 말한다. 이스라엘 백성이 가나안 민족(아이 성 사람들)에게 복병하지 않겠다는 약속을 한 적은 없었다. ③ 복병은 일종의 숨기는 행위인데, 숨기면 안 된다는 국제 공약, 혹은 사회적 공약이 없는 한 자유롭게 사용할 수 있다. 사람이 자기의 어떤 비밀을 반드시 다른 사람들에게 공개해야 하는 것은 아니다. 그리고 우리가 또 한 가지 생각할 것이 있다. 곧 15절에서 "거짓으로 패한 척하여"라는 말(יִנָּגְעוּ)은 그들이 스스로 패하는 척한다는 뜻이다.

24-29 이번 전쟁에서는 이스라엘이 여호와의 명령대로 순종한 것이 현저하다. ① 그들이 "아이 주민들을 진멸하"였다(26절). 이것은 하나님의 저주 대상을 심판으로 멸하는 원리대로 한 것이다(신 7:2). ② 그들이 가축과 노략한 것은 취하였는데(27절) 그것도 하나님께서 그렇게 명하신 대로(2절) 순종한 것이다.

30-35 이스라엘의 가나안 정복 과업이 시작되었으며, 아직은 그들의 생활이 안정되지 않았다. 이런 때에 그들이 먼저 하나님과의 관계를 공고히 하는 데 힘을 모은 것이 귀하다. 이것이 신자들의 행동 원리다. 곧 먼저 그의 나라와 그의 의(하나님의 통치와 하나님 보시기에 합당한 의)를 구하는 생활이다(마 6:33). 아모스는 말하기를, "너희는 여호와를 찾으라 그리하면 살리라"고

하였다(암 5:6). 이때 이스라엘이 여호와를 찾은 방법은 어떠했는가? ① 제단을 쌓고 번제와 화목제를 드렸다(수 8:30-31). ② 모세의 율법을 돌에 기록하고, 또 율법책에 기록된 모든 말씀을 낭독했다(32-35절). ③ 이스라엘의 남녀 노소는 물론 이방인들까지 낭독하는 율법을 들었다. 이때 그들이 들었던 율법은 축복과 저주를 선포하는 모든 말씀이었다. 그들은 무엇보다도 하나님께 순종하기 위해 그 말씀을 고요히 들었다.

이는 전에 여호와의 종 모세가 이스라엘 백성에게 축복하라고 명령한 대로 함이라 (33절; 참조. 신 11:29; 27:11-26). 여호수아는 하나님의 백성을 인도하면서 온전히 하나님의 말씀에 순종할 것을 강조했을 뿐 아니라 그 자신이 그대로 철저히 실행하였다.

| 설교자료

1. 승리와 형통의 기본은 하나님의 약속이다(1절). 이스라엘 자손들이 아이 성을 쳐서 승리할 것에 대하여는 무엇보다도 먼저 하나님께서 약속으로 보장하셨다. 하나님이 약속하시지 않은 것에 대하여는 우리에게 구할 용기도 없거니와 노력해서 얻는다 해도 그것이 우리에게 진정한 복이 되지 못한다. 인생에게 주신 하나님의 약속이 많지만 그중에서도 가장 크고 귀한 것은 그리스도를 믿는 자에게 영생을 약속하신 것이다. 그 밖에도 신구약 성경에 가득히 기록된 축복의 약속들은 현세와 내세에 대한 것이며, 크고 작은 문제에 관하여 헤아릴 수 없이 많다. 하나님의 약속은 인생에게 믿음과 소망을 준다.

2. 하나님의 약속은 그것을 받은 사람들로 하여금 노력하게 만든다(2-9절). 하나님께서 이스라엘 백성에게 아이 성 전투에서 승리할 것을 약속해

주셨으므로 그들은 복병 전술을 비롯하여 작전상 모든 노력을 다하였다. 특별한 경우에 하나님께서는 그의 약속을 기적으로 성취하게 만드시기도 한다. 그러나 일반적으로는 우리의 노력을 통하여 그의 약속을 이루신다. 하나님은 그의 약속 때문에 신자가 태만해지는 것을 원하지 않으신다. 우리가 기억할 것은 하나님께서 인간의 모든 노력을 통하여 그의 뜻을 섭리적 역사로 이루어 가신다는 사실이다. 그가 역사해 주시지 않으면 우리의 모든 노력은 허사가 된다.

3. 하나님께서 여호수아에게 복병 작전을 지시하셨다(2-18절). 이 점에서 우리는 영적 교훈을 찾아볼 수 있다. 즉 우리의 영적 전쟁에도 복병 전술이 필요하다는 것이다.

1) 우리는 흔히 무계획으로 방심하다가 마귀에게 패할 때가 많다. 특히 우리 각자에게 깊이 뿌리박힌 어떤 고질적인 죄에 관하여 더욱 그러하다. 그러므로 우리는 복병 전술을 사용하여 대비하고 있다가 말씀의 검으로 이런 죄악이 발생할 때 그것을 용기 있게 물리쳐야 한다. 우리가 분을 내고, 미워하고, 혈기를 부리는 것 등은 상대방으로부터 충동을 받을 때 갑자기 일어나는 죄악들이다. 이것을 이기기 위해서는 미리부터 준비하고 기다리다가(복병 하듯) 그것이 나타나려고 하면 즉시 제어해야 한다.

2) 신자들은 자기의 실력을 가리는 것(복병 하듯이)으로 승리하게 된다. 자기를 나타내는 데 열중하는 신자들은 신앙생활에서 실패한다. 바울의 생활 원리는 내적으로 충실하게 사는 것이었다. 영적 전쟁에서 승리한(딤후 4:6-8) 그는 자기의 생활을 묘사하면서 말하기를, "속이는 자 같으나 참되고 무명한 자 같으나 유명한 자요 죽은 자 같으나 보라 우리가 살아 있고 징계를 받는 자 같으나 죽임을 당하지 아니하고 근심하는 자 같으나 항상 기뻐하고 가난한 자 같으나 많은 사람을 부요하게 하고 아무것도 없는 자 같으나 모든

것을 가진 자로다"라고 하였다(고후 6:8-10; 참조. 고전 7:29-31; 고후 12:9-10).

제 9 장

✤ 내용분해

1. 가나안 모든 왕들의 전쟁 준비(1-2절)
2. 히위 족속이 이스라엘 백성에게 화친 조약을 제안한 것과 그것의 실현 (3-15절)
3. 히위 족속이 거짓말을 한 죄로 이스라엘의 종이 됨(16-27절)

✤ 해석

1-2 이 일 후에 요단 서쪽 산지와 평지와 레바논 앞 대해 연안에 있는 헷 사람과 아모리 사람과 가나안 사람과 브리스 사람과 히위 사람과 여부스 사람의 모든 왕들이 이 일을 듣고 모여서 일심으로 여호수아와 이스라엘에 맞서서 싸우려 하더라. 요단 서편에 있는 여러 왕들이 이스라엘의 승전 소식을 듣고 이스라엘을 대적하기 위해 연합하였다. 이것은 하나님의 능력을 대적하려는 어리석음이고 발뒤꿈치로 송곳을 차려는 미련한 행동이다(시 2:1-4 참조).

3-6 기브온 주민들이 이스라엘을 찾아와서 화친 조약을 청하였다. "기브온 주민들"은 그 당시 가나안 족속들의 동맹에 가입되어 있던 "히위 사람들"(1절)을 가리킨다(7절 참조). 그 족속은 이스라엘이 점령하고 있는 길갈에서 불과 3일 길밖에 되지 않는 가까운 곳(예루살렘에서 서북쪽으로 6마일 거리)에 있으면서 먼 지방에 있는 것처럼 거짓말을 하였다. 그것은 여호와를 전적으로 믿고 완전히 이스라엘 편이 되어버린 라합의 태도와 다르다.

7 **이스라엘 사람들이 히위 사람에게 이르되 너희가 우리 가운데에 거주하는 듯하니 우리가 어떻게 너희와 조약을 맺을 수 있으랴 하나.** 이것은 히위 족속이 가나안에 속한 이상, 이스라엘은 그 족속과 어떠한 조약도 체결할 수 없다는 것이다. 그 이유는 가나안 땅은 전적으로 이스라엘의 영토가 될 것이기 때문이다. 그뿐 아니라 일찍이 하나님께서 말씀하시기를 이스라엘은 가나안에 있는 여러 족속과 아무 조약도 하지 말라고 하셨기 때문이다(출 23:32; 34:12; 민 33:55; 신 7:2).

"히위 사람"이란 말은 기브온 거주민을 가리킨다. 70인역(LXX)은 히위 족속이 바로 후르리(Hurrite) 족속이라고 한다.

7절에는 대답하는 주체가 "이스라엘 사람들"이라고 기록되었는데 다음 구절에는 "여호수아"가 발언자로 되어 있다. 묄렌브링크(Möhlenbrink)와 카우프만(Kaufmann)은 이것을 보고 이스라엘 민족과 히위 족속의 화친 조약 이야기에 본래 두 종류의 문원이 있었던 것을 상상할 수 있다고 말한다.[18] 그러나 이스라엘의 대변자가 바뀌었다고 하여 그런 추측을 할 필요는 없다.

8-13 기브온 사람들(히위 족속)은 그들이 찾아온 동기와 처지를 여호수아에게 말한다. ① 그들이 여호와께서 행하신 큰 권능에 대하여 들었다고 했다(9-10절). 이것은 하나님을 두려워하는 그들의 신앙적 태도라고 할 수 있

---

18) F. A. Soggin, Joshua, 1946, 110.

다. 사실상 여호수아도 이와 같은 그들의 믿음 때문에 그들과 즉각 화친 조약을 맺었다. 그들이 이스라엘과 화친하기 위하여 거짓으로 꾸민 것은 그들의 죄악이었다. 그러나 그들이 하나님의 명성과 그 능력을 믿고 두려워하여 구원을 요청한 것은 잘못이라고 할 수 없다. ② 그들이 자기들의 처지를 거짓으로 변명했다(11-13절). 그들은 이스라엘이 가나안 일대를 전멸시킬 것을 알고(24절) 있으므로 자신들의 생명을 구원하기 위하여 찾아왔다고 설명하였다. 또한 그들은 가나안에서 멀리 떨어진 족속과는 화친할 수 있는 이스라엘의 사정(신 20:10-18)도 알고 있었던 듯하다. 그러므로 그들은 마르고 곰팡이 난 떡과 찢어지게 된 가죽 부대와 낡은 신과 옷을 보여 주면서 그것들이 모두 자신들이 출발할 당시에는 새것이었다고 하며 먼 길을 찾아왔노라고 변명하였다. 그러나 삼일 후에 그들의 말이 거짓이었고 하나님의 사람들을 속인 것이었다는 사실이 드러났다. 그러므로 그들은 그 벌로 이스라엘의 노예가 되었다(수 9:23). 누구든지 하나님을 두려워한다고 하면서 참된 신자들과 전적으로 연합하는 진실함이 없다면 그는 하나님의 축복을 온전히 받을 수 없다.

14-15 무리가 그들의 양식을 취하고는 어떻게 할지를 여호와께 묻지 아니하고 여호수아가 곧 그들과 화친하여 그들을 살리리라는 조약을 맺고 회중 족장들이 그들에게 맹세하였더라. 이때 이스라엘도 실수를 범했다. 그것은 그들이 이 문제에 관하여 하나님의 뜻을 알아보지도 않고 성급하게 화친 조약을 맺은 것이다.

"그들의 양식을 취하고." 이것은 이스라엘이 기브온 사람들의 양식을 받아먹었다는 뜻이다. 이는 그들이 그 곰팡이 난 떡을 먹어 봄으로써 기브온 사람들의 말을 확인한 것이었다. 그러나 이것은 어디까지나 하나님의 뜻을 알아보기 전에 그들과 화친하려는 의도로 취해진 행동이었다. 오늘날의 신자들도 중요한 사건에서 하나님의 뜻을 알아보지도 않고 조급하게 행동하는 경우가 많다. 구약 시대에는 하나님의 뜻을 알아보는 방법으로 대제사장의 우림(אוּרִים)과 둠밈(תֻּמִּים)의 판결법이 있었다(민 27:21). 오늘날 신약 시대의 신자들은 어떤 특별한 문제를 당하여 그에 관한 하나님의 뜻을 깨달으려면 기도하거나 성경 말씀을 상고해야 한다. 즉 우리는 어떤 중요한 일을 결정할 때 무엇보다도 먼저 하나님의 뜻을 발견하기 위한 시간을 가져야 한다. 잠언 19:2에 말하기를, "지식 없는 소원은 선하지 못하고 발이 급한 사람은 잘못 가느니라"고 하였다.

16-21 히위 족속이 이스라엘을 속였다는 사실이 3일 후에 탄로되었으므로 이스라엘 회중이 지도자들을 원망하였다. 거짓말은 결국 드러나게 된다(잠 12:19). 거짓된 피난처는 피난처가 아니다.

이스라엘 자손이 행군하여 셋째 날에 그들의 여러 성읍들에 이르렀으니(17절). 곧 이스라엘 사람들이 기브온 사람에게 속았다는 것을 알고 이제 그들의 성읍에 들어가서 그 진상을 알아보려 했다는 것이다.

그러나 회중 족장들이 이스라엘의 하나님 여호와로 그들에게 맹세했기 때문에 이스라엘 자손이 그들을 치지 못한지라(18절). 그들이 하나님의 이름으로 맹세한 것은 하나님을 두려워하며 섬긴 증거다(신 6:13). 그러므로 그들은 여호와 하나님의 이름으로 맹세한 그 맹세의 언약을 위반할 수 없었고, 하나님의 이름을 망령되이 취급할 수 없었다(출 20:7). 이것은 그들의 신앙이다. 그로부터 수백 년 후에 사울 왕이 기브온 사람을 해하였는데, 하나님께서 그 일로 인하여 다윗 시대에 이스라엘 자손에게 벌을 내리셨다(삼하 21:1-6).

22-27 여호수아가 기브온 사람들을 꾸짖고 그들이 저주를 받아 영구히 이스라엘의 종이 될 것을 선언하였다. 그들의 생명은 구원을 받았다. 그것은 여호와의 이름을 존귀하게 여기는 이스라엘 자손들의 신실함 때문이었다. 또한 이것은 이스라엘의 영예로운 처사이기도 하다. 그러므로 핑크(A. W. Pink)는 기브온 사람들에게 대한 이스라엘의 이러한 처사를 가리켜서 "속임

을 당한 중에 행한 존귀한 처사"(honor amidst deception)라고 하였다.[19]

| 설교자료

1. 기브온 사람들(히위 사람들)이 이스라엘을 속였다(3-13절). 이전에 야곱의 아들들이 히위 사람들을 속인 일이 있었는데(창 34:14-27), 그 일이 있은 지 약 400년이 지난 때에 이스라엘(야곱의 후손들)이 히위 사람들에게 속았다. 사람이 죄를 지으면 언젠가 그 보응을 받게 된다.

2. 기브온 사람들이 이스라엘을 속일 때 그들이 이스라엘의 사정을 잘 알고 있었으므로 계획성 있게 일을 진행하여 마침내 열매를 거두었다. 곧 이스라엘 백성에게 주신 하나님의 명령에 대하여 그들은 소문을 들어 알고 있었던 것이다. 그것은 가나안 땅의 사람들을 진멸하고 가나안에서 멀리 떨어져 있는 사람들과는 화친 조약을 맺을 수 있도록 허락된 사실이었다(신 20:10-18).

그렇다면 신자를 속이는 일에 마귀는 더욱 위장을 잘할 것이다. 마귀는 성도들에게 환영받을 만한 천사로 자신을 위장하며, 성도들이 택할 만한 선으로 자신을 꾸미기도 한다. 고린도후서 11:14-15에 말하기를, "사탄도 자기를 광명의 천사로 가장하나니 그러므로 사탄의 일꾼들도 자기를 의의 일꾼으로 가장하는 것이 또한 대단한 일이 아니니라 그들의 마지막은 그 행위대로 되리라"고 하였다.

3. 이스라엘이 기브온 사람들에게 속아서 화친 조약을 맺은 원인 중에는

---

[19] Gleanings in Joshua, 1964, 234-260.

그들이 여호와께 묻지 않은 사실도 있다(14절). 오늘날 신자들도 하나님께 먼저 기도하지 않고 중대한 일을 처리하면 실수하기 쉽다. 우리는 하나님 앞에 나아가서 물어보는 일에 많은 시간을 들여야 한다. 영어 격언에도 "거룩해지기 위하여 시간을 잡으라"(Take time to be holy)라는 말이 있다. 하나님의 뜻을 아는 방법은 성경을 상고하고 성결(옳은 것) 위주로 판단하는 것이다. 이 모든 것이 다 기도하는 중에 이루어질 수 있다.

4. 이스라엘이 기브온 사람들과 조약을 맺은 것은 잘못한 일이다. 성도들이 신앙에 손해를 끼치는 사람들과 조약을 맺는 것은 잘못이다. 그런 사람들과 깊이 교제하는 것은 하나님의 뜻이 아니다. 이런 의미에서 하나님은 말씀하시기를, "너는 삼가 그 땅의 주민과 언약을 세우지 말지니 이는 그들이 모든 신을 음란하게 섬기며 그들의 신들에게 제물을 드리고 너를 청하면 네가 그 제물을 먹을까 함이며 또 네가 그들의 딸들을 네 아들들의 아내로 삼음으로 그들의 딸들이 그들의 신들을 음란하게 섬기며 네 아들에게 그들의 신들을 음란하게 섬기게 할까 함이니라 너는 신상들을 부어 만들지 말지니라"(출 34:15-17)고 하였고, 신약에는 "믿지 않는 자와 멍에를 함께 메지 말라"고 하였다(고후 6:14).

5. 이스라엘이 여호와의 이름으로 기브온 사람과 화친 조약을 맺은 이상 그것을 이행하는 것은 하나님의 뜻에 부합한 일이었다(삼하 21:1-3 참조). 하나님은 그의 이름을 존귀하게 여기는 자들을 기뻐하신다. 이스라엘 백성은 기브온 사람들과 조약한 것에 대하여 불평하였지만(18절), 지도자들은 일단 하나님의 이름으로 조약을 맺은 사실을 중요하게 여겨(19절) 그 조약을 관철하였다. 그것은 무엇보다도 성결을 중요시한 신앙적 처사였다.

제 10 장

✢ 내용분해

1. 아모리 족속 다섯 왕이 기브온에 도전함(1-5절)
2. 기브온이 이스라엘 백성에게 군대 지원을 요청함(6절)
3. 여호수아가 전쟁에 참여함(7-11절)
4. 여호수아의 기도 응답으로 나타난 기적(12-14절)
5. 이스라엘이 아모리의 다섯 왕을 진멸함(15-27절)
6. 이스라엘이 팔레스타인 남쪽에 있는 여러 성읍과 그 왕들을 정복함 (28-43절)

✢ 해석

1-5 여호수아의 승전 소식과 기브온이 이스라엘과 화친을 맺었다는 소식을 들은 "예루살렘 왕 아도니세덱"은 이스라엘의 전적을 두려워하면서도 이스라엘에 항복하지 않고 도리어 기브온을 대적하기 위해 다른 네 왕과 동

맹하고 기브온에 맞서 진을 쳤다. 이스라엘의 승리는 결국 하나님께서 주신 것임에도 불구하고 그들은 하나님을 대적하는 의미로 이스라엘의 동맹국이 된 기브온을 치려 하였다.

"헤브론"은 예루살렘에서 22마일 떨어진 거리에 있고(민 13:22), "야르뭇"은 높은 언덕 위에 있는 성읍이고(수 15:35; 느 11:29), "라기스"는 유다의 낮은 땅인데 후에 르호보암이 요새 지대로 만든 곳이고(대하 11:9), "에글론" 역시 유다의 낮은 지대에 있다. 옛날 팔레스타인에는 이렇게 작은 도시를 중심으로 한 왕국들이 있었다.

기브온이 가나안 다섯 왕의 공격 대상이 된 것은 그들이 하나님과 화목하였기 때문이었다. 그들 자신도 역시 가나안 족속이었다(수 9:1). 이것은 우리 그리스도인들이 본래 세상에 속해 있었으나 복음을 믿어 하나님과 화목하였기 때문에 세상의 박해를 받는 것과 마찬가지이다(엡 2:11-13; 요 15:19).

6-11 여호수아가 기브온 족속의 군사적 원조 요청에 응하여 아모리 사람의 연합군을 완전히 격파하였다. 이 전쟁에서도 그는 승리에 대한 하나님의 약속(8절)에 근거하여 용기를 얻었고, 또 그의 작전에 하나님의 도우심을 받았다(10-11절). 특히 큰 우박으로 적군이 패하게 된 것은 하나님의 직접적인 간섭이었다(욥 38:22; 계 8:7 참조).

12-14 여호수아의 기도 응답으로 태양이 머문 이적은 매우 특별하고 위대하다. 그런데 이 이적을 다르게 해석하는 학자들도 있다.

1) 어떤 사람들은 태양이 머물렀다는 것은 하나의 시적 표현이라고 한다. 곧 하나님께서 이스라엘 군대에 힘을 주셔서 승리하게 하여 주셨으므로 하루 종일 싸울 것을 반나절에 마친 것을 의미한다는 것이다. 그러나 이것은 본문 14절이 허락하지 않는 해석이다. 본문에서 말하기를, "여호와께서 사람의 목소리를 들으신 이같은 날은 전에도 없었고 후에도 없었나니"라고 하였다. 하나님께서 이스라엘 군대에 힘을 주셔서 승리하게 하신 일은 이 밖에도 많

이 있었지만, 그런 사건들을 가리켜서 이처럼 전무후무하다고 하지 않았다.

2) 또 다른 학자들은 말하기를, 여기서 "머물렀다"는 말은 히브리 원어로 돔(דום)인데, 그것은 멈춘다는 뜻으로 태양이 빛을 발하는 것을 멈추었다는 뜻이라고 한다. 다시 말하면, 이스라엘 군대가 태양의 열기 때문에 싸우기 어려웠는데, 하나님께서 그 빛을 구름으로 가려 주신 것을 의미한다고 한다. 그러나 이 해석도 본문 14절과 맞지 않는다. 그만한 정도의 이적을 전무후무하다고 할 수 있겠는가?

3) 또 어떤 학자들은 여호수아의 기도로 태양이 머물렀다는 것은 일광이 저녁 후에도 굴절되어 계속 전장을 비춘 것을 가리킨다고 한다.

4) 우리는 하나님께서 태양을 머물게 하신 방법을 알 수 없고 또 어떻게 나타났는지도 알 수 없다. 그러나 이적이란 것은 자연법칙을 초월한 것이므로, 본문이 말한 문자 그대로 받을 수 있다. 바빙크(Bavinck)도 말하기를, "우리는 마땅히 성경이 표현한 대로 말할 뿐이다. 성경은 그 이적을 사실대로 말한 것뿐이고 그 방법에 대하여는 말하지 않았다"[20]라고 하였다.

물론 우리가 성경에 있는 이적을 믿으려 할 때에는 여러 난관이 있다. 그러나 그 난관들이 하나님에게 난관이 되는 것은 아니다. 사람들이 이적을 잘 믿지 못하는 이유는 이적이 드물기 때문이다. 그러나 드물기 때문에 이적이라고 하는 것이다. 이적이 흔하면 이적의 특성이 상실된다. 그뿐 아니라 하나님께서 이 세상을 창조하실 때 그가 보시기에 좋게 하셨다. 그러므로 하나님께서 이 세상을 본래 지으신 대로 운영하여 나가시지만, 이적적인 간섭을 일반적인 규칙으로 삼으시지는 않는다. 더욱이 인간이 범죄하였기 때문에 죽는 날까지 고생하도록 되었으므로(창 3:19), 하나님께서 이적적인 간섭으로

---

[20] Ook wij zoudenthans dezelfde verschijnselen op dezelfde wijze uitdrukken; de Schrift, verhaalt het wonder als feit, zij zegt niet, op welke wijze het totstand kwam. Gereformeerde Dogmatiek Ⅱ. 1908, 514.

사람들의 고생을 면제해 주시지 않는 것이 오히려 합당한 일이다.

그럼에도 불구하고 하나님께서 죄인들을 위한 구원 사역으로 이적들을 행하셨고, 그것이 성경에 기록되어 있다. 찰스 하지(Charles Hodge)는 말하기를, "성경에 기록된 이적들은 거기 계시된 진리의 체계에 부합한다"라고 하였다.[21] 그러므로 누구든지 이와 같은 이적을 믿는 것은 어렵지 않다. 성경에 계시된 진리는 사실상 탁월한 진선미의 커다란 체계이므로, 이와 같은 진선미와 일치하는 이적은 자동적으로 믿어질 수밖에 없다.

설교 ▶ 태양아 머무르라(12-14절)

우리는 "태양아 머무르라"고 한 말씀을 보면 갑갑한 가슴이 뚫리는 것 같다. 이 말씀이 보여 주는 신앙적 용단은 영구히 우리의 불신앙을 깨뜨린다.

1. "태양아 머무르라"고 하게 된 경위

당시의 전쟁은 이스라엘이 기브온 족속을 도와주기 위한 것이었다. 이스라엘이 기브온 족속을 도와준 것은 하나님 앞에 특히 아름다운 일이었다. 기브온 족속이 이스라엘 민족을 찾아와서 멀리 있는 민족이라고 하면서 화친 조약을 청한 일이 있었고(9:3-13), 그때 여호수아는 여호와의 이름으로 그들과 화친 조약을 맺었다(9:15). 삼 일 후에 그들의 거짓말이 드러나 문제가 되었으나, 이스라엘의 지도자들은 변함없이 그 화친 조약대로 끝까지 그들을 도와주었다. 그 이유는 그들이 맺은 화친 조약이 여호와의 이름으로 된 것이기 때문이었다. ① 그만큼 당시의 이스라엘 지도자들은 하나님의 이름을 존

---

21) The miracles recorded in the Scriptures are competent part of the turth therein revealed.-Systematic Theology I, 1895, 635.

귀하게 여겼다. 하나님께서는 그의 이름을 존귀하게 여기는 자들과 함께하여 주신다. 그의 이름을 존귀하게 여긴다는 것은 바로 하나님 자신을 존귀하게 여기는 것과 마찬가지이다. ② 본문 12절에 "여호와께서 아모리 사람을 이스라엘 자손에게 넘겨 주시던 날"이라고 하였다. 하나님께서 그 전쟁을 주장하여 주셨고 또한 승리하게 하여 주신 것이었다. 그러므로 그 전쟁은 하나님의 전쟁이었다. 여호수아는 하나님께서 하시는 일에 수종을 든 것뿐이다. 그렇기 때문에 그의 기도가 위대하다. 하나님 편에 선 자의 기도는 그같이 위대할 수 있다. 신자들의 기도가 무력해지는 이유는 그들이 하나님 편에 서지 않고 자기의 사리사욕에 빠져 있기 때문이다.

우리가 하나님 편에 서 있으면 모든 것을 우리의 것으로 느끼게 된다. 그러므로 그때에는 우리의 기도가 담대해진다. 고린도전서 3:21-23에 말하기를, "만물이 다 너희 것임이라 바울이나 아볼로나 게바나 세계나 생명이나 사망이나 지금 것이나 장래 것이나 다 너희의 것이요 너희는 그리스도의 것이요 그리스도는 하나님의 것이니라"고 하였다. 이 말씀 중에서 "너희는 그리스도의 것이요"라고 한 말씀이 가장 중요하다. 그 이유는 우리가 그리스도의 것이 되어야만 모든 것이 우리의 것이 되기 때문이다.

2. 기도의 응답(13절)

"태양아 머무르라"고 한 여호수아의 기도는 응답되었다. 그때 태양이 머문 결과 아모리 사람들을 치던 이스라엘의 전쟁이 승리를 거두었다. 14절에 있는 "여호와께서 사람의 목소리를 들으신"다는 문구가 중요하다. 하나님은 무한히 높으시지만 지극히 낮은 인간의 기도를 들으신다는 뜻이다. 야고보서 5:17-18에 말하기를, "엘리야는 우리와 성정이 같은 사람이로되 그가 비가 오지 않기를 간절히 기도한즉 삼 년 육 개월 동안 땅에 비가 오지 아니하고 다시 기도하니 하늘이 비를 주고 땅이 열매를 맺었느니라"고 하였다. 이 말쯤 중에서 "엘리야는 우리와 성정이 같은 사람이로되"란 말이 중요하다. 하나님께서는 사람의 목소리를 들으실 때 차별을 두지 않으신다. 그런데도 신자들이 자신들의 기도가 응답받는 것을 실감하지 못한다. 그 원인이 무엇인가?

1) 하나님께서는 신자들 중에서도 특별히 지도자들의 기도를 들으신다. 그래서 일반 신자들은 기도 응답을 실감하지 못하는 일이 있다. 그러나 지도자의 기도가 응답되는 것은 모든 사람의 요구를 들어주시는 것과 같다. 루터 선생이 어느 날 기도하다가 "이겼다! 이겼다!" 하고 소리쳤다. 그것은 기도 응답을 받았다는 뜻이다. 그가 이겼다는 것은 종교 개혁이 승리하였다는 것이고, 그 승리는 우리 모든 신자에게 혜택을 주었다. 조지 뮬러는 말하기를, "내 기도는 수천 번이나 기도하는 즉시 응답되었고, 종종 내가 침실에서 나올 때도 응답되었고, 혹은 외출하려고 옷을 입을 때에도 응답되었고, 어떤 기도는 몇 날, 또는 몇 해 후에 응답되었다. 이렇게 기도가 응답되는 것은 하나님은 하나님이시고 우리는 피조물이라는 사실을 알려 준다"라고 하였다. 다시 말하면, 하나님은 위대하시기 때문에 신자가 기도한 지 여러 해(혹은 그보다 오랜 세월) 후에라도 이루어 주신다는 뜻이다. 조지 뮬러는 특별한 사람이 아니었다. 그는 하나님을 믿기 전인 학생 시절에 도둑질하다가 감옥에 갇힌 일도 있었다. 그러나 하나님께서는 그를 회개시키셔서 사용하셨다. 그의 많은 기도가 응답된 것은 다른 많은 영혼들의 기도가 응답된 것이라고도 말할 수 있다. 그 이유는 그의 기도가 응답받은 결과로 많은 고아들이 떡을 먹었으며, 또한 많은 영혼들이 신령한 은혜를 받았기 때문이다. 하나님은 우리 모든 사람(지도를 받는 자들)의 기도도 듣기 원하신다. 그런데도 우리에게 참된 기도가 많지 않아 응답되는 경우가 드물다. 또한 많은 사람이 정욕으로 쓰려고 잘못 구하기 때문에 응답이 드물다. 그러나 주님의 뜻이 성취되기를 원하는 기도는 다 응답된다. 런던의 어떤 과부가 자기 외아들이 병으로 죽게 되었을 때 "하나님의 뜻이 이루어지이다"라고 기도하였고, 놀랍게도 그 시간에 그의 아

들의 병이 치료되었다고 한다.

2) 하나님께서 우리의 기도를 영적으로 이루어 주시기 때문에 우리가 그 응답을 실감하지 못하는 경우도 있다. 우리가 육에 속한 것을 구할 때 하나님은 우리 영혼의 유익을 위하여 영적인 것(더 좋은 것)을 주신다. 예수님께서 말씀하시기를, "너희가 악할지라도 좋은 것을 자식에게 줄 줄 알거든 하물며 너희 하늘 아버지께서 구하는 자에게 성령을 주시지 않겠느냐"라고 하셨다(눅 11:13).

15-28 여호수아는 막게다 굴에 다섯 왕이 숨어 있다는 보고를 받고 그 왕들을 잡아서 죽였고, 해 지기 전까지 그 시체들을 나무에 달아 두었다(신 21:22-23 참조). 얼핏 보면 이와 같은 처사가 잔인해 보인다. 그러나 그 당시 가나안 족속들에 대한 이스라엘의 정복 행위가 하나님의 진노의 심판이라는 것을 생각하면 충분히 이해된다. 하나님의 진노로 천재지변이 일어나 사람들이 죽게 될 때는 비참하게 죽은 시체들이 많다. 이때 여호수아가 행한 일은 신약 시대 신자들의 죄악을 처리한 것을 비유한다고 할 수 있다. 그 유사점 몇 가지를 생각해 보면 다음과 같다. ① 가나안 족속이 이스라엘의 대적인 것처럼 거듭난 신자에게는 육과 정욕이 대적이다. ② 아모리의 다섯 왕이 어두운 굴속에 숨어 있었던 것처럼 신자에게는 그 심령 속에 남아 있는 육적 요소, 곧 정욕이 그 정체를 숨기고 역사한다(요 3:19-20 참조). ③ 다섯 왕의 세력이 여호수아의 명령 아래에서 무력해진 것처럼 신자들의 정욕도 예수님의 말씀 앞에서 사라진다. ④ 여호수아가 가나안의 다섯 왕을 잡아서 죽인 것과 같이 신자들은 육과 정욕을 소탕해야 한다. 그러므로 신자들은 언제든지 전쟁 상태에 있음을 잊지 말고 믿음의 선한 싸움을 싸워야 한다.[22]

---

22) 참조. 롬 6:13; 13:12-14; 갈 5:17; 골 3:5; 히 12:4; 약 4:1; 벧전 2:11.

29-39 여호수아는 그때까지 여러 전쟁에서 승리하였다. 그 전쟁은 침략전도 아니고 방위전도 아니고 하나님의 진노의 심판을 대행하는 전쟁이었다(25, 40절). 그는 여러 족속을 철저하게 형벌하였고, 그 민족들의 근거 도시들(립나, 라기스, 게셀, 에글론, 헤브론, 드빌)까지 멸했다. 이같이 그리스도 신자들도 죄를 이기고 또 이기지만, 더 깊이 들어가서 죄의 근본을 멸망시켜야 한다. 그러므로 신자들에게는 영적 무장을 해제할 날이 없다.[23]

여호수아가 "립나, 라기스, 게셀, 에글론, 헤브론, 드빌" 등 여러 도시를 정복할 때는 한 사람도 남기지 않고 다 죽였다. 그가 그렇게 한 것은 하나님의 지시였으므로, 그 전쟁은 곧 하나님의 심판 행위였다. 30, 32, 40, 42절 말씀을 보면, 여호수아는 하나님의 지시를 따른 것뿐이었다.

40-43 여호수아는 하나님을 의지하며 싸웠으므로 매번 승리를 거듭하여 "온 땅 곧 산지와 네겝과 평지와 경사지"를 다 점령하였다. "단번에 빼앗으니라." 이것은 여러 번, 또는 어렵게 전쟁하여서 정복한 것이 아니라 쉽게 승리를 거둔 것을 표현한다. 여호수아는 하나님의 능력을 받아서 전쟁을 수행했기 때문에 큰 전쟁에서도 쉽게 승리하였다.

| 설교자료

1. 여호수아가 기브온 사람들의 군대 요청에 즉시 응했다(7절). 일찍이 이스라엘이 기브온 사람들과 화친 조약을 맺은 것은 그들이 속아서 기쁘지 않게 된 일이었다. 그러나 여호수아는 그들을 돕는 일을 유쾌하게, 그리고 신속히 진행하였다. 이것은 과거의 잘못을 백지로 돌리시는 그리스도의 고상한 정신이다(눅 23:43 참조).

---

[23] 참조. 마 12:43-45; 눅 22:31; 고전 9:24; 살전 5:21; 히 10:23; 계 3:11.

2. 기브온을 돕는 이스라엘의 전쟁에 나타내신 하나님의 열심은 특별하였다. 하나님께서 여호수아에게 승리의 약속을 주셨고(8하), 원수들을 큰 우박으로 죽이셨으며(11절), 태양과 달을 멈추는 기적도 행하셨다(12절). 이것을 보면 하나님께서 이스라엘에 속하게 된 기브온 사람들을 특별히 돌아보셨다는 것을 알 수 있다. 그는 아흔아홉 명의 의인보다 회개하는 죄인 한 사람을 더 기뻐하신다(눅 15:7).

3. 태양을 멈추게 하신 기적은 전무후무한 것이다(12-14절). 역사가들에 의하면 옛날 헬라와 애굽과 중국과 멕시코에 태양이 멈추어졌던 일이 있었다고 한다. 그것이 여호수아의 기도 응답으로 나타난 기적이었을 것이라고 생각된다.[24]

1) 여호수아는 어떻게 이런 기도의 용기를 얻었을까? 그것은 하나님이 그렇게 기도할 영적 담력을 그에게 주셨기 때문이다. 이때 여호수아는 하나님의 이름을 매우 귀하게 여기는 신앙을 가졌으므로 하나님은 그에게 그런 담력도 주셨다. 하나님은 그를 경외하는 자를 가까이하신다(시 31:19-20).

2) 하나님께서는 그가 명하신 일을 이루어 가시는 데 실패가 없으시다. 그러므로 우리가 하나님의 뜻을 바르게 깨닫는 것이 중요하다. 그의 뜻을 바르게 깨달은 후에는 믿음으로 전진해야 한다. 모든 난관은 그가 해결해 주신다. 그의 이름을 위하여 그가 할 일을 해 주신다.

---

[24] Giorgio Bartoli, Did Joshua Stop the Sun or the Earth?, 1932, 42.

제 11 장

✤ 내용분해

1. 북방 민족들이 동맹하고 이스라엘을 대항하여 진 침(1-5절)
2. 하나님께서 여호수아에게 용기를 주심(6절)
3. 이스라엘의 승리와 여호수아의 순종(7-9절)
4. 정복한 성읍들을 취하고 그 왕들을 죽임(10-20절)
5. 아낙 사람들을 진멸함(21-22절)
6. 전쟁이 그침(23절)

✤ 해석

1-5 "하솔 왕 야빈"이 주동이 되어 다른 나라들, 곧 "마돈", "시므론", "악삽"의 왕들과 또 "북쪽 산지", "아라바", "평지", "서쪽" 높은 곳에 있는 왕들과 "동쪽과 서쪽의 가나안 족속", "아모리 족속", "헷 족속", "브리스 족속", "산지의 여부스 족속", "미스바 땅…히위 족속"과 연합군을 이루었다. 이들의

수는 "해변의 모래" 같았으며, "말과 병거"도 심히 많았다. 그 여러 왕들과 군사들이 "이스라엘과 싸우려고 메롬 물가에 함께 진 쳤"다. 하나님께서 이런 대군의 대적 행위를 허용하신 것은 이스라엘이 이런 강적과 싸워서 이겨야 그 승리가 더욱 놀랍고 거기서 하나님의 능력이 더욱 드러나기 때문이다. 그뿐 아니라 이런 전쟁에서 승리하게 될 때 이스라엘은 더욱 큰 담력을 얻게 될 것이었다.

"하솔"(חָצוֹר)은 "하초르"라고 발음해야 한다. 그것은 요새와 같은 도시란 뜻이고, "야빈"(יָבִין)은 지식 있는 자(intelligent)란 뜻이다. 야빈 왕은 당시 가나안 땅의 최고 지도자로서 권세가 당당했고 지식이 많았다. 그런 자가 전능하신 하나님의 소식을 듣고 반항의 주동자가 된 것을 볼 때, 그는 마귀의 상징이라고 할 수 있다.

"하솔"은 북쪽에 있는 훌레(Huleh) 호수와 케데쉬 납달리(Kedesh Naphtali) 가까이에 있고, "마돈"은 긴네렛(Kinnereth) 호수에서 서쪽으로 몇 마일 떨어진 곳에 있으며, "시므론"은 스불론 지파에 할당되었던 땅으로, 긴네렛 호수에서 남쪽으로 12마일 떨어진 지점에 있다. 또 "악삽"은 아셀 지파의 영토였던 곳으로 시므론에서 서북쪽으로 몇 마일 떨어져 있다. "긴네롯"과 "아라바"는 긴네렛 호수 서쪽 요르단 골짜기에 있고, "돌"은 갈멜(Carmel)과 가이사랴(Caesarea) 사이 페니키아 해안에 자리 잡고 있다. "미스바"는 파수막이 있던 곳으로서 메롬(Merrom) 강 동북쪽에 있는 한 지방이고, "헤르몬"은 레바논 반대쪽에 있는 산맥의 동부 지점이다.

백성이 많아 해변의 수많은 모래 같고(4절). 이것은 가나안의 여러 족속이 많이 모여 연합군을 이룬 수가 헤아릴 수 없이 많은 것을 가리킨다. 이렇게 많은 수의 군인뿐 아니라 "말과 병거"까지 더해졌으니, 그 무력을 비교해 볼 때에 이스라엘은 패배할 수밖에 없었다. 그러나 하나님께서 이스라엘 편에 계신 이상, 적군의 큰 세력도 문제 될 것이 없었다(시 33:16-17; 잠 21:31 참조).

우리의 영적 전쟁도 마찬가지다. 우리는 단지 그리스도만을 믿고 무수한 죄악과 마귀의 허다한 유혹을 이긴다(엡 6:12-20, 요일 5:4 참조).

6 여호와께서 여호수아에게 이르시되 그들로 말미암아 두려워하지 말라. 하나님께서는 강적의 도전을 받고 있는 여호수아를 또다시 격려해 주시며 승리의 약속을 주셨다. 하나님의 약속은 그것을 받는 성도에게 언제나 소망이 되고 힘이 된다. 그 이유는 하나님께서는 은혜롭게 약속하신 대로 이루시는 진실함과 능력을 소유하셨기 때문이다(살전 5:24; 히 10:23; 13:6; 사 46:4 참조).

말 뒷발의 힘줄을 끊고 그들의 병거를 불사르라. 이 말씀은 의미심장하다. 그 당시 이스라엘은 말과 병거를 가지지 못했고, 그러한 사실은 원수인 가나안 군대의 자랑거리였다. 그러나 하나님은 교만한 인간의 자랑거리를 파괴하시는 심판주시다. 시편 20:7-8에 말하기를, "어떤 사람은 병거, 어떤 사람은 말을 의지하나 우리는 여호와 우리 하나님의 이름을 자랑하리로다 그들은 비틀거리며 엎드러지고 우리는 일어나 바로 서도다"라고 하였다(시 31:1-2 참조).

그때 이스라엘이 적군의 말과 병거들을 빼앗았음에도 불구하고 그것들을 자기들의 소유로 삼지 않았다. 그들은 신앙으로 싸웠기 때문에 무력을 의지하지 않았으며 그러한 것들을 소용없는 것으로 여겨 오히려 그것들을 파괴하려 했다(신 17:16; 시 33:16-19; 147:10-11 참조).

7-9 여호수아가 "갑자기 습격"한 것은 적은 수의 병력을 가지고 많은 수의 적군을 무찌르는 병법이다. 아무리 많은 병력이 집결되었어도 그들이 방심하고 있을 때 갑자기 습격을 당하면 소수에게라도 패할 수밖에 없다. 여호수아가 아모리의 다섯 왕을 격파할 때도 밤새도록 진군하여 갑자기 습격했던 것으로 보아(10:9), 이때에도 야간 돌격을 하였으리라고 추정된다. 그는 비록 소수의 병력을 거느렸지만 전쟁을 주장하시는 여호와 하나님께 승리를 보장받고 싸우는 것이었으므로 어떠한 강적도 겁낼 필요가 없었다.

이 전쟁에서도 우리는 하나님의 명령에 대한 여호수아의 순종을 또다시 주목하게 된다. 그의 순종은 언제나 철저하다. 그는 승전한 후에 하나님의 말씀(6절)대로 그 원수의 "말 뒷발의 힘줄을 끊고 그들의 병거를 불로 살랐"다(9절; 참조. 10-15절). 하나님은 겸손한 자에게 은혜를 베푸시며(잠 3:34), 참된 겸손은 하나님에 대한 순종으로 나타난다. 신약 시대 교회 생활에서도 하나님은 겸손한 자에게 은혜를 주신다. 베드로전서 5:5-6에 "젊은 자들아 이와 같이 장로들에게 순종하고 다 서로 겸손으로 허리를 동이라 하나님은 교만한 자를 대적하시되 겸손한 자들에게는 은혜를 주시느니라 그러므로 하나님의 능하신 손 아래에서 겸손하라 때가 되면 너희를 높이시리라"고 하였다.

10-15 **하솔을 취하고 그 왕을 칼날로 쳐죽이고 그 가운데 모든 사람을 칼날로 쳐서…하나도 남기지 아니하였고 또 하솔을 불로 살랐고**(10-11절). 이 전쟁에서 하솔 왕 야빈은 팔레스타인 북쪽 도시들을 충동하여 이스라엘을 공격하는 데 주동한 자였으므로 그의 죄악이 더욱 컸다. 그래서 여호수아는 이번 전쟁에서 하솔만 불살라 버렸다.

호흡이 있는 자는 하나도 남기지 아니하였고. 이 말씀이 두 번(11, 14절)이나 나오는데, 이와 같은 여호수아의 처사는 온전히 하나님의 명령대로 실행된 것임을 성경이 뒷받침하고 있다. 곧 "여호와의 종 모세가 명령한 것과 같이 하였으되"라고 하였고(12절), "여호와께서 모세에게 명하신 모든 것을 하나도 행하지 아니한 것이 없었더라"(15절)고 하였다. 그러므로 이 일은 잔인한 것이 아니라 하나님의 명령대로 그의 심판을 대행한 것이다. 이같이 심판의 비참한 결과를 볼 때에 우리는 그 이면에 그보다 더 무서운 죄악이 그 심판을 받은 자들에게 있다는 것을 볼 줄 알아야 한다(창 15:16 참조).

우리는 이러한 여호수아의 처사에서 다음과 같은 사실을 들여다볼 수 있다. 곧 ① 그가 하나님께 순종한 사실과 ② 그가 모세의 후계자로서 모세의 뜻을 그대로 실천한 사실이다(12, 15절). 후계자는 선임자의 뜻이 하나님의 말씀에 속하여 있다면, 그 뜻을 그대로 실천하는 것이 사명이다. 그 이유는 그가 그러한 목적으로 후계자로 임명되었기 때문이다.

교회에서 지도자들이 후계자를 세울 때도 언제나 옳은 목적으로 세워야 한다. 곧 자기의 사리사욕을 위하지 않고 전적으로 하나님의 뜻을 위하여 그 일이 실행되어야 한다.

16-18 여호수아는 가나안 땅 정복의 사명을 마침내 완수하였다. 그 전쟁의 기간이 길었다는 사실을 18절이 밝혀 준다. 곧 "여호수아가 그 모든 왕들과 싸운 지가 오랫동안이라"고 하였다. 가나안 정복을 위한 거룩한 싸움은 하나님의 도우심으로 진행되었지만 그것이 단시일 안에 끝난 것은 아니었다. 어떤 일이 빠르게 이루어진다고 해서 그것이 우리에게 반드시 복이 되는 것은 아니다(잠 20:21 참조). 여호수아를 선두로 한 이스라엘은 사명을 완수하는 그 순간까지 그들의 모든 노력을 아끼지 않고 최선을 다해 싸웠다. 믿음은 결코 게으름을 용납하지 않는다.

19-20 가나안의 여러 족속 중에서 "기브온 주민 히위 족속 외에는 이스라엘 자손과 화친한 성읍이 하나도 없고" 다 진멸되었다. 그들의 마음이 완악하여 이스라엘을 대적하여 싸우려 한 것은 "여호와께서 그리하게 하신 것"이었다. 여호수아서의 저작자는 여기서 하나님의 주권을 강조한다. 하나님의 허락 없이는 참새 한 마리도 땅에 떨어질 수 없고(마 10:29), 만사를 하나님께서 그의 뜻대로 주장하신다(롬 9:17-18 참조). 그러므로 하나님께서 가나안 사람들의 마음을 완악하게 하셨다는 것은, 하나님께서 그들이 범죄하도록 주장하셨다는 뜻이 아니라 죄의 길로 행하는 그들을 그대로 내버려두신 것을 가리킨다. 모든 인간은 다 죄로 타락했기 때문에 하나님께서 붙들어 주시지 않으면 다 완악해질 수밖에 없다. 그러므로 그들이 완악해진 책임은 그들 자신에게 있다. 어떤 자들은 살리시고 어떤 자들은 버려두시는 것은 하나님의 주권이다(삼상 2:6 참조). 그러므로 하나님의 주권으로 그리스도 안에서 영생을 얻은 신자들은 무한히 감사하는 동시에 또한 두려워해야 한다.

사람의 마음이 완악해지는 과정을 살펴보면 다음과 같다. ① 그의 마음이 하나님의 사랑 앞에서도 부드러워지지 않은 결과 필연적으로 완악해지며, ② 성령의 감동하심을 거역한 결과로 완악해지며, ③ 시험을 당했을 때 그 시험에 빠져서 이기지 못한 결과로 완악해지며, ④ 자신의 악을 변호하며 덕의 아름다움을 느끼지 못한 결과로 완악해지며, ⑤ 자신을 높이고 스스로에 대해 만족하며 교만해질 때에 완악해진다. 그러므로 사람이 완악해지는 것은 하나님의 벌이다.

21-23 여호수아가 가나안 땅에서 거인족 "아낙 사람들을 멸절하고…또 그들의 성읍들을 진멸하여 바쳤으므로" 멀리 "가사와 가드와 아스돗에만 남았"다. 이 아낙 사람들은 일찍이 모세가 보냈던 정탐꾼들이 두려워했던 거인족이다(민 13:33). 그때 이스라엘 자손들은 믿음 없는 정탐꾼들의 보고를 듣고 낙심하고 절망하였다. 그러나 여호수아와 갈렙만은 믿음으로 담대함을 얻고 백성들을 위로하면서 말하기를, "그들은 우리의 먹이라"고 하였다(민 14:9). 이제 여호수아는 그 담대한 믿음대로 열매를 거두었다. 하나님께서는 언제나 우리의 믿음대로 이루어 주신다(마 8:13; 참조. 마 17:20; 눅 17:6).

| 설교자료

1. 하나님의 약속, 곧 격려와 말씀(6절)

이스라엘의 원수는 강하고 많았다(1-5절). 그러나 하나님께서 여호수아에게 "두려워하지 말라"고 하셨으므로 그는 담대하게 전쟁할 수 있었다. 하나님께서 함께하여 주시면 두려울 것이 없다. 또한 성도의 담력은 그가 하나님 한 분만을 사랑하는 데서 생긴다(요 14:21-24). 다윗은 말하기를, "군대가 나를 대적하여 진 칠지라도 내 마음이 두렵지 아니하며 전쟁이 일어나 나를 치려 할지라도 나는 여전히 태연하리로다 내가 여호와께 바라는 한 가지 일 그것을 구하리니 곧 내가 내 평생에 여호와의 집에 살면서 여호와의 아름다움을 바라보며 그의 성전에서 사모하는 그것이라"고 하였다(시 27:3-4). 아타나시우스(Athanasius)는 그리스도 예수의 신성 교리를 주장하다가 많은 대적에게 박해를 받아 20년 동안이나 망명 생활을 하였다. 그러나 그는 주님의 힘으로 담력을 얻고 말하기를, "온 세상이 나를 대적하는가? 나는 온 세상을 대적하리라"라고 하였다.

2. 여호수아의 승리(7-9절)

그가 전쟁에서 승리한 비결은 다음과 같다. ① 그가 여호와의 말씀(승리의 약속)을 믿고 전쟁을 시작하였으며(7절), ② 그가 작전을 펼칠 때 선제공격을 취하였다. "갑자기 습격"하였다(7절)는 문구(פתאם ויפלו עליהם)는 "갑자기 그들 속으로 치고 들어감"을 의미한다. 곧 여호수아는 소수의 군대를 거느리고 병력이 우수한 적군 속으로 침입했던 것이다. 이와 같은 작전은 담대한 공격전이었다. 신자들이 죄악과 싸우는 영적 전쟁에서도 이 세상에 가득 찬 모든 죄악에 대하여 전투적인 긴장감을 가지고 적극적으로 싸워 나아갈 때 승리를 거둘 수 있다. 죄악에 무관심하고 안일함에 빠져 있는 자들은 자기 자신의 죄도 이기지 못한다. 그뿐 아니라 ③ 여호수아가 여호와께 순종하였으므로 승리하게 되었다. 여호수아는 특히 순종의 사람으로 유명하다. 그는 전쟁할 때마다 하나님께서 그에게 명령하신 말씀을 그대로 다 순종하였으며, "그들의 말 뒷발의 힘줄을 끊고 그들의 병거를 불로 사르라"고 하신 하나님의 말씀 또한 철저하게 그대로 순종하였다(9절; 참조. 15절). 다른 사람들을 잘 가르치는 자는 스스로 잘 배우고, 다른 사람들을 잘 다스리는 자는 스스로 진리에 잘 순종한다. 미국의 초대 대통령인 워싱턴(Washington)은 유명한 통치자가 되기 전에 그의 모친에게서 순종을 배웠다고 한다.

제 12 장

✣ 내용분해

1. 이스라엘이 요단강을 건너기 전에 정복한 왕들(1-6절)
2. 이스라엘이 요단강을 건넌 후에 정복한 왕들(7-24절)

✣ 해석

1-6절. 이 부분에는 일찍이 모세의 지도 아래에서 이스라엘이 정복한 성읍들과 그 왕들의 이름이 기록되었다. 그것은 "헤스본에 거주하던 아모리 족속의 왕 시혼"과 "바산의 왕 옥"이다. 여호수아서의 저자가 여호수아를 통하여 나타내신 하나님의 권능을 기록하다가 12장(1-24절)에서는 가나안의 왕들이 이스라엘 백성에게 정복된 것이 모세의 예언대로 된 것임을 언급한다. 그가 예언하며 말하기를, "그 때에 내가 여호수아에게 명령하여 이르기를 너희의 하나님 여호와께서 이 두 왕에게 행하신 모든 일을 네 눈으로 보았거니와 네가 가는 모든 나라에도 여호와께서 이같이 행하시리니 너희는 그들을 두려워하지 말라 너희의 하나님 여호와께서 친히 너희를 위하여 싸우시리

라 하였노라"고 하였다(신 3:21-22; 참조. 신 7:24). 여호수아 12:1-6에서는 "두 왕"의 패망에 대하여 말하고, 7-24절에서는 그 밖의 모든 나라 왕들의 패망에 대하여 말한다. 이같이 여호수아 12장은 신명기 3:21-22대로 이루어진 것을 말해 준다.

그러므로 봉크(C. Vonk)는 여호수아 12장과 모세 오경 사이의 밀접한 관계[25]를 지적하여 말하기를, "그 약속이 문자적으로 성취되었다"라고 하였다.[26] 또한 그는 "이스라엘이 하나님의 권능으로 가나안을 점령한 것처럼, 우리가 그리스도로 말미암아 세상의 후사가 되는 언약(새 하늘과 새 땅에 들어가게 하는 언약; 롬 4:13)도 전적인 하나님의 권능으로 이루어질 것이다. 다시 말하면 장래의 낙원은 진화적으로 이루어지는 것이 아니라 하나님의 능력에 의한 변혁으로 이루어질 것이다"라고 하였다.[27]

신약 시대의 종말기에 우리가 그리스도로 말미암아 받게 될 세상의 후사도 많은 적그리스도 왕들이 멸망한 후에 실현된다(계 17:12-14; 19:11-21 참조). 하나님의 말씀은 옛날이나 지금이나 변함없이 진실하고 위대하시다(히 13:8). 신자들은 과거에 나타난 하나님의 신실하심을 기억함으로써 현재에 더욱 영적인 능력과 담력을 얻게 된다.

"시혼은 헤스본에 거주하던 아모리 족속의 왕이라.…옥은…바산의 왕이라"(수 12:2-4). 이스라엘이 요단강을 건너오기 전에 모세의 지도 아래에서 이 두 왕을 멸하였다. 시혼의 영토는 사해의 북쪽 해안에서 동쪽으로 25킬로미터쯤 떨어져 있는 곳이다. 그 수도인 헤스본은 포도밭으로 유명하였다(사

---

25) Het verband tussen Joz. 12en de Pentateuch.
26) C. Vonk, Letterlijk zien we hier ook die belofte in vervulling gaan. De Voorzeide Leer, Deel I^d, De Heilige Schrift, Inleiding op De Profeten, Jozua, 1972, 189-190.
27) Het paradiseder toekomst niet, zoals mensen elkaartelkens weer wijsmaken, langs een weg wan evolutie maar komt straks katastrofaal. Ibid., 91.

16:8). 시혼 왕은 이 땅을 모압 족속에게서 빼앗았다.[28] 그리고 바산 왕 옥의 영토는 갈릴리 바다 동쪽에 있었다. 그 지방의 바산 땅은 목축으로 유명하였으며, 그 족속은 거인족이었다(신 3:11).

모세가 이 두 족속을 정복하고 그 영토들을 르우벤, 갓, 므낫세 반 지파에게 주었다(민 21:21-24, 33-35; 32:33-42 참조).

7-24절. 여호수아와 이스라엘 자손이 요단강을 건넌 후 정복한 왕은 총 31명이다. 이렇게 많은 왕국을 정복하고 이긴 비결은 하나님 여호와의 능력이었다. 23:3에 말하기를, "너희의 하나님 여호와 그는 너희를 위하여 싸우신 이시니라"고 하였다.

우리는 이 점에서 한 가지 교훈을 발견한다. 곧 이스라엘이 가나안 땅에 들어오기 전에는 원수가 적었는데 가나안 땅에 들어온 후에는 그 전보다 원수가 더 많아졌다는 사실이다. 그와 같이 사람이 신자가 되기 전에는 영적 원수가 적지만 신자가 된 후에는 영적 원수가 많아진다. 곧 신자는 많은 죄악이 다 왕권을 가지고 그의 심령을 지배하려 한다는 사실을 발견하게 된다(롬 5:21; 6:12-13 참조).

여호수아 12:7-24에 기록된 왕국들은 작은 도시에 불과하였다. 오늘날의 관점으로 보면, 팔레스타인과 같은 좁은 지역에 그토록 많은 도시가 있었고, 또 그 도시들이 각각 다른 왕국으로 독립해 있었다는 사실이 매우 놀랍다. 그러나 그 당시의 팔레스타인은 본래 비옥한 땅이었고 젖과 꿀이 흐르던 곳이었으므로(출 3:8), 그곳에 도시들이 많았고 인구도 많았다. 훗날 유대인들이 하나님의 아들 예수 그리스도를 배척한 이후에 그 땅이 저주를 받아 대부분의 지역이 쓸모없어진 것이다(신 29:23).

---

28) A. A. MacRae, in the New Bible Commentary, 1961, 186.

7-8 "바알갓"(בַּעַל גָּד)은 팔레스타인 북쪽에 있는 레바논 산의 골짜기 이름이다. 그 당시 여호수아가 정복한 땅의 북쪽 끝 경계가 이곳이었다. "할락"(חָלָק) 산은 팔레스타인 남쪽에 있는 산으로, 세일 산으로 가는 도중에 자리하고 있다.

9 "여리고"(יְרִיחוֹ)는 달의 도시란 뜻이며, 그 당시 그곳 사람들이 달을 숭배한 것 때문에 그런 이름으로 불렸다. "아이"(עַי)는 벧엘 동쪽 부근에 있었고, 폐허(ruins)를 의미한다.

10 "예루살렘"(יְרוּשָׁלַיִם)은 본래 "여부스"(יְבוּס)라고 하는 도시였는데, 요단강과 사해에서 15마일, 지중해에서 30마일 떨어진 곳에 자리하고 있다. 일찍이 아브라함 시대에는 그곳을 "살렘"(שָׁלֵם=평화)이라고 불렀다(창 14:18). "헤브론"(חֶבְרוֹן)은 거인족인 아낙 족속의 도시였고(수 14:15; 창 23:2; 민 13:22), 예루살렘의 남서쪽 18마일 지점, 유다 산골짜기에 자리한 도시였다. 지금은 엘 칼릴(el Khalil), 곧 "하나님의 친구"라고 불린다. "야르뭇"(יַרְמוּת)은 높은 곳을 의미하며, 예루살렘에서 서쪽으로 16마일 밖에 있는 곳이다.

11-12 "라기스"(לָכִישׁ)는 오늘날의 움 라키스(Um Lakis)라는 둥근 언덕 위에 있었던 듯하다. 지금도 유대인들이 그곳에 거주한다. "에글론"(עֶגְלוֹן)은 움 라키스(Um Lakis) 동쪽에 있다. "게셀"(גֶּזֶר)은 에브라임 남쪽 경계에 있는 역사적인 요새지였다(왕상 9:16-17).

13-14 "드빌"(דְּבִר)은 헤브론 남쪽, 유다의 산 위에 있는 곳이었고, "게델"(גֶּדֶר)은 오늘날 예돌(Jedur)이라고 불린다(Robinson, Pal. Ⅱ, p. 186). "호르마"(חָרְמָה)는 스바(Zephath)라고도 하는데(삿 1:17), 아말렉 족속의 땅 남쪽에 있었고, "아랏"(עֲרָד)은 헤브론 남쪽으로 30마일 떨어진 지점에 있었다(민 21:1).

15-16 "립나"(לִבְנָה)는 유다의 평원 지방 도시 중 하나였고, "아둘람"(עֲדֻלָּם) 역시 그러한데 "야르뭇"과 "소고" 사이에 있었다. 다윗이 피신했던

굴이 있었던 곳이기도 하다(삼상 22:1). "막게다"(מַקֵּדָה)는 베이트 지브린(Beit Jibrin)의 서북쪽에 있는 도시였고, "벧엘"(lae-tyBe)은 예루살렘에서 북쪽으로 12마일 떨어진 곳에 있었는데, 본래의 이름은 "루스"였다(창 28:19 참조).

17-18 "답부아"(תַּפּוּחַ)는 유다의 서쪽으로 헤브론 가까이에 있었고, "헤벨"(חֵפֶר)은 유다 평원 지방인 소고와 인접해 있었다(왕상 4:10 참조). "아벡"(אֲפֵק)은 에벤에셀(Ebenezer) 가까이에 있으며(삼상 4:1), "랏사론"(לַשָּׁרוֹן)은 티베리아 호수 서쪽에 있는 "사루네"(Saruneh) 지방을 가리킨 듯하다(Knobel).

19-20 "마돈"(מָדוֹן)은 팔레스타인 북쪽 도시였고, "하솔"(חָצוֹר)은 납달리 지역에 있던 요새지로서 훌레(Huleh) 호수 가까이에 있었다. "시므론 므론"(שִׁמְרוֹן מְראוֹן!)은 갈릴리에 있는 도시였고, "악삽"(אַכְשָׁף)은 베니게의 도시로 갈멜산 밑에 있었다.

21-22 "다아낙"(תַּעֲנָךְ)과 "므깃도"(מְגִדּוֹ)는 이스라엘 평원 지방에 있었던 도시들이었고, "게데스"(קֶדֶשׁ)는 납달리 지역에, "욕느암"(יָקְנְעָם)은 갈멜산 밑에 각각 자리하고 있었다.

23-24 "돌"(דּוֹר)은 가이사랴 북쪽으로 9마일 떨어진 지점에 있었고, "고임"(גּוֹיִם)은 얀디바드리(Antipatris)에서 북쪽으로 6마일 떨어진 지점에 있었다. 그리고 "디르사"(hc'r)Ti)는 세겜 북쪽에 있는 곳으로, 지금의 탈루자(Talluza)라는 곳이다.

가나안 도시 국가들의 왕 31명이 여호수아로 말미암아 죽게 된 기록은 별로 의미가 없는 내용이다. 그러나 우리가 그 당시의 상황을 바르게 알고 읽을 때, 이 기록에서 ① 승리하게 해 주신 하나님께 믿음으로 드리는 감사를 깨달을 수 있고, ② 그리스도께서 장차 재림하셔서 적기독교 국가들의 왕들을 진멸하실 기쁜 일(계 19:17-21)을 내다볼 수 있다. 곧 여호수아는 그리스도의 모형이다.

| 설교자료

1. 여호수아서 12장에는 이스라엘이 가나안의 여러 왕들을 정복하고 승리한 사실이 간략하게 기록되었다. 그 승리는 하나님의 능력으로 이루어진 것이었으므로(23:3) 이스라엘은 그 사실을 분명하게 기억해야 했다. 구약 시대 성도들은 어려울 때마다 과거에 받았던 하나님의 은혜를 회고하였다. 다윗은 말하기를, "이스라엘의 찬송 중에 계시는 주여 주는 거룩하시니이다 우리 조상들이 주께 의뢰하고 의뢰하였으므로 그들을 건지셨나이다"(시 22:3-4)라고 하였고, 또 아삽은 말하기를, "하나님은 예로부터 나의 왕이시라 사람에게 구원을 베푸셨나이다"라고 하였다(시 74:12). 신약 시대를 살고 있는 우리도 과거에 나타나신 하나님의 능력을 회상함으로써 현재에 은혜를 받는다.

2. 이스라엘이 헤스본 왕 시혼과 바산 왕 옥과 싸워 이기고 그들을 멸망시켰다(1-6절).

1) 이 전쟁은 일찍이 모세의 지도 아래에서 승리한 것이었다. 그들이 그 두 족속을 멸망시킨 이유는 그 두 왕의 마음이 완악하였기 때문이었다. 그런데 신명기 2:30을 보면, 그들이 완악해진 것은 하나님께서 그들을 완악하게 하셨기 때문이라고 말한다. 그렇다면 하나님께서 사람의 마음을 완악하게 하셨다는 것은 무슨 뜻인가? 그것은 사람의 죄악이 가득 찼는데도 끝까지 회개하지 않을 때 하나님께서 그를 완악한 그대로 내버려두시는 것을 의미한다(롬 1:24, 26, 28 참조). 하나님께서 붙들어 주지 않으시면 인간은 매우 완악해진다.

2) 헤스본 왕국에는 높은 성읍들이 많았을 뿐 아니라(신 2:36), 그 나라는 전쟁을 즐기는 국가였으므로 이스라엘과 화친하기를 원하지 않고 오히려 도전해 왔었다(신 2:32). 그뿐 아니라 바산 왕 옥의 국력도 강하였다. 그 족속

은 "르바의 남은 족속"이었고(수 12:4), "르바임"(רְפָאִים)은 거인족이었다. 예컨대 바산 왕 옥의 침상은 철로 된 것이었는데 그 길이가 아홉 규빗이나 되었다고 한다(신 3:11). 이스라엘은 이런 강적을 상대한 전쟁에서도 승리를 약속해 주신 하나님께서 그 크신 능력으로 도와주셨기에 무난히 승리를 거두었다. 이같이 하나님께서 하시는 일은 너무도 확실하여 우리로 하여금 유종의 미를 거두게 하신다. 이스라엘이 헤스본에 거하는 아모리인의 왕 시혼과 바산 왕 옥을 정복하여 이긴 것은 이스라엘이 요단강을 건너기 전에 일어난 일이었다. 그들이 가나안을 정복하는 과정에서 얻은 승전 경험은 장래의 모든 전쟁에서도 승리를 보장해 주시는 하나님의 능력의 역사였다(수 13:21-22 참조).

그리스도 신자들의 영적 생활도 마찬가지이다. 우리가 신앙생활을 시작할 때 하나님께서 우리를 거듭나게 하신 권능은 우리를 끝까지 구원하실 사랑과 우리를 부활시키실 권능이기도 하다(롬 8:11; 엡 1:14; 참조. 빌 1:6).

3. 이스라엘이 하나님의 도우심으로 정복하고 취한 땅은 여러 모양이었다. 곧 산악 지대, 평원 지대, 경사진 땅, 광야 등이었다(8절). 이같이 하나님께서 성령의 능력으로 취하신 신자들도 여러 모양이다. 그들의 성격을 살펴볼 때 산악과 같이 교만한 사람도 있고, 경사진 땅과 같이 낙심을 잘하는 사람도 있고, 광야와 같이 사납고 거친 사람도 있고, 평원 지대와 같이 온화한 사람도 있다. 그러나 하나님은 이 모든 사람을 성령으로 변화시키셔서 마침내 천국에 합당한 성도들로 만드신다. 복음의 일꾼들은 이와 같은 하나님의 경륜을 기억하며 주 안에서 소망을 가지고 이런 사람들을 상대로 힘써 일해야 한다.

4. 여호수아가 멸망시킨 왕들은 총 31명이다(9-24절). 이 사실에 대하여 어떤 학자들은 의문을 가지고 말하기를, 전쟁과 같은 비극(특히 어떤 민족을 완전히 멸하는 일)은 마귀로부터 말미암은 것이고 인자하신 하나님께서 관여

하시는 일이 아니라고 한다. 그러나 그것은 하나님이 어떤 분이신지를 알지 못하는 그릇된 주장이다. 하나님은 물론 인자하시다. 그렇기 때문에 경우에 따라 그는 자신의 인자하심을 세워 나가시기 위하여 죽이는 심판을 실행하신다. 무엇을 멸망시키는 일이 참된 생명을 인자하게 보호하는 구원 행위가 되기도 하는 것이다. 우리가 독사를 죽이는 것을 당연하게 여기는 것과 같다. 하나님께서 죄악으로 완악해진 자들을 멸하시는 것이 그의 인자의 덕이다. 그러므로 시편 136:15-20에 말하기를, "바로와 그의 군대를 홍해에 엎드러뜨리신 이에게 감사하라 그 인자하심이 영원함이로다 그의 백성을 인도하여 광야를 통과하게 하신 이에게 감사하라 그 인자하심이 영원함이로다 큰 왕들을 치신 이에게 감사하라 그 인자하심이 영원함이로다 유명한 왕들을 죽이신 이에게 감사하라 그 인자하심이 영원함이로다 아모리인의 왕 시혼을 죽이신 이에게 감사하라 그 인자하심이 영원함이로다 바산 왕 옥을 죽이신 이에게 감사하라 그 인자하심이 영원함이로다"라고 하였다.

제 13 장

✤ 내용분해

1. 하나님께서 여호수아에게 아직 점령하지 못한 땅의 범위를 알려 주심 (1-6절)
2. 하나님께서 그 땅을 이스라엘 백성에게 분배하라고 하심(7절)
3. 일찍이 모세가 요단강 동편에서 두 지파 반에게 분배한 땅들과 성읍들 (8-33절)

✤ 해석

1 너는 나이가 많아 늙었고 얻을 땅이 매우 많이 남아 있도다. 여호와께서 여호수아에게 그가 늙었음을 상기시키신다. 사람이 나이가 많아져서 늙고도 자신을 알지 못하고 자기가 감당하지 못할 일을 하겠다고 착각하는 경우가 많다. 호세아 7:8-9에 말하기를, "그는…백발이 무성할지라도 알지 못하는도다"라고 하였다. 이와 같은 하나님의 말씀은 노인들이 마땅히 들어야 한다.

그들은 남은 생명이 길지 않고 정력도 많이 감퇴했다는 것을 깨닫고 그때까지 맡아 온 일을 잘 마무리해야 한다. 또한 그들은 활동 범위를 줄여야 한다. 그럼에도 불구하고 노인들이 이 점에서 실수하기가 쉽다. 그들이 젊었을 때처럼 일에 대한 의욕을 품고 물러나지 않으면 일할 수 있는 후배들에게 장애가 된다. 그러므로 옛말에 "늙었을 때는 얻으려는 욕심을 경계해야 한다"(年老之時戒之在得)라고 하였다. 이는 인류의 경험을 그대로 말해 준다.

하나님은 여호수아가 노년기에 전쟁을 할 수 없다는 사실을 강조하신다. 그러나 하나님께서 친히 싸워 주실 것 또한 강조하셨다. 이 두 가지 강조는 "너는"이란 말(אַתָּה)과(1절) "내가"란 말(אֲנִי)로(6절) 나타난다. 이 두 문구는 다 강조체다. 그러므로 가나안 땅을 이스라엘 자손들에게 주시겠다고 하신 하나님의 약속은 아무 문제 없이 성취된다. 하나님께서 하시고자 하는 일은 어떤 특정 인물이 없다고 해서 차질이 생기지 않는다. 봉크(C. Vonk)는 이러한 사실을 잘 지적하며, 여기서 "너는"이란 말과 "내가"란 말이 강조체임을 확인하였다.[29]

2 **이 남은 땅은 이러하니 블레셋 사람의 모든 지역과 그술 족속의 모든 지역.** 이스라엘이 아직 점령하지 못한 땅이 이토록 많지만 하나님께서 친히 이스라엘을 도와주셔서 그들이 그 땅을 점령하도록 해 주시겠다고 약속하신다(6하). 여호수아는 나이가 점점 많아지지만 하나님은 언제나 살아 계시며 언제나 동일하시다(히 13:8).

3-5절. 여호수아가 그때까지 점령하지 못한 지역은 봉크(C. Vonk)가 말한 것처럼 세 구역이다. 즉 ① 서남 구역, 곧 블레셋 땅(2-3절), ② 두로와 시돈 땅

---

29) C. Vonk, Die Twee woorden heb-ben in het Hebr. de klemtoon. De Voorzeide Leer, Deel I^d, De Heilige Schrift, Inleiding op De Profeten, Jozua, 1972, 207.

(4절), ③ 북쪽 지구(5-6절)이다.

3 "시홀"은 애굽 맞은편에 있는 강으로, 애굽과 가사 사이를 흘러서 지중해로 들어간다(C. Vonk). 구약에 이 명칭이 몇 번 나온다(대상 13:5; 사 23:3; 렘 2:18). "가사"는 블레셋 가장 남쪽에 있고, "아스돗"은 오늘날의 브에르 투비아(Beer Tubiah) 서쪽에 있는 에스두드(Esdud)이다. "아스글론"은 그 당시 아스돗과 가사 사이의 연안에 있었는데, 지금은 무너진 폐허로 남아 있을 뿐이다. 현대의 아랍인들은 이곳을 아스클란(Asklan)이라고 부른다. "가드"는 블레셋 장군 골리앗의 고향이었다(삼상 17:4, 23). 다윗 왕이 블레셋 사람을 쳐서 항복을 받고 가드를 취하였다(대상 18:1). "에그론"은 오늘날 아카르(Akar)라는 아라비아인의 촌락이 되었다. "아위 족속의 땅"에는 가나안 족속들이 오기 전부터 이미 아위 사람들이 살고 있었다(신 2:23).

4 "므아라"(מְעָרָה)는 굴을 의미하며, 시돈 동쪽에 있는 오늘날의 에쩐의 굴(Cave of Jezzin)이란 땅이다. 이곳은 전쟁 때에 패전한 자들이 숨던 곳이기도 하다. "아벡"은 아름다움과 사랑의 여신을 숭배하던 곳이었는데, 그 미신 종교의 음탕한 내용 때문에 로마의 콘스탄티누스(Constantine) 대제가 이곳의 신전을 파괴했다. 그곳은 자연 경치가 아름다웠다고 한다. 현재에는 그곳에 아프카(Afka)라는 작은 촌락이 있을 뿐이다.

5 "그발 족속의 땅"은 옛날 베니게의 도시로, 탐무즈(Tammuz) 우상숭배의 중심지였다. 이곳은 작고 아름다운 해변 도시이며, 그 주위에 과일나무들이 많고 포도원도 많다. 이곳은 애굽 파피루스(Papyrus = 제지 원료)를 수입하여 판매한 곳으로 유명하였기 때문에 그 항구 이름인 "그발"이 파피루스(Papyrus)로 바뀌었다.[30]

"바알갓"(בַּעַל גָּד)은 운명의 신이란 뜻이다. 그곳 사람들이 너무도 그 운

---

[30] J. H. Kroeze, Commentaar op het Oude Testament, Jozua, 1968, 157.

명의 신을 섬겼기 때문에 그곳 이름을 "바알갓"이라고 부르게 된 것이다(사 65:11; 수 11:17; 12:7 참조). "하맛"은 이스라엘 북쪽에 있는 오론테스(Orontes) 강이 있는 곳이다. 그곳에 들어가려면 레바논산과 헐몬산 사이의 긴 골짜기를 통과해야 한다. 그곳은 단 지방에서 15마일쯤 떨어져 있다.

6-7 "미스르봇마임"(מִשְׂרְפוֹת מַיִם)은 물을 태운다(the burnings of the waters)는 뜻이다. 그렇게 불린 이유는 그곳에 염전이 있어서 물이 증발하고 소금이 만들어지기 때문이다.

내가 그들을 이스라엘 자손 앞에서 쫓아내리니…너는 이 땅을 아홉 지파와 므낫세 반 지파에게 나누어 기업이 되게 하라 하셨더라. 하나님께서 여호수아에게 주신 이 명령은 이스라엘이 아직까지 얻지 못한 그 땅(3-6절에 기록된 많은 땅)을 미리 그들에게 분배하라는 것이다. 그들이 그 땅을 확실하게 얻게 될 것을 보장하시며 하나님께서는 그 땅에서 본토인들을 내쫓아 주시겠다고 약속하셨다. 이것은 하나님의 약속을 현재에 이미 소유한 실물처럼 취급하게 하신 것이다. 신약 시대에 그리스도를 믿는 그리스도 신자들도 장차 소유할 내세를 현재에 이미 소유한 것처럼 확신을 가져야 한다. 그러므로 히브리서 11:1에 말하기를, "믿음은 바라는 것들의 실상이요 보이지 않는 것들의 증거니"라고 하였다. 봉크(C. Vonk)는 다음과 같이 말했다. "하나님께서 아브라함에게 주신 약속은 옛 이스라엘보다 오늘날 우리에게 더 넓게 열려 있다. 곧 그 내용은 하나님의 아들 예수 그리스도와 그가 성취하신 구원이며, 결국 그분 자신이 세상의 후사라는 것이다"라고 하였다.[31]

8-14 이 부분 말씀은 주로 모세가 일찍이 두 지파 반에게 요단 저편 땅을

---

31) C. Vonk, Het foedraal van Gods beloften aan Abraham is thans voor ons nog veer weel wijder geopend dan voor oud-Israël. De inhoud daar-van is ons thans gebleken niemand en niets minder te zijn dan Jezus Christus, Gods Zoon, en al wat Hij verwierf, zodat Hij nu erfgenaan van hemel en aarde is. De Voorzeide Leer, Deel I^d, De Heilige Schrift, Inleiding op De profeten, Jozua, 1972, 214.

분배해 준 일에 대한 서론적 설명이다. 그에 대한 본론은 15-33절에 자세하게 진술되었다.

이스라엘 자손이 여러 족속을 쫓아냈지만 "그술 족속과 마아갓 족속"은 쫓아내지 못했다(13절). 이것은 이스라엘 백성에게 유쾌하지 못한 일이었다. 이같이 이 세상에서는 하나님 교회의 복음 사역에도 완전하지 못한 요소가 따라다니면서 방해한다. 그러나 그런 요소 때문에 교회가 겸손해질 기회를 얻기도 한다. 사람이 잘하고 교만해지는 것보다는 부족함 때문에 낮아져서 회개하는 것이 오히려 유익하다.

15-32절. 이 부분에는 요단 저편(동쪽)에서 모세의 지도로 두 지파("르우벤, 갓, 므낫세 반 지파")에 분배해 준 땅들의 목록이 기록되었다(민 32:1-42 참조). 여호수아가 남은 지파들에게 요단 이편 땅을 분배해 주기 전에 모세가 행한 것을 모범으로 내세운 것은 땅의 분배가 중요하다는 사실을 보여 주기 위해서이다. 하나님의 권위로 행사하는 여호수아가 이 시점에서 이 일을 단행하지 않으면 훗날 이스라엘 자손들 가운데 분쟁이 일어날지도 모른다.

그때 각 지파에 분배한 땅들의 경계선을 분명히 나타내고 그 지명들을 성경에 자세히 기록해 둔 것에는 깊은 의미가 담겨 있다. 그것은 후세에도 변동 없이 성경의 기록대로 각 지파마다 자기의 기업만 차지하도록 하기 위함이었다. 따라서 이스라엘 안에서는 땅에 대한 분쟁이 있을 수 없다.

13-17장 말씀을 보면, 팔레스타인에는 많은 인구가 살 수 있도록 도시와 기타 거주지들이 많이 있었다. 또한 민수기 14:7-8을 보면 그 땅을 "젖과 꿀이 흐르는" 아름다운 땅이라고 하였다. 그럼에도 불구하고 제2차 세계대전 직후까지 그 땅은 거의 황폐화되어 있었다. 이것을 보면 유대인들이 예수 그리스도를 배척하고 십자가에 못 박아 죽인 죄 때문에 저주를 받아 땅도 황폐화된 것이 분명하다.

15-23 이 부분에는 "르우벤 자손의 지파"가 받은 기업에 대하여 기록되었다. 르우벤 지파가 받은 땅은 모압 땅이었다. 여기서 "골짜기"(בֵּחַל)로 표현된 곳은 팔레스타인의 지형으로 볼 때, 일종의 경사진 평원을 말한다. 그러므로 여기서 "평지"란 말(מִישׁוֹר)이 종종 그것을 설명하는 말처럼 나온다(16하, 17상, 21상). 르우벤 지파가 차지한 도시들의 명칭은 17-20절에 자세히 기록되었다.

평지 모든 성읍과 헤스본에서 다스리던 아모리 족속의 왕 시혼의 온 나라라(21상). 이 말씀은 15-20절의 결론이다.

시혼을 그 땅에 거주하는 시혼의 군주들…함께 죽였으며…발람도 칼날로 죽였더라(21하-22절). 그 당시의 악한 지도자들이 이같이 죽은 사실이 여기에 기록되었다. 이것은 나라가 악해지면 지도자들이 그 책임을 담당해야 하는 것을 보여 준다.

24-32 "갓 지파"는 주로 암몬 족속의 땅을 받게 되었고, "므낫세 반 지파"는 바산 왕 옥의 영토를 취하게 되었다.

33 오직 레위 지파에게는 모세가 기업을 주지 아니하였으니…하나님 여호와께서 그들의 기업이 되심이었더라. "레위 지파"는 하나님을 섬기는 일만을 전적으로 담당하였으므로 땅이 필요하지 않았다. 그들은 다른 지파 사람들이 하나님께 바친 것으로 살아야 했다(민 18:20-24). 하나님께서 그들이 하나님의 곳간의 것으로 살도록 정하셨으므로, 그들의 기업은 땅이 아니라 여호와 하나님이시다.

| 설교자료

1. 하나님께서 여호수아의 나이 많음을 선언하셨다(1절). 이것은 사람이 늙으면 직무를 감당하기 어렵다는 사실을 밝혀 주신 것이다. 그러므로 그는

후계자를 세워서 자기가 하던 일이 중단되지 않도록 해야 한다. 디모데후서 2:2에 말하기를, "또 네가 많은 증인 앞에서 내게 들은 바를 충성된 사람들에게 부탁하라 그들이 또 다른 사람들을 가르칠 수 있으리라"고 하였다. 만일 노인이 책임을 감당하지 못하면서도 그 직무를 후배에게 계승하지 않으면 그는 욕심으로 행하는 자이므로 실패할 수밖에 없다. 바울은 디모데와 디도를 그의 후계자로 세워서 그가 하던 일을 계속하게 하였다.

2. 하나님께서 아직도 이스라엘 자손이 얻을 땅이 많이 있다고 말씀하셨다(1하). 이같이 그리스도 신자들은 이 세상에서 사는 동안 소유해야 할 성결을 다 소유하지 못하고, 알아야 할 것을 다 알지 못한 처지이다. 또한 여전히 자기의 부패성과 싸울 일도 많이 남아 있다. 우리가 세상과 마귀를 대적하여 진실하게 싸우기만 하면 승리는 우리의 것이 된다고 하나님께서 약속하셨다. 요한1서 2:15에 말하기를, "이 세상이나 세상에 있는 것들을 사랑하지 말라"고 하였고, 야고보서 4:7에는 "마귀를 대적하라 그리하면 너희를 피하리라"고 하였다. 우리가 마귀를 대적하는 방법은 믿음을 굳게 가지는 것이다. 베드로전서 5:8-9에 말하기를, "너희 대적 마귀가 우는 사자 같이 두루 다니며 삼킬 자를 찾나니 너희는 믿음을 굳건하게 하여 그를 대적하라"고 하였다. 그리고 요한1서 5:4에는 "무릇 하나님께로부터 난 자마다 세상을 이기느니라 세상을 이기는 승리는 이것이니 우리의 믿음이니라"고 하였다(요 16:33 참조).

3. 여호수아는 하나님의 정확한 지시에 따라 이스라엘의 각 지파에게 가나안 땅을 나누어 주었다. 그것이 13:8-19:51에 자세히 기록되어 있다. 이 기록에서 먼저 진술된 것은 요단강 저편(요단강 동쪽)에서 모세의 지도하에 분배된 사건이다. 이 사건에서 우리는 다음과 같은 몇 가지 중요한 원리를 볼

수 있다.

1) 각 지파 사람들이 그 맡은 책임대로 이행한 원리. 므낫세 반 지파, 르우벤, 갓 지파 사람들은 요단 저편에서 먼저 땅을 받았으므로 가나안 정복의 군사 행동에서 선두로 나섰다(4:12). 책임이행 없는 특권이란 하나님의 법에는 없다(민 32:1-42; 수 1:12-18 참조).

2) 예언 성취의 원리. 야곱의 예언이나(창 49:19) 모세의 예언으로(신 33:20-21) 볼 때 갓 지파는 용사로 나올 것이고, 또한 먼저 기업을 얻도록 되어 있었다. 그런데 이스라엘이 가나안 땅을 나눌 때 일이 그대로 성취되었다. 이것은 하나님의 섭리로 이루어진 결과이다.

3) 각 지파마다 그들의 분깃을 자세히 알고 그대로 지키게 하는 원리. 이 부분(13:8-19:51)에 각 지파가 받은 땅의 이름과 그 경계선이 매우 자세하게 기록되어 있다. 우리는 성경을 읽다가 지명이나 인명만 빽빽하게 기록된 부분을 만나면 흥미를 잃어버리기 쉽다. 그러나 그러한 기록들도 하나님께서 지시하신 것이므로 귀중히 여기고 사랑해야 한다. 다시 말해 우리는 땅 이름이나 사람 이름들도 즐겁게 읽어야 한다.

르우벤, 갓, 므낫세 반 지파의 분깃에 대하여는 서론으로도 자세하게 기록되었고(13:8-14), 본론으로는 더욱 자세하게 기록되었다(15-33절). 이스라엘 지파들은 대대로 각각 받은 분깃을 후세에도 그대로 지키도록 제도적으로 보장되어 내려왔다. 이같이 우리 그리스도 신자들도 각자가 받은 책임과 재능을 분명히 알고 그 안에서 행해야 한다. 자기의 직분을 등한히 하지 말아야 하고, 다른 사람의 직분을 침해하지도 말아야 한다.

4) 각 지파대로 순종하는 원리. 이스라엘의 각 지파는 땅을 나누어 받을 때 아무도 불평하지 않았다. 하나님께서 약속하신 것을 그대로 받기 위하여 여호수아에게 청원한 일은 있었지만 불평한 일은 없었다(14:6-12 참조).

5) 레위 지파에게는 기업을 주지 않는 원리. 그들이 기업을 받지 못한 이

유는 그들의 기업은 하나님 자신이시기 때문이다(33절). 그런 점에서 그들은 사실상 더욱 큰 축복을 받은 것이다. 하나님께서 그들의 기업이 되어 주시는 것은 이 세상 물질에 비할 바가 아니다. 우리는 모든 것을 다 잃게 되더라도 하나님만은 잃지 않아야 한다. 하나님을 소유한 것이 곧 영생이다. 아모스 5:6에 말하기를, "너희는 여호와를 찾으라 그리하면 살리라"고 하였다(사 12:2-3 참조). 또한 예수님께서 말씀하시기를, "내가 곧 길이요 진리요 생명"이라고 하셨고(요 14:6), "나는 부활이요 생명"이라고 하셨다(요 11:25).

제 14 장

⚜ 내용분해

1. 이스라엘의 남은 지파에게 땅을 분배할 방법 제시(1-5절)
2. 갈렙의 청원(6-12절)
3. 갈렙의 청원을 허락함(13-15절)

⚜ 해석

1-5 이스라엘의 남은 지파에게 땅을 분배한 방법은 "제비"를 뽑는 것이었고, 그것은 하나님의 지시대로 한 것이었다(민 26:52-56; 33:54; 34:13; 참조. 잠 16:33). 그리고 제비 뽑는 일을 수행한 사람도 일찍이 하나님께서 정해 주신 대로(민 34:16-29)였다. ① 제비 뽑는 제도는 사람들의 공로를 따져서 갚아 주는 원리가 아니라 하나님의 주권에 의한 은혜의 원리이다. 이것은 신약 시대에 신자들이 하나님의 주권과 은혜로 구원받는 것을 예표한다고 할 수 있다. ② 제비 뽑는 일을 수행한 사람들 가운데 제사장의 이름(엘르아살)이

선두에 나타난 것에는 깊은 의미가 담겨 있다. 그는 신약 시대의 큰 대제사장이신 예수 그리스도(히 4:14)의 모형이다. 예수 그리스도는 신자들에게 영적 기업(구원)을 주셨다. ③ 두 지파 반(르우벤, 갓, 므낫세 반 지파)에게는 요단강 이편에서는 기업을 주지 않았고, 레위 지파에게도 주지 않았다. 이것은 하나님의 공평하심을 보여 준다. 곧 두 지파 반에게는 일찍이 요단강 저편에서 기업을 분배하였고, 레위 지파에게는 하나님 자신이 친히 그들의 기업이 되어 주시기 때문이다(민 18:20). 신자들이 받는 영적 구원의 은혜도 하나님의 공의로운 성취에 근거하여 이루어진 것이다(롬 3:26).

6 땅을 분배할 때 갈렙은 제비 뽑는 일에 참여하지 않고 산악 지대인 "헤브론" 땅을 받기 원하였다. 헤브론 땅은 일찍이 모세의 맹세로 약속받은 곳이었다(9절). 따라서 그때 그가 이런 청원을 하지 않았다면 모세의 맹세가 성취되지 못할 수 있었다. 그러므로 그의 청원은 질서를 문란하게 한 것이 아니라 도리어 질서를 세운 것이었다. 그뿐 아니라 그의 청원은 개인적인 욕심을 위하는 것이 아니라 공의를 세우기 위함이었다. 우리는 이 사건에서 그의 발언이 신앙적이었음을 볼 수 있다. 그는 하나님께서 그에게 축복해 주신 말씀(민 14:24, 30)을 그대로 믿고 바라보았다(수 14:6하).

7 **내가 성실한 마음으로.** 이 말(כַּאֲשֶׁר עִם־לְבָבִי)이 70인역(LXX)에는 "그의 마음(לְבָבוֹ)과 같이"(모세의 마음, 혹은 하나님의 마음과 같이)라고 번역되어 있다. 크루제(J. H. Kroeze)는 이 번역이 합리적이라고 한다.[32]

그러나 우리는 한글 번역대로 따르는 것이 좋다. 이것은 갈렙이 가나안 땅을 정탐할 때 마음에 느꼈던 것을 그대로 모세에게 보고하였다는 뜻이다. 즉 그가 보고한 내용은, 그 땅은 젖과 꿀이 흐르는 아름다운 땅이라는 것이

---

32) De Sept. heeft κατὰ τὸν νοῦν αὐτοῦ = volgens zijn geest, nl. van Mozes of van God; deze lezing is logischer.-Commentaar op het Oude Testament, Jozua, 1968, 169.

었다(민 14:7-8). 그때 다른 정탐꾼들(열 사람)은 비양심적으로 그 땅을 악평하였다(민 13:32). 그러나 갈렙은 양심대로("성실한 마음으로") 보고하였다. 그는 신앙으로 굳게 서서 이스라엘 백성이 가나안 땅에 들어갈 마음을 가지도록 하는 데 힘썼던 것이 분명하다(민 14:9). 이것은 하나님의 약속의 말씀(출 3:8)과 일치하게 가나안 땅을 파악하고 믿음으로 보고한 것이었다. 그때 그는 백성들에게 핍박받을 것을 각오하고 보고하였던 것이다(민 13:30; 14:6-10). 이제 그는 노년("팔십오 세")이 된 현재 그때의 일을 회상하면서 그렇게 보고한 것이 신앙적이었음을 기뻐한다.

8 나는 내 하나님 여호와께 충성하였으므로. 갈렙의 이 말은 교만이 아니라 단지 과거의 일을 있는 그대로 알리는 정직한 발언이다. 곧 하나님께서 그때 칭찬해 주신 말씀("내 종 갈렙은…나를 온전히 따랐은즉"; 민 14:24)과 같다. "여호와께 충성하였다"는 말(מִלֵּאתִי אַחֲרֵי יְהוָה)은 여호와의 뒤를 충실하게 채웠다는 의미이다. 이것은 그가 여호와와 자기 사이에 빈틈이 없도록 그분을 가까이 따랐음을 의미한다. 갈렙의 신앙에 대한 이와 같은 표현이 14장에 세 번이나 나온다(8, 9, 14절). 신자가 이처럼 주님을 가까이 따를 때는 아무런 염려도 없고 담대해진다. 그 이유는 그에게는 육신의 생명에 대한 관심보다 주님에 대한 애착이 더 중요하게 느껴지기 때문이다. 베드로가 자기가 순교할 것을 알고 근심할 때 예수님께서 말씀하시기를, "너는 나를 따르라"고 하셨다(요 21:18-22). 하나님을 가까이 따른 갈렙은 언제나 담대하였다(민 13:30; 14:8-9). 다윗의 담력도 하나님만을 사모하는 믿음에서 생긴 것이었다(시 27:1-4).

9-11 나를 생존하게 하셨나이다(10하). 갈렙은 과거부터 현재까지 하나님께서 자기를 살려 주셨고 또 강건하게 하여 주셨다고 간증한다. 그는 이같이 하나님께서 붙들어 주시는 은혜가 자기와 함께하심을 믿었다. 이것이야말로 하나님을 현실에서 느끼는 체험적 신앙이다.

12 **그 날에 여호와께서 말씀하신 이 산지를 지금 내게 주소서 당신도 그 날에 들으셨거니와 그 곳에는 아낙 사람이 있고 그 성읍들은 크고 견고할지라도 여호와께서 나와 함께 하시면 내가 여호와께서 말씀하신 대로 그들을 쫓아내리이다 하니.** 갈렙은 변함없이 안일함을 멀리하고 위험과 역경을 헤치고 나가려는 전투적 신앙을 가지고 있다. 그래서 일찍이 정탐꾼으로 함께 갔다 온 열 사람이 두려워하던 아낙 사람들(민 13:33)과 싸우기를 원하며, 산악 지대인 헤브론 땅을 청원하였다.

13-15 여호수아는 갈렙에게 헤브론 땅을 주기로 허락하고 그를 축복하였다. 이것은 하나님의 말씀(민 14:24)에 대한 여호수아의 순종이다. 이같이 그 당시의 이스라엘 사회는 지도자 여호수아를 비롯하여 온 백성이 하나님 중심으로 세워져 있었다. 여호수아는 갈렙의 신앙을 귀하게 여기며 말하기를, "그가 이스라엘의 하나님 여호와를 온전히 좇았음이라"(수 14:14)라고 하였다. 그 역시 오래전에 하나님께서 갈렙에 대하여 칭찬하신 말씀을 그대로 옮긴 것이다(민 14:24).

▮ 설교자료

1. 땅을 나누는 데 수종을 든 사람들(1절)과 땅을 차지할 지파들(2-5절). ① 수종을 든 사람들을 열거할 때 대제사장 엘르아살의 이름을 선두로 하여 그다음에 여호수아의 이름이 나오고, 그 뒤에 12지파의 족장들이 언급되었다. 이들은 하나님께서 지명해 주신 사람들이다(민 34:16-29). ② 아홉 지파반에 요단강 이편 땅을 나누어 준 것도 하나님께서 명하신 대로 행한 것이고(수 14:2), 요셉 지파가 두 분깃을 받게 된 것도 야곱의 예언대로 이루어진 것이며(창 49:22), ③ 레위 지파에게는 분깃을 주지 않은 것도 하나님의 명령대로 순종한 것이었다(수 14:4; 민 18:20-24).

이같이 그 당시의 이스라엘 민족에 대한 지도 원리는 하나님께서 친히 주신 계시였으므로, 그들은 지도자의 지시를 믿고 순종하였다. 이처럼 신앙은 초자연적인 영역을 상대한다.

    2. 갈렙의 담대한 신앙(11-14절). 그는 좋지 못한 땅을 받아서 개척하려는 굳센 각오를 가졌다(12상). 헤브론 산악 지대에는 강하고 장대한 거인족인 아낙 사람들이 살고 있었지만, 갈렙은 하나님의 능력으로 그들을 이길 수 있다고 확신하였다. 신자는 이같이 도무지 해결할 수 없을 것 같은 역경도 돌파할 용기와 노력을 가져야 한다. 어떤 신앙의 위인은 "불가능한 일을 성취하라"(achieve the impossible)는 말을 그의 삶의 표어로 삼고 살았다고 한다.

    봉크(C. Vonk)는 갈렙과 여호수아의 신앙이 구약적인 방식이라고 생각할 필요가 없다는 의미로 다음과 같이 말하였다. "우리가 하나님을 창조주, 곧 전능자로 믿으며, 그리스도로 말미암아 우리의 아버지가 되신다고 믿으면 아낙 족속과 같은 신학적, 철학적 거물들도 두려워할 필요가 없다."[33]

---

[33] C. Vonk, De Voorzeide Leer, Deel I^d, De Heilige Schrift, Inleiding op De Profeten, Jozua, 1972, 233.

제 15 장

✦ 내용분해

1. 유다 지파가 받은 땅의 경계(1-12절)
2. 갈렙이 분깃으로 받은 땅(13-19절)
3. 유다 지파가 받은 성읍들의 명칭(20-63절)

✦ 해석

1-12절. 이 부분에 기록된 대로 유다 지파가 받은 땅은 팔레스타인에서 중요한 지역이다. 이 지역이야말로 팔레스타인의 요충지이며 지리적으로도 통치자가 거할 만한 자리라고 할 수 있다. 유다 지파가 이 지역을 분깃으로 차지하게 된 것은 우연한 일이 아니라 하나님께서 일찍이 야곱을 통하여 예언하신 대로(창 49:8-12) 성취된 것이다. 칼빈은 말하기를, "이 지역에는 비옥한 목장들과 포도원들이 있어서 생산물이 풍부하고 포도주가 우수하다. 이같

이 이 분깃은 야곱의 예언에 부합한다"라고 하였다.[34]

15장에 나오는 지명들의 자세한 기록을 보면, 성경 기자가 관념적으로 말하기보다 사실과 역사를 토대로 말하고 있다는 사실을 알 수 있다. 성경은 이상을 가르치는 책이 아니라 사건과 사실에 생명을 건다.

이 부분(1-12절)은 유다 지파가 차지한 땅의 경계선을 말해 준다. 그 경계선에 대한 진술은 1절에 머리말로 나오고, 2-12절에는 그에 대한 자세한 설명이 나온다.

1 이 구절은 유다 지파의 분깃에 대해 개괄적으로 설명하는 머리말이다. 그 내용은 민수기 34:3-5에 해당한다.

"제비 뽑은 땅"이란 말(הַגּוֹרָל)은 "제비 뽑은 것"(the lot)이라고 번역되어야 한다. "제비 뽑은 것"이란 말은 다음과 같이 해석된다.

1) 하나님의 지시대로 얻은 것을 가리킨다(잠 16:33). 이것은 사람의 소원대로 얻어지는 것이 아니다. 더욱이 그 당시 유다 지파가 제비를 뽑은 결과가 300여 년 전 야곱이 예언한 것과 같았다는 것은 매우 놀라운 일이다. 특히 유다 지파는 그 예언에서 가장 중요하게 취급되었으며, 왕적, 지도자적 지위를 받을 것이라고 하였다(창 49:8-12). 실제로 유다 지파는 제비를 뽑는 과정에서 지리적으로 그같이 우수한 자리를 차지하게 되었다.

2) 그 분깃은 하나님의 주권과 은혜로 분배된 것이므로 기업이라고도 불린다. 여호수아서에서는 "기업"이란 말(נַחֲלָה)이 땅 나누는 사건과 관련되어 여러 차례 등장한다.[35] 신약에서는 신자가 받을 영생을 "기업"이라고 하였다.[36] 이것을 볼 때 구약 시대의 이스라엘이 가나안 땅을 차지한 것은 신약

---

34) Calvin's Commentaries, Joshua, 1949, 201.
35) 11:23; 13:7, 8, 14, 23, 28, 33; 14:2, 3, 9, 13, 14; 15:20; 16:5, 8, 9; 17:4; 18:2, 4, 7, 20, 28; 19:1, 2, 8, 9, 10, 16, 23, 41, 49, 51; 21:3; 23:4; 24:28, 32.
36) 마 19:29; 25:34; 고전 6:9, 10; 15:50; 갈 3:18; 5:21; 엡 1:11, 14; 5:5; 골 1:12; 3:24; 히 6:12; 9:15; 벧전 1:4; 계 21:7.

시대 성도들이 영생 얻는 것을 예표한 것임이 분명하다. 그 두 가지는 서로 유사한 특징을 지녔다. ① 하나님의 언약으로 받는 것이다(눅 1:72). 언약으로 받는 것은 영구하고 변동되지 않는다. ② 은혜에 의하여 받는 것이다(엡 1:6-7). ③ 대제사장의 중보를 통하여 받는 것이다(수 14:1의 대제사장 엘르아살은 대제사장 예수 그리스도의 모형이다; 히 9:11-15). ④ 싸워서 얻는 것이다(골 3:23-24).

땅의 남쪽으로는 에돔 경계에 이르고 또 남쪽 끝은 신 광야까지라. 이 말은 유다 지파가 차지한 땅의 "남쪽"이 "에돔"과 "신 광야"에 인접했다는 뜻일 뿐 에돔이나 신 광야를 포함한다는 것이 아니다. 이스라엘은 이 점에서도 여호와의 말씀에 순종하는 믿음을 지켰다. 일찍이 여호와께서 에돔은 이스라엘 백성에게 붙이지 않으셨다고 말씀하셨다(신 2:4-8).

2-12 이 구절들은 유다 지파 분깃의 경계를 자세히 말해 준다. 곧 남방(2-4절), 동방(5상), 북방(5하-11절), 서방(12절)에 대하여 말해 준다. 봉크(C. Vonk)는 여기 등장하는 "나아가"(יָצָא), "지나"(עָבַר-), "올라가서"(עָלָה), "내려가서"(יָרַד), "돌이켜"(נָסַב)라는 표현들에 대하여 말하기를, "이런 표현들은 그 경계선의 변천을 의미 있게 평가하는 생명이 있는 것이다"라고 하였다.[37] 사실상 이 표현들은 우연적인 결과를 가리켰다기보다 인격이 행동하는 것처럼 표현되었다. 이스라엘의 경계선에 대한 여호와의 지시는 계시의 말씀이므로 영적 생명이 있는 것이다.

이 부분(2-12절)에 기록된 지역의 이름들을 일일이 현재의 팔레스타인 지형에 맞게 자세히 말하기는 어렵다. 그러므로 여기서 자세한 지명 해석은 생략한다. 성경의 숫자, 혹은 수치를 영적으로 해석하는 학파의 수리적(數理

---

[37] Een levendigebe-schrijving, die rekeninghoudt met terreinomstandigheden. De Voorzeide Leer, Deel Id, De Heilige Schrift, Inleiding op De Profeten, Jozua, 1972, 233.

的) 성경관에서는 여호수아서의 지명들을 거의 다 영적으로 해석한다. 그러나 우리는 이 학파의 해석을 받아들일 수 없다. 여호수아서 저자가 이 지명들로 우리에게 어떤 영적 교훈을 주기 원하였을까? 만일 성경 저자가 여기서 단지 지역의 위치를 알려 주는 것만을 목적으로 하였다면 우리가 굳이 그것의 영적 교훈을 찾기 위해 애쓸 필요가 없다. 성경을 해석하는 사람이 주의해야 할 점은 지나치게 영적으로 해석하려고 하지 말아야 한다는 것이다. 지나친 영적 해석에 치우치면 의도치 않게 성경에 인간의 말을 더하는 과오를 범하게 되기 쉽다.

13-19절. 여호수아는 여호와께서 갈렙에게 명하신 대로 그가 헤브론 성을 차지하게 하였다. "기럇 세벨"(קִרְיַת־סֵפֶר)은 책의 도시란 뜻이고, "샘물"이란 말(גֻּלֹּת)은 물의 샘들이란 뜻이다. 이 구절에는 영적 교훈이 담겨 있다. 곧 신자는 하나님의 부요한 말씀을 받을 뿐 아니라 샘물로 비유된 성령도 받아야만 이미 받은 말씀을 실제로 경험하며 즐길 수 있다는 것이다.[38]

갈렙의 아우 그나스의 아들인 옷니엘(עָתְנִיאֵל בֶּן־קְנַז אֲחִי כָלֵב)(17상). 이 구절에 따르면 옷니엘은 갈렙의 조카일 것이다. 16-17절에 나타난 갈렙의 처사, 곧 그가 그의 딸을 옷니엘과 결혼시킨 것은 그 딸의 자유를 무시한 것처럼 보인다. 그러나 갈렙이 일찍이 그 딸에게 자기의 계획을 제안하고 그녀의 동의를 얻은 후에 모든 일을 진행시켰을 것이라고 생각할 수 있다.

"드빌"이란 곳은 지금의 베이트 메르심(Beit Mersim)에 해당한다. 지금도 이곳에는 두 샘, 곧 못(pond)이 있다고 한다.

20-62절. 이 부분에는 "유다 자손의 지파가…제비 뽑은" 도시들과 마을

---

38) Irionside, Address on the Book of Joshua, 1950, 123.

들에 대하여 자세히 기록되었다. 이스라엘 지파들이 땅을 분배받은 것은 주님의 재림과 함께 이루어질 교회의 영원한 안식에 대한 비유라고 할 수 있다(겔 47-48장 참조). 요한복음 14:1-3에 말하기를, "너희는 마음에 근심하지 말라 하나님을 믿으니 또 나를 믿으라 내 아버지 집에 거할 곳이 많도다 그렇지 않으면 너희에게 일렀으리라 내가 너희를 위하여 거처를 예비하러 가노니 가서 너희를 위하여 거처를 예비하면 내가 다시 와서 너희를 내게로 영접하여 나 있는 곳에 너희도 있게 하리라"고 하였다.

홀칭어(H. Holzinger)는 21-62절을 다음과 같이 분석하였다. ① 남방의 성읍들(21-32절). 남방의 토지는 건조하여 경작을 할 수 없는 곳이 많다. ② 낮아지는 지방의 성읍들(33-47절). ③ 산악 지방의 성읍들(48-60절). ④ 광야 지방의 성읍들(61-62절).[39] 이 네 가지 지형은 성경에 등장하는 인류의 여러 가지 죄악 심리를 비유하기도 한다. 이와 같은 비유가 특별히 세례 요한의 설교에 나타났다(눅 3:3-5).

유다 지파는 장차 그리스도께서 나실 지파인데, 이처럼 유독 여러 종류의 지형을 차지하게 되었다는 것이 의미심장하다. 이 사실은 장차 오실 예수 그리스도께서 모든 종류의 죄인들을 불러서 회개시켜 자기 백성으로 삼으실 것을 상징한다(눅 3:6 참조).

21-62절에 기록된 지명들에 대하여는 다음 일람표를 참고하라.

절수	이름	히브리어	의미	현재의 위치
21	갑스엘	קַבְצְאֵל	하나님이 모으신다	유다 동남쪽 에돔 근처
〃	에델	עֵדֶר	양떼	베들레헴과 헤브론 사이
21	야굴	יָגוּר	나그네	에돔 가까운 곳

---

[39] Kurzer Hand-Commentar Zum Alten Testament, Das Buch Josua, 1901, s. 62-65.

절수	이름	히브리어	의미	현재의 위치
22	기나	קִינָה	사서 얻었다	유다 동남쪽
〃	디모나	דִימוֹנָה	충분히 헤아려졌다	디본. 텔 에드 다이브
〃	아다다	עֲדָדָה	전리품이 떠났다	브엘세바 동남쪽
23	게데스	קֶדֶשׁ	성소	가데스 바네아
〃	하솔	חָצוֹר	울타리로 둘러싸인 장소	가데스 바네아 부근
〃	잇난	יִתְנָן	확장해 나아간다	유다 남쪽
24	십	זִיף	정제소(精製所)	에돔 접경
〃	델렘	טֶלֶם	압제함	유다 남쪽
〃	브알롯	בְּעָלוֹת	올라감	〃
25	하솔 하닷다	חָצוֹר חֲדַתָּה	새로 울타리 친 곳	사해와 아카바만 사이
〃	그리욧 헤스론	קְרִיּוֹת חֶצְרוֹן	울타리 친 도시	사해 동쪽 25마일
26	아맘	אֲמָם	그들의 어머니	알려지지 않았음
〃	세마	שְׁמַע	들음	유다 남쪽
〃	몰라다	מוֹלָדָה	출생	헤브론에서 20마일 남쪽
27	하살갓다	חֲצַר גַּדָּה	속에 있는 전투	유다 남쪽
〃	헤스몬	חֶשְׁמוֹן	고요히 간주함	유다 서남쪽
〃	벧 벨렛	בֵּית פֶּלֶט	도피해 들어가는 집	유다 남쪽 끝
28	하살수알	חֲצַר שׁוּעָל	여우를 둘러싼 울타리	탈리(Thaly)란 폐허, 유다 극남
〃	브엘세바	בְּאֵר שֶׁבַע	맹세의 우물	헤브론에서 27마일 지점
〃	비스요다	בִּזְיוֹתְיָה	여호와의 감람 기름집	유다 남쪽
29	바알라	בַּעֲלָה	여주인공	예루살렘 부근 "기럇 엘 엔압"
〃	이임	עִיִּים	무너진 것의 무더기	바이트 아우와, 유다 극남
〃	에셈	עֶצֶם	강력함	압데(Abedeh), 유다 극남
30	엘돌랏	אֶלְתּוֹלַד	하나님이 낳는 자	아자라와 브엘세바 사이
〃	그실	כְּסִיל	어리석음	부어세바 남쪽의 폐허

절수	이름	히브리어	의미	현재의 위치
〃	홀마	חָרְמָה	진멸	세밧(Zepata) 유다 극남
31	시글락	צִקְלַג	물결의 압력	세밧의 동쪽
〃	맛만나	מַדְמַנָּה	아주 낮아짐, 무너짐	유다 서남쪽
〃	산산나	סַנְסַנָּה	종려 송이	브엘세베에서 15마일 북쪽
〃	그바옷	לְבָאוֹת	암사자들	제벨엘 비리
32	실힘	שִׁלְחִים	무장한 사람들	가사와 브어세바 사이
32	아인	עַיִן	눈(眼)	움 엘 루마님 가까이
〃	림몬	רִמּוֹן	석류	"움 엘 루마님"이란 폐허
33	에스다올	אֶשְׁתָּאֹל	강한 여자	움 에스타예 (Um Eshteiyeh)
〃	소라	צָרְעָה	왕벌	유다 평원지대
〃	아스나	אַשְׁנָה	(사람이 티끌로) 돌아간다	유다 해안 평원지대
34	사노아	זָנוֹחַ	예비된 안식	자누아, 소라 가까이
〃	엔간님	עֵין גַּנִּים	동산의 샘	유다 평원지대
〃	답부아	תַּפּוּחַ	기운을 불어넣는 자	세겜 서쪽
〃	에남	עֵינָם	두 샘물	딤나 가까이
35	야르뭇	יַרְמוּת	높아짐	예루살렘 동남쪽
〃	아둘람	עֲדֻלָּם	증거	라기스와 예루살렘 사이
〃	소고	שׂוֹכֹה	장막	예루살렘 서남쪽
〃	아세가	עֲזֵקָה	둘러막다	〃
36	사아라임	שַׁעֲרַיִם	두 문	소고의 서쪽
〃	아디다임	עֲדִיתַיִם	두 길	유다 평원지대
〃	그데라	גְּדֵרָה	우리(양의 우리)	디오스폴리스 (Diospolis) 남쪽
〃	그데로다임	גְּדֵרֹתָיִם	두 우리(양의 우리)	알려지지 않았음

절수	이름	히브리어	의미	현재의 위치
37	스난	צְנָן	양	베이트 지브린(Beit-Jibrin)북쪽
〃	하다사	חֲדָשָׁה	새 것	유다 평원지대
〃	믹달갓	מִגְדַּל־גָּד	군대의 파수대	베이트 지브린(Beit-Jibrin)북쪽
38	딜르안	דִּלְעָן	약함	텔 엔 나질레(Tell en-najileh)
〃	미스베	מִצְפֶּה	망대(감시대)	엘레우데로폴리스 북쪽
〃	욕드엘	יָקְתְאֵל	하나님으로 인해 정복된다	카이 툴라네(Kei-tulaneh)
39	라기스	לָכִישׁ	사람처럼 행하라	예루살렘 서남쪽 30마일
〃	보스갓	בָּצְקַת	부음이 되었다	라기스 가까이
〃	에글론	עֶגְלוֹן	인생의 운명의 바퀴	유다 평원지대
40	갑본	כַּבּוֹן	깨닫는 자 같다	베이트 지브린(Beit-Jibrin)남쪽
〃	라맘	לַחְמָס	그들의 떡	라기스 가까이
〃	기들리스	כִּתְלִישׁ	사자를 때려 눕히다	알려지지 않았음
41	그데롯	גְּדֵרוֹת	우리들(양의 우리들)	〃
〃	벧다곤	בֵּית־דָּגוֹן	고기의 집	유다 평원지대
〃	나아마	נַעֲמָה	기쁘다	룻다 남쪽 6마일
〃	막게다	מַקֵּדָה	머리 숙인다	엘로이데로폴리스 동쪽 8마일
42	립나	לִבְנָה	흰색	라기스의 서북쪽
〃	에델	עֶתֶר	풍부함	립나와 아산 사이
〃	아산	עָשָׁן	연기	브엘세바 서북쪽 1마일 반
43	입다	יִפְתָּח	그가 열었다	탈쿠미야, 라기스 동쪽
〃	아스나	אַשְׁנָה	돌아온다	이드나(Idhna)
〃	느십	נְצִיב	주재한다	라기스 동쪽

절수	이름	히브리어	의미	현재의 위치
44	그일라	קְעִילָה	피난처	킬베트 퀼라, 헤브론 서북쪽
〃	악십	אַכְזִיב	흘러나옴	베이트 지브린 (Beit-Jibrin)서쪽
44	마레사	מָרֵאשָׁה	소유	헤브론과 아스돗 사이
45	에그론	עֶקְרוֹן	근절(根絶)	블레셋 도시
46	아스돗	אַשְׁדּוֹד	빼앗는 자	지중해 가까이
47	가사	עַזָּה	강하다	〃
48	사밀	שָׁמִיר	금강석	"움 쇼우메라"라는 폐허
〃	얏딜	יַתִּיר	탁월하다	엘로이데로폴리스 부근
〃	소고	שׂוֹכֹה	장막	슈와이케(Shuweikeh)
49	단나	דַּנָּה	놀림을 당한다	드빌 동쪽 5마일
〃	기럇산나	קִרְיַת־סַנָּה	가르침의 도시	예루살렘 서쪽
〃	드빌	דְּבִר	말씀	알려지지 않았음
50	아납	עֲנָב	그가 맺었다	소고의 동북쪽
〃	에스드모	אֶשְׁתְּמֹה	순종	세무아(Semua)
〃	아님	עָנִים	노래	세무아(Semua) 남쪽
51	고센	גֹּשֶׁן	가까이 온다	헤브론서남쪽 12마일
〃	홀론	חֹלֹן	모래 위에 유숙한다	헤브론 서북쪽
〃	길로	גִּלֹה	이동시킨다	유다 남쪽 산간 도시
52	아랍	אֲרַב	숨어 기다리는 곳	두마 가까이 유다도시
〃	두마	דּוּמָה	침묵	엘로이데로폴리스에서 17마일
〃	에산	אֶשְׁעָן	침상	헤브론 서남쪽
53	야님	יָנִים	잔다	헤브론 동쪽
53	벧답부아	בֵּית־תַּפּוּחַ	기운을 불어넣는 자의 집	타푸(Taffuh), 헤브론 서쪽

절수	이름	히브리어	의미	현재의 위치
〃	아베가	אֲבָקָה	요새(要塞)	알려지지 않았음
54	훔다	חֻמְטָה	엎드렸다	〃
〃	헤브론	חֶבְרוֹן	영적 교제	예루살렘 서남쪽 25마일
〃	시올	צִיעֹר	작다	헤브론 동북쪽
55	마온	מָעוֹן	처소	텔메인, 헤브론 남쪽 9마일
〃	갈멜	כַּרְמֶל	하나님의 포도원	텔메인 서쪽
〃	십	זִיף	정제하는 곳	헤브론 동남쪽
〃	윳다	יוּטָה	확장시킨다	헤브론 남쪽
56	이스르엘	יִזְרְעֶאל	하나님께서 심으신다	예루살렘 동남쪽
〃	욕드암	יָקְדְעָם	백성이 머리를 숙였다	헤브론 남쪽
〃	사노아	זָנוֹחַ	예비된 안식	헤브론 서남쪽 11마일
57	가인	קַיִן	얻은 것	헤브론 동남쪽
〃	기브아	גִּבְעָה	높은 곳	엘 야바(el Jabah)
〃	딤나	תִּמְנָה	배당(配當)	헤브론 동남쪽
58	할훌	חַלְחוּל	해산하는 수고	헤브론 근처
〃	벧술	בֵּית־צוּר	바위의 집	예루살렘에서 20마일 밖
〃	그돌	גְּדוֹר	울타리로 두른 곳	게둘(Gedur)이라는 폐허
59	마아랏	מַעֲרָת	초원(草原)	헤브론 북쪽
〃	벧 아놋	בֵּית עֲנוֹת	회답하는 노래의 집	베이트 아눔이라는 폐허
〃	엘드곤	אֶלְתְּקֹן	하나님께서 올바르게 하신다	베들레헴 서쪽 4마일
60	기럇 여아림	קִרְיַת יְעָרִים	나무의 도시	쿠레엣 엘 에납
〃	라빠	רַבָּה	커졌다	요단강 동쪽 22마일
61	벧 아라바	בֵּית הָעֲרָבָה	광야의 집	아인 하일라(Ain Hajla)

절수	이름	히브리어	의미	현재의 위치
〃	밋딘	מִדִּין	측량	키르베트 아부 타박
〃	스가가	סְכָכָה	그늘지게 함, 덮어 준다	부케야(Bugeiah)
62	닙산	נִבְשָׁן	풀무불	키르베트 엘 마콰리
〃	염성	עִיר־הַמֶּלַח	소금성	사해 남단
〃	엔 게디	עֵין גֶּדִי	염소의 샘	사해 가까이

63 예루살렘 주민 여부스 족속을 유다 자손이 쫓아내지 못하였으므로 여부스 족속이 오늘까지 유다 자손과 함께 예루살렘에 거주하니라. 이 말씀은 여부스 족속에 대한 이스라엘의 타협을 책망하는 것이다. 이스라엘이 그들을 용납해 둔 것은, ① 그들이 하나님께 순종하지 않은 것이며, ② 그들이 태만하여 편리함만을 추구한 것이었다. 오늘날의 신자들도 그들의 마음속에 있는 죄악을 이기기 위하여 힘쓰고 분투하면 그것을 이길 수 있음에도 불구하고 그 죄악들을 대수롭지 않게 여기며 용납해 둔다. 이것은 마치 뱀을 품고 다니는 것처럼 어리석은 것이다.

| 설교자료

1. 이스라엘이 가나안 땅에 들어와서 땅을 나눌 때 우선적으로 유다 지파가 취급되었다. 이것은 그 당시 이스라엘 선민 운동이 메시아 중심이었음을 알려 준다. 유다 지파에서 메시아가 나실 것으로 예언되어 있었던 것이다.[40] 이같이 우리 신자들은 혈통을 중요시하지 말고 그리스도(메시아) 중심으로 모든 것을 평가해야 한다.

---

40) 창 49:9-10; 요 4:22; 히 7:14-15; 계 5:5.

2. 15장은 지역의 이름들로 가득하다. 고등비평가들은 구약 성경의 역사적 사실성을 부인하며 말하기를, 구약은 그 저작자들이 신학적 사상을 중심으로 편찬한 하나의 문집이라고 한다. 그러나 우리가 구약에서 종종 보는 것처럼 구약은 사상을 중심으로 기록된 글이 아니라 사실을 중심으로 하는 책이다. 여호수아서 15장이 그 증거 중 하나다. 사상 중심의 동기로 글을 읽는 자는 흥미를 느끼지 못할 정도로 지역의 이름들이 가득하다. 이 책의 저자는 사실을 토대로 진실하고도 정확하게 유다 지파의 분깃인 지역들의 이름을 기록한 것이다.

성경은 사실에 근거하여 우리로 하여금 구속의 진리를 믿게 해 준다.

3. 갈렙이 아낙 자손들을 정복한 것은 그의 변치 않는 신앙에서 비롯된 것이다(14절). 그는 일찍이 40세 때 광야에서 모세의 명령으로 가나안을 정탐하고 돌아온 후에 아낙 족속도 두려워하지 않을 만큼 굳은 신앙을 가지고 있었다(민 13:30; 14:6-9). 그 후 45년이 지났지만(14:10), 그의 믿음은 변하지 않고 가나안의 강한 민족인 아낙 족속을 쳐서 물리쳤다. 믿음은 생명보다 귀하기 때문에 우리는 죽기까지, 아니 영원토록 그것을 지켜야 한다(고전 13:13; 엡 6:24 참조).

제 16 장

✣ 내용분해

1. 요셉 자손들이 차지한 땅에 대하여 개괄적으로 말함(1-4절)
2. 요셉 자손 중 에브라임 지파가 받은 분깃(5-10절)

✣ 해석

1-4 이 부분에서는 "요셉 자손", 곧 에브라임과 므낫세 반 지파가 받은 땅에 대하여 개괄적으로 진술한다. 요셉 자손(에브라임과 므낫세)은 다른 지파보다 땅을 더 받았다. 이것도 야곱의 예언대로 된 것이다(창 48:22 참조). 요셉의 두 아들 므낫세와 에브라임이 받은 땅은 야곱의 예언대로 가나안의 중심 지역이며(창 49:22, 25), 비옥하고 물품이 풍부한 지역이었다. 따라서 그들은 마땅히 감사한 마음으로 대대로 여호와만 섬겨야 했다. 그러나 그 지파는 훗날 부요한 중에 도리어 교만해지고 어두워져서 우상을 숭배하는 죄악에

떨어졌다.[41]

"요단"(הַיַּרְדֵּן)은 요셉 지파의 경계선으로, 하나님의 능력이 나타난 요단강에서 시작되었다. 신자의 생애도 진정한 의미에서는 하나님의 능력을 체험한 데서부터 출발한다. "벧엘"(בֵּית־אֵל)은 하나님의 집이란 뜻이며, 예루살렘 북쪽으로 12마일 떨어진 지점에 있고, "루스"(לוּזָה)는 구별, 혹은 분리를 의미하는데 여기서는 루스라는 도시(후에 "벧엘"이라고 불린 도시)를 가리키지 않고 그 지역의 산맥을 말한다(Delitzsch). "아렉"(הָאַרְכִּי)은 전진을 의미하며, 다윗의 친구 후새가 이곳에서 왔다(삼하 15:32). "아다롯"(עַטְרוֹת)은 면류관을 의미하고, 지금은 아타라 지방의 폐허로 남아 있다. "야블렛"(הַיַּפְלֵטִי)은 피하게 함을 의미하며, 지금의 어느 지역인지 알 수 없다. "벧 호론"(בֵּית־חוֹרֹן)은 진노의 집을 의미하며, 예루살렘 서북쪽으로 18마일 떨어진 지점에 있고, "게셀"(גֶּזֶר)은 '격리'라는 의미로, 현재 엘 쿠밥(el Kubab) 가까이에 있다.

5-6 여기서부터는 에브라임 지파가 차지할 땅에 대하여 말한다. 그 지파가 므낫세 지파보다 우선적으로 기업을 받은 것도 예언이 성취된 것이다(창 48:17-19). 이렇게 맏아들 므낫세보다 둘째 아들 에브라임이 더 많은 땅을 받은 것도 하나님의 주권에 의한 것이다. 하나님은 나중 된 자가 먼저 되게도 하신다(마 20:16).

"아다롯 앗달"(עַטְרוֹת אַדָּר)은 영광의 면류관이란 뜻이며, 벧엘에서 남쪽으로 4마일 떨어진 지점에 있다. 지금도 유대인들이 그곳에 거주하고 있다. "벧 호론"(בֵּית חוֹרֹן)은 기브온에서 서북쪽으로 5마일쯤 가면 있는 곳이다. "믹므다"(מִכְמְתָת)는 죽은 자가 썩은 것을 의미하며, 세겜의 동남쪽에 있다. "다아낫 실로"(תַּאֲנַת שִׁלֹה)는 평화를 주는 자에게 이른다는 뜻이며, 나블루스(Nablus=세겜)에서 동남쪽으로 7마일 떨어진 곳에 있다.

---

41)   호 12:1. 참조, 왕상 11:26; 12:25-33; 13:1-34.

7-8 "야노아"(יָנוֹחָה)는 '안식'이라는 뜻으로, 나블루스(세겜)에서 동남쪽으로 10마일쯤 떨어져 있으며, 현재의 야눈(Yanun)이란 곳이다. "아다롯"(עֲטָרוֹת)에 대하여는 2절에 있는 같은 지명 해설을 참조하라. "나아라"(נַעֲרָתָה)는 위로 던진다는 뜻으로, 여리고에서 동북쪽으로 5마일쯤 떨어져 있다. 그리고 "답부아"(תַּפּוּחַ)는 생기를 불어넣어 주는 자란 뜻인데 나블루스(세겜)에서 북쪽으로 7마일 거리에 자리하여 있다. "가나 시내"는 현재 아부 자부라(Abu Zabura) 시내나, 혹은 나흐르 엘 카삽(nahr el Kassab) 시내를 가리켰을 것이다(Delitzsch).

9 그 외에 므낫세 자손의 기업 중에서 에브라임 자손을 위하여 구분한 모든 성읍과 그 마을들도 있었더라. 이것도 야곱의 축복(창 48:19-20)과 같이 된 것이다. "에브라임"은 요셉의 둘째 아들이었지만 그 지파가 얻은 땅은 맏아들인 므낫세 지파의 것보다 더 넓어서 므낫세의 기업 중에도 일부 포함되어 있다.

10 그들이 게셀에 거주하는 가나안 족속을 쫓아내지 아니하였으므로 가나안 족속이 오늘까지 에브라임 가운데에 거주하며 노역하는 종이 되니라. 클레르몽 가노(Clermont Ganneau)의 고적 발굴에 의하면 "게셀"은 루따(Lydda)라는 땅에서 남쪽으로 6마일 떨어진 지점에 있다.[42] 에브라임 지파가 가나안 사람들을 쫓아내지 못한 것은 장차 이스라엘 민족을 우상숭배로 물들이는 한 가지 원인이 되었다. 즉 가나안 족속을 전부 멸하라고 하신 하나님의 말씀을 불순종한 결과는 이스라엘 전체에 범죄의 요소를 남기고 말았다.

| 설교자료

1. 메시아(그리스도)가 나실 유다 지파 다음으로 중요한 지파가 요셉 자손

---

[42] Cohen, Joshua and Judges, A. 1950, 60.

이다. 요셉이 애굽으로 팔려 가서 고난을 당한 일은 야곱의 모든 아들들 가운데서 특별한 일이었다. 그뿐 아니라 가나안에 흉년이 들었을 때 이스라엘을 기근에서 구원하는 역할을 한 자도 요셉이었다(창 37장; 39:1-23; 47:12). 요셉의 이와 같은 업적은 모두 다 하나님의 은혜로운 섭리의 결과였다. 그런데도 하나님께서는 이렇게 주신 은혜 위에 상급도 주신다. 이것 역시 은혜 위에 은혜다(요 1:16 참조).

2. 요셉 자손인 에브라임 지파가 가나안 땅의 비옥한 지역(중심 지역)을 차지하였다. 이것은 하나님께서 세워 주신 요셉의 혜택이었다. 조상의 혜택을 받아 누리는 자손들이 태만해지고 타락하는 경우도 있다. 실제로 에브라임은 북쪽 열 지파의 우상숭배에서 주도적인 역할을 했다(왕상 12:25-33; 13:1-34 참조).

제 17 장

⚜ 내용분해

1. 요단강 동쪽에서 분깃을 받은 므낫세 반 지파(1절)
2. 므낫세의 남은 반 지파가 요단강 서쪽에서 분깃을 받음(2-13절)
3. 므낫세 지파와 에브라임 지파의 합동 청원 및 여호수아의 대답(14-18절)

⚜ 해석

1 므낫세의 장자 마길은 길르앗의 아버지라 그는 용사였기 때문에 길르앗과 바산을 받았으므로. 이것은 므낫세 반 지파가 요단 저편(동쪽)에서 땅을 차지한 사실을 말하는 것이다. 이 반 지파의 장정들이 가나안 정복에 나섰을 때 그 가족들을 요단 동쪽에 정착시킨 것은 하나님께서 인도하신 대로 이루어진 일이었다. 그 장정들은 무사들이었으므로 가나안 전쟁에서 선봉에 서야 마땅하다. 그뿐 아니라 그들이 가족을 동반하지 않았기 때문에 아무 지장을 받지 않고 전쟁에 전력할 수 있었다(민 32:1-42; 수 1:12-18; 4:12-13 참조).

2-6 므낫세 지파 중 요단 저편에서 기업을 얻은 반 지파 외에 남은 자손들이 요단 이편에서 열 분깃을 얻었다. 특별히 므낫세의 후손 중 슬로브핫은 딸만 다섯 명을 남기고 광야에서 별세했는데 그 딸들이 분깃에 참여하였다(3-4절). 이것은 모세를 통하여 주신 하나님의 명령대로 실행된 것이었다(민 27:1-11; 참조. 민 36:1-13).

"므낫세의 여자 자손들이 그의 남자 자손들 중에서 기업을 받은"것(6절)은 하나님께서 여자들을 남자들과 마찬가지로 대우해 주셨다는 증거이다. 이것은 인권 면에서 남녀가 동등함을 보여 준다. 내세의 기업(영생의 축복)을 누리는 것에도 남녀가 동등하다(마 22:30; 벧전 3:7; 참조. 고전 11:11-12).

여호와께서 모세에게 명령하사 우리 형제 중에서 우리에게 기업을 주라 하셨다 하매(4절). 그때 사람들의 청원이 하나님의 말씀에 근거하고 발언된 것을 보면, 그들이 전적으로 하나님의 권위를 높이며 신앙으로 순종했다는 사실을 알 수 있다. 여호수아와 다른 지도자들도 하나님의 말씀에 순종하였다(4하). 오늘날의 교회도 하나님의 권위에 순종할 때만 진정한 평안과 질서가 유지된다.

9-11 **므낫세의 성읍 중에 이 성읍들은 에브라임에게 속하였으며**(9중; 참조. 16:9 해석). 11절에 있는 지명들에 대하여는 사사기 1:27-28에 있는 지명 해석을 참조하라.

12-13 므낫세 자손도 에브라임 자손과 마찬가지로 가나안 사람을 다 쫓아내지 못하고 그 지역에 남겨 두는 실수를 범하였다. 하나님의 말씀에 대한 인간의 순종은 이처럼 온전하지 못하다. 그들은 잘하다가도 걸려 넘어지는 약한 자들이다. 그들은 일찍이 하나님의 명령, 곧 죄악이 가득한 가나안 족속과 타협하지 말고 그들을 심판하는 의미에서 다 진멸하라는 명령(신 7:1-5)을 받았지만, 하나님의 말씀보다 자신들의 뜻을 앞세웠다. 비록 므낫세 지파가 가나안 사람들을 종으로 부렸지만("노역을 시켰고"), 그것도 하나님의 뜻은 아니었다. 종의 신분으로라도 생존하고 있는 가나안 사람들의 우상숭

배 사상이 마침내 이스라엘에 퍼지는 결과를 낳았다. 사람들이 어떤 사정 때문에 죄악을 용납해 두는 것은 자비가 아니라 무자비이다. 그 이유는 용납해 둔 그 죄악이 마침내 사람들의 영혼을 망하게 하기 때문이다.

14-18 요셉 자손(에브라임과 므낫세)은 "큰 민족"을 이루었으므로 그들이 거하는 데 불편하지 않도록 더 많은 땅을 받기 원하였고, 여호수아는 그들의 청원을 들어주었다(15절). 그런데 그 자리에서 그들이 여호수아가 허락해 준 땅에 대하여 불만을 가졌다(16절). 그것은 그들의 잘못이었다. 여호수아가 그들에게 "개척하라"고 한 말(וּבֵרֵאתוֹ)은 "베라"(cut down)는 뜻이다. 곧 나무들을 베고 경작할 수 있도록 만들라는 의미이다. 여기서 여호수아는 요셉 자손들의 인적 자원을 활용하도록 지시한 것이다. 여호수아의 이 지도 원리에는 귀한 교훈이 들어 있다. 곧 영토가 좁아서 살기가 어려운 민족일지라도 ① 인적 자원에 의한 노동력으로 살 수 있다는 것이며, ② 비록 황무지라도 힘써 개척하면 살 수 있게 된다는 것이다. 노동력과 개척 정신을 실현하는 것은 땅 위에 사는 인간들이 마땅히 해야 할 일이다(창 1:28; 3:19). 특히 새로운 땅을 점령해 들어가는 이스라엘 백성에게는 강한 노동력과 강인한 개척 정신이 필요했다.

이같이 하늘나라를 향하여 나아가는 그리스도 신자들도 죄악을 정복하는 굳센 믿음과 불쌍한 영혼들을 복음으로 인도하려는 뜨거운 사랑으로 전진해야 한다.

｜설교자료

1. 에브라임 지파의 분깃이 그 형 므낫세 지파의 영토보다 넓어서 므낫세 지파의 영토 중에도 들어 있는 것을 볼 때(8-9절) 동생의 지파가 그 형의 지파보다 우세함을 알 수 있다. ① 이렇게 된 것 역시 그 조상 야곱의 예언대로

이루어진 것이다(창 48:19-20). 예언 성취는 언제나 우리의 신앙을 성장시킨다. 예수님께서 말씀하시기를, "지금부터 일이 일어나기 전에 미리 너희에게 일러둠은 일이 일어날 때 내가 그인 줄 너희가 믿게 하려 함이로라"고 하셨다(요 13:19). ② 하나님께서 야곱을 통하여 요셉의 둘째 아들을 그 맏아들보다 더 크게 축복하신 것 역시 은혜 베푸시는 일에 그의 주권을 나타내신 것이다. 그는 "나중 된 자로서 먼저 되고 먼저 된 자로서 나중 되"게 하시기도 한다(마 20:16). 하나님의 주권 행사는 인간이 하나님만 믿게 하시려는 것이다.

2. 험난한 환경을 개척하는 것은 평안한 환경을 받는 혜택보다 못한 것이 아니다(15절). 개척하는 신자는, ① 신앙이 자라며, ② 노력을 통하여 인격이 견실해진다. 그것은 물질을 얻는 것보다 귀하다.

3. 신앙으로 무장된 사람은 강한 적도 두려워하지 않는다(18하). 그 이유는 그가 하나님의 약속을 의지하고 매달리기 때문이다. 이같이 믿는 자에게 하나님은 약속을 지키신다. 요한1서 5:4 하반절에 말하기를, "세상을 이기는 승리는 이것이니 우리의 믿음이니라"고 하였다.

제 18 장

✣ 내용분해

1. 실로에 성막을 세움(1절)
2. 일곱 지파를 격려하며 그 분깃 받을 방침을 지시함(2-7절)
3. 일곱 분깃의 도형을 가져옴(8-10절)
4. 베냐민 지파가 받은 분깃의 경계선(11-20절)
5. 베냐민 지파가 받은 성읍들과 마을들(21-28절)

✣ 해석

1 이스라엘 자손의 온 회중이 실로에 모여서 거기에 회막을 세웠으며 그 땅은 그들 앞에서 돌아와 정복되었더라. "실로"는 세겜 땅에서 남쪽으로 12마일 떨어져 있는 곳으로, 현재의 세일룸(Seilum)이란 곳이다. 그곳은 당시 가나안 민족들의 침해를 받지 않을 만한 안전지대였다. 그곳에 성막이 세워진 이후 389년 동안 계속 거기에 머물러 있었다.

2-3 이스라엘 자손 중 기업을 받지 못한 자가 아직도 일곱 지파나 남아 있었다.

여호수아가 이스라엘 자손에게 이르되 너희가 너희 조상의 하나님 여호와께서 너희에게 주신 땅을 점령하러 가기를 어느 때까지 지체하겠느냐(3절). 그때 이스라엘이 남은 땅을 차지하려면 다시 전쟁해야 했다. 하지만 그들은 하나님께서 약속하신 땅을 확보하는 일을 지체하고 있었다. 그것은 선한 일에 대한 태만이었다. 이것을 거울로 삼아 신약 교회의 신자들은 지체하지 말고 하나님이 주신 것을 확실하게 내 것으로 소유해야 한다(벧후 1:3-10).

"너희 조상의 하나님"이란 말은 그들의 선조들에게 약속하신 대로 이루어 주시는 신실하신 하나님을 가리킨다. "너희에게 주신"이란 말(נתן לכם)은 하나님께서 그들에게 약속하신 것을 의미한다. 하나님은 진실하시기 때문에 그의 약속이라면 이미 주신(נתן) 것이나 다름없다.

"여호와께서 너희에게 주신 땅을 점령하러 가기를 어느 때까지 지체하겠느냐"라고 한 여호수아의 책망은 오늘날의 그리스도 신자들도 들어야 할 말씀이다. 하나님께서는 우리에게 그리스도와 함께 하늘의 많은 축복을 주셨다(엡 1:3). 그럼에도 불구하고 우리는 그가 주신 축복을 누리기 위하여 열심을 내지 못한다. 우리의 한평생은 승리보다 실패가 더 많다. 그 원인은 우리가 영적으로 태만하여서 하나님께서 주신 축복을 쟁취하지 않기 때문이다. 영적인 지식 면에서도 아직 취하지 못한 것이 많고, 능력 면에서도 그러하다. 물론 우리 앞에는 영적 대적들이 많다. 이는 마치 가나안 땅에 왕들이 많아서 이스라엘의 가나안 점령을 방해한 것과 같다. 그러나 우리가 영적 전쟁을 하기만 하면 승리는 우리의 것이 된다. 물론 이것을 위해 우리가 할 일이 있다. 그것은 영적 전쟁을 할 때 우리 스스로의 힘으로 방법을 찾아내는 것이 아니라 하나님이 주신 그리스도께 헌신해야 한다(self-surrender)는 것이다. 이스라엘이 땅을 취할 때에 그들 스스로의 뜻대로 하지 않고 하나님께서 나누고 정해 주신 기업(lot)을 받았던 것처럼, 우리는 하나님께서 주신 그리스도와 전적으로 연합하면 된다. 그것은 믿음으로만 되는 것이다. 우리가 그렇게 헌신할 때 만물이 우리의 것이 된다(롬 8:32; 고전 3:21).

4-7 여호수아가 일곱 지파에게 명하여 "각 지파에 세 사람씩" 선정하라고 하였다. 그리고 그들을 아직 정복하지 않은 땅으로 파견하면서 그 땅을 측량하고 기록해 오라고 하였다. 이것은 그 땅을 점령하기 위한 그의 정책이었다. 그는 그 땅을 주시겠다고 약속하신 하나님의 말씀을 믿었기 때문에 그들이 그 땅을 무사히 시찰하고 돌아올 것도 믿었다.

8-10 일곱 지파에서 선출된 사람들이 그 땅으로 가서 일곱 분깃을 그려 가지고 돌아왔다. 이것을 보면, 그때 지도자 여호수아도 신앙적으로 지도하였지만, 그의 지도를 잘 받은 백성들도 신앙적인 사람들이었다. 그 당시 이스라엘 사회는 하나님 중심으로 잘 단합하였다.

"여호와 앞에서 너희를 위하여 제비를 뽑으리라"고 한 말씀(8하)은 하나님 중심의 신앙적 발언이다.

11-20 이 부분에는 "베냐민" 지파가 받은 땅의 경계선에 대하여 기록되었다. 그 지파의 분깃은 요셉 자손(에브라임과 므낫세)의 땅과 유다 자손의 땅 사이에 자리하고 있는, 매우 평화로운 지대이다. 또한 그것은 예루살렘을 포함하고 있다. 이것은 모세의 예언대로 성취되었다. 모세가 베냐민 지파에 대하여 예언하기를, "여호와의 사랑을 입은 자는 그 곁에 안전히 살리로다 여호와께서 그를 날이 마치도록 보호하시고 그를 자기 어깨 사이에 있게 하시리로다"라고 하였다(신 33:12). 여기서 "자기 어깨 사이에 있게 하시리로다"라는 것은 그 지파가 성전 가까이에 분깃을 가진다는 뜻이다.

21-28 이 부분에는 "베냐민" 지파가 차지한 "성읍들"과 "마을들"에 대하여 더 자세하게 진술되었다. 신자들이 성경을 읽다가 이렇게 지명만 가득히 기록된 부분을 만나면 대개 흥미를 잃게 된다. 그러나 우리는 특별한 뜻이

없어 보이는 부분도 하나님의 인도하심으로 그렇게 기록되었다는 사실을 명심하고 거기서도 진리를 배워야 한다. 땅 이름이 그와 같이 자세하게 기록된 것을 보며 우리가 놀라고 깨닫는 것은, ① 여호수아서가(성경이) 진실한 사실 중심의 역사적 문헌이고 사상 위주의 전기(legend)가 아니라는 것이다. 객관적 사실보다 독자들의 흥미를 자극하는 기자는 이처럼 많은 땅 이름을 자세히 기록할 리가 없다. ② 이 부분에 기록된 땅 이름들은 하나님께서 지정해 주신 것이므로, 그것 하나하나가 계시의 중요성을 띤 것임을 알아야 한다. 즉 그 땅들의 이름 하나하나가 성령의 감동에 의하여 기록되었다. 여호수아서 저자는 하나님께서 말씀해 주신 땅 이름을 하나도 누락하지 않도록 주의 깊게 모두 기록하였다. ③ 이 부분에 기록된 땅 이름들은 하나님께서 베냐민 지파에게 주신 분깃으로, 영원한 증거가 된다는 것이다. 각 지파는 다른 지파의 땅을 침해하지 않고 자기의 분깃만을 소유해야 했다. 그와 같이 신약 교회에서도 신자들은 각기 그 맡은 사명과 은사대로 교회 봉사에 힘써야 하고, 다른 사람의 책임 분야를 침범하지 않아야 한다.

21-28절에 기록된 지명들(베냐민 지파가 차지한 성읍들과 촌락들)에 대하여는 아래의 표를 참고하라.

절수	이름	히브리어	의미	현재의 위치
21	여리고	יְרִיחוֹ	향기롭다	리하(Riha)
〃	벧 호글라	בֵּית חָגְלָה	계시의 집	아인 카일라(Ain Hajla)
〃	에멕 그시스	עֵמֶק קְצִיץ	할례	예루살렘에서 여리고로 가는 도중
22	벧 아라바	בֵּית הָעֲרָבָה	광야의 집	아인 카일라(Ain Hajla)의 서남쪽
〃	스마라임	צְמָרַיִם	의복 만드는 털	예루살렘과 여리고 어간
〃	벧엘	בֵּית־אֵל	하나님의 집	베이틴(Beitin)

절수	이름	히브리어	의미	현재의 위치
23	아윔	עַוִּים	파괴자들	알려지지 않았음
〃	바라	פָּרָה	열매가 많다	예루살렘 동북쪽
〃	오브라	עָפְרָה	새끼 암사슴	벧엘 동쪽 5마일 지점
24	그발 암모니	כְּפַר הָעַמֹּנִי	암몬 사람이 숨은 곳	알려지지 않았음
〃	오브니	עָפְנִי	곰팡이가 낀다	벧엘 서북쪽 3마일
〃	게바	גֶּבַע	높은 곳	예루살렘 북쪽
25	기브온	גִּבְעוֹן	악의 구덩이	입(Jib)
〃	라마	רָמָה	높은 곳	예루살렘 북쪽
25	브에롯	בְּאֵרוֹת	우물	비레(Bireh)
26	미스베	מִצְפֶּה	망대	예루살렘 서북쪽
〃	그비라	כְּפִירָה	숨은 사자	케필(Kefir)이란 폐허
〃	모사	מֹצָה	나간다	알려지지 않았음
27	레겜	רֶקֶם	자수품	예루살렘 서북쪽 4마일
〃	이르브엘	יִרְפְּאֵל	하나님이 고쳐주신다	라팟(Rafat), 예루살렘 서북쪽
〃	다랄라	תַּרְאֲלָה	저주를 치워버린다	예루살렘 서북쪽
28	셀라	צֵלָע	갈빗대	예루살렘과 기브온 사이
〃	엘렙	אֶלֶף	배운다	살라(Salah), 예루살렘 북쪽
〃	여부스	יְבוּסִי	밟는다	예루살렘
〃	기부앗	גִּבְעַת	높은 곳	텔엘 펄(Tellel Ful)
〃	기럇	קִרְיַת	도시	예루살렘 서북쪽

| 설교자료

1. "어느 때까지 지체하겠느냐"(3하). 이스라엘이 가나안 땅을 얻는 일을 지체한 것은 그들의 불신앙 때문이다. 하나님께서 그들에게 가나안 땅을 주셨음에도 불구하고 그들은 그것을 점령하기 위한 믿음의 투쟁을 끝까지 계속하지 않았다. 이것은 불신앙적인 태만이었다. 신자들도 믿음의 선한 싸움을 계속해야 한다. 신자의 영적 전쟁에는 중단이 없다. 마귀는 우는 사자와 같이 두루 다니며 삼킬 자를 찾고 있다(벧전 5:8).

2. "그들은 일어나서 그 땅에 두루 다니며 그들의 기업에 따라 그 땅을 그려 가지고 내게로 돌아올 것이라"(4절). 잠언 16:1에 말하기를, "마음의 경영은 사람에게 있어도 말의 응답은 여호와께로부터 나오느니라"고 하였다. 일곱 지파가 각각 어느 지역을 차지하게 될지는 제비뽑기로 결정되었다(하나님의 뜻대로). 그러나 여호수아는 그 땅을 일곱 구역으로 적당히 분할하는 일을 사람들이 하도록 명하였다. 사람은 무슨 일에서든 자기의 책임을 다한 후에, 그 일을 하나님께서 도와주시기를 기원해야 한다.

제 19 장

↙ 내용분해

1. 시므온 지파의 분깃(1-9절)
2. 스불론 지파의 분깃(10-16절)
3. 잇사갈 지파의 분깃(17-23절)
4. 아셀 지파의 분깃(24-31절)
5. 납달리 지파의 분깃(32-39절)
6. 단 지파의 분깃(40-48절)
7. 여호수아의 분깃(49-51절)

↙ 해석

1 "둘째로." 아직 땅의 분깃을 받지 못한 일곱 지파 중 베냐민 지파를 위해 첫 번째로 제비를 뽑았고(18:11-28), "시므온" 지파를 위해서 "둘째로" 제비를 뽑았다. 시므온 자손을 위해 제비 뽑은 분깃은 유다 지파의 기업에 포함

되어 있다. 이것도 야곱의 예언대로 성취된 것이다. 즉 "내가 그들을 야곱 중에서 나누며 이스라엘 중에서 흩으리로다"(창 49:7하)라는 말씀이다. 여기서 "흩으리라"고 한 것은 시므온 자손들에게는 그들에게 한정된 분깃이 따로 없고, 유다의 혜택에 의존한다는 뜻을 내포한다. 제비 뽑은 결과가 이렇게 된 것에 대하여 유다 지파는 항의하지 않고 조용히 순종했으며, 시므온 지파도 이렇게 된 것에 대하여 불만을 품지 못했다. 그 이유는 이와 같은 분배가 하나님의 주권과 공의에 의하여 각 지파들의 사정대로 하나님께서 선하게 결정하신 것이기 때문이었다. 이와 같은 분배는 그 결과가 어떠하든 모든 지파에게 평등하게 실시된 것이었다. 평등이란 것은 반드시 양적으로 균등해야 하는 것이 아니다. 하나님의 뜻은 언제나 공의롭고 평등하다. 즉 하나님의 뜻에 따라 많이 가져야 할 자가 많이 가지고 적게 가져야 할 자가 적게 가지는 것이 참으로 공정한 것이고, 진정한 평등이다. 이와 달리 형식적이고 기계적인 균등을 목적으로 하는 공산주의의 강압 정책은 불의를 내포한다.

2-8 이 부분에는 "시므온 자손의 지파"가 제비를 뽑아서 얻은 기업의 성읍들이 기록되었다. "브엘세바 곧 세바"(בְּאֵר־שֶׁבַע וָשֶׁבַע)는 "브엘세바와 세바"라고 직역될 수 있다. "브엘세바"는 세바의 우물이란 뜻인데 그 본래의 이름은 "세바"였으나 훗날 "브엘세바"라고 불렸다. 그러므로 "브엘세바 곧 세바"란 말은 동일한 지방에 대한 두 개의 명칭이다. 우리 한글 번역은 여기서 그것에 대한 해석으로 그 뜻을 잘 밝혀 준다.

2-8절에 기록된 성읍들에 대하여는 다음의 표를 참고하라.

절수	이름	히브리어	의미	현재의 위치
2	몰라다	מוֹלָדָה	출생	헤브론 남쪽
3	하살 수알	חֲצַר שׁוּעָל	여우 울타리	탈리(Thaly)란 폐허
〃	발라	בָּלָה	여주인공	예루살렘 근처 기럇 엘 엔압
〃	에셈	עֶצֶם	강력함	압데(Abdeh)

절수	이름	히브리어	의미	현재의 위치
4	엘돌랏	אֶלְתּוֹלַד	하나님이 낳는 자	텔에스샵(Tell es-sab)
〃	브둘	בְּתוּל	하나님께 구별	브엘세바의 남쪽
〃	호르마	חָרְמָה	진멸	세밧(Zepata)
5	시글락	צִקְלַג	물결의 압력	세밧(Zepata)의 동쪽
〃	벧 말가봇	בֵּית־מַרְכָּבוֹת	병거의 집	헤브론 서남쪽
〃	하살수사	חֲצַר סוּסָה	말을 가두는 곳	스발랏 아부 수사인
6	벧 르바옷	בֵּית לְבָאוֹת	암사자의 집	베트 비리(Beth-biri)
6	사루헨	שָׁרוּחֶן	은혜가 머무르는 곳	가사와 브엘세바 사이
7	아인	עַיִן	눈	알려지지 않았음
〃	림몬	רִמּוֹן	석류	〃
〃	에델	עֶתֶר	기도	유다 남쪽
〃	아산	עָשָׁן	연기	〃
8	라마	רָאמַת	높여진 자	알려지지 않았음

9 여기서는 "시므온"지파의 분깃이 유다 지파의 기업 중에서 취한 것임을 다시 강조한다. 이같이 강조하는 이유는 그때 이스라엘 자손들이 하나님의 권위 아래에서 형제애를 실행한 사실을 보여 주기 위해서이다.

10-16 "셋째로"란 말은 베냐민 지파로부터(18:11-28) 시므온, 그리고 "스불론"이 "셋째"란 뜻이다.

제비를 뽑았으니. 이 말은 하나님께서 사람들이 제비를 뽑게 하셔서 그의 뜻을 알게 하셨다는 뜻이다(잠 16:33; 참조. 욘 1:7). 여기서 주의해야 할 것은, 오늘날에는 제비를 뽑는 것으로 하나님의 뜻을 분별하려고 하면 안 된다는 것이다. 그 이유는 계시적 사건(성경을 기록하게 하시기 위해서 하나님이 직접 간섭하신 사건)들은 언제나 특별하게 취급되어야 하고, 완성된 성경을 가지고 있는 우리에게는 계시 시대와 똑같은 하나님의 직접 계시가 없기 때문이다.

그러므로 계시 시대가 지난 오늘날에는 신자 안에서 역사하시는 성령의 감동과 성경 말씀으로 하나님의 뜻을 분별할 수 있다.

레아의 아들 중 스불론은 잇사갈의 아우임에도 불구하고(창 30:18) 기업을 차지하는 데 우선권을 가졌다. 이런 일은 하나님께서 그의 주권에 따라 기뻐하시는 뜻대로 하시는 것이다. "우리는 그의 자유로우신 주권 아래에서 그를 경배할 뿐이다."[43] 10-16절에 기록된 스불론 지파가 얻은 분깃은 야곱의 예언(창 49:13)과 같이 해변 땅으로 정해졌다. 그 지역에 대하여는 다음 표를 참고하라.

절수	이름	히브리어	의미	현재의 위치
10	사릿	שָׂרִיד	남은 것	나사렛 서남쪽
11	답베셋	דַּבָּשֶׁת	원망함	기손강 동쪽
"	욕느암	יָקְנְעָם	백성의 소유	므깃도 서북쪽
12	기슬롯 다볼	כִּסְלֹת תָּבֹר	허리, 힘	타볼산 서쪽 익살(Iksal)
"	다브랏	דָּבְרַת	목장	타볼산 서쪽 데브리에 (Debrieh)
"	야비아	יָפִיעַ	빛난다	데브리에(Debrieh) 동쪽
13	가드 헤벨	גִּתָּה חֵפֶר	포도즙 틀을 판다	알려지지 않았음
"	엣 가신	עִתָּה קָצִין	우두머리의 기회	케프르 케나 (Kefr Kenna)
"	림몬	רִמּוֹן	석류	나사렛 북쪽 룸마네 (Rummaneh)
14	한나돈	חַנָּתֹן	은혜로 얻었다	나사렛 북쪽
"	입다엘	יִפְתַּח־אֵל	하나님이 열어주신다	예파트(Jefat)
15	갓닷	קַטָּת	작다	키르베트 쿠타이네 (Khirbet Quteineh)
"	나할랄	נַהֲלָל	목장	나사렛의 서남쪽

---

43) C. Vonk, Dan is het ons te buigen onder Zijn vrijmacht. De Voorzeide Leer, Deel I^d, De Heilige Schrift, Inleiding op De Profeten, Jozua, 1972, 259.

절수	이름	히브리어	의미	현재의 위치
〃	시므론	שִׁמְרוֹן	감시	텔 에스 세무니야 (Tel es-Semuniya)
〃	이달라	יִדְאֲלָה	하나님이 높이신다	베들레헴 서남쪽
〃	베들레헴	בֵּית לֶחֶם	떡집	스불론 지방 나사렛 서북 7마일

17-23 "넷째로…잇사갈 자손을 위하여" 제비를 뽑았다. 이 지파는 야곱의 예언(창 49:14-15)대로 농업 지대를 차지하게 되었다. 그 지역은 갈릴리 바다 남쪽에 있는 비옥한 땅에 속한다. 18-22절에 기록된 지방들에 대하여는 다음 표를 참고하라.

절수	이름	히브리어	의미	현재의 위치
18	이스르엘	יִזְרְעֶאל	하나님의 씨	길보아산 서북쪽
〃	그술롯	כְּסֻלּוֹת	허리, 힘	나사렛 동북쪽
〃	수넴	שׁוּנֵם	타협	타볼산 남쪽
19	하바라임	חֲפָרַיִם	이중으로 혼란해짐	레기오(Legio) 북쪽 6마일 지점
〃	시온	שִׁיאוֹן	멸망	나사렛 동쪽
〃	아나하랏	אֲנָחֲרַת	좁은 길	작은 헐몬산 동쪽
20	랍빗	רַבִּית	큰 곳	길보아산 남쪽
〃	기시온	קִישְׁיוֹן	굳은 것	알려지지 않았음
〃	에베스	אֶבֶץ	수렁	〃
21	레멧	רֶמֶת	높은 곳	야르뭇(Jarmuth)
〃	언간님	עֵין־גַּנִּים	동산의 샘 근원	예닌(Jenin)
〃	엔핫다	עֵין חַדָּה	기쁨의 원천	타볼산 동쪽
〃	벧 바세스	בֵּית פַּצֵּץ	무너짐에 속한 집	타볼산 부근
22	다볼	תָּבוֹר		타볼산 위
〃	사하수마	שַׁחֲצוּמָה	금식으로 낮아짐	엘 하제네(el Hazetneh)
〃	벧 세메스	בֵּית שֶׁמֶשׁ	태양의 집	베숨(Bessum)

24-31절. "다섯째로 아셀 자손의 지파를 위하여" 제비를 뽑았다. "아셀"은 레아의 시녀인 실바의 둘째 아들이다(창 30:12-13). 그 지파가 차지한 땅은 야곱과 모세의 예언처럼(창 49:20; 신 33:24) 기름을 많이 생산하는 언덕이 많은 지역이었다.[44]

25-30절에 기록된 "아셀 지파"의 분깃에 속한 지역에 대하여는 다음 표를 참고하라.

절수	이름	히브리어	의미	현재의 위치
25	헬갓	חֶלְקַת	분깃	옐카(Jelka)
〃	할리	חֲלִי	노력하여 만든 장식품	율리스(Julis)
〃	베덴	בֶּטֶן	배(腹)	프톨레마이스(Ptolemais)동쪽
〃	악삽	אַכְשָׁף	점술	디오카이사레아에서 8마일 지점
26	알람멜렉	אַלַּמֶּלֶךְ	하나님께서 왕이시라	말릭(Malik)
〃	아맛	עַמְעָד	영원한 백성	하이파(Haifa)
〃	미살	מִשְׁאָל	하나님을 느끼는 느낌	가멜산 가까이
〃	갈멜	כַּרְמֶל	하나님의 포도원	팔레스타인 서북 지중해쪽
〃	시홀 닙낫	שִׁיחוֹר לִבְנָת	순결을 부지런히 찾음	갈멜산 남쪽
27	벧 다곤	בֵּית דָּגוֹן	고기의 집	갈멜산 동쪽
〃	스불론	זְבֻלוּן	머문다	알려지지 않았음
〃	입다 엘	יִפְתַּח־אֵל	하나님께서 열어 주신다	와디 아빌린의 윗지방
〃	벧에멕	בֵּית הָעֵמֶק	깊은 집	이프다엘 골짜기 남쪽
〃	느이엘	נְעִיאֵל	하나님이 닫으신다	키르베트 야닌(Khirbet Yanin)

---

44) John D. Davis, The Westminster Dictionary of the Bible, 1944, 45.

절수	이름	히브리어	의미	현재의 위치
〃	가불	כְּבוּל	결박됨, 책임짐	가불(Kabul)
28	에브론	עֶבְרוֹן	지나간다, 넘어간다	알려지지 않았음
〃	르홉	רְחֹב	넓다	텔 엘 가르비 (Tel el-Gharbi)
〃	함몬	חַמּוֹן	햇빛이 비취는 것	베이루트(Beirut) 동쪽
〃	가나	קָנָה	샀다	시돈 동남쪽 유르에리아 부근
28	시돈	צִידוֹן	노획물을 취한다	사이다(Saida)
29	라마	רָמָה	높은 곳	두로의 동남쪽
〃	두로	צֹר	바위	술(Sur) 해변도시
〃	호사	חֹסָה	신뢰함	두로 남쪽
〃	악십	אַכְזִיב	흘러 나온다	집(Zib)
30	움마	עֻמָּה	연합	레바논 케프르 암메이 (Kefr Ammeih)
〃	아벡	אֲפֵק	힘	아프카(Afka)
〃	르홉	רְחֹב	넓은 곳	알려지지 않았음

32-39 "여섯째로 납달리 자손을 위하여" 제비를 뽑았다 "납달리"는 야곱의 아내 라헬의 시녀 빌하가 낳은 둘째 아들이다(창 30:7-8). 그 지파가 차지한 땅 역시 산물이 풍부하며, 이것은 모세가 예언한 대로 성취된 것이다. 모세가 이 지파에 대하여 예언하기를, "은혜가 풍성하고 여호와의 복이 가득한 납달리여"라고 하였다(신 33:23). 이 말씀은 물질이 풍부한 영적 은혜의 부요함을 상징한다. 룰다(A. Roorda)는 납달리 지파에 관하여 말하기를, "모세는 물질적인 이 세상 축복에서 영적인 영원한 축복도 내다보고 예언한 것이다"라고 하였다.[45]

---

45) Jozua, De Held Gods, 1913, 241. 참조, 사 9:1-7; 마 4:13-16.

33-38절에 기록된 지역들에 대하여는 다음 표를 참고하라.

절수	이름	히브리어	의미	현재의 위치
33	헬렙	חֵלֶף	새롭게 함	알려지지 않았음
〃	사아난님	צַעֲנַנִּים	노력	훌레(Huleh) 호수 서쪽
33	아다미 네겝	אֲדָמִי הַנֶּקֶב	사람의 자격증	다일 엘 아말 (Deir el ahmar)
〃	얍느엘	יַבְנְאֵל	하나님께서 이루시는 건축	레바논산 서쪽
〃	락굼	לַקּוּם	부활로 지향하여	레바논산 북쪽
34	아스놋 다볼	אַזְנוֹת תָּבוֹר	듣는 것을 조심함	타볼산 가까이
〃	훅곡	חוּקֹק	명백하게 알려진 길	〃
〃	싯딤	צַדִּים	매복해 있음	하틴(Hattin)
35	세르	צֵר	험한 곳	알려지지 않았음
〃	함맛	חַמַּת	태양빛의 뜨거움	티베리아(Tiberias) 가까이
〃	락갓	רַקַּת	빈 것, 공허	티베리아
〃	긴네렛	כִּנֶּרֶת	거문고	갈릴리 해변의 어느 곳
36	아다마	אֲדָמָה	흙, 땅	갈릴리 바다북쪽
〃	라마	רָמָה	높은 곳	라메(Rameh)
〃	하솔	חָצוֹר	울타리 친 곳	갈릴리바다 서북쪽
37	게데스	קֶדֶשׁ	성소	훌레(Huleh) 호수의 서북쪽
〃	에드레이	אֶדְרֶעִי	풍성한 목장	텔 구라이베 (Tell Khureibeh)
〃	엔 하솔	עֵין חָצוֹר	울타리 근처 샘 근원	텔 하졸(Tell Hazor)
38	이론	יִרְאוֹן	두려움	야룬(Jarun)
〃	믹다렐	מִגְדַּל־אֵל	힘의 망대	게네사렛호수 서쪽의 막달라(Magdala)
〃	호렘	חֳרֵם	멸망시켜 하나님께 바침	갈릴리 북쪽
〃	벧 아낫	בֵּית־עֲנָת	회답의 집	사페드 엘 바티크 (Safed el Battikh)
〃	벧 세메스	בֵּית שֶׁמֶשׁ	태양의 집	킬 텔 엘 루와이시

40-48 "일곱째로 단 자손의 지파를 위하여" 제비를 뽑았다. 이 지파가 얻은 땅은 에브라임과 유다 사이에 있는 지역으로 매우 좁았다. "단"은 야곱의 아내 라헬의 시녀인 빌하의 첫째 아들이다(창 30:5-6).

41-46절에 기록된 지역에 대하여는 다음 표를 참고하라.

절수	이름	히브리어	의미	현재의 위치
41	소라	צׇרְעָה	왕벌	사라(Sarah)
"	에스다올	אֶשְׁתָּאֹל	강한 여인	움에쉬타예 (Um Eshteiyeh)란 폐허
"	이르세메스	עִיר שֶׁמֶשׁ	태양의 도시	알려지지 않았음
42	사알랍빈	שַׁעֲלַבִּין	음흉한 마음	셀비트(Selbit)
"	아얄론	אַיָּלוֹן	사슴	얄로(Yalo)
"	이들라	יִתְלָה	매단다	아야론 근방
43	엘론	אֵילוֹן	상수리나무	키르베트 와디 알린 (Khirbet Wadi Alin)
"	딤나	תִּמְנָתָה	넘치는 분깃	키르베트 팁네 (Khirbet Tibneh)
"	에그론	עֶקְרוֹן	근절(根絶)	소렉 골짜기 남쪽
44	엘드게	אֶלְתְּקֵה	하나님이 경외의 대상이심	에그론의 동남쪽
"	깁브돈	גִּבְּתוֹן	높은 곳	텔 멜랏(Tell melat)
"	바알랏	בַּעֲלָת	여주인공	유다 극남
45	요훗	יְהֻד	칭찬	예후디예(Jehudieh)
"	브네브락	בְּנֵי־בְרַק	빛의 아들	이븐 아브락(Ibn Abrak)
"	가드 림몬	גַּת־רִמּוֹן	석류 짜는 틀	딤나 근처
46	메얄곤	מֵי הַיַּרְקוֹן	푸른 초장을 만들어 주는 곳	욥바 북쪽
"	락곤	רַקּוֹן	수척한 것	"
"	욥바	יָפוֹ	아름다운 것	팔레스타인의 유명한 항구

단 자손의 경계는 더욱 확장되었으니 이는 단 자손이 올라가서 레셈과 싸워 그것을 점령하여 … 거기 거주하였음이라(47절). "레셈"은 가나안 북쪽에 있는 지역으로, 단 자손들이 분깃으로 받은 땅에서 나아가 전쟁하여 얻은 곳이다(삿 18:1-29 참조). 단은 이같이 모세의 예언(신 33:22)대로 "뛰어나오는 사자의 새끼"처럼 되었다.

49-50 마지막으로 "여호수아"도 분깃을 받았다. 여기서 그의 높은 덕이 나타났다. ① 겸손의 덕. 그는 자기 마음대로 특정 지역을 점령하지 않고 이스라엘 백성들에게 땅을 청구하였다. 그리고 자신의 분깃을 가장 늦게 마지막으로 고려하였다. ② 강한 개척 정신. 그는 쓸모없는 산지를 개척하여 성읍을 건설하였다.

| 설교자료

1. 시므온 지파가 유다 지파가 받은 분깃 가운데서 일정 부분을 얻은 것은 어떤 면에서는 그 조상 시므온의 범죄 때문에(창 34:25-31; 49:5-7) 그 자손들이 받게 된 부끄러움이었다(Calvin). 그러므로 갈라디아서 6:7에 말하기를, "사람이 무엇으로 심든지 그대로 거두리라"고 하였다(욥 4:8 참조).

2. 이스라엘 지파들에게 가나안 땅이 분배된 것은 야곱과 모세의 예언(창 49장; 신 33장)이 성취된 것이다. 그러므로 이 사실을 알려주기 위해 성경에 기록된 지역 이름들도 우리는 주의를 기울여 읽어야 한다. 예언 성취는 전지전능하신 하나님만이 하실 수 있다. 따라서 이 부분을 읽는 우리는 그 말씀에서(그 지역의 이름들을 읽을 때도) 하나님의 살아 계심을 느껴야 한다.

3. 여호수아는 모든 참된 지도자들의 모본이었다. 그는 다른 사람들을 위

하여 희생하고 자기 자신은 잊어버린 것처럼 자기의 문제를 가장 마지막으로 고려하였다(수 19:49-50 참조).

열두 지파의 명칭과 그 의미, 그리고 그 지파들이 차지한 지역을 다음과 같이 간단히 소개한다.

절수	이름	히브리어	이름의 뜻	요단강을 기준으로 한 정착지
1	르우벤	רְאוּבֵן	아들을 보라	저편(동쪽)
2	시므온	שִׁמְעוֹן	들음(聞)	이편(서쪽)
3	레위	לֵוִי	연합	〃
4	유다	יְהוּדָה	찬송	〃
5	단	דָן	심판	〃
6	납달리	נַפְתָּלִי	씨름	〃
7	갓	גָד	군대	저편(동쪽)
8	아셀	אָשֵׁר	복되다	이편(서쪽)
9	잇사갈	יִשָּׂשכָר	상급주다	〃
10	스불론	זְבוּלֻן	머물다	〃
11	므낫세	מְנַשֶּׁה	잊어버리게 함	저편(동쪽), 이편(서쪽)
11	에브라임	אֶפְרַיִם	배나 결실함	이편(서쪽)
12	베냐민	בִּנְיָמִין	오른손의 아들	〃

제 20 장

✣ 내용분해

1. 도피성에 대한 법규(1-6절)
2. 도피성이 될 지역의 이름들(7-9절)

✣ 해석

1-2 **도피성들을 너희를 위해 정하여**(2절). "도피성" 제도에 대한 자세한 말씀은 민수기 35:9-34에 기록되었다. 죄인이 회개하고 그리스도를 믿는 것은 그리스도 안으로 도피하는 것과 같다. 성경은 믿음을 가리켜 하나님과 그리스도께 피하는 것으로 표현하였다(시 11:1; 143:9 참조). 또한 히브리서 6:18은 신자를 "피난처를 찾은" 자라고 하였다.

3 "부지중에 실수로 사람을 죽인 자"란 말의 히브리어(מַכֵּה־נֶפֶשׁ בִּשְׁגָגָה בִּבְלִי־דַעַת)를 직역하면 "모르고 실수하여 살인한 자"이다. 이것은 원한 없이 우연히 사람을 죽이게 된 자를 가리킨다(민 35:22-23 참조).

도망하게 하라 이는 너희를 위해 피의 보복자를 피할 곳이니라. 누구든지 모르고 실수하여 살인한 경우에는 그 죽은 자의 가족이나 친척이 분노하여 복수할 위험이 있다. 사람이 분노하여 복수하는 것은 죄악이므로(레 19:18), 그런 일은 없어야 한다. 이런 일을 막기 위하여서라도 "도피성" 제도는 절대적으로 필요하였다. 부지중에 살인한 자는 일부러 살인한 것이 아니므로 보복 형벌의 대상이 아니다. 그러므로 하나님께서 그에게 살 길을 주신 것이며, 이것은 하나님의 자비이다.

"피의 보복자"는 죽임을 당한 자의 가족이나 친척 중에서 복수심으로 그 살인자를 죽이려고 하는 자를 가리킨다.

4-5 그 성읍에 들어가는 문 어귀에 서서 그 성읍의 장로들의 귀에 자기의 사건을 말할 것이요(4중). "문 어귀"는 그 당시에 재판 사무를 집행하던 장소였다(룻 4:1; 삼하 15:2). 본의 아닌 실수로 살인한 사람의 도피도 하나님의 법에 의한 것이기 때문에 법적인 절차를 밟아야 했다. 이렇게 법을 따라 수순을 밟는 자는 그 마음에 자비하신 하나님의 법이 갖는 견실함을 든든히 믿고 행한다. 그와 같이 신약 시대의 신자는 그리스도께로 피하는 자에게 정죄함이 없다는 하나님의 진실하신 법(롬 8:1)을 든든히 믿는다. 히브리서 6:17-18에 말하기를, "하나님은 약속을 기업으로 받는 자들에게 그 뜻이 변하지 아니함을 충분히 나타내시려고 그 일을 맹세로 보증하셨나니 이는 하나님이 거짓말을 하실 수 없는 이 두 가지 변하지 못할 사실로 말미암아 앞에 있는 소망을 얻으려고 피난처를 찾은 우리에게 큰 안위를 받게 하려 하심이라"고 하였다.

6 그 살인자는 회중 앞에 서서 재판을 받기까지. 부지중에 살인한 자가 도피성에 있다가 재판에서 만일 고의적으로 살인한 자(죽일 마음이 있어서 죽인 자)로 판결을 받으면, 그는 그 도피성에 더 머물지 못하고 죽임을 당한다(민 35:29-30 참조).

그 당시 대제사장이 죽기까지 그 성읍에 거주하다가 그 후에 그 살인자는 그 성읍 곧

자기가 도망하여 나온 자기 성읍 자기 집으로 돌아갈지니라. 대제사장이 죽은 후에야 그 도피자가 자기 고향으로 돌아가게 된다는 것에는 깊은 의미가 담겨 있다. 여기서는 대제사장의 죽음이 그리스도 예수의 속죄적인 죽음을 예표한다고 할 수 있다(민 35:25, 28, 34 참조).

7-8 이 부분에 기록된 여섯 곳의 도피성은 "게데스, 세겜, 헤브론, 베셀, 길르앗 라못, 골란"이다. 어떤 학자들은 이 지명들의 의미로 볼 때, 도피성은 예수 그리스도를 예표한다고 하였다. 그들의 해설을 소개하면 다음과 같다. 곧 "게데스"(קֶדֶשׁ)는 성소를 의미하고, "세겜"(שְׁכֶם)은 어깨(shoulder)를 의미하고, "헤브론"(חֶבְרוֹן)은 교통(communion)을 의미하고, "베셀"(בֶּצֶר)은 요새(要塞)를 의미하고, "라못"(רָאמֹת)은 고지를 의미하고, "골란"(גּוֹלָן)은 기쁨을 의미한다. 그러므로 이 지명들은 예수 그리스도를 예표하기에 충분하다. 예수 그리스도는 성소와 같고(요 2:19), 정사를 멘 어깨와 같고(사 9:6), 신자가 하나님 아버지와 사귀게 해 주시는 교통(communion)과 같고(고후 5:18-19), 신자들이 피할 요새와 같고(시 91:2), 신자들을 높은 하늘에 앉게 하시는 높은 곳과 같고(엡 2:6), 신자들을 기쁘게 하는 기쁨이시다(롬 5:11). 이 해설은 특히 핑크(A. W. Pink)와 아이언사이드(H. A. Ironside)에 의한 것이다.

물론 이와 같은 문자적 해석을 그대로 받아들일 수는 없다. 그러나 도피성 제도가 예수 그리스도의 속죄 구원과 더불어 일맥상통하는 것만은 확실하다. 구약성경에는 여호와를 가리켜 신자의 피난처라고 한 말씀이 많다(시 11:1; 18:1-2; 46:1; 62:7). 구약의 여호와는 신약의 예수님이시다(사 44:6; 비교. 계 1:8; 21:6).

핑크(A. W. Pink)는 다음과 같은 몇 가지 이유를 들며 도피성이 그리스도의 예표임을 지적하였다. ① 그리스도께서 하나님이 세우신 속죄자이신 것처럼(계 13:8), 도피성 역시 하나님이 지정하신 것이다(민 35:9-12). ② 그리스도께서 유일하신 구주이신 것처럼(행 4:12), 도피성 역시 부지중에 살인한 자의 유일한 피난처이다(신 19:5; 민 35:11-12). ③ 그리스도께서 십자가에 못 박혀 높이 달리심으로써 모든 죄인이 그를 바라볼 수 있었던 것처럼(요 3:14; 12:32; 갈 3:1), 도피성 역시 높은 산지에 있었다(수 20:7). ④ 그리스도의 복음이 누구나 알 수 있을 만큼 단순하고 쉬운 것처럼(롬 10:6-8), 도피성 역시 어디서나 갈 수 있도록 편리하게 각처에 설치되어 있었다(신 19:2-3). ⑤ 신앙으로 그리스도 안에 거하는 자만이 정죄를 받지 않는 것처럼(요 8:31-32; 롬 8:1; 히 3:14; 요일 2:28), 부지중에 살인한 자 역시 도피성 안에 있을 동안에만 안전하였다(민 35:26-27). ⑥ 그리스도 안에는 유대인이나 이방인의 차별이 없는 것처럼(롬 10:12), 도피성에는 유대인이나 이방인이 함께 거주하였다(민 35:15; 수 20:9). ⑦ 그리스도의 죽음이 신자를 죄악과 사망에서 풀어 주는 것처럼(계 1:5; 히 2:5), 도피성에 거하는 살인자도 그 당시의 대제사장이 죽으면 그의 고향으로 돌아가게 된다(민 35:28).[46]

| 설교자료

1. 사람이 도피하게 하는 하나님의 법이 있다. 인간은 본의 아니게 실수할 수 있다. 물론 그가 그 일에 책임이 있다면 있다고도 할 수 있다. 그러나 그가 그 일에 대한 책임을 지게 되면 그 자신은 억울한 점도 있을 수 있다. 이런 경우에 하나님은 그를 도피시키셔서 그가 새 소망으로 살게 하여 주신다. 하나님은 우리가 책임감 있는 인격이 되기를 원하시지만, 책임의 한계를 넘은 지나친 희생을 치르는 것은 원하시지 않는다.

2. "도피성" 제도는 어떤 위험으로부터 도피하는 것을 하나님의 법으로

---

46) Gleanings in Joshua, 1964, 382-383.

보장한 것이다(4-5절). 하나님의 법은 견고하다. 우리가 그리스도를 믿어 영생을 얻게 되는 것도 하나님의 법으로 보장되어 있다. 로마서 8:1-2에 말하기를, "그러므로 이제 그리스도 예수 안에 있는 자에게는 결코 정죄함이 없나니 이는 그리스도 예수 안에 있는 생명의 성령의 법이 죄와 사망의 법에서 너를 해방하였음이라"고 하였다.

3. 본의 아니게 살인한 자가 도피성으로 찾아가서 구원을 받기 위해서는 일정한 법적 절차를 지켜야 했다(4-6절). 그와 같이 멸망 받을 죄인이 그리스도께 피하여 그리스도의 피를 믿고 영생을 얻기 위해서도 지켜야 할 질서가 있다. 그것은 그가 계속적으로 받고 따라가야 할 하나님 말씀의 지시와 성령의 인도하심이다. 은혜는 무질서가 아니다.

제 21 장

✢ 내용분해

1. 레위 사람이 모세를 통하여 주신 하나님의 말씀을 따라 성읍과 들(평야)을 청원함(1-2절).
2. 제비 뽑힌 대로 다른 지파들의 기업 중에서 성읍을 얻음(3-8절)
3. 그 얻은 48성읍의 명칭들(9-42절)
4. 여호와께서 이스라엘 백성에게 약속하신 모든 일을 다 이루어 주심(43-45절)

✢ 해석

1-3 제사장 엘르아살과 눈의 아들 여호수아와 이스라엘 자손의 지파 족장들(1절). 이들은 가나안 땅에서 이스라엘 자손에게 기업을 나누어 주도록 하나님께서 세우신 위원들이다(민 34:16-29; 수 14:1 참조).

**레위 사람의 족장들이…말하여 이르되 여호와께서 모세에게 명령하사 우리가 거주

할 성읍들과 우리 가축을 위해 그 목초지들을 우리에게 주라 하셨나이다. 레위인의 이 청원은 하나님의 말씀(민 35:1-8)대로 순종한 것이므로 정당하다. 그들은 하나님께서 약속하신 만큼만 얻으려는 신앙적 태도로 이스라엘 지도자들에게 청원하였다.

4-8 레위 지파는 "고핫", "게르손", "므라리" 이렇게 세 자손으로 나뉜다(출 6:16-19; 민 3:17-20). 이 자손들은 독립적으로 어느 한 지역을 받지 못하고 다른 지파들의 땅에서 성읍과 들을 나누어 받아서 살아야 했다. 그 이유는 ① 레위 지파의 조상 레위가 세겜 사람들을 죽인 불의한 일 때문에 저주를 받았기 때문이다(창 34:30; 49:5-7 참조). ② 하나님은 진노 중에도 긍휼을 베푸셔서(합 3:2) 저주받은 레위 지파에게 성전에서 봉사하는 귀한 사역(영적 사역)을 맡겨 주셨다(민 8:5-19). 즉 레위 자손들은 이스라엘 민족이 하나님을 섬기는 거룩한 일을 맡아서 시무하고, 그 제단에 드린 물질을 받아서 살아야 했다(민 18:21, 23-24).

레위 자손들은 그 직분이 갖는 모든 면에서 신약 시대의 교역자에 해당한다고 할 수 없다. 그러나 신령한 일에 전적으로 헌신하고 그 보수로 생활한 것만은 신약 시대의 교역자와 같다. 바울은 말하기를, "성전의 일을 하는 이들은 성전에서 나는 것을 먹으며 제단에서 섬기는 이들은 제단과 함께 나누는 것을 너희가 알지 못하느냐 이같이 주께서도 복음 전하는 자들이 복음으로 말미암아 살리라 명하셨느니라"고 하였다.[47] 또한 예수님께서 말씀하시기를, "일꾼이 자기의 먹을 것 받는 것이 마땅함이라"고 하셨다(마 10:10). 그러나 영적 수고에 대한 보수를 주고받는 일이 육체적인 수고에 대한 보수를 주고받는 것과 다른 점도 있다. 곧 영적 수고에 대한 것은 믿음과 사랑으로 실행되어야 한다는 것이다. 즉 바치는 이도 하나님께 온전한 감사의 예물로

---

47) 고전 9:13-14. 참조, 고전 9:7-11; 갈 6:6; 딤전 5:18.

바쳐야 하고, 받는 이도 하나님의 말씀을 따라 순전한 마음으로 감사하며 받아야 한다. 성경에는 "너희가 거저 받았으니 거저 주라"고 하신 말씀이 있다(마 10:8하). 그러므로 전도자는 그가 받는 물질적 보수에 대하여 언제나 고맙고 송구한 마음을 가져야 한다.

제사장 아론의 자손들은 유다 지파와 시므온 지파와 베냐민 지파 중에서 제비 뽑은 대로 열세 성읍을 받았고(4절). "아론의 자손들"을 위하여 제비를 뽑은 결과가 의미심장하다. 그것은, 그들이 장차 예루살렘 성전이 세워질 자리인 "유다 지파(시므온 지파의 분깃은 유다 지파에 포함되었다; 19:1)와 베냐민 지파 중에서" 성읍들을 얻은 것이다. 아론의 자손들은 제사장족을 형성하고 예루살렘 성전에서 봉사하기에 편리하도록 성전 가까이에 거주하였다. 이는 하나님께서 사람들이 제비를 뽑는 일을 통하여 섭리하여 주신 그의 초자연적 간섭의 결과이다.

그핫 자손들 중에 남은 자는 에브라임 지파의 가족과 단 지파와 므낫세 반 지파 중에서 제비 뽑은 대로 열 성읍을 받았으며(5절). 여기서 말하는 "그핫 자손들 중에 남은 자"에는 모세의 자손들도 포함되어 있다(출 6:16, 18, 20). 모세는 이스라엘의 가장 큰 지도자였음에도 불구하고 자기 후손이 차지할 땅에 대하여 자기 마음대로 미리 지정하지 않았다. 따라서 그의 후손들은 레위의 여러 자손과 마찬가지로 다른 지파들의 땅에서 살게 되었다. 이같이 위대한 지도자들은 사리사욕이 없을 뿐 아니라 이권을 분배할 때 미약한 자리를 취하려 한다.

9-19절. 이 부분에서는 레위 지파에 속한 아론의 자손들이 받은 성읍들에 대하여 4절보다 더 자세하게 말한다. 구약에 있는 중복 문제는 하나님의 말씀대로 이루어진 일을 귀하게 여겨 강조하기 위한 것이다. 비평가들은 이런 중복을 필요 없는 반복 문구로 오해하여, 여호수아서는 후대의 편집자가 여러 문서를 종합한 책이라고 말한다. 그러나 이런 주장은 히브리어 문법을

모르고 잘못 말한 것이다.

10-12 **아론 자손이 첫째로 제비 뽑혔으므로**(10절). 이 말씀을 보면 그 당시 이스라엘의 사상, 곧 하나님 중심 사상이 현저히 나타난다. 이 말씀은 아론의 공로나 인격을 염두에 둔 것이 아니라 그의 성직을 중요시한 것이다. 그의 성직은 이스라엘 종교의 초점이다. 따라서 아론의 자손을 제비 뽑는 일에 우선적으로 참여하게 하여 하나님을 섬기는 영적인 일의 중요성을 드러낸 것이다. "아론 자손"이 받은 분깃은 "헤브론과 그 주위의 목초지"이다. 아론 자손의 분깃에 대하여는 13절 이하에서 자세히 말한다.

13-16 어떤 학자들은 이 부분에 나오는 지명들을 영적으로 해석하고 거기서 그리스도에 대한 묘사를 찾아낸다. 그러나 지명들을 영적으로 해석하는 것은 지나친 주관적 해석이다. 이와 달리 우리는 여호수아서에 기록된 지명들이 진실하고도 자세한 것을 보며 그것의 역사적 확실성을 깨닫게 되고, 그것을 통해 영적인 능력을 받게 된다. "아론 자손"이 두 지파(유다 지파와 시므온 지파)의 땅에서(16절) 얻은 도시들의 명칭은 15:21-62; 19:2-7에 있으므로, 그 부분 해석을 참조하라.

17-18 "기브온", "게바"에 대하여는 18:24-25의 해석을 참조하라. "아나돗"은 예레미야의 고향이고(렘 1:1), "알몬"은 지금의 알미트(Almit)라는 도시이다(Delitzsch).

20-42절. 이 부분에는 "레위" 자손들, 곧 "그핫", "게르손", "므라리" 자손들도 아론 자손과 마찬가지로 이스라엘의 다른 지파들 중에서 그들이 거할 성읍을 얻은 것이 진술된다. 이것은 레위 자손들(성전 봉사에 수종들며 율법을 가르치는 자들)이 이스라엘 자손들 속에 섞여 살면서 하나님을 증거하게 하려는 하나님의 경륜대로 이루어진 일이다. 이같이 복음을 전하는 자들은 어디든지 가서 모든 사람과 접촉해야 하고, 그들에게 하나님의 복음을 전해야

한다. 복음을 전하는 사명은 신약 시대 모든 신자에게 맡겨진 것이다. 그들은 땅끝까지 가서 복음의 증인이 되어야 한다(행 1:8).

여호수아 21:21-39에 기록된 "레위 사람"이 얻은 도시들의 명칭에 대하여는 다음의 설명을 참조하라.

1) "에브라임 지파 중에서" 얻은 것(20-22절)에 대하여는 16:5을 참조하라. "세겜"은 에발과 그리심 산 사이에 있고, "깁사임"은 역대상 6:68의 "욕므암"이란 곳을 가리켰을 것이다.

2) "단 지파 중에서" 얻은 것(23-24절)에 대하여는 19:42, 44-45을 참조하라.

3) 요단 이편(서쪽) "므낫세 반 지파 중에서" 얻은 것(25절)에 대하여는 17:11을 참조하라.

4) 요단 저편(동쪽) "므낫세 반 지파 중에서" 얻은 것(27절)에 대하여는 13:30을 참조하라. "브에스드라"는 "아스다롯"을 가리킨 듯하다(대상 6:71).

5) "잇사갈 지파 중에서" 얻은 것(28-29절)에 대하여는 19:20-21을 참조하라.

6) "아셀 지파 중에서" 얻은 것(30-31절)에 대하여는 19:25-26, 28을 참조하라. "압돈"은 아마 "에브론"이라는 도시일 것이다(19:28).

7) "납달리 지파 중에서" 얻은 것(32-33절)에 대하여는 19:37을 참조하라. "함못 돌"은 "함맛"이란 도시와 같을 듯하고(19:35), "가르단"은 "기랴다임"이란 도시와 같을 것이다(대상 6:76).

8) "스불론 지파 중에서" 얻은 것(34-35절)은 19:11, 15을 참조하라. "딤나"는 "림몬"이란 도시와 같을 것이다.

9) "르우벤 지파 중에서" 얻은 것(36-37절)에 대하여는 13:18을 참조하라. 그리고 "베셀"과 "므바앗"에 대하여는 13:18, 20:8을 참조하라.

10) "갓 지파 중에서" 얻은 것(38-39절)에 대하여는 13:25-26을 참조하라.

43-45절. 이 부분에서는 이스라엘 자손이 가나안 땅을 다 점령하고 또 각 지파에게 그 땅을 분배하여 하나님께서 말씀하신 대로 성취된 것을 말한다. 곧 "맹세하사 주리라 하신 온 땅을…이스라엘 백성에게 다 주셨으므로"라고 하였고(43절), "맹세하신 대로 하셨으므로"라고 하였고(44절), "말씀하신 선한 말씀이 하나도 남음이 없이 다 응하였더라"고 하였다(45절). 이같이 이 부분의 말씀은 하나님의 신실하심을 강조한다.[48]

하나님은 그가 택하신 백성에게 먼저 약속을 주시고 그 약속을 친히 성취해 주신다. 그러나 우리가 명심할 것은, 하나님께서 그의 약속을 성취하시는 방법 대부분은 사람들이 스스로 노력하여 얻도록 경륜하셨다는 사실이다. 신실하신 하나님께서는 그의 약속을 다 이루어 주신다. 이스라엘 백성에게 가나안 정복을 명하신 하나님께서 그들의 전쟁을 친히 도와 승리하게 하셨으며, 마침내 그들에게 안식을 주셨다.

| 설교자료

1. 레위 지파가 가나안 땅에서 다른 지파들처럼 독립적으로 분깃을 받지 못하고 모든 지파 가운데 흩어져서 살게 된 것은, 그 조상이 범죄하여(창 34:25-29) 저주를 받았기(창 49:7) 때문이다. 그러나 하나님은 진노 중에도 긍휼을 베푸셔서(합 3:2) 레위 지파가 다른 지파들 가운데 흩어져서 그 지파들을 위하여 하나님을 섬기며 증거하는 일(성막에서 봉사하는 일)을 하게 하셨다. 이 거룩한 일을 통하여 그들은 여호와 하나님을 기업으로 모시게 되었다.

레위 자손들이 모든 지파 가운데 흩어져 살면서 이스라엘 백성이 하나님을 섬기는 일에 귀하게 봉사한 것처럼, 그리스도 신자들도 각처에 흩어질 때

---

[48] 참조, 민 23:19; 수 23:14; 왕상 8:56; 고전 1:9; 고후 1:18-22; 살전 5:24; 딛 1:2.

그들로 말미암아 복음이 널리 증거된다. 초대교회 신자들이 환란으로 인하여 각처에 흩어졌을 때도 그들로 말미암아 복음이 멀리 전파되었다(행 8:4).

2. 이스라엘 민족이 가나안 땅을 차지하게 된 일은 선한 일이었다(45상). 그것은 역사에 흔히 있었던 것처럼 한 민족이 다른 민족을 침략하는 죄악이 아니었다. 그 이유는, 이스라엘은 하나님의 심판을 대행하는 사역자로 세워졌기 때문이다. 죄악으로 가득 찬 가나안 민족들이 하나님의 심판을 받을 수밖에 없었던 그때 이스라엘이 하나님의 사역자로 동원되었다. 하나님은 이 세상에서도 개인이나 국가가 극도의 죄악으로 가득할 때에는 반드시 그들을 벌하신다. 하나님의 심판은 언제나 선하시다(시 136:10-24 참조).

3. 이스라엘 민족이 가나안 땅을 차지하게 된 것은 하나님의 선하신 뜻을 만족하는 일이었다(45하). 사람이 하는 일은 그와 같이 만족스럽게 이루어질 수 없지만, 하나님께서 간섭하여 이루시는 일은 그의 공의를 만족시킨다. 이스라엘 백성에게 가나안 땅을 주신 것은 하나님께서 일찍이 약속하신 대로(창 15:16) 이루어 주신 것이다. 하나님께서 이루어 주신 것은 언제나 완전하며 그것을 받는 자에게 참된 복이 된다. 신자들은 무슨 일이든 하나님께서 그것을 이루어 주시도록 기도하며 힘써야 한다. 시편 37:5-7에 말하기를, "네 길을 여호와께 맡기라 그를 의지하면 그가 이루시고 네 의를 빛 같이 나타내시며 네 공의를 정오의 빛 같이 하시리로다 여호와 앞에 잠잠하고 참고 기다리라 자기 길이 형통하며 악한 꾀를 이루는 자 때문에 불평하지 말지어다"라고 하였다.

제 22 장

✤ 내용분해

1. 르우벤, 갓, 므낫세 반 지파의 군대 복무자들을 제대시킴(1-9절)
2. 그들이 요단강 가에 단을 쌓음(10절)
3. 이스라엘 백성이 문제를 일으킴(11-20절)
4. 르우벤, 갓, 므낫세 반 지파가 단 쌓은 일에 대하여 변호함(21-29절)
5. 오해했던 이스라엘이 원만히 이해함(30-34절)

✤ 해석

1-3절. 여호수아가 "르우벤" 지파와 "갓" 지파와 "므낫세 반" 지파 사람들을 칭찬하였다. 곧 여호수아가 그들의 책임 완수에 대하여 칭찬하였으니, ① 그들이 모세의 명령을 잘 지켰고 또 여호수아 자신의 명령도 잘 지켰다고 하였다(2절). 그들이 광야에서 모세에게 순종한 것은 하나님께서 모세와 함께 하신다는 것을 알았기 때문이었다. 그러나 가나안 전쟁 때에는 모세가 이미

별세하고 없었는데도 그들은 그가 남긴 교훈을 지켰다. 그것은 서원한 대로 실행하는(민 32:25-27; 수 1:12-18) 신의를 나타낸 것이다. 그뿐 아니라 그들이 여호수아의 명령에도 잘 순종한 것은 그들이 여호수아에게도 하나님께서 함께하신다는 것을 알았기 때문이었다. 그러므로 그들의 순종은 어디까지나 영적 동기에서 비롯되었다. 그것이 그들의 신앙이다. ② 그들의 충성이 오랫동안 계속되었다고 하였다(3절). 누구든지 오래 참으며 책임을 이행하는 것은 신앙으로만 할 수 있는 일이다. 다시 말하면 그것은 하나님을 사랑하는 믿음의 소유자들만이 할 수 있다. 에베소서 6:24에 말하기를, "우리 주 예수 그리스도를 변함 없이 사랑하는 모든 자에게 은혜가 있을지어다"라고 하였다.

4 너희의 하나님 여호와께서 이미 말씀하신 대로 너희 형제에게 안식을 주셨으니. 이 말은 하나님께서 일찍이 말씀하신 대로 이스라엘(여기서는 아홉 지파 반)에게 요단 서쪽 땅을 주셨다는 것이다. 이같이 하나님께서 그가 말씀하신 대로 다 이루시고 그들에게 "안식을 주신"것은, 장차 그가 예수 그리스도로 말미암아 모든 신자에게 영원한 구원을 주실 것을 예표한다. 여기서 "안식을 주셨다"는 말(הניח)은 하나님께서 가나안 땅을 주신 것을 가리키며, 최후의 안식, 곧 천국에 대한 예표적 의미를 가진다(히 4:8-11). 로마서 15:4에 말하기를, "무엇이든지 전에 기록된 바는 우리의 교훈을 위하여 기록된 것이니 우리로 하여금 인내로 또는 성경의 위로로 소망을 가지게 함이니라"고 하였다.

여호수아는 하나님의 말씀의 권위(특히 그의 신실하심)에 근거하여 안식을 선포하면서 두 지파 반(르우벤, 갓, 므낫세 반 지파)도 그 말씀의 권위로 안심하고 그들의 소유지(요단 동쪽)로 돌아갈 수 있다고 한다(민 32:16-32 참조).

5-6 히브리 원문에는 5절 앞부분에 "다만"이란 말(רק)이 있는데, 한글 번역에는 그것이 번역되지 않았다. 이 말은 빼놓을 수 없는 중요한 일을 강조하기 위하여 주의시키는 말이다. 곧 여호수아는 여기서 두 지파 반에 속한 자들이 그들의 소유지로 돌아간 후에도 가장 중요하게 힘쓸 일은 바로 경건

생활이라고 한다. 그는 그 일을 "반드시 행하여야"(שָׁמְרוּ מְאֹד) 한다고 강조하였다.

신자들은 죄악 세상에 살고 있으며 또 자기 자신 속에 죄악의 부패성이 있으므로, 경건 생활을 반드시 행해야만 ① 하나님의 율법을 지키게 되고, ② 하나님을 사랑하게 되고, ③ 하나님과 사귀게("친근하게") 되고, ④ 마음을 다하여 그를 섬기게 된다(5절).

여기서 하나님을 "사랑하고"(לְאַהֲבָה) 그에게 "친근히 하는 것"(וּלְדָבְקָה־בוֹ=그에게 붙음)은 정서적인 경건 행위인데, 그것은 "율법을 행"하고 "계명을 지키는 것"과 같은 의지적인 경건 행위를 동반한다. 즉 정서적 요소는 의지적 요소를 동반해야 온전하고, 의지적 요소는 정서적 요소와 병행할 때 의를 이룬다.

우리는 이 점에서 또 한 가지 중요한 것을 볼 수 있다. 그것은 하나님을 섬길 때는 모든 것을 "다"(כֹּל) 해야 한다는 것이다. 우리가 사람을 사랑할 때는 내 몸처럼 사랑하는 수준에 머물지만(마 22:39, 그 사람과 내가 똑같이 하나님의 형상대로 지음을 받았기 때문이다; 창 1:27), 하나님을 사랑할 때에는 모든 것을 다 바쳐야 한다. 그 이유는 모든 것이 하나님의 것이기 때문이다(고전 4:7; 6:19-20 참조).

7-9 므낫세 지파는 둘로 나뉘어서 반은 요단강 동쪽에, 나머지 반은 요단강 서쪽에 각각 기업을 받고 정착하게 되었다. 그러므로 이제 전쟁 임무를 완수하고 요단 동쪽으로 돌아가야 할 므낫세 반 지파 사람들은 여기서 특별하게 취급되면서 그 서쪽에 정착한 자들과 구별된다.

너희는 많은 재산과 심히 많은 가축과 은과 금과 구리와 쇠와 심히 많은 의복을 가지고 너희의 장막으로 돌아가서…너희의 형제와 나눌지니라(8절). 여호수아는 요단강 저편으로 돌아갈 자들에게 전리품을 많이 주어 보내려 했다. 이러한 처사는 그들에 대한 그의 선의를 드러낸다. 위대한 신앙의 인물들은 물질 문제에서 관대하였다. 아브라함의 처사도 그러하였고(창 13:9; 14:22-24), 모세도 그러하였다(히 11:24-26).

10-12 두 지파 반에 속한 사람들이 요단강 동쪽으로 돌아가던 도중에 요단강 가에 큰 단을 쌓았다. 그들이 그 단을 쌓은 목적은 제단을 따로 세우기 위해서가 아니었다(23-26절). 그러나 그들이 대제사장이나 지도자들과 의논하지 않고 그런 단을 쌓았으므로 요단 서쪽에 남은 온 이스라엘의 오해와 분노를 일으켰다. 오늘날의 신자들도 교회 생활을 하면서 다른 형제들과 의논하지 않고 어떤 일을 단독으로 실시하게 되면 그것이 아무리 좋은 일이라 해도 교회 질서를 어지럽히는 결과를 가져오게 된다. 공동체의 생활에서 이런 독단주의는 시정되어야 한다.

이스라엘 자손의 온 회중이 실로에 모여서 그들과 싸우러 가려 하니라(12하). 요단 이편의 이스라엘 자손들이 이같이 분노하게 된 것은, 하나님의 제단을 오직 한 곳에 두어야 한다는 하나님의 말씀에 근거한 것이었다(신 12:11-14 참조). 구약 시대에는 하나님의 제단을 순결하게 보존하는 방법으로 외형적인 단일성(한 곳에만 제단을 둠)이 강조되었다. 그러므로 그 당시의 이스라엘 자손들이 의분을 일으킨 것은 당연한 일이었다.

또한 그들의 처사에서 후세에 모본이 될 만한 것이 한 가지 더 있다. 그것은 그들이 위원들을 선택하여 먼저 그 사건의 진상을 조사하도록 한 일이다.

13-20 그 파송 된 위원들의 열렬한 말은 두 지파 반에 대한 이스라엘 백성들의 의분의 원인이 되었다. 그것은, 이스라엘 자손들 중 일부가 여호와를 떠나서 반역한 죄악이 이스라엘 전체에 벌을 가져온다는 것이었다(18하). 이것은 공동체의 모든 지체가 연대적으로 서로 한 몸 된 관계를 가진다는 올바른 사상이다. 그들은 이와 같은 사실을 역사적 사건들로 증명한다. (1) 브올의 죄악, 곧 발람이 이스라엘로 하여금 모압 신인 브올을 숭배하는 데 참여하게 한 결과로 이스라엘의 많은 사람(24,000명)이 죽었던 것과(민 25:9), (2) 아간의 범죄, 곧 바친 물건을 도둑질한 아간의 죄 때문에 이스라엘이 아이

성 전쟁에서 패하였던 사실(수 7:1)을 예로 들었다.

　　이스라엘의 대표자들이 이같이 말한 것은 두 지파 반이 한 일(단을 세운 일)을 오해한 것에서 비롯되었다. 그러나 거기서 진술된 사상만은 그 당시 이스라엘 백성의 뜨거운 신앙을 보여 준다.

　　21-29　두 지파 반의 답변을 들어보면, 그들이 요단강 가에 큰 단을 세운 것은 결코 여호와를 떠나는 것도 아니고 종교적 분열을 꾀하는 것도 아니라는 것이다(23절). 그들의 목적은 도리어 그와 정반대되는 선한 것이었다. 곧 요단 이편에 거주하는 지파들과 요단 저편의 두 지파 반과의 연결을 영원히 보장하려는 목적으로 그렇게 한 것이었다(24-29절). 그들은 그들의 후손들이 영원히 여호와 하나님 한 분만을 섬기되, 이스라엘 백성 전체와 합하여 섬기게 하려는 열의로 움직였다. 그들의 염려는 훗날 이스라엘 자손들이 요단 동쪽의 두 지파 반에 대해 "너희는 여호와께 받을 분깃이 없다"(27절)고 할까 봐 두려워한 것이었다. "여호와께 받을 분깃이 없다"(אֵין־לָכֶם חֵלֶק בַּיהוָה)는 말은 여호와 하나님과 상관이 없다는 의미를 가진다. 곧 그것의 문자적인 의미는 여호와 안에 분깃이 없다는 뜻이다.

　　30-34　이스라엘의 대표자들이 두 지파 반의 말을 들은 후 그들의 생각을 옳게 여기고 돌아가서 그대로 회중에게 보고하자 회중은 기뻐하며 하나님을 찬송하였다(33절). 이것은 그들(요단강 서쪽의 이스라엘)도 신앙 사상의 순결과 공동체의 평화를 사랑했다는 증표이다. 그 당시의 이스라엘 회중이야말로 모든 시대 교회들의 모본이라고 할 수 있다. 히브리서 12:14에 말하기를, "모든 사람과 더불어 화평함과 거룩함을 따르라 이것이 없이는 아무도 주를 보지 못하리라"고 하였다. 이때 이스라엘 회중이 구약 교회의 모본이 된 것은 신약 시대 초대교회의 예표라고 할 수 있다. 초대교회는 신약 시대 모든 교회들의 모본이다.

설교자료

1. 르우벤 지파와 갓 지파와 므낫세 반 지파에 속하는 장정들은 하나님 앞에서 약속한 대로(1:16-18) 가족들을 요단 동쪽에 두고 가나안 전쟁에 참전하여 오랫동안 충성하였다(22:3). 누구나 잠시 동안은 자기 책임을 충실하게 지킬 수 있다. 그러나 끝까지 충성하는 것은 어려운 일이다. 그것이 비록 어렵기는 하지만 하나님께서 그와 같이 충성하는 자를 기뻐하시며 많은 상급을 약속하셨으므로, 그것은 매우 즐거운 일이다(계 2:10 참조).

2. 이스라엘 민족이 하나님께서 주신 가나안 땅에 들어가게 된 것을 "안식"이라고 하였다(4절). 그렇다면 여기서 "안식"이라는 의미는 무엇인가? 그들이 그 땅에 들어온 후에는 일하지 않고 살게 된다는 것인가? 그런 의미가 아니라는 것은 너무도 명백하다. 여기서 "안식"이라는 것은 하나님이 오래전에 약속하신 대로 그 땅을 주셨을 뿐 아니라 하나님이 그곳에서 그들과 함께 계신다는 것을 의미한다. 신구약 성경이 우리에게 알려 주는 것처럼 진정한 행복, 진정한 구원은 하나님께서 함께해 주시는 것이 핵심이다(계 21:3-4 참조).

제 23 장

↓ 내용분해

1. 여호수아가 이스라엘의 대표자들을 부름(1-2절)
2. 그들에게 하나님께서 행하신 일을 상기시킴(3-5절)
3. 그들에게 경고함(6-16절)

↓ 해석

1 여호와께서 주위의 모든 원수들로부터 이스라엘을 쉬게 하신 지 오랜 후에 여호수아가 나이 많아 늙은지라. 여기서 "쉬게 하신"다는 말(הֵנִיחַ)은 이스라엘 민족이 가나안 땅으로 들어가는 것이 영원한 내세에서 안식하는 것에 대한 예표임을 알려 준다(히 4:8-9). "오랜 후"라는 말이나, "여호수아가 나이 많아 늙은지라"라는 말을 볼 때, 그가 남긴 교훈들(3-16절)은 그가 110세 정도 되어서(24:29) 별세가 임박한 때에 말한 것임을 알 수 있다.

3-5 여기서 여호수아는 이스라엘의 대표자들이 하나님 단독 역사

(God's monergism)의 구원을 기억하게 한다. 그는 일찍이 가나안 전쟁에서 이스라엘이 승리하게 하신 분도 하나님이고, 남아 있는 대적들을 완전히 정복하게 하실 분도 하나님이시라고 강조하면서 3-5절의 짧은 말씀에 "하나님 여호와"란 성호를 네 번이나 사용하였다. 안식(구원)은 하나님께서 홀로 주시는 것이다. 신약 시대에도 땅에 오신 하나님, 곧 예수 그리스도만이 신자들에게 안식을 주신다. 예수님께서 말씀하시기를, "수고하고 무거운 짐 진 자들아 다 내게로 오라 내가 너희를 쉬게 하리라"고 하셨다(마 11:28; 참조. 계 7:10).

6 이스라엘이 가나안의 남은 땅을 완전히 점령하기 위해서는 그 땅의 우상을 따르지 않고 끝까지 하나님 여호와만을 섬겨야 했다(6-16절). 이런 의미에서 여호수아는 그들에게 "너희는 크게 힘써 모세의 율법책에 기록된 것을 다 지켜 행하라"고 당부한다. 여기서 "너희는 크게 힘써"란 말(חֲזַקְתֶּם מְאֹד)은 "너희는 매우 용기를 내어"[49]란 뜻이다. 우리가 하나님의 말씀을 지키려면 신앙의 담력을 가져야 한다. 그 이유는, 하나님의 말씀은 보이지 않는 하나님의 나라와 그의 의를 위한 우리의 결단과 희생을 요구하기 때문이다. 또한 여기서 "다"란 말(כֹּל)이 중요하다. 하나님의 백성이 하나님의 말씀을 지킬 때 자기 처지에 따라 지키고 싶은 것만 지키는 것은 그가 하나님의 말씀을 두고 심판장 노릇을 하는 죄악을 범하는 것이다(약 4:11-12).

그것을 떠나 우로나 좌로나 치우치지 말라. 이 말은 율법을 올바르게 깨닫고 그대로 지키라는 말씀이다. 사람들이 하나님의 말씀을 지킨다고 하지만 그 말씀을 잘못 깨달아 이 모양 저 모양으로 탈선하는("치우치는") 경우가 많다. 누구든지 하나님의 말씀을 올바르게 깨달으려면, ① 겸손해야 하고, ② 잘 순종해야 하고, ③ 늘 배워야 하고, ④ 성령의 은혜를 받아야 한다. 이 중 네 번

---

49) Be ye there-fore very courageous. King James Version.

째가 가장 중요하다.

7-11   여호수아는 여기서 이스라엘의 지도자들에게 "하나님 여호와" 외에 다른 신들을 섬기지 말라고 강조한다. 그들이 여호와 하나님만을 온전히 섬기기 위해서는, ① 가나안 땅 중 아직 정복하지 않은 나라에는 가지도 말아야 했다(7절). 그 나라들은 모든 귀신과 우상으로 가득 찼으므로, 그곳에 가서 그 나라 사람들과 사귀는 자는 그곳의 미신에 빠지기 쉽다. "그들의 신들의 이름을 부르지 말라 그것들을 가리켜 맹세하지 말라 또 그것을 섬겨서 그것들에게 절하지 말라"(7하)고 한 말씀은 세 마디로 이루어져 있다. 사실상 이는 모두 다 같은 뜻을 가진 말씀이며, 강조를 위해 반복하여 말한 것이다. ② 오직 "하나님 여호와께 가까이"해야 했다(8-10절). 사람이 다른 신들을 따르지 않으려면 하나님께 단단히 붙어 있어야 한다. 여기서 "가까이"하는 것(דבק)은 단단히 붙어 있음(to cleave)을 의미한다. 여호수아는 이스라엘 자손들이 하나님 여호와께만 든든히 붙어 있어야 하는 이유에 대해서도 말하였다. 그것은 하나님께서 이미 강한 나라들을 가나안 땅에서 쫓아내시고 이스라엘이 그곳에 거주하도록 하셨기 때문이다. 이같이 여호와는 살아 계신 참하나님이시다. 우리는 지금도 살아 계셔서 우리에게 생명과 구원을 주시는 하나님을 떠날 수 없다(요 6:67-68 참조). ③ "하나님 여호와를 사랑"해야 했다(11절). 누구든지 하나님을 사랑하여 순종하는 자만이 우상과 세속을 멀리한다.

12-13   이 부분 말씀은 다른 신들을 따르지 말라는 경고의 결론이다. 곧 그들이 다른 신들을 섬길 경우에는 하나님께서 가나안 땅에 아직 남아 있는 다른 민족들을 "다시는 쫓아내지 아니하"실 것이라고 한다. 만일 그렇게 된다면 다른 민족들이 이스라엘 백성에게 "올무"와 "덫"이 되고, 또 "옆구리에 채찍"(שׁטט=송곳)이 되고, "눈에 가시"가 될 것이다. 이는 그들이 가나안 땅에 남아 있어서 이스라엘 백성에게 대적이 된다는 뜻이다.

14-16 여호수아는 이 부분에서도 다시 결론적으로 다짐한다. 이같이 결론적인 말이 반복되는 것은 그의 간절함이 표현된 것이다.

나는 오늘 온 세상이 가는 길로 가려니와(14절). 이 말은 여호수아 자신이 별세하게 된다는 말이다. 그는 자신의 죽음을 내다보면서 지금까지 그가 이끌어 온 많은 백성을 위로한다. 그 위로의 근거는 "하나님 여호와"의 신실하심이다. 그는 영원히 살아 계신 하나님께서 그의 백성을 위하여 일하신다고 강조한다. 이 점에서 우리는 요셉의 임종 예언인 "나는 죽을 것이나 하나님이"(창 50:24)란 말을 참조할 수 있다. 여호수아는 계속하여 말하기를, 과거에도 살아 계신 하나님께서 지금까지 그의 약속대로 선을 이루신 것이 확실하고, 미래에도 그는 살아 계셔서 이스라엘이 범죄하는 때에 "모든 불길한 말씀"(הָרָע הַדָּבָר כָּל =모든 환난)이 반드시 임하게 하실 것이라고 경고한다. 여호수아의 이와 같은 논법은 의미심장하다. 약속하신 대로 어김없이 복을 주신 하나님은 그가 경고한 대로 틀림없이 벌도 내리신다.

│ 설교자료

1. 여호수아는 나이 많고 힘이 없었지만 이스라엘의 장래 문제에 대하여 비관하지 않았다(1-7절). 그는 자기를 믿지 않고 살아 계신 하나님을 믿었기 때문에 이스라엘의 미래가 밝을 것이라고 내다보았다. 이런 신앙은 야곱이나 요셉이 임종할 때 이스라엘의 장래에 대하여 낙관한 것과 같다. 야곱은 임종할 때 말하기를, "나는 죽으나 하나님이 너희와 함께 계시사"라고 하였으며(창 48:21), 요셉도 임종할 때 신앙을 가지고 말하기를, "나는 죽을 것이나 하나님이 당신들을 돌보시고"라고 하였다(창 50:24), "나는 죽으나 하나님이"란 신앙 고백은 모든 신자가 다 할 수 있어야 한다.

2. 여호수아는 나이 많은 사람으로서 마지막까지 이스라엘 민족에게 가장 귀한 말을 부탁하였다. 그 부탁은, ① "모세의 율법 책에 기록된 것을 다 지켜 행하라"는 것이었다(수 23:6). 하나님을 경외하고 그 명령을 지키는 것이 사람의 본분이다(전 12:13). ② 하나님을 "가까이"하고 "사랑하라"는 것이었다(8, 11절). 여기서 "가까이"한다는 것은 하나님 여호와께 붙어서 떠나지 않는 것을 가리킨다. 누구나 미래를 생각하면 캄캄하다. 그러나 천지를 지으신 하나님과 함께 살 때에 그의 앞길은 영원히 밝을 것이다.

제 24 장

✤ 내용분해

1. 여호수아가 이스라엘의 대표자들을 불러서 모이게 함(1절)
2. 여호수아가 이스라엘 민족이 받은 하나님의 선택과 구원의 은혜를 회고함(2-13절)
3. 여호수아가 이스라엘 민족에게 여호와만 섬기라고 다짐하고 또 그들과 언약을 세움(14-28절)
4. 여호수아의 죽음과 이스라엘 민족의 신앙생활(29-31절)
5. 요셉의 뼈를 장사하였고 엘르아살이 죽음(32-33절)

✤ 해석

1 여호수아가 이스라엘 모든 지파를 세겜에 모으고 이스라엘 장로들과 그들의 수령들과 재판장들과 관리들을 부르매 그들이 하나님 앞에 나와 선지라. 여호수아는 마지막으로 이스라엘 백성에게 베푸신 하나님의 은혜를 역사적으로 말하여

기억시키고자 온 백성을 한자리에 모이게 했다. 이 집회의 장소로는 "세겜"이 적당하였다. 그 이유는 아브라함이 가나안 땅에 와서 처음으로 제단을 쌓은 곳이 이곳이기 때문이다(창 12:6-7). 다른 학자는 여기에 한 가지 이유를 더 붙이기도 한다. 곧 야곱이 메소포타미아에서 돌아온 후 우상들을 묻어버린 곳(창 35:4)이 이곳이기 때문이라고 한다(Hengstenberg).

"하나님 앞에"란 말은 전지하신 "하나님 앞"이란 뜻을 내포한다고 생각될 수 있으나(Delitzsch), 그보다는 그 당시에 하나님께서 실제로 임하신 장면을 가리킨다. 그 이유는 그때 여호수아에게 하나님의 말씀이 임하였기 때문이다. 그다음 절의 "이스라엘의 하나님 여호와께서 이같이 말씀하시기를"이란 문구는 하나님의 말씀이 여호수아에게 임한 것을 가리킨다. 2-13절까지 기록된 여호수아의 긴 설교는 하나님께서 말씀하신 것을 그대로 옮긴 것이다.

2-4 아브라함의 아버지, 나홀의 아버지 데라가 강 저쪽에 거주하여 다른 신들을 섬겼으나(2절). 이 말씀은 이스라엘 민족이 다른 민족들에 비하여 조금도 우수한 것이 없고, 그들과 똑같이 우상숭배하던 죄인들이었음을 보여 준다. 그들은 다만 하나님의 주권적인 선택으로 하나님을 알게 되었고, 또한 구원도 받았다는 것이다. 그러므로 이스라엘 민족은 교만할 입장이 아니었다(롬 4:1-2 참조).

강 저쪽에서 이끌어 내어(3상). 여기서 말하는 "강 저편"은 유브라데강 저편을 가리키는 것이며, 그곳은 갈대아 우르 지방이었다(창 11:31; 행 7:2-4 참조). 이 말씀도 이스라엘 민족의 유래가 이방인이었음을 밝혀 준다. 이러한 말씀은 그들이 겸손하고 감사하게 한다.

에서에게는 세일 산을 소유로 주었으나(4상). 하나님의 경륜 안에서 약속의 땅 가나안은 전적으로 택함받은 야곱의 자손들이 점령해야 했으므로, 에서는 미리 세일 산으로 보내졌다. 이렇게 하나님은 그의 주권에 따라 행하신다(롬

9:11-13 참조). 그러므로 신자들은 택함받은 사실로 인해 두려운 마음으로 감사해야 한다.

야곱과 그의 자손들은 애굽으로 내려갔으므로(4하). 이전에 야곱과 그 자손들이 가나안을 떠나 애굽으로 갔던 사건도 일찍이 아브라함에게 주신 약속대로(창 15:13-16) 이루어진 일이었다. 하나님께서 약속하신 대로 이루어 주시는 과정에는 많은 고비가 있는 법이다.

5-13 하나님께서 이스라엘 민족을 가나안 땅으로 인도하여 들이시기까지 여러 차례의 난관과 역경 속에서 친히 그들을 구출하셨던 사건들을 상기시키신다. 여기에 "내가"란 말이 열한 번 나온다. 하나님은 이처럼 자신을 거듭 내세우시면서 이스라엘 민족을 구원하신 이가 하나님 자신이심을 강조하셨다. 특히 여기에 열거된 구원 사건들은 모두 다 그의 사랑으로 말미암아 기적적으로 이루어진 일들이다. ① 기적적으로 그들을 애굽에서 나오게 하셨다(5절). ② 그들이 기적적으로 홍해를 건너게 하셨다(6-7절). ③ 그들이 아모리 사람들과 전쟁하여 기적적으로 이기게 하셨다(8절). ④ 그가 기적적으로 간섭하셔서 발람이 이스라엘을 저주하지 못하게 하시고 도리어 축복하게 하셨다(9-10절). ⑤ 그가 이스라엘로 하여금 기적적으로 요단강을 건너게 하시고 가나안의 여러 족속들을 정복하게 하셨다(11-13절).

우리는 이러한 사건들에서 하나님의 기적적인 간섭을 본다. 하나님께서는 그가 택하신 백성에 대하여 이같이 초자연적인 간섭으로 세세하게, 그리고 끝까지 돌보아 주신다(사 49:15-16; 마 10:28-31 참조).

두 왕을 너희 앞에서 쫓아내게 하였나니(12절). 여기서 "두 왕"은 이스라엘이 요단강을 건너기 전에 정복한 두 왕, 곧 헤스본 왕 시혼과 바산 왕 옥을 가리킨다.

14 **강 저쪽과 애굽에서 섬기던 신들을 치워 버리고**. 여호수아 때에도 이스라엘 백성들 가운데 우상숭배적인 요소를 가지고 있었던 사람들이 있었던 듯하다(레 17:7; 겔 20:7 참조).

여호와만 섬기라. 여호와만이 이스라엘의 구주이시므로(2-13절), 그들은 "여호와만" 섬겨야 한다. 신자들은 의롭다 함을 얻은 것으로 만족하지 말고 거룩해져야 한다. 신약 시대의 신자들도 우상숭배적인 요소를 완전히 버리지 못하는 경향이 있다. 그들의 우상은 특히 심리적인 것들이다(골 3:5). 무엇이든지 하나님처럼, 혹은 하나님보다 더 사랑하는 것은 우상이 된다. 그러므로 사도 요한은 신자들에게 말하기를, "자녀들아 너희 자신을 지켜 우상에게서 멀리하라"고 하였다(요일 5:21).

15 **만일 여호와를 섬기는 것이 너희에게 좋지 않게 보이거든 너희 조상들이 강 저쪽에서 섬기던 신들이든지 또는 너희가 거주하는 땅에 있는 아모리 족속의 신들이든지 너희가 섬길 자를 오늘 택하라.** 여호수아는 여기서도 이스라엘 백성들에게 신앙적인 결단을 촉구한다. 이 도전은 중간주의의 부당함을 꾸짖는 신앙적 용단에서 나온 것이다. 예수님께서도 말씀하시기를, "네가 이같이 미지근하여 뜨겁지도 아니하고 차지도 아니하니 내 입에서 너를 토하여 버리리라"고 하셨다(계 3:16).

"강 저쪽에서 섬기던 신"이란 말은 이스라엘의 조상들이 유브라데강 저편에서 섬기던 신을 말한다. "오늘 택하라"(בחרו לכם היום)는 것은 이처럼 중대한 신앙 문제의 결정은 연기하지 말아야 한다는 것이다.

오직 나와 내 집은 여호와를 섬기겠노라. 여호수아는 지도자로서 모본을 보여준다. 진실한 지도자의 말 한마디는 태산과 같이 무겁다. 지금까지도 그는 여호와를 성실히 섬겨왔지만 다시 새롭게 다짐한다. 신자는 하나님 앞에서는 늘 새로운 다짐을 해야 한다. 그 이유는, ① 신앙생활에 늘 새 힘을 얻어야 되기 때문이며, ② 현재의 신앙에 부족함을 느끼기 때문이며, ③ 하나님은 무궁한 새 힘의 원천이시기 때문이다.

16-18 여기서 이스라엘 백성들은 굳게 결심하였다. 즉 그들은 여호수아를 통하여 주신 하나님의 말씀(2-13절) 앞에서 구원의 은혜에 감사하고 감격

하는 마음으로 굳게 결심하였다(17-18절). 하나님께서 임재하시는 설교는 언제나 이같이 좋은 열매를 거둔다.

19-20 만일 너희가 여호와를 버리고 이방 신들을 섬기면 너희에게 복을 내리신 후에라도 돌이켜 너희에게 재앙을 내리시고 너희를 멸하시리라(20절). 여호수아는 이스라엘 백성들의 결심이 흔들리지 않아야 할 것을 강조한다. 신약 시대의 신자들도 은혜를 받은 후에 그 믿음을 배반하면 멸망한다(히 6:4-6; 10:26-27 참조). 하나님은 거룩하실 뿐 아니라 "질투하는 하나님"이다(수 24:19). 그가 질투하신다는 것은 어디까지나 그를 섬기는 자들(그가 택하신 백성)을 그의 것으로 삼기 원하신다는 뜻이다. 신자들이 하나님의 소유가 되어 살아가는 방법은, 전적으로 그를 믿고 자기 자신을 그에게 바쳐서 순종하는 것이다.

21-24 여호수아가 백성에게 이르되 너희가 여호와를 택하고 그를 섬기리라 하였으니 스스로 증인이 되었느니라 하니 그들이 이르되 우리가 증인이 되었나이다 하더라(22절). 이스라엘 백성이 다시 확고히 여호와 하나님만 섬기겠다고 고백할 때에, 여호수아는 그들 자신이 그 고백에 대한 "증인"이 되었다고 말하며 한층 더 강하게 그들에게 하나님만 섬기라고 권고하였다. 이에 대하여 그들은 "우리 하나님 여호와를 우리가 섬기고 그의 목소리를 우리가 청종하리이다"(24절)라고 고백하였다. 이와 같은 이스라엘 백성의 고백은 하나님이 함께하시는 지도자 앞에서 진정으로 은혜를 받고 취해진 행동이었다. 그것은 그들이 이후에도 여호와를 섬긴 것으로 증명된다(31절). 이같이 은혜가 풍성할 때에는 언제나 신자들의 순종이 수반된다.

25-26 이때 여호수아는 그가 평생 동안 이루어야 할 마지막 사역을 마쳤다. 그것은 ① "언약을 맺은 것"(בְּרִית כָּרַת)이다. 이 일은 양이나 송아지 같은 동물을 죽여서 약속을 체결하는 것이며, 그 자리에서 말한 것을 목숨을 걸고 지키기로 맹세하는 것이다. ② "율례와 법도를 제정"한 것이다. 이는 모세의 율법을 재확인한 것을 가리킨다(Calvin). ③그때 다짐받은 율법의 말씀을

"하나님의 율법책에 기록"한 것이다. 기록은 후세 사람들에게도 그 기록이 효과를 미치게 하려는 것이다. ④ 기념이 되는 돌을 세워서 그 언약의 장소를 표시한 것이다. 여기서 "여호와의 성소"는 아브라함이 제단을 쌓았던 자리를 말한다(창 12:6-7; 참조. 창 35:2-4).

27 보라 이 돌이 우리에게 증거가 되리니 이는 여호와께서 우리에게 하신 모든 말씀을 이 돌이 들었음이니라. 여호수아는 이스라엘 백성들에게 기념이 되는 돌을 세운 목적을 설명하였다. 그 목적은 후대에 이스라엘 백성들이 이때 맺은 언약을 어길 경우, 이 돌이 "증거"가 되어서 그들의 양심을 찔러 가책을 느끼게 하려는 것이다. 곧 이스라엘이 하나님을 배반하면 그 돌이 과거에 그들과 함께 하나님의 말씀(2-13절)을 들은 대로, 소리치듯 그들에게 증거가 될 것이라는 말이다.

29-31 이 부분에서는 하나님의 사자인 여호수아의 한평생이 얼마나 빛나고 있는지 말해 준다. 곧 그는 이스라엘 백성들이 하나님을 섬기게 하고, 그것에 만족하며 별세하였다는 것이다. 이같이 그는 자기 사역의 열매를 보고 죽었다.

32 이스라엘 자손이 애굽에서 가져 온 요셉의 뼈를 세겜에 장사하였으니. 이스라엘 백성들은 애굽에서 나올 때 요셉의 유언(창 50:25)대로 그의 뼈를 가지고 가나안에 왔다. 따라서 그의 무덤을 보는 자들은 이스라엘을 인도하여 가나안에 들어오게 하시겠다고 약속하신(창 15:16) 하나님의 약속이 성취된 것을 확인하게 될 것이다. 그러므로 요셉의 무덤에 대한 말씀도 우리의 신앙을 강화한다.

33 "아론의 아들 엘르아살"도 죽어서 "에브라임 산"에 장사되었다.

| 설교자료

1. 신자는 자기의 구원이 하나님께만 달려 있다는 사실을 언제나 기억해야 한다. 이런 의미에서 여호수아는 이스라엘 대표자들에게 이스라엘의 구원 역사를 인식시켰다. 그것은 2-13절의 말씀이 명확하게 보여 준다. 거기서 이스라엘의 구원은, 하나님께서 홀로 이루셨다는 의미로 "내가"(하나님이)란 말이 많이 사용되었다. 우리의 구원이 하나님께만 달려 있다고 생각할 때 우리는 하나님을 전적으로 의지하게 된다. 하나님을 전적으로 의뢰하는 신앙이 참신앙이다.

2. 여호수아는 신앙의 지도자로서 선도자적인 인격을 지녔다. 그뿐 아니라 그는 하나님 여호와만 섬기는 데 있어서 환경과 주위를 문제시하지도 않았다. 그는 말하기를, "오직 나와 내 집은 여호와를 섬기겠노라"고 다짐하였다(15하).

구약주석
사사기

A Commentary on THE BOOK of JUDGES

사사기 주석
목차

서론
- Ⅰ. 사사기 저자 — 199
- Ⅱ. 사사기에 대한 고등비평 학설 비판 — 199
- Ⅲ. 사사기 내용 분해 — 200

해석
- 제1장 — 202
- 제2장 — 212
- 제3장 — 222
- 제4장 — 232
- 제5장 — 239
- 제6장 — 248
- 제7장 — 260
- 제8장 — 271
- 제9장 — 281
- 제10장 — 290
- 제11장 — 295
- 제12장 — 302
- 제13장 — 307

제14장	314
제15장	324
제16장	329
제17장	336
제18장	341
제19장	349
제20장	354
제21장	361

설교

설교 영적인 승리의 비결(7:1-8)	263
설교 기드온 군대의 승전에서 배울 수 있는 믿음(7:9-23)	267
설교 피곤하나 따르라(8:4-12)	273
설교 하나님의 구원 운동에 협력하지 않는 자의 죄(8:5-17)	275
설교 두 종류의 나무(9:7-15)	283
설교 꿀이 가득한 손(14:1-9)	316

서론

I. 사사기 저자

바빌로니아 탈무드(Babylonian Talmud) 바바 바트라(Baba Bathra)에 의하면, 사무엘이 자기 이름을 붙인 사무엘 상하를 기록한 동시에 사사기와 룻기도 기록하였다고 한다. 그러나 이것은 유대인 사이에서 전승되는 이야기일 뿐 성경의 증거는 아니다. 본서는 왕정 시대 초기(사울과 다윗 시대)에 편집되었을 것으로 추정된다. 그러나 탈무드(Talmud)의 주장을 무조건 부인하기는 어렵다. 그러한 이론을 생각할 때, 영감을 받은 선지자급의 저자(혹은 사무엘)가 본서를 기록한 것만은 사실이다.

II. 사사기에 대한 고등비평 학설 비판

고등비평가들의 견해에 의하면, 사사기가 다음과 같은 단계로 형성되었다고 한다. ① 주전 12세기에서 10세기까지는 사사기의 이야기들이 구전되었고, ② 주전 10세기부터 8세기에 기록(여호와 문서와 엘로힘 문서)의 형태를 갖추게 되었다고 한다. ③ 그리고 이 '여호와 문서'와 '엘로힘 문서'는 주전 8세기에서 7세기까지 편집되었고, ④ 여기에(주전 7세기 말) '신명기 편집자들'(고등비평가들은 신명기가 주전 7세기에 편집되었다고 주장한다)도 관여하였고, ⑤ 포로 시대 후에 다시 최종 편집을 통하여 현재의 형태를 갖추게 되었다고 한다.

또 다른 고등비평가들은 이 연대보다 더 늦추어서 주전 630년부터 200년 사이에 사사기가 형성되었다고 한다.

그러나 이러한 모든 학설은 근거 없는 문서설을 따른 것이다. 해리슨(R. K. Harrison)은 이와 같은 문서설을 가리켜 신화적(Mythical) 학설이라고 지적하였다.[50]

이 책은 왕정 시대 초기에 기록된 것이 확실하다. 1:21에 "여부스 족속이 베냐민 자손과 함께 오늘까지 예루살렘에 거주하니라"라는 말씀이 있다. 여부스 족속이 예루살렘에서 멸망한 것은 다윗이 왕위에 오른 지 제7년 때의 일이었다(삼하 5:6-8).

Ⅲ. 사사기 내용 분해

1. 서론(1:1-2:5)

---

50) Introduction to the Old Testament, 1969, 689.

2. 이스라엘의 사사들(2:6-16:31)

   1) 이스라엘과 하나님의 관계(2:6-3:6)

   2) 옷니엘 사사(3:7-11)

   3) 에훗의 모압 족속에 대한 승리(3:12-30)

   4) 삼갈의 행적(3:31)

   5) 드보라와 바락의 행적(4:1-5:31)

   6) 기드온의 행적(6:1-8:35)

   7) 아비멜렉의 행적(9:1-57)

   8) 돌라와 야일의 사적(10:1-5)

   9) 입다의 행적(10:6-12:7)

   10) 입산과 엘론과 압돈의 행적(12:8-15)

   11) 삼손의 행적(13:1-16:31)

3. 부록(17:1-21:25)

   1) 미가의 행적(17:1-18:31)

   2) 기브아 사람의 죄악(19:1-21:25)

제 1 장

✤ 내용분해

1. 유다 지파가 가나안 남쪽을 점령함(1-21절)
2. 요셉 족속이 벧엘을 점령함(22-26절)
3. 가나안 땅 본토인들이 살아남아 있는 도시들(27-36절)

✤ 해석

1-2 누가 먼저 올라가서 가나안 족속과 싸우리이까(1절). 여호수아 14:1-5을 보면 하나님께서 세우신 지도자들(여호수아, 엘르아살, 족장들)을 통하여 이스라엘의 아홉 지파 반에게 그들이 차지할 땅을 분배해 주셨다. 이제 그 지파들이 실제로 그 땅을 차지하기 위해서는 그 땅에 거주하고 있는 가나안 족속과 싸워서 그들을 쫓아내야 했다.

"누가 먼저…싸우리이까"라고 물은 것은 우림과 둠밈으로 실행되었을 것이다. 구약 시대의 우림과 둠밈은 대제사장의 소지품으로서 하나님의 지시를 받는 데 사용되었다(출 28:29-30; 참조. 민 27:21; 삼상 28:6). 학자들은 그것이 아마도 작고 납작한 돌들이었을 것이라고 추측한다.[51] 구약 시대에는 이것을 통하여 하나님의 뜻을 분별할 수 있었다(잠 16:33).

유다가 올라갈지니라. 여기서 말하는 "유다"는 유다 지파를 의미한다. 유다가 이스라엘 민족의 지도자적 위치에 서게 된 것은 야곱의 예언대로 된 것이다(창 49:8-11). "올라갈지니라"고 한 것은 전투 지대가 고지였기 때문에 이렇게 표현되기도 했지만, 일반적으로 전장에 나아가는 행위를 "올라간다"는 말로 표현하였다.[52]

3 이에 시므온이 그와 함께 가니라. "유다" 지파가 "시므온" 지파에게 그들의 전쟁에 협력해 줄 것을 요청하자 시므온 지파가 즉시 호응하였다. 그들은 유다 지파의 기업 안에서 분깃을 받았기 때문에(수 19:1), 그 땅을 차지하려면 함께 적을 상대하며 연합 전선을 펼 수밖에 없었다. 그러므로 이와 같은 그들의 행동은 매우 자연스러운 것이다. 하나님께서는 그들이 이 전쟁에서 반드시 승리할 것을 보장해 주셨다(2절).

4-7 이 부분에는 "베섹"에서 유다 지파가 승전한 사건이 기록되었다.

베섹에서 만 명을 죽이고(4절). 이것은 "베섹" 전쟁에 대한 총괄적 표현이다. 그 싸움은 적군 일만 명이 죽임을 당한 큰 전쟁이었다. 그 전쟁의 내용에 대하여는 5-7절에 자세히 기록되었다. 특히 베섹 왕 아도니 베섹이 비참하게 되었는데, 곧 그의 "엄지손가락과 엄지발가락"이 모두 잘렸다. 그때 이스라엘이 그의 엄지손가락을 자른 목적은 그가 무기를 들지 못하게 하려는 것이었고, 엄지발가락을 자른 목적은 그가 도망하지 못하게 하려는 것이었다. 이 점에서 우리는 아도니 베섹의 고백을 떠올리게 된다. 그것은 "옛적에 칠십 명의

---

51) A. E. Cundall and L. Morris, Judges and Ruth, The Tyndale Old Testament Commentaries, 1968, 52.
52) C. F. Burney, The Book of Judges, with Introduction and Notes, 1970, 3.

왕들이 그들의 엄지손가락과 엄지발가락이 잘리고 내 상 아래에서 먹을 것을 줍더니 하나님이 내가 행한 대로 내게 갚으심이로다"라고 한 말이다(7상). 이것은 비록 악인일지라도 어쩔 수 없는 상황에서는 자기의 죄를 뉘우치며 공의로우신 하나님의 심판에 굴복하게 되는 고백이다. 사람이 죄를 많이 지으면 그만큼 대가를 치르게 된다는 것은 구원의 진리를 몰랐던 동양 철학도 말하는 것이다. 맹자가 말한 대로 "네게서 난 것이 네게로 돌아간다"(出乎爾者反乎爾)고 한 것이나, "악이 그릇에 차면 하늘이 그를 벤다"(惡罐若滿天必誅之)고 한 것과 같다.

8-10 유다 지파는 예루살렘과 가나안 남쪽을 정복하였다. "헤브론"(חֶבְרוֹן)이란 땅 이름은 연맹을 의미하는데, 그 별명인 "기럇 아르바"(קִרְיַת אַרְבַּע)는 넷의 도성(city of four)이라는 뜻으로 달의 도시(city of moon)를 의미한다는 해석이 있다. 곧 이방 풍속에서 숫자 '4'는 달을 나타내므로 "기럇 아르바"는 달의 신을 섬기는 사상에서 나온 도시 명칭이라는 것이다.[53]

헤브론에 거주하는 가나안 족속을 쳐서 세새와 아히만과 달매를 죽였더라. "세새"(שֵׁשַׁי)는 태양을 의미하고, "아히만"(אֲחִימַן)은 메니(Meni-운명의 신)의 형제란 뜻이고, "달매"(תַּלְמַי)는 가래로 땅을 일구는 사람을 의미한다. 이처럼 그들의 이름이나 도성의 명칭까지도 우상숭배와 관련된 것을 볼 때, 그 당시 가나안 족속들이 우상숭배에 깊이 빠져 있었음을 알 수 있다. 결국 그들은 우상과 하나가 된 셈이다. 그러므로 유다 지파의 전쟁은 우상 파괴의 전쟁이라고도 할 수 있다. 그것은 그 당시의 가나안에 대한 하나님의 의로우신 심판을 대행한 심판 행위였다.

11-15 이 부분에는 "드빌"("기럇 세벨")에 대한 갈렙의 정복 사건이 기록되었다. "기럇 세벨"이란 말(קִרְיַת־סֵפֶר)은 책의 도시란 뜻이며, 오늘날에는 그 이

---

53) C.F. Burney, The Book of Judges, 1970, 9.

름처럼 서적이 많은 도서관으로 유명하다.

기럇 세벨("드빌")을 쳐서 그것을 점령하는 자에게는 내 딸 악사를 아내로 주리라(12절). 이것은 갈렙의 맹세다. 갈렙이 이같이 맹세한 것은 인류의 일반적인 담력과 용기를 장려하거나 포상하려는 것이 아니라 신앙적인 용기와 담력을 높이 평가하는 것이다. 그 이유는 그 당시 가나안 족속과 싸우는 행위는 하나님의 약속을 믿는다는 증거이기 때문이다. 갈렙은 그의 딸 "악사"를 출가시키는 일에 관하여 무엇보다도 신앙의 인물을 사위로 맞기를 원하였다고 볼 수 있다. 이것은 갈렙의 신앙 제일주의를 보여 준다. 그러나 한편으로는 갈렙이 이와 같은 방법으로 그의 딸을 결혼시킨 것이 ① 자식의 자유의사를 무시한 부모의 일방적인 처사처럼 보이고, ② 자식을 어떤 일의 대가로 남에게 내어준 것처럼 보이기도 한다. 그러나 사실은 그런 것이 아니다. 이 일은 갈렙이 그의 딸과 합의하고 실행한 것이라고 생각된다. 그렇게 생각할 수 있는 이유는, 악사가 출가할 때 아무런 불평도 하지 않았으며(14절), 도리어 아버지에게 "복을 주소서"라고 하며 "샘물"을 청구하는(15절) 등 기쁘게 출가한 것처럼 여겨지기 때문이다. 그뿐 아니라 신앙 제일주의로 행하는 갈렙이 자기의 귀한 딸을 괴롭혔을 리 없다.

갈렙의 아우 그나스의 아들인 옷니엘이 그것을 점령하였으므로 갈렙이 그의 딸 악사를 그에게 아내로 주었더라(13절). 여기서 우리는 한 가지 난제를 만난다. 그것은, "갈렙의 아우 그나스의 아들인 옷니엘"이란 문구다. 즉 "옷니엘"이 갈렙의 "아우"라면 어떻게 갈렙이 자기 딸을 동생에게 줄 수 있었겠는가 함이다. 그러나 이 난제는 다음과 같이 해결된다. 곧, ① 갈렙의 부친은 "여분네"인데 (민 13:6) 옷니엘의 부친은 "그나스"라고 하였으니, 옷니엘이 갈렙의 친 동생이 될 수 없다. 그러므로 이 본문(עָתְנִיאֵל בֶּן־קְנַז אֲחִי כָלֵב מִמֶּנּוּ)은 다음과 같이 번역될 수도 있다. 곧, "갈렙의 아우인 그나스의 아들 옷니엘"이라고. 그런 경우에는 옷니엘이 갈렙의 조카이다. ② 옷니엘이 갈렙의 이복 동생일 수도 있다는 해석도 있는데, 이 경우에도 옷니엘과 악사의 결혼은 그 당시의 혼인 법규를 위반함이 아니었다. ③ 여기 "아우"란 말(אח)은 동포를 의미할 수도 있다. 그런 경우에는 옷니엘은 갈렙의 동포란 뜻이다. "그나스"(קנז)는 에서의 자손들 중에 속한 한 족속의 이름인데(창 36:1, 11), 갈렙 자신이 그나스 족속에 속하였으니만큼(수 14:6; 민 32:12), 그나스 족속에 속한 옷니엘은 그의 동포다. 학자들의 추측은, 그나스 족속이 유다 지파에 귀화하였다고 한다[54](참조, 대상 4:13, 15).

갈렙의 딸 악사가 아버지 갈렙에게 찾아와서 청원한 모습은 아버지의 권위를 존중하는 모습을 보여 준다. 그녀가 "나귀에서 내려서" 아버지께 말한 것은 윗사람을 존경하는 태도다. 부모나 높은 사람을 존대하는 것은 성경이 가르치고, 인간의 양심도 가르치는 것이다. 레위기 19:32에 말하기를, "너는 센 머리 앞에서 일어서고 노인의 얼굴을 공경하며 네 하나님을 경외하라 나는 여호와이니라"라고 하였다.

아버지께서 나를 남방으로 보내시니 샘물도 내게 주소서(15상). 기럇 세벨(드빌)은 남쪽의 마른 땅이므로 악사가 그 아버지에게 "샘물"을 구한 것은 매우 자연스럽고 정당한 일이다.

갈렙이 윗샘과 아랫샘을 그에게 주었더라. "윗샘과 아랫샘"이 있는 땅은 현재의 사일 에드 딜베(Seil ed-Dilbeh)라는 지역으로 추정된다. 악사에 관한 간단한 기록이 이 부분(11-15절)에 삽입된 것은 문맥상으로 볼 때 자연스럽지 않다. 그러나 여기에 그 일이 기록된 목적은, 사일 에드 딜베(Seil ed-Dilbeh)란 비옥한 지방이 갈렙의 자손에게 속하지 않고 옷니엘 자손에게 속해 있는 유래를 밝히기 위함이다.[55] 이같이 성경의 기록은 문학적인 흥미를 위해서

---

54) John D. Davis, Westminster Dictionary of the Bible, 1944, 85, 341.
55) D. K. Budde, Das Buch Der Richter, 1897, s.8.

가 아니라 역사적인 진리와 사실을 밝히는 데 중점을 둔다.

16 모세의 장인은 겐 사람이라 그의 자손이 유다 자손과 함께 종려나무 성읍에서 올라가서. 일찍이 모세의 장인 호밥이 가나안으로 같이 들어가자는 모세의 초청을 받았던 일이 있었다. 그때에는 그가 사양하였으나(민 10:29-32) 결국에는 이스라엘 민족과 동행하였다. "겐 사람"은 겐 족속에 속한 사람을 의미한다(창 15:19). 후에 그 족속은 레갑 자손으로 일컬어졌다(대상 2:55; 렘 35:2). 유다 지파의 가나안 정복에 대한 기록에 모세의 처가 이야기가 나온 것은 자연스럽지 않은 듯하지만, 그들이 이때(유다 지파가 가나안을 정복할 때) "아랏 남방"에 왔으므로 그러한 사실이 여기에 언급된 것이다. 이처럼 사사기는 사실 위주로 진실하게 기록되었다.

"종려나무 성읍"은 여리고 성을 가리킨다(신 34:3; 대하 28:15). "그 백성 중에 거주"하였다는 것은 유다 지파의 백성과 함께 거주하였다는 뜻이다. 모세가 광야에서 그 장인에게 "선대하리라"고 약속한(민 10:29) 말이 성취되었다.

17-18 스밧에 거주하는 가나안 족속을 쳐서 그 곳을 진멸하였으므로 그 성읍의 이름을 호르마라 하니라(17절). "스밧"(צְפַת)은 '칠함'을 의미하며, 이 세상의 외식적인 성격을 비유한다. 유다 지파가 공격한 적군의 성 이름이 마침내 그 죄악의 진상대로 받아 마땅한 "호르마"(חָרְמָה), 곧 멸망으로 끝났다.

"진멸"(חרם)은 멸망을 의미한다. 이것은 심판의 성격을 띤 것으로, 남김 없이 다 죽이는 것이다. 이스라엘의 가나안 정복은 가나안의 죄악을 벌하시는 하나님의 심판을 대행하는 엄숙한 행위였다. 그러므로 그때에 가나안 족속을 진멸한 것은 하나님을 기쁘시게 하는 것이었다. 그 당시 "스밧에 거주하는 가나안 족속"의 죄악은 너무도 가득 차서 하나님의 심판을 면할 수 없었다. 그러므로 이스라엘의 가나안 진멸 행위는 잔인한 것이 아니라 도리어 정당한 일이었다. 우리는 언제나 하나님의 큰 심판을 볼 때마다 그 이면에 있는 죄악의 심각함을 볼 수 있어야 한다.

"가사, 아스글론, 에그론"은 유다의 남쪽 도시들이다. "가사"(עַזָּה)는 '강하다'는 뜻이고, "아스글론"(אַשְׁקְלוֹן)은 '훼방하는 불'이란 뜻이고, "에그론"(עֶקְרוֹן)은 '뿌리를 뽑는다'는 뜻이다. 이 세 도시는 그 이름처럼 강하고 악독하였으며, 유다 지파가 그 도시들을 멸망시켰다. 이같이 신자들은 하나님의 권능으로 악한 죄와 마귀를 이길 수 있다(요일 5:4).

19 여호와께서 유다와 함께 계셨으므로 그가 산지 주민을 쫓아내었으나 골짜기의 주민들은 철 병거가 있으므로 그들을 쫓아내지 못하였으며. 유다 지파가 산악 지대의 족속들을 몰아낼 수 있었던 것은 당연히 하나님의 능력으로 말미암은 일이었다. 그러나 그들은 "골짜기"(עֵמֶק=평야지대)에 사는 족속만큼은 쫓아내지 못하였다. 그 실패의 원인은 그들이 하나님보다 적군의 "철 병거"를 더 무서워했기 때문이었다. 이는 마치 예수님을 바라보고 물 위로 걸어가던 베드로가 바람을 보고 그것을 무서워하다가 물에 빠졌던 것과 마찬가지다(마 14:26-31 참조).

20 그들이 모세가 명령한 대로 헤브론을 갈렙에게 주었더니 그가 거기서 아낙의 세 아들을 쫓아내었고(수 14:6-15; 15:13-14 참조). 갈렙의 사건이 여기에 또 기록된 것은 문맥상 자연스럽다. 그의 조상은 그나스 족속이었는데(수 14:6) 유다 지파에 귀화했으므로 선민과 함께 기업도 얻었으며, 유다 지파의 승리 기사에 그의 승리 사건 또한 포함되었다. 그는 시종일관 신앙으로만 전쟁에서 승리할 수 있다고 믿었다. 그러므로 그는 말하기를, "그 곳에는 아낙 사람이 있고 그 성읍들은 크고 견고할지라도 여호와께서 나와 함께 하시면 내가 여호와께서 말씀하신 대로 그들을 쫓아내리이다"라고 하였다(수 14:12하).

21-36절. 이 부분에는 이스라엘의 여러 지파가 가나안 족속들을 몰아내는 일에 완전하지 못했음을 밝힌다. 곧 베냐민, 요셉(므낫세, 에브라임), 스불론, 아셀, 납달리, 단 지파들이 이스라엘에 화근을 남겼다. 이것은 이스라엘

민족이 이방의 우상숭배와 타협한 증거이다. 오늘날의 신자들도 죄를 이기려고 힘쓰면서도 부분적으로는 타협한다. 그 원인은 ① 성결의 목표를 낮게 잡기 때문이고, ② 신앙생활 중에 당하는 난관들을 지나치게 두려워하기 때문이고, ③ 실행하는 데 너무 태만하기 때문이고, ④ 이 세상을 사랑하기 때문이다.

그들이 죄와 타협하기 때문에 ① 신앙생활에 기쁨이 없고, ② 사람들을 주님께로 인도하는 데 무력하고, ③ 하나님의 능력을 진정으로 체험하지 못한다. 따라서 ④ 그들이 모인 교회는 세속화된다.

21 베냐민 자손은 예루살렘에 거주하는 여부스 족속을 쫓아내지 못하였으므로. "베냐민"은 전쟁을 잘하고(창 49:27), 하나님의 사랑을 받는 지파로 예언되어 있다(신 33:12). 그럼에도 불구하고 그 지파는 여부스족을 쫓아내지 않았다. 이는 하나님의 약속, 곧 주시겠다고 하신 땅에 대한 그들의 열심이 적었기 때문이다.

23-26 "루스"(לוּז)는 분리(separation)를 의미한다. 신자가 영적으로 세상과 분리되는 것이 곧 하나님을 모시는 것이다. 그렇게 하면 "벧엘"(בֵּית־אֵל), 곧 하나님의 집이 될 수 있다. "루스"를 벧엘이라고 이름 지은 첫 번째 사람은 야곱이다(창 28:19).

요셉 지파가 벧엘을 공격할 때 한 사람이 이스라엘 편에 가담하였으므로 그 사람과 그 가족은 구원을 받았다. 헷 사람들의 땅에 가서 성읍을 건축하고 그 이름을 "루스"라고 한 것도 의미심장하다. 즉 그것은 세상과 갈라지는 것을 의미하므로, 회개를 가리킨 것이라고 볼 수 있다. "헷 사람들의 땅"은 확정하기 어렵다. 아브라함 때에는 그 족속이 헤브론에 있었고(창 23장), 그 후에는 가나안과 수리아 접경 지역에 있었다(왕상 10:29).

27-35 이 부분에 기록된 땅 이름들의 뜻은 다음 표를 참고하라.

절수	이름	히브리어	의미	현재의 위치
27	벧스안	בֵּית־שְׁאָן	고요의 집(평안)	이스르엘 골짜기 동쪽
〃	다아낙	תַּעֲנָךְ	의지함	이스르엘 골짜기 남쪽
〃	돌	דּוֹר	돌아가는 세대	가이사랴 북쪽
〃	이블르암	יִבְלְעָם	백성이 멸망함	세겜 북쪽
〃	므깃도	מְגִדּוֹ	심판이 나타남	이스르엘 평원
29	게셀	גֶּזֶר	격리, 독립함	엘 쿠밥(el Kubab)
30	기드론	קִטְרוֹן	향(香)	카타드(Kattath)
〃	나할롤	נַהֲלֹל	목장	나사렛 서남쪽
31	악고	עַכּוֹ	바르게 한다	아셀 지방의 해안도시
〃	시돈	צִידוֹן	약탈한 것을 취한다	베이루트(Beirut) 남쪽 30마일
〃	알랍	אַחְלָב	(확실히 모름)	두로의 동북쪽 4마일
〃	악십	אַכְזִיב	흘러나온다	아셀 지방의 해안도시
〃	헬바	חֶלְבָּה	기름	두로의 북쪽 5마일
〃	아빅	אֲפִיק	통로	텔 쿨다네 (Tell Kurdaneh)
〃	르홉	רְחֹב	넓음, 넓은 곳	아셀지방의 해안도시
33	벧세메스	בֵּית־שֶׁמֶשׁ	햇빛의 집	갈릴리 윗지방
〃	벧아낫	בֵּית־עֲנָת	응답의 집	엘 바네(El-Bane)
35	헤레스	חֶרֶס	태양	이르 쉐메쉬
〃	아얄론	אַיָּלוֹן	(확실히 모름)	얄로(Yalo)
〃	사알빔	שַׁעַלְבִים	음흉한 마음	셀비트(Selbit)

| 설교자료

1. 유다 지파는 가나안 정복의 지도자로서 전투를 담당하였다(2절). 그것

은 야곱의 예언대로 된 일이다(창 49:8; 신 33:7). 하나님의 말씀은 언제나 그대로 성취된다.

2. 하나님께서 택하신 백성을 선하게 대하는 자들은 택한 백성과 같은 대우를 받는다. 겐 족속과 루스 사람이 받은 대우가 그 실제 사례이다(삿 1:16, 24-26; 출 18:13-27; 참조. 마 10:41).

3. 이스라엘은 하나님이 주신 땅을 완전히 다 정복하지 않았다. 그것은 그들의 신앙이 부족했기 때문이다. 그와 같이 하나님이 주신 하늘나라 기업을 소홀히 여기는 신자는 하나님의 말씀을 온전히 믿지 않는 자이다. 하나님은 우리에게 구원의 큰 은혜를 거저 주시고 우리에게 신앙적으로 노력할 것도 명하셨다. 곧 천국은 침노하는 자가 빼앗는다고 하였고(마 11:12), "부지런하여 게으르지 말고 열심을 품고 주를 섬기라"고 하였다(롬 12:11).

하나님께서 신자에게 영적 축복의 기업(천국)을 주셨는데도 신자가 그것을 받을 만한 신앙을 가지지 않는 것은 통탄할 일이다.

제 2 장

✣ 내용분해

1. 여호와의 사자의 경고와 이스라엘 백성의 회개(1-5절)
2. 이스라엘 민족의 부패와 하나님의 진노(6-15절)
3. 하나님께서 그들을 불쌍히 여겨 사사를 세워 구원해 주심(16-18절)
4. 사사가 죽은 뒤에 그들의 타락이 심해짐에 따라 하나님께서 그들을 돌아보지 않으심(19-23절)

✣ 해석

1 여호와의 사자가 길갈에서부터 보김으로 올라와 말하되 내가 너희를 애굽에서 올라오게 하여 내가 너희의 조상들에게 맹세한 땅으로 들어가게 하였으며 또 내가 이르기를 내가 너희와 함께 한 언약을 영원히 어기지 아니하리니. 여기서 말하는 "여호와의 사자"(מלאך יהוה)는 사실상 여호와 자신이시다. 그것은, 그가 친히 "내가 너희를…내가…내가"라고 하시면서 이스라엘 백성을 애굽에서 구원하신 이

가 그 자신이심을 밝히시는 것이다. 그러므로 그는 여호와 자신이시고 구약 시대에 계시된 그리스도이시다. 그리스도를 가리켜 말라기 3:1에는 "언약의 사자"(מַלְאַךְ הַבְּרִית)라고 하였으며, 히브리서 3:1에는 "우리의 믿는 도리의 사도"라고 하였다.

"길갈"은 이스라엘 민족이 여호수아의 지도 아래에서 가나안의 산악 지역을 정복할 동안 머물렀던 근거지이다. 그리고 "보김"은 "벧엘"의 다른 이름이다. 70인역(LXX)은 "보김"이란 땅 이름에 "벧엘"(βαιδηλ)이란 말을 첨부하였다. 따라서 "보김"은 "벧엘"을 가리킨 것이 분명하다. 그 이유는 이스라엘이 "거기서 여호와께 제사를 드렸"기 때문이다(5절). 전에는 법궤가 길갈에 있었지만(수 5:9), 이때에는 벧엘로 옮겨졌다(20:26-27).

그렇다면 "여호와의 사자가 길갈에서부터 보김으로 올라와" 하신 말씀은 무엇을 의미하는 것일까? 이는 "길갈"에서 이스라엘 민족에게 할례로 언약을 확고히 하신 그가(수 5:9, 13-15) "보김"에 나타나셨다는 뜻이다.

"너희의 조상들에게 맹세한 땅으로 들어가게 하였으며." 그가 그들에게 주시겠다고 약속하신 대로(창 13:14-15) 그들을 인도하여 그 땅을 주신 것은 ① 그의 신실하심을 증명하며, ② 그의 구원의 능력을 증거하며, ③ 그의 사랑을 보여 준다(사 43:1-4). 그러므로 그는 절대적으로 믿을 수 있는 참하나님이시다. 그러므로 그가 친히 그들의 하나님이라고 하시는 내용(창 17:8)의 언약을 세우시기에 합당하였다. 그는 말씀하시기를 "내가 너희와 함께 한 언약을 영원히 어기지 아니하리니"고 하셨다. 죄인들을 불쌍히 여기시는 그의 자비는 무궁하다(애 3:22 참조).

2 너희는 이 땅의 주민과 언약을 맺지 말며 그들의 제단들을 헐라 하였거늘 너희가 내 목소리를 듣지 아니하였으니. 하나님께서는 일찍이 모세와 여호수아를 통

하여 이스라엘 백성에게 가나안 민족과 "언약을 맺지 말라"고 경고하셨다.[56] 여호와 하나님을 섬기는 이스라엘 자손들이 가나안 족속과 교류하며, 그들의 우상숭배를 용납하는 의미로 언약을 맺는다는 것은 있을 수 없는 일이다. 도리어 그들은 가나안 족속들의 우상 제단을 파괴해야 한다. 하지만 그들은 그렇게 하지 않았다. 그들이 가나안 족속의 제단을 파괴하려면 전쟁까지 불사하는 강한 마음을 가져야 했다.

오늘날의 그리스도 신자들도 이 세상의 그 무엇을 하나님처럼, 혹은 하나님보다 더 사랑하면 그것이 그에게 우상이 된다. 그것을 파괴하는 것도 전쟁을 치르는 마음을 가질 때에만 가능해진다. 성경은 우리에게 피 흘리기까지 죄를 대적해야 한다고 가르친다(히 12:4). 우리가 죄를 이기기 위해서는 희생, 용기, 결단, 수고, 그리고 죽음까지도 각오하는 진지한 전투적 노력을 기울여야 한다.

3 그러므로 내가 또 말하기를 내가 그들을 너희 앞에서 쫓아내지 아니하리니 그들이 너희 옆구리에 가시가 될 것이며 그들의 신들이 너희에게 올무가 되리라 하였노라. 이스라엘이 가나안 족속들과 언약을 세우면 다시는 하나님께서 그 민족들을 이스라엘 앞에서 쫓아내어 주시지 않겠다고 이미 경고하셨다(수 23:12-13). 여기서 "옆구리에 가시가 될 것"이란 말은 그들이 죄를 용납한 결과로 당하게 될 화를 의미한다. 그리스도 신자들도 죄와 싸우지 않으면 그 죄가 가시처럼 그들을 괴롭히며 덫처럼 그들을 잡아 거꾸러지게 만든다.

4-5 하나님("여호와의 사자")께서 이스라엘 민족의 죄를 지적하시고(2절), 그들이 불순종한 죗값으로 가나안에서 화를 당하게 될 것이라고 선포하실 때 그들은 자신들의 죄를 뉘우치고 큰 소리로 울었다. "여호와의 사자"는 인간이 아니라 하나님의 권위로 임하신 영이시므로 그들의 심령에 압도적으로

---

56) 출 23:32-33; 34:12, 16; 신 7:2; 수 23:12-13.

큰 충격을 주셨을 것이다. 그러므로 그들은 통회하지 않을 수 없었고, 그곳 이름을 "보김"(בֹּכִים), 곧 우는 자들이라고 불렀다. 따라서 그들이 거기서 여호와께 제사를 드린 것은 그들의 죄악을 대속하기 위한 속죄제였을 것이다. 그들이 통회한 것도 하나님의 권위를 무시하고 그의 말씀에 불순종한 자신들의 죄악을 원통히 여기는 신앙이라고 할 수 있다. 또한 그들이 여호와께 제사를 드린 것은 죄악 문제에 대한 해결책, 곧 하나님이 계시하여 주신 속죄의 제도에 순종한 신앙이다. 그리스도 신자들도 자신들의 죄악을 원통해하는 것만으로 해결되는 것이 아니라 그리스도의 속죄의 죽음을 믿음으로써 만족스러운 회개를 이룬다.

여기서 이스라엘은 회개하고 믿는 모습을 보였다. 그러나 유감스럽게도 그들은 그 믿음을 오랫동안 지속하지 못하였다. 이는 예수님께서 말씀하신 '씨 뿌리는 비유'에서 돌밭에 뿌려진 씨와 같은 것이다. 곧 말씀을 듣고 즉시 기쁨으로 받되 그 속에 뿌리가 없어서 쉽게 말라버리는 것과 같다(마 13:20-21). 또한 가시떨기에 뿌려진 씨와 같다고도 할 수 있다. 곧 말씀을 듣고 반응을 보이다가 세상적인 염려 때문에 결실하지 못하는 것과 같은 것이다(마 13:22). 참된 경건은 좋은 밭에 뿌려진 씨와 같아서 인내로 결실한다(눅 8:15).

6-10 여호수아와 하나님의 기적적 구원을 목도한 지도자들("장로들")이 살아있을 동안에는 이스라엘 백성이 여호와를 잘 섬겼다. 이 사실을 보면 하나님이 함께하시는 지도자들의 영향력이 교회에 크게 작용한다는 것을 알 수 있다. 물론 그 영향력은 인간적인 어떤 힘을 의미하지 않는다. 하나님을 섬기는 영적 활동은 하나님의 능력 없이 성립될 수 없다. 그러나 하나님의 영적인 능력도 인간의 역사를 통하여 실시된다. 로마서 10:17에 "믿음은 들음에서 나며 들음은 그리스도의 말씀으로 말미암았느니라"고 한 것처럼, 하나님께서 사람들이 그리스도의 말씀을 들을 수 있도록 세우신 기관 역시 사람이다.

하나님께서 자기 백성을 지도하고 다스리시는 일에 사람들을 사용하시는 이유가 무엇일까? 만일 하나님께서 사람들을 사용하시지 않고 천사들을 통하여 각 개인을 지도하신다면 더욱더 효과적이지 않을까? 그러나 하나님께서 사람을 세워 자기 백성을 위해 영적으로 더욱 유력하게 일하시는 영역이 있다. 그것은 ① 지도자를 모본으로 세워 주셔서 그들의 신앙생활이 구체화되게 하시는 것이다. 사람들은 자기와 같은 연약한 인간이 하나님의 영적인 능력을 받아 구원받는 것을 볼 때에 자기들도 그렇게 되고자 하는 용기를 얻는다. 성경은 확실히 이 부분을 제시하여 준다. 곧 우리에게 기도의 용기를 주기 위하여 말씀하기를, "엘리야는 우리와 성정이 같은 사람이로되 그가 비가 오지 않기를 간절히 기도한즉 삼 년 육 개월 동안 땅에 비가 오지 아니하고 다시 기도하니 하늘이 비를 주고 땅이 열매를 맺었느니라"고 하였다(약 5:17-18). ② 하나님께서 사람을 세우시는 또 한 가지 이유는 사람들을 붙들어 주시기 위한 긍휼하심 때문이다. 지도자의 눈물이 지도를 받는 자들의 눈물이 되고, 지도자의 사랑의 수고가 지도를 받는 자들의 마음속 깊은 곳에 아름다운 덕행을 일으키는 동기가 된다. 이것은 오직 인간 지도자를 통하여서 이루어지는 것이다. 천사들은 고난당하는 일도 없고 눈물도 없다.

그 세대의 사람도 다 그 조상들에게로 돌아갔고(10상). 이 말은 여호수아와 같은 시대의 사람들이 다 죽었다는 뜻이다. 정통 학자들 중에는 이 문구를 내세와 관계된 것으로 보는 사람들도 있다. 곧 여호수아와 함께 하나님의 능력을 체험한 사람들이 죽어서 앞서간 성도들이 들어가 있는 복된 세계에 들어갔다는 뜻이라는 것이다.

그 후에 일어난 다른 세대는 여호와를 알지 못하며(10중). 인생은 올바른 영적 교육을 받아야 하나님을 알게 된다. 신자의 가정에서 자라난 자녀들이라고 해서 그들이 자동적으로 하나님을 알게 되거나 신앙생활을 하게 되는 것은 아니다. 그뿐 아니라 국가적, 또는 사회적 교육 기관이 참된 종교 교육을 보장하는 일도 매우 드물다. 어떤 시대에 국가적으로 하나님을 잘 공경하도록 권장하는 일이 있으면, 부모 된 자들이 자녀들에게 신앙 교육을 철저하게 실시해야 한다. 그렇게 하지 못하면, 그 부모들이 별세한 뒤에 그들의 사회는 불신앙과 세속화로 타락할 수밖에 없다. 자녀들에게 신앙 교육을 실시하는 것은 하나님의 명령이다(신 6:6-7; 시 78:5-8).

이 일에 대해서도 근본적으로 지도해야 할 자는 교회다. 교회의 지도자들은 자기 시대만 책임을 지는 것이 아니라 다음 세대에 대해서도 책임을 지고 일해야 한다. 디모데후서 2:2에 말하기를, "또 네가 많은 증인 앞에서 내게 들은 바를 충성된 사람들에게 부탁하라 그들이 또 다른 사람들을 가르칠 수 있으리라"고 하였다.

11-13 이 부분에서는 이스라엘의 타락에 대하여 말한다. ① 그들이 참된 신, 곧 그들을 애굽에서 구원하신 살아 계신 여호와를 버렸다. 참되신 하나님을 버리는 행위는 선을 악이라 하고 빛을 어두움이라고 하는 완악한 행동이다. 이렇게 행한 자는 하나님의 벌을 받아 마땅하다(사 5:20). ② 그들이 다른 민족들의 신을 따랐다. 곧 그들이 "주위에 있는 백성의 신들"을 섬겼으며, 그것은 "바알과 아스다롯"이었다. "바알"(בַּעַל)은 소유주(owner)란 뜻으로, 이스라엘 주위에 있는 민족들이 섬기는(예컨대 베니게 족속과 아람 족속이 섬기는) 신이었다. 그리고 "아스다롯"(עַשְׁתָּרוֹת) 역시 그들이 섬기는 여신이었다. 그들은 이 두 가지 우상을 주로 농업의 신(풍년이 들게 하는 신)으로 섬겼다.

그런데 이스라엘이 왜 살아 계시고 참되신 하나님을 떠나 이런 미신을 따른 것일까? 이것은 얼핏 이해하기 어려운 문제다. 그러나 다음의 몇 가지 원인을 생각해 보면 의문이 풀린다. ① 그들이 참되신 하나님에 대하여 효과적인 증거와 가르침을 받지 못했기 때문이었다(삿 2:10). 인간은 특히 종교 문제에서 하나님의 계시를 붙잡으려고 노력하지 않을 때, 어두운 미신에 빠지기 쉽다. 그 이유는 인간의 영혼이 조상 때부터 범죄하여 하나님을 떠나(하나님을 떠난 것이 곧 죽음이다) 어두워졌기 때문이다(엡 2:1). ② 음란의 미혹에 빠진 원인도 있었다.[57] 이 참조 구절에 지적된 말씀은 영적 음행, 곧 하나님을 떠나 다른 신을 따른 것에 대한 비유이다. 그 당시 우상이 있는 신당에는 창녀가 소속되어 있어서 그 우상숭배 행위의 한 순서로 음행을 하는 경우가 많았었다.

14 이스라엘이 하나님을 떠날 때는 하나님께서 그들에게 "진노하사…그들이 노략을 당하게" 하셨으므로 그들이 즉시 이방 세력에게 점령을 당했다. 이스라엘의 이와 같은 현상은 신약 교회의 예표가 되었다. 신약 교회도 하나님을 떠나면 세속화되는 법이다.

15 **그들이 어디로 가든지 여호와의 손이 그들에게 재앙을 내리시니 곧 여호와께서 말씀하신 것과 같고 여호와께서 그들에게 맹세하신 것과 같아서 그들의 괴로움이 심하였더라.** "어디를 가든지"란 문구에서 "가든지"란 말(יצא)은 전쟁터로 나아가는 것을 의미한다(왕하 18:7; 신 28:25 참조). 그들이 하나님을 떠나면 전쟁에서 패하게 된다는 것은 일찍이 하나님께서 예고하셨다(신 28:15, 25 참조). 사사기의 저자는 이같이 하나님의 언약적 특성을 언급하며 하나님의 신실하심을 강조한다. 택한 백성에 대한 하나님의 행사는 가장 먼저 예언하신 것을 그대로 성취하시는 것이다. 그러므로 그는 우리의 절대적 신앙의 대상이시다. 누구든지 그를 믿지 않는 것은 발뒤꿈치로 송곳을 차는 것처럼 어리석은 것이다.

16-17 하나님께서 이스라엘을 불쌍히 여겨 그들의 지도자로 "사사"를 세워 주셨다. 그러나 그들이 몹시 타락했을 때에는 사사의 지도도 순종하지 않았다. "사사"란 말의 히브리어(שפטים)는 재판하는 자를 가리키지만[58] 이는

---

57) 민 25:1-3. 참조, 겔 16:17; 20:30; 23:3.
58) D. K. Budde, der Grundbegriff dafüur ist Recht schaffen.

일반 국가 행정에 속하는 재판장을 말하는 것이 아니라 하나님께서 공의를 나타내셔서 그의 백성을 구원하시기 위하여 세우신 사람을 가리킨다. 그러므로 이 말을 "사사"라고 번역하는 것보다는 구원자란 뜻을 내포하는 "심판자"라고 하는 것이 옳다고 생각된다. "다른 신들을 따라가 음행하며 그들에게 절하고"(17상)란 문구의 히브리어(אחרי אלהים אחרים ויזנו)는 "다른 신들을 좇아 음란하여"라고 번역되어야 한다. "음란하여"란 말(זנה)은 그들이 하나님께 신앙의 정절을 지키지 않은 것을 의미한다. 하나님께서 다른 신을 섬기는 자를 가리켜 음란한 자라고 하시는 이 말씀에서 우리가 깨달아야 할 것이 있다. ① 참하나님은 오직 여호와 한 분이시므로, 신자가 마땅히 섬겨야 할 분은 여호와뿐이다. 그러므로 신자는 하나님 한 분께만 모든 것을 다 바쳐서 그만 섬겨야 한다(신 6:5). ② 하나님 여호와께서 신자를 사랑하시는 것은 마치 남편이 아내를 사랑하는 것 같아서 우리를 위하여 자기 자신을 주셨다(엡 5:25). 그러므로 그는 신자도 그렇게 전심으로 그를 사랑하기 원하신다. 신자가 하나님을 그렇게 전심으로 사랑하지 않을 때 그는 질투하신다(출 20:5). 이것은 신자에 대한 그의 사랑이 불붙듯 하시는 것을 알려 준다.

속히 치우쳐(17하). 여기서 "속히"(מהר)란 말이 우리의 주의를 끈다. 얼마 전까지 하나님 여호와를 공경하던 그들이 어떻게 그토록 금방 타락한 것일까? 그러나 이 난제는 쉽게 해결된다. 아담이 타락한 이후 인류는 이미 종교적으로 타락하였으므로 하나님의 은혜를 받지 못하는 그 순간부터 그의 부패성이 발동하게 된다. "치우쳐"란 말(סור)은 배반(turned aside)을 의미하며, 이는 하나님 여호와를 배반하고 다른 신들을 좇는 배신행위를 가리킨다.

그와 같이 행하지 아니하였더라(17하). 이 말은 사사 당시의 이스라엘 자손들이 신실했던 그들의 선조들처럼 행하지 않았다는 뜻이다.

18 여호와께서 그들을 위하여 사사들을 세우실 때에는 그 사사와 함께 하셨고 그 사사가 사는 날 동안에는 여호와께서 그들을 대적의 손에서 **구원하셨으니**. 이 말은 사

사의 구원 능력이 하나님에게서 비롯되었음을 지적한다. "사사들을 세우실 때에는." 이 말씀은 그의 백성을 위하여 일하시는 하나님의 중요한 방법을 제시한다. 그것은 지도자를 세우시고 그를 통하여 일하시는 것이다. 우리는 지도자 없이도 하나님께 기도함으로써 어떤 일을 성취할 수 있다. 그러나 일반적으로는 하나님께서 교회에 (그리고 사회에도) 지도자들을 세워 주시고 그들을 통하여 역사하신다는 사실을 잊지 말아야 한다.

그들이 대적에게 압박과 괴롭게 함을 받아 슬피 부르짖으므로 여호와께서 뜻을 돌이키셨음이거늘. 이 말씀은 하나님께서 사사를 세우신 동기에 대하여 이야기한다. 그가 사사를 세우신 동기는 이스라엘 민족의 기도 때문에 생겨난 그의 긍휼하심이었다. "슬피 부르짖으므로." 이 말은 그들이 애달프게 기도했다는 것이다. 아무리 큰 죄를 지은 죄인이라도 그가 지은 죄를 진실하게 회개하며 부르짖어 기도하면 하나님께서는 그 기도를 들어주신다. 하나님은 인애를 원하시고 제사를 원하지 않으신다(호 6:6).

19-21 이스라엘 민족은 그들의 지도자가 별세한 뒤에 또다시 우상을 섬기며 범죄하는 것을 그치지 않았다. 특히 "패역한 길을 그치지 아니하였으므로"(19하)란 말씀은 그들이 하나님의 말씀을 떠나 완악해진 것을 가리킨다. 사람의 일반적인 범죄는 성령을 근심하게 하고(엡 4:30), 그의 완악함은 벌을 초래한다(창 6:5-7).

22-23 이 부분에서는 여호와께서 가나안 땅의 거민, 곧 여호수아가 죽을 때까지 남아 있던 족속들을 더 이상 쫓아내 주시지 않고 그대로 남겨 두시는 목적을 밝혀 준다. 그것은 이스라엘이 "여호와의 도를 지켜 행하나 아니하나 그들을 시험하려"(22하) 하심이다. 여기서 "시험"이란 말(נָסָה)은 시련을 의미한다. "시험하려 함이라"는 말은 이스라엘이 하나님을 떠나서 범죄할 때 그 땅에 남아 있는 가나안 족속으로 인하여 연단을 받게 하시려는 하나님의 경륜을 보여 준다.

하나님께서는 신약 시대인 오늘날에도 잘 믿는 신자들의 주위에 가시처럼 괴롭게 하는 시험거리들을 남겨 두신다. 그렇게 하시는 목적은 이스라엘 백성들에게 하신 것처럼 그들을 시련하시려는 것이다. 신자들은 이와 같은 시련을 통하여 성화되어 간다(벧전 1:6-7; 욥 23:10 참조).

| 설교자료

1. 이스라엘의 모든 자손이 의로운 책망을 듣고 그것을 기꺼이 받아들이며 울기까지 한 것은 하나님의 은혜로 말미암은 것이었다(1-4절). 사람들이 그와 같이 죄를 뉘우치고 울기까지 한 것은 영원히 기념할 만큼 귀한 일이다. 성경은 그와 같은 사람들의 행위를 귀하게 여겨서 그 지역의 이름(보김)까지도 기억하게 한다(5절; 참조. 눅 6:21하).

2. 하나님의 교회는 올바른 지도자 아래 있어야 한다(7-10절). 그들은 지도자들이 인도하는 대로 간다. 그래서 그들은 "양 무리"라고 불린다(시 23:1-6; 80:1; 요 10:1-12 참조).

3. 신자들이 하나님을 끝까지 순종하지 않으면 하나님의 징계로 많은 괴로움과 비참한 일들을 당하게 된다(11-15절).

제 3 장

✤ 내용분해

1. 이스라엘의 대적들을 남겨 두신 하나님의 목적(1-7절)
2. 사사 세 사람의 행적(8-31절)
    1) 옷니엘의 행적(8-11절)
    2) 에훗의 행적(12-30절)
    3) 삼갈의 행적(31절)

✤ 해석

1-2 여호와께서 가나안의 모든 전쟁들을 알지 못한 이스라엘을 시험하려 하시며 이스라엘 자손의 세대 중에 아직 전쟁을 알지 못하는 자들에게 그것을 가르쳐 알게 하려 하사 남겨 두신 이방 민족들은. "이스라엘을 시험"하신다는 것은 그들에게 시련을 주셔서 그들이 하나님께로 돌아오게 하시는 것을 의미한다. 이 말씀을 보면 전쟁도 하나님께서 사용하시는 필요한 일 중의 하나이다. 하나님은 그를

배반한 이 세상 사람들을 전쟁의 재앙을 통하여 겸손하게 만드시고, 그들이 회개하며 그에게로 돌아오도록 역사하신다.

4 남겨 두신 이 이방 민족들로 이스라엘을 시험하사. 하나님께서는 이 죄악 세상에 가시와 올무를 남겨 두신다(2:3). 그렇게 하심으로써 교만한 인생들을 꺾으시며 또한 낮추신다(창 3:18 참조).

5-6 그 당시에는 이스라엘이 가나안 족속과 결혼하는 것이 금지되어 있었다(신 7:3). 그럼에도 불구하고 이스라엘 사람들이 하나님의 이 명령을 어겼다. 이 점에서 우리가 한 가지 생각해 보아야 할 것이 있다. 이 금령은 국적이 다른 사람과 결혼하는 것이 창조 질서를 위반하는 것이기 때문에 주신 것일까? 그렇지 않으면 어떤 특수한 경우에 한해서 필요에 따라 주어진 것이었을까? 아마도 두 번째 추측이 맞을 것이다. 그 이유는 모세도 이방 여인을 아내로 취하였고(출 2:21-22), 요셉도 그리하였으며(창 41:45), 그 밖의 경건한 이스라엘 사람들도 이방 여자를 아내로 취한 예가 많기 때문이다(룻 4:9-10 참조). 그러므로 하나님께서 이스라엘 민족이 가나안 족속과 결혼하지 않도록 금지하신 것은 그런 결혼을 통하여 이스라엘에 우상이 들어올 수 있기 때문이었을 것이다.

오늘날 교회 안에도 이와 같은 문제가 있다. 신자가 불신자와 결혼하는 것은 금지되어야 한다. 그것을 금하는 목적은 신자의 신앙이 약해지는 것을 막기 위해서이다. 고린도후서 6:14에 말하기를, "너희는 믿지 않는 자와 멍에를 함께 메지 말라"고 하였다.

7 이스라엘 자손이 여호와의 목전에 악을 행하여 자기들의 하나님 여호와를 잊어버리고 바알들과 아세라들을 섬긴지라. "하나님 여호와를 잊어버린" 생활은 종교적 타락이 극에 이른 것이다. 그들의 신앙이 이렇게까지 떨어진 원인은 그들이 효과적인 신앙 교육을 받지 못했기 때문이었다. 그래서 그들은 하나님 여호와를 모르는 자처럼 되어버렸다. 이렇게 타락한 자들은 종교적으로 어두

워져서 추잡한 우상들을 섬기게 된다. 여기서 "바알들과 아세라들"이라고 한 것은 많은 우상을 표현하는 것이다. 우상을 섬기는 종교는 헛되기 때문에 그것을 섬기는 자에게 진정한 만족을 주지 못한다. 따라서 우상을 숭배하는 자는 많은 헛된 신들을 섬기게 된다. 그들의 종교는 결국 그들에게 괴로움을 줄 뿐이다. 시편 16:4에 말하기를, "다른 신에게 예물을 드리는 자는 괴로움이 더할 것이라"고 하였다.

8 여호와께서 이스라엘 백성에게 진노하사 그들을 메소보다미아 왕 구산 리사다임의 손에 파셨으므로 이스라엘 자손이 구산 리사다임을 팔 년 동안 섬겼더니. 여기서 "리사다임"(רִשְׁעָתַיִם)은 배나 악한, 곧 매우 악했다는 뜻이고, "메소보다미아"라고 번역된 히브리어(אֲרַם נַהֲרַיִם)는 두 강의 아람이란 뜻이다. "구산"(כּוּשָׁן)은 구스(כּוּשׁ)를 어원으로 했을 것이다. "구스"는 바벨론 왕 니므롯의 부친이었다(창 10:8). 그때 이스라엘이 이같이 악한 왕에게 예속되었으므로 그 압제 밑에서 종살이를 하게 된 것이었다.

클로스터만(Klostermann)은 여기 나오는 "아람 나하라임"("메소보다미아"란 말의 히브리어)이란 문구에서 "아람"(אֲרָם)이란 말이 히브리어로 에돔(אֱדֹם)이란 말과 유사한 것으로 보아, 본래는 에돔이었는데 후에 기록한 사람의 실수로 아람으로 전승되었을 것이라고 추측한다.[59] 이 학설은 마르콰트(Marquart)도 찬성한다.[60] 그러나 이런 학설은 하나의 추측에 불과하다.

하나님께서 그가 사랑하시는 백성에게도 이처럼 말할 수 없는 고통을 주시는 목적은 그들을 회개시키려는 것이다.

9-11 이스라엘이 고통 속에서 회개할 때에 하나님께서 "옷니엘"을 사사로 세워 주셔서 그들을 구원하게 하셨다.

---

59) Klostermann, GVI. 119.
60) Fundamente Israelischer und Jüdischer Geschichte, 11.

여호와께 부르짖으매(9상). 이 말씀은 그들이 하나님께로 돌아와 회개하며 기도하였다는 것이다(10:10). 특히 "부르짖었다"는 말(זעק)은 힘을 다해 부른다는 뜻으로, 기도의 간절함을 잘 표현한다.

여호와의 영이 그에게 임하셨으므로(10상). 이 말은 초자연적인 지혜와 용기로 이스라엘의 원수를 물리치고, 또 그 백성을 다스릴 수 있는 능력을 받았다는 뜻이다(Keil & Delitzsch).[61] 옷니엘이 사사로 있는 40년 동안 이스라엘은 태평하였다.

12-14 옷니엘이 별세한 후에 이스라엘이 다시 범죄하였으므로 하나님께서 그들을 침략자의 손에 붙이셔서 그들에게 압제를 받게 하셨다. 이스라엘은 이렇게 타락할 때마다 이방의 침략을 당했고, 그러한 사실이 사사기에 여섯 차례나 기록되었다. 곧 메소보다미아, 모압, 가나안, 미디안, 암몬, 블레셋 등의 침략을 받은 것이다. 그러나 이스라엘이 그와 같이 자주 타락함에도 불구하고 하나님께서는 그들을 버리지 않으시고 징계를 통하여 그들을 깨우치시며 끝까지 그들을 돌아보셨다. 옛날 이스라엘과 함께 역사적으로 존재했던 많은 강대국들이 거의 다 패망했지만 이스라엘만은 오늘날까지 계속 존재한다. 이것을 보면, 하나님께서 육적인 이스라엘 민족을 영적인 이스라엘(택한 백성)의 상징으로 세워 주신 것이 분명하다. 그는 그리스도 신자들(영적 이스라엘)을 옛날의 육적인 이스라엘처럼 다스리신다. 곧 하나님께서는 그가 택하신 백성(그리스도 신자들)을 끝까지 사랑하신다.

15-17 여호와께서 그들을 위하여 한 구원자를 세우셨으니 그는 곧 베냐민 사람 게라의 아들 왼손잡이 에훗이라(15절). "왼손잡이"란 말(איש אטר יד ימינו)은 오른손이 갇힌 사람이란 뜻이다. 그러므로 오른손은 전혀 쓰지 못하는 것이 분명하다. 이후에도 베냐민 지파에 왼손잡이 용사가 많았으며, 동시에 700명이 있기도

---

61) 참조, 삿 6:34; 11:29; 삼상 10:10; 11:6; 16:13; 19:20, 23; 대상 12:18.

하였다(20:16). 그때 "에훗"은 이스라엘의 구원자로 세워진 사명을 완수하기 위하여 먼저 모압 왕을 죽이려고 꾀하였다. 그가 "모압 왕 에글론"을 죽인 방법은 음모에 의한 것이었다(3:20-22). 그와 같은 처사는 얼핏 보기에 너무 잔인한 것 같다(18-21절 해석 참조).

18-21 에훗이 공물 바치기를 마친 후에…길갈 근처 돌 뜨는 곳에서부터 돌아와서(18-19상). "공물"이란 말(מִנְחָה)은 조공을 위한 예물이나 금전을 의미한다. "돌 뜨는 곳"이란 말(פְּסִילִים)은 구약에 총 21회 나오며, 모두 새긴 우상(graven images)을 의미하였다.[62]

"은밀한 일을 왕에게 아뢰려 하나이다"(19중)라고 한 말과 "내가 하나님의 명령을 받들어 왕에게 아뢸 일이 있나이다"라고 한 말에 대하여 어떤 학자들은 에훗이 하나님의 명령을 받지 않고 그와 같이 거짓말을 한 것이라고 말한다. 그러나 우리는 이러한 학설을 받아들일 수 없다. 에훗은 에글론을 죽이라는 하나님의 명령을 받고 그에게 가까이 가서 그 명령대로 실행하였으므로, 그것은 그 명령을 전달한 것과 마찬가지이다. 이 점에 관하여 매튜 헨리(Matthew Henry)는 말하기를, "그 메시지는 칼이었다"(That Message was a dagger)라고 하였다.

그렇다면 에훗이 에글론을 죽인 사건에서 에훗이 취한 방법이 도덕적으로 정당한지 살펴보자. 우리는 이 점에서 먼저 전쟁의 윤리를 비판하는 표준을 생각해야 한다. 한 국가가 침략을 목적으로 다른 나라를 공격하는 것은 악하다. 그러나 침략자를 물리치기 위하여 일으킨 전쟁은 정당하다. 이때 에훗은 이스라엘의 구원자로 하나님의 세우심을 받은 지도자였다(15절).

그러므로 에훗의 방법이 정당한가에 대한 문제는 다음의 몇 가지를 고려할 때 해결된다. ① 에훗은 사사였으므로 하나님의 심판을 집행하는 사자였

---

[62] C. F. Burney, The Book of Judges and Notes on The Hebrew Text of The Books of Kings, 1970, 71.

다. 따라서 그는 다른 사람을 암살하는 개인이 아니었다. 하나님을 대적하는 모압의 우두머리 에글론은 심판을 집행하는 자의 손에 죽어야 마땅하다. ② 모압 왕 에글론은 우상숭배의 화신이었다. 가나안 민족들을 정복하는 이스라엘은 우상숭배자를 죽였고, 이스라엘의 지도자가 먼저 손을 대어 죽이도록 하나님께 명령을 받았다(신 13:6-18). ③ 사사기 4:9에 있는 드보라의 예언을 읽어 보면, 어떤 악인이 암살당하는 것은 하나님의 뜻 안에서 실행되는 것임을 알 수 있다(4:17-21 참조).

22 칼자루도 날을 따라 들어가서 그 끝이 등 뒤까지 나갔고 그가 칼을 그의 몸에서 빼내지 아니하였으므로 기름이 칼날에 엉겼더라. 에훗이 모압 왕에게 찌른 칼을 그의 몸에서 빼어 내지 않은 것이 의미심장하다. 곧 이때 에훗에게 내린 하나님의 명령(20절)은 심판의 칼이므로, 그것을 그에게 찌른 대로 두고 도로 받지 않는다는 의미가 담긴 행위이다.

"기름이 칼날에 엉겼더라." 이것은 모압 왕의 평소 생활이 교만하여 쾌락만 일삼았고, 하나님의 백성을 극도로 압제하였다는 사실을 보여 준다(시 17:10하; 119:70 참조). 이런 자는 하나님의 칼로 죽게 된다고 성경이 말한다(시 7:12).

히브리 원문에는 22절 끝에 짧은 문장 하나(ויצא הפרשדנה)가 붙어 있는데, 영어 성경에는 이것이 "오물이 나왔더라"(the dirt came out)라고 번역되어 있다. 봉크(C. Vonk)에 의하면, 여기서 "오물"로 번역된 히브리어(פרשדנה)는 아카드 말과 관계가 있고 화장실을 의미한다고 하였다. 즉 이 문구의 의미는 에훗이 화장실을 통하여 도망했다는 뜻이라고 한다.[63]

구약 시대에는 선지자가 하나님의 명령을 받들어 하나님의 원수를 죽이

---

63) Lange tijd heeft men dit woord niet kunnen thuis-brengen, maar nu weten we, dat het verwante woord in het Akkadisch "parasjdinun" is en toilet betekent. Ehud vluchtte dus vis het toilet. De Voorzeide Leer, Deel I⁴, De Heilige Schrift, Richteren, 1973, 439.

는 일이 있었다(왕상 18:40). 그러나 신약 시대에는 교회나 하나님의 종이 징계를 실시할 때 폭력으로 하지 않고 하나님의 말씀에 따라 영적으로 실시한다.

어떤 학설에 의하면, 에훗이 모압 왕을 죽인 방법은 선한 것이 아니므로, 그것까지 그가 성령의 인도하심대로 하였다고 할 수는 없다고 주장한다. 그러면서 에훗이 자신의 뜻으로 그런 행동을 하였지만, 하나님께서 그의 섭리하심으로 이스라엘을 모압으로부터 해방시키는 일에 그 사건을 사용하신 것이라고 한다.

23-26 **발을 가리우신다**(24하). 이것은 모압 왕이 잠든 것을 표현하는 신하들의 말이다. 사실 이때는 에글론이 이미 죽은 뒤였다. 다락에 갇힌 에글론의 시체를 신하들이 발견하기까지 시간이 걸린 듯하며, 그 사이에 에훗은 멀리 도망할 수 있었다.

"돌 뜨는 곳"이란 말(הַפְּסִילִים)은 새긴 우상들을 의미한다. 19절에 있는 같은 말 해석을 참조하라. "스이라"(הַשְּׂעִירָתָה)는 나무가 많은 숲을 가리킨다.

에훗이 멀리 피신할 기회를 얻은 것은 우연한 일이 아니라 하나님의 간섭하심으로 이루어진 것이었다. 모압 왕의 신하들이 그토록 오랫동안 왕이 잠에서 깨기를 기다리는 것은 일반적이지 않았을 것이다. 잠언 16:9에 말하기를 "사람이 마음으로 자기의 길을 계획할지라도 그의 걸음을 인도하시는 이는 여호와시니라"고 하였다.

27-28 에훗은 "에브라임 산지"에 와서 군대를 소집하였다. ① 이때 그는 군대의 선두에 설 만큼 용기를 가지고 있었다. 그 용기는 이스라엘을 해방하는 거룩한 일을 수행하려는 그의 헌신에서 비롯된 것이었다. 주님의 백성을 위하여 생명을 바치는 자는 두려움이 없다. ② 그는 반드시 이스라엘의 해방이 이루어질 것을 확신하였다. "여호와께서 너희의 원수들인 모압을 너희의 손에 넘겨 주셨느니라"고 한(28절) 그의 주장이 이 확신을 증명해 준다. 그가 무리를 향하여 "나를 따르라"고 한 것은 승리를 내다보는 강한 신념을 표

시한 것이다. 참된 지도자는 그와 같이 하나님께 신념을 둔다. 그렇다면 그는 언제 어디서 이 확신을 얻었을까? 그는 여호와께 부르짖는 사람들 중 한 사람이었을 것이다(15절). 확신은 하나님께 진정으로 부르짖으며 기도하는 자가 얻는 법이다. 하나님께서는 구하는 자에게 필요한 것을 주신다. 야고보서 4:2하-3절에 말하기를, "너희가 얻지 못함은 구하지 아니하기 때문이요 구하여도 받지 못함은 정욕으로 쓰려고 잘못 구하기 때문이라"고 하였다.

모압 맞은편 요단 강 나루를 장악하여 한 사람도 건너지 못하게 하였고(삿 3:28하). 이렇게 그 나루를 지킨 목적은 요단 서쪽에 와 있던 모압 사람들을 전멸하기 위해서이다. 또한 요단 동쪽에서 올 수 있는 모압 군대를 막기 위해서이다. 에훗은 여호와의 도우심을 확신하면서도 인간이 해야 할 작전 계획도 세워나갔다. 또한 전투에도 모든 노력을 다하였다. 신앙은 인간의 계획과 노력을 초월하지만 그것을 무시하지 않고 도리어 강조한다. 어떤 때에는 하나님께서 인간을 개입시키지 않고 전적으로 그의 기적으로 역사하신다. 그러나 대개는 인간의 노력과 행위를 통하여 역사하신다.

29-30 모압 사람 약 만 명을 죽였으니 모두 장사요 모두 용사라 한 사람도 도망하지 못하였더라(29절). 모압 군인이 아무리 용맹한 용사일지라도 하나님께서 이스라엘을 도와서 간섭하시는 때에는 그들도 산산이 무너진다. 잠언 21:30-31에 말하기를 "지혜로도 못하고, 명철로도 못하고 모략으로도 여호와를 당하지 못하느니라 싸울 날을 위하여 마병을 예비하거니와 이김은 여호와께 있느니라"고 하였다. 모압을 이긴 후 이스라엘은 "팔십 년 동안 평온"하였다(30절).

31 에훗 후에는 아낫의 아들 삼갈이 있어 소 모는 막대기로 블레셋 사람 육백 명을 죽였고 그도 이스라엘을 구원하였더라. "소 모는 막대기"로 블레셋의 침략군을 물리친 것 역시 하나님의 권능을 보여 준다. 약한 것을 들어서 강한 것을 부끄럽게 하시는 것은 하나님께서 그의 능력을 나타내시는 방법이다(고전 1:27-29; 참조. 고후 12:9-10).

어떤 학자들은 "삼갈"이 이스라엘 사람이 아니라 이방 사람이었을 것이라고 한다. 예컨대 버니(Burney)는 삼갈의 부친 이름 "아낫"이 바벨론 사람들의 이름과 유사하다고 하면서, 삼갈이 외국인이었을 것이라고 하였다.[64] 그는 랑케(Ranke)의 저서[65]에 "아나툼"이란 이름의 바벨론 사람이 세 번이나 등장한다고 하였다. 그러나 이와 같은 그의 논증은 성립될 수 없다. 이스라엘 사람의 이름과 유사한 이름이 바벨론 사람들에게도 있을 수 있다.

| 설교자료

1. 신자들의 행동 기준은 하나님의 눈이다. "여호와의 목전"이란 말이 그 뜻이다(7, 12절). 다시 말하면 그들은 은밀한 가운데 보시는 하나님 아버지 앞에서 바르게 살고 행해야 한다(마 6:1-18; 롬 2:28-29 참조).

2. 왼손잡이 에훗이 하나님께 사용되어 이스라엘을 모압의 압제에서 구원하였다(15절). 하나님께서는 일꾼을 사용하실 때 어떤 때에는 외적으로 잘 난 사람보다 도리어 그렇지 못한 자들을 쓰시는 것을 더 좋아하신다. 그렇게 함으로써 영광이 그 일꾼에게 돌아가지 않고 하나님께 돌아간다(고후 4:7 참조). 고린도전서 1:27-29에 말하기를, "하나님께서 세상의 미련한 것들을 택하사 지혜 있는 자들을 부끄럽게 하려 하시고 세상의 약한 것들을 택하사 강한 것들을 부끄럽게 하려 하시며 하나님께서 세상의 천한 것들과 멸시받는 것들과 없는 것들을 택하사 있는 것들을 폐하려 하시나니 이는 아무 육체도 하나님 앞에서 자랑하지 못하게 하려 하심이라"고 하였다.

---

64) Burney, The Book of Judges, 1970, 76.
65) Ranke, Early Babylonian Personal Names, 66.

3. 사사 에훗의 담력은 그의 신앙에서 비롯되었다. 그는 하나님께서 모압을 이스라엘의 손에 붙이셨다는 것을 믿었다. 그래서 그는 백성들을 향하여 "나를 따르라"고 외치며 전쟁터로 앞서 나아갔다(삿 3:27-28).

제 4 장

❉ 내용분해

1. 에훗이 죽은 후에 이스라엘이 하나님을 떠남(1절)
2. 이스라엘이 가나안 왕 야빈에게 압제를 당함(2-3절)
3. 여선지 드보라가 다스림(4-5절)
4. 이스라엘이 구원을 받음(6-24절)
    1) 드보라가 바락에게 전쟁을 부탁함(6-7절)
    2) 두 사람이 함께 작전에 임함(8-10절)
    3) 모세의 처가 식구들 거주에 대한 삽화(11절)
    4) 바락의 군대와 시스라의 군대가 각각 전쟁에 임함(12-13절)
    5) 드보라가 바락을 격려함(14절)
    6) 바락의 승리(15-16절)
    7) 시스라의 도피와 그의 죽음(17-22절)
    8) 이스라엘의 해방(23-24절)

✣ 해석

1 **이스라엘 자손이 또 여호와의 목전에 악을 행하매.** 여기서 "또"란 말로 번역된 히브리어(יָסַף)는 더한다는 뜻이다. 이것은 이스라엘이 전에 지은 죄를 상기시키며, 그들의 회개가 신빙성이 없음을 탄식하는 것이다. 그들의 선조들이 광야에서 한 회개도 신빙성이 없었다. 그들은 회개하였다가도 다시 변하였으므로 시편 저자는 이와 같은 그들의 회개를 가리켜 하나님께 대한 아첨이라고 하였다. 곧 시편 78:34-41에 말하기를, "하나님이 그들을 죽이실 때에 그들이 그에게 구하며 돌이켜 하나님을 간절히 찾았고 하나님이 그들의 반석이시며 지존하신 하나님이 그들의 구속자이심을 기억하였도다 그러나 그들이 입으로 그에게 아첨하며 자기 혀로 그에게 거짓을 말하였으니 이는 하나님께 향하는 그들의 마음이 정함이 없으며 그의 언약에 성실하지 아니하였음이로다 오직 하나님은 긍휼하시므로 죄악을 덮어 주시어 멸망시키지 아니하시고 그의 진노를 여러 번 돌이키시며 그의 모든 분을 다 쏟아 내지 아니하셨으니 그들은 육체이며 가고 다시 돌아오지 못하는 바람임을 기억하셨음이라 그들이 광야에서 그에게 반항하며 사막에서 그를 슬프시게 함이 몇 번인가 그들이 돌이켜 하나님을 거듭거듭 시험하며 이스라엘의 거룩하신 이를 노엽게 하였도다"라고 하였다.

2-3 "하솔에서 통치하는 가나안 왕 야빈"은 그 땅의 다른 모든 족속의 왕보다 더 악하고 강한 권세를 잡았던 자이다. 그것은 여호수아 11:1에 하솔 왕 야빈이 다른 왕들을 연합시킨 것을 보아도 알 수 있다. 하솔은 일찍이 여호수아에게 정복되었다(수 11:11). 그러나 그 후에 가나안 족속이 다시 그곳을 점령하고 그들의 전쟁 근거지로 만들었다. 영적 세계에서도 가장 악한 죄악은 우리가 그것을 정복한 후에도 다시 우리 속에서 얼마든지 일어날 수 있다.

4-5 **랍비돗의 아내 여선지자 드보라**(4절). "랍비돗의 아내"(אֵשֶׁת לַפִּידוֹת)란

말은 "번갯불의 아내"(wife of lightning)라고 번역될 수 있다. 따라서 이 말은 '바락의 아내'라는 뜻이라고 주장하는 학자가 있다(Hilliger). 그 이유는 "바락"(ברק)이란 말도 번갯불을 의미하기 때문이다.[66] 이 견해는 벨하우젠(Wellhausen)도 지지한다.[67] 그러나 이와 같은 해석은 자연스럽지 않다. 그 이유는 드보라가 한 번도 바락을 자기 남편이라고 한 적이 없기 때문이다 (5:12, 15).

이스라엘의 사사가 되었는데. 여자가 이스라엘 민족을 다스린 예는 이때뿐이었다. 여자가 주장하는 일은 창조 질서에 부합하지 않는다. 여자는 남자를 돕기 위하여 창조되었다(창 2:18; 고전 14:34; 딤전 2:11-14). 그러나 여자가 남자를 돕는다는 것은 인권의 독립성과 기업(내세의 기업)의 독립성에서 여자가 남자보다 부족하다는 의미가 아니다(벧전 3:7; 고전 11:11-12). 다만 직능과 직분이 달라서 여자는 남자를 내조한다는 것뿐이다. 그렇기 때문에 역사적으로 남자들은 위인으로 많이 드러나고 여자들은 숨겨져 있다. 언제나 그들은 내조자들이므로 수고는 많이 하고 이 세상에서는 명예와 상급을 적게 받는다.

드보라의 경우도 내조자의 테두리를 벗어나지 못하였다. 그녀는 하나님의 음성을 듣고, 예언자로서 영적으로 하나님께 받은 영감을 전달하는 통로로 되어 있었지만, 장군으로서 전쟁을 직접 담당하지는 않았다. 즉 장군의 역할은 바락이 담당하였다.

6-7 "납달리 게데스"는 야빈의 도성인 하솔(지금의 엘 하디레=el-Hadireh)에서 동북쪽으로 3마일 떨어진 곳에 있었다.

"이스라엘의 하나님 여호와"란 말은 하나님께서는 다른 민족의 하나님이

---

66) Das Deborah-lied, Giessen, 1867.
67) Comp3. 218.

되시지 않는다는 편협한 사상이 아니다. 그 당시에는 이스라엘을 통하여 계시되시고, 또한 역사하시며, 그들을 승리하게 하시는 하나님이시란 뜻이다. 이것은 ① 그때의 모든 이방 우상과 반대되는 참하나님이신 동시에, ② 언약(혹은 계약)에 의하여 이스라엘을 자기 백성으로 세우셨다는 의미를 지닌 칭호이다.

명령하지 아니하셨느냐. 이와 같은 질문 형식의 표현은 그 명령이 지닌 확실성을 강조하기 위한 것이다.

다볼산…기손강. "산"과 "강"의 대조로 두 개의 진을 대치시키는 것은 전략적으로 중요했다. 곧 이스라엘 군대가 고지를 차지해야만 적군의 철병거의 침해를 받지 않게 되고, 적군은 기손 강가의 평지에 놓여 있어야 폭우로 인한 홍수 때문에 멸망할 수 있었다. "다볼산"은 에스드렐론(Esdraelon) 평원 동북쪽으로 553미터쯤 떨어져 있는 산이다. 그리고 "기손 강"은 겨울철마다 물이 넘쳐서 위험한 곳이었다. 그러므로 이 전쟁이 벌어질 때 폭우가 내린다면 강은 넘치고 평야는 질어져서 야빈의 병거들이 다니지 못하게 될 수 있었다(5:20-21).

아무리 많은 수의 군인들과 우수한 무기를 가진 강한 군대일지라도 하나님이 주장하시는 자연의 힘을 이겨낼 수는 없다(출 14:27-28 참조). 오늘날의 강국들이 핵무기를 믿지만 하나님께서는 자연의 힘을 이용하셔서 그 어떤 신무기의 위협도 막으실 수 있다. 그러므로 현대인들은 핵무기를 두려워하지 말고 하나님을 두려워하며 회개해야 한다. 그것이 지혜의 근본이다(잠 1:7; 참조. 벧후 3:9-13).

8-9 바락이…당신이 나와 함께 가지 아니하면 나도 가지 아니하겠노라(8절). 이와 같은 바락의 청원에 드보라는 함께 가기로 동의하였다. 어떤 학설에는, 바락의 이 청원이 그의 겁약함과 불신앙에서 나온 것이라고 한다(G. Bush). 그러나 이와 같은 태도는 나약함이 아니라 겸손과 신앙이다. 그는 하나님의 인

도하심에 의존해야만 그 전쟁에서 승리할 수 있다는 것을 믿었다. 그 당시에 하나님의 지시를 받는 자는 여선지 드보라였다. 바락 자신이 아니었다. 그러므로 그가 드보라와 동행하기를 원한 것은 그의 겸손이었고 신앙이었다. 신약성경은 그를 신앙의 인물로 칭찬하였다(히 11:32).

70인역(LXX)에는 8절에 있는 바락의 청원 끝에 그가 가지 못할 이유가 첨부되어 있다. 그것은 "나는 어느 날 여호와의 사자가 나를 형통하게 할지 모르기 때문이라"(ὅτι οὐκ οἶδα τὴν ἡμέραν ἐν ᾗ εὐοδοῖ τὸν ἄγγελον κύριος μετ᾽ ἐμοῦ)고 한 문구이다.

네가 이번에 가는 길에서는 영광을 얻지 못하리니 이는 여호와께서 시스라를 여인의 손에 파실 것임이니라(9상). 이 말씀은 야빈 왕의 장군 시스라가 야엘이라는 여인의 손에 죽게 될 것(17-22절)을 예언한 것이다.

11 사사기의 저자가 여기서 모세의 처가 식구인 "헤벨"의 거처에 대하여 말하는 목적은, 헤벨의 아내 야엘의 의로운 거사를 말하기 위해서이다.

모세의 장인 호밥(חֹבָב חֹתֵן מֹשֶׁה). 성경에 모세의 장인의 이름이 여러 가지로 나타난다. 여기서는 "호밥"이고, 출애굽기 2:18에는 "르우엘"이고, 출애굽기 3:1에는 "이드로"이다. 그러나 이 난제는 쉽게 해결된다. 곧 "르우엘"은 모세의 처조부일 것이고, "이드로"는 그의 장인을 가리키는 존칭일 것이고, "호밥"은 그의 장인의 실제 본명일 것이다.

12-16 이 부분에는 "바락"의 군대와 "시스라"의 군대가 전쟁한 결과에 대하여 진술되었다. 그때 폭우가 내려서 기손 강이 넘쳤고(5:20-21), 시스라의 군대가 홍수에 휩쓸렸다. 이 일에 대하여는 6-7절의 해석을 참조하라.

17-21 이 부분에는 "야엘"이란 여인이 "시스라" 장군을 죽인 것이 기록되었다. 그런데 여기에 난제가 있다. 그것은 그녀가 그를 죽인 방법이 옳지 못하다는 것이다. ① 그녀는 거짓말로 그를 안심시켜서 자기 집 장막 안에서 깊이 잠들게 하였다. 기독교는 거짓을 용납하지 않는다. ② 죽이는 방법이 지극히

잔인하였다. ③ 하솔 왕과 겐 사람 헤벨은 화평하게 지냈으므로(17절), 헤벨의 아내 야엘의 처사는 배신행위이다.

그러나 이 점에서 명심해야 할 것이 있다. ① 전쟁터에서의 윤리는 어떤 면에서 일반 사회의 윤리와 다르다는 것과, ② 시스라의 죽음은 하나님의 심판이었다는 것이다. 극악한 죄인이 받는 심판이 표면적으로는 극히 가혹해 보이지만, 그 원인이 되는 그의 죄는 그보다 더욱 혹독하다. 남을 속이던 악한 죄인은 속임을 당하게 되고, 배신을 떡 먹듯 하던 자는 배신을 맛보게 되고, 다른 사람을 잔인하게 죽이던 자는 잔인하게 죽고 만다. 그러므로 우리는 하나님의 심판 도구로 사용된 야엘(9절)을 정죄할 필요가 없다. 드보라는 하나님의 권능을 노래할 때 야엘을 축복하였다(5:24).

| 설교자료

1. 교회의 원수가 아무리 강하여도(2-3상) 교회가 합심하여 부르짖어 기도하면 하나님의 응답을 받아 그 원수를 물리친다(3하-7; 참조. 마 18:19). 잠언 21:31에 말하기를, "싸울 날을 위하여 마병을 예비하거니와 이김은 여호와께 있느니라"고 하였다.

2. 하나님이 함께하여 주시는 신앙의 인물은 불안한 시대에도 사람들에게 안심을 주고 소망을 준다(6-7절). 사도 바울은 지중해에서 파선할 지경의 위험을 당하였다. 그때 그 배에 탄 276명이 모두 다 절망에 빠져 있었다. 그러나 하나님의 말씀을 들은 바울은 그들에게 안심과 소망을 주었다(행 27:23-25, 33-37).

3. 수많은 군인을 호령하던 가나안 장군 시스라도 하나님께서 그를 이스

라엘의 손에 붙이시자(삿 4:14) 아무런 보호도 받지 못하는 처지가 되었다. ① 결국 그는 패잔병이 되어서(15, 17절), 잠을 자다가 죽었으며(20-21절), ② 심지어 연약한 여인의 손에 죽고 말았다(21절). 모든 힘과 능력은 여호와께 있다(시 62:11). 이사야 40:17에 말하기를, "그의 앞에는 모든 열방이 아무것도 아니라 그는 그들을 없는 것 같이, 빈 것 같이 여기시느니라"고 하였다.

제 5 장

✣ 내용분해

1. 드보라와 바락이 노래를 부름(1-31절)

　1) 하나님을 찬송함(2-3절)

　2) 광야 시대의 이스라엘의 구원 운동을 회고함(4-5절)

　3) 가나안 족속들의 압제로 인한 이스라엘의 참상을 회고함(6-8절)

　4) 하나님의 구원을 찬송함(9-13절)

　5) 기손 강 전쟁 때에 협력한 지파들과 협력하지 않은 자들에 대하여
　　(14-18절)

　6) 기손 강 전쟁의 결과에 대하여(19-22절)

　7) 이스라엘 편에 서지 않은 자는 저주를 받고 그 편에 선 자는 복을 받
　　는다고 함(23-30절)

　8) 결론(31절)

2. 이스라엘 백성이 40년 동안 태평을 누림(31하)

☩ 해석

1 이 날에 드보라와 아비노암의 아들 바락이 노래하여 이르되. 하나님의 권능으로 가나안 왕 야빈을 진멸한 "드보라"와 "바락"은 하나님께 영광을 돌리는 노래를 불렀다.

2-3 이스라엘의 영솔자들이 영솔하였고(2절, בפרע פרעות בישראל). 이 문구는 "이스라엘의 강한 자들이 힘을 발휘하였고"라고 개역해야 한다.

백성이 즐거이 헌신하였으니. 이 말은 일반 백성들도 기뻐하며 전쟁터로 나아갔다는 뜻이다. 그러므로 드보라가 찬송하는 이유는 이스라엘의 강한 지도자들과 일반 백성들이 다 함께 희생적으로 전쟁에 참여하게 된 것이 하나님의 큰 은혜라는 것이다. 사람들이 의를 위하여 헌신하는 것은 우연한 일이 아니라 하나님의 역사로 이루어지는 것이다. 그 당시 가나안 족속들에 대한 이스라엘의 진멸 행위는 곧바로 하나님의 심판을 대행한 것이었다. 따라서 그 진멸 행위에 이바지한 자들은 하나님의 은혜를 받아서 그렇게 하게 된 것이었다. 또한 그들의 승리도 하나님의 뜻을 성취한 것이다. 이 일로 인한 드보라의 찬송은 하나님의 영광을 중심으로 한 것이었다.

4-5 드보라는 이스라엘의 출애굽과 관련된 하나님의 구원사역의 위엄을 찬송한다.

세일에서부터 나오시고 에돔 들에서부터 진행하실 때에. 이것은 일찍이 모세 시대에 하나님께서 이스라엘 백성과 함께 계시면서 그들이 광야를 통과하게 하신 그의 구원 행위를 노래하는 것이다.

땅이 진동하고…산들이 여호와 앞에서 진동하니 저 시내 산도 이스라엘의 하나님 여호와 앞에서 진동하였도다. "산들이 진동하였다"는 것은 그때 나타난 하나님의 권능을 염두에 둔 것이다. 이 구절에 "진동"이란 말이 세 번 나온다. 이 말은 이스라엘을 구원하시기 위한 하나님의 기이한 많은 역사를 생각하게 한다.

드보라는 최근에 기손강에 나타난 하나님의 기적을 찬송하면서 과거 이스라엘에 나타났던 하나님의 구원 능력을 회상한다. 그렇게 한 이유는, ① 최근에 그가 하나님의 능력을 기손강 전쟁에서 친히 체험함으로써 과거에 나타났다는 기적들(이스라엘의 출애굽과 광야에서 나타난 기적들)도 새삼 확신하게 되었기 때문이다. 신자가 직접 은혜를 체험하기 전에는 다른 사람들이 체험한 간증을 들어도 실감하지 못한다. ② 그녀가 이스라엘이 현재에 받은 은혜를 감사할 때 자연히 과거에 받은 은혜도 감사하게 되었기 때문이다. 이같이 성도는 과거에 받은 은혜를 기억하여 더욱 신앙을 견고하게 한다.

6-7 "삼갈의 날"이란 말과 "야엘의 날"이란 말은, 압제자의 손에서 이스라엘을 구원해 줄 인물(삼갈, 야엘)이 필요한 시대, 곧 이방 민족들의 침략 시대를 말하는 것이다. 이 시대에는 사람들이 압제자들과 도둑들 때문에 큰길로 다니지 못하고 "오솔길로" 숨어서 다녔다.

이스라엘에는 마을 사람들이 그쳤으니. 어떤 학자는 "마을 사람들"이란 말(פְּרָזוֹן)이 농촌이라는 뜻을 가지고 있다고 하면서, 그 당시에 이스라엘 사람들이 압제자들과 도둑을 피하여 농촌을 떠나 도시로 이사하였기 때문에 농촌이 폐허가 되었다고 한다. 그러나 이러한 학설은 받아들일 수 없다(11하 해석 참조). 히브리어의 권위자인 게세니우스(Gesenius)는 이 말(פְּרָזוֹן)이 70인역(LXX)의 번역(δυνατοί)처럼 능력 있는 자들, 곧 참된 지도자들을 가리킨다고 하였다. 드보라는 이때 이스라엘에 지도자가 없는 것을 탄식한다.

8 **무리가 새 신들을 택하였으므로 그 때에 전쟁이 성문에 이르렀으나.** 드보라는 그때 다른 민족들이 이스라엘을 침략한 원인이 이스라엘의 우상숭배 때문이었다고 한다. "새 신들"은 그들의 조상 때에는 모르던 이방 신들을 가리킨다. 하나님의 백성은 그 어느 시대를 막론하고 조상 때부터 섬겨 오는 언약의 신, 곧 여호와만 섬겨야 한다(딤후 1:3 참조).

이스라엘의 사만 명 중에 방패와 창이 보였던가. 여기서 "사만 명"이라는 수는 정규 군인을 통계적으로 말한 것이 아니라, 그 당시 기손 강 전쟁을 위하여 동원되었던 이스라엘 백성들을 가리킨다. 이스라엘이 가나안 왕 야빈의 지배를 받을 동안(4:1-3)에는 침략자에 대항할 만한 무기를 준비할 수 없었다. 그럼에도 불구하고 하나님의 능력으로 말미암아 시스라(가나안 왕 야빈의 장관)의 많은 군대를 진멸하였다. 그것은 여호와께서 이스라엘 가운데 전쟁의 지도자들을 일으키시고, 그들이 "즐거이 헌신"하게 하셨기 때문이었다(9상).

9-13 드보라는 각계각층의 사람들에게 하나님을 찬송하라고 독촉한다. 육신적으로 하나님의 구원을 받은 자들이 그 사실을 알고 하나님을 진정으로 찬송할 때 그들의 영혼까지 구원을 받는다. 그 이유는, 그들이 하나님을 바르게 깨닫고 그를 즐거워하는 자리에 나아가게 된 것은 이미 그들이 살아계신 하나님을 믿는 증거이기 때문이다. 그러므로 하나님을 즐거워하는 것은 곧 영혼 구원의 즐거움이다(벧전 1:8 참조).

드보라는 그때 받은 민족적 구원을 인하여 온 백성이 하나님을 찬송하라는 뜻으로 각계의 인사들을 초청한다. ① "흰 나귀를 탄 자들, 양탄자에 앉은 자들"은 그 사회에서 지위가 높은 자들을 가리키며, ② "길에 행하는 자들"은 그 사회의 일반 대중을 가리킨다. ③ "멀리 떨어진 물 긷는 곳"에 있는 자들은, 그 당시 이스라엘이 가나안 왕 야빈의 압제 밑에서 "물 긷는 곳"에서 당하던 위험을 생각하게 한다. 곧 그 지방에는 음료수가 귀하였는데, 물 길으러 갔던 자들이 종종 압제자나 도둑의 습격을 당하였다. 11절의 "활 쏘는 자들의 소리로부터"라는 표현이 이제는 그런 위험에서 구원받게 된 것을 생각하게 한다. 이제 드보라로 말미암아 해방된 이스라엘은 이 구원 때문에 여호와를 찬송("노래")해야 한다.

여호와의 백성이 성문에 내려갔도다(11하). 이 말은 침략해 왔던 가나안 사람들을 피하여 도시에서 멀리 떨어져 살던 사람들이 도시로 돌아왔다는 뜻이다.

깰지어다 깰지어다 드보라여 깰지어다 깰지어다(12상). 이것은 드보라가 자기 자신을 향하여 외치는 경종이다. 같은 말을 네 번이나 거듭한 것은, 그녀가 하나님의 구원 역사 앞에서 영적으로 깨어서 그의 놀라움을 힘 있게 찬송하겠다고 다짐하는 것이다. 우리는 신약에서 "감사함으로 깨어 있으라"(골 4:2)고 한 말씀을 본다. 조상 때부터 죄로 어두워진 인류 안에는 구원의 은혜를 받고도 하나님께 감사할 줄 모르는 자들이 많다. 신자들은 이 점에 대하여 깨어 있어야 한다.

네가 사로잡은 자를 끌고 갈지어다(12하). 이 말은 그때 전쟁 포로들을 끌고 가는 것이 하나님의 능력으로 성취한 승리를 온 천하에 알리는 정당한 일이라는 뜻이다. 이것도 하나님을 찬송하라는 말씀과 별로 다르지 않다.

남은 귀인과 백성이 내려왔고(13절). 이 말은 이방 가나안 민족의 압제를 피하여 도망하였던 이스라엘의 경건한 자들이 이제는 돌아와서 해방을 즐긴다는 뜻이다.

14-18절. 드보라가 바락이 지휘한 기손 강 전쟁에 가담한 지파들을 칭찬하고 그렇게 하지 않은 자들을 규탄한다.

14 에브라임에게서 나온 자들은 아말렉에 뿌리 박힌 자들이요. 이 말은 "에브라임" 지파에서 이번 전쟁에 가담한 자들이 있다는 것이다. 특별히 그들은 옛날 아말렉 족속이 점령했던 땅에 살던 자들이었다(12:15 참조).

베냐민은 백성들 중에서 너를 따르는 자들이요. 이 말은 "베냐민" 지파에서는 개인적으로 이 전쟁에 참전한 사람이 있었다는 뜻이다.

마길에게서는 명령하는 자들이 내려왔고. 곧 므낫세 지파 중에서는 지도자들이 와서 참전하였다는 뜻이다.

스불론에게서는 대장군의 지팡이를 잡은 자들이 내려왔도다. 이 말씀의 히브리어(מִזְּבֻלוּן מֹשְׁכִים בְּשֵׁבֶט סֹפֵר)는 다음과 같이 번역되어야 한다. "스불론에서는 계수하는 자의 곤봉을 쥔 자들이 내려왔느니라." 이 말씀은 "스불론" 지파에서는 장교들이 와서 병정을 모집하는 데 종사하였다는 뜻이다.

15-16 **잇사갈의 방백들이 드보라와 함께 하니 잇사갈과 같이 바락도**(15상). 이 말은 "잇사갈" 지파에서도 지도자들이 이 전쟁에 참전하여 열심히 봉사하였다는 뜻이다.

그의 뒤를 따라 골짜기로 달려 내려가니. 이것은 열심히 작전에 참가하였음을 말한다.

르우벤 시냇가에서 큰 결심이 있었도다(15하). 이는 "르우벤"이 차지한 지역에 시내들이 많은 것을 염두에 둔 말씀이다. 르우벤 지파는 이 전쟁에 참가하려고 결심하였지만 그대로 실행하지 않았다.

양의 우리 가운데에 앉아서 목자의 피리 부는 소리를 들음은 어찌 됨이냐(16상). 이것은 그들(르우벤 지파)이 전쟁에 나가지 않고 양을 치는 목장에 평안히 있었던 것을 탄식하는 것이다. 여기서 "르우벤 시냇가에서 큰 결심이 있었도다"란 말씀은 그들이 참전하려고 생각하였으나 그대로 실행하지 않았다는 것이다.

17 "길르앗"(갓 지파의 땅)과 "단" 지파와 "아셀" 지파도 이 전쟁에 참가하지 않고 평안히 있었다. 드보라는 여기서 "어찌 됨이냐"란 말(מָה)로 그들의 나태함을 지적한다.

18 **스불론은 죽음을 무릅쓰고…납달리도…그러하도다.** 이 말은 "스불론" 지파와 "납달리" 지파는 이 전쟁에서 생명을 아끼지 않고 하나님의 뜻을 받들어 봉사하였다는 것이다.

이 부분(14-18절)에 나타난 드보라의 사상은 신자들이 공동체를 위하여 자기의 책임을 이행하지 않는 것이 큰 죄악이라는 것이다(23절 참조).

19-22절. 여기서는 그 전쟁의 결과를 말해 준다. 곧 가나안 족속이 이 전쟁에서 패하였다는 것이다. "은을 탈취하지 못하였도다(19하)라는 말씀은 그

들이 전리품을 취하지 못하였다는 것이므로, 패전한 것을 가리킨다.

별들이 하늘에서부터 싸우되 그들이 다니는 길에서 시스라와 싸웠도다(20절). 이것은 하늘에 있는 것들도 시스라가 패하도록 싸워 주었다는 뜻이다. 곧 하늘에 기후 변화가 생기면서 구름이 덮여 별들이 보이지 않게 된 것이 마치 그 별들이 전쟁터에 나가서 없는 것 같고, 폭풍우가 일어나 기손 강에 홍수가 넘침으로써 시스라의 군대가 표류하여 망하였다는 것이다. 이것은 물론 시문학적 표현이다. 그러나 하나님 백성의 대적인 야빈과 그의 군대, 곧 시스라의 군대가 하나님의 직접적인 간섭에 의하여 자연계의 공격도 받았다는 것을 나타낸다.

내 영혼아 네가 힘 있는 자를 밟았도다(21하). 여기서 "내 영혼"이란 말은 이스라엘을 대표하는 표현이다. 곧 시스라를 패배시킨 것이 이스라엘의 영혼이라는 뜻이다. 이것은 이스라엘을 높이는 의미가 아니라 하나님 편에 서 있던(시 124:1-3) 이스라엘 사람의 영혼을 가리키는 것뿐이다. 그들이 승리하게 된 것은 온전히 하나님의 도우심 때문이었다.

말굽 소리가 땅을 울리도다(22하). 이 말은 시스라가 전쟁에서 패하여 도망할 때 그의 군대 장교들의 말이 도망하는 말굽 소리로 땅이 울릴 정도였다는 것이다.

23-31절. 드보라는 성령의 감동으로, 기손 강 전쟁을 방관하고 돕지 않은 "메로스"의 주민들을 저주하였다. 그때 메로스는 전쟁터와 가까이 있었던 듯하다. 반면에 드보라는 시스라를 죽인 여인, 곧 "헤벨의 아내 야엘"을 축복하였다. 그는 야엘의 의로운 거사를 칭찬하는 의미에서 그때의 일을 자세히 묘사하고(24-26절), 또 시스라의 죽음에 대하여도 길게 묘사하였다(27-31절).

야엘의 처사를 이같이 칭찬하는 이유는 무엇일까? 그것은 ① 가나안 왕 야빈과 이스라엘 사이에 중립을 취하고 있던 겐 사람 헤벨의 아내로서 이번 전쟁에 이스라엘 편으로 가담한 것이 기쁜 일이기 때문이다(4:17 참조). 하나님에 대하여는 중립을 취할 수 없다. 누구든지 그런 모호한 입장을 회개하고 즐거이 하나님 편에 속할 때 하나님께서 기뻐하시고 하나님의 사람들도 기뻐한다(눅 15:7 참조). ② 시스라는 우상숭배 죄악으로 가득 찬 가나안 왕의 신하였으므로, 우상과 함께 멸망을 받아야 할 처지였다. 즉 그는 하나님의 심판을 받아야 했다. 하나님께서는 야엘이라는 약한 여인을 통하여 그를 심판하셨다.

그들이 어찌 노략물을 얻지 못하였으랴(30절). 이것은 드보라의 추측으로 말한 것이다. 즉 시스라의 가족들과 친구들이 시스라가 개선장군으로 돌아올 것을 기다리면서 하는 말이라는 것이다. 그들은 당연히 강한 가나안 군대가 반드시 승리할 것을 기대하였을 것이다. 그러나 하나님께서 이스라엘을 도와주셨기 때문에 강한 가나안 군대도 여지없이 패배를 당하고 말았다.

해가 힘 있게 돋음 같게 하시옵소서(31하). 이 말은 주님을 사랑하는 자를 힘있게 올라오는 태양과 같이 되게 해 주시기를 원하는 기도다. 힘 있게 올라오는 태양은 점차 그 빛을 온 천하에 펼친다. 그와 같이 주님을 사랑하는 자는 계속 형통하며 빛과 같이 구원하는 일들을 힘 있게 펼쳐 나간다. 그가 가는 길에는 모든 일이 합력하여 선을 이룬다(롬 8:28).

드보라를 통하여 하나님의 구원을 받은 이스라엘은 "사십 년 동안 평온" 하였다(31하).

| 설교자료

1. 하나님의 역사에 대한 교회의 체험은 하나의 형태가 아니다. 땅이 진동하는 것처럼 그의 살아 계심을 깨닫게 되는 시대가 있고(4-5절), 신자들이 표면에 나타나지도 못하고 자취를 감추게 되는 시대도 있다(6절). 이런 경우에

도 신자들은 낙심하거나 하나님의 살아 계심을 의심하지 말아야 한다. 이 시대야말로 하나님께서 신자들의 믿음을 시험해 보시는 때이다. 광명한 때에 받은 은혜를 어두운 때에 잃지 말아야 한다.

2. 하나님께 헌신하는 자들은 즐거운 마음으로 헌신해야 한다(2, 9절). 그 이유는 ① 우리의 생명은 하나님이 주신 것이므로, 그것을 그에게 바치는 것이 당연하기 때문이며, ② 우리가 그에게 헌신하면 그가 보호해 주시기 때문이며, ③ 또 그가 우리의 인격을 성화시켜 주시기 때문이다.

3. 인류를 구원하시는 하나님의 계시 사건 앞에서 신자들은 깨어서 찬송해야 한다(12절). 그 이유는 하나님의 계시 사건은 우리의 영혼을 깨우쳐 주시기 때문이다. 깨지 못한 영혼들은 하나님이 계신다는 사실도 모른다. 그러나 계시와 성령으로 말미암아 영혼이 깨어난 자들은 하나님께서 하시는 일을 진정으로 깨닫고 그의 살아 계심을 실감하며 찬송한다(시 17:15).

4. 신자들은 이 세상에서 하나님 편에 서서 하나님의 일에 생명을 걸고 있는 힘을 다하여 노력해야 한다. 이스라엘 사람들 중에서 가나안 전쟁에 참가하지 않은 자들은 저주를 받았다(23절). 예레미야 선지자는 외치기를, "여호와의 일을 게을리 하는 자는 저주를 받을 것이요"라고 하였다(렘 48:10).

제 6 장

✤ 내용분해

1. 미디안족의 침략으로 인하여 이스라엘이 고난을 받음(1-6절)
2. 선지자의 책망(7-10절)
3. 기드온이 일어남(11-40절)
   1) 하나님께서 기드온을 임명하심(11-24절)
   2) 기드온이 자기 부친의 집에서 행한 종교개혁(25-32절)
   3) 기드온의 전쟁 준비와 자기가 구원자가 될 일에 대한 증표 요구(33-40절)

✤ 해석

1-6 이스라엘 자손이 또 여호와의 목전에 악을 행하였으므로 여호와께서 칠 년 동안 그들을 미디안의 손에 넘겨 주시니(1절). "미디안"족은 아브라함의 후처인 그두라의 자손이다(창 25:1-4). 이 민족은 유목민으로서 다른 나라를 침략할 때

모든 가축을 몰고 간다. 따라서 이들의 침략을 당하는 지역의 곡초는 모조리 없어진다. 미디안의 침략을 받은 이스라엘 자손은 산으로 피하여 "산에서 웅덩이와 굴과 산성"을 만들었다. 범죄한 그들을 하나님이 돌아보시지 않자 그들은 겁을 먹고 나약해져서 전쟁으로 침략군을 물리칠 용기를 가지지 못하고 이렇게 굴속으로 도피하게 된 것이다.

7-10 이스라엘 자손이 미디안으로 말미암아 여호와께 부르짖었으므로 여호와께서 이스라엘 자손에게 한 선지자를 보내시니(7-8상). "한 선지자"란 말의 히브리어(a איש נביא)는 "한 사람, 선지자"란 뜻이다. 선지자 앞에 "사람"(איש)이란 말이 덧붙여진 목적은 11절의 "여호와의 사자"(מלאך יהוה)와 구분하기 위해서이다. 하나님은 그 당시 이스라엘에 선지자 한 사람을 보내어 이스라엘의 죄를 꾸짖게 하셨다. 그들의 죄는 이전 세대와 다름없이 여호와 하나님을 떠나서 가나안의 우상을 섬기는 것이었다. 그들은 자신들을 애굽에서 구원하셨을 뿐 아니라 아모리 사람들("너희를 학대하는 모든 자"; 9절)의 압제에서 구하여 주신(2:18; 4:14) 하나님의 은혜를 저버리고 이방신들을 섬겼다. 이것은 배은망덕한 큰 죄악이었다. 배은망덕하는 자의 죄 때문에 억울함을 당한 이는 기가 막혀서 말도 못할 처지가 된다. 그렇기 때문에 다윗은 시편 109:4에 말하기를, "나는 사랑하나 그들은 도리어 나를 대적하니 나는 기도할 뿐이라"고 하였다. 사람이 아무리 무지해도 자기의 배은망덕한 죄가 지적받을 때는 변명할 말이 없는 법이다.

아모리 사람의 땅의 신들을 두려워하지 말라. 모든 미신 종교는 사람에게 구원과 평안을 주지 못할 뿐 아니라 언제나 두려움과 번민을 일으킨다. 사람이 그것을 섬기면 섬길수록 어두워질 뿐이다. 그러므로 우상을 따라간 이스라엘은 허무한 것을 두려워하는 어두운 자가 되었다.

11-12 "여호와의 사자"(מלאך יהוה)는 일반 천사나 사람이 아니라 하나님 자신이시다(14절 참조). 하나님께서는 이스라엘 백성에게 선지자 직분을 맡

은 인간을 보내어 말씀하셨지만(8절), 기드온 개인에게는 친히 나타나셔서 말씀하셨다. 그가 자기 백성을 회개시켜 구원하시기 위하여 말씀하실 때에는 여러 모양으로 나타나신다. 곧 계시의 완성이신 그리스도께서 성육신하여 오시기 전인 구약 시대에는 여러 모양으로 말씀하셨다(히 1:1-2).

요아스의 아들 기드온이…밀을 포도주 틀에서 타작하더니. "포도주 틀"은 땅에 구덩이를 파고 만든다. 기드온이 거기서 밀을 타작한 이유는, 그 당시 이스라엘을 압제하는 미디안 사람들이 이스라엘 사람들이 밀을 타작하는 것을 보기만 하면 빼앗아 갔기 때문에 그 일을 은밀히 하기 위해서였다.

큰 용사여 여호와께서 너와 함께 계시도다. 여호와의 사자께서 기드온을 가리켜 "큰 용사"라고 한 이유는 기드온 자신에게 어떤 능력이 있어서가 아니라 하나님이 그와 함께하시는 것이 곧 그의 능력이었기 때문이다(삿 6:15-16 참조). 기드온 자신은 그가 고백한 것처럼 "가장 작은 자"였다(15하). 하나님께서는 언제든지 약한 자를 통하여 강한 역사를 이루신다. 하나님께서 말씀하시기를, "내 능력이 약한 데서 온전하여짐이라"(고후 12:9) 하셨고, 바울은 말하기를, "내가 약한 그 때에 강함이라"(10절)고 하였다.

13-16 **나의 주여 여호와께서 우리와 함께 계시면 어찌하여 이 모든 일이 우리에게 일어났나이까…이제 여호와께서 우리를 버리사 미디안의 손에 우리를 넘겨 주셨나이다**(13절). 기드온은 하나님께서 자신과 함께해 주신다는 여호와의 사자의 말씀(12절)에 의문을 가졌다. 곧 그는 초자연적 사실에 대한 다른 사람의 증거를 그 즉시 인정하려 하지 않았다. 그는 믿기에 앞서 정직한 의심(honest doubt)을 가졌던 사람이었다. 어떤 사람들은 이같이 정직한 의심을 거쳐서 진리와 사실을 받아들이는 확신에 이르기도 한다(요 20:26-28 참조).

이 너의 힘으로(14상). 여기서 "이 너의 힘"이란 하나님 여호와의 힘을 가리킨다. 곧 "내가 너를 보낸 것이 아니냐"라는 말씀이 이를 설명해 준다(14하). 또한 여기서 "이"란 말(זֶה)은 그 힘이 무슨 힘인지 지적해 준다. 그것은 바로 그때 여호와의 사자께서 기드온에게 제공해 주신 힘이다. 그것은 그를 보내시는 하나님의 권위에 수반되는 것이다. 하나님은 그가 보내시는 사신과 함께해 주신다(16절). 바울은 말하기를 "내게 능력 주시는 자 안에서 내가 모든 것을 할 수 있느니라"(빌 4:13)고 하였다.

17-21 기드온은 자기에게 말씀하시는 이가 하나님이신지를 분명하게 확인하기 위해 다음과 같이 말하였다. "만일 내가 주께 은혜를 얻었사오면 나와 말씀하신 이가 주 되시는 표징을 내게 보이소서"(17절). 그리고 그는 그분께 "예물"(제물)을 가져오겠다고 하였다. 이같이 그는 신앙 문제에서 확실성과 진실성을 찾으려 했다. 이러한 태도는 불경건함이 아니라 도리어 하나님을 영화롭게 하기 위해서 당면한 문제를 신중히 취급하는 신앙에서 비롯된 것이다. 요한1서 4:1에 말하기를, "사랑하는 자들아 영을 다 믿지 말고 오직 영들이 하나님께 속하였나 분별하라"고 하였다.

"염소 새끼 하나", "가루 한 에바(45파운드)"(19절) 등은 한 사람 몫의 식물로는 너무 많다(C. F. Burney). 그러므로 기드온이 준비한 이 음식물은 제물로 준비된 것이었다.

불이 바위에서 나와 고기와 무교병을 살랐고(21절). ① 여호와의 사자께서 기드온이 드린 제물을 초자연적인 불로 태운 것은 그가 하나님이시라는 증표이다(레 9:24; 왕상 18:38; 대하 7:1). ② 제물을 불로 태우는 것은 그 제물을 드린 신자의 헌신을 상징한다. 즉 아무것도 남김없이 다 바친다는 것이며, 그렇게 바친 결과로 그 자신이 하나님께 향기로운 인격이 된다는 뜻을 가진다(레 1:9). 이같이 신자가 헌신하도록 능력을 주시는 이도 하나님이시다.

"불이 바위에서 나왔다"는 말씀은 일찍이 광야에서 모세의 지팡이가 반석에서 물을 내었다는 말씀(민 20:11)과 대조된다. 반석에서 물을 내신 하나님은 바위에서 불도 내셨다. 물과 불은 서로 상극이지만 하나님의 능력은 창조적인 성격을 지니므로, 그 역사가 어느 한 가지에만 국한되지 않고 그것과 정반대되는 일도 이루신다. 하나님은 그분 밖에 있는 객관 세계의 형태에 지배되지 않으시고 그것을 없는 것같이 보기도 하신다. 그는 없는 것에서 있게도 하시고(롬 4:17), 있는 것을 없는 것같이 여기기도 하신다(사 40:17).

여호와의 사자는 떠나서 보이지 아니한지라(21하). 하나님은 언제나 그가 하시는 일과 함께 나타나신다. 따라서 우리는 언제나 그가 행하신 일을 봄으로써 그를 깨닫게 된다. 그는 목적 없이 이 세상에 나타나 계시지 않는다. 그의 보이지 않는 속성이 그 본질이고, 그 본연이고, 또한 그의 완전성이다(히 11:3; 딤전 6:16 참조).

22-24 사람이 하나님을 보면 죽는다는 것은 하나님의 경고였다.[68] 그러므로 하나님께서 자신을 사람들에게 보이시지 않는 것도 그의 자비 덕분이다. 그리고 하나님을 보려고 하는 인류의 욕심은 그들의 어리석은 생각이다.

기드온은 자신이 "여호와의 사자"(하나님)를 눈으로 본 것 때문에 죽을까 봐 두려워하며 근심하였다. "슬프도소이다"라고 번역된 히브리어(אֲהָהּ)는 "아하"라고 개역되는 것이 옳다. 이것은 놀람과 근심을 표현하는 말이다.

너는 안심하라 두려워하지 말라 죽지 아니하리라(23하). 이 점에서 생각해 보아야 할 문제가 있다. 그것은 하나님을 본 자는 죽는다고 일찍이 경고하신 분이 하나님이신데 기드온에게는 왜 그 경고대로 시행하시지 않은 것일까? 이때 나타나신 "여호와의 사자"가 장차 오실 그리스도시라는 사실을 알면 문제가 해결된다. 그는 그리스도이시다. 그래서 하나님이시면서도 우리를 긍휼히 여기시기 위해 인간의 모습으로 나타나셨다. 그의 인간적인 모습은 바로 그가 기드온을 만나 주신 자리에서 기드온이 돌아올 때까지 그대로 기다리신 것이다(18절). 어떤 한 장소에 머무는 행동은 신성에 속한 것이 아니라 인간의 속성이다.

---

68) 출 33:20. 참조, 창 32:30; 출 20:19; 24:11; 신 4:33; 5:25-26.

그렇다면 이와 같은 인간의 모습을 지니지 않은 신성 자체를 보는 자(사실 그를 볼 수도 없지만)는 왜 죽게 되는 것인가? 만일 신성의 계시가 제한성을 지닌 인간의 모습을 통하지 않고 우리 인간(죄인)에게 곧바로 임하신다면 그의 절대적이고 완전하신 성결 때문에 그것을 본 인간은 죽게 된다(히 12:29 참조). 한 가지 비유를 들어 보면, 만일 태양열이 공기층을 경유하지 않고 땅 위에 곧바로 내리쪼인다면 이 지구는 온통 타 버리고 말 것이다.

"여호와 살롬"(יהוה שלום)(24상)은 여호와는 평화이시다(Jehovah is peaceful)라는 뜻이다. 하나님으로서 죄 많은 인류에게 오셔서 평화를 전하시는 이는 예수 그리스도이시다. 그는 "상한 갈대를 꺾지 아니하며 꺼져가는 심지를 끄지 아니하기를 심판하여 이길 때까지"(마 12:20) 하신다고 하였다. 그가 죽음을 이기고 부활하셔서 선포하신 것은 "평강"이다(눅 24:36; 요 20:21). 에베소서 2:14에 말하기를, "그는 우리의 화평이신지라"고 하였다(엡 2:15-18; 요 16:33 참조).

25-27   기드온은 이스라엘의 사사로서 전쟁을 수행해야 했고, 그 일을 시작하기 전에 먼저 "큰 용사"답게 하나님께 헌신하는 "번제"를 드렸다.

칠 년 된 둘째 수소. 70인역(LXX)의 한 사본(GAL)은 이 문구를 "그 살찐 수소"(τὸν μόσχον τὸν σιτευτόν)라고 하였고, 불가타역(Vulgate)은 "너의 아비의 수소"(taurum patris tui)라고 번역하였다. 히브리어 성경대로 번역된 우리 한글 번역에서 "둘째 수소"(פר השני)라고 한 것은 햇수로 보아 7년 된 것이 둘째로 간주되는 수소라는 뜻이다(Delitzsch).

네 아버지에게 있는 바알의 제단을 헐며 그 곁의 아세라 상을 찍고 또 이 산성 꼭대기에 네 하나님 여호와를 위하여 규례대로 한 제단을 쌓고 그 둘째 수소를 잡아 네가 찍은 아세라 나무로 번제를 드릴지니라 하시니라(25하-26절). 기드온이 헌신하는 번제를 드리기 위해서는 그 부친의 집에 있는 바알 신의 제단과 아세라 신상을 파괴해야 했다. 이것 역시 신앙의 용사만이 수행할 수 있는 일이므로, 그 일을 단행하려면 우상숭배자들의 박해를 각오해야 했다. "아버지에게 있는 바알의 제단"이란 말로 미루어 보아 기드온은 우상을 숭배하는 가정에서 자라난 듯하다. 그럼에도 불구하고 그는 우상숭배에 휩쓸리지 않았다. 그것은 "네 아버지에게 있는"이란 말(אֲשֶׁר לְאָבִיךָ)이 "네 아버지에게 속한"이라는 뜻인 것으로 알 수 있다. 그러므로 기드온 자신은 그 바알 제단과 상관이 없었다. 한 가정의 가장인 부친의 우상숭배에 그 아들 된 자가 참여하지 않는다는 것은 참으로 어려운 일이다. 그러나 기드온은 그 난관을 잘 돌파하였다.

"바알"과 "아세라"에 대하여는 2:13의 해석을 참조하라. "바알"은 소유자란 뜻으로, 주로 농업의 신을 가리킨다. "아세라"는 베니게의 여신상이며, 골짜기에서 섬긴 우상이었다.

28-32 이 부분에는 기드온이 우상들을 파괴한 것에 대한 "오브라" 사람들의 박해가 기록되어 있다.

네 아들을 끌어내라 그는 당연히 죽을지니(30절). 오브라 성읍 사람들이 기드온을 죽이려고 그의 부친에게 그를 내어 달라고 강요했다. 이에 대한 그의 부친 "요아스"의 말은 매우 지혜로웠다. 그는 말하기를, "너희가 바알을 위하여 다투느냐 너희가 바알을 구원하겠느냐 그를 위하여 다투는 자는 아침까지 죽임을 당하리라"고 하였다(31절). 여기서 "죽임을 당하리라"고 한 그의 말은, 그가 이미 바알을 위하지 않고 그 아들의 신앙에 참여하였음을 나타낸다. 이와 같은 그의 말은 바알을 위하는 자는 참되신 하나님의 벌을 받아서 죽을 것이라는 신념이다. 그는 물론 하나님을 만나 본 그 아들의 체험을 들었을 것이고, 또 그로 인해 회개하였을 것이다. 기드온을 세우시고 그를 통하여 이스라엘 백성을 구원하기로 작정하신 하나님께서 그의 부친의 마음도 돌이켜 주셨다고 생각된다.

바알이 과연 신일진대 그의 제단을 파괴하였은즉 그가 자신을 위해 다툴 것이니라. 이 말은 사실상 바알을 인정하는 것이 아닌 하나의 풍자이다. 즉 이것은 엘리야의 풍자와 같은 변론이다. 그는 말하기를, "바알이 만일 하나님이면 그를 따를지니라"고 하였다(왕상 18:21; 참조. 왕상 18:27).

그 날에 기드온을 여룹바알이라 불렀으니(32절). 이 문구의 히브리어(יִקְרָא־)는 "그날에 그가 기드온을 여룹바알이라고 불렀으니"라고 개역되어야 한다. 여기서 말하는 "여룹바알"(יְרֻבַּעַל)은 '바알은 싸워 보라' 혹은 '바알은 싸울지어다'(Let Baal fight)라는 뜻이다. 곧 기드온이 바알 제단을 파괴하였으므로 바알이 기드온을 대적하여 싸워 보라는 뜻이다.[69] 이 이름은 바알에게 도전하는 의미가 있다. 즉 기드온의 부친이 자기 아들에게 이런 이름을 준 것은 자신과 기드온이 영원히 바알과 투쟁할 것을 선포하는 것이다. 진정한 신앙의 용기는 정복하는 힘이 있다(요일 5:4).

33-35 미디안과 아말렉이 이스라엘을 침략할 때 기드온은 구원 운동을 전개하였다. 그의 구원 운동은 영적으로 올바른 순서를 취하였다. 곧 이스라엘의 육적인 구원 운동보다 먼저 자기 가정에 종교개혁을 가져온 것이다(25-32절). 이것은 모세가 이스라엘을 애굽에서 구하러 가기 전에 그 아들에게 할례를 행한 것과 같다(출 4:24-26).

여호와의 영이 기드온에게 임하시니(34절). 여기서 "기드온에게 임하시니"란 말(לָבְשָׁה אֶת־גִּדְעוֹן)은 기드온을 옷 입혔다는 뜻이다. 곧 성령이 기드온을 완전히 점령하셨다는 뜻이다(대상 12:18; 대하 24:20; 눅 24:49 참조).

그의 뒤를 따라…모여서 그를 따르고(34, 35절). 여기서 "모여서"란 말(וַיִּזָּעֵק)은 "전쟁에 참여하도록 요청받는 것"(called to battle)을 가리킨다(Burney). 이때 전쟁에 참여한 자들은 다 기드온이 보낸 사자들을 좇아서 그에게로 모였다. 우상숭배가 팽배하던 그때 이처럼 순조롭게 하나님의 종을 중심으로 모이게 된 것은, 기드온에게 충만히 임하신 성령의 역사로 이루어진 일이다. 오늘

---

69) C. Vonk, De Voorzeide Leer Ie, De Heilige Schrift, Richteren, 1973, 497.

날에도 하나님의 교회에서 강단을 맡은 종들이 먼저 성령의 충만함을 받고 말씀을 선포할 때 많은 심령이 그곳으로 모여든다.

36-40 기드온이 다시 하나님께 표적을 구하였다. 그것은 아직 그의 믿음이 약하다는 증거이다. 그러나 이 점에서 그의 장점도 드러난다. 그것은, 그가 하나님만 믿고 그 전쟁에 나서겠다고 하는 결심이다. 그러므로 이와 같은 그의 청원은 의심이 아니라 그의 심리적인 연약함을 고치기 위하여 초자연적인 표적을 요구하는 것이다. 이렇게 더 잘 믿기 원하는 자에게는 하나님께서 특별한 간섭으로 그의 믿음을 견고하게 해 주신다.

이슬이 양털에만 있고 주변 땅은 마르면…하였더니 그대로 된지라(37-38절). "이슬"은 성경에서 생기와 위안을 주는 하나님의 자비로우신 능력을 상징한다(Delitzsch). 이때 기드온이 기도한 대로 이슬이 양털에만 흠뻑 내리고 그 주위의 땅에는 전혀 내리지 않았다. 이것은 하나님께서 이스라엘 백성에게만 은혜를 주시고 다른 나라에는 주시지 않을 것을 상징한다.

양털만 마르고 그 주변 땅에는 다 이슬이 있게 하옵소서(39절). 이 말은 이스라엘은 약하고 힘도 없는데 주위의 다른 나라들은 강하게 된 것을 가리킨다. 이렇게 된 것도 하나님의 일하심이었다. 사실상 이스라엘이 가나안 땅에 들어온 후에도 그런 일이 종종 있었다. 그런 때에 이스라엘이 여호와께 부르짖었고(3:9, 15; 4:3; 6:7), 여호와께서는 그들을 구원해 주셨다.

그렇다면 표적을 구한 기드온의 기도는 잘못된 것일까? 잘못이라고 할 수 없다. 그 이유는 다음과 같다. ① 그의 기도는 개인적인 욕심을 위한 것이 아니라 하나님의 구원 사역에 대한 하나님의 뜻을 확실히 알아보고자 한 것이기 때문이다. ② 표적을 보고자 하는 그의 기도는 하나님께 순종하려는 목적에서 시작되었기 때문이다. ③ 그의 기도가 허망하지 않았다는 것은 하나님께서 그의 기도를 기적으로 응답해 주신 것으로 증명된다. 이와 같은 기적의 역사는 모든 사람마다 기대할 수 있는 것이 아니다. ④ 그의 기도의 목적은 하나님의 존재나 능력을 시험해 보려는 것이 아니라, 자기가 받은 사명에 대하여 더욱 확신을 얻고 그 사명을 수행하기 위해서이기 때문이다.

계시 시대(성경에 기록된 사건들이 일어나던 시대)에는 신자들에게 믿음을 주시기 위하여 하나님께서 기적을 보여 주시는 경우가 있었다. 그가 히스기야 왕에게 나타내신 기적도 그와 같은 것이었다(사 38:7-8). 이적은 비교적 드물다. 특히 교회 시대에는 더욱 그렇다. 그럴 수밖에 없다. 만일 이적이 흔하다면 다음과 같은 결론을 내릴 수 있다. ① 사람의 뜻대로 얼마든지 이적이 나타난다면 그것은 이적이 아니라 일반적인 현상이 된다. ② 이적이 흔하면 인간의 고난이 적어지고, 하나님의 다스리심을 벗어나게 된다. 죄 많은 이 세상에 고난이 적은 것은 공의롭지 않다. 그뿐 아니라 이적이 많아져서 고난이 적어지면 신자의 신앙 인격이 연단받을 기회도 적어진다. ③ 게으른 인간들은 무슨 일이든 이적으로 해결하려고 욕심으로 구하게 된다. 욕심과 허영으로 기도하는 것은 응답을 받지 못할 뿐 아니라(약 4:3), 마귀가 틈을 타게 하는 것이다. 하나님의 기적은 결코 인간의 게으름을 조장하지 않는다. 믿음은 진실함이며, 그 진실함은 노력으로 증명된다.

하나님은 영적인 이적을 많이 행하기 원하신다. 영적인 이적은 그가 말씀을 가지고 성령으로 은밀히 사람들의 심령 속에 역사하여 그 심령을 변화시키시는 것이다. 그것은 몸보다 영혼을 더 사랑하시는 참되고 영원하신 사랑이다.

| 설교자료

1. 기드온은 겸손으로 그의 사역을 시작하였다(15절). 하나님이 사용하신 참된 일꾼들은 명예심을 가진 교만한 자들이 아니다. 하나님은 교만한 자를 물리치신다(약 4:6). 사람은 언제나 자기의 힘으로 하나님의 일을 할 수 없다.

하나님께서 그와 함께해 주시는 동안만 그는 하나님이 쓰시는 일꾼의 자격을 가진다. 그러므로 그는 언제나 겸손한 심령으로 정직하게 행해야 한다.

2. "주 되시는 표징을 내게 보이소서"(17하). 신자가 자신이 체험한 것이 하나님께로부터 온 것인지 확실하게 분별하기 위하여 하나님께 증표를 구하는 것은 바람직하다. 그는 그것을 올바르게 분별함으로써 주님을 더 잘 믿게 된다(요일 4:1 참조). 이런 증표를 구하는 자야말로 주님을 따르는 일에 깨어 있는 자이다. 진리를 분별하는 데 열심이 없는 자는 영적인 일들에 대하여 무관심한 자이다.

그러나 신자들이 하나님의 살아 계심을 의심하는 마음으로 증표를 구하면 안 된다. 이미 신자가 되었는데 왜 불신앙으로 후퇴하려 하는가? 만일 신자가 그와 같이 후퇴하려는 마음을 품는다면 그것은 마귀의 시험에 빠진 것이므로 회개해야 한다.

3. "여호와 살롬"(יהוה שלום)이라는(24절) 제단은 사람과 하나님 사이에 화해를 가져오는 것이다. 다시 말하면 이는 그리스도를 예표하는 것이다. 그리스도는 우리에게 영적인 평안을 주시기 위하여 스스로 화목제물이 되셨다(고후 5:19-21 참조). 에베소서 2:13-18에 말하기를, "이제는 전에 멀리 있던 너희가 그리스도 예수 안에서 그리스도의 피로 가까워졌느니라 그는 우리의 화평이신지라 둘로 하나를 만드사 원수 된 것 곧 중간에 막힌 담을 자기 육체로 허시고 법조문으로 된 계명의 율법을 폐하셨으니 이는 이 둘로 자기 안에서 한 새 사람을 지어 화평하게 하시고 또 십자가로 이 둘을 한 몸으로 하나님과 화목하게 하려 하심이라 원수 된 것을 십자가로 소멸하시고 또 오셔서 먼 데 있는 너희에게 평안을 전하시고 가까운 데 있는 자들에게 평안을 전하셨으니 이는 그로 말미암아 우리 둘이 한 성령 안에서 아버지께 나아감

을 얻게 하려 하심이라"고 하였다.

 4. 우상과 싸워서 이길 수 있는 자는 누구인가? 그는 시종일관 여호와를 믿으며 그의 말씀을 지키는 자다. 기드온은 그런 사람이었다. ① 그는 여호와의 말씀대로 바알의 제단을 파괴하였다(25-27절). 그는 사람들의 박해를 두려워하면서도 하나님의 말씀에 순종하는 것을 멈추지 않고 실행하였다(22절). 신자가 연약한 중에도 힘써 진리를 지키는 것은 귀하다. ② 그는 원수들의 위협을 당하였다(28-30절). 기드온은 우상의 제단을 파괴한 후에 우상숭배자들에게 생명의 위협을 당하였다(30절). 그와 같은 위협은 그에게 심리적 고통을 주었을 것이다. 이것도 의를 위한 고난이다. 주님을 위하여 고난을 당하는 자는 영적 은혜를 힘입어서 믿음의 연단을 받아 담대해지는 법이다(벧전 4:14). 기드온이 처음에는 핍박을 두려워하여 밤중에 바알의 단을 파괴하였지만 나중에는 담대해져서 한평생 "바알과 투쟁하는 자"("여룹바알")라는 이름을 공공연하게 내세우고 다녔다(32절).

제 7 장

⇟ 내용분해

1. 기드온의 군대 모집에 대한 하나님의 지시(1-8절)
2. 기드온이 하나님의 지시대로 적군을 정탐함(9-14절)
3. 적군을 경악하게 하는 전술을 사용함(15-20절)
4. 적군이 도망하고 서로 죽이기도 함(21-23절)
5. 기드온 군대의 강성함과 완전한 승리(24-25절)

⇟ 해석

1-3 일찍이 일어나(1절). 기드온과 그의 군대는 이같이 성의를 다하여 여호와를 위한 전쟁에 참여하였다.

하롯 샘(עין חרד). "하롯"이란 말은 '두려움'이란 뜻이다. 미디안 압제자들이 그곳 샘물에 물을 길으러 다니는 자들을 위협하거나 죽이는 사건이 너무 많았기 때문에(5:11) 그 샘이 있는 곳에 그런 이름이 붙은 것이다.

이스라엘이 나를 거슬러 스스로 자랑하기를 내 손이 나를 구원하였다 할까 함이니라(2하). 군인의 수가 많아서 승리했을 때는 그들이 자기들의 힘으로 이겼다고 할 것이다. 따라서 그들이 하나님께서 도와주신 것을 별로 느끼지 못하게 될 것이다. 그런 심리는 하나님의 영광을 빼앗는 것이다(사 42:8; 48:11 참조). 또한 그것은 하나님을 거슬러 스스로를 높이는 죄악이다. 인간은 하나님을 의존해야만 살 수 있으므로 언제나 하나님을 신앙하는 인격의 태도를 지녀야 한다. 그렇지 못할 때는 구원에서 멀어지게 된다. 인간에게는 죄와 멸망에서 스스로 구원받을 능력이 없다. 스스로 구원받을 수 있다는 생각은 언제나 착각이고 교만이다. 구원에 대한 인간의 전적 불가능에 대하여 하나님은 말씀하시기를, "구스인이 그의 피부를, 표범이 그의 반점을 변하게 할 수 있느냐 할 수 있을진대 악에 익숙한 너희도 선을 행할 수 있으리라"고 하셨다(렘 13:23).

두려워 떠는 자는 길르앗 산을 떠나 돌아가라(3절). 이스라엘 병사에 대한 하나님의 지시는 본래부터 소수의 인원을 강하게 무장시키는 것(정병주의)이고, 그와 같은 무장은 특히 정신 무장에 중점을 둔 것이다(신 20:5-9). "두려워 떠는 자"들은 ① 다른 군인들에게도 두려워하는 생각을 전염시키기 때문에 군인으로서 자격이 없다. ② 특히 가나안 정복에 출전할 군인들은 하나님의 명령을 순종하며 전쟁을 수행해야 했다. 그러므로 그들은 기쁨으로 전쟁에 복무해야만 하나님을 기쁘시게 할 수 있다. 그런데 두려워하는 자들은 기쁨으로 복무할 수 없다. 하나님은 그에게 바치는 자들이 무엇이든지 즐거운 마음으로 드리기를 원하신다(고전 15:58; 고후 8:11-12; 9:7 참조).

오늘날 복음을 위하여 일하는 자들도 세상을 두려워하지 말고 오직 하나님을 기쁘시게 하기 위해 성의를 다해야 한다. 디모데후서 2:3-4에 말하기를, "너는 그리스도 예수의 좋은 병사로 나와 함께 고난을 받으라 병사로 복무하는 자는 자기 생활에 얽매이는 자가 하나도 없나니 이는 병사로 모집한 자를 기쁘게 하려 함이라"고 하였다.

4-8 하나님은 남은 군인 "만 명" 중에서 다시 우수하고 강한 병사를 추리도록 명령하셨다. 그런데 이상하게도 하나님께서는 그들의 전투 능력을 시험해 보라고 하시지 않고 그들이 물 마시는 모습으로 자격자를 선발하게 하셨다. 이것은 아주 평범한 일로 시험한 것이다. 큰일을 할 수 있는 사람은 평범한 일에도 그 특징을 나타내는 법이다. 그런 사람은 어떤 일에나 그의 사명 의식을 나타낸다. 그리고 어느 때든지 자기의 사명을 이루는 방향으로 움직인다. 적은 일을 바르게 하는 자가 큰일도 바르게 한다(마 25:21).

개가 핥는 것 같이 혀로 물을 핥는 자(5중). 곧 한 손으로는 무기를 잡고 다른 한 손으로는 물을 떠서 핥아 먹는 자이다. 이렇게 마시는 자의 덕은 다음과 같으니, ① 군인으로서 잠시도 방심하지 않고 적을 주시하며 전투를 준비하는 자세를 유지하고, ② 갈증도 참으면서 사리사욕에 끌리지 않는다. 이와 같은 자세는 영적 전쟁에서도 마찬가지로 요구되는 좋은 일꾼의 자격이다. 그는 언제나 깨어 있어서 마귀와 싸울 준비를 해야 하며(벧전 5:8-9), 사리사욕에 이끌리지 않아야 한다(딤후 2:4. 빌 2:22 참조).

무릎을 꿇고 마시는 자(5하). 이렇게 마시려면 두 손으로 땅을 짚고 허리를 굽혀야 한다. 이런 모습으로 물을 마시는 것은 ① 잠시라도 전투태세가 흐트러지는 것이며, ② 자기 육신의 요구를 채우는 데 집중하는 것이다. 교회의 사역자들 중에도 이같이 잘못 행하는 자들이 많다. 곧 그들은 극기하지 못하는 자들이다.

물을 핥아 먹은 삼백 명으로 너희를 구원하며(7상). 하나님의 부르심에 전심하여 사명 완수에만 집중하는 정예 병사는 300명으로 확정되었다.

이에 백성이 양식과 나팔을 손에 든지라(8절). 이 말씀은 히브리어(וַיִּקְחוּ אֶת־צֵדָה הָעָם בְּיָדָם וְאֵת שׁוֹפְרֹתֵיהֶם)대로 "또 그들(300명)이 백성의 손에 있는 양식과 그들의 나팔들을 취하였다"라고 개역되어야 한다(Delitzsch). 곧 그들이 돌아간 자들의 군량과 나팔들을 회수하였다는 뜻이다.

설교▶ 영적인 승리의 비결(1-8절)

1. 사람을 믿지 말라

2절에서 말하기를, "여호와께서 기드온에게 이르시되 너를 따르는 백성이 너무 많은즉 내가 그들의 손에 미디안 사람을 넘겨 주지 아니하리니 이는 이스라엘이 나를 거슬러 스스로 자랑하기를 내 손이 나를 구원하였다 할까 함이니라"고 하였다. 하나님은 다수로 움직이는 것을 무조건 기뻐하시지 않는다. 그 이유는 사람의 수가 많으면 사람들이 자신들의 힘을 믿고 하나님을 믿지 않기 때문이다. 그러므로 주님은 말씀하시기를, "두세 사람이 내 이름으로 모인 곳에는 나도 그들 중에 있느니라"(마 18:20)고 하셨다. 예레미야 5:1에는 말하기를, "너희는 예루살렘 거리로 빨리 다니며 그 넓은 거리에서 찾아보고 알라 너희가 만일 정의를 행하며 진리를 구하는 자를 한 사람이라도 찾으면 내가 이 성읍을 용서하리라"고 하였다. 그리고 이사야 2:22에는 말하기를 "너희는 인생을 의지하지 말라 그의 호흡은 코에 있나니 셈할 가치가 어디 있느냐"라고 하였다.

2. 정병주의(精兵主義)

기드온은 개가 핥는 것처럼 혀로 물을 핥아먹은 자 300명과 함께 전쟁에서 승리하였다. 아무리 갈증이 심하여도 무릎을 꿇지 않고 손으로 물을 움켜서 핥아먹는 자는 참는 힘이 많은 자이다. 교회가 자격 없는 사람들에게 직분을 맡기는 것은 교회를 타락하게 만드는 원인이 된다. 많은 숫자에만 치중하는 것은 신령한 참교회를 이루는 방법이 될 수 없다. 교회는 증거하는 공동체이지 세력을 이루는 단체가 아니다. 즉 순수하게 행하는 교회가 귀하다.

기드온이 정예 병사들을 추릴 때에 무릎을 꿇고 몸을 구부려서 물을 마시는 자들은 모두 다 집으로 돌려보냈다. 이것은 무엇을 의미하는가? 무릎을 꿇고 마시는 것은 짐승처럼 마시는 것이며, 사실상 먹고 마시는 것을 위주로 하는 것이다. 먹는 일에 절제하지 못하는 자는 다른 사람들을 위한 봉사 활동을 하지 못한다. 반면에 손으로 물을 떠서 핥아먹은 자들은 갈증을 채우는 데 덤비지 않고 인내하는 자이므로, 그들은 하나님과 기드온을 위할 자들이다. 즉 그들은 "여호와를 위하라 기드온을 위하라"는 작전 표어대로 행할 자들이다(18절). 여호와를 위하고 기드온을 위하는 것이 그들의 승전 비결이다.

그뿐 아니라 그것은 깨어 있는 증표다. 그들은 능히 여호와를 위하며 기드온을 위할 수 있는 자들이다. 초대교회가 부흥한 원인은 사도들이 기도와 말씀 전파에 전적으로 헌신하고, 집사 일곱 명 중에서 스데반은 순교하고, 빌립은 사마리아에서 능력 있게 전도했기 때문이었다. 우리는 주님을 위하지 않을 수 없다. 로마서 14:8-9에 말하기를, "우리가 살아도 주를 위하여 살고 죽어도 주를 위하여 죽나니 그러므로 사나 죽으나 우리가 주의 것이로다 이를 위하여 그리스도께서 죽었다가 다시 살아나셨으니 곧 죽은 자와 산 자의 주가 되려 하심이라"고 하였다. 성 패트릭(St. Patrick)은 주님을 위하여 아일랜드에 365교회를 세웠다.

그렇다면 주님을 위한다는 것은 무엇인가? ① 요한1서 5:3에 말하기를, "하나님을 사랑하는 것은 이것이니 우리가 그의 계명들을 지키는 것이라 그의 계명들은 무거운 것이 아니로다"라고 하였고, ② 빌 1:29에는 말하기를, "그리스도를 위하여 너희에게 은혜를 주신 것은 다만 그를 믿을 뿐 아니라 또한 그를 위하여 고난도 받게 하려 하심이라"고 하였다.

9-14 네 손이 강하여져서 그 진영으로 내려가리라(11중). 전쟁에서 승리하는 비결 중 하나는 승리의 확신과 담력이다. 하나님께서는 기드온에게 이러한 담력

과 확신을 주시기 위하여 그로 하여금 적군의 진영을 정탐하라고 하셨다.

어떤 사람이 그의 친구에게 꿈을 말하여 이르기를 보라 내가 한 꿈을 꾸었는데 꿈에 보리떡 한 덩어리가 미디안 진영으로 굴러 들어와 한 장막에 이르러 그것을 쳐서 무너뜨려 위쪽으로 엎으니 그 장막이 쓰러지더라 그의 친구가 대답하여 이르되 이는 다른 것이 아니라 이스라엘 사람 요아스의 아들 기드온의 칼이라 하나님이 미디안과 그 모든 진영을 그의 손에 넘겨 주셨느니라 하더라(13-14절). 미디안 군대의 진영에서는 한 군인의 꿈과 그 친구의 해몽으로 인하여 이스라엘에 대한 두려움으로 사로잡혀 있었다. "보리떡"은 그 당시 가장 가난한 사람들이 먹은 것이었으므로 미약한 이스라엘을 상징하고, 그것이 "굴러 들어와 한 장막에 이르러 그것을 쳐서 무너뜨려" 놓은 것은 미디안의 패전을 상징한다. 이러한 내막을 알았으니 미디안 군인들은 이미 신경전에서 패배한 것이다. 그들은 그 꿈을 해몽한 말에 의하여 "기드온"이란 이름과 "하나님"이란 이름을 두려워하지 않을 수 없게 되었다. 이와 같은 결과를 가져오게 한 꿈과 해몽은 사실상 하나님의 역사로 된 것이었다. 기드온을 미디안 진영에 보내서서 그 꿈 이야기를 듣게 하신 이가 하나님이시므로(10-11절), 그 꿈은 우연한 것이 아니었다. 일반적으로 꿈은 헛된 것이지만(전 5:7) 하나님께서 주신 꿈은 참되다(욥 33:15-16). 계시 시대에는 하나님께서 계시의 한 방편으로 꿈을 사용하시기도 하셨다.[70]

15-23 이 부분에는 기드온이 그 전략을 이스라엘군에게 전달하고 그대로 실행된 작전에 대하여 기록되었다.

기드온이 그 꿈과 해몽하는 말을 듣고 경배하며(15절). 그가 하나님께 경배한 이유는 미디안 군인의 꿈 내용과 같이 하나님께서 이스라엘로 하여금 승리하게 해 주실 것을 믿었기 때문이다.

항아리 안에는 횃불을 감추게 하고(16절). 그들이 횃불을 항아리 안에 감춘

---

70) H. Bavinck, Gereformeerde Dogmatiek Ⅰ, 1911, 134.

목적은 미디안군의 진영에 가까이 이르렀을 때 갑자기, 그리고 일제히 불빛을 밝혀서 적군이 놀라게 하기 위함이었다.

여호와를 위하라, 기드온을 위하라(18하). 이 말의 히브리어가 어떤 사본과 역본에는 "여호와와 기드온을 위한 칼이라"라고 기록되어 있다(데 로시가 모은 아홉 개의 히브리어 사본과 몇 개의 70인역 사본과 어떤 수리아역 사본). 기드온의 정예 병사 300명이 외친 이 말은 그들의 가장 유력한 무기였다. 그들이 해변의 허다한 모래 같은 적군을 두려워하지 않고 그들과 전쟁하게 된 것은, 이 고백과 같이 "여호와"와 "기드온" 때문이었다. 즉 여호와께서 이스라엘의 승리를 약속해 주셨으므로, 그가 성취해 주시고 영광을 받으실 것이 명백했다(2절). 그러므로 그들은 여호와를 위하여 싸운다고 했다. 또한 하나님께서 기드온을 그의 사역자로 세우셨으므로 이스라엘 군인들이 기드온의 명령을 좇아 기드온을 위하는 것이 결국 여호와를 위하는 것이었다.

세 대가 나팔을 불며 항아리를 부수고 왼손에 횃불을 들고 오른손에 나팔을 들어 불며 외쳐 이르되 여호와와 기드온의 칼이다 하고(20절). 이스라엘 군대가 미디안 군대를 놀라게 한 방법은 다음의 몇 가지였다. ① 일제히 나팔 소리를 울렸다. ② 일시에 항아리를 부수었다. ③ 갑자기 횃불을 밝혔다. ④ 일제히 고함을 쳤다. 곧 "여호와와 기드온의 칼이다"라고 소리치는 것 등이었다. 기드온은 하나님이 이스라엘과 함께하여 주시고 승리하게 해 주시겠다고 약속하신 말씀을 믿은 동시에, 인간이 할 수 있는 일을 하기 위하여 이같이 지혜롭게 행하였다. 잠언 9:10에 말하기를, "여호와를 경외하는 것이 지혜의 근본"이라고 하였다(욥 28:28 참조).

이 전쟁 기록에서 우리는 다음과 같은 영적 교훈을 얻을 수 있다. ① 기드온의 군대가 무기를 사용하지 않고 나팔과 횃불로 승리한 것처럼, 그리스도 신자들은 횃불 같은 복음의 진리를 외침으로써 세상을 이긴다(계 12:11). ② 기드온이 하나님께 순종하여 승리한 것처럼, 신자들도 하나님의 말씀대로 믿고 순종하면 죄악과 마귀를 이긴다(요일 5:4). ③ 미디안 군대가 하나님과 그가 사용하시는 기드온을 두려워한 것같이, 마귀는 하나님(예수 그리스도)과 참된 신자들을 두려워한다(약 4:7). ④ 기드온이 미디안 진영을 정탐하면서 그들의 말을 엿들은 후 자기 자신은 보리떡 한 덩어리에 불과한 약한 자임을 발견하고 승리를 약속해 주신 하나님만 더욱 의지하였다. 그와 같이 신자들도 자신의 무력함을 깊이 깨닫고 겸손히 주님만 의지해야 한다. ⑤ 미디안을 물리치는 전쟁에서는 오직 "여호와"와 "기드온"의 이름이 역사하여 승리하였다. 물론 승리하게 하시는 분은 하나님이시지만 하나님은 사람을 사용하셔서 일을 이루신다. 그와 같이 신자의 구원은 전적으로 하나님께서 성취해 주시지만, 교회에 그의 사역자들을 세우시고 그들을 통해서 구원의 역사를 이루어 가신다(엡 4:11-12).

여호와께서 그 온 진영에서 친구끼리 칼로 치게 하시므로 적군이 도망하여(22상). 하나님께서 미디안 진영에 두려움과 혼란을 일으키셨으므로 미디안 군인들은 자기들끼리 살상하는 비극을 빚게 되었고, 결국 모두 도망쳐 버렸다.

설교 ▶ 기드온 군대의 승전에서 배울 수 있는 믿음(9-23절)

1. 하나님의 지시대로 될 줄 믿는 것

마귀도 복음에 대하여 알고 떤다. 우리는 이 사실을 가지고 확신과 담력을 가져야 한다. 미디안 진영에서는 하나님이 주신 꿈 때문에 기드온 군대에게 미디안이 패할 것을 알고 이미 "기드온의 칼"이란 말이 그들의 공포의 신호가 되었다. 이 내용을 아는 기드온은 힘을 얻었고, 담대히 적군을 향하여 전진했다. 그 군대가 한 일은 "여호와와 기드온의 칼이다"(20절)라고 외친 것뿐이다. 원수들은 바로 이 말 한마디를 무서워한 것이다(13절). 나팔 소리와 횃불은 원수들이 "여호와와 기드온의 칼이다"라는 외침을 잘 듣게 하기 위한 것뿐이었다. 그와 같이 우리는 복음 신앙으로 이긴다. 그리스도의 피를 믿는 자가 승리한다는 것은 마귀도 알고 있으므로, 우리는 이길 줄 믿고 "그리스도의 피로 이겼다! 이겼다!" 하기만 하면 된다. 그러면 마귀는 우리의 믿음을 두려워하며 도망한다. 예수 그리스도께서 우리를 위하여 마귀를 이기셨으므로, 우리는 그 사실을 믿고 행진할 뿐이다.

우리는 성경에서 마귀가 스스로 패전하였음을 자백하는 것을 본다. 마태복음 8:29을 보면 귀신들이 말하기를, "때가 이르기 전에 우리를 괴롭게 하려고 여기 오셨나이까"라고 하였다. 마귀는 예수님께서 오신 것으로 이미 망하였다는 것을 스스로 알고 있다. 예수님도 말씀하시기를, "사탄이 하늘로부터 번개 같이 떨어지는 것을 내가 보았노라"(눅 10:18)고 하셨고, 또 말씀하시기를 "심판에 대하여라 함은 이 세상 임금(마귀)이 심판을 받았음이라"(요 16:11)라고 하셨다. 우리는 마귀가 망할 것을 알고 그리스도의 피를 믿으며 "그리스도의 피!"라고 외치면서 전진할 뿐이다. 예수님의 피를 믿지 않는 자들은 마귀의 포로가 되고, 마귀와 함께 지옥으로 떨어진다.

2. 미천한 자도 하나님 편에 있으면 승리할 것을 믿음

기드온 군대가 승리한 비결 또 한 가지는, 그 군대가 미디안 군인의 꿈에 나타났던 보리떡과 같이 자기를 미천하게 보고 여호와만 믿은 것이다. 보리떡은 음식물 중에서도 변변찮은 떡이다. 이것은 하나님만 믿고 자기 자신을 자랑하지 않는 신자를 비유한다. 일찍이 기드온이 하나님 앞에 말하기를, "주여 내가 무엇으로 이스라엘을 구원하리이까 보소서 나의 집은 므낫세 중에 극히 약하고 나는 내 아버지 집에서 가장 작은 자니이다"(6:15)라고 하였다. 그는 농민으로서 미디안 사람들 몰래 밀을 타작하던 사람이었다. 그렇지만 미천한 것은 무력한 것이 아니다. 독일의 유명한 자선 사업가 오벌린(Oberlin)이 눈보라 치던 어느 날 길을 잃고 죽을 뻔하였다. 마침 그때 수레를 타고 그곳을 지나가던 마부가 그를 구해 주었다. 오벌린은 너무 고마워서 그에게 이름을 물었다. 그러자 그는 "선한 사마리아 사람의 이름을 누가 압니까?"라고 하면서 가르쳐 주지 않았다고 한다. 인도에서 위대한 업적을 남긴 선교사 캐리(William Carey)는, 선교사로 선정되지 못했을 때 처음엔 구두를 만드는 화공으로 인도에 갔다. 미천함은 이처럼 위대하기 때문에 바울은 말하기를, "그러므로 도리어 크게 기뻐함으로 나의 여러 약한 것들에 대하여 자랑하리니 이는 그리스도의 능력이 내게 머물게 하려 함이라"(고후 12:9)고 하였다. 야고보는 말하기를, "부한 자는 자기의 낮아짐을 자랑할지니"(약 1:10)라고 하였다.

우리 자신을 사람들에게 나타내는 것은 우리 자신에게도 복이 되지 못한다는 것을 명심하자. 이는 마치 낚시질을 하는 사람이 그 몸을 고기에게 보이면 고기를 잡지 못하게 되는 것과 같다. 사람이 보리떡과 같이 겸손해지는 것은 어려운 일이다. 그것은 사람이 자기 몸의 그림자를 없애지 못하는 것과 같다. 사람이 자기 그림자를 가능한 한 작게 만들기 위해서는 빛을 머리 위로 받아야 한다. 그와 같이 우리가 그리스도를 정면으로 향하여 살면 나 자신을 부인하며 겸손히 살게 된다.

24-25절. "에브라임" 지파 사람들이 기드온과 힘을 모아서 달아나는 미디안 군인들을 잡았고, 특별히 그들의 두목인 "오렙"과 "스엡"을 죽였다. 미디안 군인들은 두려움 때문에 도망하다가 이렇게 모두 올무에 걸리고 말았다(사 24:18 참조).

| 설교자료

1. 하나님의 지시에 따라 3만 2천 명 중에서 정예 병사로 선발된 기드온

의 군대 300명은(2-8절) 미디안 전쟁에서 크게 승리하였다(19-23절). 하나님의 교회가 진정으로 하나님을 모신 공동체가 되었을 때는 소수로도 할 일을 충분히 만족스럽게 한다.

2. 하나님은 인간들이 "내 손이 나를 구원하였다"고 스스로를 높이는 것을 미워하신다(2하). 우리의 구원이 하나님께 있다는 생각이 우리 안에 깊이 뿌리박고 있어야(계 7:10) 우리는, ① 스스로 속지 않고 사실을 그 진상대로 아는 지혜로운 자가 되며, ② 안개와 같은(약 4:14) 우리 자신을 믿지 않고 하나님만 믿어서 영원히 실패하지 않으며, ③ 늘 하나님께 감사하는 마음으로 살게 된다. 하나님께 항상 감사하는 자가 하나님의 은혜를 더 받는다. 또한 ④ 우리가 "내 손이 나를 구원하였다"고 생각하지 않아야만 하나님 앞에서 불경한 죄에 빠지지 않는다. "내 손이 나를 구원하였다"고 생각하는 것은 자신이 하나님이라고 주장하는 것처럼 위험한 생각이다. 우리는 우리의 잠재의식으로라도 이같이 교만한 생각을 품지 않아야 한다.

3. 믿음이 이긴다(13-15절). 기드온 군대가 미디안군을 이길 거라는 믿음은 기드온 자신에게서 난 것이 아니라 하나님의 계시(미디안 군인에게 주신 꿈)로 얻어진 것이었다(13-14절; 참조. 6:36-40). 믿음은 언제나 하나님에게서 나오고 하나님께 토대를 두기 때문에 온 세상을 이길 힘을 지닌다(요일 5:4 참조). 믿음 자체가 기적 중의 기적이므로, 그것을 받은 자는 곧 하나님을 영접한 자가 되는 것이다. 신자의 믿음이 단지 심리적인 현상뿐이라면 풍전등화처럼 꺼질 우려가 있다. 사람의 마음은 항상 변한다.

제 8 장

✤ 내용분해

1. 기드온이 에브라임 지파의 분노를 풀어줌(1-3절)
2. 기드온이 도망하는 미디안군을 추격함(4-12절)
3. 기드온이 숙곳 사람과 브누엘 사람의 교만을 징계함(13-17절)
4. 기드온이 미디안의 두 왕 세바와 살문나를 죽임(18-21절)
5. 기드온이 이스라엘 다스리기를 거절함(22-23절)
6. 기드온이 금 에봇을 만들어 두는 과오를 범함(24-28절)
7. 기드온의 많은 아들과 그의 죽음(29-32절)
8. 이스라엘의 타락(33-35절)

✤ 해석

1 에브라임 사람들이 기드온에게 이르되 네가 미디안과 싸우러 갈 때에 우리를 부르지 아니하였으니 우리를 이같이 대접함은 어찌 됨이냐 하고 그와 크게 다투는지라.

"에브라임"은 므낫세(므낫세는 기드온의 소수 지파이다: 6:15)와 함께 요셉의 자손들이다. 이때 에브라임이 기드온을 원망한 것은 정당하지 않다. ① 기드온이 미디안 전쟁 초기부터 그들의 도움을 청하지 않은 것은, 결과적으로 볼 때 그들의 생명을 아껴 준 것이므로 그들이 불평할 이유가 될 수 없으며, ② 그가 그 전쟁이 승리하기 직전에 그들에게 군사 원조를 청하였으므로(7:24), 그 전쟁에 전혀 참여시키지 않은 것도 아니다. 그러므로 기드온의 이와 같은 처사는 에브라임 지파로 하여금 승리의 영광에 참여하도록 한 것이었다. 이러한 내막을 살펴볼 때 에브라임 지파의 불평은 옳지 못하다.

2-3 기드온은 에브라임 지파의 불의한 태도에 분노하지 않고 도리어 겸손히 응하였다.

에브라임의 끝물 포도가 아비에셀의 맏물 포도보다 낫지 아니하냐(2하). 이 문구의 히브리어(הֲלוֹא טוֹב עֹלְלוֹת אֶפְרַיִם מִבְצִיר אֲבִיעֶזֶר)는 "에브라임의 이삭을 주어서 얻은 포도가 아비에셀(기드온의 고향)의 포도 수확보다 낫지 아니하냐"라고 개역되어야 한다. 이것은 악인들에 대한 심판을 포도 수확으로 비유한 표현이다(계 14:18-20). 기드온은 에브라임 지파의 교만한 불평을 책망하지 않고 도리어 그 지파의 업적을 높이 평가해 주었다. 이와 같은 그의 처사는 온유의 덕을 나타낸 것이다. 이것이 많은 것을 차지하는 자의 덕이다. 마태복음 5:5에 예수님은 말씀하시기를, "온유한 자는 복이 있나니 그들이 땅을 기업으로 받을 것임이요"라고 하셨다. 에브라임 사람들이 미디안군의 "방백"(우두머리)인 "오렙"과 "스엡"을 죽인 것은 그 전쟁에서 큰 수확이었다(사 10:26 참조).

4-9 이 부분에는 숙곳 사람들과 브누엘 사람들의 죄악에 대한 기드온의 징계 예고가 기록되었다.

"숙곳"은 얍복강 남쪽에 있고(창 33:17), "브누엘"은 얍복강 북쪽에 있다(창 32:31). 이 지역 사람들은 미디안군을 더 크게 보고 하나님이 함께하시는 기드온을 멸시하였다. 그래서 피곤하고 주린 이스라엘 군대의 요청을 거절하였다. 그것은 그들의 불신앙이었다. 그들은 ① 하나님이 함께하셔서 그때까지 승리를 거두게 된 기드온 편에 가담하지 않았다. 이것은 명백한 증거를 보면서도 하나님의 역사를 믿지 않는 죄악이다. ② 하나님의 군대에 반역한 것이다. 그들은 하나님의 백성의 원수를 쫓아내는 일에 협력하지 않고 도리어 그 원수의 힘을 의지하며 살려고 하였다. 그들이 "세바와 살문나의 손이 지금 네 손 안에 있다는거냐 어찌 우리가 네 군대에게 떡을 주겠느냐"라고 말한(6절) 것은 하나님도 모르고 순전히 기회주의로 처세한 것이다. 기회주의자들은 언제나 하나님과 의리에 대하여도 반역할 소질을 지니고 있다.

들가시와 찔레로 너희 살을 찢으리라(7하). 이 말은 그들의 옷을 벗긴 후 그들의 나체를 가시나무 위에 눕혀 놓고 그 위에 무거운 것을 두고 눌러서 죽이겠다는 뜻이다. 이것은 교만한 숙곳 사람들에 대한 기드온의 심판 선언이다. 이와 같은 형벌은 죄악이 극심한 자에게 내리는 극형이다.

브누엘 사람들의 대답도 숙곳 사람들의 대답과 같은지라(8하). "브누엘 사람" 역시 "숙곳 사람"과 마찬가지로 하나님이 함께하시는 군대를 푸대접하였다. 이것도 그들의 불신앙의 증거다.

이 망대를 헐리라(9하). 이 말은 브누엘 성을 파괴하겠다는 뜻이며, 이것 역시 교만한 브누엘 사람들에 대한 기드온의 심판 선언이다.

10-12 기드온은 그의 정예 병사 300명을 거느리고 "갈골"에 이르러서 미디안의 두 왕 "세바"와 "살문나"를 끝까지 추격하여 그들을 사로잡고 그 온 군대를 격파하였다. 하나님의 명령을 받들어 실행하는 기드온은 사명을 완수하기 위하여 끝까지 분투 노력하였다.

설교 ▶ 피곤하나 따르라(4-12절)

기드온의 군대 300명은 몹시 피로하였지만 전투를 중단하지 않았다. 그들은 신약 시대 그리스도 신자들의 표상이므로, 신자들도 이같이 행해야 한다.

1. 기드온 군대는 자원하여 출전하였다. 그들은 여호와께 기쁨으로 헌신한 자들이다. 그들이 하나님의 일을 해 나아가는 동안에도 끊임없이 기쁨을 얻었다. 그 증거는, 그들이 "비록 피곤하나"(4절) 하나님의 명령을 따라 전쟁을 계속한 것과 숙곳 사람과 브누엘 사람들에게 냉대를 받아서 그 피곤함을 풀지 못했지만 최후 승리할 때까지 분투노력하여 그 전쟁에서 완전한 승리를 거둔 사실이다(12절).

2. 그들은 피곤한 때야말로 오히려 잘 믿게 되는 귀한 기회로 알고 전진하였다. 신자가 자기의 연약함을 느낄 때는 주님의 능력을 바라보게 된다. 그럴 때 하나님의 능력과 힘을 받는다. 그러므로 바울은 말하기를, "내가 그리스도를 위하여 약한 것들과 능욕과 궁핍과 박해와 곤고를 기뻐하노니 이는 내가 약한 그 때에 강함이라"고 하였다(고후 12:10).

3. 그들이 피곤하기 때문에 전투의 힘이 약해졌다 할지라도 성과는 클 수 있다. 그 이유는 하나님은 약한 자를 통하여 영광 받으시기를 기뻐하시기 때문이다(고전 1:27-29). 하나님은 자신의 약함을 알고 하나님을 의지하는 자에게 능력을 주신다(고후 12:9). 갈라디아서 6:9에 말하기를, "우리가 선을 행하되 낙심하지 말지니 포기하지 아니하면 때가 이르매 거두리라"고 하였다.

13-17절. 기드온은 그가 예고한 대로(7, 9절) 미디안군을 완전히 격파하고 돌아오던 길에 "숙곳" 사람들과 "브누엘" 사람들을 엄벌하였다. 그는 이같이 하나님의 명령을 따라 실행하는 이 전쟁에서 하나님의 권위와 그의 능력을 무시하는 교만한 무리를 끝까지 소탕하였다. 죄악을 징벌하는 심판 마당에

서는 그 어떠한 죄악도 용납될 수 없다.

설교 ▶ 하나님의 구원 운동에 협력하지 않는 자의 죄(5-17절)

기드온 군대가 피곤하고 주릴 때에 기드온이 숙곳 사람들과 브누엘 사람들에게 떡을 공급해 달라고 청하였다. 그러나 그들은 한결같이 거절하였다. 그리스도 신자들 중에서 전도 사역에 협력하지 않는 자도 이와 같은 잘못을 저지른다. 그들이 거절한 행동은 본질적으로 다음과 같은 죄였다.

1. 희롱하는 죄

숙곳 사람들의 말(6절)은 기드온을 "희롱"하는 태도로 나타났다(15절). 그것은 이때까지 기드온을 통하여 성취된 하나님의 이스라엘 구원 역사를 인정하지 않는 엄청난 교만이다. 무수한 미디안 군대는 기드온의 300명 군대 앞에 여지없이 패배를 당하고 도망하였다! 이것은 하나님 여호와의 역사임이 너무도 분명하다. 그렇게 명백한 사실을 인정하지 않는 것은 하나님을 희롱하는 것과 같은 교만이다.

여기서 명심할 것은, 신자가 복음 전도에 협력하지 않는 것도 위태한 죄악이라는 것이다. 예수님의 사도 몇 사람에서 시작된 복음 운동 앞에 로마 제국도 마침내 무릎을 꿇지 않았는가! 오늘날까지 세계적으로 죄인들을 회개시키는 놀라운 힘은 그리스도의 복음이다. 이 복음은 인류의 양심에 말하는 진리이다(고후 4:2; 5:11). 인류를 향하신 하나님의 목표는 그리스도로 말미암은 구원 사역이다. 그런데 이 복음을 전하는 일에 협력하지 않는 신자가 있다면 그는 비록 겉으로는 희롱하는 태도를 보이지 않지만 그 은밀한 심령에는 희롱하는 태도가 잠재해 있다고 간주할 수밖에 없다. 그가 만일 전도 사역을 희롱하지 않는다면 어떻게 그 일에 협력하지 않을 수 있겠는가? 복음 전파에 협력하지 않는 태도는 위험하다. 이사야는 하나님의 일을 희롱하는 자를 가리켜 말하기를, "악을 선하다 하며 선을 악하다 하며 흑암으로 광명을 삼으며 광명으로 흑암을 삼으며 쓴 것으로 단 것을 삼으며 단 것으로 쓴 것을 삼는 자들은 화 있을진저"라고 하였다(사 5:20).

2. 불신앙의 죄

숙곳 사람들은 원수와 싸우는 것은 위험하다고 판정하여 기드온 군대에 협조하는 것을 거절하였다. 그들은 기드온의 승리를 보아 오면서도 과거에 강국이었던 원수를 두려워하여 여전히 원수 편에 서서 살아 보려고 기회를 노리는 자들이다. 그들은 말하기를, "세바와 살문나의 손이 지금 네 손 안에 있다는거냐 어찌 우리가 네 군대에게 떡을 주겠느냐"(삿 8:6)라고 하였다. 이 말의 뜻은, 원수가 기드온의 손에 붙잡히기 전에는 자기들이 그 전쟁에 가담할 수 없다는 불신앙이다. 이와 같은 사상은 기드온의 최후 승리를 믿을 수 없으므로 우상숭배자들에게라도 붙어서 살면 그만이라는 것이다. 이런 자들은 언제나 원수 편에 설 자들이다. 그러므로 그들은 결국 기드온의 칼에 심판을 당하고 말았다.

그리스도 신자로서 복음 전파에 협력하지 않는 것은 그리스도로 말미암은 구원 역사를 확실히 믿지 못하겠다는 불신앙이고, 복음의 최후 승리를 의심하는 불신앙이다. 그뿐 아니라 그는 육신의 평안만 보장된다면 신앙까지도 버릴 수 있는 기회주의자일 수 있다. 마귀는 "우는 사자 같이 두루 다니며 삼킬 자를"(벧전 5:8) 찾고 있으므로, 이런 불신앙 사상을 은근히 품은 자들은 위험하다(마 12:30). 신자들은 마귀와 늘 원수가 되어야 되며, 끊임없이 그와 전쟁을 해야 한다. 마귀와 싸우는 방법은 복음 전파이다. 하나님은 끝까지 회개하지 않는 자들을 심판하신다.

18-21 기드온은 미디안의 두 왕 "세바"와 "살문나"를 죽였다.

너희가 다볼에서 죽인 자들은 어떠한 사람들이더냐(18상). 기드온이 세바와 살문나에게 이렇게 물은 이유는, 그들로 하여금 다볼산 살인 사건에 대한 죄책감을 느끼게 하기 위함이었다.

그들이 너와 같아서 하나 같이 왕자들의 모습과 같더라(18하). 이 말은 세바와 살문나가 기드온에게 아첨한 것이 아니었던 것 같다. 그 이유는 기드온이 그들의 말을 인정하면서 "그들은 내 형제"라고 하였기 때문이다. 세바와 살문나는 이스라엘의 왕과 같이 귀한 지도자들을 죽였으므로 자기들도 죽임을 당하는 것이 마땅하다는 느낌을 가졌던 듯하다(21절 참조). 하나님의 백성을 대적한 그들이 사형을 당하는 것은 하나님의 공의에 합당하다.

맏아들 여델에게 이르되 일어나 그들을 죽이라 하였으나 그 소년이 그의 칼을 빼지 못하였으니 이는 아직 어려서 두려워함이었더라(20절). 기드온의 이와 같은 처사를 선하지 못하다고 하는 주석가들도 있다. 곧 소년을 시켜서 포로를 그렇게 죽이려 한 일이 잔인하다는 것이다. 그러나 우리는 그때 두 포로가 과거에 저지른 죄악을 따라 행한 기드온의 처사를 평가하기 어렵다.

사람이 어떠하면 그의 힘도 그러하니라(21중). 이 말은 사람에게는 그가 된 것만큼 힘이 있다는 뜻이다. 기드온의 아들은 아직 소년이므로 사형을 집행할 만큼 성숙하지 못했을 뿐 아니라 그에게는 그것을 집행할 역량이 없었다. 그러므로 기드온에게 사형 집행을 요구하는 세바와 살문나가 "네가 일어나 우리를 치라"고 하였다(21상).

그들의 낙타 목에 있던 초승달 장식들을 떼어서 가지니라(21하). "초승달 장식"은 미디안 사람들이 달의 신을 숭배하기 위해 만든 것이다. 기드온이 그것을 취한 목적은 그것을 정죄하고 없애려는 것이었다. 이처럼 미디안 왕이 짐승에게까지 우상숭배의 장식을 붙인 것을 보면, 그들이 극도로 우상숭배에 빠졌던 것을 알 수 있다. 그들이 이같이 매우 부패하였으므로, 그들은 하나님의 심판으로 인한 벌을 받을 수밖에 없었다. 하나님께서는 아무리 이스라엘 백성이라도 우상숭배자들과 뜻을 모아 그 죄에 동참하는 때에는 반드시 심판하신다(신 13:6-11 참조).

22-23 이스라엘 민족이 기드온에게 그와 그 자손이 영원히 통치해 주기를 원하자 그는 그 청원을 거절하면서 말하기를, "여호와께서 너희를 다스리시리라"라고 하였다(23하). 이와 같은 그의 거절 행위는 신앙적이다. 그 이유는 그것이 다만 그의 청렴한 덕에 그치는 것이 아니라 하나님께 영광을 돌리려는 행위이기 때문이다. 신앙의 사람은 언제든지 이 세상 욕심을 거절하고 하나님 편에 서는 용기와 담력을 가진다. 우리는 모세의 삶에서 그것을 볼 수 있고(히 11:24-26), 여호수아에게서도 볼 수 있다. 여호수아 19:49-50에 대한 해석을 참조하라.

24-27 기드온이 전쟁에서 탈취한 금품을 백성에게서 모아 "에봇"을 만들었다. "에봇"에 대하여는 출애굽기 28:4, 6-30을 참조하라. "에봇"은 대제사장의 소지품으로, 하나님의 뜻을 알아보는 데 사용되었다(삼상 23:9-12; 30:7-8). 기드온이 에봇을 만든 목적은, 실로에 가서 대제사장을 만날 필요 없이 자기의 처소에서 하나님의 뜻을 편하게 알아보려는 것이었다. 그러나 그가 이렇게 함으로써 정권뿐 아니라 교권까지 주장하게 되었다. 이것은 그의 실수였다. 그가 전쟁에서 승리하여 성공한 후 높아진 결과 어두워진 것이 분명하다. 하나님의 뜻은 내려가면서 깨닫는 법이다(Moody).

온 이스라엘이 그것을 음란하게 위하므로 그것이 기드온과 그의 집에 올무가 되니라 (27하). 곧 기드온이 에봇을 만들어서 그의 고향 오브라에 따로 두었으므로 이스라엘 민족이 그 당시 실로에 있는(18:31) 성막의 제사에만 집중하지 않고 다른 데서도 문란하게 하나님께 제사를 드리거나 혹은 하나님의 뜻을 알아보는 등(17:5), 점차 다른 신(이방신)을 섬기는 식으로 타락하게 되었다(왕하 1:2-3).

28-32 **기드온이 사는 사십 년 동안 그 땅이 평온하였더라**(28하). 이 말은 미디안의 침략과 같은 외국의 압제를 당하지 않았다는 뜻이다. 사람은 평안하면 종교적으로나 도덕적으로 타락하기 쉽다. 기드온도 이처럼 평안한 때 향락에 빠져서 첩을 많이 두었다. 따라서 아들도 많이 낳았다. 하지만 이것이 결국 그에게 불행이 되었다(9:1-6 참조).

33-35 기드온이 죽은 후에 이스라엘은 다시 타락하였다. "바알브릿"이란 말(בַּעַל בְּרִית)은 언약의 바알이란 뜻이다. 즉 이스라엘이 그들과 언약하신 여호와를 떠나 바알신과 언약하였다는 것이다. 이것은 그들의 영적 배신행위로서 다른 신을 섬기는 우상숭배이다.

| 설교자료

1. 나 자신보다 남을 낫게 여기는(빌 2:3) 겸손은 승리하는 법이다. 기드온은 그를 시기하고 대적하는 에브라임 사람들의 업적을 자신의 것보다 낫다고 평가하였다(삿 8:2-3). 기드온의 이 말을 들은 에브라임 사람들은 적대 행위를 중지하고 물러갔다(3하). 이같이 기드온은 이 방면에서도 승리하였다. 겸손은 존귀의 앞잡이이다(잠 15:33).

2. 누구든지 하나님이 쓰시는 사람을 업신여기거나 희롱하는 것은 위험하다. 숙곳 사람들과 브누엘 사람들은 하나님이 쓰시는 기드온을 희롱한(15절) 결과로 훗날 큰 벌을 받았다(16-17절). 그 이유는 하나님이 쓰시는 사람을 업신여기는 것은 하나님께서 하시는 일을 조롱하는 것과 마찬가지이기 때문이다(왕하 2:23-24 참조).

3. 미디안 전쟁에서 승리하고 돌아온 기드온의 신앙은 나중에 많이 타락

하였다(24-32절). 지도자들 중에는 이렇게 유종의 미를 거두지 못하는 이들이 많다. 그 원인은 주로 다음과 같다. ① 사람들은 성공한 후에 교만해지기 때문이다. 교만은 패망의 선봉이다(잠 16:18). ② 사람들은 난관을 당하였을 때에는 그것을 극복하려고 믿음을 지키며 덕을 쌓지만, 난관을 통과한 뒤에는 쾌락을 취하기 시작하기 때문이다. 쾌락을 좋아하는 사람은 살았으나 죽었다(딤전 5:6).

제 9 장

❧ 내용분해

1. 기드온의 아들들 중에서 아비멜렉이 포학하게 이스라엘의 주권을 잡음(1-6절)
2. 기드온의 막내 아들 요담이 그의 형제 아비멜렉의 행사를 비유로 말함 (7-21절)
3. 아비멜렉과 세겜 사람들의 다툼(22-41절)
4. 아비멜렉과 세겜 사람들이 분쟁으로 인하여 모두 다 망함(42-57절)

❧ 해석

1-6 "여룹바알(기드온)의 아들 아비멜렉"(기드온의 첩의 아들; 8:31)이 이스라엘의 왕이 된 것은 극악하게 범죄하는 이스라엘 백성(8:33-35)에게 내리신 하나님의 벌이다. 이번에는 하나님께서 그의 백성을 이방 세력에게 내어주지 않으시고 그 안에서 나온 악한 지도자가 그들을 괴롭히도록 방임하셨다.

아비멜렉이 왕권을 잡은 방법은 매우 불의하였다. 그는 (1) 가까운 친척들의 후원을 얻어서 왕이 되었고(1-3절), (2) 불량배를 사서 그들의 후원을 받았고(4절), (3) 자기 형제 70명을 죽이고 왕이 되었다(5-6절). 불의하게 잡은 왕권은 오래가지 못하는 법이다. 왕권은 오직 공의로 말미암아 굳게 선다(잠 16:12). 이 진리는 어느 나라에서든지 그대로 성취된다. 그 이유는 하나님은 온 땅의 하나님이시기 때문이다(수 3:11, 13; 롬 3:29).

"그의 어머니의 형제"는 세겜에 있는 아비멜렉의 외가의 친족이다(8:31).

여룹바알의 아들 칠십 명이 다 너희를 다스림과 한 사람이 너희를 다스림이 어느 것이 너희에게 나으냐(2절). 이것은 아비멜렉의 궤변이다. 곧 ① 기드온의 다른 아들들이 모두 다 왕이 되려고 한 사실이 나타나지 않았으며, ② 그들 중 어느 누가 그런 일을 하였다 해도 70명이 다 그리하였을 리 없다. 기드온의 막내 아들 "요담" 역시 그런 야심을 소유한 자가 아니었다(5하, 5-21절). 모든 악한 정치가들은 궤변으로 자기의 입장을 옹호한다. 그러나 거짓말을 의지하는 것은 거미줄을 의지하는 것과 같다(사 59:4-8 참조). 잠언 12:19에 말하기를, "진실한 입술은 영원히 보존되거니와 거짓 혀는 잠시 동안만 있을 뿐이니라"고 하였다.

바알브릿 신전에서 은 칠십 개를 내어(4절). "바알브릿"(בַּעַל בְּרִית)은 "계약의 바알"이란 뜻이다. 곧 그들이 여호와를 버리고 바알 신과 언약을 맺은 사실이 이 명칭으로 암시된다(8:33 참조). 여기서 "신전"란 말(בֵּית)은 집이란 뜻으로, 바알 신당을 가리킨다. "은 칠십 개"(שִׁבְעִים כֶּסֶף)는 은 70세겔이며, 약 802그램 정도의 중량이다. 아비멜렉이 우상 신전의 돈을 이용하여 불량배를 매수하고 그들의 힘으로 정권을 얻기 위하여 자기의 형제들을 죽였다. 이와 같은 그의 행동은 이중 삼중으로 죄악을 쌓은 것이다.

7-15절. 이 부분 말씀에 대한 해석은 다음 설교로 대신한다.

설교▶ 두 종류의 나무(7-15절)

기드온이 죽은 후에 그 첩의 아들 아비멜렉이 그 형제들(기드온의 다른 아들 70명)을 잔인하게 죽이고 왕이 되었다. 그때 기드온의 막내 아들 요담만 살아남았다. 요담은 아비멜렉을 왕으로 삼은 세겜 사람들의 잘못을 지적하기 위하여 두 종류의 나무 비유를 말하였다.

1. 왕 되기를 거절한 나무들의 비유(8-13절)

어느 날 "나무들"이 "감람나무"와 "무화과나무"와 "포도나무"에게 말하기를, "우리의 왕이 되라"고 하였다. 그러나 이 나무들은 다 왕 되기를 거절하였다. 이것은 우리 신자들도 세상의 영광 받기를 거절해야 하는 것을 보여 주는 좋은 비유이다. 신자들은 유혹의 세상에서 산다. 세상은 영광과 권세로 우리를 유혹한다. 그렇게 하여 우리로 하여금 하나님을 믿는 신앙에서 떠나게 만든다. 사람들이 영광을 좋아하는 심리는 불신앙이다. 요한복음 5:44에 예수님께서 말씀하시기를, "너희가 서로 영광을 취하고 유일하신 하나님께로부터 오는 영광은 구하지 아니하니 어찌 나를 믿을 수 있느냐"라고 하셨다.

감람나무, 무화과나무, 포도나무들이 왕 되기를 거절하게 된 그 힘이 어디서 났을까? 그것은 하나님과 사람을 기쁘게 하는 열매로 만족하는 정신에서 비롯되었다. 다시 말하면 타고난 직분으로 만족하는 심리에서 생겼다. 사람들도 각기 타고난 직분이 있으며, 그것은 왕의 직분보다 귀하다. 타고난 직분은 사람마다 각기 하나님 앞에서 받은 사명이다. 그것이 왜 귀한가? 그것은 하나님께서 주신 직분과 재능이므로 사람이 그대로 지켜 나갈 때 기쁨이 있고, 또 하나님의 도우심을 받아 성공하기 때문이다. 사람이 만일 자기의 타고난 직분이 무엇인지 모르고 딴 길을 가면, 일도 잘 안되고, 그 일을 하는 가운데 기쁨도 없다. 따라서 그 일에 열매도 제대로 맺지 못한다. 교역자가 될 사람들도 먼저 자기가 전도자의 사명을 받았는지 그 여부를 분명하게 파악해야 한다.

사람이 자기의 타고난 직분이 무엇인지를 발견하는 비결은 본문(9, 11, 13절)의 말씀처럼 하나님과 사람을 기쁘게 하는 자기 직분과 재능이 무엇인지 헤아려 봄으로써 판단할 수 있다. 교역자들은 무엇보다 하나님의 말씀으로 다른 사람들의 영혼에 유익을 줄 수 있는 능력을 소유해야 한다. 구체적으로 말하면, ① 자기의 이름이 생명책에 기록된 것을 가장 기뻐할 수 있어야 하며(눅 10:20), ② 진리에 확신이 있어야 되고 진리와 함께 기뻐할 줄 알아야 하며(고전 13:6), ③ 또한 영혼이 구원을 받는 것을 가장 기뻐할 줄 알아야 한다(눅 15:7). 타고난 직분으로 즐거워하는 자는 자신이 받은 사명에 방해되는 일들을 거절할 힘이 있다. 모세는 공주의 아들로서의 영광을 거절하고 도리어 자기 사명을 수행함으로써 수반되는 고난과 능욕을 택하였다(히 11:24-26). 우리는 먼저 타고난 직분(사명)에서 최대의 즐거움과 만족을 얻어야만 다른 일들(세상 영광과 같은 것)을 거절할 힘이 생긴다. 가령 교역자가 자기 사명에서 최대의 만족을 얻으려면, 먼저 그 방면에서 자기의 장점을 발견하여 그것의 전문성을 키우고, 그것을 잘 발휘해야 한다.

2. 가시나무 비유(14-15절)

또 나무들이 "가시나무"에게 말하기를, "우리의 왕이 되라"고 할 때에 그 나무는 그것을 허락하였다. 가시는 인간이 저주받은 결과이다(창 3:18; 히 6:8). 즉 자기를 위하여 높아지려는 마음은 저주받은 심리에서 나오는 것이다. 그런 심리는 마귀의 것이다. 마귀는 언제나 자신을 높여 주는 것을 원한다. 그는 예수님께 경배를 받으려 한 교만한 존재이다(마 4:8). 인간의 심리도 이와 유사하여 높아지기를 원한다. 그래서 비판받는 것을 원하지 않고 칭찬받는 것만 좋아한다. 그러나 그는 두 가지로 인해 손해를 당한다. 곧 비판을 받을 때는 비판하는 자에 대하여 독한 증오심을 품게 되는데, 그것은 자살과 같다. 또한 그는 되지 못하고 된 줄로 알고 교만하여 영광 받기를 좋아하는데, 그것은 영양이 되지도 않는 음식을 먹고 기분 좋게 생각하는 것처럼 스스로 속는 생활이다. 남아메리카의 어떤 나무 열매는 배고플 때 먹으면 시장기가 없어지지만 몸에는 아무 영양도 공급되지 않는다고 한다.

교역자가 높아지기를 좋아하는 것은 저주의 길을 택하는 것이다. 교회가 극도로 타락했던 중세 시대에 교역자들이 높아지기를 좋아하였다. 그때 교황은 가마를 타고 왕들이 앞장섰으며, 또한 교황은 말을 타고 왕은 마부로 수종을 들었다고 한다. 심지어 셀레스틴(Celestine) 3세라는 교황은 영국 왕 헨리(Henry) 6세에게 자신의 발로 왕관을 씌워 준 일도 있었다고 한다.

16-21 진실하고 의로우냐(16중). 이 간단한 책망은 아비멜렉의 지도 아래에서 이루어진 세겜 사람들의 악행이 어떠한 특성을 지녔는지 지적한다. 그들의 악행은 지도자의 거짓을 따르는 것이었고(2절), 또한 불의로 협조한 것이다(4절).

그의 아들 칠십 명을 한 바위 위에서 죽이고(18절). "칠십 명"이라고 한 것은, 아비멜렉과 세겜 사람들의 악함이 70명을 다 죽일 계획이었다는 것이다. 이때 요담은 피하여 숨어서 살아남았으므로(5절) 아비멜렉이 실제로 죽인 수는 69명이었다. 그러나 그가 살인하기로 계획한 목표가 70명이었기 때문에 여기서 그 숫자를 말한 것이다. 사실상 하나님 보시기에는 그 형제 70명을 다 죽인 죄악이다.

만일 너희가 오늘 여룹바알과 그의 집을 대접한 것이 진실하고 의로운 일이면 너희가 아비멜렉으로 말미암아 기뻐할 것이요 아비멜렉도 너희로 말미암아 기뻐하려니와 그렇지 아니하면 아비멜렉에게서 불이 나와서 세겜 사람들과 밀로의 집을 사를 것이요 세겜 사람들과 밀로의 집에서도 불이 나와 아비멜렉을 사를 것이니라 하고(19-20절). 세겜 사람들을 향하여 이렇게 외친 요담의 경고는 그들의 극악한 행동의 결과가 반드시 하나님의 진노를 가져온다는 것이다. 그는 그렇게 될 것이 너무도 확실하다는 의미로 그 판단을 그들의 행동이 가진 특성(진실하고 의로운가? 그렇지 않았는가?)에 맡겨 버린다. 그는 그들의 행동이 너무 악함을 알기 때문에 그들에게 하나님의 진노가 임할 것을 분명하게 내다보았다.

하나님께 가까이하는 진실한 신자는 극악한 자들의 악한 행동을 볼 때 즉각 그들에게 하나님의 벌이 임할 것을 느낀다. 요담은 하나님을 가까이 모신 것이 분명하다. 그것은 그가 "내 말을 들으라 그리하여야 하나님이 너희의 말을 들으시리라"고 한(7하) 확신 있는 말이 증명해 준다. 우리는 한 걸음 더 나아가서 요담의 말을 다음과 같이 평가할 수 있다. 곧 그가 아비멜렉에게서는 세겜(또는 밀로) 사람들을 사르는 불이 나오고, 세겜 사람들에게서는 아비멜렉을 사르는 불이 나온다고 한 것은 미래의 일을 자세히 예언한 것이다. 이와 같은 예언은 하나님의 성령으로 말미암을 때에만 할 수 있다.

요담이 그의 형제 아비멜렉 앞에서 도망하여 피해서 브엘로 가서 거기에 거주하니라 (21절). 의인도 헛되이 희생되는 죽음은 피하여 도망한다. 예수님도 때가 되기 전에는 그를 해하려는 무리를 떠나 다른 곳으로 가셨으며(눅 13:31-33; 요 8:59), 제자들을 전도자로 보내실 때도 말씀하시기를, "이 동네에서 너희를 박해하거든 저 동네로 피하라"고 하셨다(마 10:23). 루터는 위험을 무릅쓰고 종교 개혁에 헌신하였으나 바르트부르크(Wartburg)에 피신하여 오랫동안 그곳에 머물기도 하였다. 거기서 그는 신약성경과 시편을 독일어로 번역하였다. 그 번역 성경이 보급되어서 많은 사람이 종교 개혁의 이유를 알게 되었다고 한다. 그가 피신하여 있는 동안 이룬 일이 도리어 그가 사회에서 이룬 일보다 더 많은 성과를 거두었다고 한다(잠 22:3 참조).

22-25 요담의 예언대로(20절) 이제부터 아비멜렉과 세겜 사람들에게 불행한 일이 일어나기 시작한다. 사회가 극도로 악한 때에는 하나님께서 섭리

적인 심판으로 간섭하기도 하신다.

하나님이 아비멜렉과 세겜 사람들 사이에 악한 영을 보내시매(23절). "악한 신"(רוּחַ רָעָה)은 사탄의 수종자들 중 하나이며, 하나님께서 그 악신을 직접 부리셨다는 것이 아니라 아비멜렉과 세겜 사람들 사이를 이간하는 악신의 활동을 방임하셨다는 의미이다. 사울 왕을 격동시킨 악신의 역사도 이와 같은 경우였다(삼상 16:14, 15;, 18:10, 삼하 24:1; 왕상 22:23; 대상 21:1 참조).

세겜 사람들이 아비멜렉을 배반하였으니(23하). 악당들은 처음에 서로 단결하여 권세를 잡기도 한다. 그러나 그들이 그렇게 해서 성공한 때는 하나님께서 그들의 회개를 촉구하시는 시기이다(롬 2:4-5 참조). 그들이 그때 회개의 열매를 맺지 못하면 머지않아 서로 배반하여 그 세력이 무너진다. 악인들의 일시적 형통에 대하여 시편 129:6에 말하기를, "그들은 지붕의 풀과 같을지어다 그것은 자라기 전에 마르는 것이라"고 하였다. 아비멜렉은 짧은 기간(3년) 동안 이스라엘을 통치하고 멸망하였으며, 그것은 하나님의 말씀(20절)대로 된 것이다(사 16:14 참조).

이는 여룹바알의 아들 칠십 명에게 저지른 포학한 일을 갚되 그들을 죽여 피 흘린 죄를 그들의 형제 아비멜렉과 아비멜렉의 손을 도와 그의 형제들을 죽이게 한 세겜 사람들에게로 돌아가게 하심이라(24절). 여기 표현된 대로 기드온의 아들 70명의 피에 대한 하나님의 심판적 보응이 양측에 다 임하였다. 곧 아비멜렉 자신과 그의 악을 도와준 세겜 사람들이다. 하나님은 무죄한 피를 흘린 그 악인들의 죄를 분명하게 심판하신다. 하나님께서 가장 미워하시는 것은 "무죄한 자의 피를 흘리는 손"이다(잠 6:17). 복수해 주시는 이는 하나님이시다(신 32:35; 참조. 롬 12:19).

26-29 아비멜렉을 반대하기 위하여 "세겜 사람들"과 "가알"이 뜻을 모았다. "가알"은 그 반대 운동의 지도자 격이었다. 이들의 움직임도 올바른 것은 아니었으므로 이들도 그 자신에게 화를 초래한 것이다. 가알과 세겜 사람들의

반란은, ① 바알 신을 믿고 움직였고(27절), ② 가나안 족속이 주권을 잡게 하려는 것이었다. "세겜의 아버지 하몰"은 가나안족에 속한다(28절). "하몰의 후손을 섬길 것이라"고 주장한 가알과 그를 따른 세겜 사람들은 하나님께서 미워하셨다. 그러므로 아비멜렉도 망하겠지만 이들의 멸망도 확실하다.

네 군대를 증원해서 나오라(29하). 가알은 아비멜렉에게 군대를 증원해서 나오라고 도전하였다.

30-45 아비멜렉이 스불의 밀고로 가알과 세겜 사람들을 칠 때에 가알과 세겜 사람들이 전쟁에서 패하였다(40-41절). 아비멜렉은 세겜 성을 헐고 거기에 소금을 뿌렸다(45절). 그가 그곳에 소금을 뿌린 것은 그곳을 광야 같은 폐허로 만들겠다는 상징적 행동이다(욥 39:6; 시 107:4; 렘 17:6 참조).

46-49 세겜 사람들이 "엘브릿 신전의 보루"에 모여 거기 들어가서 구원을 받으려 하였다. "보루"로 번역된 히브리어(צְרִיחַ)는 사무엘상 13:6에서 "은밀한 곳"이라고 번역되었다. 그 당시 "엘브릿"(אֵל בְּרִית=언약의 신, 곧 바알 신을 그렇게 불렀다) 신당에 그런 피신처가 있었던 것이다. 그들은 이때 바알 신의 도움을 받기 원한 것을 볼 때 그들의 종교적 타락이 어느 정도였는지를 알 수 있다. 아비멜렉과 그의 군사들이 "보루"에 불을 놓았으므로 약 1천 명의 남녀가 타서 죽었다(삿 9:49). 이것이야말로 요담의 예언이 성취된 것이다(15절).

50-57 세겜 가까이에 있는 "데베스" 성 사람들은 "아비멜렉"의 군대를 피하여 "견고한 망대"로 들어갔다(51절). 그래서 아비멜렉이 그 망대의 문에 가까이 가서 불을 지르려고 했고(52절), 그때 한 여인이 맷돌 위짝을 그의 머리 위에 던져서 그의 두개골을 깨뜨렸다(53절). 아비멜렉이 이같이 죽게 된 것은 그가 행한 죄악대로 보응을 받은 것이다(56절). 이것은 요담의 예언이 성취된 것이다(20절).

| 설교자료

1. 죄악으로 말미암은 번영은 화근에 불과하다. 기드온이 여러 아내를 취하여 얻은 많은 아들들이 일시에 죽고 말았다(5절). 믿음으로 행하지 않은 일들은 아무리 큰 성공이라 할지라도 결국 헛된 것으로 끝난다(전 1:2-3; 2:1-2 참조).

2. 인생의 목적은 하나님과 사람을 위하여 열매를 맺는 것이다(8-13절). 그리고 그 열매는 하나님을 기쁘시게 하는 믿음(히 11:6; 고전 10:31)과 사람을 기쁘게 하는 구원 역사이다(고전 10:32-33, 전 12:13 참조). 누구든지 이 목적을 떠나서 명예나 권세로 다른 사람들 위에서 "우쭐"대면 안 된다. "우쭐댄다"는 히브리어( )는 떠서 동하는 것(float about)을 의미하는데, 이는 다른 사람들 위에서 그들을 다스리는 것을 의미하는 동시에, 그 처지가 불안함(restlessness and insecurity)을 의미한다. 하나님과 사람을 위하여 열매를 맺는 참된 사람에 대하여는 감람나무와 무화과나무와 포도나무로 비유되었다. 이 나무들의 쓸모는 목재가 아니라 열매이다. 즉 목재는 열매를 생산하기 위하여 희생될 뿐 아무 쓸모가 없다. 그와 같이 하나님과 사람을 위하여 열매를 맺는 사람은 자기 자신은 없어지는 것처럼 희생된다.

3. 사람이 진실함과 의로움을 앞세우지 않고 이룬 일은 결국 그 자신에게 괴로움이 될 뿐이다(16, 19-20절). 아비멜렉이 왕이 된 것은 진실한 방법으로 된 것도 아니고 의로운 방법으로 된 것도 아니었다(1-6절). 속이는 것과 불의한 것은 처음부터 인류를 멸망시키는 마귀의 방법이다. 하와는 마귀의 거짓말을 따라갔고(창 3:4-6), 또 하나님의 말씀을 어기는 불의를 행하였다(창 3:6하).

제 10 장

✤ 내용분해

1. 사사 두 사람, 돌라와 야일 시대에 이스라엘이 평안을 누림(1-5절)
2. 이스라엘이 다시 범죄하여 하나님의 징벌을 받음(6-9절)
3. 이스라엘의 회개와 기도와 개혁(10-16절)
4. 이스라엘이 침략자들을 대항하여 전쟁을 준비함(17-18절)

✤ 해석

1-2 도도의 손자 부아의 아들 돌라가 일어나서(1절). 이렇게 사사의 족보를 자세하게 말한 것은 이 부분이 역사적 사실이고 사색 위주의 문학 작품이 아니라는 것을 알려 주는 것이기도 하다. 여기에 "돌라"의 행적에 대한 자세한 기록은 없으나 그가 이스라엘을 구원하는 일에 종사한 것만은 확실하다(1상).

어떤 학자들은 여기에 기록된 이름들이 상징적 의미를 가진다고 한다. 곧 "도도"(דודו)는 그의 사랑을 받은 자란 뜻이고, "부아"(פואה)는 말씀이란 뜻이고, "돌라"(תּוֹלָע) 벌레란 뜻인데, 이 세 가지가 나타내는 의미는 하나님의 사랑을 받은 자가 감사의 말씀을 표현하며 벌레같이 자기를 낮추고 헌신한다는 뜻이라는 것이다. 특별히 여기서 세 번째로 등장하는 이름 "돌라"는 예수님의 낮아지심, 곧 벌레처럼 낮아지셔서 고난을 받으신(죽으신) 표상이라고 하고, "야일"(יָאִיר)은 밝혀 주는 자(enlightener)란 뜻인데, 죽음 가운데서 부활하셔서 빛과 같이 진리를 계시해 주시는 그리스도를 상징한다고 하였다.[71] 그러나 여기 나오는 이름들을 그와 같이 상징적 의미로 해석하는 것을 받아들이기는 어렵다.

3-4 "야일"이란 사사가 "이십이 년 동안" 이스라엘을 다스렸는데 그에 대한 자세한 기록은 없다. 다만 그의 "아들 삼십 명"이 모두 다 "나귀"를 탔다고 한다. "성읍 삼십을 가졌는데"라고 번역된 히브리 원문(שְׁלֹשִׁים עֲיָרִים לָהֶם)은 "그들에게 삼십 성읍이 있는데"라고 번역해야 옳다. 이것은 야일의 아들 30명이 성읍을 각각 하나씩 차지하였다는 말이다.

하봇야일(야일의 동네)이라 부르더라(4하). 이것은 그때 야일이 처음으로 그렇게 부르기 시작하였다는 의미가 아니다(민 32:41; 신 3:14 참조).

6-9 이스라엘이 또다시 이방의 우상들을 섬겼으므로 여호와께서 그들이 이방 민족의 압제를 받게 하셨다. 그들이 섬긴 신은 "바알들"(가나안 신)과 "아스다롯", "아람의 신들", "시돈의 신들"(왕상 11:5), "모압의 신들"(그모스 신=왕상 11:33), "암몬 자손의 신들"(왕상 11:33; 레 18:21), "블레셋 사람들의 신들"(16:23; 삼상 5:1-5)이었다. 그들이 이같이 이방 민족의 신들을 섬긴 결과는 언제나 이방의 압제를 초래하였다. 이것은 다윗이 말한 대로 이루어지는 진리의 법칙이다. 그는 말하기를, "다른 신에게 예물을 드리는 자는 괴로움이 더할 것이라"고 하였다(시 16:4).

---

71) The Numerical Bible, Joshua To II Samuel, 1932, 230-231.

10-14 이스라엘이 하나님 앞에 회개하며 부르짖었으나, 하나님은 그들의 배은망덕한 죄악을 지적하셨다. 즉 과거에 하나님께서 여러 차례 이방 민족들의 손에서 그들을 구원하여 주셨음에도 불구하고 그들이 거듭 범죄한다는 것이다. 이것은 하나님께서 그들의 회개를 신뢰하실 수 없다는 것이다.

하나님이 이스라엘을 대적의 손에서 구원해 주신 역사적 사건을 11-12절에 일곱 가지로 말씀하셨다. ① "애굽 사람들"에게서(출 1장-14장), ② "아모리 사람들"에게서(민 21:21-24), ③ "암몬 자손"에게서(삿 3:13-21), ④ "블레셋 사람들"에게서(3:31), ⑤ "시돈 사람들"에게서(가나안 왕 야빈이 이스라엘을 침략할 때 시돈 사람들이 그와 힘을 모았을 것이다[4:1-3]), ⑥ "아말렉 사람들"에게서(7:12-23), ⑦ "마온 사람들"에게서(마온은 미디안을 가리킨다, 6장-7장) 이스라엘을 구원해 주셨다는 것이다. 어떤 학설에 "마온"(מָעוֹן)은 페트라(Petra)에서 18마일 떨어져 있는 곳이라고 하며, 그곳에 사는 족속이 이스라엘을 괴롭혔다고 한다(대상 4:41; 대하 26:7).

하나님께서 이스라엘을 구원하신 사건 일곱 가지를 말씀하신 것은 실제로 그가 일곱 번만 구원하셨다는 의미가 아니다. 여기서 숫자 '7'은 많은 수를 의미한다. 이같이 그가 그들을 구원해 주신 사건이 많았음에도 불구하고 그들이 다시 하나님을 배반하고 이방의 우상들을 따라갔으므로, 그들은 더 이상 그의 구원을 바라볼 자격이 없었다. 또한 그들의 회개는 하나님께 아첨하는 말밖에 되지 않았던 것으로 드러났다(시 78:36-37).

15-16 이스라엘이 하나님의 책망을 받으면서도 낙심하지 않고, 물러가지도 않고, 회개의 기도를 계속하며 행동으로 옮겨 "이방 신들을" 제거하였다. 하나님께서는 그들을 또다시 불쌍히 여기시며 "근심"하셨다(16하). "근심하시니라"라는 말의 히브리어(תִּקְצַר)는 견디지 못하는 것(impatient)을 의미한다. 곧 이스라엘 민족의 곤고함을 보시고 견디실 수 없는 하나님의 긍휼을 가리킨다. 하나님은 진심으로 회개하는 죄인을 일흔 번씩 일곱 번이라도

용서하신다(마 18:22). 그뿐 아니라 그는 진노 중에도 긍휼을 기억하신다(합 3:2).

17-18 "암몬" 족속이 "길르앗"에 침범해 왔다. 그러나 길르앗에는 암몬을 대항하여 앞서 나갈 만한 지휘자가 없었다.

누가 먼저 나가서 암몬 자손과 싸움을 시작하랴 그가 길르앗 모든 주민의 머리가 되리라(18하). 이것은 암몬을 대항하기 위하여 미스바에 진을 친 길르앗의 모든 백성과 방백들이 탄식하며 부르짖는 소리이다. 이때 그들은 암몬의 손에서 길르앗을 구원하는 자를 자신들의 주권자로 추대하겠다고 했다.

설교자료

1. 하나님의 백성이 범죄하면 하나님께서 그들을 벌하신다. 어떤 때에는 그들 주위에 있는 사람들이 그들을 괴롭히는 것을 허락하시기도 한다. 이스라엘이 범죄했을 때 그들은 이웃에 있던 블레셋 족속과 암몬 족속의 압제를 당하게 되었다(6-9절). 하나님께서 그들을 이같이 징계하시는 이유는 그들을 사랑하시기 때문이다. 그는 사랑하시는 자를 징계하신다(히 12:5-13 참조).

2. 우리가 하나님께서 구원해 주신 은혜를 명심한다면(11-13절) 일반적으로는 다시 범죄할 수 없다. 그 이유는 과거부터 현재까지 하나님께 받은 구원의 체험을 생각할 때, ① 어두움에서 광명으로, 죽음에서 생명으로 옮겨진 것이 너무 감격스럽기 때문이다. ② 하나님께서 살아 계신 것이 명백하기 때문이다. ③ 또다시 어두움과 죽음 속으로 떨어지고 싶지 않기 때문이다.

구원을 체험한 자가 다시 범죄한다면 그는 하나님의 구원을 다시 기대할 자격이 없는 자라고 책망을 받아 마땅하다(13하; 참조. 벧후 2:20-22).

3. 거듭 범죄한 이스라엘이 죄악을 버리고 하나님의 구원을 간구하면 하나님은 또다시 그들을 불쌍히 여기셨다(15-16절). 하나님은 그 어떠한 죄인이라도 진실히 회개하기만 하면 몇 번이라도 용서해 주신다(다만 그가 진실하게 회개하여 용서를 받을 때까지는 그 죗값으로 인한 환란을 당한다)(사 1:18; 삼하 12:13-14 참조).

제 11 장

↓ 내용분해

1. 길르앗 사람으로서 큰 용사였던 입다가 어려운 환경에 처함(1-3절)
2. 입다가 암몬 족속 정복의 지휘자가 됨(4-11절)
3. 입다가 암몬 왕에게 사자를 보내 국교를 조정하려 하였으나 암몬 왕이 응하지 않음(12-28절)
4. 입다가 하나님께 서원하고 암몬의 군대와 전쟁하여 이김(29-33절)
5. 입다가 승전하고 돌아와서 자기의 딸 문제로 슬픔에 빠짐(34-40절)

↓ 해석

1-3 길르앗 사람 입다는 큰 용사였으니 기생이 길르앗에게서 낳은 아들이었고(1절). 버니(C. F. Burney)는 말하기를, "여기서 지방 이름("길르앗")이 입다의 아버지로 인격화된 것을 보면, 1절 하반절에서 2절까지는 후대 사람이 삽입한

문구이고 본래의 원본이 아닌 것이 분명하다"라고 하였다.[72] 그러나 이와 같은 버니의 추측은 합당하지 않다. 사람의 이름이 지방 이름과 같은 실례는 역사적으로 얼마든지 있다. 특별히 민수기 26:29, 32:40을 참조하라.

그렇다면 "입다"는 어떤 사람이었는가? 그는 ① 기생의 아들이고(삿 11:1), ② 이복형제들에게서 쫓겨난 자이고(2절), ③ 아무것도 소유하지 못한 하층민과 함께 사는 자였다(3절).

"돕"(טוֹב)이란 땅은 요단강 동쪽에 있는 곳이다(삼하 10:6, 8 참조). "잡류"란 말(אֲנָשִׁים רֵיקִים)은 도덕적으로 타락한 자들만을 가리키는 것이 아니다. 여기서는 이 말이 생활의 안정을 얻지 못하고 떠돌아다니는 가난한 자들을 가리킨다. 그들의 상황이 입다의 처지와 같기 때문에 그들이 그와 동조했을 것이다(삼상 22:1-2 참조).

4-11 **당신은 와서 우리의 장관이 되라 하니**(6하). 암몬 족속의 침략에 대항하기 위하여 "길르앗 장로들"이 "입다"를 그들의 "장관"(קָצִין), 곧 통치자로 세우려 하였다. 여기서 말하는 "장로"는 아마도 인도자를 가리킬 것이다.

만일 여호와께서 그들을 내게 넘겨 주시면(9하). 입다는 하나님께 믿음으로 기도하는 진실한 신자였다(11하). 진실한 신자가 사람들에게 천대와 멸시를 받고 고독하게 신앙을 지켜 나가면 하나님께서 그를 높여 주시는 때가 오는 법이다. 그를 박해하던 자들이 그에게 절하기도 한다(미 7:7-8; 계 3:9 참조). 요셉을 이방인들에게 팔아 버린 형들도 마침내 요셉에게 찾아와서 그에게 은혜를 구하기 위하여 무릎을 꿇었다(창 37:27-28; 42:6).

입다는 모든 일에 신중을 기하였다. ① 그는 길르앗 장로들의 약속을 신중하게 생각하면서 그들의 진실성을 검토하였다. 그는 말하기를, "너희가 전

---

72) Here the district is personified as father of Jephtha - a mark of late date for vv. I^d-2, which can have formed no part of the original narrative. C. F. Burney, The Book of Judges, with Introduction and Notes, 1970, 308.

에 나를 미워하여 내 아버지 집에서 쫓아내지 아니하였느냐 이제 너희가 환난을 당하였다고 어찌하여 내게 왔느냐"라고 하였다(삿 11:7). 그 장로들은 길르앗의 정치 지도자들이었음에도 불구하고 일찍이 입다의 형제들이 그를 내쫓는 불의한 처사를 알고도 그대로 방임, 혹은 찬성하였던 것이 분명하다. 그러므로 그들은 그 사건에 대한 책임을 면할 수 없게 되었다. 이 책임을 추궁하는 입다의 말을 그대로 받아들인다는 의미로 그들은 입다를 자신들의 최고 지도자로 삼겠다고 다시 약속한 것이다(8절). 그들은 자신들의 뜻을 바꾸지 않고 끝까지 입다를 최고 지도자로 삼을 것을 하나님 앞에 맹세하였다(10절). ② 그는 "큰 용사"였지만 자기 힘으로 승리할 수 있다고 장담하지 않고 하나님만 의지하였다. 그는 믿음으로 말하기를, "여호와께서 그들을 내게 넘겨 주시면"이라고 강력히 주장하였다(9하). 이 말은 그가 "전쟁은 여호와께 속한 것"이라고 믿은 증거이다(삼상 17:47 참조). ③ 그는 암몬 족속과 전쟁할 책임을 지고 하나님께 그러한 사정을 고하며 기도하였다. 그는 구원이 하나님께만 있음을 믿고 그렇게 기도한 것이다. ④ 그는 암몬 자손을 반격하기 전에 먼저 평화적으로 일을 해결하려고 암몬 왕에게 사신을 보냈다(12-27절). 그러므로 봉크(C. Vonk)는 말하기를, "입다는 신앙이 진실할 뿐 아니라 지혜롭고 앞을 내다보는 사람이었다"라고 하였다.[73]

12-28 입다는 암몬 왕에게 사자를 보내어 전쟁 없이 외교적으로 문제를 해결하려고 노력하였다. 그러나 암몬 왕은 "아르논에서부터 얍복과 요단까지"의 영토를 이스라엘 백성에게 빼앗겼다고 하면서 그 땅을 반환하라고 요구하였다(13절). 그러자 입다는 이스라엘이 그 땅을 차지한 것은 "하나님 여호와께서" 주셨기 때문이라고 길게 변론하였다. ① 이스라엘은 다른 민족

---

73) Jefta niet alleen een gelooig-man was-maar ook een wijs en voorzichtig man. C. Vonk, De Voorzeide Leer, Deel I^d, De Heilige Schrift, Inleiding op De Profeten, Jozua, 1973, 563.

을 침략한 적이 없다고 하였다(16-18절). 이스라엘이 일찍이 광야를 통과하던 때에도 에돔과 모압에게 화평하게 행하였다고 했다(민 20:14-22; 신 2:9 참조). ② "헤스본 왕 곧 아모리 족속의 왕 시혼"과도 이스라엘은 전쟁하지 않으려 했지만 그가 선제공격으로 이스라엘을 침해하였다(19-22절). 따라서 그 전쟁의 책임은 헤스본 왕 시혼에게 있었고, 하나님께서 이스라엘이 전쟁으로 시혼 왕의 땅(아르논에서 얍복, 요단까지)을 취하게 해 주셨던 것이다. 그러므로 그 땅은 암몬 족속의 소유가 아니라 이스라엘의 소유라고 설명하였다(23-27절).

네가 그 땅을 얻고자 하는 것이 옳으냐(23하). 여기서 "네가"라는 말(אַתָּה)은 강조하는 문체로, 암몬 왕을 힘 있게 지적하는 것이다. 이 말은 하나님이 이스라엘 백성에게 주신 땅을 암몬 왕 "네가" 차지할 권리가 전혀 없다는 것이다.

네 신 그모스가 네게 주어 차지하게 한 것을 네가 차지하지 아니하겠느냐(24상). "그모스"(כְּמוֹשׁ)는 모압 신이다.[74] 그때의 암몬 왕이 모압 사람이었기 때문에 여기서 암몬 족속의 신 "밀곰"(מִלְכֹּם)(왕상 11:5)을 관설하지 않고, 모압의 신 "그모스"를 언급한 듯하다.

물론 여기서 입다가 그모스 신을 언급한 것은 그가 믿을 만한 신이라고 간주하는 뜻에서 한 것이 아니다. 그의 마음으로는 그모스가 헛된 것이라고 판단하면서도 다만 이론을 위하여 언급한 것뿐이다. 즉 입다는 이스라엘의 하나님 여호와만을 심판하시는 하나님으로 믿었다(삿 11:27).

29-33 **누구든지 내 집 문에서 나와서 나를 영접하는 그는 여호와께 돌릴 것이니 내가 그를 번제물로 드리겠나이다**(31절). 이것은 입다가 서원하는 말이다. 그는 암몬 족속과 전쟁하기 전에 여호와께 이와 같은 서원을 올렸다. 여호와께서 이번 전쟁에서 승리하게 해 주시면 집에 돌아가서 가장 먼저 영접 나온 자를 하나님께 "번제물"로 드리겠다는 것이다. 여기서 말하는 "번제물"(עוֹלָה)은

---

74) 민 21:29; 왕상 11:7, 33; 렘 48:7, 13, 46.

불에 태워서 바치는 제물만을 의미하지 않고, 바쳐 올리는 제물(ascending offering)을 포괄적으로 의미한다. 사람을 태워서 바치는 제물로 사용하는 것은 율법에 금지되었다.[75] 입다는 이 율법을 잘 알고 있었을 것이다. 당시 암몬 족속은 몰록 우상(혹은 "밀곰"이라고도 하였다. 왕상 11:5, 33)을 섬겼고(왕상 11:7), 자신들의 자녀를 불태워 우상에게 바치는 악한 미신에 젖어 있었다. 당연히 입다가 암몬을 대적하면서 그러한 미신을 미워하였을 것이다.

35-36 어찌할꼬 내 딸이여 너는 나를 참담하게 하는 자요 너는 나를 괴롭게 하는 자 중의 하나로다(35절). 입다가 전쟁에서 승리한 뒤 집으로 돌아왔을 때에 그의 외동딸("무남독녀")이 누구보다도 먼저 나와서 아버지를 영접했다. 그 순간 입다는 자신이 서원한 것 때문에 걱정하였다. 여기서 "나를 참담하게 하는 자"라는 말(הכרע הכרעתני)은 "너는 나를 당황케 만드는구나"라고 번역된다. "나를 참담하게 하는 자"라는 한글 번역은 너무 심각한 불행을 표현한다. 35절 상반절의 히브리어를 보면 입다의 걱정은 자신의 딸이 죽게 된 불행을 염두에 둔 것 같지 않다. 입다의 걱정은, 자신의 딸이 결혼하지 못하고 독신으로 평생 성전에서 봉사하게 되었으므로, 그(입다)의 기업이 계승되지 못하게 된 것이었다.

나의 아버지여 아버지께서 여호와를 향하여 입을 여셨으니 아버지의 입에서 낸 말씀대로 내게 행하소서(36절). 입다의 딸은 이 말로 자신의 인격을 보여 주었다. ① 하나님께 신실하며, ② 아버지께 순종함으로 효도하였고, ③ 의리를 위해서는 자신이 희생되는 것도 개의치 않았다.

37-39 여기서 문제가 되는 것은, "입다의 딸이 죽어서 번제물이 되었는가?"이다. 37절 하반절과 38절 하반절의 "처녀로 죽음을 인하여"란 말(על-בתולי)은 "나의 처녀 됨을 인하여"라고 번역되어야 한다. 그렇다면 그녀가

---

75) 레 18:21; 20:2-5; 신 12:31; 18:10.

하나님께 "올려 바쳐"졌다는 것(31절에서 "번제물"이라고 번역된 עוֹלָה)은 그녀가 평생토록 결혼하지 못하고 성막에서 수종드는 여인이 된 것을 가리킨다(출 38:8 참조).

중세(15세기) 이전에는 입다의 서원 실행이 자신의 딸을 죽여서 번제물로 드린 것이라고 해석하였으나, 중세 이후에는 그렇게 해석하지 않고 다만 그녀가 평생토록 성막에서 봉사하도록 처녀로 바쳐진 것이라고 해석한다. 이 해석이 옳다고 할 수 있는 이유는 다음과 같다. ① 입다의 성격으로 보아 그는 하나님 앞에서 함부로 서원할 인물이 아니기 때문이다. 그는 자기를 등용하려고 찾아온 길르앗 장로들의 청원도 신중히 검토한 후에 받아 들였다(삿 11:7; 참조. 9절). ② 입다가 암몬 왕에게 전한 말(15-26절)을 미루어 볼 때 그는 이스라엘의 출애굽 역사도 자세히 알고 있었으므로, 그가 구약 율법에 대하여 무식하지 않다는 것이 분명하기 때문이다. 구약 율법에는 자녀를 불로 태워 바치는 것이 극악한 죄로 규정되어 있다(레 18:21; 20:2-5). ③ 입다는 여호와를 두려워하며 신뢰하는 인물이었으므로(삿 11:9하, 11하), 그가 하나님이 금하시는 죄악을 범했을 리 만무하기 때문이다. 만일 입다가 하나님이 엄히 금하시는 죄를 범하였다면 그는 레위기 20:2-5의 말씀대로 저주를 받았을 것이다. 그러나 그는 그 후에도 이스라엘의 사사로서 6년이나 사역하였다(12:7). ④ 무엇보다도 신약성경이 입다를 신앙의 인물로 칭찬하기 때문이다(히 11:32).

우리는 입다의 행적에서 배워야 할 것이 있다. 그것은 하나님께 서원한 대로 용감하게 실행한 그의 진실성과 신앙적 용단이다(삿 11:35하, 39하). 그리고 그의 실행력의 모범을 따라 그의 딸도 경건의 법에 잘 순종한 것이다(36상; 참조. 시 15:4).

40 나흘씩 애곡하더라. 델리취(Delitzsch)는 여기 나오는 "애곡하더라"란 말의 히브리어(תָּנָה)를 "찬송하더라"라고 번역해야 한다고 하였다. 버니

(Burney)는 이스라엘 여자들이 해마다 입다의 딸을 위하여 "나흘씩 애곡" 한 것은 신화적으로 지켜진 축제였다고 한다.[76] 그러나 이와 같은 견해는 구약성경의 역사성을 그대로 받아들이지 않는 잘못된 학설이다.

│ 설교자료

1. 입다는 형제들에게 업신여김을 받고 미천하게 살았던 사람이었다(1-3절). 그러나 하나님은 그를 이스라엘의 구원자로 세우셨다. 하나님은 "가난한 자를 진토에서 일으키시며 빈궁한 자를 거름더미에서 올리사 귀족들과 함께 앉게 하"신다(삼상 2:8상. 고전 1:27-29 참조).

2. 입다는 이스라엘의 구원이 하나님께만 있다고 믿었다. 그는 말하기를, "만일 여호와께서 그들을 내게 넘겨 주시면"이라고 하며 여호와를 바라보았다(삿 11:9하). 우리는 한 사람의 개인이 잘되는 것도 그런 줄로 믿어야 한다. 야고보서 4:15에 말하기를, "주의 뜻이면 우리가 살기도 하고 이것이나 저것을 하리라"고 해야 한다고 하였다.

---

76) Burney, The Book of Judges with Introduction and Notes, 1970, 332-334.

제 12 장

✣ 내용분해

1. 입다가 에브라임 지파와 충돌한 것과 그의 죽음(1-7절)
2. 사사 세 사람의 짧은 역사(8-15절)
   1) 입산의 역사(8-9절)
   2) 엘론의 역사(10-12절)
   3) 압돈의 역사(13-15절)

✣ 해석

1 에브라임 지파는 시기심을 품고 다른 사람들이 성공한 것을 헐뜯는 병폐를 가지고 있다. 그들은 일찍이 기드온에게 대하여도 같은 식으로 불평한 적이 있었다(8:1).

북쪽으로 가서. 여기서 "북쪽으로"란 말(צָפוֹנָה)은 짜폰이라는 지역을 가리킨다. 이곳은 요단 골짜기에 자리하고 있었으며(수 13:27), 펠라(Pella) 남쪽으로 21마일 떨어진 지점에 있다. 이 말을 "북쪽으로"라고 번역한 고대역으로는 70인역(LXX)의 어떤 사본과 불가타역 등이 있다.

2-3 입다의 말에 의하면(2절), 그가 에브라임 지파의 도움을 청하였는데도 그들이 그의 요청에 응하지 않았다고 한다. 그렇다면 에브라임 사람들의 불평은 합당하지 않은 것이었다. 자기들이 암몬 전쟁에 참여하지 않은 책임을 도리어 입다에게 지우는 행위는, ① 거짓된 것이고, ② 시기와 질투가 가득한 것이고, ③ 다른 사람을 모함하는 것이고, ④ 성공하는 자를 무시하려고만 하는 교만이다.

입다의 말은 그가 체험한 하나님의 구원(하나님의 의로운 간섭)을 내세운 것이다. 곧 그가 "목숨을 돌보지 아니하고" 싸울 때에 여호와께서 이스라엘을 건져 주셨다는 것이다(3절). 그는 구원이 하나님께만 있다고 주장하면서 자기 힘으로 암몬 족속을 이긴 것이 아님을 밝힌다. 이같이 자기 자신을 가리고 하나님만을 높이며 하나님 편에 섰으므로 불의한 에브라임을 징계하고 다스릴 만한 용기를 가졌다.

4 이 구절에는 길르앗 사람들이 에브라임 사람을 친 동기가 또 한 가지 나타난다. 그것은 길르앗 사람들에 대한 에브라임 지파의 거짓 선전이다. 곧 "너희 길르앗 사람은 본래 에브라임에서 도망한 자로서 에브라임과 므낫세 중에 있다"고 한 말이다. 이 말의 뜻은 그 당시 입다를 중심으로 모인 군대인 "길르앗 사람"은 이리저리 쫓겨 다니던 자들로서 본래 에브라임 지파의 땅에 거하던 자들이었고, 또 므낫세 지파의 땅에 살던 자들이었다는 것이다. 에브라임 사람의 이 말 때문에 입다와 그를 따르던 자들은 심히 격분하였다. 여기서 "도망한 자"란 말(פָּלִיט)은 위험을 피하여 도망한 자(fugitive)라는 뜻이며, 입다의 신분(11:1-3)을 염두에 두고 모욕한 말이다. 날카로운 비난과 욕설은 언제나 분쟁을 일으킨다. 잠언 15:1에 말하기를, "유순한 대답은 분노를 쉬게 하여도 과격한 말은 노를 격동하느니라"고 하였다.

5-6 길르앗 군대가 요단 나루턱을 점령하고 그곳을 통과하여 도망하는 에브라임 사람들을 잡아서 죽였다. 그로 인해 길르앗 군대를 두려워하는 에브라임 사람들이 자신들의 신분을 숨기고 에브라임 사람이 아닌 척하였지만 길르앗 사람들이 에브라임 사람들의 발음을 듣고 그들을 분별하여 알아 보았다.

그에게 이르기를 쉽볼렛이라 발음하라 하여 에브라임 사람이 그렇게 바로 말하지 못하고 십볼렛이라 발음하면(6절). 나루를 건너려는 자가 "쉽볼렛"(쉬볼레트= שִׁבֹּלֶת)을 "십볼렛"(시볼레트= סִבֹּלֶת)이라고 발음하면 에브라임 사람이라는 것이 드러났다. "쉽볼렛"(쉬볼레트= שִׁבֹּלֶת)은 시냇물(stream), 혹은 곡식 이삭을 의미하고, "십볼렛"(시볼레트= סִבֹּלֶת)은 무거운 짐(burden)을 의미한다. 에브라임 사람들이 이런 시험을 받은 것에는 깊은 의미가 있다. 그들이 길르앗 사람들(입다의 군대)을 가리켜 이스라엘 사람답지 못하다고 비방한(4절) 죄가 그들 자신이 이스라엘 사람답지 못한 자로 드러난 것이다. 곧 그들은 히브리 발음도 제대로 못하는 부끄러운 자로 죽임을 당하였다. 이와 같은 일은 하나님의 섭리이다. 다시 말하면 요단 나루턱에서 단속하는 자가 만나는 사람마다 에브라임 사람인지 분별하기 위하여 이와 같은 시험을 했던 것인데, 그것이 결국 하나님의 섭리에 의하여 길르앗 사람들을 비방한 에브라임의 죄(4절)를 보복한 것이 되었다. 동양의 옛글에 이르기를, "네게서 난 것이 네게로 돌아간다"(出乎爾者反乎爾)고 하였다. 이것은 인류의 경험으로 깨달은 고백이다. 그러나 성경은 하나님의 섭리적 보복에 대하여 우리에게 밝히 가르쳐 준다. 시 9:15에 말하기를, "이방 나라들은 자기가 판 웅덩이에 빠짐이여 자기가 숨긴 그물에 자기 발이 걸렸도다" 하였고, 16절에는 "여호와께서 자기를 알게 하사 심판을 행하셨음이여 악인은 자기가 손으로 행한 일에 스스로 얽혔도다"라고 하였다.

8-9 입다가 죽은 뒤에 "입산"이 사사가 되었다. 그의 행적은 별로 전해지

지 않고 다만 그가 그의 자녀 60명(아들 30명, 딸 30명)을 모두 다 이방과 혼인시킨 행적이 전해진다. 이와 같은 그의 행적은 입다의 행적과 정반대이다. 입다가 무남독녀도 출가시키지 않고 하나님께 바친 일과 대조적으로, 입산은 많은 자녀를 두었을 뿐 아니라 그들 중 한 사람의 결혼도 하나님의 뜻대로 성사시키지 못하고 모두 다 이방 민족과 결혼시켰으므로, 그는 세상을 사랑한 자로 드러난다.

10-15 입산이 죽은 뒤에는 "엘론"이 사사가 되었다. 그의 행적에 대해서는 그가 10년 동안 사사로 일했다는 말씀 외에는 별다른 것이 없다. "엘론" 후에 "압돈"이 사사가 되어 이스라엘을 다스린 행적에 대하여도 뚜렷한 기록이 없다. 그에게는 아들 "사십" 명과 "손자 삼십" 명이 있었다. 그에게 딸이나 손녀가 한 명도 없었는지는 확실하지 않다.

어린 나귀 칠십 마리를 탔더라. 이것은 엘론의 아들들과 손자들이 지위 있는 사람들이었다는 말이다.

| 설교자료

1. 에브라임 사람들은 입다의 승리(암몬 족속과의 전쟁에서의 승리)를 시기하여 불평하며 도전해 왔다(1-3절). 그들은 정당한 이유도 없이 입다에게 공연히 싸움을 걸며 말하기를 "우리가 반드시 너와 네 집을 불사르리라"고 하였다(1하). 그러나 그들은 그 싸움에 패하였다(6절). 이렇게 싸움을 좋아하여 성급하게 전투에 말려드는 자는 실패를 당하는 법이다. 잠언 25:8에 말하기를, "너는 서둘러 나가서 다투지 말라 마침내 네가 이웃에게서 욕을 보게 될 때 네가 어찌할 줄을 알지 못할까 두려우니라"고 하였다.

2. 암몬 족속의 손에서 이스라엘을 구원한 용사 입다가 죽은 후, 그를 계

승하여 이스라엘을 다스린 사사들은 자손들을 많이 둔 것 외에 아무런 공적을 남기지 못하였다. 그들은 입산, 엘론, 압돈 등이다(삿 12:8-15). 그들의 시대는 평온하였으므로 그들이 지도자로서 특별한 공적을 이루지 못하고 도리어 방종하게 살았을 것이라 여겨진다. 이것을 보면 사람은 평안한 때보다 환란의 때에 의로운 열매를 맺는다(시 119:67, 71 참조).

제 13 장

✣ 내용분해

1. 블레셋 족속이 40년 동안 이스라엘을 침략함(1절)
2. 마노아의 아내가 삼손의 출생에 대한 예고를 받음(2-5절)
3. 마노아의 아내가 그 사실을 그 남편에게 말함(6-7절)
4. 마노아와 그의 아내가 함께 여호와의 사자를 만남(8-23절)
5. 삼손의 출생(24-25절)

✣ 해석

1 이스라엘 자손이 다시 여호와의 목전에 악을 행하였으므로 여호와께서 그들을 **사십 년 동안 블레셋 사람의 손에 넘겨 주시니라.** 라이트푸트(Lightfoot)는 이와 같은 블레셋의 침략이 "엘론"이라는 사사(12:11) 때부터 시작된 것이라고 한다. 그러나 이것은 삼손의 일생 동안 계속된 침략을 가리킨다(그가 장성한 뒤에는 사사로 20년을 지냈다).

2-5 여호와의 사자가 그 여인에게…이르시되 보라 네가 본래 임신하지 못하므로 출산하지 못하였으나 이제 임신하여 아들을 낳으리니(3절). 마노아의 아내는 본래 임신하지 못하였으므로 자녀가 없었다. 그런데 여호와의 사자가 그에게 나타나셔서 초자연적인 권능으로 임신하게 될 것을 예고해 주셨다. 이때에 여호와의 사자가 마노아에게 나타나시지 않고 그의 아내에게 임하신 이유는, 그 여인이 신앙적으로 더 성숙했기 때문이다(23절 해석 참조). "여호와의 사자"란 말에 대해서는 2:1에 있는 같은 말 해석을 참조하라.

"임신하여 아들을 낳으리니"(3하). 그녀가 들은 이 말씀은 아들을 임신하게 된다는 약속이다. 그러므로 그 아들의 출생은 하나님의 약속에 의하여 성취될 것이었다. 이것은 하나님께서 천지 만물을 창조하실 때에 "있으라"고 하신 말씀이 만물 창조를 이룬 것과 같은 것이 아니라, 순전히 부부의 체계 안에서 이루어지는 것이었다. 그러나 이것도 그가 먼저 약속하시고 성취시켜 주시는 것이므로 그의 특별하신 능력으로만 성취된다.

너는 삼가 포도주와 독주를 마시지 말며 어떤 부정한 것도 먹지 말지니라(4절). 마노아의 아내는 아이를 임신하고 있는 동안 자기 자신부터 "나실인"(נזיר)의 생활 규례(민 6:1-4)를 지켜야 했다. 마노아의 아내가 이같이 "나실인"의 규례를 지키는 것은 그의 태아 역시 "나실인"의 규례에 속하였음을 보여 주는 것이다. 우리가 이 말씀을 통하여 추론할 수 있는 것은, 일반적으로 산모들이 태아를 위하여 거룩하게 사는 것이 하나님의 진리라는 사실이다. 즉 태교는 성경적 진리이다.

이 아이는 태에서 나옴으로부터 하나님께 바쳐진 나실인이 됨이라(5절). "나실인"은 바쳐졌다(consecrated)는 뜻이다. "나실인"으로서 지켜야 할 것은 주로 세 가지이다. ① 포도주나 기타 주류를 마시지 말 것, ② 머리털을 길게 자라게 할 것, ③ 자기 몸을 구별하는 날 동안에는 시체를 가까이하지 말 것 등이다(민 6:1-21 참조). 이 세 가지는 주로 영적인 일을 상징한다. 곧 포도주를 마시지 않는 것은 영적으로 늘 깨어 있어야 하는 것을 상징하고, 머리털을 자르지 않는 것은 하나님께 항상 복종한다는 표시이고(고전 11:10 참조). 시체를 가까이하지 않는 것은 죄악(죽음은 죄의 결과이다; 고전 15:56; 롬 6:23)을 멀리하는 것을 상징한다.

6-7 그 여인이 가서 그의 남편에게 말하여 이르되 하나님의 사람이 내게 오셨는데(6절). 마노아의 아내는 자기에게 임하신 여호와의 사자가 예고(아들을 임신하게 된다는 것)한 것을 남편에게 알리면서 "여호와의 사자"를 "하나님의 사람"(선지자라는 의미)이라고 하였다. 이것은 그녀의 착각이었다(6상). 그녀의 말로 미루어 볼 때, 그녀에게 나타나셨던 "여호와의 사자"는 사람의 형상을 취하셨던 것이 분명하다. 영으로 계신 이가 사람의 형상을 취하시는 목적은 인류와 좀 더 가깝게 소통하시기 위함이다. 즉 여호와의 사자가 이렇게 나타나신 것은 우리를 긍휼히 여기셔서 우리를 위해 인성을 입고 이 땅에 오신 예수 그리스도를 예표한다.

8-12 마노아의 깊은 관심은 자기의 아들이 출생하면 하나님의 지시대로 그 아들을 양육하는 것이었다(8하, 12하). 그는 "하나님의 사람"을 만나기 원하였고, 이 소원을 성취해 주시기를 여호와께 기도하였다.

하나님이 마노아의 목소리를 들으시니라 여인이 밭에 앉았을 때에 하나님의 사자가 다시 그에게 임하였으나 그의 남편 마노아는 함께 있지 아니한지라(9절). 하나님께서 마노아의 기도를 들으시고 응답하셨다. 그러나 마노아에게 직접 임하시지 않고 이번에도 그의 아내에게 나타나셨다. 그 이유가 무엇일까? 아마도 마노아보다 그의 아내에게 진리를 깨닫는 지혜가 많았던 것 같다(22-23절 참조).

당신이 이 여인에게 말씀하신 그 사람이니이까(11하). 아내의 말을 듣고 "하나님의 사자"에게로 달려온 마노아는 그가 전날 자기 아내에게 나타나셨던 하나님의 사람인지를 확인하였다. 그리고 아이를 양육할 때에 지켜야 할 규례를 듣고자 하였다(12절). 영에 속한 사람은 이같이 초자연적인 사실에 대하여 믿는 마음으로 질문한다.

13-14 여호와의 사자는 마노아에게 그의 아내가 태아를 위하여 지킬 규례를 전과 같이 말씀하시면서 그대로 지켜야 할 것을 강조하셨다(4, 7절 참조).

포도나무의 소산을 먹지 말며(14상). 이 말은 포도주와 관련된 포도 열매도 먹지 말라는 것이다. 이와 같은 금지 명령은 "나실인"이 지켜야 할 규례이다(민 6:1-4). 나실인이 지켜야 하는 규례가 이토록 엄한 이유는, 그의 심령이 항상 깨어 있어서 영적 책임을 잘 이행해야 하기 때문이다(레 10:8-10 참조).

15-16 마노아는 아직도 그곳에 나타나신 이가 "여호와의 사자"(여호와 자신)인 줄 알지 못하고 선지자로만 생각하여 음식을 제공하려 했다. 그 순간 여호와의 사자는 인간의 음식을 취하지 않겠다는 의미로 "내가 네 음식을 먹지 아니하리라"고 말씀하신다(16상). 이 말씀으로 그는 자기가 인간이 아님을 암시하기 시작하신다.

번제를 준비하려거든 마땅히 여호와께 드릴지니라(16하). 여호와의 사자가 "번제"에 대하여 언급하시면서 그것은 그가 받으실 만한 것이라고 암시하셨다. 실제로 그는 제사를 받으셨다(23절). "마땅히 여호와께 드릴지니라"고 한 그의 말씀은, 그 자신을 여호와에게서 구별하시는 것이 아니다. 이 말씀은, 그를 사람으로만 알고 여호와의 사자(여호와 자신)로 알지 못하는 마노아를 가르치시기 위한 것이다. 곧 마노아가 번제를 드리려면 여호와의 사자를 바로 알고(여호와 자신으로 알고) 드리라는 말씀이다.

17-18 마노아는 장차 자기에게 아들이 있을 것이라는 말씀을 소망으로 받았다. 그리고 그 말씀이 성취될 때는 반드시 그 말씀을 주신 "여호와의 사자"를 "존귀히" 여기려 했다. 이와 같은 그의 생각은 그때 나타나신 분을 바로 알지 못한 데서 비롯되었다. 그가 그분을 여호와 자신으로 바로 알았다면 그의 말씀을 이미 이루어진 현실처럼 생각하여 약속을 주신 그때부터 그분을 경배하였을 것이다.

내 이름은 기묘자라 하니라(18하). "기묘"라는 말(פֶּלִא)은 절대적으로 탁월하게 기이하다는 뜻이다. 이 말은 하나님께만 사용된다(Delitzsch). 이사야 9:6은 예수 그리스도를 예언하면서 그 이름을 "기묘자"(פֶּלֶא)라고 하였다. 이때 마노아와 그의 아내에게 나타나신 분은 바로 예수 그리스도이시다.

19-20 **불꽃이 제단에서부터 하늘로 올라가는 동시에**(20상). 이것은 마노아가 바위 위에 드린 염소 새끼와 소제물이 기적으로 생긴 불에 타서 불꽃이 되어 위로 올라간 것을 말한다. 이것은 여호와의 사자(여호와 자신)께서 그 제물을 받으셨다는 증거이다. "불"은 하나님의 성결을 상징한다(히 12:29). 성결하신 하나님께서 범죄한 인류와 교통하시기 위해서는 먼저 소멸하는 불과 같은 그의 성결이 소멸할 것(제물)을 소멸해야 한다. 그의 성결이 그대로 인류와 접촉하시게 되면 인류는 소멸될 수밖에 없다. 그러나 그는 죄인 대신 그리스도의 모형인 속죄제물(양이나 염소 같은 것)을 불로 소멸하셨다. 사실상 이 제사에서 그리스도께서 그들 대신 고난을 받으실 것이 계시되었다(히 13:11-12 참조). 이와 같은 속죄로 말미암아 인류는 하나님과 교통하게 되며, 하나님의 은혜와 구원과 각양 좋은 선물을 받게 된다.

마노아는 여기서 속죄제도 드린 셈이다. 그가 염소 새끼를 드릴 때에 그것의 피도 드렸을 것이므로 속죄제가 성립된다. 물론 그의 이 제사에서 번제가 드려졌다(레 1:10-13 참조).

여호와의 사자가 제단 불꽃에 휩싸여 올라간지라(20중). 이것은 그가 그 제사의 향기처럼 하나님께로 올라가신 것을 보여 준다. 그리스도께서는 우리의 제물의 올라가는 향기로 상징된다(레 1:9, 13, 17; 계 8:3-4 참조).

21-23 **우리가 하나님을 보았으니 반드시 죽으리로다**(22하). 마노아와 그의 아내는 자기들이 "하나님의 사람"으로 알았던(6, 8절) 그분이 하나님 자신이시라는 것을 확신하게 되었다. 그래서 마노아는 하나님을 본 자신들이 반드시 죽게 될 것이라고 말하며 두려워하였다. 이때 그의 아내는 믿음으로 말하며

남편을 위로하였다. 곧 하나님께서 ① 그들의 손에서 번제와 소제를 받으신 사실과, ② 그들에게서 아들이 나게 되리라는 소망의 말씀을 예고해 주신 사실로 볼 때 자신들이 죽지 않을 것이라고 하였다. 이와 같은 그녀의 말은 신학적이고 사색적이다.

24-25 **아들을 낳으매 그의 이름을 삼손이라 하니라**(24절). "삼손"(שִׁמְשׁוֹן)은 "쉬므숀"이라고 번역되어야 한다. 그가 사사로서 이스라엘을 위하여 일한 것은 성령의 능력으로 말미암은 것이었다.

여호와의 영이 그를 움직이기 시작하셨더라(25하). 이것은 성령께서 그의 속에 역사하시며, 그를 점령하시며, 충동하심을 가리킨다(Delitzsch). 여기서 "움직인다"는 말(פעם)은 충동하는 것(impel)을 의미한다.

| 설교자료

1. 하나님께서는 이 시점까지 이스라엘의 구원 역사를 거의 초자연적인 능력으로 이루셨다. 그리고 이제 다시 사역자를 세우시는 일에 관하여 그의 출생부터 초자연적 능력으로 이루어 주신다(2-3절). 인류의 구원은 사람의 힘으로 이길 수 없는 죄악의 세력에서 건져지는 것을 의미하며, 그것은 오직 하나님의 능력으로만 이루어진다. 그러므로 구원은 언제나 기적을 동반한다(슥 4:6하).

2. 교회의 사역자는 자기 자신을 하나님께 바쳐야만 하나님의 능력을 받고, 그가 쓰시는 일꾼이 된다. 그 이유는, 그가 하나님의 손에 붙들릴 때만 그의 삶이 부패하지 않고 하나님의 도구가 되기 때문이다. 삼손이 "나실인"(바쳐진 자)이 된 목적도 여기 있다(5절). 하나님의 일꾼은 자신을 하나님께 드려야 한다(딤후 2:15). 그렇게 함으로써 "하나님의 사람"이 된다(딤전 6:11 참조).

3. 다른 사람의 신앙생활을 지도하는 자는 진리에 확신을 가져야 한다. 마노아의 아내는 진리의 교훈으로 남편의 고민을 풀어 주었다(22-23절). 곧 그녀는 주장하기를, ① 번제와 소제를 받으신 하나님께서 그 제물 드린 자를 죽이시지 않을 것이라고 하였다. 하나님께서 제사 제도를 주신 것은 인류를 구원하시기 위해서이다. ② 하늘의 기쁜 소식을 전해 주신 하나님께서 그것을 받은 자들을 죽이시지 않을 것이라고 하였다. 하나님께서 사람들에게 계시를 주신 목적은 그들을 축복하시기 위해서이다. 이같이 진리에 대한 확신은 곧 지도자의 자격이다.

제 14 장

✦ 내용분해

1. 삼손이 블레셋 여자를 취하기 위하여 그 부모에게 강청함(1-4절)
2. 삼손이 사자를 죽인 것과 그 사자의 사체에서 얻은 것(5-9절)
3. 삼손이 친구들에게 수수께끼를 풀라고 한 것과 아내의 배신으로 비밀이 탄로 난 일(10-18절)
4. 삼손이 분노하여 블레셋 사람 30명을 죽이고 아내를 떠남(19-20절)

✦ 해석

1-4 삼손이 딤나에 내려가서 거기서 블레셋 사람의 딸들 중에서 한 여자를 보고 (1절). "딤나"는 삼손의 고향인 소라(예루살렘에서 22km 동쪽에 있음)에서 서남쪽으로 6km 떨어져 있다. 그곳은 지중해에서 해발 354미터나 되는 고원지대이고, "딤나"는 해발 242미터 되는 곳에 자리해 있다. 그러므로 소라에서 딤나로 가는 길은 내려가는 길이다.

부데(Karl Budde)의 해석에 의하면, 여기 나오는 "여자"란 말의 히브리어(אִשָּׁה)가 일반적으로 처녀를 가리킬 때에는 사용하지 않는 단어이므로, 그녀는 과부이거나, 이혼당한 여인이거나, 혹은 처녀라 할지라도 업신여기는 뜻에서 이 말로 표현되었을 것이라고 한다. 버니(C. F. Burney)는 그중에서 세 번째 해석을 택하였다.[77]

나를 위하여 그 여자를 데려오소서(3하). 여기서 "그 여자를"이란 말(אִשָּׁה)은 "그를 꼭 그를"이라고 강조하는 것이다. 삼손은 그 여자를 취하는 데 있어서 부모의 반대 의사는 조금도 고려하지 않았다. 삼손의 부모가 반대한 이유는, 이스라엘 사람으로서 이방 여자를 취하는 것은 하나님의 율법에 금지되었기 때문이었을 것이다(출 34:16; 신 7:3-4 참조). 그러나 삼손이 이같이 이방 여자를 취하고자 한 것은 "여호와께로부터 나온 것"이다(4하). 여기서 "이 일이 여호와께로부터 나온 것"이라고 한 것은 무슨 뜻인가? 하나님 여호와께서 어떤 때에는 율법의 말씀도 무시하면서 필요한 일을 성취하신다는 뜻인가? 그렇지 않다. 이것은 다음과 같이 해석해야 한다. 곧 이스라엘 사람인 삼손이 이방 여자를 취하는 것은 하나님의 율법을 위반하는 것이다. 그럼에도 불구하고 그가 끝까지 그 여자를 취하겠다고 고집한 것은 그의 잘못이다. 그러나 하나님은 사람의 잘못이나 실수 때문에 그의 거룩하신 뜻을 이루지 못하시지 않는다. 도리어 그는 인간의 잘못을 계기로 하여 그의 거룩하신 뜻을 이루시는 경륜을 보이신다. 모세 때에 애굽 왕 바로가 끝까지 이스라엘을 놓아 보내지 않자 하나님은 열 가지 재앙을 애굽 사람에게 내리시고 결국 이스라엘을 해방시켜 주셨으며, 또 이스라엘로 하여금 홍해를 육지같이 건너게 하시고 그들을 추격해 온 애굽 군대를 홍해에 잠기게 하심으로써 하나님의 권능을 더욱 나타내셨다(출 7-14장). 이런 의미에서 바로의 완악함은 하나님의

---

77) C. F. Burney, The Book of Judges, 1970, 356.

섭리로 된 것이었다.[78] 삼손이 블레셋 여자를 취한 사건도 이런 의미에서 "여호와께로부터 나온 것"이다. 나실(-;;)인 삼손이 블레셋 여자를 취하는 것은 나실인의 법을 범하는 것이다(13:5). 그런데도 하나님은 그를 즉시 버리지 않으시고 긍휼로 참으시며 그를 사용하셨다.

5-9 여호와의 영이 삼손에게 강하게 임하니 그가 손에 아무것도 없이 그 사자를 염소 새끼를 찢는 것 같이 찢었으나(6상). 삼손이 나실인으로서 합당하지 않은 목적을 이루고자 하여 그의 부모와 함께 딤나로 내려갔지만, 하나님께서는 그를 즉시 버리지 않으시고 성령의 능력을 입혀 주셨다. 그가 포도원에서 사자를 만나서 찢어 죽였고, 후에 다시 그곳을 지나다가 사자의 사체 속에서 벌떼와 꿀을 발견하였다. 사자의 사체를 독수리 같은 새들이 다 뜯어먹고 남은 부분은 바짝 말라 구멍이 생겼으므로 거기에 벌떼가 와서 벌집을 짓고 꿀을 모아 두었을 것이라고 추측된다. 헤로도토스(Herodotus)는 오네실루스(Onesilus)란 사람의 두개골에 대하여 말하기를, "그의 두개골이 비어 있을 때 벌떼가 와서 그 속에 벌집을 지었다"고 하였다(Hist. V. 114). 우리는 삼손이 사자를 죽인 사실에서 중요한 영적 교훈을 발견하게 된다. 곧 그가 블레셋 족속을 쳐서 이기기 전에 먼저 사자를 찢어 죽이는 예비 훈련이 있었다. 다윗도 골리앗과 전쟁하기 전에 물맷돌로 사자와 곰을 쳐 죽이는 예비 훈련을 경험하였다(삼상 17:34-37). 큰일을 할 인물들은 먼저 하나님의 인도하심으로 말미암아 능력을 받는 훈련을 쌓게 된다.

설교 ▶ 꿀이 가득한 손(1-9절)

삼손은 블레셋 여자와 결혼하기 위하여 딤나로 내려가서 그곳 포도원에

---

78) 출 7:3-4; 롬 9:17. 참조. 수 11:20; 삼상 2:25; 대하 10:15; 22:7; 25:20.

이르러 사자를 만나 맨주먹으로 쳐 죽였다. 그 후에 그가 그 길을 다시 지나다가 그 사자의 사체에서 꿀을 발견하였다. 그는 그 꿀을 취하여 자기도 먹고 그의 부모도 대접하였다. 이 기사를 통해 우리는 신령한 뜻을 생각할 수 있다.

1. 삼손이 포도원에서 어린 사자를 만났다

여기서 말하는 "어린 사자"는 젊은 사자, 곧 힘이 강한 사자를 말한다. 사자는 흔히 들에서 볼 수 있는데 삼손은 포도원에서 그 짐승을 만났다. 포도원은 평화를 상징한다. 그러므로 우리의 신앙생활에서 위험한 일은 도리어 평안한 시절에 생길 수 있다는 것을 깨닫게 된다. 마귀는 언제든지 우는 사자 같이 두루 다니며 삼킬 자를 찾는다(벧전 5:8). 그러나 많은 신자들이 마귀의 궤휼과 계략에 속으며 마귀를 마귀로 알지 못하고 있다. 그래서 그들에게는 날마다 마귀와 싸우는 영적 전쟁이 없다. 천국은 전쟁 없이 순조롭게 들어가는 나라가 아니라 끊임없는 영적 전쟁을 통해서만 들어갈 수 있는 곳이다. 성경은 많은 말씀으로 이 사실을 가르친다. 히브리서 12:4에는 "피 흘리기까지" 죄를 대적하라는 의미로 말하였고, 디모데전서 6:12에는 "믿음의 선한 싸움을 싸우라"고 하였다. 또 디모데후서 2:4에는 신자들을 "병사"로 비유하였고, 에베소서 6:11에는 "마귀의 간계를 능히 대적하기 위하여 하나님의 전신 갑주를 입으라"고 하였고, 로마서 12:21에는 말하기를, "악에게 지지 말고 선으로 악을 이기라"고 하였다. 그리스도 신자들은 수비만 하지 말고 공격도 해야 한다. 마귀는 궤계를 무기로 삼아 공격해 오지만 우리는 진실을 무기로 삼고 그를 대적해야 한다. 우리의 진실은 우리가 믿는 복음을 그대로 선포하고, 그대로 내세우며, 그대로 사는 것을 의미한다. 마귀는 우리가 하나님의 복음대로 살 때에 두려워하며 물러간다. 마귀는 예수 그리스도를 진실하게 믿는 믿음 앞에서는 이미 패할 각오를 하고 있다.

2. 여호와의 영이 삼손에게 강하게 임하여 사자를 이겼다

삼손이 사자를 만났을 때는 도와주는 사람도 없었고 그의 손에 아무 무기도 없었다. 그러나 그는 성령의 힘으로 사자를 이겼다. 인생은 누구나 다 고독하다. 누구나 자기의 문제를 가지고 결국 자기 홀로 싸워야 한다. 죽음도 자기 홀로 이겨야 한다. 자신의 죽음을 그의 가족이나 친구들이 대신 해결해 줄 수 없다. 우리는 오직 성령으로 말미암아 그리스도를 믿는 믿음으로만 죽음을 이길 수 있다.

여기서 우리가 기억해야 할 것은, 우리의 힘으로 해결할 수 없는 무수한 문제와 장애물과 난관 앞에서도 승리할 수 있는 비결이 있다는 것이다. 그 비결은 오직 성령의 힘이다. 6절에 "여호와의 영이 삼손에게 강하게 임하니"라고 한 말씀은 삼손뿐 아니라 우리가 승리할 수 있는 비결도 보여 준다. 하나님께서는 하나님 외에 다른 것을 믿는 자들과는 함께하여 주시지 않는다. 신구약 성경이 강조하는 것이 바로 이 진리이다. 이스라엘 왕국 시대(다윗과 솔로몬 이후)에도 하나님께서 그 민족을 책망하신 이유는 그들이 하나님을 버리고 애굽이나 아람이나 바벨론이나 앗수르 같은 강국들을 의지했기 때문이었다. 하나님은 그와 같은 행동을 몹시 미워하셨다. 심지어 그들의 행한 것을 음행이라고까지 하셨다(겔 16:15-34). 오늘날 우리들도 그리스도를 믿는다고 하면서 여전히 그리스도 보다 다른 것을 더 믿으며, 그것을 더 사랑하고 있지 않은가? 그런 모습으로는 하나님을 믿는다는 말과 사랑한다는 말이 도리어 가증스러울 뿐이다. 그 이유는, 그가 믿는다는 것과 사랑한다는 것이 간교하게 쓰는 탈에 불과하기 때문이다. 폴(Paul)이라는 미국의 어느 청년이 어릴 때부터 철학 박사 되기를 간절히 원하여 공부를 많이 하였다. 그렇게 공부하는 중에도 그는 전도자로서 교회에서 열심히 봉사하였는데, 자신이 사람들을 감동시킬 만한 설교를 하지 못한다는 사실로 늘 고민하였다. 어느 날 그가 기도하는 중에 그의 마음속에 하나님의 음성이 들려왔다. 그것은 철학 박사 되는 것을 포기하라는 것이었다. 그때 그는 대답하기를, "철학 박사가 되어서 복음을 전하면 하나님께 더욱 영광이 되지 않습니까?"라고 하였다. 하지만 그에게는 기쁨이 없었다. 그래서 그는 학위를 받기 이틀 전에 학교로 연락하여 그 학위를 포기하겠다고 통고하였다. 그 후에 그는 큰 능력을 받아서 주님의 일을 더욱 효과적으로 수행하였다고 한다.

3. 삼손이 사자의 사체에서 꿀을 발견하였다

이 사건에서도 우리는 신령한 뜻을 얻게 된다. 우리 신자들은 마귀의 시험을 이긴 결과로 하나님의 상급을 받는다. 야고보서 1:12에 말하기를, "시험을 참는 자는 복이 있나니 이는 시련을 견디어 낸 자가 주께서 자기를 사랑하는 자들에게 약속하신 생명의 면류관을 얻을 것이기 때문이라"고 하였다. 우리는 환난을 당했을 때도 그것을 잘 이기기만 하면 큰 은혜를 받는다. 고린도후서 1:4-6에 말하기를, "우리의 모든 환난 중에서 우리를 위로하사 우리로 하여금 하나님께 받는 위로로써 모든 환난 중에 있는 자들을 능히 위로하게 하시는 이시로다 그리스도의 고난이 우리에게 넘친 것 같이 우리가 받는 위로도 그리스도로 말미암아 넘치는도다 우리가 환난 당하는 것도 너희가 위로와 구원을 받게 하려는 것이요 우리가 위로를 받는 것도 너희가 위로를 받게 하려는 것이니 이 위로가 너희 속에 역사하여 우리가 받는 것 같은 고난을 너희도 견디게 하느니라"고 하였고, 고린도후서 4:10-12에는 말하기를, "우리가 항상 예수의 죽음을 몸에 짊어짐은 예수의 생명이 또한 우리 몸에 나타나게 하려 함이라 우리 살아 있는 자가 항상 예수를 위하여 죽음에 넘겨짐은 예수의 생명이 또한 우리 죽을 육체에 나타나게 하려 함이라 그런즉 사망은 우리 안에서 역사하고 생명은 너희 안에서 역사하느니라"고 하였다. 신자들이 삶에서 승리를 거두어야 그리스도를 열매 있게 전할 수 있다. 즉 사자와 같은 죄를 이긴 거룩한 생활이 가장 효과 있는 설교가 된다. 많은 신자들이 사자와 같은 난관을 이기기는커녕 쥐새끼 같은 작은 문제나 죄악도 이기지 못하여 복음을 높이 선포하지 못한다. 거기에는 하나님의 역사가 있을 수 없다.

삼손은 사자의 사체에서 꿀을 취하여 부모에게 주면서도 자기가 그 사자를 죽였다는 이야기는 하지 않았다. 그것은 그의 겸손이다. 성령께서 그의 이러한 점을 귀하게 여기셔서 그 사실을 두 차례나 거듭 강조하여 기록하게 하셨다(삿 14:6, 9). 신자들 중에서 겸손하다고 하는 사람들도 흔히 자기가 잘한 것을 다른 사람들에게는 말하지 않더라도 가족들에게는 말하는 법이다. 그러나 삼손은 그렇게 하지 않았다. 그때에는 그가 이같이 겸손하였기 때문에 하나님께서 그에게 은혜를 주시고 그를 크게 사용하셨다.

10-14 삼손이 블레셋 여자와 결혼하는 잔치를 "이레 동안" 베풀었다. 그때 그는 거기 모인 블레셋 친구들 30명에게 수수께끼 하나를 냈다. 옛날 헬라 사람들 사이에서는 잔치할 때 사람들이 수수께끼로 내기를 하는 풍속이 있었다고 한다.[79]

먹는 자에게서 먹는 것이 나오고 강한 자에게서 단 것이 나왔느니라(14절). 이 말은 다른 짐승을 잡아먹고 사는 동물에게서 음식물이 나왔는데, 그 동물은 강하고 그 식물은 달다는 뜻이다. 그렇다면 이 수수께끼의 신령한 의미는 다음과 같다. ① 하나님을 믿고 또한 그를 사랑하는 자에게는 모든 "강한" 것(악한 것)도 하나님의 특별하신 섭리에 의하여 "단것"(유익한 것)으로 전환된다는 뜻이다. 그리고 ② 하나님의 일반적인 섭리에서도 이 수수께끼처럼 역사가 전개된다고 주장하는 학자들이 있다. 예컨대 강한 로마 제국이 무너진 자리에 근대 문명의 유럽 국가군이 새로 일어났다는 것이다. 또 그와 다르게

---

79) Bochart, Hieroz. P. Ⅱ.1. ii.c.12; K.O. Müller, Dorier, ii. 392.

해석하기를, 높은 산이 무너져서 그 밑에 흙이 밀려 내려와 비옥한 땅을 이룬다는 뜻이라고 하는 사람들도 있다. 그러나 이 해석은 자연스럽지 않다.

15-17 "삼손의 아내"가 블레셋 사람들(잔치에 참석했던 친구 30명)의 강요를 받아서 삼손에게 수수께끼의 뜻을 가르쳐 달라고 여러 가지로 유혹하였다. 곧 그녀는 ① "울며" 삼손의 마음을 약하게 만들었으며(16상), ② 그 수수께끼의 뜻을 말하지 않는 것은 자기를 "사랑하지 아니하는" 것이라고 하였고(16상). ③ "칠 일 동안" 삼손을 계속 압박하였다(17절). 그러므로 삼손이 견디지 못하고 그의 부모에게도 말하지 않은 비밀을 아내에게 털어놓고 말았다. 이것을 보면 삼손은 힘은 강했지만 여자에게 사로잡혀서 자신의 뜻을 관철하지 못하는 약한 자였다. 이와 같은 그의 심리는 모든 남자에게 경고하는 거울이 된다.

18 **무엇이 꿀보다 달겠으며 무엇이 사자보다 강하겠느냐.** 잔치에 참석했던 친구 30명은 삼손의 아내에게 듣고 그 수수께끼를 쉽게 풀어 버렸다. 이때 삼손이 말하기를, "너희가 내 암송아지로 밭 갈지 아니하였더라면 내 수수께끼를 능히 풀지 못하였으리라"고 하였다. 이같이 삼손은 자기가 아내에게 말한 수수께끼의 비밀이 누설된 것을 익히 알고 있었다. 그래서 자기 아내를 "암송아지"로 비유한 것이었다. 봉크(C. Vonk)는 말하기를, "아내를 '송아지'로 비유한다는 것이 우리에게는 무례하게 느껴진다. 그러나 옛날 이스라엘 민족에게는 그렇지 않았다.…'레아'도 암소라는 뜻이고, 다윗의 아내들의 이름 가운데 '에글라'(삼하 3:5)도 그러하다"라고 하였다.[80]

19-20 삼손이 성령의 능력으로 힘을 얻고 아스글론으로 내려가서 블레셋 사람 30명을 쳐 죽였다. 그리고 그들에게서 옷 30벌을 빼앗아 수수께끼를 푼 자들에게 주는 것으로 자신이 한 약속을 지켰다. 그가 블레셋 사람을 죽

---

80) C. Vonk, De Voorzeide Leer, Deel Id, De Heilige Schrift, Richteren, 1973, 595.

인 이유는 자기 아내와 블레셋 사람들이 자기를 속였기 때문이었다. 이같이 그는 배신행위를 미워하였다.

삼손이…심히 노하여 그의 아버지의 집으로 올라갔고 삼손의 아내는 삼손의 친구였던 그의 친구에게 준 바 되었더라(19-20절). 삼손이 몹시 분한 모습으로 그곳을 떠나는 것을 본 그의 장인이 자기 딸(삼손의 아내)을 블레셋 사람에게 주어 버렸다(15:2 참조). 이 사건도 그들의 배신행위이다.

▎설교자료

1. 삼손은 본래 입이 무거웠던 사람으로 비밀을 잘 지켰다(6하, 9하). 그러나 자기가 사랑하는 여인의 애원을 이기지 못하여 비밀을 누설하고 말았다(16:15-17절). 용사인 그가 여인에게 패배를 당한 셈이다.

2. 하나님의 능력을 받은 자는 사자같이 강한 것도 이길 수 있다(6절). 약한 자들은 자기의 연약함 때문에 걱정하지 말고, 오직 힘을 얻기 위해 하나님 앞에 나아가 기도하는 것이 지혜로운 일이다. 하나님은 "세상의 약한 것들을 택하사 강한 것들을 부끄럽게" 하신다(고전 1:27; 참조. 눅 11:9-13).

3. 삼손은 그가 죽인 사자의 마른 사체에서 벌꿀을 발견하였다(8절). 사자같이 강한(벧전 5:8) 마귀에게서는 신자들이 먹을 수 있는 영적 양식이 나올 수 없다. 신자들이 마귀와 싸워 이긴 자리에서 하나님의 영적인 능력을 공급받을 수 있다(마 4:10-11; 벧전 5:8-10).

4. 삼손이 하나님의 영적 능력으로 사자를 죽였고, 얼마 후에는 그 사자의 마른 몸에서 꿀을 발견하였다(6-7절). 그러한 체험은 다른 사람들에게 하

나의 수수께끼였다. 이 사실에서 우리가 깨달을 수 있는 것은, 신자들은 각기 다른 신앙 체험을 하게 된다는 것이다. 이 사람의 체험은 저 사람의 것과 다른 점을 지닌다. 따라서 그가 그 점을 이야기하기 전에는 다른 사람들이 그 내용을 자세히 알 수 없다. 그것은 하나의 수수께끼와 같다.

제 15 장

✤ 내용분해

1. 삼손이 아내를 빼앗긴 후 블레셋 사람의 밭에 불을 붙임(1-5절)
2. 삼손이 다시 블레셋 사람들을 죽임(6-8절)
3. 삼손이 유대인들에게 결박을 당함(9-13절)
4. 삼손이 나귀의 턱뼈로 천 명을 죽임(14-16절)
5. 여호와께서 기적적으로 물을 내셔서 삼손의 갈증을 해갈하여 주심 (17-20절)

✤ 해석

1 염소 새끼를 가지고 그의 아내에게로 찾아 가서(창 38:17 참조). 삼손이 그의 아내를 떠나 자기 고향으로 갔으므로 그녀와 얼마 동안 멀어져 있었다. 물론 그 책임은 아내의 배신행위에 있었다(14:16-17). 그런데도 그가 먼저 그녀와의 화목을 도모하기 위해 그녀를 찾아간 것이다. 남자가 화목에 솔선하는 것

은 남자다운 관대한 행동이다.

2-3 네가 그를 심히 미워하는 줄 알고 그를 네 친구에게 주었노라(2상). 이것은 삼손의 장인의 일방적이고 잘못된 처사이자, 삼손에 대한 배신행위이다.

그의 동생이 그보다 더 아름답지 아니하냐 청하노니 너는 그를 대신하여 동생을 아내로 맞이하라(2하). 삼손은 장인의 이와 같은 제안에 전혀 응하지 않았다. 그뿐 아니라 그는 이 틈을 이용하여 블레셋 사람을 치려고 계획하였다.

내가 블레셋 사람들을 해할지라도 그들에게 대하여 내게 허물이 없을 것이니라(3절). 삼손은 하나님께서 세우신 이스라엘의 사사였지만 그의 삶에는 어떤 장소에서 백성들을 재판해 준 일이나 군대를 거느리고 전쟁한 사실이 없었다. 단지 개인적으로 이곳저곳에서 이스라엘을 괴롭히는 블레셋 사람들을 해롭게 한 것뿐이었다. 이 점에서 그는 정의감을 가지고 움직였다.

4-5 삼손이 가서 여우 삼백 마리를 붙들어서 그 꼬리와 꼬리를 매고 홰를 가지고 그 두 꼬리 사이에 한 홰를 달고 홰에 불을 붙이고 그것을 블레셋 사람들의 곡식 밭으로 몰아 들여서 곡식 단과 아직 베지 아니한 곡식과 포도원과 감람나무들을 사른지라. 삼손은 그에게 고통을 준 개인(그의 아내와 장인)을 해하려 하지 않고 블레셋 민족 공동체에 도전하였다. 신자들도 이것을 본받아 대국적인 견지에서 문제를 보고 해결해야 한다. 즉 우리는 개인의 허물을 보고 그 개인을 미워할 것이 아니라 죄악의 원천이 되는 마귀와 그 왕국에 대하여 도전해야 한다. 사도 바울은 말하기를, "우리의 씨름은 혈과 육을 상대하는 것이 아니요…하늘에 있는 악의 영들을 상대함이라"고 하였다(엡 6:12).

"여우"로 번역된 히브리어(שׁוּעָלִים)는 여우와 이리의 중간형 동물을 일컫는 것이다. 이 짐승은 몇 백 마리씩 큰 떼를 지어 다니며 팔레스타인에 많다고 한다. 삼손이 이 짐승들의 꼬리에 횃불을 달아서 블레셋 사람의 곡식밭과 감람원을 태운 것이 무슨 의미일까? 그가 자기 손으로 직접 곡식밭의 곡식을 파괴할 수도 있지 않았을까? 이와 같은 삼손의 행동은 수수께끼의 내용을 포함하고 있다. 즉 그가 사자를 죽인 후 그 사자의 사체에서 벌꿀을 얻은 사건이 그러했다(14:14). 그러므로 이번 사건에서도 특별한 의미를 찾을 수 있다.

"여우"로 번역된 그 짐승은 땅굴 속에 거하면서 썩은 것을 먹으며 산다. 그것은 곧 부패한 성질의 소유자들을 상징한다. 그리고 그 꼬리에 횃불이 매달린 것은 부패한 자들에게 임하는 하나님의 진노를 상징한다. 심히 부패한 자들은 하나님의 진노 아래에서도 회개하지 않고 계속 완악한 마음을 고집하다가 하나님의 그 진노로 말미암아 멸망한다. 그 짐승들의 꼬리를 매고 거기에 횃불을 붙였으므로, 그 짐승들이 날뛰는 바람에 곡식밭이 전부 파괴되고 만 것과 같다. 이것은 회개할 소망이 없는 블레셋의 망령된 행동과 그들의 멸망을 비유하기도 한다. 성경은 끝까지 회개하지 않는 자들이 술에 취한 자처럼 날뛰다가 망할 것에 대하여 많이 예언하였다.[81]

6-8 삼손이 블레셋 사람의 곡식밭과 감람원을 불태운 사건 때문에 블레셋 사람들이 그의 아내인 여자와 그의 부친을 불살랐다(6절). 그들이 이같이 행한 것은 결코 삼손의 억울함을 풀어 주려는 것이 아니었다. 그들은 삼손을 늘 미워하였다. 따라서 그들의 이와 같은 행동은 분노에 이끌려 이성을 잃은 상태에서 폭발한 잔인함이었다. 이것을 본 삼손은 많은 블레셋 사람들을 죽였다. 삼손의 행동은 언제나 하나님의 공의를 세우기 위하여 블레셋 민족을 징벌하는 것으로 나타났다. 이때에도 그는 사사로운 혐의를 가지고 사람을 죽이지 해하지 않았다. 그는 하나님의 심판을 대행하는 원리로 공의롭게 움직였다.

9-13 유다 사람 3,000명이 삼손을 체포하여 블레셋 사람들에게 넘겨주려고 했다. 그러나 삼손은 그들에게 대항하려 하지 않고 순순히 그들에게 결

---

81) 사 19:14; 24:20; 29:9; 49:26; 51:21; 렘 48:26; 51:7, 39; 나 1:10; 계 17:2.

박되었다. 이와 같은 그의 태도는 자기 사명대로만 행하려는 순종이다. 그는 이스라엘을 구원하는 사명을 받았으므로 그들을 해하려 하지 않았다. 그때 유다 사람들의 행동이 가증스러웠음에도 그는 그들을 아꼈다.

14-17 삼손은 블레셋 사람들이 나올 때 하나님의 능력으로 "나귀의 턱뼈"를 가지고 그들 1,000명을 죽였다. 삼손은 늘 위험한 원수들 중에 다니면서도 아무 무기도 휴대하지 않았다. 그는 하나님의 계시의 그릇으로 자기 자신을 위험한 시대에 내놓았던 신앙인이었다. 그를 통하여 나타난 하나님의 계시는 "아무 육체도 하나님 앞에서 자랑하지 못하게 하"기 위해 없는 것을 택하여 있는 것을 폐하시는 것이다(고전 1:29). 나귀의 턱뼈는 도저히 전쟁 무기가 될 수 없는 것이다. 그가 그것을 늘 지니고 다닌 것도 아니었고, 위기를 당했을 때 그것이 눈에 띄어서 그것을 사용했을 뿐이다(삿 15:15). 사건이 지난 뒤에는 그것을 내어 버렸다(17절).

18-20 삼손이 목이 말라 허덕이다가 하나님께 부르짖었더니 하나님께서 기적적으로 샘물이 솟아나게 하셨고, 그는 그 물을 마시고 힘을 얻었다. 그 샘 이름을 "엔학고레"(עֵין הַקּוֹרֵא)라고 불렀다. 그것은 "부르짖는 자의 샘"이란 뜻이다. 삼손은 이스라엘의 사사로 "이십 년" 동안 사역하였다.

│ 설교자료

1. 삼손은 자기 개인에게 배신한 자들을 벌하지 않고 이스라엘 민족 공동체의 원수였던 블레셋 족속을 향하여 분노를 발하였다(1-5절). 이같이 진정한 하나님의 사자는 개인적으로 억울함을 당한 경우에도 개인적인 복수를 하지 않고 그 사건 배후에 있는 마귀와 싸운다. 이것이 그가 억울함을 당했을 때에 취하는 행동 원리이다. 사도 바울은 말하기를, "우리의 씨름은 혈과 육을 상대하는 것이 아니요…하늘에 있는 악의 영들을 상대함이라"고 하였

다(엡 6:12).

2. 삼손은 자기를 결박하여 원수 블레셋 족속에게 내어 주려는 유대인들을 해치지 않고 도리어 자기를 결박하도록 그들에게 순순히 순종하였다. 이같이 그는 블레셋 족속만 벌하도록 맡겨진 자신의 사명 범위(삿 13:5; 14:4)를 이탈하지 않았다. 또한 그는 자신의 사명 밖에 있는 일들에 대하여는 조금도 관여하지 않았다(롬 12:3-8 참조).

3. 삼손은 블레셋 원수들 가운데 다니면서도 자기 수하에 군인 한 사람도 거느리지 않았고 아무 무기도 가지지 않았다(삿 15:15-17). 전적으로 그는 하나님의 힘에 자신의 안전을 맡겼던 것이다. 영혼 구원을 위하여 세워진 복음의 일꾼들도 이같이 영적인 능력이 충만하게 행해야 한다. 바울은 말하기를, "하나님이 우리에게 주신 것은 두려워하는 마음이 아니요 오직 능력과 사랑과 절제하는 마음이니"라고 하였다(딤후 1:7; 참조. 고후 10:3-5; 엡 6:10).

제 16 장

⚜ 내용분해

1. 삼손이 기생을 보려고 들어갔다가 위기를 당함(1-3절)
2. 그가 들릴라를 사랑한 것과 그로 인해 당한 피해(4-22절)
3. 블레셋 사람들이 삼손을 구경거리로 삼음(23-25절)
4. 삼손이 마지막으로 블레셋 사람들을 많이 죽이고 자기도 죽은 행적 (27-31절)

⚜ 해석

1-3 삼손이 기생의 집에 들어간 것은 잘못이다. 그는 순조롭게 결혼한 적이 없었다. 처음에는 율법(신 7:3)을 범하면서 이방 여자와 결혼했다가 헤어졌고(삿 14:1-3, 8), 두 번째로는 "기생"을 취하였다. 이것은 하나님의 종으로서 합당하지 않은 처신이다(레 21:14 참조). 그럼에도 불구하고 여호와께서는 여전히 그를 도와주셔서(힘을 공급해 주셔서) 그가 원수들의 포위망을 뚫고

나가게 하셨다. 그러나 이번에는 그가 하나님의 도우심을 자기 개인의 생명을 구하는 데 사용하였고, 이스라엘의 원수인 블레셋 사람들을 징벌하는 데 사용하지 않았다. 그러므로 그의 양심이 어두워지지 않았다면 그는 이중으로 부끄러움을 느꼈을 것이다. 곧 ① 이스라엘의 사사 신분으로 기생집에 들어갔던 것이 부끄러운 일이고, ② 범죄하던 중 위기를 당해서 자기 개인의 생명을 구하기 위하여 하나님이 주신 능력을 사용한 것도 부끄러운 일이다. 그러나 삼손은 이미 어두워져서 그런 부끄러움을 몰랐다.

4-5 삼손이 이번에는 "들릴라"라는 여인을 사랑한다. "들릴라"란 이름(דְּלִילָה)은 약한 자란 의미이다. 그녀도 블레셋 여자로서 삼손의 정식 아내가 아니었다. 성경에는 그가 그녀를 자기 집으로 데려갔다는 말씀도 없고, 그녀를 그의 아내라고 한 말씀도 없다.

그녀의 이름이 약한 자란 뜻을 지닌 것도 의미심장하다. 삼손과 같이 힘 있는 용사가 약한 여자에게 끌려서 넘어지는 것을 보면, 사람의 육체의 힘은 믿을 수 없는 것이다. 사람은 믿음으로 영적인 능력의 소유자가 되어야 참으로 세상을 이기는 자가 된다(요일 5:4). 이때에는 삼손이 믿음을 지키는 자가 아니었다. 블레셋 사람들은 이제 들릴라를 통하여 믿음이 떨어진 삼손을 넘어뜨리려는 공작을 개시한다. 그래서 그들은 들릴라를 "은 천백 개"로 매수하였다.

6-9 청하건대 당신의 큰 힘이 무엇으로 말미암아 생기며 어떻게 하면 능히 당신을 결박하여 굴복하게 할 수 있을는지 내게 말하라(6절). 이때 삼손이 그녀에게 정신을 빼앗기지 않았다면 이와 같은 그녀의 요구가 들어왔을 때 다시는 이러한 요구를 하지 못하도록 처음부터 강경하게 막았을 것이다. 그는 일찍이 딤나 여자가 요청한 대로 수수께끼의 비밀을 알려 주었다가 실패한 쓴 경험도 있었다. 들릴라의 요구는 삼손을 해하려는 데 더욱 노골적이었다. 그럼에도 불구하고 삼손은 그 요구를 외면하지 않고 거짓말로라도 응해 주면서 부드러

운 태도를 지켜 나갔다. 쾌락에 빠져서 위험을 위험으로 느끼지도 못하는 어두운 자가 되어 버린 것이다.

10-12 삼손이 그에게 이르되 만일 쓰지 아니한 새 밧줄들로 나를 결박하면 내가 약해져서 다른 사람과 같으리라(11절). 삼손은 그녀의 마음을 잃지 않으려고 그녀의 요구를 완강하게 거절하지 못하고 응해 주었다. 이때 그의 마음은 그녀를 위험하게 여기지 않고 쾌락을 즐기며 희롱하는 태도(13, 15절)로 거짓말을 한 것이 분명하다. 이와 같은 그의 태도는 그녀에게 홀리어서 마침내 비밀을 발설할 수밖에 없는 약점을 내포한 것이다.

13-14 삼손이 그에게 이르되 그대가 만일 나의 머리털 일곱 가닥을 베틀의 날실에 섞어 짜면 되리라(13하). 세 번째 요구에 삼손은 거의 넘어지듯 끌려갔다. 곧 자기의 "머리털"에 관하여 말하기 시작한 것이다. 여기서 "날실"(הַמַּסֶּכֶת)은 베틀에 거는 실(warp)을 말한다. 그가 이제는 자기의 머리털을 염두에 두었으므로, 참으로 위태한 자리에까지 이르렀다. 그러나 이때까지도 그는 자신의 위험을 느끼지 못하였다. 들릴라가 그의 말대로 그의 머리털을 베틀의 "날실"에 섞어 짜고 "블레셋 사람들이 당신에게 들이닥쳤느니라"(이르렀느니라; 14중)고 할 때에 그가 그 베틀의 바디와 날실까지 빼어 낸 것은 하나의 희극이었다. 그는 몹시 위험한 그 장면에서도 전혀 깨어나지 못한 채 거짓말로 애인과 즐기고 있었다. 그의 이러한 행동은, ① 시험당하는 때를 전쟁의 위기로 인식하지 못하고 방종하는 것이고, ② 자기를 멸망시키려는 자를 분별하지 못한 어두움이고, ③ 육신의 정욕에 이끌려 호색의 욕구를 채우는 데만 집중한 타락이었다. 그는 이스라엘의 구원자로서 그의 거룩한 사역에 사용해야 할 능력을 죄악의 향락에 이용하였다. 그가 이처럼 타락했음에도 불구하고 하나님은 오래 참으시며 여전히 그에게서 떠나시지 않았다.

15-20 들릴라가 삼손에게 힘의 비결을 알려 달라고 "날마다" 조를 때에 그의 "마음이 번뇌하여 죽을 지경"이었다. 그가 번뇌한 것을 보아 그때까지

는 성령이 깨우쳐 주시는 음성을 양심으로 듣고 있었던 것이 분명하다. 하나님은 그의 종과 자녀들에게 끝까지 회개할 기회를 주신다. 그러나 믿음에서 떠나 죄에 점점 깊이 빠져 들어가고 있는 삼손은 그 시험에 넘어져서 마침내 그 힘의 비결이 머리털을 밀지 않은 데 있다고 실토하고 말았다(17절). 이것은 그가 하나님께 받은 고귀한 사명과 그것을 실행할 능력을 육신의 정욕과 바꾸어 버린 망령된 행동이다. 그는 죄의 욕구를 채우기 위하여 능력의 원천을 버리는 비참한 지경에 이르렀다. 깨어 있기 위하여 포도 열매까지 먹지 못하도록 금지 명령을 받은 그가 지금은 마치 포도주에 취한 사람이 위태롭게 처신하는 것처럼(잠 23:34) 원수와 힘을 모은 여인의 무릎을 베고 잠자고 있다. 이같이 죄에 취한 자는 어리석기 짝이 없다(시 13:3-4 참조).

삼손은 결국 들릴라에 의해 머리털이 밀리었다. 그 결과 그에게 임하던 초자연적인 힘이 떠났다.

삼손이 잠을 깨며 이르기를 내가 전과 같이 나가서 몸을 떨치리라 하였으나 여호와께서 이미 자기를 떠나신 줄을 깨닫지 못하였더라(20하). 이 점에서 우리가 명심할 것이 있다.

1) 삼손의 머리털이 밀려서 그에게 있던 초자연적인 체력이 없어졌다고 해서, 본래 있던 그 힘의 원천까지도 그의 머리털에 있었다고 생각하지 말아야 한다. 그의 긴 머리털은 하나님께 헌신한 표시에 불과했다. 만일 그의 힘의 원천이 그의 머리털이었다고 생각한다면, 그것은 하나님의 능력의 역사가 물리적이고 마술적(magical)이라고 잘못 해석하는 것이다. 하나님의 능력이 물리적으로 어떤 물체에 붙어 있는 법은 없다. 하나님의 능력은 언제나 그분의 인격으로 역사하신다. 곧 하나님의 영이 인격적으로 인류에게 찾아오셔서 살아 역사하시는 것뿐이다.

2) 삼손이 들릴라에게 자기의 "나실인" 자격이 무엇인지 자세하게 실토하고 그것의 규례(머리에 삭도를 대지 않음)가 무엇인지도 덧붙여 말한 것은

사실상 자기의 "나실인" 자격을 포기한 행동이었다. 이로 인해 여호와께서 그에게서 떠나셨다. 이때까지 그가 잘못한 일들이 많았어도 하나님께서는 오래 참아 주셨다. 그럼에도 불구하고 그는 하나님께 바쳐진 증표를 내어 버리고 말았다. 결국 하나님께서 삼손에게 버림을 받으신 셈이다. 이런 판국에서는 하나님께서 그와 함께하실 아무런 의의를 찾을 수 없다.

21-25 하나님을 떠난 삼손은 그때부터 원수들(블레셋 사람들)에게 붙잡혀 온갖 고통과 모욕을 당하였다. 곧 ① 그의 두 눈이 뽑히고(21상), ② 놋줄에 매여 맷돌을 돌렸고(21하). ③ 블레셋 사람들은 자신들의 승리를 축하하는 의미에서 다곤 신에게 제사하며 그 신을 찬송하였고(23-24절), ④ 이때 삼손은 그곳에 모인 군중 앞에 불려 나가 재주를 부리도록 강요당하였다(25절).

신자가 타락하여 그에게서 하나님이 떠나시면, 그는 세상 사람들 앞에서도 천대와 멸시를 당하게 된다. 예수님께서 말씀하시기를, "너희는 세상의 소금이니 소금이 만일 그 맛을 잃으면 무엇으로 짜게 하리요 후에는 아무 쓸데 없어 다만 밖에 버려져 사람에게 밟힐 뿐이니라"(마 5:13)고 하셨다.

26-30 **삼손이 여호와께 부르짖어 이르되 주 여호와여 구하옵나니 나를 생각하옵소서 하나님이여 구하옵나니 이번만 나를 강하게 하사 나의 두 눈을 뺀 블레셋 사람에게 원수를 단번에 갚게 하옵소서**(28절). 삼손이 다곤 신당을 무너뜨려서 그곳에 모여 있던 블레셋 사람들 3천 명 이상을 죽게 하였다. 이번에도 그는 하나님의 능력으로 그런 일을 하였다. 하나님께서 삼손의 마지막 기도를 들으신 것이다. 하나님께서는 실수로 범죄한 신자를 잠시 동안 벌하시지만 그의 진노가 끝나면 다시금 그에게 긍휼을 베푸신다. 미가 7:8-10에 말하기를, "나의 대적이여 나로 말미암아 기뻐하지 말지어다 나는 엎드러질지라도 일어날 것이요 어두운 데에 앉을지라도 여호와께서 나의 빛이 되실 것임이로다 내가 여호와께 범죄하였으니 그의 진노를 당하려니와 마침내 주께서 나를 위하여 논쟁하시고 심판하시며 주께서 나를 인도하사 광명에 이르게 하시리니 내가

그의 공의를 보리로다 나의 대적이 이것을 보고 부끄러워하리니 그는 전에 내게 말하기를 네 하나님 여호와가 어디 있느냐 하던 자라 그가 거리의 진흙 같이 밟히리니 그것을 내가 보리로다"라고 하였다.

삼손이 죽을 때에 죽인 자가 살았을 때에 죽인 자보다 더욱 많았더라(30하). 이 말씀은 삼손이 죽으면서도 그의 사명(블레셋 사람에게 하나님의 심판을 실시하는 사명)을 다하였다는 사사기 저자의 평가이다. 이것은 은근히 삼손의 최후 역사를 좋게 여기는 말씀이다. 그렇다면 삼손이 임종할 때에 기도한 것은 여호와를 믿고 회개하면서 실행한 것이 확실하다. 하나님은 자신이 택하신 자를 버리지 않으시고 곤고한 중에 회개하게 하여 끝까지 그를 구원하신다(애 3:19-39 참조).

31 삼손의 "형제와 아버지의 온 집"이 그의 시체를 가져다가 장사하였다. 다곤 신당이 무너질 때 블레셋의 고위층 관리들이 거의 다 죽었으므로 삼손의 가족들이 그의 시체를 운반할 때 방해하는 자가 없었다.

| 설교자료

1. 삼손은 들릴라가 힘의 근원을 가르쳐 달라고 조를 때에 그녀의 요구에 호응하여 세 번이나 계획적으로 거짓말하였고, 들릴라는 매번 그 거짓말을 믿고 행동하였으나 허사였다. 그는 이처럼 사명을 수행하기 위하여 받은 힘을 가지고 여인과 희롱하는 장난에 이용하면서 육체의 쾌락을 일삼았다. 이와 같은 그의 행동은 "하나님의 은혜를 도리어 방탕한 것으로 바꾼" 망령된 것이었다(유 1:4 참조). 그의 타락은 하나님의 벌을 받을 만한 것이었다.

2. 쾌락 사랑하기를 하나님보다 더한(딤후 3:4하) 삼손은 마침내 그 죗값으로 쾌락과 정반대되는 뼈아픈 고생과 굴욕을 당하였다(삿 16:21). 인생에서

죄악된 향락은 그것에 비례하는 고통거리로 바뀌는 보응을 받는 법이다.

제 17 장

✣ 내용분해

1. 미가의 모친이 은으로 그 아들을 위하여 우상을 만들었음(1-4절)
2. 미가가 이룬 우상숭배 시설(5-6절)
3. 미가가 그에게 찾아온 레위 지파의 한 소년을 제사장으로 세움(7-13절)

✣ 해석

1-2 에브라임 산지에 미가라 이름하는 사람이 있더니(1절). "에브라임"은 팔레스타인 중앙에 자리하였고, "실로"는 에브라임 지파의 영역 안에 있었다. 따라서 에브라임은 그 당시 법궤가 있던 실로에서 그리 멀지 않은 곳이다. 그럼에도 불구하고 그 땅에 우상숭배의 어두움이 깃들었다. "미가"는 자기 모친의 "은 천백" 세겔을 도둑질하였다가 모친의 저주가 무서워서 그것을 도로 내어 놓았다. 그만큼 그는 종교적 공포를 쉽게 느끼는 자였다. 종교적 공포를 잘 느끼는 심리는 하나님을 잘 의지하는 장점이 되기도 하지만, 바른 지도를

받지 못하면 우상숭배로 기울어질 위험이 있다.

3-4 한 신상을 새기며 한 신상을 부어 만들기 위해 내 손에서 이 은을 여호와께 거룩히 드리노라(3하). 미가의 모친이 한 이 말은 여호와를 섬기기 위해 "신상"을 만들겠다는 것이다. 여기서 말하는 "신상"(פֶסֶל)은 아마도 소의 형상이었을 것이다(출 32:4; 왕상 12:28 참조). 인류는 조상 때부터 부패하였기 때문에 하나님께서 계시하신 전통을 그대로 지키지 못할 때는 언제든지 우상숭배로 떨어진다. 그와 같은 우상숭배는 종종 정통이라는 이름을 가지고 나오기도 한다. 기독교계에도 그리스도의 이름으로 많은 우상숭배 종파(인간의 사상으로 꾸민 그릇된 사상 체계)들이 일어난다.

5-6 "에봇"은 대제사장의 겉옷이다. 그것의 가슴 부분에는 하나님의 뜻을 분별하기 위해 사용하는 우림(אוּרִים)과 둠밈(הֻמִּים)이 들어 있다(출 28:15-30). 이것은 오직 대제사장만이 사용하는 것인데 미가는 이것들을 자기 마음대로 만들어 가지고 있었다. "드라빔"(תְּרָפִים)은 가정에 놓아두는 우상으로, 아마도 사람의 형상으로 만들어졌을 것이라고 추측된다. 그렇게 추측하는 이유는 다윗의 아내 미갈이 다윗을 피신시킨 후 그의 침상에 우상(드라빔)을 눕혀 놓고 의복으로 그것을 덮어서 다윗인 것처럼 가장하였기 때문이다(삼상 19:13). 하지만 그 당시 사람들이 드라빔을 가지고 어떤 형식으로 종교적 행사를 하였는지는 단정하기 어렵다. 어떤 학자들은 이것이 조상 숭배와 관련이 있다고 한다.[82] 그러나 이와 같은 해석은 성경적 근거를 가지지 못한다. 우리는 드라빔과 관련된 종교적 행사가 어떤 것이었는지 정확히 알 수 없지만 성경이 그 제도를 정죄한 것만은 확실하다(왕하 23:24).

한 아들을 세워 그의 제사장으로 삼았더라(5하). 이와 같은 미가의 행동은 그

---

82) Schwally, Das Leben nach dem Tode, p. 36; Stade, GVI. i.-p. 467; Nowack, Hebr. Archäologie, ii. 23.

가 우상숭배로 깊이 떨어졌음을 증명한다. 이스라엘의 제사장은 사람이 개인적으로 세울 수 있는 것이 아니라 하나님의 말씀에 근거하여 세워지는 것이다. 그러므로 이와 같은 종교 제도는 미가 개인의 욕심으로 이룬 것이므로, 거기에는 진정한 신적 권위가 없다. 사사기의 저자는 이와 같은 종교적 타락을 탄식하는 의미에서 말하기를, "사람마다 자기 소견에 옳은 대로 행하였더라"(6절)고 하였다.

7-9 **유다 가족에 속한 유다 베들레헴에 한 청년이 있었으니 그는 레위인으로서 거기서 거류하였더라**(7절). "레위" 지파는 완전한 분깃을 받지(땅의 기업) 못하고 (수 13:33) 다른 지파들이 차지할 땅에 거류하였다. 유다 지파의 땅에서 살던 레위의 한 소년이 거기서 떠나 에브라임으로 간 목적은 생활고 때문이었다 (삿 17:8상, 9하). 우리는 그가 생활고를 겪은 원인이 무엇인지 자세히 알 수 없다. 그러나 그가 우상을 섬기는 미가와 동조하여 우상숭배의 제사장이 된 것을 만족하게 여긴 것으로 미루어 볼 때(11절), 그는 하나님을 기업으로 삼는 레위인의 자격을 갖추지 못하였다고 생각된다. 그가 진정으로 하나님을 알고 하나님의 말씀대로 하나님을 섬기는 자였다면 그에게 생활고가 없었을 것이다. 하나님께서는 그를 영화롭게 하는 자를 궁지에 버려두지 않으신다. 시편 37:25에 말하기를, "내가 어려서부터 늙기까지 의인이 버림을 당하거나 그의 자손이 걸식함을 보지 못하였도다"라고 하였다.

10 **미가가 그에게 이르되 네가 나와 함께 거주하며 나를 위하여 아버지와 제사장이 되라.** 미가는 새로운 제사장을 원한다. 자기 아들보다(5하) 권위 있는 제사장을 찾는 것 같다. "아버지와 제사장이 되라." 이 말은 미가 자신이 마음대로 할 수 없는 무게 있는 제사장을 원한다는 의미이다. 인간의 심리는 언제나 중보자, 곧 제사장(하나님과 사람 사이에서 사람을 위하여 하나님께 기도하여 주는 자)을 원하는 본능을 가지고 있다. 그러나 진정한 제사장은 사람의 마음대로 세울 수 없고 하나님의 말씀대로 세워져야만 권위가 있다(히 5:4 참조).

내가 해마다 은 열과 의복 한 벌과 먹을 것을 주리라. 레위 소년에 대한 미가의 이와 같은 대우는 그의 육신적인 삶을 보장하겠다는 것이다. 하나님의 일꾼에게는 생활에 대한 보장도 필요하다. 그러나 그것에만 매이는 일꾼이라면 그는 삯꾼에 불과하다. 미가의 발언으로 보아 그는 우상숭배에 빠져 있었으므로, 성직의 특성을 제대로 알지 못하고 성직자를 단지 자기의 종교적 욕구를 채워 주는 삯꾼으로만 알았던 것이다.

11 그 레위인이 그 사람과 함께 거주하기를 만족하게 생각했으니. 이 "레위인"은 소년이었고 진정한 성직자가 아니었으므로 미가의 대우를 만족스럽게 여겼다. 그는 진정한 제사장의 사명 의식 없이, 육신의 생활 문제에만 집착하는 타락한 자이다.

12 미가가 그 레위인을 거룩하게 구별하매. 여기서 우리는 두 가지 거짓된 사실을 발견할 수 있다. ① 그때에 제사장으로 세운 자가 미가라는 것이다. 제사장은 어떤 개인 한 사람이 세우는 것이 아니다. ② "거룩하게 구별"했다는 것은 그 소년의 인격을 성화시켰다는 것이 아니라 다만 그 직분을 거룩한 것으로 간주한다는 것이다. 거룩하지 못한 어떤 자가 종교적 직분을 가진다고 해서 거룩해지거나 사람들에게 축복할 수 있는 인격으로 변화되는 것은 아니다. 사람의 인격이 거룩해져야 자동적으로 그가 하는 일도 거룩해지며, 많은 사람에게 은혜를 끼치게 된다. 그런데 미가는 자기가 세운 제사장이 단지 레위인이라는 이유로 그를 만족스럽게 여겼다. 그런 사고방식은 하나님의 축복이 그의 뜻대로 순종하는 자에게 임한다는 것을 알지 못하고 레위인이라는 혈통에 소망을 가지는 어리석음이다(마 3:9상; 롬 2:25-29 참조).

| 설교자료

1. 미가는 사사 시대에 있었던 우상숭배의 악한 표본이다. 그는 열심히

우상을 만들었고(3-4절), 제사장도 자기 마음대로 세웠다(5절). 그가 만든 것이 나중에는 단 지파의 우상 종교가 되었다(18:31). 이와 같은 일이 멀리 이방에서 일어난 것이 아니라 이스라엘의 에브라임, 곧 실로(법궤가 있는 곳)에서 가까운 곳에서 일어났다. 이같이 그리스도 신자의 마음에도 우상을 숭배하려는 성향이 있다. 그것은, ① 눈으로 하나님을 보고자 하는 사상과 ② 성경을 인간의 이성에 맞도록 고치려는 사상이다. 곧 인간적인 의지 숭배(Will worship), 또는 자아 숭배(Ego worship)가 우상숭배이다. ③ 또한 신자들이 하나님의 말씀을 믿는다고 하면서 그 마음에 탐심을 품는 것 역시 우상숭배이다(골 3:5). 우리가 우상숭배를 용납하는 동안에는 하나님을 기쁘시게 할 수 없으며, 하나님의 뜻을 이룰 수 없다.

2. 베들레헴에서 미가의 집에 찾아온 소년은 거짓 교역자의 표본이다(7-13절). 그는 자신의 생계를 위하여 제사장이 되었다. 즉 하나님의 사명 때문이 아니라 먹고사는 문제 때문에 제사장 노릇을 한 것이다(빌 3:19 참조).

제 18 장

✣ 내용분해

1. 단 지파가 땅을 정탐함(1-6절)
2. 정탐들의 보고(7-10절)
3. 라이스 땅을 점령하려고 전투대를 보냄(11-13절)
4. 그들이 도중에 미가의 우상을 빼앗아 감(14-26절)
5. 그들이 라이스를 점령하고 거기에 우상을 세움(27-31절)

✣ 해석

1 단 지파는…이스라엘 지파 중에서 그 때까지 기업을 분배 받지 못하였음이라. "단 지파"가 일찍이 여호수아의 지도 아래에서 제비를 뽑아 그들의 분깃(땅)을 받았다(수 19:40-46). 실제로 그들이 그 땅을 어느 정도 점령하기도 하였다. 그러나 오래지 않아 그 땅을 아모리 족속에게 빼앗기고 말았다(1:34-36). 그러므로 여기서 "분배받지 못하였다"는 문구의 내용은 그들을 위하여 지정

된 땅이 실제로 그들의 소유가 되지 않았다는 뜻이다. 또한 "분배받지 못하였음이라"라는 말(לֹא־נָפְלָה לוֹ... בְּנַחֲלָה)은 기업으로 떨어지지 못하였다는 뜻이다. 그들이 아모리 사람들에게 패배를 당한 원인은 그들의 불신앙 때문이었다. 이로 인해 모든 지파들 중에서 단 지파가 가장 믿음 없는 지파로 드러났다.

2 "소라"는 예루살렘 동쪽으로 40마일쯤 떨어져 있고, "에스다올"은 소라에서 동북쪽으로 1마일 반쯤 떨어져 있는 곳이다. 이 두 도시는 단 지파가 제비를 뽑아서 얻은 기업(지정된 땅) 중 일부이다(수 19:41). 단 지파의 장정(20세 이상)의 수는 광야에서(요단강을 건너기 전에) 계수할 때 64,400명이었다(민 26:43). 그중에서 그들은 영토를 확장하기 위하여 다섯 사람의 정탐을 파견했다.

3-4 그 정탐들이 미가의 집 가까이에서 "레위 청년의 음성을 알아듣고" 그에게로 갔다. 그의 말씨가 에브라임 사람과 달랐기 때문에 정탐들이 그를 쉽게 알아보았다. 에브라임 사람들의 발음은 특이하였고(12:6 참조), 단 지파가 거주하는 "소라"는 유다와 가까운 거리에 있었으므로(15:9-13), 정탐들이 그 레위 소년(유다에서 온 소년; 17:7)의 음성을 쉽게 분별한 것이다.

나를 고용하여(4하). 여기서 "제사장" 자신이 자기를 가리켜 삯꾼이라고 노골적으로 말한다. 이것을 보면 그 시대에는 제사장의 품위가 고용인의 처지로 떨어졌어도 제사장 자신이 그것을 부끄럽게 여기지 않은 듯하다. 삯꾼은 목자가 아니다(요 10:12).

5 우리를 위하여 하나님께 물어 보아서 우리가 가는 길이 형통할는지 우리에게 알게 하라. 단 지파에서 온 사람들의 이 말은 신을 분별하지도 않고 무엇이나 받아들이는 미신에 속한다. 그들의 마음은 참된 이스라엘 종교를 떠난 지 오래되었으므로 이제는 참과 거짓을 분별할 마음도 없고, 또 분별할 지식도 없었다. 그들은 삯꾼을 목자로 착각하였다.

6　평안히 가라 너희가 가는 길은 여호와 앞에 있느니라. 그 "제사장"은 여기서 거짓 선지자의 특징인 아첨을 한 것이 분명하다. ① 그는 상대방의 마음을 기쁘게 하기 위해 그들의 길이 평안할 것이라고 하였다(렘 6:14 참조). 그는 그들의 과거 역사를 알아보고 그들의 회개를 촉구해야 했다. 그리고 ② 그는 덮어놓고 그들을 의인으로 여기며 "너희가 가는 길은 여호와 앞에 있느니라"고 하였다. 하나님은 참된 의인을 바라보시며 그의 부르짖음에 귀를 기울이신다(시 34:15).

7　"라이스"(ליש)는 사자라는 뜻이다. 이제 단 지파는 그 거주지가 협소하여서 뛰어나가는 사자처럼 되었다. 이것은 모세의 예언대로 성취된 것이다. 모세가 단 지파에 대하여 예언하기를, "단은 바산에서 뛰어나오는 사자의 새끼로다"라고 하였다(신 33:22). "라이스"가 여호수아 19:47에서는 "레셈"(רשם= 레쉠)이라고 불리었다. 같은 곳의 이름이 이렇게 다르게 불리는 일은 역사상 종종 있는 일이다. 이 지방은 두로(Tyre)로 가는 도중인 바니아스(Banyas)에서 4마일 정도 떨어진 곳에 있다. 그 위치는 레바논 산맥과 헐몬 산맥 사이에 있는 골짜기의 남쪽 입구이다. 이 지방에 요단강으로 흐르는 큰 샘물이 있다(C. F. Burney).

거기 있는 백성을 본즉 염려 없이 거주하며 시돈 사람들이 사는 것처럼 평온하며 안전하니. 그 지방은 레바논 산으로 베니게를 막았고, 헐몬 산으로는 수리아를 막았으므로 외국군의 침략을 두려워할 필요조차 없는, 그야말로 난공불락의 땅이었다. 따라서 그 백성은 평안히 지내면서 아무런 군사 시설도 가지고 있지 않았다. 그렇기 때문에 단 지파가 그 땅을 쉽게 취할 수 있었다.

시돈 사람들과 거리가 멀고 어떤 사람과도 상종하지 아니함이라. 이 말은 라이스 사람들이 전쟁할 때에 시돈 사람들의 도움을 받기 어렵다는 뜻이다.

8-10　정탐들이 자신들의 지파로 돌아가서 라이스 땅의 실정을 보고하며 그 땅의 백성을 치고 그 땅을 차지하자고 독촉하였다. 그들은 말하기를, "그

땅은…하나님이 그 땅을 너희 손에 넘겨 주셨느니라"(10하)라고 주장하였다. 그들이 어떻게 이런 말을 하게 되었을까? ① 그들이 가나안을 정복할 당시 여호수아와 그 후의 사사들이 한 말을 하나의 습관적인 구호로 사용한 것일까? ② 아니면 그들이 미가의 집에 있던 제사장(레위 청년)의 거짓 예언(6절)을 믿고 말한 것일까? 아마도 두 번째 추측이 맞을 것이다. 그렇다면 그 후에 그 거짓된 예언도 그대로 성취된 셈이다. 그것은 그들이 라이스로 가서 마침내 그 땅을 차지한 것이 증명한다(27-29절). 그렇다면 거짓 예언이 성취되는 이유가 무엇일까? 마귀도 어느 정도 맞는 말을 하여서 사람들을 미혹하고 그를 숭배하게 만들 때가 있다.

11-13 **소라와 에스다올**(11절). 2절의 같은 지명 해석을 참조하라.

기럇여아림에 진 치니. 이 말은 "기럇여아림"이라는 지역(도시가 아니다)에 진을 쳤다는 뜻이다. 이렇게 해석해야 하는 이유는 12절 끝에 밝힌 대로 그 진영이 기럇여아림(그 도시) 뒤에 있었기 때문이다. "기럇여아림"(קִרְיַת יְעָרִים)이란 말은 삼림의 도시라는 뜻이다. 이 도시는 예루살렘에서 욥바로 가는 길에서 14km쯤 떨어진 곳에 있으며, 유다 지파의 영토와 베냐민 지파의 영토 접경에 자리하고 있다. "마하네 단"(מַחֲנֵה־דָן)은 단 지파의 군대가 주둔하는 곳이라는 뜻이다.

14 **이 집에 에봇과 드라빔과 새긴 신상과 부어 만든 신상이 있는 줄을 너희가 아느냐.** 그들은 이민을 가면서 무엇보다 우상에 관심을 두었다. 그만큼 그들은 우상숭배에 물들어 있었다. 따라서 그들이 부르며 의지한 "하나님"(10하)은 여호와 하나님이 아니라 우상이었다. 미가의 집의 우상숭배(17장 참조)는 이제 단 지파의 우상숭배로 번졌다(18:19).

15-20 단 지파가 미가의 집에 오는 목적은 우상들과 제사장을 옮겨 가려는 것이었다. 우상숭배에 대한 그들의 열심은 다음과 같이 표현되었다. ① 우상과 비품을 강제로 빼앗았으며(16-18절), ② 제사장을 부추겨서 데리고 갔

다(19-20절). 그들은 이같이 미가의 우상 시설을 전부 탈취하였다. 이것을 보면 이들이 우상숭배로 어두워져서 극도로 타락하였음을 알 수 있다. 즉 그들은 종교적인 만족을 얻기 위하여 강도처럼 행동한 것이다. 이 사실이 우리에게 가르치는 것은, 우상숭배자는 결국 어두움과 부패의 포로가 된다는 것이다.

21-26 **미가가 이르되 내가 만든 신들과 제사장**(24상). 우상숭배자는 자기가 만든 신을 섬기기 위하여 자기가 만든 제사장도 가진다. 그것은 창조주를 섬기는 것이 아니라 피조물(사람과 사람이 만든 것들)을 섬기는 미신이다. 우상숭배로 어두워진 자는 이처럼 모순된 일을 하면서도 깨닫지 못한다. 인간은 마땅히 자기를 지으신 분(하나님)을 경배해야 하는데 지음 받은 자를 섬기고 있으니 얼마나 어리석은가! 인류가 경배해야 할 대상은 오직 창조주 하나님뿐이다. 유일하신 참하나님을 섬기도록 제사장도 하나님이 세워 주신다. 제사장은 사람을 중보하여 하나님께로 인도하는 분이시므로, 타락한 인류의 생각대로 세운 제사장은 그와 같이 거룩한 중보자의 일을 할 수 없다. 우리의 중보자는 하나님께서 세우신 예수 그리스도 한 분뿐이다(히 5:4-6).

내게 오히려 남은 것이 무엇이냐(24하). 미가의 이 말은 자기에게는 우상과 그 제사장보다 좋은 것이 없다는 뜻이다.

미가가 단 자손이 자기보다 강한 것을 보고 돌이켜 집으로 돌아갔더라(26하). 미가는 단 지파 앞에서 자신의 미약함을 알고 그 우상을 포기하였다. 우상숭배자는 그 우상 때문에 생명을 내어놓지는 못한다. 물체에 불과한 우상이 그에게 무슨 힘을 주겠는가!

27-29 "단 자손이…라이스에 이르러" 평안히 사는 그곳 사람들을 쳐서 이기고 그곳에 "성읍을 세"웠다. 그리고 그들 조상의 이름을 따라 그 성읍을 "단"이라고 불렀다.

그들을 구원할 자가 없었으니(28상). 라이스는 거리 때문에 시돈의 도움도 받을 수 없었다(28하). "벧드르홉"(בית רחוב)은 훌레(Huleh) 평원 위쪽에 있으며, 그곳으로 요단강이 흘러간다.

30-31 모세의 손자요 게르솜의 아들인 요나단(30절). 이 사람은 단 지파가 라이스로 데리고 간 레위인 청년일 것이다. "게르솜"은 모세의 아들이다(출 2:22; 18:3; 대상 23:15). 한글 번역은 70인역(LXX)을 기준으로 "모세"(μωυσῆ)라고 했지만, 히브리어 구약에는 므낫세(מנשה)로 되어 있다. 그래서 이 문제를 다음과 같이 해결하는 학설도 있다. 즉 그 소년은 사실 므낫세의 손자가 아니었지만 그의 우상숭배적인 특성을 볼 때 그도 므낫세(므낫세는 우상을 섬겼다)와 같다는 뜻이라고 한다. 그러나 "모세"라고 한 70인역 (LXX)의 기록이 원본대로일 것이다.

요나단과 그의 자손은 단 지파의 제사장이 되어 그 땅 백성이 사로잡히는 날까지 이르렀더라. 여기서 "사로잡히는 날까지"라는 것은 어느 사건을 가리킨 것일까? 많은 학자들이 이것을 앗수르 왕 디글랏 빌레셀의 이스라엘 정복 사건이라고 한다(왕하 15:29). 그러나 이 말은 성립될 수 없다. 그 이유는, 만일 그렇다면 ① 북쪽 이스라엘에도 손을 뻗쳤던 다윗 왕 시대에도 단 지파의 우상 시설이 그대로 보존되었다는 의미가 되기 때문이며, ② 이스라엘 전국에서 각 지파의 대표자들이 성전 건축을 축하한 솔로몬 시대에(왕상 5-7장)도 단 지파의 우상숭배 사상이 여전히 라이스에 존재했다는 의미가 되기 때문이다.

그러므로 여기서 이스라엘이 "사로잡히는 날"이란 것은 사무엘 시대의 말기에서 사울 왕 시대 초기까지 일어난 일을 가리킨다. 다시 말하면 그것은 블레셋 사람들이 법궤를 빼앗아 간 사건을 가리킨다. 법궤를 빼앗겼다는 것은 사실상 이스라엘이 사로잡힌 것과 같은 일이다. 법궤는 이스라엘의 영광의 상징이었다(삼상 4:21-22). 시편 78편 저자는 이 사건을 가리켜서 이스라엘이 사로잡힌 것과 같은 비극으로 간주하였다(61-64절). 사실상 그 시대에 수리아 군대가 이스라엘 북쪽을 침략하였으므로, 그들이 이스라엘 사람들을 사로잡아 갔을 것이다. 사무엘상 14:47에 기록된 "소바의 왕"은 앗수르 왕이었는데, 역사적으로 그가 이스라엘의 북방에 왔던 사실이 있다 (Delitzsch).

하나님의 집이 실로에 있을 동안. 이 말씀은 "사로잡히는 날까지 이르렀더라"고 한 문구에 대한 설명이다.

| 설교자료

1. 단 지파의 다섯 용사는 땅을 정탐하러 가던 중 미가의 집에 와서 우상의 제사장을 만났는데, 아무 비판도 없이 그 제사장에게 그들의 앞길이 형통한지를 물어보았다(5절). 이것을 보면, 그 당시 그들이 얼마나 하나님의 율법에 대하여 무식하였는지 알 수 있다. 일찍이 모세는 여호와를 섬기는 법에 대하여 엄히 명하기를 "너는 삼가서 네게 보이는 아무 곳에서나 번제를 드리지 말고 오직 너희의 한 지파 중에 여호와께서 택하실 그 곳에서 번제를 드리고 또 내가 네게 명령하는 모든 것을 거기서 행할지니라"고 하였다(신 12:13-14; 참조. 신 13:1-5). 하나님의 말씀에 대하여 무식한 자들은 우상숭배에 쉽게 떨어진다. 그러므로 하나님께서는 자녀들을 위한 신앙 교육에 힘쓰라고 명하셨다(신 6:7).

2. 미가의 집에 있던 거짓 종교 지도자는 "진리와 함께 기뻐"할(고전 13:6) 줄 모르고 자신의 지위가 높아지는 것만을 기뻐하였다(삿 18:19-20). 오늘날 교회의 거짓된 지도자들도 그렇다. 그들은 자기의 출세를 위하여 교회를 이용한다. 교회 안에서 자기들의 지위를 굳히기 위해 온갖 정치적 술책과 거짓말과 배신을 예사롭게 하고 있다. 사실상 그들은 교회를 못살게 만드는 자들이므로, 회개하지 않으면 멸망할 수밖에 없다. 빌립보서 3:18-19에 말하기를

"내가 여러 번 너희에게 말하였거니와 이제도 눈물을 흘리며 말하노니 여러 사람들이 그리스도의 십자가의 원수로 행하느니라 그들의 마침은 멸망이요 그들의 신은 배요 그 영광은 그들의 부끄러움에 있고 땅의 일을 생각하는 자라"고 하였다.

3. 단 지파가 라이스라는 복된 땅(7, 10절)을 찾아가서 그곳에 정착하였다(27-29절). 그러나 그들이 에브라임 미가의 집에서 우상을 빼앗아 가지고(14-20절) 가서 그곳을 우상숭배의 본거지로 만들었다(30절). 그 죗값으로 그들은 마침내 외국으로 사로잡혀 갔다(30하). 그들은 우상을 섬기기 위해 강도들처럼 남의 우상과 제사장을 강제로 탈취해 가지고 가서 라이스에 우상숭배 사상을 퍼뜨렸다. 그러나 그들이 가지고 갔던 우상은 결국 그들을 망하게 한 올무가 되었다(시 106:36 참조).

제 19 장

✣ 내용분해

1. 에브라임에 거하는 레위 사람의 첩의 불륜 사건(1-2절)
2. 레위 사람이 그 여자를 데려오려고 그의 집으로 찾아감(3절)
3. 그 여자의 부친이 그를 친절하게 대접함(4-9절)
4. 레위 사람이 그 여자를 데리고 돌아오던 중 유숙할 곳을 얻지 못함(10-15절)
5. 그들이 기브아의 한 노인의 집에서 유숙하게 됨(16-21절)
6. 그 성읍 불량배들의 패륜과 그것의 비참한 결과(22-30절)

✣ 해석

17-18장에는 레위인 청년이 우상숭배로 깊이 타락하여 오랜 세월 동안 이스라엘에 화근이 된 사실이 기록되었다. 이어서 19장에는 레위인의 가정이 도덕적으로 타락한 사실이 기록되었다. 레위 사람은 하나님을 공경하며

봉사하는 직분을 맡은 지파이다. 그럼에도 불구하고 타락한 시대에는 그 지파에서 가장 심하게 타락한 사건들이 일어났다. 가장 좋은 것이 썩으면 가장 나빠진다. 즉 소금이 맛을 잃으면 밖에 버려진다(마 5:13).

1-2 **에브라임 산지 구석에 거류하는 어떤 레위 사람이 유다 베들레헴에서 첩을 맞이하였더니**(1절). 이 "레위 사람"의 타락은, ① 그의 첩이 많았던 것으로 증명되고, ② 그가 위기에 이르렀을 때 그의 첩을 불량배들에게 내어준 것으로(25절) 증명되고, ③ 또 그가 자기 첩의 시체를 열두 덩이로 나누어 이스라엘 사방에 보낸 것으로 증명된다(29절).

3-9 레위인이 자기 첩을 데리고 고향(에브라임 산지)으로 가려고 할 때에 그의 장인이 그가 떠나는 것을 여러 차례 만류하고 여러 날 동안 대접하였다. 그러나 그의 지나친 친절이 그 레위인에게 화근이 되었다. 그는 두 번이나 일찍 길을 떠나려고 하였으나(5, 8절), 장인의 강권 때문에 떠나지 못하였다. 이 점에서 우리는 그 장인의 친절한 행위가 지닌 성격을 평가해야 한다. ① 하나님의 영광을 전혀 생각하지 않고 육체적 쾌락만을 생각하였다. 이 부분에는 먹고 마신다는 말과 즐긴다는 말이 많이 나오고(4, 5, 6, 8, 9절), 여호와란 성호는 단 한 번도 나오지 않는다. ② 인정에 치우쳤다. 그 장인은 그들과 작별하는 것을 무조건 아쉬워하였다. 그래서 그들과 작별할 시간을 약속했다가도 다시 변심하고 가지 못하게 만류하였다. 레위인은 그 첩과 함께 두 차례나 아침 일찍 떠나려 했는데도(5, 8절), 그의 장인이 두 번 다 그들을 해가 기울도록 머물러 있게 하였다. 이와 같은 그의 친절은 사랑하는 자들을 하나님께 내어 맡기지 않고 인정에만 기울어진 것이었다. 결국 그들이 늦게 떠나서 돌아가던 중에 기브아에서 참변(22-26절)을 당하게 되었다.

10-15 첩을 데리고 가는 그 레위인은 날이 저물자 유숙할 곳을 찾았다. **우리가…이방 사람의 성읍으로 들어갈 것이 아니니**(12절). 이것은 레위인이 여

부스 사람의 성읍에 들어가서 쉬자는 종의 제안에 반대한 말이다. 그가 반대한 이유는, 이스라엘 사람이 이방인과 교제하면 종교적으로 더러워진다는 사상 때문이었다. 이와 같은 그의 처사는 도리어 가증하다. 그는 레위인으로서 첩을 둔 것으로 이미 타락할 대로 타락한 것이다. 그러므로 이때 그가 이방인의 성읍에 들어가지 않겠다고 하는 것은 형식만 취하는 외식적인 행동이다. 하나님께서 이방인에 대한 이스라엘의 교제를 완전히 금하신 것은 아니다. 다만 그 시대에 그들의 우상숭배를 막기 위하여 특별한 관계(예컨대 혼인 같은 것)를 금하신 것이었다. 다윗은 여부스 사람 오르난에게 값을 주고 제물을 사기도 하였다(대상 21:25).

기브아에…들어가서 성읍 넓은 거리에 앉아 있으나 그를 집으로 영접하여 유숙하게 하는 자가 없었더라(15절). 그 당시 기브아 사람들에게는 사랑이 없었다. 그래서 해가 진 뒤에 길을 가던 나그네가 성읍 거리에 앉아 있는데도 아무도 숙소를 제공하지 않았다. 이것은 그때 기브아 사람들이 하나님을 떠나 있었다는 증거이다.

16-21 한 노인이 레위인 일행을 잘 영접해 주었다. 그 노인은 그 당시의 타락한 젊은이들과 달라서 옛날 이스라엘의 경건한 생활을 기억하기 때문에 그렇게 행할 수 있었다. 그들을 동정한 사람이 오직 노인이었다는 사실은, 그 세대가 소수의 노인 외에는 모두 다 도덕적으로 타락하였다는 사실을 알려 준다. 19장은 그 당시 이스라엘의 종교적, 도덕적 타락상을 보여 주는데, 이 사건 역시 그러한 면을 분명하게 드러낸다.

나는 그 곳 사람으로서 유다 베들레헴에 갔다가 이제 여호와의 집으로 가는 중인데(18상). 이 말에서도 레위인은 자신의 외식을 드러냈다. 곧 그가 "여호와의 집"으로 간다고 한 것은 자신이 레위인으로서 성전 봉사를 하러 간다는 암시이다. 그는 첩을 거느린 죄는 회개할 줄 모르고 종교적 의식은 지키려고 하였다.

그대의 쓸 것은 모두 내가 담당할 것이니(20절). 여기서 "내가 담당할 것"이란 말은 "나에게"란 히브리어(אֵלַי)를 번역한 것이다. 곧 나에게 지우라는 뜻이다. 그 레위인이 나귀와 사람들의 양식을 가지고 있다는데도 불구하고 그 노인은 자기가 친히 그것을 공급하겠다고 하였다. 이같이 그 노인은 나그네에게 친절을 베풀었다.

22-26 이 부분에는 불량배들의 악행이 기록되었다. "불량배"란 말의 히브리어(בְּנֵי־בְלִיַּעַל)는 악한 배교자들을 가리킨다. 그들은, ① 폭행하는 자들이고(22절), ② 남색하는 자들이고(22하, 23하, 24하), ③ 음행하는 자들이었다(25절). 이같이 그 당시의 베냐민 족속(기브아에는 베냐민 족속이 거주하였다)은 극도로 타락하였다.

이 부분(22-26절)에서 레위인을 영접했던 노인의 윤리에 대하여 생각해 보자. 그가 여행자들을 잘 대접하였고, 또 그들을 보호하려고 힘쓴 것은 잘한 일이었다. 그러나 그가 자기의 처녀 딸과 레위인의 첩을 불량배들에게 내어 주겠다고 말한 것은 잘못이었다. 다만 한 가지 추측할 수 있는 것은 그 행인이 은근히 레위인 행세를 했으므로 그 노인은 어디까지나 성막 봉사에 헌신하고 있는 그를 존중하는 의미에서 자기의 처녀 딸까지 희생할 각오를 가졌던 것이 아닌가 생각된다는 것이다.

우리가 그와 관계하리라(22하). 이 말은 기브아의 불량배들이 그 레위인과 남색하겠다고 뻔뻔하게 강요한 것이다(창 19:5 참조). 이같이 악한 요청을 거절하는 의미로 그 노인은 "이런 망령된 일을 행하지 말라"고 하였다(23절). 여기서 "망령된 일"이란 말(נְבָלָה)은 어리석음을 의미하는데, 지식적인 어두움보다는 도덕적으로 패역무도하고 어두운 행실을 가리킨다.

그 사람이 자기 첩을 붙잡아 그들에게 밖으로 끌어내매(25상). 레위인은 여기서 다시금 그의 부패성을 드러냈다. 그가 불량배들에게 자기의 첩을 내어 준 것은 자기를 위하여 다른 사람을 희생시키는 잔인무도한 행동이다.

27-30 종교적으로 타락한 레위인도 극히 잔인한 사람이었다. 그는 불량

배들에게 강간을 당하고 죽은 자기 첩의 시체를 "열두 덩이"로 나누어 이스라엘 사방에 보냈다. 이와 같은 그의 처사는 보통 사람이 감히 생각하지도 못할 끔찍한 행동이다. 그가 이렇게 행한 목적은, 이 일을 이스라엘의 모든 사람에게 광고하여 베냐민 지파의 불량배들에게 원수를 갚아 주기를 호소하기 위해서였다.

설교자료

1. 베들레헴에서 에브라임 고향으로 돌아가던 레위인은 먹고 마시고 즐거워하는 것만 중요하게 여겼고 하나님은 생각하지도 않았다(4, 6, 8절). 이렇게 먹고 마시며 육체의 쾌락을 중요시하는 자를 가리켜 예수님은 어리석은 자라고 말씀하셨다(눅 12:19-21 참조).

2. 그 레위인은 길을 잘못 들어서 큰 변을 당했다(22-26절). 그의 여행 경험은 이 세상의 나그네라고 할 수 있는 인간의 생애를 비유한다. 인간은 한평생 길을 잘못 들어서 실패하는 경우가 많다. 그 이유는 그의 심령이 어두워서 미래에 대하여 알지 못하는 것이 너무 많기 때문이다. 그렇다면 우리는 이와 같은 무지의 해로운 결과를 어떻게 극복할 수 있을까? 우리는 신앙생활에 집중하는 것으로 이런 손해를 극복할 수 있다. 우리는 앞길을 잘 모르지만, 하나님을 믿는 믿음으로 그 길을 걸어가면 하나님이 함께하시므로 실족하지 않게 된다(요 11:9-10; 렘 12:15-16 참조). 잠언 27:1에 말하기를, "너는 내일 일을 자랑하지 말라"고 하였다. 그것은 미래에 대하여 신앙으로 대처하라는 말씀과 같다(약 4:15-16). 우리가 미래에 대한 무지 때문에 설령 과오를 범한다 해도 하나님 앞에 진실하게 회개하면 어떤 문제든 해결될 수 있다.

제20장

↓ 내용분해

1. 이스라엘 자손들이 레위인의 슬픈 사건(19:22-29에 기록된 내용)을 들음(1-7절)
2. 이스라엘 자손들이 합심하여 베냐민의 기브아 사람들을 보복하기로 함(8-11절)
3. 베냐민 지파가 그 불량배들을 보호하려고 전쟁을 준비함(12-17절)
4. 첫날과 둘째 날에 이스라엘이 패전함(18-25절)
5. 이스라엘 자손들이 하나님 앞에 낮아져서 기도하며 제사를 드림(26-28절)
6. 이스라엘 자손들의 승리(29-48절)

↓ 해석

1-2 "단에서부터 브엘세바까지"는 이스라엘 온 땅의 남쪽 끝에서부터

북쪽 끝까지를 가리키고, "길르앗 땅"은 요단강 동편, 곧 두 지파 반(르우벤, 갓, 므낫세 반 지파)의 영토를 대표한다.

미스바에서 여호와 앞에 모였으니. 이것은 그때 "미스바"에 성막이 있다는 것이 아니라 단지 그들이 그곳에서 여호와의 인도하심을 받기 위하여 모였다는 뜻이다. "미스바"는 베냐민 지파 영토의 서쪽 경계에 있었으며, 지금의 네비 삼윌(Nebi-samwil)이라는 지역이다.

이때 레위인의 한 사건 때문에 이스라엘 전국에서 대표자들과 군사들이 모인 원인은, 그 당시 이스라엘에는 통치 기관(왕)이 없었기 때문이었다. 이렇게 된 상황에서는 백성들의 움직임이 이성을 잃은 폭도들처럼 되기 쉽다. 그러나 이때에 이스라엘 백성들은 뜨거운 정의감으로 모였으므로, 일치단결하여 한 사람처럼 움직였다(11절).

칼을 빼는 보병은 사십만 명이었으며. 이것은 그 당시에 군인이 될 만한 사람들이 이처럼 많이 미스바 총회에 참석했다는 말이다.

3-11 미스바에 모였던 회중은 소문에 휩쓸리는 것을 원하지 않고 확실한 증언을 듣고 싶어 하였다. 그것은 법의 질서를 따르는 행동이다. 사건의 당사자인 레위인이 회중에게 자기가 당한 일을 말하였다. 그러나 가장 악한 부분(불량배들이 그에게 남색하자고 강요한 것)은 말하지 않았다. 이 보고를 들은 이스라엘 백성은 베냐민 지파의 기브아 불량배들을 징계하기로 결의하였다.

제비를 뽑아서 그들을 치되(9절). 이스라엘의 모든 지파에서 10분의 1을 선발하여 그들이 군대에 필요한 식량을 운반해 오도록 하였고, 남은 사람들이 전쟁을 하게 하였다.

12-16 이스라엘 지파들은 먼저 베냐민 지파에게 기브아의 불량배들을 넘겨 달라고 하였다. 이 일은 그들이 바르게 한 것이다. 그것은 전면적인 전쟁을 피하고 흉악한 범죄에 관련된 자들만 처벌하려는 것이다. 그때에 베냐민 지파가 협력하였다면 전쟁의 비극이 일어나지 않았을 것이다. 그러나 그들은

그 일에 협력하지 않고 도리어 전쟁으로 맞서기 위해 군대를 동원시켰다. 이와 같은 그들의 행동은 결국 불량배들이 저지른 흉악한 죄(19:22-26)를 옹호하는 것이고, 베냐민 지파 전체가 그 불량배와 같은 자임을 드러낸 것이다.

17-18 베냐민 지파와 싸울 이스라엘 지파들은 많은 수의 군인(40만)을 가지고 있었다. 그리고 전쟁을 시작하면서 하나님을 믿기보다 자신들이 가진 군인들의 숫자를 더 믿었다. 따라서 그들이 하나님께 물어본 것은 그 전쟁을 해도 되는지가 아니었다. 이 전쟁에서 "누가"(어느 지파가) 지도자(먼저 올라가는 자)가 되어야 하는가였다. 그들은 베냐민 지파의 태도가 불순함에도 불구하고 할 수 있는 한 전쟁을 피하기 위해 노력해야 했다. 시간을 내어서 하나님께 이 전쟁의 시작 여부를 물어보아야 했다. 그러나 그들은 그렇게 하지 않았다. 자기들의 뜻대로 조급하게 전쟁할 결심을 하였다. 그들이 이처럼 부족한 신앙으로 큰일을 시작하였지만, 하나님께서는 그들이 묻는 말에 대답해 주셨다. 그것은 "유다" 지파가 그 전쟁의 지도자가 될 것이라는 말씀이었다.

19-21 이스라엘이 첫 번째 전투에서 22,000명의 희생자를 발생시키고 패배하였다. 이것도 하나님의 섭리였다. 사람들이 부족한 신앙으로 행할 때 하나님은 그 일이 한동안 실패하게 하신다. 이때 이스라엘이 쓴잔을 마셔야 할 이유는, ① 그들이 군인의 수를 믿고 하나님을 믿지 않았기 때문이고, ② 단 지파가 라이스에 우상을 세운 것(18:30-31)을 그들이 묵인한 것 때문이었다. 다시 말하면 그때 이스라엘 전체에 많은 가증한 죄악이 있었으므로 그들이 이번 싸움의 실패를 계기로 자체적으로 반성하는 것이 절대로 필요했다. 즉 그들도 이 전쟁에서 쓴잔을 마셔야 했다.

22-25 베냐민 지파를 상대로 싸운 이스라엘의 다른 지파들은 두 번째 출전에 앞서 하나님께 전쟁을 계속할지에 대하여 물어보았다. 그러나 그들은 하나님의 능력을 전적으로 의지하지 않고 "스스로 용기를 내어…전열을 갖

추"었다(22절). 그들은 전쟁의 승리가 여호와께로부터 말미암는다는 것을 믿지 않고 여전히 자신들의 군사력을 더 믿고 있었다. 그 결과 두 번째 전쟁에서도 18,000명이라는 엄청난 희생자를 발생시키고 패하였다(25절).

26-28 온 이스라엘 자손 모든 백성이 올라가 벧엘에 이르러 울며 거기서 여호와 앞에 앉아서 그 날이 저물도록 금식하고 번제와 화목제를 여호와 앞에 드리고(26절). 이스라엘 자손은 세 번째 전투를 개시하기 전에 먼저 하나님 앞에서 금식하고 하나님께 제사를 드렸다. 그들이 제사를 드린 행위는 사죄함을 받는 것(번제와 화목제는 속죄제와 합하여 드리기 때문이다)과 하나님과 화목하는 것, 그리고 헌신(번제의 의미)을 믿는 것이다. 즉 하나님은 속죄를 통하여 그와 화목한 자의 헌신을 받으시며, 헌신한 자를 통하여 그의 능력을 나타내신다.

세 번째 전쟁에 앞서 그들이 하나님을 찾은 행위는 전보다 신중하였다. ① 전에는 그들이 군대의 진영을 갖춘 뒤에 하나님께 기도하였지만 이번에는 우선적으로 하나님께 나아갔다. ② 전에는 하나님의 언약궤도 없는 장소에서 기도만 했는데, 이번에는 언약궤가 있는 곳에서 하나님께 제사까지 드렸다.

여호와께서 이르시되 올라가라 내일은 내가 그를 네 손에 넘겨 주리라(28하). 이번에는 하나님께서 그들로 하여금 베냐민 지파를 격파하고 승리하게 해 주시겠다고 약속하셨다. 그때에는 그들이 전쟁 직전에 실로에 있던 법궤를 임시 벧엘로 옮겨 온 듯하다(27하). 이번에는 그들이 이같이 신중하게 하나님께 나아왔다.

29-35 이번 전쟁에는 이스라엘이 하나님께 승리의 약속을 받았다. 그러나 그들은 사람 편에서 해야 할 일도 게을리하지 않았다. 그들의 전술을 살펴보면 다음과 같다. ① 기브아 주위에 군사를 매복시켰다(29절). ② 유도 작전을 감행하였다(30-32절). 그들은 전과 같이 베냐민 지파의 군대와 교전하다가 패한 체하면서 후퇴하여, 적들이 그들의 진영인 기브아에서 멀리 떠나

큰길로 따라 나오도록 꾀어냈다. ③ 기브아 주위에서 복병이 쏟아져 나와서 기브아 성읍에 돌입하여 온 성을 쳤다(33-34절). 이때의 전쟁 상황에 대하여 36-48절이 보다 자세히 말한다.

기브아 초장에서 쏟아져 나왔더라(33하). "초장"이란 말(מַעֲרֵה)은 나무가 없는 지역을 의미한다. 그렇다면 이스라엘이 어떻게 그곳에 복병할 수 있었을까? 70인역(LXX)은 이 낱말(מַעֲרֵה)을 기브아(גֶּבַע)란 말과 합하여 하나의 장소 명칭, 곧 마라가베(μαρααγαβέ)라고 번역하였다. 그러나 복병했던 곳이 꼭 나무가 없는 지대였을 것이라고 생각하여 그렇게 지명으로 만들 필요는 없다고 여겨진다. 그 초장의 어느 곳에 병사들이 숨을 만한 곳이 있었다고 생각할 수도 있기 때문이다. 그뿐 아니라 29절에 이스라엘이 "기브아 주위"에 매복하였다고 하였으므로(29절), 반드시 "초장"(מַעֲרֵה =나무 없는 곳)만을 복병했던 곳이라고 단정할 필요가 없다.

기브아에 이르러(34절). 이 문구의 히브리어(מִנֶּגֶד לַגִּבְעָה)는 "기브아의 반대편에서부터"라고 번역해야 한다. 이것은 거짓으로 쫓겨 가는 체하던 군인들이 돌아서서 그들을 따라오는 베냐민 군대를 대항하는 것을 가리킨다.

싸움이 치열하나(34하). 복병 외에도 큰길(32하) "바알다말"에 진을 친 병사 중 1만 명이 기브아의 반대편에서 일어나 복병의 협력 작전을 믿고 베냐민 군대를 맹렬하게 쳤으므로, 그 전쟁이 더욱 치열해졌다.

36-42 이 부분은 29-35절에 간략하게 진술된 이스라엘의 세 번째 전쟁 상황을 자세히 말한다. 그때의 전투 내막은 다음과 같다. ① 복병 작전(36하). 전략상 복병은 거짓이 아니라 숨기는 행위이다. 신자들의 신앙생활 중에도 어떤 때에 숨기는 일이 있을 수 있다. 예를 들면 핍박하는 자가 성도를 해치기 위해서 찾을 때 사실대로 말하지 않고 가려 주는 것과 같은 것이다. 하나님께서 여호수아에게 전략적으로 복병을 지시하신 일도 있다(수 8:2하). ② 유도 작전(36하, 39상). 이스라엘 군대가 베냐민 군대와 싸우다가 그 앞에서

피하여 물러갔다. 이것은 그들이 베냐민 군대를 기브아에서 멀리 유인해 내기 위하여 작전상 후퇴한 것이었다. 그들은 적군 앞에서 패하는 척하다가 반격하였다. 이같이 전쟁 때에 취해진 전술은 윤리적으로 정당하지 못하다고 할 이유가 없다. 전쟁터에서의 윤리는 일반 사회의 윤리와 같지 않다. 그곳에서는 서로 대적을 죽이려는 목적을 가졌다. 히브리서 저자는, 여호수아가 보낸 두 정탐꾼을 숨겨 준 기생 라합의 행동을 정죄하지 않고, 도리어 그 행위를 믿음이라고 칭찬했다(히 11:31). ③ 협동 작전(38절). 이스라엘 군대는 신의를 지키며 함께 약속한 대로 행동하였다. 곧 ⓐ 서로 믿고 행하였으며(36절 끝), ⓑ 서로 약속하고 신호를 정하였다(38절). 복음을 전하는 영적 전쟁에서도 교역자들이 서로 단결하여 협력할 때 마귀를 이긴다.

43-48 베냐민 중에서 엎드러진 자가 만 팔천 명이니 다 용사더라(44절). "베냐민" 사람은 이스라엘 군대에 여지없이 패하여 거의 전멸되다시피 하였다. 이같이 이스라엘이 베냐민 지파에 대하여 취한 강경한 처사는 다소 지나치다. 훗날 이스라엘은 이 전쟁을 후회하였다(21:6, 15).

어떤 교회(혹은 단체)나 개인이 다른 사람의 불의를 보고 정의감으로 그 불의를 지혜롭게 제재하는 방향으로 처신하는 것은 바람직하지만, 지나치게 혈기와 분노로 행하는 과오를 범하지 않도록 주의해야 한다. 곧 ① 그는 다른 면에서 범한 자기의 과오를 먼저 반성해야 하며(갈 6:1), ② 잘못한 자를 불쌍히 여기고 사랑하는 마음이 앞서야 하며(고후 2:6-8), ③ 그를 위해 기도하면서 성경 말씀으로 권면해야 한다. 이때에 혈기나 악독이나 분노로 행하지 않도록 각별히 주의해야 한다.

이스라엘이 베냐민 지파 사람 중 장정 600명을 제외한 모두를 죽였다(47-48절). 물론 이것은 베냐민 지파의 죄를 징벌한 것이었다(호 9:9; 10:9). 그러나 이스라엘이 지나치게 행하여 과오를 범한 것도 사실이다(21:6, 15).

| 설교자료

1. 이스라엘이 기브아의 불량배들을 벌하려 할 때에, ① 처음부터 베냐민 지파와 전면적인 전쟁에 돌입하지 않고 베냐민 지파에 속한 기브아 땅에 있는 불량배들만 벌하기로 한 것은(10하) 잘한 일이다. ② 그들과 단번에 전쟁을 개시하지 않고 베냐민 지파에게 그들을 내어 달라고 교섭한 것(13절)도 잘한 일이었다. 이와 같은 처사는 공정을 기하려는 것이며, 평화를 유지하기 위하여 최대한으로 노력한 것이다.

그러나 베냐민 지파의 잘못 때문에 문제가 순조롭게 해결되지 못했다. 곧 그들이 이스라엘의 교섭에 응하지 않았던 것이다. 그것은 사랑으로 권하는 "형제"(13하)의 말을 순종하지 않은 잘못이었다. 개인이든 단체이든 옳은 말에는 달게 순종해야 한다(시 141:5 참조).

2. 이스라엘이 베냐민 지파와의 전쟁을 앞두고 하나님께 기도하였다. 그러나 그들은 그 전쟁의 가부를 묻기 전에 공격을 서둘렀다(18절). 그들이 좀 더 인내하여 전면 전쟁을 피하는 또 다른 길을 모색하면서 하나님의 지시를 구하였다면 좋았을 것이다. 언제나 조급하면 과오를 범하기 쉽다. 하나님의 뜻을 분별하지 못한 인간의 열심은 실패의 쓴잔을 맛보게 한다(21, 25; 참조. 잠 19:2).

3. 베냐민 지파 군인들은 두 차례의 전쟁에서 승리한 후에 교만해졌다(20-21, 24-25). 그 결과 세 번째 전쟁에서는 이스라엘군의 유도 작전에 속아서(32절) 패하였다. 교만한 자는 스스로 속는 일이 많다. 교만은 패망의 선봉이다(잠 16:18).

제 21 장

✣ 내용분해

1. 베냐민 지파의 남은 남자들의 결혼 문제와 그 대책(1-7절)
2. 이스라엘 군인들이 야베스와 길르앗을 치고 거기서 젊은 처녀 400명을 데려옴(8-12절)
3. 베냐민 지파의 남자들이 취할 수 있게 된 여자들(13-23절)
4. 결론(24-25절)

✣ 해석

1-3 이스라엘 사람들이 미스바에서 맹세하여 이르기를 우리 중에 누구든지 딸을 베냐민 사람에게 아내로 주지 아니하리라(1절). 이와 같은 그들의 결정은 일찍이 (전쟁 직전) 미스바 대회에서(20:1) 이루어진 것이다. 전쟁 후에 이제 그 결정이 문제가 되었다. 곧 베냐민 지파의 남자들은 그 전쟁으로 인하여 소수만 남게 되었는데, 그들이 다른 지파의 딸들과 결혼하지 못하게 된 것이다. 그러

므로 다른 지파의 사람들도 이를 원통하게 여겼다.

백성이 벧엘에 이르러 거기서 저녁까지 하나님 앞에 앉아서 큰 소리로 울며(2절). 살벌했던 전쟁의 시기가 끝나고 이스라엘은 "벧엘(임시로 법궤를 모신 곳)에 이르러…하나님 앞에 앉아서" 정신을 가다듬었다. 그들은 이제 이스라엘 중 "한 지파가 없어지게" 된 것을 생각하여 "큰 소리로 울"었다. 이것은 그들이 형제를 과하게 벌한 자신들의 가혹한 행동을 뉘우치는 울음이다. 실제로 그 전쟁에서 베냐민 지파 사람들이 거의 다 죽고 극소수만이 남았다.

4 한 제단을 쌓고 번제와 화목제를 드렸더라. 그들이 베냐민 지파가 존속하기 어려워진 문제를 가지고 하나님 앞에서 해결 받고자 한 것은 그들이 당연히 할 일을 한 것이라고 볼 수 있다. 그런데 그때에 이미 제단이 있었는데(20:26-27) 왜 새롭게 다시 "한 제단"을 쌓았는지 알기 어렵다. "번제와 화목제"는 하나님께 헌신하고 하나님과 화목하기 위한 것이며, 그것은 그리스도에 대한 믿음의 예표이다(엡 5:2 참조).

5 이스라엘 자손이 이르되 이스라엘 온 지파 중에 총회와 함께 하여 여호와 앞에 올라오지 아니한 자가 누구냐. 이스라엘은 베냐민 지파의 살아남은 남자들의 결혼 문제 때문에 대책을 강구한다. 즉 그들은 하반절의 말씀과 같이 그들이 총회 때 맹세한 내용을 기준으로 그 해결책을 찾아보려고 하였다. 그러나 그것은 유감스러운 일을 또다시 유감스러운 방법으로 처리하려는 것이었다(8-12절 참조). 그들은 이제 전쟁 직전에 미스바에 모였던 총회의 맹세대로 시행하기 위해 그 총회에 참석하지 않은 자들이 어느 지역 사람인지 탐문하였다.

여호와 앞에 이르지 아니하는 자는 반드시 죽일 것이라 하였음이라. 히브리 원문에는 이 문장 앞부분에 "이는"이란 말(כִּי)이 있다. 이것은 앞 절(상반절)의 이유를 보여 준다. 곧 그들이 문제 해결(베냐민 지파의 남은 남자들의 결혼 문제)을 위하여 탐문한 이유는 전쟁 직전에 있었던 미스바 총회(20:1)의 맹세 때문이라는 것이다. 그 맹세는 베냐민 지파를 징계하기 위해 모였던 이스라엘 총회에 참석하지 않은 지역의 사람들을 진멸하기로 한 것이다. 이제 전쟁을 마친 그들이 그 맹세를 실행함으로써 베냐민 지파 중 남은 남자들의 결혼 문제를 해결하려고 하였다(12-14절).

6-7 오늘 이스라엘 중에 한 지파가 끊어졌도다(6하). 이스라엘은 계속해서 베냐민 지파가 존속하지 못할까 봐 염려하며 탄식한다. 인간이 개인적으로나 공동체적으로 사회악을 징계하는 데 가담할 수는 있으나 징계를 받은 자가 비참해진 결과에 대하여는 동정을 아끼지 않아야 한다(갈 6:2 참조). 다른 사람이 망하도록 내버려두는 것은 그를 멸망시키는 죄악과 거의 같은 것이다(레 19:17-18 참조).

8-12 가서 야베스 길르앗 주민과 부녀와 어린 아이를 칼날로 치라(10하). 이스라엘 총회(20:1)에 올라오지 않은 자들이 "야베스 길르앗" 사람들임을 확인한 이스라엘 "회중"은 "큰 용사 만 이천 명"을 선발하여 그곳으로 파견하였다. 이때 야베스 길르앗을 진멸한 용사들이 "젊은 처녀 사백 명"을 남겨서 이스라엘 진으로 데려왔다.

13-23 온 회중이 림몬 바위에 있는 베냐민 자손에게 사람을 보내어 평화를 공포하게 하였더니(13절). 이스라엘 회중이 곤궁에 빠진 형제(600명)를 위하여 그들을 도와줄 대책을 마련하고 솔선하여 "평화를 공포"한 것은 잘한 일이다. 그들이 베냐민 지파를 위하여 여호와 앞에서 통곡하며 탄식한 것(2-3절)은 진심이었다.

이스라엘이 림몬 바위에서 돌아온 베냐민 사람들에게 야베스 길르앗에서 데려온 처녀 400명을 주었다. 그러나 여전히 처녀가 부족하였기 때문에 그들이 또 한 가지 방침을 세워서 베냐민 사람들로 하여금 그것을 실행하도록 하였다. 그것은 포도원에 숨었다가 "실로의 여자들이 춤을 추러 나오거든…실로의 딸 중에서 각각 하나를 붙들어가지고 자기의 아내로 삼아 베냐민 땅으로 돌아가라"는 것이었다(21절).

만일 그의 아버지나 형제가 와서 우리에게 시비하면 우리가 그에게 말하기를…너희가 자의로 그들에게 준 것이 아니니 너희에게 죄가 없을 것임이니라 하겠노라(22절). 이 말은 베냐민 남자들이 실로의 처녀들을 강제로 붙들어 갔으므로 그 처녀들의 부모 형제에게 불평이 생기게 되면 그에 대한 변호를 이스라엘의 지도자들이 맡겠다는 것이다. 분명히 예상할 수 있는 것은 그들의 불평거리는 그들이 한 미스바 맹세(이스라엘의 딸들을 베냐민 지파 남자와 결혼시키지 않겠다고 한 맹세)에 저촉된다는 것이다. 만일 그렇게 되면 이스라엘 지도자들의 변호 내용은, 베냐민의 남은 남자들이 실로의 여자들을 취한 것은 그 부모 형제의 뜻을 따른 것이 아니었으므로, 그들(그 부모 형제)은 미스바 맹세에 저촉되지 않는다는 것이다.

24-25 **그 때에 이스라엘에 왕이 없으므로 사람이 각기 자기의 소견에 옳은 대로 행하였더라**(25절). 결론적으로 강조된 이 말씀의 의미는, 그 당시 이스라엘은 각기 소견대로 행하고 하나님의 율법을 준수하지 못했다는 것이다. 따라서 베냐민 지파에 대한 이스라엘의 처사(20-21절)에는 옳게 행한 일이 있는 반면 잘못 행한 일도 있다는 것이다.

| 설교자료

1. 이스라엘 대중이 기브아 사건 때문에(19:22-29) 정의감을 가진 것은 좋은 일이었다. 그러나 그 사건으로 모인 총회가 흥분되어 잘못 맹세한 일이 있었다. 예를 들면, ① 그 총회에 올라오지 않은 자들을 죽이기로 한 것과, ② 이스라엘 다른 지파의 딸들을 베냐민 지파 사람들과 결혼시키지 않기로 한 것이다. 이러한 맹세들 때문에 ① 그들은 총회에 올라오지 않은 야베스 길르앗 사람들 중에서 젊은 처녀 400명을 제외하고 그들 모두를 죽였으며(21:10-12), ② 베냐민 지파의 남은 자들이 실로의 딸들을 납치하여 결혼하도록 하

였다(19-23절). 그때의 이스라엘 지도자들이 그렇게 한 뒤에는 그것이 그 딸들의 부모와 형제들의 뜻으로 된 일이 아니라는 핑계로 총회의 맹세와 위반되지 않는다고 하였다(22하). 이것은 외식이다. 방법이 어떠했든 다른 지파의 처녀들을 베냐민 지파 사람들이 취하도록 한 것은 총회의 맹세를 위반한 것이었다. 아무리 옳은 일이라 할지라도 흥분된 감정으로 처리하면 누구나 과오를 범하기 쉽고, 또 그 과오에 대한 뒤처리 때문에 또다시 많은 과오를 범하게 된다. 우리는 정의감을 감정과 흥분으로 옮기지 않아야 한다. 우리 마음속에 정의감이 일어날 때 더욱 침착해져야 하고, 안정적이고 사색적인 마음자세로 돌아가야 한다.

2. 인간들이 각기 자기 소견에 옳은 대로 행하면(25절) 사회가 혼란해지고, 도리어 진정한 자유를 잃어버리게 된다. 인간의 자유는 하나님의 율법과 진리로 다스려져야 한다. 그럴 때 진정한 자유가 보존된다. 법을 지키지 않는 자유는 자유가 아니다. 우리가 자연법칙을 자유롭게 어길 때에 행복을 누릴 수 있는가? 불의 법칙을 무시하는 사람은 불에 타서 죽고, 가스의 법칙을 어기는 자는 가스에 질식하여 죽는다. 죽음은 자유로운 해방이 아니라 공포의 왕의 포로가 되는 부자유다.

구약주석
룻기

A Commentary on THE BOOK of RUTH

룻기 주석
목차

서론
　Ⅰ. 룻기 저작자와 저작 시기　　　　　　　　　　369
　Ⅱ. 룻기의 목적　　　　　　　　　　　　　　　370
　Ⅲ. 룻기의 역사성　　　　　　　　　　　　　　371
　Ⅳ. 룻기 내용 분해　　　　　　　　　　　　　　371

해석
　제1장　　　　　　　　　　　　　　　　　　　373
　제2장　　　　　　　　　　　　　　　　　　　382
　제3장　　　　　　　　　　　　　　　　　　　390
　제4장　　　　　　　　　　　　　　　　　　　395

설교
　설교_ 룻의 믿음(1:15-18)　　　　　　　　　　379

서론

Ⅰ. 룻기 저작자와 저작 시기

바빌로니아 탈무드(Babylonian Talmud) 바바 바트라(Baba Bathra) 14b는 사무엘이 사무엘서 상하와 사사기와 룻기를 기록하였다고 한다. 어떤 학자들은 룻기에 아람어풍이 있다고 하면서 본서를 포로 시대 이후의 작품이라고 한다. 그러나 거기에 아람어풍이 있는지 여부는 학자들 사이에서도 의견이 통일되지 않았다. 설령 아람어풍이 있다고 해도 문제 될 것은 없다. 아람어풍은 구약의 초기 문서들에서도 발견된다. 룻기에 있는 다윗의 족보(4:18-22)에 다윗의 이름까지만 기록된 것도 이 책이 포로 시대 이후의 작품이 아니라 그보다 훨씬 전에 기록되었음을 증거한다. 만일 본서가 포로 시대 이후에 기록된 것이라면 그 족보에 다윗 이후 왕들의 이름도 기록되었을 것이다.

II. 룻기의 목적

학자들은 룻기의 목적에 대하여 다음과 같이 말한다.

1. 재미있는 이야기로서 문학적 가치를 보여 주기 위한 책이다. 예를 들면 맥케인,[83] 올브라이트,[84] 베르만(S. Berman), 라우벨(D. Rauber), 궁켈(H. Gunkel) 등이 그렇게 주장한다.

2. 위대한 인물들(룻, 나오미, 보아스)의 도덕적, 또는 신앙적 모범을 보여 주기 위한 책이다. 곧 국경을 초월한 그들의 충성과 친절, 그리고 가족적인 단결이 이 책에서 도덕적인 모범으로 빛나고 있다는 것이다.[85]

3. 신학적 목적을 가졌다. 루돌프(W. Rudolph)는 말하기를, "룻기는 대부분의 구약 이야기처럼 사람들에 대하여 말하지 않고 하나님에 대하여 말한다. 그것은 고상한 사람들에 대한 칭찬이 아니라 하나님께서 하시는 일에 대한 교훈이다."라고 하였다.[86] 젭슨(A. Jepsen) 역시 같은 입장을 취한다.[87]

4. 다윗의 족보를 가르치기 위한 책이다. 특히 할스, 리델보스, 알더스 등은 4:18-22의 말씀이 이와 같은 목적을 결론으로 말한다고 주장하였다.[88]

---

83) Mckane, Tracts for the Times, Esther, Lamentations, Ecclesiastes, Song of Songs, 1965, 12.
84) W.F. Albright, Archaeology and Religion of Israel, 1953, 22-23.
85) G. Fohrer, E. Würthwein, O.Eisseldt, I.Bettan, B.Vellas.
86) Das Buch Ruth, Das Hohe Lied. Die Klagelieder, 1962. s. 32.
87) A. Jepsen, Das Buch Ruth, 1937-1938, 423.
88) R. Hals, The Theology of the Book of Ruth, 1969, p.75; N. H. Ridderbos, Strekking en Betekenis van het Boek Ruth, in Studenten almanak vrije universiteit, 1952, p. 215; G. Ch. Aalders, Oud Testamentische Kanoniek, 1952, 336.

III. 룻기의 역사성

일부 학자들이 본서의 역사성을 의심하고 있다. 그것은 부당하다. 그 이유는 본서 1:1이 역사를 기록하는 문체로 시작하기 때문이며, 무엇보다도 신약성경 마태복음 1:5, 누가복음 3:32이 룻을 역사적 인물로 증거하기 때문이다.

IV. 룻기 내용 분해

1. 룻이 베들레헴에 옴(1:1-22)

1) 머리말(1:1-7)
2) 룻이 나오미와 함께 살기로 결심함(1:8-18)
3) 룻이 베들레헴에 도착함(1:19-22)

2. 룻이 보아스를 만남(2:1-23)

1) 룻이 밭에서 이삭을 주움(2:1-7)
2) 보아스의 친절(2:8-16)
3) 룻이 나오미에게로 돌아옴(2:17-23)

3. 룻이 보아스에게 호소함(3:1-18)

1) 나오미의 권고(3:1-5)
2) 룻이 보아스에게 말함(3:6-13)
3) 룻이 나오미에게 돌아옴(3:14-18)

4. 룻이 보아스와 결혼함(4:1-22)

1) 보아스가 기업 무를 권리를 받음(4:1-8)

2) 보아스가 룻을 취함(4:9-12)

3) 룻이 아들을 낳음(4:13-17)

4) 다윗의 족보(4:18-22).

제 1 장

✤ 내용분해

1. 엘리멜렉이 흉년 때문에 그의 가족과 함께 모압으로 이주함(1-2절)
2. 모압에서 엘리멜렉이 죽고 그의 두 아들도 죽음(3-5절)
3. 과부 나오미가 유다 베들레헴으로 돌아가던 중에 일어난 일(6-18절)
   1) 나오미가 그의 두 며느리에게 친정으로 돌아가라고 함(6-13절)
   2) 한 며느리 오르바는 돌아감(14절)
   3) 또 한 며느리 룻은 시어머니를 끝까지 따름(15-18절)
4. 나오미와 그 고향 친구들의 담화(19-22절)

✤ 해석

1-2 사사들이 치리하던 때에 그 땅에 흉년이 드니라(1절). 일반적으로 "흉년"은 사람들의 죗값으로 오는 하나님의 징벌이다. 이때의 흉년은 이스라엘 자손이 그들의 죗값으로 미디안 군대의 침략을 당했기 때문에 생겨난 것이었다.

그때 미디안 군대가 이스라엘의 토지 소산물을 모두 멸하였다(삿 6:2-4). 이 일 외에도 자연적인 흉년도 있었던 듯하다(룻 1:6 참조).

유다 베들레헴에 한 사람이 그의 아내와 두 아들을 데리고 모압 지방에 가서 거류하였는데. 이때 흉년으로 인하여 유다 사람 "엘리멜렉"이 그의 아내 "나오미"와 두 아들 "말론과 기룐"을 데리고 식량 문제를 해결하기 위해 "모압 지방"으로 이주하였다.

3-5 나오미의 남편 엘리멜렉이 죽고…거기에 거주한 지 십 년쯤에 말론과 기룐 두 사람이 다 죽고 그 여인은 두 아들과 남편의 뒤에 남았더라. 모압 땅으로 이주한 나오미의 가정에는 환란이 그치지 않았다. 먼저 "나오미의 남편 엘리멜렉이 죽고" 그 후에 그의 "두 아들"도 죽었다. 나오미의 가정에 이런 환란이 임한 것은 신자들에게 교훈을 준다. 그것은 나오미와 그의 가족이 기근의 환란을 피하기 위해 모압으로 갔으나 거기서 더 큰 환란을 만났다는 사실이다. 여기서 우리가 배우게 되는 것은, ① 이 세상에서는 그 어느 곳에서도 안식을 찾을 수 없으므로, 우리는 그리스도 안에만 있는 영적 평안을 구해야 한다는 것이다. ② 우리가 그리스도 안에 있기만 하면 환란을 통해서도 하나님의 뜻을 이루게 된다는 것이다. 곧 나오미와 그의 가족이 모압에서 환란을 당했기 때문에 "룻"이 나오미를 따라서 유다 베들레헴으로 오게 되었고, 그녀는 마침내 예수 그리스도의 조상들 중 한 사람이 되었다.

겔레만(Gillis Gerleman)은 타르굼역(Targum)에 의하여 말하기를, 엘리멜렉의 두 아들이 일찍 죽은 것은 이방 여자들과 결혼한 죄 때문이라고 하였다.[89] 그러나 성경에서는 그들이 죽은 원인이 명시되지 않았으므로 그와 같이 단언하기는 어렵다. 모든 사람의 생사화복을 주장하시는 분은 하나님이

---

89) Die Tage der beiden Söhne wurden nach Targ. verkürzt als eine Strafe wegen ihrer Ehen mit den ausländischen Frauen. Biblischer Kommentar Altes Testament, Ruth, Das Hohelied, 1965. s.15.

시므로, 그의 깊으신 행사를 사람이 다 알 수 없다.

이같이 나오미는 외국 생활 10년 동안에 육신적으로 비참한 환란을 세 번이나 당하였지만 조금도 원망하거나 낙심하지 않고 끝까지 하나님의 주권을 믿고 그를 의지하였다(13절).

6-9 여호와께서 자기 백성을 돌보시사 그들에게 양식을 주셨다 함을 듣고(6상). 나오미는 하나님께서 이스라엘 자손에게 "양식을 주셨다"는 소문을 들었다. 그는 사람들에게 양식을 주시는 분이 하나님이심을 믿었다. 이것이 성경적 신앙이다. 주님께서 가르쳐 주신 기도문에서도 "우리에게 일용할 양식을 주시옵고"라고 기도하라고 하셨다(마 6:11). 그는 이제 그의 고향인 베들레헴으로 돌아가기 위해 "두 며느리와 함께" 모압을 떠났다. 그는 고향에 양식이 있다는 소식을 듣고, 이스라엘을 돌보신 하나님의 사랑("권고"의 뜻)을 느꼈다. 그가 고향으로 돌아가야겠다고 마음이 끌린 것은 양식보다도 하나님의 사랑이었다. 하나님의 선택받은 민족으로서 외지에서 환난만 겪고 외로워질 대로 외로워진 나오미에게는 이제 하나님의 사랑 외에 다른 것은 필요하지 않았다. 신자가 마음에 큰 상처를 받았을 때는 인간의 위로나 도움으로 치료가 되지 않는다. 그는 고요히 하나님 앞에서 자신을 살피며 하나님의 품으로 돌아가서 그의 치료하심을 갈망하게 된다. 나오미도 하나님의 사랑이 임한 베들레헴 땅으로 돌아가기 위해 발걸음을 재촉하였다.

나오미가 두 며느리에게 이르되 너희는 각기 너희 어머니의 집으로 돌아가라(8상). 나오미가 모압을 떠날 때는 이런 말을 하지 않고 두 며느리와 함께 유다 땅으로 향하여 길을 떠났다(6하-7). 그런데 길을 가던 도중에 두 며느리에게 "너희는 각각 너희 어머니의 집으로 돌아가라"고 권면하였다. 왜 이런 말을 하였을까? 이 점에서 우리는 기록에 나타나지 않은 나오미의 속마음을 분명하게 추측할 수 있다. 그것은 아마도 나오미가 두 며느리의 믿음이 얼마나 견고한지를 알아본 것이라고 생각된다. 모든 일에서 여호와 하나님을 찾은(6, 8, 9,

13, 21절) 나오미는 이제 자기 고국을 떠나 멀리 유다로 가려는 두 며느리에게서 확실한 여호와 신앙을 찾으려 했을 것이다(15절 참조).

너희가 죽은 자들과 나를 선대한 것 같이 여호와께서 너희를 선대하시기를 원하며 여호와께서 너희에게 허락하사 각기 남편의 집에서 위로를 받게 하시기를 원하노라(8하-9상). 나오미는 두 며느리가 모압으로 돌아가서 축복을 받는 것도 여호와께만 있다는 의미로 강조하여 말한다. 즉 그는 여호와 하나님만을 유일하신 참하나님으로 굳게 믿은 신앙인이었다.

10-14 나오미의 두 며느리 "오르바"와 "룻"은 울면서 그들의 시어머니와 함께 유다 땅으로 가기를 간절히 원하였다. 그럼에도 불구하고(10절) 나오미는 간곡한 말로 그들을 돌려보내기 위해 길게 말했다. 이것은 결과적으로 그들의 결심을 시험한 것이 되었다.

여기서 나오미는 그들의 육신적 삶과 관련된 남편 문제에 중점을 두고 말한다. 이 부분(10-14절)에 "남편"이란 말이 네 번이나 나온다. 이 말이 두 여인에게는 중대한 결정을 하는 데 유일하고 절실한 시험거리가 된 것이다. 그들이 외국 땅인 유다로 간다는 것은, 남편보다 여호와를 택하겠다는 결단으로만 가능한 일이었다. 나오미는 이렇게 말함으로써 두 며느리가 원하는 대로 자유롭게 결정하도록 하였다. 그 결과 남편을 중요하게 생각한 오르바는 결국 자기의 고국 모압에 남게 되었다. 그러나 남편보다 여호와 하나님을 의지하기로 결심한 룻은 자신의 시어머니를 떠나지 않았다.

룻은 그를 붙좇았더라(14하). 여기서 "붙좇았더라"란 말(דָּבְקָה)을 직역하면 "다가섰다"라는 뜻이 된다. 룻은 시어머니를 끝까지 따르려는 자신의 견고한 결심을 이렇게 행동으로 나타냈다.

이 부분(10-14절)에 나타난 나오미의 이론은 율법에 기록된 계대결혼(繼代結婚)에 근거한 것이다(신 25:5-6 참조).

15 나오미가 또 이르되 보라 네 동서는 그의 백성과 그의 신들에게로 돌아가나니

너도 너의 동서를 따라 돌아가라 하니. 여기서 "그의 신"이란 말은 모압의 신을 의미하였다. 나오미의 말은 오르바의 행동을 좋게 여긴 것이 아니라 다만 오르바가 어떤 행동을 취했는지를 말한 것뿐이다. 그가 룻을 향하여 "너도 너의 동서를 따라 돌아가라"고 말한 것은 룻의 마음을 시험하는 것일 뿐, 모압으로 돌아가는 것만이 꼭 옳다는 의미가 아니다.

16-18 룻은 끝까지 굳은 결심으로 자기의 시어머니를 따르고자 했다. 구체적으로 그는 다섯 가지 조건을 들며 다짐하였다. ① 어머니가 가는 곳에 자기도 가겠다는 것, ② 어머니의 백성을 자기 백성으로 삼겠다는 것, ③ 어머니의 하나님을 자기의 하나님으로 섬기겠다는 것, ④ 어머니와 같이 죽겠다는 것, ⑤ 만일 자기가 어머니를 떠나면 여호와의 벌을 받아 마땅하다는 것 등이다. 이와 같은 룻의 결단은 어디까지나 자기를 희생하고 어머니와 함께하려는 것이다. 룻이 그녀의 시어머니를 따라 여호와 하나님과 그의 택한 백성에게로 가는 것은 축복받을 행동이다. 결국 그는 다윗의 조상과 그리스도의 조상이 되는 축복을 받게 되었다.

룻이 "어머니의 백성이 나의 백성이 되고"라고 한 말과 "어머니의 하나님이 나의 하나님이 되시리니"라고 한 말(16하)에 대하여 생각해 보아야 할 것이 있다. 그것은 룻이 그의 결단을 나타낸 다섯 가지 조건의 핵심이고 또한 이유이다. 그는 이제부터 동족을 바꾸기로 결심한다. 이런 결심은 하나님 여호와의 "날개 아래"서 살기를 원하는 것이다(2:12 참조). 룻의 이러한 결단은 여호와를 중심에 두고 생각한 것이므로 혈통적인 인연보다 영적인 인연으로 기울어진 것이다. 이스라엘 운동은 구약 시대나 신약 시대나 영적인 인연으로 모이는 운동이다. 신약의 구원 운동은 이 점을 명백하게 밝혔으므로(갈 6:15; 골 3:11) 더 말할 필요도 없고, 구약 시대의 이스라엘 운동도 본래 그러하다. 하나님께서 아담과 하와가 범죄한 후에 뱀, 곧 마귀에게 예언하시기를 "내가 너로 여자와 원수가 되게 하고 네 후손도 여자의 후손과 원수가 되게 하리니 여자의 후손은 네 머리를 상하게 할 것이요 너는 그의 발꿈치를 상하게 할 것이니라"고 하셨다(창 3:15). 이 말씀은 많은 비유를 포함한 것이므로 단순히 육적 의미로만 해석하면 안 된다. 이 말씀에서 "뱀"은 마귀를 비유하며(계 20:2), "여자의 후손"은 뱀의 후손(마귀의 후손, 곧 하나님의 원수)과 반대되는 백성을 비유한다. 그리고 "뱀의 후손"은 사상적으로 하나님과 원수 된 백성을 비유한다.

구약의 이스라엘 운동은 "여자의 후손" 된 자들을 불러 모으는 운동이다. "여자의 후손"은 훗날 "아브라함의 자손"이란 이름으로 바뀐다(창 15:5). 아브라함의 자손이란 아브라함의 혈통으로 이름 붙여진 칭호가 아니라(마 3:8-9), 하나님의 메시아 약속을 중심으로 붙여진 이름이다(롬 4:11, 16; 9:6-8, 24-26; 갈 6:15 참조).

그때 룻이 이스라엘을 자기 백성으로 삼겠다고 말한 것은 "여자의 후손"(창 3:15), 곧 "아브라함의 자손"에 속하겠다는 신앙적 결단이다. 그녀는 하나님을 위하여 민족을 초월하였고, 하나님의 백성(성도들)을 자기 민족보다 더 사랑한 것이다. 시편 16:3-4에 말하기를 "땅에 있는 성도들은 존귀한 자들이니 나의 모든 즐거움이 그들에게 있도다 다른 신에게 예물을 드리는 자는 괴로움이 더할 것이라 나는 그들이 드리는 피의 전제를 드리지 아니하며 내 입술로 그 이름도 부르지 아니하리로다"라고 하였다. 룻은 시어머니의 하나님이 자기 하나님이 되신다고 한다. 사실상 그녀는 여호와의 "날개 아래"에서 보호받기를 원하며(룻 2:12), 끝까지 시어머니를 따라 유다로 간 것이다. 그녀는 자기가 시어머니를 끝까지 따르지 않을 경우에는 여호와의 벌을 받아 마땅하다는 죄의식마저 가졌다.

설교 ▶ 룻의 믿음(15-18절)

룻은 이방 모압의 여성으로서, 어려서는 여호와 종교의 신앙 교육을 받지 못했으나, 자기 나라에 찾아온 유대 여자 나오미의 전도로 하나님을 알게 되었다. 이 사실 역시 신자들에게 선교사역의 동기를 가르쳐 준다.

1. 하나님 제일주의의 신앙

룻은 자기의 조국을 버리고 그의 시어머니와 함께 유다로 왔다. 그 주요한 동기는 이스라엘의 하나님을 자기 하나님으로 모시려는 것이었다. 그녀는 자신이 시어머니를 따르기로 결심한 것을 여러 가지 말로 표현하였다(15-17절). 그중에서도 "어머니의 하나님이 나의 하나님이 되시리니"라고 한 말(16하)이 핵심이었다. 이 사실은 보아스의 말이 증명하였다. 곧 그녀가 여호와의 "날개 아래에 보호를 받으러" 유다로 왔다고 하였다(2:12). 이 세상의 좋은 것들을 모두 버리고 주님을 따른 자들은 하나님 제일주의의 신앙을 가진 자들이다. 아브라함(창 12:1-4), 모세(히 11:24-26), 바울(빌 3:4-9)이 다 그런 신앙 위인이었다.

2. 의리를 지키는 신앙

룻이 말하기를, "어머니께서 죽으시는 곳에서 나도 죽어 거기 묻힐 것이라"(17절)고 하였다. 이 말은 시어머니를 끝까지 섬기겠다는 의미이다. 이 말과 같이 그녀는 시어머니가 죽을 때까지 그를 섬기는 일에 변함이 없었다. 여기서 우리는 룻의 의리를 다음과 같이 분석해 볼 수 있다. ① 조국(육신의 안식처)을 버리고라도 하나님을 따르며 시어머니를 섬기는 것이 옳다고 결심하였다. 언제든지 의리의 사람은 옳은 것을 택하기로 결심한다. 사람은 의리를 택할 때 결단력이 있어야 한다. 더욱이 신자는 말할 것도 없다. 다니엘도 뜻을 바로 정했기 때문에 승리하는 신앙인이 되었다(단 1:8 참조). ② 어떤 난관을 만날지라도 끝까지 시어머니를 섬기기로 작정하였다. 그녀는 "죽는 일 외에"는 어머니를 떠나지 않을 것이라고 여호와의 이름으로 맹세하면서 처음에 품었던 뜻을 지켰다(룻 1:17하). 실제로 그녀는 유다에 도착하여 어려운 상황에 놓였지만 정성껏 자기 시어머니를 섬겼다. 그녀는 시어머니를 봉양하기 위해서는 남의 밭에서 이삭 줍는 것도 부끄럽게 생각하지 않았다. 도리어 그것을 "은혜를 입는" 일로 여겼고(2:2), 언제나 그 낮아진 처지에서 감사하였다. 하나님을 모신 자는 아무리 괴로운 환경을 만나도 인내와 기쁨으로 전진한다. 그는 영원한 나라를 소유했으므로 이 세상의 일시적인 것을 문제시하지 않으며, 하나님이 예비하신 영원한 나라를 소망하기 때문에 이 세상에서 잠시 비천하게 지내는 것을 도리어 겸손의 기회로 삼는다.

19-22 **나오미가 그들에게 이르되 나를 나오미라 부르지 말고 나를 마라라 부르라 이는 전능자가 나를 심히 괴롭게 하셨음이니라**(20절). 나오미가 "베들레헴"에 돌아왔을 때 "온 성읍"이 그를 반가이 맞이하면서 "나오미"의 이름을 불렀다. 이때 나오미는 그들을 향하여 자기의 이름을 고치며 말하기를, "나를 나오미라 부르지 말고 나를 마라라 부르라"고 하였다. "나오미"란 이름(נָעֳמִי)의 뜻은 희락인데, 나오미는 자기가 모압에 갔다 온 것이 기쁨보다는 괴로운 여행이었으므로 자기 이름을 고쳐서 "마라"(מָרָא=괴로움)라고 불러 달라고 부탁한다. 그는 환란을 통과한 후 전적으로 여호와 하나님만을 믿고 따르는 신앙 인격을 이루었다. 그것은 다음과 같다.

1) 나오미는 자기에게 환란을 주신 이가 여호와시라고 간증한다. 21절의 "나를 징벌하셨고"란 말(עָנָה בִי)은 "나를 거슬러 증거하셨고"라고 개역되어야 한다. 이 말에서도 그녀가 자기가 당한 환란이 여호와께로부터 왔음을 강조하였다. 그것이 그의 신앙이다. 사람이 자기가 당한 환란을 우연으로 생각

한다면, 그는 환란 가운데서 기쁨을 얻을 수도 없고 소망을 가질 수도 없게 된다. 그 이유는 환란이 우연히 사람에게 임한다면 우연을 교정할 수 없는 인간으로서는 영원토록 구원의 소망을 가질 수 없기 때문이다. 그러나 환란이 살아 계신 하나님께로부터 임한다고 믿는 신자는 하나님께서 그 환란을 거두어 주실 수도 있다고 믿기 때문에 소망 중에 기도와 간구로 힘 있게 살아가게 된다. 욥기 5:17-18에 말하기를, "볼지어다 하나님께 징계받는 자에게는 복이 있나니 그런즉 너는 전능자의 징계를 업신여기지 말지니라 하나님은 아프게 하시다가 싸매시며 상하게 하시다가 그의 손으로 고치시나니"라고 하였고, 호세아 6:1-3에는 말하기를, "오라 우리가 여호와께로 돌아가자 여호와께서 우리를 찢으셨으나 도로 낫게 하실 것이요 우리를 치셨으나 싸매어 주실 것임이라 여호와께서 이틀 후에 우리를 살리시며 셋째 날에 우리를 일으키시리니 우리가 그의 앞에서 살리라 그러므로 우리가 여호와를 알자 힘써 여호와를 알자 그의 나타나심은 새벽 빛 같이 어김없나니 비와 같이, 땅을 적시는 늦은 비와 같이 우리에게 임하시리라 하니라"고 하였다.

2) 나오미는 여호와 하나님께 순종하는 믿음을 가졌다. 그가 모압에서 사는 동안 괴로움만 당했음에도 불구하고 그 "괴로움"을 자기 이름으로 삼겠다고 한 것은, 그 괴로움을 헛되이 여기거나 저주하는 마음에서 난 것이 아니다. 사람이 자기 이름을 새롭게 바꾸는 경우에는 자기에게 보람 있는 것을 선택하기 마련이다. 그런데 나오미가 자기의 이름을 "괴로움"이라고 불러 달라고 한 것은, 어디까지나 하나님께서 행하신 일을 중요하게 여기며 그분의 섭리에 계속 순종하려는 신앙 행위이다. 그는 그 괴로움 때문에 자기가 하나님을 더 가까이 모시게 된 것을 큰 보람으로 여기며 그 고난을 잊어버리려고도 하지 않는다. 그래서 그는 그것을 자기의 이름으로 취하기까지 하였다.

제 2 장

✤ **내용분해**

1. 룻을 보아스의 밭으로 인도하신 하나님의 섭리(1-3절)
2. 보아스가 룻에게 여러 가지 친절을 베품(4-16절)
3. 룻이 이삭을 주워서 시어머니에게 돌아옴(17-23절)

✤ **해석**

1 나오미의 남편 엘리멜렉의 친족으로 유력한 자가 있으니 그의 이름은 보아스더라. "유력한 자"란 말(גִּבּוֹר חַיִל)은 "유력한 재산 소유자", 혹은 "유력한 지주"[90]라고 개역되어야 한다(Gillis Gerleman). "보아스"란 이름(בֹּעַז)은 그에게 힘이 있다는 뜻을 가진다. "괴로움"이란 이름, 곧 "마라"(מָרָא)에 해당되는(1:20) 나오미는 극히 약한 자인데 그녀에게 구원을 줄 수 있는 힘 있는 사람이 나타

---

90) ein vermögender Grundbesitzer.

났다. 하나님을 경외하는 자는 결국 이런 위로를 만난다. 이것은 수고하고 무거운 짐 진 인생들이 구주이신 예수 그리스도를 만나는 것과 같은 것이다(마 11:28). 어떤 학자들은 보아스가 그리스도의 모형이라고 한다.

2 원하건대 내가 밭으로 가서 내가 누구에게 은혜를 입으면 그를 따라서 이삭을 줍겠나이다. 룻의 이 말은 매우 겸손하고 온순한 청원이다. 룻의 언사는 공손하였는데, 이것은 여자로서 중요한 덕을 갖춘 교양 있는 모습이었다. 그녀는 베들레헴 사람들에게 "현숙"한 여자라는 정평을 받았다(3:11). "현숙"하다는 것(חיל)은 덕행으로 감화시키는 힘을 의미한다. 그의 덕행은 무엇보다 그의 온순한 말로 나타났다. 그가 시어머니를 봉양하기 위해서는 다른 사람의 밭에 가서 곡식 이삭을 주워 와야 했는데, 그는 이것까지도 시어머니의 허락을 공손히 청한 것이다. 그의 겸손한 인격은 "내가 누구에게 은혜를 입으면"이란 말로도 나타났다. 그 당시에는 가난한 자가 다른 사람의 밭에서 이삭을 줍는 것이 율법에 허용되어 있었다(레 19:9-10; 23:22; 신 24:19). 그러므로 그때에는 사람들이 다른 사람의 밭에 가서 이삭 줍는 것을 떳떳한 일로 생각하였을 것이다. 그런데도 룻은 그것이 다른 사람의 혜택을 받는 일이라고 말한다. 이같이 그는 공손한 덕행으로 사람들에게 인격적 감화를 끼쳤다. 여자의 가장 중요한 덕은 공손(혹은 온유)이기 때문에 성경은 그것을 강조한다(벧전 3:4).

3 "우연히"란 말의 히브리어(ויקר מקרה)는 "그에게 일이 맞아 떨어져서"라고 개역되어야 한다. 겔레만(Gerleman)은 이 점에 대하여 다음과 같이 말하였다. 곧 "이 사건은 인간의 의지나 협력 없이 일어난 것으로, 그 배후에 하나님의 인도하심이 있었다"고 하였다.[91] 이 말씀은 하나님의 아무 간섭 없이 일어난 우연한 사태가 아니다. 하나님의 뜻은 룻이 보아스에게로 인도되어

---

91) Gillis Gerleman, Biblischer Kommentar Altes Testament, Ruth, Das Hohdied, 1965, s. 25.

그와 결혼하는 것이었다.

4-9 이 부분에서 보아스의 신앙 인격이 드러난다. 그것은 그의 믿음과 덕이다. 첫째, 그는 기도를 쉬지 않는 사람이었다(4절). 그는 다른 사람들에게 문안할 때도 여호와의 축복을 빌었다. 둘째, 그는 이웃을 깊이 동정하는 **사랑의 사람이었다**(8-9절). 그는 룻을 취하려는 생각 없이 순수한 마음으로 (3:12) 섬세하게 동정하였다. 그는 룻에게 말하기를, ① 다른 사람의 밭으로 가지 말고 자기 밭에서 계속 이삭을 주우라고 하였다(2:8상). ② 거기서 추수하는 일을 돕는 다른 소녀들과 함께하면서 그들의 지도를 받으라고 하였다 (8하). ③ 밭에서 일하는 청년들에게 명하여 룻을 해치지 못하도록 금하였다 (9상). ④ 목이 마르면 소년들이 길어 온 물을 마시라고 하였다(9하). 이같이 **자상한 그의 사랑**은 선한 사마리아 사람의 자상한 도움과 같다(눅 10:33-35 참조). 참사랑은 성실하고 자상한 법이다. 보아스가 미천한 룻을 이처럼 깊이 동정한 것은, 죄인을 깊이 동정하시는 예수님의 사랑을 예표한다.

보아스가 룻에게 이르되 내 딸아 들으라 이삭을 주우러 다른 밭으로 가지 말며 여기서 떠나지 말고 나의 소녀들과 함께 있으라(8절). 보아스의 정신은 남을 돕는 데 부담을 느끼지 않는 점에서 그리스도의 정신과 같다(마 11:28). 그는 불쌍한 자를 홀로 맡아서 도우려 하였다. 콜브뤼게(H. F. Kohlbrügge)는 이 구절을 영적으로 해석하면서 보아스의 말은 다음과 같은 그리스도의 권면을 예표한다고 하였다. 곧 "신자여, 여기서 떠나지 말고 나의 백성과 함께 있으라. 나를 섬기는 종들과 함께 있으라. 그 이유는 네가 여기서 이스라엘의 하나님만이 참 하나님이심을 알게 되기 때문이다"라고 해석하였다.[92]

10-13 룻과 보아스의 말 가운데 룻의 덕행과 신앙이 드러났다.

1) 룻은 겸손한 여성이다(10절). 그가 보아스의 친절한 지도를 받고 감사

---

[92] H.F. Kohlbrügge, Verklaring Van Het Boek Ruth, 1886, 6.

한 것은 단지 예의를 갖춘 정도가 아니라 자기는 그런 은혜를 받을 자격이 없음을 느끼고 "엎드려 얼굴을 땅에 대고 절하며" 사례한 것이다. 하나님께서는 이같이 깊은 겸손의 덕을 소유한 자들을 특별하게 사용하신다. 룻은 이방 여자이면서도 예수님의 조상 중 하나가 되었다(마 1:5). 예수님의 모친 마리아도 겸손의 덕을 소유했고(눅 1:48), 사무엘의 어머니 한나도 이 진리를 깨닫고 노래하기를 여호와는 "가난한 자를 진토에서 일으키시며 빈궁한 자를 거름더미에서 올리사 귀족들과 함께 앉게 하시며 영광의 자리를 차지하게 하시는도다"라고 하였다(삼상 2:8상). "겸손은 존귀의 길잡이"이다(잠 15:33). 하나님은 언제나 겸손한 자의 편에 서신다.

2) 룻은 효부이다(룻 2:11상). 보아스는 룻이 그녀의 남편이 죽은 후 시어머니에게 행한 모든 선행에 대하여 들었다고 한다(11상). 일반적으로 남편이 살아있을 때는 며느리가 자신의 시부모를 공경할 수 있다. 여자는 남편을 소망으로 삼고(창 3:16하) 살기 때문에 그 남편의 부모도 소중히 여기는 것이다. 그러다가 자식 없이 그 남편이 죽은 후에는 시부모에 대한 부양의 책임을 덜 느끼기 마련이다. 그럼에도 불구하고 룻은 남편이 죽은 후에도 많은 고생을 무릅쓰고(룻 2:7하) 시어머니를 계속 봉양한다. 그녀가 이렇게 효성으로 시어머니를 섬기는 것은 온 베들레헴 성읍 사람들까지 다 아는 사실이었다(3:11하). 사람이 한두 번 선을 행할 수는 있어도 계속해서 선을 행하기는 어렵다. 그러나 하나님의 은혜 속에서 사는 자는 어려운 일도 잘 감당하게 된다.

3) 룻은 아브라함의 믿음의 후계자이다(2:11하). 보아스는 룻에게 말하기를, "네 부모와 고국을 떠나 전에 알지 못하던 백성에게로 온 일이…분명히" 알려졌다고 하였다. 아브라함은 하나님을 위하여 "고향과 친척과 아버지의 집을 떠나"(창 12:1), "갈 바를 알지 못하고" 나갔다(히 11:8). 룻도 이같이 하나님 여호와를 사모하여(룻 2:12하) 부모와 고국을 떠나는 신앙 용단을 내렸으므로 아브라함의 신앙 노선을 따른 것이다(롬 4:12하). 그러므로 아브라함이

하나님 자신을 "지극히 큰 상급"으로 받은 것처럼(창 15:1) 룻도 하나님으로부터 "온전한 상"(룻 2:12)을 받아 마땅하다. 이것은 그녀를 위한 보아스의 축복이다. 하나님 여호와의 "날개 아래에 보호"란 말씀과 유사한 표현은 구약에도 있고(시 36:7; 57:1; 91:4), 신약에도 있다(눅 13:34).

4) 룻은 하나님의 은혜를 사모하는 여성이다(룻 2:12). 그는 보아스의 기원대로 하나님의 축복을 받기 원하였다. "당신께 은혜 입기를 원하나이다"라고 한 그녀의 말(13상)은 기도의 사람인(4절 참조) 보아스의 축복기도대로 이루어지기를 원한다는 말과 같다. 룻은 보아스의 축복기도의 말씀에 위로와 기쁨을 얻었다. 신자가 하나님의 법과 은혜를 사모하는 것은 그가 참으로 하나님을 향하여 살아 있다는 증거이다(롬 6:11). 그런 사람은 많은 고난을 무릅쓰고라도 영적 생명이 부요해지기를 원한다. 죽은 고기는 흐르는 물과 함께 떠내려가지만 살아 있는 고기는 흐르는 물을 거슬러 올라간다.

14-16 이 부분에 나타난 대로 보아스의 친절은 그의 신앙 인격의 단면을 보여 준다. 그는 불쌍한 자를 긍휼히 여기며 돕는 일에 있어서 성실하고 또한 섬세하다. 진실한 신앙과 경건은 "고아와 과부를 그 환난중에 돌"본다(약 1:27; 참조. 요일 4:20-21). 성령으로 거듭난 자에게는 불쌍한 자를 눈물겨운 마음으로 도우려는 열심이 있다. 그는 긍휼을 행하기 때문에 심판 날에 담대해진다. 야고보서 2:13에 말하기를, "긍휼은 심판을 이기고 자랑하느니라"고 하였다(요일 4:17-18 참조). 그러므로 진실한 신자들은 긍휼을 베푸는 일에 최선을 다하고 성의를 다한다.

보아스의 긍휼은 다음과 같이 섬세하게 나타났다. ① 룻을 초대하여 식사에 동참하게 하였고(룻 2:14), ② 곡식 베는 청년들에게 룻을 책망하지 못하도록 주의시켰으며(15절), ③ 그들에게 명하여 벤 곡식을 조금씩 뽑아버려서 룻이 그것을 줍게 하라고 당부하였다(16절). 8-9절에 대한 해석을 참조하라.

룻은 비록 이방 여인이지만 룻을 향한 보아스의 긍휼은 깊이 움직였다.

하나님께서 택하신 백성은 긍휼을 자기 행실의 중요한 요소로 가진다(마 5:7). 그들은 민족을 초월한 사랑을 실행한다. 동족보다 다른 민족에게 더 큰 사랑을 실행하는 경우도 있다. 이 점에서 우리는 예레미야를 죽을 뻔한 상황에서 구한 에벳멜렉(구스 사람)의 선행을 생각해 볼 수 있다(렘 38:7-13). 교회 역사에 나타난 대로 많은 선교사들이 다른 민족을 위하여 복음을 전하다가 생명을 바쳤다.

17-18 여기에는 또다시 시어머니에 대한 룻의 효행이 기록되었다. ① 룻은 자기 시어머니를 봉양하기 위하여 희생과 노고를 아끼지 않았다(17절). 그녀는 곡식 "한 에바"(약 11kg)를 줍기 위하여 종일 힘겨운 노동을 하였다(17절; 참조. 7하). 신자는 다른 사람을 돕기 위하여(사랑하기 위하여) 수고할 때 오히려 보람을 느끼고 기쁨을 얻는다. 사랑은 수고를 자원하며 견디어 나아간다(고전 13:7; 살전 1:3). ② 룻은 자기가 주운 곡식을 가져다가 시어머니에게 보여 주었다(룻 2:18상). 보리 "한 에바"는 큰 수확이 아니지만 양식이 없는 극빈자들에게는 매우 귀한 것이다. 그래서 룻은 이것을 시어머니에게 보여 줌으로써 위로와 기쁨을 나누려고 했다. 이같이 룻은 자기 시어머니를 잠시도 잊지 않고 그를 기쁘게 하고 평안하게 하려는 뜨거운 마음을 가지고 있었다. 즉 룻에게는 시어머니의 기쁨이 자기 자신의 기쁨이 되었던 것이다. ③ 룻은 좋은 음식으로 시어머니를 대접하려 하였다(18하). 그는 일터에서 받은 음식을 다 먹지 않고 남겨 가지고 돌아와서 시어머니를 대접하였다.

그가 배불리 먹고 남긴 것을 내어 시어머니에게 드리매(18하). 룻이 받은 음식을 배부르게 먹은 이유는, 그렇게 하지 않으면 종일 이삭 줍는 중노동을 감당할 수 없었기 때문이다. 그녀가 그 음식의 얼마를 남겨 둔 것도 그것을 먹으면서 시어머니를 생각한 효심이다. 이같이 그녀는 가난과 싸우면서 시어머니를 잘 대접하였다.

19-23 이 부분에 기록된 나오미와 룻의 대화는 참으로 덕스럽다. 그들의

말은 축복과 감사로 일관하였다. 보아스가 그들에게 선을 많이 행하기도 하였지만 그들이 그의 혜택을 입고 깊이 감사한 것도 오랜 옛날부터 지금까지 모본이 된다. 이 세상에는 다른 사람의 도움을 받으면서도 도리어 불만을 품으며 원망하는 일이 허다하다. 그러나 나오미와 룻의 마음엔 감사가 가득 차서 축복과 칭찬이 터져 나온 것이다.

너를 돌본 자에게 복이 있기를 원하노라(יְהִי מַכִּירֵךְ בָּרוּךְ, 19중). 이 말씀을 직역하면 "너를 알아준 자에게 복이 있기를 원하노라"이다. 곧 룻은 이방 여자로서 이삭 줍는 미천한 자이고, 다른 사람들은 별로 쳐다보지도 않는 존재인데, 그녀를 알아주며 동정한 그에게 여호와의 축복이 있기를 바란다는 나오미의 축원이다. 하나님은 가련한 자(나오미와 같은 자)가 부르짖는 소리를 들으신다(출 22:27). 그러므로 욥은 그들(가련한 자들)의 축복기도(부르짖는 기도)를 탐내어 그들에게 은혜를 끼쳤다(욥 31:20 참조). 잠언 19:17에 말하기를, "가난한 자를 불쌍히 여기는 것은 여호와께 꾸어 드리는 것이니 그의 선행을 그에게 갚아 주시리라"고 하였다.

그가 여호와로부터 복 받기를 원하노라(20상). 룻이 자기를 도와준 자가 "보아스"라고 대답한 것도 보아스의 은혜를 증거하며 감사하는 것이다(19하). 나오미는 이 말을 받아서 다시 여호와의 이름으로 축복하며 그의 은혜에 감사한다. 그는 "살아 있는 자"들(나오미와 룻)만 생각해 주는 이가 아니라, "죽은 자"들(나오미의 별세한 남편과 아들들)까지 생각해 주는 이라고 칭찬하면서, "은혜 베풀기를 그치지 아니하도다"라고 하였다. 이 말은 보아스의 선행이 일관성 있게 실행되었음을 칭찬하는 것이다. 나오미는 그(보아스)가 "우리와 가까우니"라는 말로 자신의 친척임을 언급하고 "기업을 무를 자 중의 하나"라고 기쁘게 말한다(20하). "기업 무를 자"란 말(גֹאֵל)은 잃은 것(혹은 잃었던 사람)

을 회복시키는 것을 의미한다.[93] 이 말은 ① 잃었던 재산을 본래 소유했던 대로 회복시키는 것에 대해서도 사용되지만, ② 자식 없이 죽은 미망인을 사망한 자의 친척이 취하여 자식을 낳아 대를 이어 주는 것에 대해서도 사용된다(창 38:7-10; 신 25:5-10 참조).

내 추수를 다 마치기까지 너는 내 소년들에게 가까이 있으라 하더이다(21하). 보아스의 말을 옮긴 룻의 이 말도 그의 은혜에 대하여 감사하는 의미를 지닌다. 나오미는 룻에게 보아스의 이 말을 잘 지키라고 하면서 감격스러운 마음을 표현한다(22절). 이같이 나오미와 룻의 말에는 그 한마디 한마디에 덕이 있어서 그들이 함께하는 자리는 감사와 축복이 가득 찼다. 그들은 고금을 막론하고 모든 여성의 언행에 모범이 된다. 오늘날에는 두 사람만 만나도 서로 원망과 불평을 쏟아 놓는다. 결국 그들 자신의 심령이 메마르게 되고 은혜의 길에서 멀어진다.

보아스에게 대한 나오미의 축복은 그대로 이루어졌다. 곧 보아스가 룻과 결혼하여 그의 증손으로 다윗 왕이 나게 되었다. 그리고 그는 예수 그리스도의 조상 중 한 사람이 되었다(마 1:5). 하나님을 중심에 모신 선행과 축복은 자신도 모르게 하나님의 뜻을 이루게 된다(마 26:12 참조).

보아스는 나오미의 집의 기업을 무르는 자리를 다른 사람에게 넘겨주려고 하였으며(룻 3:12) 그 사람도 처음에는 받을 뜻이 있었다(4:4하). 그러나 나중에는 그가 뜻을 바꾸어 그것을 거절하였다(4:6). 일이 이렇게 된 것은 우연이 아니라 보아스에 대한 나오미의 축복기도가 응답된 것이다.

---

93) Stamm,. Erlösen und Vergeben im Alten Testament, 1940, 45.

제 3 장

✦ 내용분해

1. 나오미가 룻으로 하여금 보아스에게 가까이 가서 그가 기업 무를 자 되기를 청원하게 함(1-5절)
2. 룻이 타작마당에 내려가서 나오미가 지시한 대로 순종함(6-7절)
3. 보아스가 룻의 청원대로 기업 무를 대책을 세움(8-15절)
4. 룻이 나오미에게로 돌아옴(16-18절)

✦ 해석

1 여기서 "안식할 곳"이란 말(מְנוּחָה)은 남편과 함께 사는 가정을 가리킨다. 남편은 아내의 보호자이므로 아내는 그를 안식처로 사모하게 되어 있다(창 3:16하 참조). 나오미가 룻을 위하여 남편을 구한 것은 어디까지나 룻의 유익을 도모한 것이었다. 그때까지 룻은 나오미를 섬기는 데 최선을 다했다. 그런 그녀가 결혼하게 되면 그 노력이 그녀의 남편에게로 옮겨질 것이 명백하

다(고전 7:34하 참조).

2-5 나오미가 룻으로 하여금 보아스가 누워 자는 자리로 가서 그의 발 가까이에 눕도록 지도한 것은 예의에 벗어난 것 같다. 그러나 우리가 그 당시 이스라엘의 풍속과 상황들을 생각하면 아무 문제될 것이 없다. (1) 이스라엘 사람이 아들 없이 죽으면 그 죽은 자의 형제나 가까운 친척이 그 과부를 아내로 취하여 자식을 낳아서 죽은 자의 대를 이어 주는 것이 율법에 제정되어 있었다(신 25:5-10). 이 일에 관하여 과부는 그 결혼 상대자에게 적극적으로 권리를 행사해야 했다(신 25:7). (2) 옛날 이스라엘 사람들의 결혼은 공식적인 혼례 없이 한 가정과 다른 한 가정이 서로 의논하여 결혼을 성사시켰다. 이삭의 결혼이 그러하였고(창 24장). 야곱의 결혼도 역시 그러하였다(창 28-29장). 그러므로 나오미가 룻과 계대결혼의 가능성을 지닌 보아스에게 룻을 보낸 것은 나오미의 가정과 보아스의 가정에서 행할 수 있는 일이다.

6-9 룻이 나오미의 지시대로 실행한 것은 시어머니에 대한 그녀의 순종이다. 룻에게는 아무런 사욕이 없었고(10상) 모압 여자로서 시어머니의 지도를 받아 이스라엘의 율법을 지킨 것뿐이었다. 룻은 이 점에서도 처음에 가졌던 생각대로(1:16-17) 관철한 것이다. 룻은 다만 자기 시어머니의 지도에 순종한 것이었으므로, 그것 역시 효부의 덕이다. 이 점에서 우리는 아브라함의 아내 사라의 순종을 생각해 볼 수 있다. 즉 사라는 남편에게 순복함으로써 자기를 단장하였다(벧전 3:5).

당신의 옷자락을 펴 당신의 여종을 덮으소서(9중). 이 말은 결혼을 원한다는 상징적 언사이다(겔 16:8 참조). 다비드(M. David)란 학자는, 여기 나오는 "당신의 옷자락"이란 말(כָּנָף)의 문자적 번역이 "당신의 날개"라고 하면서, 룻의 이 말이 보아스의 보호를 청구하는 의미일 뿐 결혼을 원하는 것은 아니라고 하였다(Huwelijk, p. 9). 그러나 이 말에 대한 보아스의 답변으로 보아(10절의 "젊은 자를 따르지 아니하였으니"란 말), 룻의 말이 결혼 청원에 대한 것임을 알 수 있다. 옛날 근동 지방(특히 아라비아)에는 상징적인 말로 결혼을 청원하는 풍속이 있었다고 한다. 다음에 소개하는 문헌들은 이에 대하여 참고할 만한 것들이다. 다만 비판적인 시각으로 볼 것을 당부한다.[94]

당신이 기업을 무를 자가 됨이니이다(9하). "기업 무를 자"란 말(גאל)에 대하여는 2:20에 있는 같은 말 해석을 참조하라. 이스라엘의 어느 지파에 속한 자가 너무 가난하여서 조상 때부터 받은 땅(기업)을 팔아 버린 경우에는 그의 가까운 친척이 돈을 주고 그 땅을 다시 찾아와서 그 지파의 땅이 보존되도록 하는 것이 율법에 제정되어 있었다(레 25:25-28). 일찍이 나오미의 남편 엘리멜렉이 흉년 때문에 모압으로 이주할 때도 그의 땅(기업)을 팔았을 것이다(룻 4:3의 "관할하므로"란 말에 대한 해석을 참조하라). 이제 그것을 다시 받으려면 그의 친척 중 하나가 그것을 다시 사 들여야 했다. 룻은 나오미의 말대로(2:20) 이 일을 해결해 줄 자가 보아스라고 말하였다.

영적으로 파산을 당한 죄인들을 대신하여 하늘의 기업을 찾아 주시려고 피로 그 대가를 치러 주신 분은 하나님의 아들 예수 그리스도이시다. 그는 우리의 "기업 무를 자", 곧 우리의 가까운 친척이시다(요 20:17). 그는 우리와 똑같은 인성을 지니셨다(히 4:15).

10 네가 가난하건 부하건 젊은 자를 따르지 아니하였으니 네가 베푼 인애가 처음보다 나중이 더하도다. 룻이 젊은 과부임에도 청년에게 구혼하지 않은 것을 보면, 룻은 이 세상의 자랑거리를 전혀 찾지 않는 신자였다(요일 2:15-16 참조). 그뿐 아니라 그녀는 더 큰 사랑(선행)을 행했다. 곧 그녀가 자기 부모와 조국을 떠나 시어머니를 따라서 유다에까지 온 행동은 처음에 행한 선이고, 이제 보아스와 결혼함으로써 세상을 떠난 전 남편의 이름(기업을 무름)을 유지하

---

94) W. R. Smith, Kinship and Marriage in Early Arabia, 1903, 105; G. Jacob, Altarabisches Beduinenleben, 1897, 58; Burckhardt, Bemerkungen über die Beduinen und Wahaby, 1831, p.213; A. Jirku, Die Magische Bedeutung der Kleidung in Israel, 1914 14.

려는 것은 나중에 행한 선행인데, 그것이 더 큰 선행이었다.[95]

그런데 이보다 조금 더 나은 해석이 있다. 즉 룻이 자기 남편이 살아 있을 때도 그를 사랑하였지만 그가 죽은 뒤에도 절개를 지켜서 청년 남자들에게 뜻을 두지 않고 그(죽은 남편)의 대를 잇게 해 줄 생각으로 죽은 남편의 기업을 무를 조건을 지닌 늙은 보아스와 결혼하려고 하였으며, 그것은 그(죽은 남편)에 대한 더 큰 사랑이라는 것이다(Delitzsch).

11 네가 현숙한 여자인 줄을 나의 성읍 백성이 다 아느니라. 여기서 "현숙한 여자"란 말(אֵשֶׁת חַיִל)은 덕이 있는 여자란 뜻으로, 다른 사람들을 위하여 유익하게 행하는 힘 있는 여자를 가리킨다(2:1에 대한 해석을 참조하라). 잠언 31장에도 같은 말(אֵשֶׁת חַיִל)이 두 번 사용되었는데, 거기서는 그 여자가 부지런히 생업에 힘써서(13-19, 24절) 빈민을 구제하며(20절), 가족들을 도우며(21절), 특별히 언사에 있어서 늘 착하고(26절), 여호와를 경외한다고 하였다(30절).

12-13 보아스는 룻의 행위를 사적인 욕심이 없는 고상한 것으로 판단하고(10-11절) 그녀의 죽은 남편의 기업 무르는 문제를 선하게 해결해 주려고 하였다. 그는 자기 자신이 기업 무르는 자리를 취하기보다 우선 다른 친척을 그 자리를 넘겨주려 하였다. 이것을 보면 보아스도 이 점에서 전혀 사욕을 품지 않았음을 알 수 있다. 그뿐 아니라 그는 그 친척이 그 일에 응하지 않을 경우 자기가 그 자리에 서겠다고 하였다(13하). 이같이 보아스는 다른 사람의 일을 돌볼 때에 그 일이 잘되도록 철저하게 준비하고 행하는 인격을 지녔다. 그는 언제든지 이같이 다른 사람을 돕는 사랑을 행할 때 섬세했다(2:8-9, 14-16에 대한 해석을 참조하라).

14 보아스가 말하기를 여인이 타작 마당에 들어온 것을 사람이 알지 못하여야 할 것이라 하였음이라. 룻이 밤중에 보아스를 찾아온 것은 그에게 구혼하려는 것

---

95) Gillis Gerleman, Biblischer Kommentar, Altes Testament, Ruth, Das Hohelied, 1965, 32.

이었다. 그것은 하나님의 율법대로 행한 것이었고(신 25:5-11), 또 전적으로 자기 시어머니의 지도에 순종한 것이었으므로, 어디에 내놓아도 흠 잡힐 일이 아니었다. 그러나 그 내용을 사실대로 알지 못하는 사람들은 보아스가 잠자는 장소에 룻이 출입한 것을 오해할 수도 있었다. 그래서 보아스는 룻에게 새벽 미명(사람들이 서로 알아보기 어려울 때)에 일어나서 가라고 하였던 것이다. 신자들이 공연히 사람들에게 오해를 사서 명예에 손상을 받을 필요가 없다. 혹 그런 일을 당했을 경우에는 하나님께 기도하여 회복할 수도 있다. 그러나 하나님의 영광을 위하여 조심해야 하고, 일시적이라도 복음이 훼방을 받지 않도록 매우 주의해야 한다.

15-17절. 보아스는 "보리를 여섯 번 되어 룻에게 지워 주고" 보내며 다시 친절을 베풀었다. 타르굼역(Targum)은 여기서 "여섯 번"이란 말은 여섯 스아(Seah), 곧 두 에바(epha)라고 하였다. 그러나 우리는 그 분량을 확실하게 알 수 없다. 그는 그와 같이 룻에게 보리를 주면서 "빈 손으로 네 시어머니에게 가지 말라"고 말하였다. 이처럼 그는 외로운 과부를 돌보는 데 힘썼다(약 1:27 참조).

18 그 사람이 오늘 이 일을 성취하기 전에는 쉬지 아니하리라. 이것은 나오미가 보아스의 인격을 잘 살펴보고 한 말이다. 보아스는 무슨 일이든지 끝까지 하고, 성실하게 하며, 그것이 완전하게 성취되게 하는 인격자이다(2:8-9, 14-16; 3:11-13에 대한 해석 참조).

제 4 장

✤ 내용분해

1. 보아스가 룻을 위하여 기업 무를 수 있는 다른 자격자의 의사를 알아봄(1-8절)
2. 보아스가 룻을 위하여 기업 무를 자로 여러 증인들 앞에서 확정됨 (9-12절)
3. 보아스와 룻의 결혼과 그들의 자손(13-22절)

✤ 해석

1-4 그 당시 "성문"은 백성들 사이의 소송이나 난제를 해결해 주는 곳이었다. 보아스는 그 지방의 유력한 인물로서 그 도시의 시장에 해당하는 직위를 가졌던 듯하다.

아무개여(אַלְמֹנִי פְּלֹנִי). 이 표현은 보아스의 말 그대로 옮겨진 것이 아니라 성경 저자의 말이다. 이런 표현은 사람의 이름을 밝힐 필요가 없을 때에 사용된다(Gillis Gerleman). 룻기의 저자는 룻의 남편이 될 뻔한 사람의 이름을 후세에 남길 필요를 느끼지 않았다.

팔려 하므로(3하). 이 말의 히브리어(מָכְרָה)는 "팔았다"는 과거사이다. 전에 나오미가 그녀의 남편 엘리멜렉과 함께 모압으로 이주할 때 엘리멜렉의 기업이었던 땅을 팔았으므로, 그것을 사들인 자에게 그 값을 주고 물러야만 그에게 속했던 기업이 회복된다(레 25:25 참조).

5-6 나오미의 기업 무를 자가 처음에는 무르려고 허락하였다가(4하) 나중에 변심한 이유가 무엇일까? 그것은 보아스가 "죽은 자의 아내 모압 여인 룻에게서 사서 그 죽은 자의 기업을 그의 이름으로 세워야 할지니라"라고 한 말 때문이었다. 이 말은 그가 룻과 결혼해야 한다는 내용이다. 그는 룻과 결혼하려 하지 않았다. 그러므로 그는 그 기업 무를 권리를 보아스에게 넘겼다.

7-8 **신을 벗는지라**(8절). "신"은 땅을 밟을 때 사용하는 것이므로 신을 벗는 것은 기업 무를 권리(땅을 살 수 있는 권리)를 양보한다는 증표이다(신 25:9). 보아스는 이제 공식적으로 나오미의 기업 무를 권리를 받았다. 일이 이렇게 된 것은 의미심장하다. 이것은 하나님의 섭리로 된 것이며(룻 2:3), 또한 나오미의 기도 응답이다(2:19-20).

9-10 보아스는 이제 자기가 나오미의 기업 무를 자가 된 사실에 대하여 모든 증인 앞에서 확증하고 공언하였다. 그는 이와 같은 공증을 요하지 않고도 그 권리를 받을 수 있었다(3:1-9). 그러나 그는 중요한 일을 처리함에 있어서 자기 양심에 거리낌이 없다는 것만을 내세우지 않고 다른 사람들의 마음도 중요하게 고려하였다. 그뿐 아니라 그는 지도자로서 율법을 준수하는 모범을 보였다(신 25:5-10 참조). 이같이 보아스는 선을 행하는 일에 아무 비난을 받지 않도록 충분한 절차를 밟았다. 이 세상에서는 옳은 일을 행하다가도 공연히 비난을 받게 된다. 우리가 그런 비난을 두려워하여 옳은 일을 못 하면 안 되지만 가능한 한 비난을 받지 않도록 힘쓰는 것이 바람직하다. 우리

가 비난을 받으면서 옳은 일을 강행할 때 손해를 보게 되는 것은, ① 비난하는 사람들과 화목하지 못하게 되고, ② 비난하는 자들에게 범죄할(훼방이나 기타 옳지 않은 행동) 기회를 제공하는 것 등이다.

11-12 그때 성문에 있던 장로들과 백성들이 기업을 무르려는 보아스의 결정에 대하여 증인이 되고 그에게 복을 빌었다. 그 축복의 내용은, ① 그가 취할 룻이 라헬과 레아(이스라엘 민족의 어머니)같이 되게 해 주시기를 기원하는 것이었고(11중), ② 보아스 자신이 그녀로 말미암아 유력해지고, 또 유명하게 되기를 기원하는 것이었고(11하), ③ 룻의 후손이 베레스의 가문과 같게 해 주시기를 기원하는 것이었다(18-22절). 그들이 여호와께 이같이 기도한 것은 그대로 이루어졌다. 이런 의미에서 저자는 18-22절에 다윗의 족보를 간단히 소개하였다. 보아스는 룻에게서 오벳을 낳았고, 오벳은 다윗의 조부가 된다. 많은 사람들이 여호와의 이름으로 축복한 것이 양심대로 한 것이면, 그것은 결코 헛되지 않다.

이제 보아스가 룻을 취함으로써 죽은 그녀의 남편의 이름으로 기업(이스라엘 자손들이 나눈 땅)이 회복된 것이다. 이런 의미에서 보아스는 그리스도의 모형이기도 하다. 그리스도께서는 자기의 생명을 버려 교회를 세우시고 잃어 버린 하나님의 양 무리를 회복하셨다(갈 4:26-27). 그는 우리에게 하늘의 기업을(롬 8:17) 주셨다.[96]

13-17 보아스가 룻에게서 "아들"을 낳았고, "여인들"이 그 아이를 축복하였다(14절). 그리고 "이웃 여인들"은 그 아이 이름을 "오벳"(עוֹבֵד=섬기는 자)이라고 지어 주었다. 믿음과 덕으로 행하여 이웃과 화목한 나오미와 룻은 그 친구들의 양심적인 칭찬(15절)과 축복을 받았다. 여호와의 축복으로(14절) 나오미가 기업 무를 자를 만났다고 생각한 그들의 믿음 역시 귀하다.

---

96) N. H. Ridderbos, Prediking, 152, G. Von Rad, Old Testament Theology II, 384.

18-22 이 부분에 "다윗"의 족보가 간단히 기록된 목적은, 룻에게서 난 오벳이 여인들이 축복한 대로 "유명"해진 것(14절)을 지적하기 위해서이다. 그들은 나오미와 룻의 신앙적 감화로 인하여 거짓 없이 어린아이를 축복하였고, 그 축복은 헛되지 않았다.

박윤선 성경주석

개역개정판

구약주석
에스라·느헤미야·에스더

A Commentary on THE BOOK of EZRA,
THE BOOK of NEHEMIAH, THE BOOK of ESTHER

박윤선 지음

도서출판 **영음사**

"여호와로 인하여 기뻐하는 것이 너희의 힘이니라"
(느 8:10)

חֶדְוַת יְהוָה הִיא מָעֻזְּכֶם׃

머리말

신구약 성경 전체에 대한 나의 주석을 이 책으로 마감하게 되었다. 하나님께서 지난 40년 동안 주석 작업을 멈추지 않도록 나를 도와주셨고, 또한 그 모든 주석들을 무사히 발행하게 해주신 데 대하여 크게 감사하는 바다. 오늘에 이르기까지 하나님의 자세한 간섭과 인도하심은 이루 다 말할 수 없으며, 더불어 나에게 이 일을 감당할 수 있도록 건강을 주신 은혜에 대하여 다시금 감사드린다.

에스라서, 느헤미야서, 에스더서는 그 본문들이 적은 분량이므로 이번 주석서는 비교적 얇은 편이다.

이 주석은 시종일관 칼빈주의 해석 원리를 적용하여 집필하였다. 혹 신학적 견해가 우리와 다른 학자들의 학설을 인용하기도 하였으나 필요에 따라 적절한 비판을 덧붙였다.

이 주석 사업을 위하여 계속 기도해 주시고 협력해 주신 성도들께 감사의 말씀을 드리며, 끝으로 이 주석에서 오탈자로 인하여 의미가 달라진 부분이 있다면 독자들께서 너그러이 용서하시기를 부탁드린다.

저자 씀

구약주석
에스라·느헤미야·에스더

THE BOOK of EZRA, THE BOOK of NEHEMIAH,
THE BOOK of ESTHER

총서론

I. 유대인 귀환과 그 지도자들

1. 예수아(여호수아)

그는 아론의 자손으로서(대상 6:3-14) 대제사장이었으며(학 1:12; 슥 3:1) 제1차 귀환 운동의 지도자 중 한 사람이었다(스 2:2). 그가 스룹바벨과 합력하여 히브리 종교 복구 운동(성전 재건 같은 일)을 힘쓸 때 사탄의 방해 공작이 심했지만(슥 3:1-5) 주님의 도우심으로(학 1:14; 슥 4:6) 마침내 승리하였다.

2. 스룹바벨

그는 유다의 마지막 왕 여호야긴(왕하 24:15)의 손자로서(대상 3:17-19) 제1차 귀환 운동의 지도자였다(스 2:2). 그는 성전 재건에 힘을 다하여 공사를 진행하던 중 대적의 방해를 받았으나(스 4:1-24), 선지자 학개와 스가랴의 도움으로(스 5:1-2) 다시 공사에 착수하여 4년 만에 마쳤다(스 6:13-15).

3. 학개와 스가랴

이들은 선지자이며 스룹바벨의 성전 재건을 위하여 하나님의 말씀으로 사람들을 격려하였다(스 5:1-2; 6:14). 그 격려의 내용은 다음 성구들이 보여준다.[97]

4. 에스라

유대인의 전통에 의하면 에스라는 대회당의 첫 회장이었다. '대회당'(Great synagogue)은 구약의 정경을 결집한 학자들의 모임과 관련된 명칭이다. 유대인 역사가인 요세푸스(Josephus)에 의하면 에스라는 훗날 페르시아로 돌아가서 120세까지 살다가 별세하였다고 한다. 그는 아론의 16대손이고(스 7:5) 학사 겸 제사장으로서(스 7:12; 느 8:9) 제2차 귀환 운동의 지도자였다(스 7:1-8:36). 그는 예루살렘에서 백성에게 율법을 가르쳤으며(느 8:1-8), 특별히 유대인의 회개 운동을 이끌었다(스 9:1-10:17).

5. 느헤미야

유다 지파의 자손인 듯하며(느 2:3, 5), 바벨론에 포로로 잡혀 갔던 사람의 자손이다. 그는 경건한 기도의 사람으로서,[98] 모든 일에 하나님의 뜻을 앞세우는 신앙인이었다.[99] 또한 그는 유다의 총독으로서 자기 자신을 희생하며 유대인 공동체의 공익을 위해 살았고(느 5:14-18), 예루살렘 성을 재건하는 일에 지도자의 책임을 다하였다(느 2-4장). 그는 성을 재건하던 중 원수들의 방해를 받았으나 신앙적인 담력(느 6:9)과 지혜(느 6:3-9)와 인내(느 4:15-

---

97) 학 1:1-15; 2:1-9; 슥 3:6-10; 4:1-14 참조.
98) 1:4-11; 2:4; 4:4-6; 5:19; 6:9, 14.
99) 느 2:8, 18, 20; 4:15, 20; 5:13; 6:16.

23)로 그 공사를 완공하였다(6:1-19 참조).

II. 유대인 귀환과 예루살렘 복구 일람

연대(B.C.)	페르시아왕	유다의 지도자	복구현황
536	고레스 제1년	스룹바벨, 예수아	제1차 귀환
535	고레스 제2년	〃	예루살렘 성전 기초공사
529	아하수에로(아닥사스다)	〃	사마리아 사람들의 방해
522	아닥사스다	〃	성전 건축 중단
520	다리오 대제 2년	스룹바벨, 예수아, 학개, 스가랴	성전 재건 시작
515	다리오 대제 6년 아달월 3일	〃	성전 준공
457	아닥사스다 I세 (롱기마누스)	에스라	제2차 귀환
445	아닥사스다 I세 (롱기마누스)	느헤미야	제3차 귀환, 예루살렘 성 건축
445	〃	에스라, 말라기	백성에게 율법을 가르침, 회개운동을 지도함

1) 일설에 의하면 그 당시 예루살렘 성전 건축 방해 공작에 응했던 페르시아의 왕은 스메르디스(Pseudo-Smerdis)였다고 한다. 스메르디스는 역술가로서 인격적인 신을 믿지 않았으므로 여호와의 성전 건축을 반대하였을 것

이다.[100] 그는 페르시아의 배화교도 핍박하였다고 한다.[101]

2) 페르시아 왕조에 "아닥사스다"(Artaxerxes)라는 칭호를 가진 왕이 셋이나 있었다. 곧 롱기마누스(Longimanus), 므네몬(Mnemon), 오쿠스(Ochus)이다. 대부분의 학자들은 에스라 일행이 귀환한 때는 롱기마누스의 시대였다고 한다.[102]

III. 앗수르 영토에서 다스린 왕들

	앗수르 왕들	연대(B.C.)	비고
1	디글랏 빌레셀 3세(Tiglath-pileser III)	747-727	사마리아 1차 공격
2	살만에셀 4세(Shalmaneser IV)	727-722	사마리아 2차 공격
3	사르곤 2세(Salgon II)	722-705	사마리아 정복
4	산헤립(Sennacherib)	705-681	
5	에살하돈(Esarhaddon)	681-668	
6	아수르바니팔(Assurbanipal)	668-626	
7	두 약한 왕들(Two Weak Kings)	626-607	앗수르 멸망

IV. 메대 페르시아의 역사

	바벨론 왕들	연대(B.C.)	비고
1	나보폴라사르(Nabopolassar)	625-604	
2	느부갓네살 2세(Nebuchadnezzar II)	604-562	유대인 1, 2, 3차 포로

---

100) Herodotus I. 130.
101) Behist. Inscr. Col. I. Par. 14.
102) F. C. Cook, The Bible Commentary III, 1896, 408.

	바벨론 왕들	연대(B.C.)	비고
3	에윌므로닥(Evil Merodack)	562-560	
4	네리글리사르(Neriglissar)	560-556	
5	라바쉬마르두크(Labash Marduk)	556-555	
6	나보니두스(Nabonidus)	555-539	
7	벨사살(Belshazzar)	555-539	섭정왕
	페르시아 왕들	연대(B.C.)	비고
1	고레스(Cyrus the Great)	625-604	
2	캄비세스(아하수에로) Cambyses(Ahasuerus) (아닥사스다=Artaxerxes)	604-562	유대인 1, 2, 3차 포로
3	다리오 대제(Darius the Great)	562-560	
4	아하수에로(크세르크세스 1세)	560-556	에스더서
5	아닥사스다 1세 롱기마누스 (Longimanus)	556-555	에스라서 느헤미야서
6	크세르크세스 2세(Xerxes Ⅱ)	555-539	
7	다리오 2세 노티우스(Nothius)	555-539	
8	아닥사스다 2세(Artaxerxes Ⅱ)	555-539	섭정왕
9	아닥사스다 3세(Artaxerxes Ⅲ)	555-539	섭정왕
10	아르세스(Arses)	555-539	
11	다리오 3세 코도마누스(Codomanus)	555-539	섭정왕
	마케도니아 왕	연대(B.C.)	비고
	알렉산드로스 대제(Alexander the Great)	331	

1. 메대 왕국

1) 건국

메대인들(Medes)은 페르시아인들(Persians)보다 먼저 엘부르즈(Elburz,

카스피해 남쪽) 산맥을 넘어 이란고원 중심부인 자그로스(Zagros) 산맥 동남부에 정착하였다. 이들보다 늦게 엘부르즈 산맥을 넘은 페르시아인들은 주로 카스피해 서쪽에 있는 우르미아 호수(Lake Urmia)를 중심으로 자그로스 산맥 북서쪽에 정착하였다.

이 두 종족 중에서 메대인들이 페르시아인들보다 더 강하여 주전 8세기경에는 메대 왕국을 건설하였다. 메대 왕국의 시조 데이오케스(Deioces, B.C. 728-675)는 에크바타나(Ecbatana, 현재의 하마단)를 수도로 정하여 본래 자그로스 지방을 통치하던 디아우쿠 왕(Diaukku)과 제휴하였다. 데이오케스의 아들 프라오테스(Phraotes, B.C. 675-653)는 왕위를 계승받은 후 주변의 페르시아인들을 정복했으며, 승전의 여세를 몰아 오리엔트를 통일한 대제국 앗수르(Assyria)를 공격하다가 전사하였다고 한다.

이러한 메대의 초기 역사가 어느 정도 신빙성이 있는지는 확실하지 않지만 메대 왕이 한때 페르시아를 정복하고 이란 고원을 통치했던 것만은 확실하다. 메대인들은 한때 세력을 얻었으나 어느 시기에는(B.C. 653-625) 카스피해와 흑해 북쪽에 거주하던 스키티아인들(Scythians)의 지배를 받기도 하였다.

2) 메대의 영토 확장과 앗수르의 멸망

메대의 키악사레스(Cyaxares, B.C. 625-585) 왕은 625년에 스키티아인들을 몰아내고 메대의 세력을 회복하였다. 그는 메대군을 창병(창을 쓰는 병사), 궁병(활을 쓰는 병사), 기병(말을 타고 싸우는 병사)으로 재편성하여 훈련시킨 후 앗수르 국경의 요새인 아라카(Arrakha) 성을 공격하였다(B.C. 615).

또 이듬해에는 니느웨(Nineveh) 성을 포위했으나 정복하지는 못하였고, 앗수르 종교의 중심지인 아슈르(Ashur, 티그리스강 중류 지역)를 점령하였다. 메대가 아수르를 정복할 무렵 유프라테스, 티그리스강 하류에 있던 신바벨론은 메대와 군사 동맹을 체결하였다. 이러한 군사 동맹은 신바벨론 왕 느부갓네살 2세(NebuchadnezzarⅡ. B.C. 604-562)가 메대의 키악사레스의 손녀와 약혼함으로써 가능해진 것이다.

　메대는 주전 612년에 니느웨성을 재공격하여 그해 8월에 함락시켰다. 신바벨론과 메대의 연합군은 패하여 도망가는 앗수르 군대를 추격하여 유프라테스강 서안의 시리아(Syria)까지 진격하였다. 다급해진 앗수르는 이집트에 원조를 요청했으나 허사였다. 그 결과 앗수르는 최후의 통치자인 아슈르-우발리트 2세(Ashur-Uballit Ⅱ) 이후 세계 역사에서 사라지게 되었다. 앗수르는 최초로 오리엔트의 여러 지역을 통일했지만 지나친 군국주의적 전제정치로 피정복민의 불만을 샀다. 앗수르에 대한 이후의 상황에 대하여는 정확한 자료가 없다.

　군사 동맹 관계에 있던 메대와 신바벨론은 점령지를 분배하였고, 신바벨론은 평야 지대를, 메대는 고원지대 전역을 차지하였다. 앗수르를 정복한 메대는 소아시아 지역에 진출하여 서남단 지중해 연안의 리디아(Lydia)를 공격했으나 신바벨론의 중재로 메대와 리디아 간에 평화협정이 체결되어 양국 사이에 할리스강(Halys, 소아시아에서 흑해로 흘러 들어가는 강)으로 국경선이 정해졌다. 그 결과 오리엔트 전역에 새로운 세력 균형이 성립되었다. 메대, 리디아, 신바벨론, 이집트, 이렇게 4대 강국이 정착된 세력을 형성하게 된 것이다.

　메대의 왕인 키악사레스는 말년에 방대한 지역을 관할하였다. 즉 할리스강 동쪽 소아시아와 이란 전역, 남쪽으로는 페르시아만 연안의 페르시스 전역의 영토가 그의 통치 영역이었다. 키악사레스가 죽은 후 그의 아들 아스티아게스(Astyages, B.C. 585-550) 때에 이르러 나라가 갑자기 쇠퇴하기 시작하였다. 신바벨론과의 관계도 악화되어 페르시아 왕 고레스 2세(Cyrus Ⅱ)가 침입하였고, 결국 메대는 무너지고 말았다.

2. 페르시아 제국

1) 국제 무대에 등장한 페르시아

페르시아인들은 메대인들의 통치 밑에서 고전을 면치 못했으나 점차 세력을 키워 고레스 2세(B.C. 559-530) 때에 이르러 강력해졌다. 고레스 2세는 메대 왕 아스티아게스(Astyages)의 딸과 결혼하여 유리한 여건을 갖추고 페르시아인들을 통합할 수 있었고, 신바벨론의 나보니두스(Nabonidus, B.C. 555-539)와 외교 관계를 맺었다. 이와 같이 대내적으로는 세력을 규합하고 대외적으로는 신바벨론을 등에 업은 고레스 2세는 결국 메대 왕국에 반기를 들고 선전포고를 하였다. 사위에게 배반당할 것이라고는 생각지 못했던 메대 왕 아스티아게스는 주전 550년에 그 나라를 페르시아에 넘겨주고 말았다. 메대의 지배를 받던 페르시아가 돌연 국제 무대에 위협적인 존재로 그 모습을 드러내게 된 것이다.

2) 고레스 2세의 영토 확장과 신바벨론의 멸망

메대를 정복한 고레스 2세는 점차 그 세력을 확대시켰다. 그는 신바벨론으로 하여금 페르시아인을 징계하지 않도록 안심시킨 뒤 크로이소스(Croesus) 치하에 있는 리디아(Lydia)에 선전포고를 하였다. 고레스 2세는 작전상 신바벨론과 리디아의 통로인 길리기아(Cilicia)를 차단했다. 한편 크로이소스는 고레스를 역공격해 왔으므로 할리스 강 유역은 전쟁이 끊이지 않았다. 크로이소스는 주전 546년에 다시 침략할 계획으로 군대를 일단 철수한 뒤 리디아의 수도 사르디스로 돌아갔으나 고레스는 그 틈을 타서 사르디스 성을 포위 공격하여 크로이소스를 잡아들였다. 그 결과 리디아 왕국의 통치하에 있던 소아시아의 그리스 식민 도시국가들이 고레스의 수중에 들어갔다.

고레스 2세는 정복 전쟁을 계속하여 신바벨론을 주전 540년에 공격하였는데 이 전쟁에서 그의 작전 지휘 능력이 최대한으로 발휘되었다. 사실 그의 작전은 리디아를 침공할 당시 신바벨론을 안심시킨 교묘한 수법에서부터 시작된 것이다. 그가 신바벨론을 안심시켜 그들의 정신을 해이하게 한 다음 리디아를 점령한 것처럼, 동맹국이었던 리디아를 잃은 신바벨론을 정복하는 것은 비교적 쉬웠던 것이다. 당시 신바벨론은 설상가상으로 내부적으로 백성들의 불만이 고조되고 있었다.

신바벨론의 왕 나보니두스는 국내 문제에는 별 관심이 없었고 전통적인 제사 제도를 폐지한 것 때문에 백성들의 원성은 더욱 노골화되었다. 그랬기 때문에 어떤 면에서는 신바벨론의 백성들이 고레스가 자기들을 구원해 주기를 기대하고 있었다고도 할 수 있다. 이 정도로 혼란한 신바벨론을 고레스가 공격하는 것은 쉬웠고, 결국 오리엔트의 대제국 신바벨론도 주전 539년 여름에 페르시아에 합병되고 말았다. 고레스는 바벨론의 수호신 마르두크(Marduk)를 직접 숭배함으로써 신바벨론인들을 다른 민족으로 취급하지 않겠다는 태도를 보였다. 그러한 정책 때문에 신바벨론인들은 고레스를 합법적인 왕위 계승자로 추앙하였다. 이와 같이 신바벨론을 얻은 고레스는 서방은 소아시아, 동방은 인도 국경에 이르는 광대한 지역을 통치하기에 이르렀다. 이후 그는 동쪽 세력을 견제하기 위해 힘쓰다 죽었다. 고레스가 죽은 뒤 그의 아들 캄비세스 2세가 왕위를 계승 받자마자 이집트를 침략한 것으로 보아 고레스 생전에 이집트 공격이 계획되었던 듯하다. 그러나 그 밖의 사실에 대해서는 별로 알려진 바가 없다.

3) 캄비세스 2세(Cambyses II, B.C. 529-522)

고레스 왕이 죽자 그의 아들 캄비세스 2세가 즉위한 직후, 내란이 있었던 것 같다. 그것은 그가 이집트를 침공할 때(B.C. 525) 후방을 지키기 위해 문제 인물인 그의 아우 바르디아(스메르디스)를 암살한 사건을 통해 짐작된다. 캄비세스의 공격을 받은 이집트의 26대 왕 아모세 2세(Ahmose II)는 그리스

용병을 고용했으나 오히려 용병들에게 배신을 당했다. 이를 기회로 캄비세스는 이집트의 막강한 전방 기지인 시내 사막을 통과하여 아모세의 아들 프삼메티코스 3세(Psamtik Ⅲ)가 이끄는 이집트 군대와 펠루시움에서 전투를 벌였다. 이집트 군은 멤피스(Memphis)로 패하여 도망갔으나 페르시아 군의 추격으로 함락되고 이집트 왕도 포로가 되어 수사(Susa)로 끌려갔다. 이집트 공격에 성공한 페르시아 군은 카르타고와 아몬 사막과 누비아(Nubia)를 공격하였으나 세 차례의 공격이 다 실패로 돌아갔다. 이에 다시 전세를 회복한 이집트는 다프내(Daphnae)와 멤피스, 엘레판티네(Elephantine) 등에 요새를 구축하고 페르시아 군의 공격에 대비하고 있었다. 엘레판티네에서는 유대인 용병이 주력 부대였다. 캄비세스 2세는 주전 522년에 이집트와 싸우던 중 본국의 반란 소식을 접하였다. 그가 암살한 그의 아우 바르디아로 자처한 자의 반란이었다. 반란자는 자기를 따르는 자에게 3년간 면세 혜택을 주겠다고 하자 소수의 지방민들이 그를 지지하고 나섰다. 이 반란을 진압하기 위해 캄비세스 2세는 서둘러 귀환하던 도중에 죽었다. 그의 죽음에 대하여는 자살이라는 설도 있고, 전선에서의 부상으로 병균이 퍼져 죽게 된 것이라고 추측하는 이들도 있다. 캄비세스의 죽음으로 페르시아 군을 지휘하던 총사령관 다리오가 군대를 급히 인솔하여 반란을 진압하고 왕위에 오르게 되었다.

4) 다리오 1세(Darius The Great, B.C. 522-486)의 치적

다리오 1세(대제)는 베히스툰 산기슭에 있는 바위 위에서 바르디아의 난을 진압한 사실과 자신이 즉위한 바로 그해의 공적을 기록해 두었다. 이것이 이른바 베히스툰 비석(Behistun Rock)인데 영국의 고고학자 롤린슨에 의해 해독되었다. 바르디아 난의 진압에 여섯 명의 페르시아 귀족들이 협조하였으며, 그들은 다리오를 캄비세스 2세의 합법적인 후계자로 선포하였다. 다리오는 페르시아 왕족 출신으로 그의 증조부가 고레스 1세의 동생이었다. 다리오가 바르디아의 난을 진압하고 왕권을 장악하기까지는 대략 1년이 걸렸다

(B.C. 522-521).

반란 진압에는 페르시아와 메대의 모든 지방이 거의 다 개입되었다. 다리오 1세는 유화 정책을 펴면서 한편으로는 반란군의 지도자를 철저히 징벌하고 근위병들을 적재적소에 배치시킴으로써 마침내 페르시아를 평화적으로 통일하여 대제국을 건설하였다.

다리오 1세는 입법가이자 조직자로서 명성이 높다. 법을 제정하고 조직을 강화함으로써 자신의 왕권을 다졌던 것이다. 그는 대외적으로 적극적인 영토 확장 정책을 전개하여 동으로는 인도에 이르고 서쪽으로는 흑해 서북 연안인 스키티아를 공격하였다. 그의 스키티아 공격 목적은 그리스와 흑해 연안의 무역로를 차단하기 위한 것이었다. 그는 승전의 여세를 몰아 유럽 지역까지 들어가 다뉴브 북쪽을 공격했으나 별로 효과를 얻지 못한 채 철수하였다. 이때 적기에 철수한 탓으로 손실은 적었지만 그리스의 식민 도시들이 훗날 반기를 드는 동기가 되기도 하였다.

이오니아의 그리스 도시들은 페르시아를 급습하여 일단 유리한 위치를 확보하였고(B.C. 500), 수세에 몰린 다리오 1세는 한편으로는 협상을 하면서 다른 한편으로는 역습을 시도하였다. 페르시아의 역습이 성공을 거두지 못하자 쌍방은 휴전에 들어갔다(B.C. 496-495). 그러나 그 후 주전 494년에 페르시아가 전쟁에서 승리를 거두게 되었는데 그리스 함대는 밀레토스에서 페르시아 해군에게 강타당하고 그리스 육군도 페르시아 육군에게 패전의 쓴 잔을 마셨다. 페르시아 육군은 이오니아의 식민도시 밀레토스의 반란을 조직적으로 진압한(B.C. 492) 다리오의 양자인 마르도니우스가 이오니아 특별 사령관으로 임명되었다. 마르도니우스는 그 지방의 폭군들을 누르고 세력을 회복하였다. 뒤이어 페르시아 영토인 트라키아와 마케도니아를 재탈환하였다. 이 지역은 페르시아가 스키디아와 싸울 때 점령했다가 이오니아 반란 때 빼앗겼던 곳이다.

그 후에도 그리스에 대한 페르시아의 공격이 계속되어 이른바 페르시아 전쟁(B.C. 492-479)이라고 부르는 세 차례에 걸친 전쟁이 감행되었다. 그리스의 역사가인 헤로도토스(B.C. 484-425)는 페르시아 전쟁사를 써서 당시의 사정을 알렸으며, 그는 이 역사적인 서술로 "역사의 아버지"라고 불리게 되었다.

다리오 1세는 주전 490년 8월 12일 마라톤 전투에서 패전했으며, 패전의 고배를 마신 후부터 그리스를 경계하여 대규모의 총력전을 시도했으나 주전 486년에 일어난 이집트 반란과 그의 죽음으로 이 계획은 중단되었다.

5) 크세르크세스(Xerxes, B.C. 486-465)

다리오 Ⅰ세의 맏아들 크세르크세스는 부왕의 명으로 바벨론 총독으로 지내다가 부왕 사후에 즉위하였다(B.C. 486). 이듬해에 단 한 번의 전투로 이집트 난을 진압하고 그때까지의 고레스와 다리오 1세의 대외 정책을 바꾸어 이집트의 통치 형태를 무시하고 철저한 페르시아 방식을 채택하였다. 부왕 다리오 1세가 계획했던 그리스 공격은 신바벨론의 반란으로 연기되었지만(B.C. 482) 다시 관심을 돌려 그리스 본토 공격을 준비하였다. 주전 481-480년 겨울 사르디스(Sardis)에서 지낸 페르시아 군은 육지와 바다 양면으로 그리스를 침공하였다. 그 결과 그리스 북부는 페르시아 군의 손에 들어갔고 (B.C. 480), 그해 여름, 테르모필레(Thermopylae)의 그리스 요새도 무너졌다. 페르시아 육군은 아테네(Athens)까지 진격하여 아크로폴리스(Acropolis)를 불태웠다. 그러나 페르시아 군은 아테네의 지도자이자 천재적인 정치가인 테미스토클레스(B.C. 528-462)가 지휘하는 살라미스(Salamis) 해전에서 크게 패하여 침략 의지가 위축되었다. 더욱이 크세르크세스는 그리스 공격으로 본국을 멀리하였기 때문에 본국 통치에 문제가 생길 것을 염려하여 마르도니우스에게 작전을 맡기고 귀국하였다. 크세르크세스가 귀국한 후 플라타이아(Plataea, B.C. 479) 전투에서 마르도니우스가 전사하게 되자 친페르시아 요새였던 테베(Thebes)가 그리스 군에게 함락되고 페르시아 해군은 미칼레(Mycale) 해전에서 또다시 패전하였다. 플라타이아 전투 이후 아테네는 페르시아의 침입에 대비하기 위해 델로스 동맹을 맺어(B.C. 477) 더욱 팽창하게 되어, 에게해까지 세력을 떨치려던 페르시아의 야심은 꺾이고 말았다.

앞에 기록된 그리스와 페르시아의 전쟁은 보수 전제 국가에 대한 자유 진보 세계인 그리스의 승리를 의미한다. 양국의 충돌은 동방과 서방의 최초의 대결로서, 페르시아의 세력을 그 이상 확대시키지 못하게 하는 결과를 낳았다. 크세르크세스는 전쟁에서 패한 후 용기를 잃어 수사와 엑바타나, 페르세폴리스 등 주요 도시에서 향락에 빠졌다. 그 후 왕후들의 모반으로 페르시아 제국의 활력은 점차 쇠하였고, 크세르크세스는 주전 465년에 암살되었다.

6) 기울어져 가는 페르시아와 그리스

크세르크세스의 죽음은 페르시아 역사에 커다란 전환점이 되었다. 그가 죽은 뒤 후계자들 중에는 능력과 지력을 갖춘 자들도 있었지만 이미 기울어진 대제국 붕괴의 운명을 막기에는 너무나 미약하였다. 크세르크세스 사후에도 얼마 동안 페르시아 세력이 유지된 것은 일찍이 고레스와 캄비세스, 그리고 다리오 1세 등 역대 왕들이 그 터전을 견고히 다져 놓았기 때문이다.

크세르크세스 이후에 즉위한 왕 아르타크세르크세스 1세(Artaxerxes I, B.C. 465-425), 크세르크세스 2세(Xerxes Ⅱ, B.C. 425-424), 다리오 2세(Darius Ⅱ, B.C. 423-404) 등은 이전의 왕들에 비해 무능하였다.

① 아르타크세르크세스 1세는 수 차례의 반란을 겪었다. 그중 가장 큰 반란은 주전 459년에 일어난 이집트 반란이었는데, 주전 454년까지도 완전히 진압되지 않았다. 주전 448년경에는 페르시아와 아테네 사이에 화친조약(칼디아스의 평화)이 체결되어 페르시아인들은 에게해에서 철수했으며 아테네인들은 소아시아의 식민지에 대해 간섭하지 않기로 하였다. 그러나 아테네는 주전 439년에 조약을 위반하고 사모스(Samos)를 공격하였다. 그 전쟁에서

페르시아는 다소 유리한 위치를 점령하여 군사적 유익을 얻기도 하였다.

② 크세르크세스 2세는 45일 동안 통치하다가 부왕의 왕비가 낳은 아들에 의해 잔치를 베푸는 자리에서 살해되었다. 암살범은 다리오 2세에 의해 처형되고 다리오 2세가 정권을 잡았다. 아르타크세르크세스 1세와 크세르크세스 2세, 그리고 다리오 2세의 통치 기간에(가장 큰 사건으로) 그리스는 많은 변화를 겪게 된다. 도시국가 아테네(Athens)와 스파르타(Sparta)는 양국 간의 렷한 차이로 서로 대립하다가 아테네 중심의 델로스 동맹과 스파르타를 우두머리로 하는 펠로폰네소스 동맹의 대립이 결국 큰 충돌로 발전하여 펠로폰네소스 전쟁(Peloponnsosian War, B.C. 431-404)이 일어났다. 이 전쟁은 도중에 중단되었다가 장기간 계속되었다. 이 전쟁에서 뜻밖의 이익을 본 것은 페르시아였다. 페르시아는 처음에는 아테네를 도와주었으나, 주전 413년에는 시칠리아에 대한 아테네의 전쟁이 패전으로 기울어지자 스파르타 편에 가담하였다.

③ 다리오 2세의 후계자 아르타크세르크세스 2세는 주전 404년에 즉위하여 359년까지 무려 50년을 통치하였다. 그가 통치하는 동안에 일어난 주요 사건은 페르시아에 유리하게 끝난 스파르타와의 전쟁, 이집트의 반란과 독립, 왕의 동생 고레스(Cyrus The Younger)의 반역, 총독들(Satraps)의 반란 등이다. 아테네를 정복한 스파르타는 나름의 소제국을 수립하고 페르시아에 도전하였다. 페르시아는 함대를 재건하여 유능한 아테네의 코논(Conon) 장군을 사령관으로 임명하였다. 이 전쟁은 주전 400-387년까지 무려 13년이나 계속되었으므로 스파르타는 점차 위축되었다. 페르시아의 도움으로 다시 회복된 아테네는 소아시아의 그리스 도시국가들과 세력 균형을 이루었고, 아르타크세르크세스 2세는 그리스의 요구에 따라 주전 387-386년에 대왕의 평화(King's Peace)라는 강압적인 화친조약을 맺었다. 주전 405년에 이집트가 다시 반란을 일으켰을 때 페르시아는 진압에 힘을 쓸 겨를이 없었으

므로 결국 이집트는 독립하게 되었고, 지금까지 그 상태를 유지하고 있다.

고레스는 일찍이 아르타크세르크세스 1세가 즉위할 때 암살을 도모하다가 체포되었으나 왕비의 간청으로 대역죄를 면한 후 소아시아의 총독으로 임명되었다. 그러나 그는 주전 401년에 1만 명의 그리스 용병을 이끌고 재차 반역을 시도하다가 그해 여름 메소포타미아의 쿠낙사(Cunaxa) 전투에서 전사하고 말았다. 이처럼 페르시아 말기에는 왕위 쟁탈전과 각지에서의 반란으로 혼란이 야기되었다.

7) 페르시아의 멸망

음모와 반역, 왕후의 모반, 그리고 암살 등 일련의 사건들은 아르타크세르크세스 3세를 왕위에 오르게 하였다(B.C. 359). 그는 자기의 권력에 도전해 오는 왕족들을 즉시 멸절시키려고 했다. 그러나 제국을 흔드는 반란들이 꼬리를 물고 일어나 뜻을 이루지 못하였으며 이집트를 재차 점령하기 위한 야망도 실패로 돌아갔다(B.C. 351-350). 이러한 왕권의 약화로 시돈(Sidon)을 비롯하여 팔레스타인과 페니키아(Phoenicia) 전역에서 민족 운동이 일어났다. 길리기아까지 이에 가담하였으나 결국 진압되었다.

난이 진압되어 일시적인 안정이 찾아오자 아르타크세르크세스 3세는 테베와 아르기브(Argives)와 소아시아의 그리스 도시에서 용병을 모집하여 이집트를 공격했고, 주전 343년에 결국 이집트를 정복하였다. 이집트 정복에 성공한 페르시아는 마케도니아(Macedonia)의 필리포스 2세(Philip Ⅱ)의 신흥 세력을 꺾으려던 아테네의 원조를 거부하고 주전 339년에 트라키아에서 마케도니아 군대를 맞아 힘겨운 전투를 치렀다. 그 이듬해인 주전 338년 필리포스 2세는 케로네아(Chaeronea) 전투에서 그리스 전역의 주도권을 쟁취하였다. 필리포스 2세가 그리스를 합병할 무렵 아르타크세르크세스 3세는 신하 바고아스(Bagoas)의 음모로 주치의가 준 독배를 마셔야 했다. 바고아스는 아르세스(Arses)를 왕으로 내세워 배후에서 권력을 휘두르려 했으나 아르세스(B.C. 338-336)는 바고아스를 독살하려고 하였다. 그러나 바고아스는 아르세스를 살해한 후 아르메니아 전 총독 다리오 3세를 왕으로 등극시켰다.

다리오 3세는 왕위를 탐하는 왕족들을 제거하고 기반을 다진 후 이집트의 반란을 성공적으로 진압했다(B.C. 336). 그러나 페르시아 제국의 종말은 속히 다가왔다. 주전 334년 5월 마케도니아의 알렉산드로스 대왕(Alexander the Great, B.C. 356-323)은 그라니쿠스(Granicus)에서 다리오 3세의 군대를 격파했고, 주전 331년에는 페르시아 왕의 본진을 습격하여 혼란에 빠뜨린 후 아르벨라(Arbela) 전투에서 페르시아를 완전히 병합시켰다. 이는 실로 앗수르의 통일 이후 오리엔트를 재통일한 대제국 페르시아의 붕괴였다.

구약주석
에스라

A Commentary on THE BOOK of EZRA

에스라 주석
목차

서론
- I. 에스라서의 저자 ... 425
- II. 에스라서의 저술 시기 ... 426
- III. 에스라의 업적 ... 427
- IV. 에스라서 내용 분해 ... 428

해석
- 제1장 ... 433
- 제2장 ... 440
- 제3장 ... 448
- 제4장 ... 453
- 제5장 ... 458
- 제6장 ... 464
- 제7장 ... 470
- 제8장 ... 479
- 제9장 ... 486
- 제10장 ... 492

참고서적 ... 430

서론

I. 에스라서의 저자

전통적으로 유대인들은 에스라서가 에스라의 저술이라고 말한다(Baba Bathra 15a). 그러나 7장 1절부터 마지막까지 1인칭 대명사와 3인칭 대명사가 섞여 있기 때문에 이 책을 에스라 한 사람의 저술이라고 할 수 없다는 학자들도 있다. 하지만 저작자들이 자기를 제3의 자격으로 소개하며 기록한 문체는 옛글에서 얼마든지 찾아볼 수 있다. 예를 들면 에스라와 거의 같은 시대에 살았던 헬라의 저술가 투키디데스(Thucydides)는 자서전을 저술하면서 자기를 3인칭으로 서술하다가 후편(I. 20-22)에서는 1인칭으로 바꾸었다. 그리고 제4권에 이르러서는 다시 3인칭으로 바꾸었다(104-106장)고 한다(Canon Raulinson).

그런데 에스라 한 사람이 본서를 저술하였다고 하기에는 또 하나의 난제가 있다. 1-6장은 주전 536-516년 즈음에 이루어진 일들을 포함하고, 7-10장은 주전 458-457년 즈음에 이루어진 일들을 포함한다. 그렇다면 이 두 부분 사이에 57년이라는 긴 세월이 공백으로 남게 된다. 하지만 이와 같은 공백 기간이 에스라를 단일 저자로 생각하는 데 문제 될 것은 없다. 첫째 부분(1-6장)의 자료들은 그가 직접 목격하지 않은 내용이라 할지라도 얼마든지 구할 수 있었을 것이다. 그가 그 자료들을 가지고 하나님의 영적 감동을 받아 그 부분을 저술하였다고 생각된다. 그리고 둘째 부분(7-10장)은 그와 직접 관련된 사건들이므로 그의 저술임을 의심할 여지가 없다.

에스라서가 에스라의 저작임을 반대하는 학자들의 또 다른 이론이 있다. 그것은 에스라 1:1에 "페르시아 왕"(מֶלֶךְ פָּרַס)이라고 한 칭호가 그 시대에 적합하지 않고 "왕들의 왕"이라고 했어야 한다는 것이다. 학자들은 이 점에서 에스라서가 역사성을 갖추지 못했기 때문에 에스라서는 에스라의 기록일 수 없다는 것이다. 이 점에 대하여 윌슨(R. D. Wilson)은 다음과 같이 대답하였다. 즉 그 시대에 나온 세속 문서들 중 19개의 서로 다른 문서에 페르시아의 여섯 왕을 가리켜 에스라 1:1처럼 이 "페르시아 왕"이라는 칭호를 사용하였다는 것이다.[103]

II. 에스라서의 저술 시기

에스라가 에스라서를 저술한 시기는 느헤미야가 수산에서 예루살렘에 도착한 해(아닥사스다 20년; B.C. 445) 이전이다. 그 이유는 만일 느헤미야가 돌아온 후에 에스라서를 기록하였다면 에스라서에 느헤미야의 예루살렘 성 재건 운동에 대한 말씀이 반영되었을 텐데 그런 흔적이 보이지 않기 때문이다. 구약 연구를 위하여 43개 언어를 통달한 세계적인 학자 윌슨(R. D.

---

103) R. D. Wilson, Princeton Theological Review, 15, 1917, 9-145.

Wilson)은 말하기를, 에스라서의 아람어 부분(스 4:7-7:26)의 문체가 엘레판티네 파피루스(Elephantine Papyri)의 것과 유사하다고 하였다.[104] 엘레판티네 파피루스는 주전 5세기에 기록되었다. 따라서 많은 학자들은 에스라서가 주전 456-444년경에 기록되었다고 한다.

III. 에스라의 업적

에스라가 모세의 율법을 많이 연구하고 가르친 사실은 7:6, 10, 11, 14에서 볼 수 있다. 유대인의 전통은 에스라의 업적에 대하여 여러 가지로 말한다. 바벨론 탈무드 수카 편(Sukkah 20a)에는 이스라엘이 모세의 율법을 잊어버렸으나 에스라가 그것을 이스라엘에 회복시켰다고 기록되어 있다.

사도 시대의 이후의 서책들은 에스라를 "선지자"라고 하였고(The Antinicene Fathers), 오리게네스(Origen)는 에스라를 "율법에 대한 가장 높은 학자"라고 하였다. 유대인의 전통은 다음과 같이 말한다. 곧 모세는 율법을 여호수아에게 전했고, 여호수아는 장로들에게, 장로들은 선지자들에게, 선지자들은 대회당 사람들(Men of Great Assembly)에게 전했다고 한다.[105] 그리고 대회당 사람들의 지도자는 에스라였을 것으로 추측된다.[106] 대회당(The Great Assembly)은 구약 전승 사업을 목표로 하여 활동한 단체였다.

---

104) R. D. Wilson, International Standard Bible Encyclopaedia, II, 1083.
105) Talmud, The Tractate Abhoth.
106) Buttler Bible Work, VII. 1894, 486-487.

Ⅳ. 에스라서 내용 분해

1. 포로들의 제1차 귀환(1:1-2:70)
　　1) 고레스의 칙령(1:1-4)
　　2) 칙령에 대한 반응(1:5-11)
　　3) 스룹바벨과 예수아의 인솔하에 포로들이 돌아옴(2:1-70)

2. 여호와 하나님께 대한 예배 회복(3:1-6:22)
　　1) 7월에 백성이 예루살렘에서 번제단을 세움(3:1-3)
　　2) 다시 예물을 드리고 장막절을 지킴(3:4-7)
　　3) 바벨론에서 돌아온 지 2년 2월 만에 성전 건축을 시작함(3:8-13)
　　4) 원수들이 성전 건축을 돕겠다고 할 때에 스룹바벨이 거절함(4:1-5)
　　5) 성전 건축에 대한 반대 운동과 이에 대한 대책(4:6-20)
　　6) 학개와 스가랴가 성전 건축을 장려한 것과 그 일에 대한 반대(5:1-17)
　　7) 다리오 왕이 성전 건축을 계속하라고 함(6:1-12)
　　8) 다리오 왕의 명령에 순종하여 성전 전축이 완성됨(6:13-15)
　　9) 성전 봉헌식과 유월절을 지키는 행사(6:16-22)

3. 에스라의 인솔과 포로들의 제2차 귀환(7:1-10:44)
　　1) 에스라의 내력을 소개함(7:1-10)
　　2) 아닥사스다 왕이 에스라에게 준 임무(7:11-26).
　　3) 에스라의 축복(7:27-28)
　　4) 에스라와 함께 예루살렘에 올라온 자들의 명단(8:1-14)
　　5) 에스라가 백성의 두목을 모음(8:15-20)
　　6) 에스라가 금식을 선포함(8:21-36)

7) 에스라가 백성의 이방 결혼 문제로 근심함(9:1-4)

8) 에스라의 기도(9:5-15)

9) 에스라의 개혁(10:1-17)

10) 제사장들 중에서 이방 여인과 결혼한 자들의 명단(10:18-44)

참고서적

Aalders, G. Ch. Het Verbond Gods. Kampen: Kok, 1939.

Ackroyd, P. R. Ⅰ and II Chronicles, Ezra, Nehemiah. London: SCM, 1973.

Batten, L. W. A Critical and Exegetical Commentary on the Books of Ezra and Nehemiah (The International Critical Commentary on the Holy Scriptures of the Old and New Testaments 12). Edinburgh: T. & T. Clark, 1913.

Benzinger, I. Hebräische Archäologie (Angelos; Lehrbucher 1). Leipzig: Pfeiffer, 31927.

Bertholet, A. Die Bücher Esra und Nehemia (Kurzer Hand - Commentar zum Alten Testament 19). Tübingen: J. C. B. Mohr, 1902.

Brockington, L. H. Ezra, Nehemiah and Esther (The Century Bible). London: Nelson, 1969.

Butler, J. G. The Bible - Work or Bible Readers´ Commentary VII. New York, 1894.

Buttrick, G. A. Kings, Chronicles, Ezra, Nehemiah, Esther, Job (The Interpreter's Bible 3). New York, 1978.

Clay, A. T. Business Documents of Murashû Sons of Nippur: Dated in the Reign of Daruis II. (424 - 404 B.C.). (Babylonian Expedition 10). Philadelphia, 1904.

Cook, F. C. (ed.). The Holy Bible with an Explanatory and Critical Commentary Ⅲ: Kings II - Esther. London: Murray, 1873.

Delitzsch, F. Ezra, Nehemiah, Esther (Commentary on the Old Testament). Grand Rapids: Eerdmans, 1970.

Grosheide, H. H. Esra - Nehemia (Commentaar op Het Oude Testament). Kampen: Kok, 1963.

Jahn, G. Die Bücher Esra, A und B, und Nehemia. Leiden: E. J. Brill, 1909.

Meyer, E. Geschichte des Altertums Ⅳ. Stuttgart: J. G. Cotta´sche Buchhandlung, 1953-58.

Myers, J. M. Ezra, Nehemiah (The Anchor Bible). New York [et. al.]: Doubleday, 1965.

Nichol, F. D. (ed.). Seventh - Day Adventist Bible Commentary III: Ⅰ Chronicles to Song of Solomon. Washington: Review and Herald Pub. Association, 1953.

Olmstead, A. T. The History of Persian Empire (Phoenix Books 36). Chicago: University Press, 1966.

Orr, J. (ed.). International Standard Bible Encyclopaedia. Chicago: Howard - Severance, 1925.

Pfeiffer, C. F. Exile and Return. Grand Rapids: Baker Book House, 1968.

The People's Bible: Discourses upon Holy Scripture. London: Hazell, Watson & Viney [etc.], 1896 - 1907.

Torrey, C. C. Ezra Studies (The Library of Biblical Studies). New York: Ktav, 1970.

Unger, M. F. Archaeology and the Old Testament. London: Pickering, Inglis, 1977.

Vogt, H. C. M. Studie Zur Nachexilischen Gemeinde in Esra - Nehemia. Werl: Coelde, 1966.

Wilson, R. D. Studies in the Book of Daniel. Grand Rapids: Baker Book House, 1917.

제 1 장

✣ 내용분해

1. 고레스 왕이 유대인 포로들에게 예루살렘으로 돌아가 성전을 건축하라고 함(1-3절)
2. 고레스 왕이 팔레스타인의 유대인들에게 물질로 성전 건축을 도우라고 함(4절)
3. 포로들이 성전 건축을 위해 귀환하고 그곳에 남았던 자들은 물질로 봉사함(5-6절)
4. 고레스 왕이 전에 느부갓네살이 옮겨 왔던 성전 기명들을 돌려줌(7-11절)

✣ 해석

1 바사 왕 고레스 원년에. 주전 538년에 바벨론은 "메대 사람 다리오"(Darius, B.C. 538-536)로 말미암아 정복되었다(단 5:30-31). 이 다리오 시대에 선지자 다니엘이 이미 이스라엘의 하나님 여호와는 참된 신이심을 그 나

라 백성들에게 증거했다(단 6:1-28). "고레스"라는 이름(כורש)은 페르시아말 쿠루스(Kurus)의 음역이다. 이사야는 이 이름을 두 번 예언하였다(사 44:28; 45:1).

여호와께서 예레미야의 입을 통하여 하신 말씀. 하나님께서 범죄한 유다를 징벌하여 바벨론에 내주셨고(B.C. 586), 일찍이 선지자 예레미야를 통하여 유다 예루살렘의 황폐(유다 민족이 포로 된 후) 기간이 "70년 동안" 계속되리라고 예언하셨다(렘 25:11, 29:10; 단 9:2 참조).

이루게 하시려고. "이루다"라는 말(כלה)은 완성을 의미한다. 민수기 23:19에 "하나님은 사람이 아니시니 거짓말을 하지 않으시고 인생이 아니시니 후회가 없으시도다 어찌 그 말씀하신 바를 행하지 않으시며 하신 말씀을 실행하지 않으시랴"라고 하였다.

바사 왕 고레스의 마음을 감동시키시매. 여기서 "감동시킨다"는 말(העיר=일으킨다는 뜻)은 하나님께서 고레스의 마음에 유다 민족을 해방하여 그들이 고국으로 돌아가 예루살렘 성전을 재건할 수 있도록 도와주려는 생각이 일어나도록 하셨다는 것이다(사 44:28; 45:1, 13 참조). 역사가인 요세푸스(Josepus)에 의하면 고레스가 이사야서를 읽고 이같이 선한 결심을 하였다고 한다.[107] 그러나 그가 어떤 근거를 가지고 이런 말을 했는지는 알 수 없다. 또 다른 추측은 아마도 그때 유대인들이 선지자들의 예언(바벨론의 멸망과 고레스의 승리와 유대인 해방에 관한 예언)을 고레스에게 알려 주었기 때문에 그가 유대인 해방에 힘썼을 것이라고 한다.[108]

그러나 우리는 이런저런 추측을 할 필요가 없다. 고레스가 유대인에게 호의를 가지게 된 것은 본문의 말씀과 같이 여호와께서 그의 마음을 감동시키

---

107) Josepus Ant. XI. 1-2.
108) H. H. Grosheide, Esra Nehemia Ⅰ, Commentaar op het Oude Testament, 1963, 68.

신 결과였다.

유대인 귀환 역사와 관련된 페르시아 왕들

	페르시아 왕명	연대	성구	유다 지도자들
1	고레스(Cyrus the Great)	559-530	스 1:1	예수아, 스룹바벨
2	아닥사스다(Cambyses)	530-522	스 4:7, 11, 23	예수아, 스룹바벨
3	다리오 대제 (Darius the Great)	522-486	스 4:24-5:2	예수아, 스룹바벨, 학개, 스가랴
4	아하수에로(Xerxes)	486-465	에 1:1, 2:5, 17	에스더, 모르드개 (478년)
5	아닥사스다 1세 (Longimanus)	465-425	스 7:1	에스라(458년), 느헤미야(445년) 말라기(425년)

2 하늘의 하나님 여호와(יהוה אלהי השמים). "하늘의 하나님"은 '초월하신 하나님 여호와'를 가리킨다. 그리고 "여호와"(יהוה)는 '영원하신 존재자'라는 뜻으로(출 3:14-15), 그가 이스라엘 백성에게 언약하신 것을 영원히 살아서 실행해 주실 것을 가리키는 이름이다. 그러므로 이 이름은 언약과 계시에 관련된 것이다.

구약 시대에 어떤 이방인들은 이스라엘의 참된 신을 일컬어 "지극히 높으신 하나님"이라고 하였다(단 4:2, 34 참조). 이때 고레스는 참되신 하나님이 곧 이스라엘의 여호와라는 의미로 이와 같이 말하였다. 페르시아의 왕들은 그들이 정복한 민족들이 섬기는 신들을 받아들였지만(Bickermann) 고레스는 그런 정도가 아니고 이스라엘의 "여호와"를 최고의 참된 신으로 알았다. 그는 그때부터 200년 전에 있었던 선지자 이사야의 예언(사 41:25; 44:28; 45:1)에 의하여 그런 지식을 가지게 되었을 것이다. 일찍이 메대 사람 다리오(B.C. 538)도 다니엘을 통하여 이스라엘의 하나님 여호와의 권능을 깨달았다(단 6장). 그러므로 이스라엘의 하나님 여호와는 메디아 페르시아 왕족 가운데 어느 정도 알려져 있었을 것으로 생각된다.

세상 모든 나라를 내게 주셨고. 이 말씀은 고레스가 페르시아뿐 아니라 바벨론도 통치한다는 것이다. 여기서 문제가 되는 것은 다니엘 5:31에 의하면 바벨론을 정복하여 점령한 왕이 "메대 사람 다리오"라는 것이다. 그러나 이 난제는 다음과 같이 해결된다. 윌슨(R. D. Wilson)의 증거에 따르면, 메대 사람 다리오는 고브리아스(Gobryas)와 동일인이며 고레스의 부하로서 바벨론 지역만 통치하는 부속 왕이었다는 것이다.[109]

다니엘 6:1에서 메대 사람 다리오가 방백 120명을 세워 전국을 통치하였다고 했는데, 이 말씀도 그가 페르시아까지 다스렸다는 의미가 아니라 그가 고레스 왕 아래에서 바벨론을 그런 방법으로 지배하였다는 것이다.[110]

옛날에는 한 사람이 두 개의 이름을 가지는 일이 많았다고 한다. 고브리아스는 앗수르 말이고 '권세의 소유자'라는 뜻인데 그것이 페르시아말로는 다리오와 같다는 것이다.[111]

나에게 명령하사 유다 예루살렘에 성전을 건축하라 하셨나니. 여기서 "나에게 명령하사"(הוּא פָקַד עָלַי)라는 말은 "나에게 찾아오셔서"라고 개역되어야 한다. 이것을 보아도 고레스가 영감을 받은 것을 알 수 있다.

3 이스라엘의 하나님은 참 신이시라(הוּא הָאֱלֹהִים אֲשֶׁר בִּירוּשָׁלָ͏ִם). 이 문구는 "예루살렘에 계신 그가 그 하나님이시라"고 번역되어야 한다. "그 하나님"(הָאֱלֹהִים)이라는 말은 '유일하신 신, 곧 참신'이라는 의미이다. 고레스는 참하나님이 이스라엘에만 알려졌다는 사실을 믿었다.

---

109) R. D. Wilson, Studies in The Book of Daniel, 1917, 133, 138-139.
110) Ibid., 141-142.
111) Ibid., 1917, 139.

이스라엘의 하나님 여호와의 성전을 건축하라. 느부갓네살 왕이 유다의 예루살렘을 치고 성전을 불태워 파괴한(대하 36:19) 이후 하나님의 예언(렘 25:11; 단 9:1-2)대로 70년이 지나서 고레스 왕에 의해 성전 재건의 기회가 주어진 것이다. 이 세상 임금 중에는 여호와의 종교를 박해하는 자도 있지만 하나님의 뜻에 따라 찬성하는 자도 등장한다. 지금은 공산주의자들이 기독교를 박해하여 그들에게로 향하는 복음 전도의 문이 닫혀 있지만 다시 그 문이 열릴 때도 오고야 말 것이다.

그는 예루살렘에 계신 하나님이시라. 이것은 가장 큰 축복의 언사이다. 하나님과 함께하는 사람은 모든 일에 형통한다(창 39:3 참조).

4 그 남아 있는 백성이 어느 곳에 머물러 살든지 그 곳 사람들이. 여기서 "남아 있는 백성"(הנשאר)이라는 말은 이스라엘 사람들을 가리키고, "그곳 사람들"은 바벨론 사람들을 가리킨다(S. Ottli). 고레스는 바벨론 사람들에게 귀국하는 이스라엘을 물질로 도와주라고 명하였다. 이것은 일찍이 모세의 지도하에 출애굽하던 이스라엘 백성들에게 일어났던 일(출 3:22; 11:2; 12:35-36)과 같다. 바벨론에서 이스라엘이 해방되어 고국으로 돌아올 일에 대하여 선지자 이사야도 예언하였다(사 10:20-22, 11:11, 16, 28:5). 그러므로 고레스의 이 조서는 사실상 그의 작품이 아니라 구약의 역사적 사실을 잘 아는 유대인(에스라서 저자)의 것이라고 주장하는 학자들도 있다(H. H. Grosheide). 그러나 고레스가 관대한 처사를 행하면서 이러한 말을 못했을 리 없다.

5 이에 유다와 베냐민 족장들과 제사장들과 레위 사람들. 고레스의 유대인 해방과 성전 건축 명령을 따라서 유다로 돌아가는 자들은 바벨론에 살던 유대인들 중에서 오직 "그 마음이 하나님께 감동을 받고" 결단을 내린 자들이었다. 언제나 참된 구원에 참여하는 자들은 하나님의 인도하심을 받은 자들이다(요 6:44; 롬 8:14 참조). "유다" 지파는 본래 지도자 격으로 축복을 받았으므로(창 49:8) 이때 광복 행렬에도 선두에 서게 되었다. 그리고 "베냐민" 지파

는 모든 지파 중 가장 미약해졌으나(삿 21:6) 하나님의 은혜로 이같이 기쁜 일에 참여했다. "제사장들과 레위 사람들"이 성전 재건 운동에 참여하기 위해 함께 출발한 것은 자연스러운 일이다.

6 그 사면 사람들이 은 그릇과 금과 물품들과 짐승과 보물로 돕고 그 외에도 예물을 기쁘게 드렸더라. 하나님의 일이 핍박 중에 이루어지는 경우도 있지만 주위의 후원을 받으며 이루어지는 경우도 있다. "돕고"라고 번역된 히브리어(חִזַּק יָד)는 '후원함', 혹은 '강화시켜 줌'을 의미한다. 바벨론 사람들이 이처럼 물질로 성전 건축을 후원한 것은 하나님의 일에 이바지하는 또 하나의 방법이었다 (왕상 5:7-10 참조).

7-11절. 여기서는 전에(B.C. 586년) 느부갓네살이 예루살렘에서 바벨론으로 옮겨 갔던 여호와의 전에서 사용하는 그릇들을 고레스가 도로 내어준 사실에 대하여 말한다. 사람들은 폭군이 득세하는 시대에는 그 권세가 영원히 끝나지 않을 듯처럼 느껴져 탄식하지만 철석같이 시행되던 폭군의 명령도 무력해지는 때가 반드시 오는 법이다. 하나님께서는 이방 왕의 마음도 주장하신다(스 1:1; 참조. 잠 21:1). 그러므로 침략국의 압제 아래 있는 성도들은 소망 중에 즐거워할 수 있다. 때가 이르면 하나님께서 그들을 풀어놓아 주실 것이다. 오늘날 공산국가들의 위협에 대해서도 신자들은 두려워할 것이 없다.

느부갓네살 왕이 예루살렘에서 옮겨 갔던 성전의 그릇들도 마침내 예루살렘으로 돌아왔다. 이것은 그 회복 운동이 여유 있게 이루어진 사실을 알려 준다. 즉 하나님의 백성만 간신히 돌아온 것이 아니라 하나님의 것은 성전의 그릇까지 돌아왔다. 이사야 49:24-25에 보면 "용사가 빼앗은 것을 어떻게 도로 빼앗으며 승리자에게 사로잡힌 자를 어떻게 건져낼 수 있으랴 여호와가 이같이 말하노라 용사의 포로도 빼앗을 것이요 두려운 자의 빼앗은 것도 건져낼 것이니 이는 내가 너를 대적하는 자를 대적하고 네 자녀를 내가 구원할 것임이라"고 하였다.

8 바사 왕 고레스가 창고지기 미드르닷에게 명령하여. 여기서 "명령하여"로 번역된 히브리어(עַל־יַד)는 '감독으로 하여'라는 뜻이다(Alfred Bertholet). "미드르닷"(מִתְרְדָת)이라는 이름은 바벨론 말인 "미트라다투"(Mitradatu)와 같다.

세스바살(8하). 어떤 학자는 이 이름이 스룹바벨에 대한 페르시아식 이름이라고 생각한다(Samuel Öttli). 그러나 베르톨레트(Bertholet)라는 학자는 그 두 이름을 같은 것으로 볼 수 없다고 한다.[112] 그러나 델리취(Delitzsch)는 세스바살이 스룹바벨과 동일한 사람이라고 하였다. 그러한 주장은 에스라서 (3:8; 5:2, 16)에 근거한 것이다.[113]

---

112) Bertholet, Die Bücher Esra und Nehemia, Kurzer Hand-Commentar, 1902, S.2. שֵׁשְׁבַּצַּר noch V. II, 5:14, 16 ist nicht mit Serubbabel zu identifizieren."
113) Delitzsch, Ezra, Nehemiah, Esther, Commentary on the Old Testament, Eerdmans, 1970, 27.

제 2 장

✥ 내용분해

1. 바벨론에서 돌아오는 유대인 지도자들(1-2절)
2. 일반 민중(3-35절)
3. 성전 직원들(36-63절)
4. 총수(64-67절)
5. 성전 건축을 위하여 드린 금, 은, 옷의 수량(68-69절)
6. 결론(70절)

✥ 해석

1 옛적에 바벨론 왕 느부갓네살에게 사로잡혀 바벨론으로 갔던 자들의 자손들 중에서 놓임을 받고 예루살렘과 유다 도로 돌아와 각기 각자의 성읍으로 돌아간 자. 이 구절은 다음과 같이 개역된다. "이들은 바벨론 왕 느부갓네살이 바벨론으로 사로잡아 갔던 자들의 자손들, 곧 (유다) 도의 자손들로서 예루살렘과 유다로

돌아와 각기 본성에 이른 자들이라." 느부갓네살이 유대인들을 바벨론으로 사로잡아 간 사실은 고고학적으로도 증명된다. 고고학자들이 발굴한 300여 설형문자 서판에 의하면 바벨론 가까이에 거주하던 유대인들에게 식량이 배급된 사실을 알 수 있다. 이 서판들은 주전 595-570년에 작성된 것이다.[114]

"도"(מְדִינָה)라는 말은 유다가 그 당시 페르시아에 속한 하나의 도(Provincia)였다는 사실을 알려 준다. 페르시아 왕 다리오(Darius)는 전국을 20개의 도로 나누었는데 그때 유다는 제5도였다.[115] 이것은 "강 건너" 지방이라는 명칭도 가지고 있었다. "각기 본성"(אִישׁ לְעִירוֹ)은 각 사람이 본래 살던 도시를 말한다.

2 바벨론에서 돌아온 유대인들의 지도자들은 다음과 같다.

이름	히브리어	의미
스룹바벨	זְרֻבָּבֶל	바벨론의 씨
예수아	יֵשׁוּעַ	여호와께서 구원하신다
느헤미야	נְחֶמְיָה	여호와께서 위로하셨다
스라야	שְׂרָיָה	여호와께서 주관자가 되셨다
르엘라야	רְעֵלָיָה	알 수 없음
모르드개	מָרְדֳּכַי	'마르두크'라는 바벨론의 신(神) 이름
빌산	בִּלְשָׁן	알 수 없음
미스발	מִסְפָּר	수효
비그왜	בִּגְוַי	행복하다
르훔	רְחוּם	긍휼히 여겨짐
바아나	בַּעֲנָה	알 수 없음

---

114) M. F. Unger, Archaeology and The old Testament, 1977, 296.
115) Herodotus, Hist. Ⅲ. 89.

이 11명의 지도자들은 그 당시 유대인들이 본국으로 돌아가는 광복 운동의 선구자들이었다. 이렇게 생각할 수 있는 이유는 "함께 나온"(אֲשֶׁר בָּאוּ עִם)이라는 말씀(하반절)에서 일반 민중(이스라엘 백성)이 그들의 인도를 받았다는 사실을 암시하여 주기 때문이다. 이들은 귀환 동포들의 인솔자이고 지도자였고, "하나님의 감동"을 받은 자들이었다(스 1:5). 하나님의 교회는 인간의 재능만으로 봉사할 수 없고 오직 성령의 능력으로만 할 수 있다. 스가랴 4:6 하반절에 "이는 힘으로 되지 아니하며 능력으로 되지 아니하고 오직 나의 영으로 되느니라"고 하였는데 이 말씀이 바로 이때의 성전 재건과 관련된 것이다. 이때 유다의 귀환 운동은 성전 재건을 위한 것이었으며(스 1:2, 5), 종교적인 목적을 중점으로 한 것이었다. 앞에 나온 지도자들의 명단에 "스룹바벨"이 선두에 나온 사실은 그가 그들 중에서 우두머리였다는 것을 알려 준다. 그가 유다 자손, 혹은 다윗의 자손이었으므로(대상 3:19), 이스라엘이 바벨론에서 본국으로 돌아가는 큰일에서도 야곱의 예언대로 그가 왕과 같은 지도자로 세워졌다(창 49:8-9; 슥 4:1-14 참조). 그다음으로 나온 이름은 "예수아"이며, 그는 아론의 후손으로서 대제사장이었다(대상 6:14-15; 스 3:2). "예수아"(יֵשׁוּעַ)는 여호수아(יְהוֹשֻׁעַ)라는 이름의 축소형이다. 그는 요사닥의 아들이고(학 1:1), 느부갓네살이 죽인 대제사장 스라야(왕하 25:18-21)의 손자다. 그는 고국으로 돌아가는 유대인들의 첫 번째 대제사장이 되었다. 그 또한 그 당시 성전 재건 운동에서 주도적 역할을 하였다(슥 3:1-9 참조).

3-20절. 이 부분에서는 족속의 이름을 따라 바벨론에서 유다로 돌아온 무리의 수를 말해 준다. 성경에 이들의 수를 자세히 기록한 것은 그때 하나님의 뜻에 순종하여 돌아온 그들의 결단을 칭찬하려는 것이다. 하나님께서는 자기 백성에게(혹은 인류에게) 구원을 베푸시지만 그의 구원을 믿지 않는 자들은 하나님께로 돌아오지 않는다. 하나님께서는 그에게 돌아오는 자들을 기뻐

하시며 말씀하시기를 "너희는 내게로 돌아오라 만군의 여호와의 말이니라 그리하면 내가 너희에게로 돌아가리라"고 하셨다(슥 1:3; 참조. 눅 15:3-7, 11-24).

바로스(3절). (8:3; 10:25; 참조. 느 3:25; 7:8; 10:14). 바로스가 어느 시대 사람인지는 알려지지 않았으나 그의 자손들이 귀환 운동에 참여하였다. 그의 자손들 중에서 잘못한 것을 회개한 일도 있다(스 10:25).

스바댜(4절). 성경에 "스바댜"라는 이름을 가진 사람이 많이 소개되었는데,[116] 여기에 언급된 "스바댜"가 그들 중 누구인지는 알 수 없다. 그의 자손 중에서 372명이 이 첫 번째 귀환에 참여했을 뿐 아니라 그 후 에스라의 귀환 때에도 80명이 함께 돌아왔다(8:8). "아라"(2:5)에 대하여는 느헤미야 6:18, 7:10을 참조하라. 역대상 7:39-40에 의하면 그는 용사였다. "바핫모압"(스 2:6)의 자손도 귀환 운동에 참여했다(10:30; 느 10:14). "엘람"(스 2:7절)은 성전에서 예배 행사에 봉사한 사람이다(대상 26:3; 참조. 느 12:42). "삿두"(스 2:8) 자손들은 이방 여자와 결혼한 일이 있었는데 에스라의 권고를 듣고 그 아내들과 나뉘었다(10:27). 그 당시에는 이와 같은 처사가 하나의 신앙 용단이었다. 삭개(2:9). 이 이름은 "스가랴"(זְכַרְיָה='여호와께서 기억하신다'라는 뜻)의 축소형이다. "바니"(10절)라는 이름은 일찍이 다윗의 용사들 중에도 언급되어 있다(삼하 23:36). 그러나 여기에 나온 "바니"가 그 사람을 가리키는지는 알 수 없다. "바니"의 자손이 바벨론에서 1차로 돌아온 것만은 확실하다(대상 9:4). "브배"(스 2:11)는 "베배"라고도 불린다(10:28; 느 10:15). "아스갓"(스 2:12)은 "갓의 힘"이라는 뜻이며, 갓 지파의 용사였던 것으로 생각된다. "아도니감"(13절)은 "주께서 일어섰다"는 뜻이고, "비그왜"(14절)는 페르시아 말에서 유래된 것으로, '행복하다'는 뜻이다. "아딘"(15절)이라는 이름은 '부드럽다'는 뜻인데 그의 자손들 중 대표자가 하나님께 충성하려는 이스라엘 서약

---

116) 삼하 3:4; 대상 3:3; 9:8; 27:16; 대하 21:2; 렘 38:1.

에 인을 쳤다(느 10:16). "아델"(16절)은 '황홀경'(Rapture)을 의미하며, 후에 그가 하나님에 대한 이스라엘의 언약에 인을 쳤다(느 10:17). "아델 자손 곧 히스기야 자손"(스 2:16)이라는 말은 히브리 원문대로 '히스기야를 통한 아델 자손'이라는 뜻이다. "베새"(17절)에 대하여는 느헤미야 7:23, 10:18을 참조하라. "요라"(스 2:18)는 '가을비'라는 뜻이고, "하숨"(19절)은 '넓은 코'라는 뜻이고, "집발"(20절)은 '용사'를 의미한다.

21-35 이 부분에서는 바벨론에서 해방되어 돌아온 자들을 그 출신 지방별로 말한다. 총 21개 지방 중에서 베냐민 지파에 속한 지방이 열네 곳이나 되므로 반이 넘는다. 사사 시대에는 베냐민 지파가 범죄했기 때문에 거의 멸절된 상황이었다(삿 20-21장). 그런데 귀환자들 중에서 이 지파가 다수를 차지하게 된 것은 진노 중에도 자비를 베푸시는 하나님의 은혜로 말미암은 것이다. 즉 하나님께서 미약해진 베냐민 족속을 긍휼히 여기셔서 그 자손들을 번성하게 하셨으며, 또한 그들이 회개하게 하신 결과이다.

"베들레헴"(스 2:21)과 "느도바"(22절)는 유다에 속하였고, "아나돗"(23절), "아스마웻"(24절), "기랴다림과 그비라와 브에롯"(25절), "라마와 게바"(26절), "믹마스"(27절), "벧엘"(28절), "느보"(29절), "로드와 하딧과 오노"(34절) 등은 베냐민에 속하였다. 이와 같이 베냐민 자손들이 유다 지파보다 훨씬 많이 회개하고 돌아온 것은 성령의 역사이다. 바람이 임의로 부는 것 같은 성령의 역사(요 3:8)를 여기서도 볼 수 있다.

36-39 이 부분에서는 유다로 돌아온 제사장들의 수와 그 조상들의 이름을 말해 준다. 곧 그 조상들은 "여다야"(36절),[117] "임멜"(37절).[118] "바스훌"(38절)(렘 20:1), "하림"(39절) 등이다. 귀환한 자들의 수는 여다야 자손이

---

117) 대상 9:10; 24:7; 느 7:39; 11:10; 12:6, 7, 19, 21; 슥 6:10, 14 참조.
118) 대상 9:12; 24:14; 렘 20:1; 스 10:20; 느 3:29; 7:40; 11:13 참조.

973명, 임멜 자손이 1,052명, 하림 자손이 1,017명이다. "바스훌"은 선지자 예레미야를 핍박한 제사장이다(렘 20:2). 그러나 하나님께서는 이런 핍박자의 자손들도 회개시켜 복을 주셨다. 귀환한 바스훌의 자손들은 모두 1,247명이었다. 제사장족으로서는 가장 많은 비율을 차지하였다.

40-42 여기서는 유다로 돌아온 레위 계통의 자손들에 대하여 말해 준다. 40절의 호다위야(대상 3:24 참조) 자손, 곧 예수아(스 2:36 참조)와 갓미엘(3:9 참조) 자손이 74명이고, 아삽(2:41) 자손이 128명이다.[119] 42절의 살룸(렘 22:11; 대상 3:15 참조), 아델(스 2:16 참조), 달문,[120] 악굽,[121] 하디다, 소배(느 7:45 참조) 자손이 모두 139명이다.

43-54 이 부분에서는 바벨론에서 돌아온 "느디님"(43절), 곧 성전에서 봉사한 자들의 족속 이름에 대하여 말한다. 이들은 주로 장작 패는 일과 물 긷는 일을 한 외국인들이었다. 예컨대 기브온 족속은(수 9:27; 스 8:20) 미천한 대우를 받았지만 그들 중에서 주님께로 돌아오는 자들이 많았다.

55-58 여기서는 솔로몬의 종들의 자손이 유다로 돌아온 사실을 말한다. 55절의 "신하"라는 말(עַבְדֵי)은 "종들"이라고 개역되어야 한다. 이 "종들"은 솔로몬 시대에 유다에 포로로 잡혀 온 외국인들(가나안 원주민들)일 것이다(왕상 9:20-21). 그들의 자손도 포로가 되어 바벨론으로 이주했는데, 그들이 성령의 감동을 받아 유다로 돌아오게 된 것이다. 하나님께서는 이방인의 하나님이시기도 하다(롬 3:29). 따라서 그는 구원을 베푸시는 데 차별이 없으시며, 사람을 외모로 취하지 않으신다(행 10:34).

59-63 여기서는 이스라엘 중 어느 족보에 속했는지 알려지지 않은 사람

---

119) 느 2:8; 11:17; 12:35 참조
120) 대상 9:17; 느 7:45; 11:19; 12:25 참조
121) 느 7:45; 11:19; 12:25 참조

들에 대하여 말한다. 사람들에게는 이들의 족보가 알려지지 않았지만 하나님께서는 아셨다. 그들이 성령의 감화를 받아 성전 건축을 위하여 돌아온 것만으로 충분하다. "길르앗 사람 바르실래"(61절)(בַּרְזִלַּי='철인'이라는 뜻)는 압살롬이 반란을 일으켰을 때 다윗을 도와준 은인이다(삼하 17:27; 19:31).

63 우림과 둠밈을 가진 제사장이 일어나기 전에는 지성물을 먹지 말라 하였느니라. "우림"(אוּרִים)과 "둠밈"(תֻמִּים)은 대제사장이 하나님의 뜻을 찾아볼 때 사용한 도구이다. 그것의 구조에 대하여는 처음부터 사람들에게 알려지지 않았으며, 이스라엘이 바벨론에서 돌아왔을 때는 그들 가운데 그것이 존재하지 않았다.

64-69절. 여기서는 바벨론에서 돌아온 사람들의 수와 짐승들의 수와 성전 건축을 위하여 드린 예물의 수량에 대하여 말한다.

68-69 어떤 족장들이 예루살렘에 있는 여호와의 성전 터에 이르러 하나님의 전을 그 곳에 다시 건축하려고 예물을 기쁘게 드리되 힘 자라는 대로 공사하는 금고에 들이니. 족장들이 성전 건축을 위하여 예물을 "기쁘게" 드렸고 또한 "힘 자라는" 대로 드렸다. 이 두 요건은 하나님께 헌금(혹은 헌물)하는 자가 반드시 지녀야 하는 성경적 원리이다(고후 8:11-12; 9:7 참조). 크로샤이데(H. H. Grosheide)의 해석에 따르면 "공사하는 금고"라는 말(הַמְּלָאכָה אוֹצַר)은 "일을 위한 보화"(de schat nodig voor het werk)라고 번역되어야 한다. 그러면 여기서 "일"(הַמְּלָאכָה)이라는 것은 무엇인가? 그것은 종교 및 성전을 회복하는 일이다.[122]

69 금이 육만 천 다릭이요 은이 오천 마네요. "다릭"(דַּרְכְּמוֹנִים)은 페르시아의 금전이며, "육만 천 다릭"은 약 450,000달러 정도 된다. 그리고 "마네"(מָנִים)

---

122) H. H. Grosheide, Esra, Nehemia, Commentaar op het Oude Testament, 1963, 105.

는 은의 중량을 가리키며, "오천 마네"는 150,000달러 정도의 가치를 지닌다.

70 이에 제사장들과 레위 사람들과 백성 몇과 노래하는 자들과 문지기들과 느디님 사람들이 각자의 성읍에 살았고 이스라엘 무리도 각자의 성읍에 살았더라. 이 말은 제사장들과 함께 성전에서 봉사하는 자들뿐만이 아니라 평범한 이스라엘 백성들도 각기 고향으로 돌아왔다는 뜻이다. 이것은 포로의 비참한 자리에서 구원해 주신 하나님의 은혜를 말해 준다. 또한 이 일은 일찍이 예언자들이 예언한 대로 이루어진 것이다(사 44:26-28 참조).

제 3 장

↓ 내용분해

1. 제단을 세우고 여호와께 제물을 드림(1-6절)
2. 성전 건축을 위한 재료 준비(7절)
3. 건축 공사에 필요한 감독자들을 세움(8-9절)
4. 성전 지대를 놓을 때 있었던 일(10-13절)

↓ 해석

1 **이스라엘 자손이 각자의 성읍에 살았더니.** 이 말은 그들이 바벨론에서 돌아와 각기 전에 살던 도시에 거주하기 시작하였다는 뜻이다.

일곱째 달에 이르러 일제히 예루살렘에 모인지라. 유다 월력 "칠월"은 일반적인 월력 9월에 해당한다. 그달은 절기들이 있는 의미심장한 달이다. 그달에는 장막절과 대속죄일을 지켜야 했다. 이 구절에 "일제히"라는 말이 있는 것을 볼 때 모든 민중이 한마음 한뜻으로 예루살렘에 모였던 것을 알 수 있다. "일제히"라고 번역된 말(כְּאִישׁ אֶחָד)은 "한 사람같이"라고 개역되어야 한다. 그때 그들은 하나님께 이와 같은 열성을 바쳤다.

2-5절. 이때 제사장들이 제단을 만들어서 하나님께 제사드리는 운동이 전개되었고, 그다음에는 성전 건축 작업이 시작되었다. 그래서 루돌프(W. Rudolf)는 이 장의 제목을 "제단 시설과 성전 건축의 시작"(Altarbau und Beginn des Tempelbaus)이라고 하였다.[123] 성전을 건축하는 큰일이 먼저 제사로 시작된 것은 바람직하다. 이 일의 지도자는 "예수아"(יֵשׁוּעַ='여호와께서 구원하신다'는 뜻)와 "스룹바벨"(זְרֻבָּבֶל='바벨론의 씨'라는 뜻)이었다(슥 3:1; 4:6 참조). 올바른 지도자들의 지도 아래에서만 일이 바르게 이루어진다.

3 무리가 모든 나라 백성을 두려워하여. 이 말은 이스라엘이 주위에 있는 다른 민족들을 두려워하였다는 것이다. 그러나 그들이 그 두려움 때문에 여호와를 찾게 된 것은 다행스러운 일이다.

제단을 그 터에 세우고. 이 말씀은 제단을 그것이 본래 있었던 자리에 세웠다는 뜻이다. 그때 그들은 여호와께 제물을 드리는 일에 최선을 다하였다. 곧 "아침 저녁으로" 제물을 드렸고(3하). 또 "매일" 드렸다(4하).

이 부분(2-6절)에 "번제"라는 말(עֹלָה)이 여섯 번 나온다. 여기서 "번제"가 강조된 이유는 돌아온 이스라엘이 이제 여호와의 백성으로 새롭게 헌신되어야 하기 때문이다. 번제는 제사하는 자의 '헌신'을 의미한다. 신자가 하나님께 헌신하는 것은 위험한 때에 하나님의 보호하심을 받는 비결이다. 그때 그들이 번제를 드리는 데 총력을 기울인 것은 오늘날 진실한 기독교 신자들이 어떤 어려움을 당하였을 때 특별히 믿음을 지키며 기도에 힘쓰는 것과 마찬가지이다. "초막절"(4절)(חַג הַסֻּכּוֹת)은 이스라엘이 출애굽한 후에 광야

---

123) W. Rudolf, Esra und Nehemia, Handbuch Zum Alten Testament, 1949, 28.

에서 겪은 고난을 기념하는 절기이며(레 23:42-43), 7월 15일부터 한 주 동안(일반 월력 10월 중) 지켜야 했다(출 23:16; 레 23:33-36, 39-43; 신 16:13-15; 민 29:12-38; 왕상 8:2, 65; 대하 5:3; 7:8-10 참조).

5 그 후에는 항상 드리는 번제. 여기서 "그 후에는"이라는 말(מֵאַחֲרֵיכֵן)은 초막절이 지난 후를 가리킨다. "항상 드리는 번제"(עֹלַת תָּמִיד). 출애굽기 29:38-43과 민수기 28:1-8을 참조하라.

초하루(חֳדָשִׁים). 이것은 "월삭"이라고 하며, 매월 초하루에 드리는 번제를 가리킨다(민 10:10; 28:11-15; 29:6; 삼상 20:5; 왕하 4:23; 암 8:5 참조).

모든 거룩한 절기의 번제. 이것은 유월절(레 23:5-8), 오순절(레 23:15-21), 나팔절(레 23:23-25), 속죄일(레 23:27-32), 초막절(레 23:33-36)에 드리는 번제이다.

6 일곱째 달 초하루부터 비로소 여호와께 번제를 드렸으나. 이 말은 포로였던 이스라엘이 바벨론에서 돌아온 후 7월 1일부터 여호와께 번제를 드리기 시작하였다는 것이다(3:1, 3 참조).

그 때에 여호와의 성전 지대는 미처 놓지 못한지라. 여기서 "미처"라는 말은 히브리 원문에 없는 것이다. 이 구절은 신자들이 하나님의 일에 착수하기 전에 먼저 하나님께 헌신(번제 드림의 의미, 3하-6상)해야 함을 가르친다.

7 이에 석수와 목수에게 돈을 주고 또 시돈 사람과 두로 사람에게 먹을 것과 마실 것과 기름을 주고. 이 말씀은 일꾼에게 먼저 그의 생활비를 보장하는 진리이다(마 10:10하; 참조. 약 5:4). "시돈 사람과 두로 사람"은 베니게의 이방 민족인데, 그들이 성전 건축에 협력하게 된 것은 그리스도의 나라(신약 교회)에 이방인들이 참여할 것을 예언하는 의미도 있다(시 87:1-7; 엡 2:11-19 참조). 고레스의 조서대로, 이것은 고레스 왕이 시돈 사람과 두로 사람에게 이스라엘 민족의 성전 건축에 협력하라고 명령하였다는 것은 아니다. 그러나 이스라엘의 성전 건축을 명한 그의 조서는 간접적으로 그들(시돈과 두로 사람들)에게도 영향을 미쳤다. 그 이유는 그들도 그 당시 고레스의 통치 아래 있었기 때문이다.

"욥바 해변"(מיָּם יָפוֹא)은 예루살렘에서 35마일 서북쪽에 있는 지중해 연안 항구이다.

8-9절. 여기서는 돌아온 이스라엘 사람들이 성전 건축을 시작한 사실과 그 공사를 감독한 자들에 대하여 말한다. 이 기록이 중점적으로 보여 주는 것은 성전을 건축하는 큰일에는 지도자가 중요하다는 사실이다. 그 일을 선두에서 추진한 주요 인물은 "스룹바벨"과 "예수아"였다(8상). 그리고 "이십 세 이상의 레위 사람들"은 그 일꾼들을 감독하였다. 무슨 일에나 일꾼도 중요하지만 그 일을 지도하는 자가 더욱 중요하다.

9 하나님의 성전 일꾼들을 감독하니라. 여기서 "일꾼"이라는 말(עֹשֵׂה הַמְּלָאכָה)은 "일하는 자"라는 뜻이다. 이 일에 유명한 지도자 두 사람, 곧 "스룹바벨"과 "예수아"의 역할이 중요하였다. 스가랴 3-4장 말씀이 그러한 사실을 보여 준다. ① 스가랴 3:1-10에는 하나님께서 이스라엘의 신앙을 회복하시기 위하여 예수아(여호수아)를 세우신 사실이 기록되었고, ② 스가랴 4:1-10은 하나님께서 스룹바벨의 성전 복구 사역에 승리를 보장하신 말씀이다.

10-11절. 건축자가 성전 지대를 놓을 때 제사장과 악사들이 여호와를 찬송하였고, 그들은 악기까지 동원하여 음악의 기교를 사용하였다. 하나님께 예배하는 자들은 음악에 더욱 흥미를 돋우기 위해 음악적인 원리를 활용하는 것이 하나님의 뜻에 합당하다. 찬송은 하나님의 말씀을 노래로 부르는 것이다. 연약한 인생들은 하나님의 진리를 믿음 없이 대하기도 하고, 또 기쁨 없이 예배 의식을 반복하는 일이 많다. 그런 예배는 하나님을 욕되게 하는 것이다. 그러므로 구약도 예배에 음악을 강조하였고, 신약도 그러하였다(엡 5:19).

11 주는 지극히 선하시므로 그의 인자하심이 이스라엘에게 영원하시도다. 하나님의 인자하심이 영원하시므로 ① 그는 악인도 당장 벌하시지 않고 오래 참으

신다. 그러므로 신자들은 악인이 장기간 형통하는 것을 이상하게 여길 것이 없고 불평할 것도 없다(시 37:1; 73:2-17). ② 우리는 하나님께서 의인의 선행을 속히 갚아 주시지 않는다고 하여 그의 영원하신 인자를 의심하지 말아야 한다. 의인이 선을 행하게 되는 것 자체가 하나님의 은혜이다(엡 2:10; 골 1:10-11 참조). ③ 사람들은 하나님의 영원하신 인자하심 때문에 하나님의 존재를 무시하며 계속 죄를 범하는데, 그것은 심판 때에 당할 하나님의 진노를 날마다 쌓는 어리석은 행동이다(롬 2:4-5).

12-13 나이 많은 족장들은 첫 성전을 보았으므로 이제 이 성전의 기초가 놓임을 보고 대성통곡하였으나. 그때 나이 많은 족장들이 운 이유는 무엇이었을까? 아마도 그들은 성전의 기초("이 성전의 기초") 놓이는 것을 보고 다시금 하나님의 사랑에 감격하여 울었을 것이다(렘 31:8-9 참조). "대성통곡"이라고 번역된 히브리어(בֹּכִים בְּקוֹל גָּדוֹל)는 "큰 소리로 울며"라고 개역되어야 한다. 그리고 13절의 "통곡하는 소리"라는 말(קוֹל בְּכִי)도 "우는 소리"라고 개역되어야 한다.

제 4 장

↓ 내용분해

1. 사마리아 사람들이 성전 건축에 동참하려다 거절당함(1-3절)
2. 사마리아 사람들이 성전 건축을 방해함(4-24절)
   1) 모사들에게 뇌물을 주어 방해하게 함(4-24절)
   2) 페르시아 왕들에게 편지를 보냄(6-16절)
   3) 아닥사스다 왕의 편지 내용(17-22절)
   4) 원수들이 성전 건축을 중단시킴(23-24절)

↓ 해석

1-3절. 이스라엘의 성전 건축에 원수들이 협력을 청원하였으나 스룹바벨과 다른 지도자들이 그것을 받아들이지 않았다. "유다와 베냐민"은 그때 바벨론에서 돌아온 두 지파인데, 특별히 베냐민 지파는 돌아온 자들의 다수를 차지하였다(2:21-35 해석 참조). 유다와 베냐민의 "대적"은 사마리아 사람

들이었다. 그들은 일찍이 앗수르 왕 에살핫돈으로 말미암아 사마리아에 이민된 자들의 후손이다(왕하 17:24-26 참조). 그들은 거기서 유일하신 참하나님 여호와를 다른 신들과 같이 여기고 섬겼다(왕하 17:29-33). 여호와를 이렇게 섬기는 것은 도리어 그를 모독하는 것이다. 이와 같이 그들은 우상을 숭배하면서도 자기들이 여호와를 바르게 섬기는 것으로 자처했다. 그들은 진정한 의미에서 여호와를 알지 못하였고, 따라서 올바로 섬기지도 못하였다. 그들이 그때 바벨론에서 돌아온 경건한 이스라엘 사람들과 영적으로 공통점을 가진 것은 아니었다. 그래서 스룹바벨은 그들의 청원에 응하지 않았다. 이와 같이 결단성 있는 거절 행위는 성경적이다(고후 6:14 참조). 영적 공통점이 없는 자들을 그들의 요청에 따라 영적 사업에 동참시키면 일시적으로 충돌은 면하게 되지만 거기서 오는 후환은 더욱 심하다. 그런 협력은 하나님이 기뻐하시지 않는다(요이 1:9-10). 오늘날 교계에는 이처럼 순수하지 못한 협력이 많이 있다. 그것은 복음의 순결을 지키지 않는 것이다. '세계 기독교 연합회'라는 단체의 움직임이 그런 것이다. 이 단체는 기독교가 다른 종교(예컨대 불교)와 타협할 수 있는 것처럼 신자들을 잘못 지도한다.[124) 이것은 기독교의 진수를 없애 버리는 운동이다.

4-5절. 사마리아 사람들의 방해로 말미암아 성전 재건이 오랫동안 중단되었다.

5 바사 왕 고레스의 시대부터 바사 왕 다리오가 즉위할 때까지. 이 말은 주전 538년에 메대 바사의 왕이 된 '고레스 왕 제2년(B.C. 536년)부터 다리오 왕이 즉위할 때까지'(B.C. 522년)라는 뜻이므로, 성전 건축이 중단된 연수가 14년쯤 된다고 할 수 있다(Delitzsch).

---

124) 유인식 저, 최근 W. C. C.의 내막, 1977, 18, 19, 27.

관리들에게 뇌물을 주어 그 계획을 막았으며. 여기서 말하는 "관리들"(יוֹעֲצִים)은 왕의 모사들(7:14, 28)이거나, 혹은 왕의 비서관 같은 자들이다. "막았으며"라는 말(פָּרַר)은 '방해한다'는 뜻이다. 관리에게 뇌물을 주어서 의로운 일의 성사되는 것을 방해하게 하는 것은 의를 대적하는 원수의 행동이며 마귀의 행동이다(시 26:10; 사 33:15; 암 5:12 참조).

6 "아닥사스다"(אֲחַשְׁוֵרוֹשׁ)는 크세르크세스(Xerxes B.C. 486-465) 왕과 동일한 인물이다. 페르시아의 비석들이 이 사실을 증명한다.[125] 사마리아 사람들이 크세르크세스 왕(아닥사스다)에게 편지한 목적은 유대인들의 예루살렘 성전 건축을 막으려는 것이었다. 이와 같은 방해 공작이 있은 지 얼마 후 아닥사스다 왕 때에 또다시 유대인의 원수들이 왕에게 편지하였다. 이 세상에서는 하나님의 일을 방해하는 마귀의 역사가 언제나 계속된다. 그러나 성도들이 낙심하지 않고 의로운 노력을 계속하면 반드시 승리를 거둔다(갈 6:9). 마귀의 방해 운동은 사실상 허세에 불과하다.

7 히브리어 성경은 이 구절부터 18절까지, 그리고 7:12-26까지 아람어로 기록되었다. "비슬람과 미드르닷"은 외국인들이고, "다브엘"은 뒤에 다시 나오는 암몬 사람 "도비야"를 가리킨 듯하다(느 2:19 참조).

아람 문자와 아람 방언으로 써서 진술하였더라. 이 편지가 아람어로 기록된 이유는 그 시대에는 아람어가 국제적인 통용어였기 때문이다.

8 **아닥사스다 왕에게 올려 예루살렘 백성을 고발한 그 글에.** "비슬람, 미드르닷, 다브엘" 등이 공작하고(7절), 그 실행은 "르훔"과 "심새"가 하였다. "르훔"은 방백이었으며, "방백"으로 번역된 아람어(בְּעֵל־טְעֵם)는 '사령관'을 의미한다. 그는 사마리아에 주재한 페르시아의 군관이었던 듯하다. 그리고 "심새"는 그의 "서기관"(סָפְרָא)이었다. 크로샤이데(H. H. Grosheide)는 이 두 사람이 사마리

---

125) Paton, Esther, International Critical Commentary, 1916, 53.

아 사람으로서 페르시아의 관리였을 것이라고 추측한다.

9-10 하나님의 원수들은 다수를 앞세워 의를 대적한다. "르훔"과 "심새"는 편지 앞부분에 송신자가 다수라는 사실을 강조하였다. "디나 사람"은 '메대'라는 도시 사람들이고, "아바삿 사람"은 메디아 페르시아의 접경지대 사람들이고, "다블래 사람"은 엘리마이스(Elymais) 동쪽 지방 사람들이고, "아바새 사람"은 페르시아 사람들이고, "아렉 사람"은 지금의 바벨론 남쪽 와르카(Warka), 곧 "에렉"이라는 지방 사람들이고(창 10:10), "수산 사람"은 '수사'라는 도시 사람을 말하고, "데해 사람"은 헬라 사람을 가리킨다. 이와 같이 하나님의 원수들은 자신들의 많은 수를 힘으로 믿고 움직인다. 그것은 인본주의이다.

11-12 하나님의 원수들은 거짓말을 성공의 밑천으로 삼는다. 그뿐 아니라 그들은 예루살렘을 "패역하고 악한 성읍"이라고 한다. 이것은 왕의 마음을 충동하여 유다 민족을 미워하게 하려는 악한 모략이다.

13-14 세상 권세를 의지하고 하나님의 백성을 대적하는 자들은 으레 그 권세에 아부한다. 이때에도 그들은 페르시아 왕에게 충성하는 것처럼 왕에게 손해가 미치지 않도록 염려해 주는 태도를 보인다(요 19:12, 15하 참조). "조공"(מִנְדָּה)은 일반적 세금이고, "관세"(בְּלוֹ)는 인두세(人頭稅)이고, "통행세"(הֲלָךְ)는 토지세다.

우리가 이제 왕궁의 소금을 먹으므로. 이것은 튼튼한 의리의 언약이 왕과 그들 사이에 있는 것처럼 아첨하는 말이다.[126)]

15-16 이때 원수들은 하나님의 백성이 패역한 족속인 것처럼 그들에 대해 악평한다. 남의 명예를 훼손하여 자신의 입장을 공고하게 만들려는 수단

---

126) Benzinger, Hebräische Archäologie, 3. Aufl. Leipzig 1927, blz. 69, G. Ch. Aalders, Het Verbond Gods, Kampen, 1939, blz. 18.

은 마귀의 행동 원리이다.

17-24절. 이 부분에는 이스라엘을 참소하는 자들의 편지에 대한 아닥사스다 왕의 회답과 그 결과가 기록되어 있다. 그 회답은 이스라엘의 예루살렘 성 건축을 중단시키라는 것이었고, 그들은 그 지시대로 실행하였다. 그 결과 예루살렘 성 건축이 2년 동안 중단되었다(앞에 있는 총서론 Ⅱ["예루살렘 복구 일람"]를 참조하라). 어떤 때에는 불신자들의 방해공작 때문에 하나님의 일이 지연되는 것 같지만 결과적으로는 하나님의 일이 그 역경을 통과하여 이루어짐으로써 그 일에 착수했던 신자들의 감사가 더욱 커진다. 사람들은 역경을 만날 때에 기도하게 되고, 또 선한 일이 기도로 이루어질 때 하나님께만 감사하게 된다.

19 **명령하여 살펴보니 과연 이 성읍이 예로부터 왕들을 거역하며 그 중에서 항상 패역하고 반역하는 일을 행하였으며.** 그때 아닥사스다 왕이 바벨론의 서적 창고에서 이런 기록을 찾아보았을 것이고, 바벨론에 대한 여호야김 왕과 시드기야 왕의 배반 행위(왕하 24:1, 20)가 어떤 문서에 기록되어 있었을 것이다.

20 **옛적에는 예루살렘을 다스리는 큰 군왕들이 있어서 강 건너편 모든 땅이 그들에게 조공과 관세와 통행세를 다 바쳤도다.** 여기서 "큰 군왕"은 다윗과 솔로몬 같은 왕들을 가리켰을 것이다. 외국의 발전을 저지하려는 것은 폭군들의 한결같은 심리이다.

24 **이에 예루살렘에서 하나님의 성전 공사가 바사 왕 다리오 제이년까지 중단되니라.** 스메르디스(Pseudo-Smerdis) 왕 때에 공사가 중단되었다면 주전 522년경이었을 것이다. 그 기간이 다리오 2년(B.C. 520년)까지 계속되었다고 하였으므로 2년간은 건축 공사가 완전히 중지되었음을 알 수 있다.

제 5 장

✤ 내용분해

1. 선지자 학개와 스가랴가 성전 건축을 격려함(1-2절)
2. 닷드내와 스달보스내 등이 이스라엘이 성전을 건축하는 권위에 대하여 심문함(3-5절)
3. 닷드내와 스달보스내 등이 다리오 왕에게 보낸 편지 내용(6-17절)

✤ 해석

1 선지자들 곧 선지자 학개와 잇도의 손자 스가랴가 이스라엘의 하나님의 이름으로 유다와 예루살렘에 거주하는 유다 사람들에게 예언하였더니. 성전 재건에 대한 "학개"(חַג='절기'를 의미함)의 권면은 소선지서 중 학개서에 기록되어 있다. 그 주요 내용을 간추려 보면, ① 그는 바벨론에서 돌아온 백성이 성전 건축에 착수하지 않는 것에 대하여 꾸짖었다(1:4-6, 7-11). ② 장차 메시아가 오실 거라는 소망을 주었다(2:7). 그가 성전 재건을 위하여 백성을 권면한 궁극적

인 목적은 외부적이고 물질적인 성전 건축이 아니었다. 그 시대의 종교는 성전을 떠나서 성립될 수 없었으므로 그는 성전 재건이 필요하다고 여겼다. 그러나 그는 장차 임하실 메시아가 히브리 종교의 최후 목표임을 알고 있었다. 구약 시대 성전 중심의 종교도 백성들로 하여금 메시아를 바라보게 하려는 것이었다. 선지자 스가랴 역시 그렇게 믿었다.[127]

2 이에 스알디엘의 아들 스룹바벨과 요사닥의 아들 예수아가 일어나 예루살렘에 있던 하나님의 성전을 다시 건축하기 시작하매. 일설에 의하면, 그때 메대 바사의 정권이 안정되어 있지 않았으므로 돌아온 유대인 사회에는 "학개"와 "스가랴"의 권위 밑에서 다윗의 자손인 "스룹바벨"을 왕으로 추대하는 유다 국가적 메시아 운동이 일어났다고 한다.[128] 이 운동은 일어난 지 두 달 후(다리오 왕 제2년 말)에 중단되었고, 그 뒤에 스가랴의 예언의 성격이 영적으로 바뀌었다고 한다. 그러나 이 학설은 옳지 않다. 그때 메디아 페르시아의 정권은 안정되어 있었다(슥 1:11). 학개와 스가랴의 사역은 일관성 있게 영적 메시아를 강력히 예언했다. 스룹바벨을 메시아로 본 것이 아니다. 그때 스룹바벨은 바벨론에서 이스라엘이 돌아오는 운동과 성전을 건축하는 운동의 지도자였을 뿐이다. 이 점에 대한 크로샤이데(H. H. Grosheide)의 주석은 이 학설을 잘 반영한다.[129]

하나님의 선지자들이 함께 있어 그들을 돕더니. 스룹바벨과 예수아의 지도로 무리가 다시 성전 건축에 착수하였다. 이번에는 선지자들의 도움 때문에 하나님께서 함께하여 주신다는 신념이 민중 가운데 있었을 것이다(5절 참조). 그렇다면 하나님의 선지자들이 도와준 내용이 무엇인가? 아마도 스가랴의

---

127) 슥 1:16-17; 3:1-5; 4:6-10; 9장-14장.
128) J. Morgenstern, Hebrew Union College Annual XXII blz. 365.
129) H.H. Grosheide, Ezra, Nehemiah I, Commentaar op het 0ude Testament, 1963, 158; Gereformeerd Theologsch Tijdschrift, 1948, 74-89.

예언이 그들을 크게 도와주었을 것이다.

1) 스가랴는 스가랴 3:1-10의 말씀으로 대제사장 여호수아와 이스라엘 민중을 위로하며 격려하였다. ① 성전 건축을 방해하는 사마리아 사람들의 운동은 정당한 것이 아니고 사탄의 장난이다(1절). 하나님께서는 사탄을 꾸짖으시는 것만으로도 그를 물리치신다(2절). ② 여호수아에게 대표된 이스라엘의 죄악은 제하여 버려졌으므로(4절) 그들의 성전 복구 운동이 승리하게 되었다(5절). 여호수아의 더러운 옷을 벗기고 그에게 정한 옷을 입힌 것은 그들의 승리를 상징한다. 사람이 하나님의 용서를 받고 의롭다 함을 얻는 것만이 형통의 길이다. ③ 성전 복구 운동은 장차 오실 메시아의 구원 사역에 대한 상징적 계시라고 하였다(8-10절). 하나님의 계시가 시작되었으므로 그것은 반드시 끝까지 관철될 것이었다. "내 종 싹"(8절)은 하나님의 뜻을 받들어 이 세상에 오실 메시아를 가리킨다. 그는 이새(다윗)의 "가지"(싹)로 예언되었다(사 11:1; 참조. 렘 23:5; 33:15).

2) 스가랴는 스가랴 4:1-14의 말씀으로 정치적 지도자 스룹바벨을 위로하며 격려하였다. 6-9절에 말하기를, "그가 내게 대답하여 이르되 여호와께서 스룹바벨에게 하신 말씀이 이러하니라 만군의 여호와께서 말씀하시되 이는 힘으로 되지 아니하며 능력으로 되지 아니하고 오직 나의 영으로 되느니라 큰 산아 네가 무엇이냐 네가 스룹바벨 앞에서 평지가 되리라 그가 머릿돌을 내놓을 때 무리가 외치기를 은총, 은총이 그에게 있을지어다 하리라 하셨고 여호와의 말씀이 또 내게 임하여 이르시되 스룹바벨의 손이 이 성전의 기초를 놓았은즉 그의 손이 또한 그 일을 마치리라 하셨나니 만군의 여호와께서 나를 너희에게 보내신 줄을 네가 알리라 하셨느니라"고 하였다.

3-5절. 여기서는 성전 건축에 대하여 찬성, 혹은 반대의 태도를 취하지 않은 관리들의 심문 내용이 기록되었고, 또 이스라엘 민중의 답변도 나와 있

다. "닷드내"(תַּתְּנַי)는 바벨론식 이름이고, "스달보스내"(שְׁתַר בּוֹזְנַי)는 페르시아식 이름이다(L. H. Brockington). 이들은 성전 건축에 대한 조사단이었고 적극적인 반대자들은 아니었다. 이들은 자신들이 조사한 결과를 페르시아 왕에게 공정하게 보고하였다(7-17절). 그들의 보고로 말미암아 성전 건축을 추진하는 데 유리한 결과가 도출되었다. 사람들이 하나님의 일을 공정하게만 처리한다면 그 일은 지장을 받지 않고 열매를 맺게 될 것이다. 그 이유는 하나님의 일은 의롭기 때문이다.

4 우리가 이 건축하는 자의 이름을 아뢰었으나. 건축자들은 그 당시 지도자들의 이름을 심문자들에게 말하면서 그들을 "천지의 하나님의 종"이라고 밝혔다(11상). 이것은 불신자들(그때의 심문자들)에게 여호와를 증거하는 것이므로 하나님께서 기뻐하시는 답변이다. 이런 사람들은 하나님께서는 함께하여 주신다(5절 참조).

5 이 일을 다리오에게 아뢰고 그 답장이 오기를 기다렸더라. 이 말씀의 아람어 (עַד־שְׁנָיָא לְדָרְיָוֶשׁ יְהָךְ וֶאֱדַיִן יְתִיבוּן נִשְׁתְּוָנָא עַל־דְּנָה)는 다음과 같이 개역되어야 한다. "보고가 다리오에게 가서 그것에 대한 편지 회답이 오기까지." 다시 말하면 그들이 다리오에게서 회답 지시를 받을 때까지 성전 건축 공사를 중지시키지 않았다는 뜻이다.

6-17절. 이 부분은 "닷드내"와 "스달보스내"가 다리오 왕에게 보낸 편지 내용이다.

6-10 그들은 편지 앞부분에 "장로들"(성전 건축의 지도자들)을 접촉하고 문의한 사실을 밝혔다. "지극히 크신 하나님"(8중)이라는 말(אֱלָהָא רַבָּא)은 이방인들이 하나님에 대하여 사용하는 칭호이며, 일찍이 고레스가 이스라엘의 하나님께 이와 유사한 칭호를 사용하였다(1:2-3). 닷드내와 스달보스내 등이 장로들의 온유하고 정직한 말(5:11-17의 내용)을 듣고 그대로 보고한 것 같

다. 신자들은 불신자들의 질문에 온유하게 대답하여 듣는 자들의 마음이 감화를 받도록 힘써야 한다. 베드로전서 3:15-16에 말하기를, "너희 마음에 그리스도를 주로 삼아 거룩하게 하고 너희 속에 있는 소망에 관한 이유를 묻는 자에게는 대답할 것을 항상 준비하되 온유와 두려움으로 하고 선한 양심을 가지라 이는 그리스도 안에 있는 너희의 선행을 욕하는 자들로 그 비방하는 일에 부끄러움을 당하게 하려 함이라"고 하였다.

11-16 "닷드내"와 "스달보스내"는 유다 장로들이 대답한 내용을 그대로 전하였다. 장로들의 답변은 이방인들에게 하나님을 증거하는 성격을 지녔다. ① 하나님을 "천지의 하나님"(אֱלָהּ שְׁמַיָּא וְאַרְעָא)이라고 하여(11상) 그분이 이방인들의 하나님도 되신다는 사실을 알려 주었다. ② 살아 계신 하나님께서 죄를 벌하신다고 하였다(11하-12절). 곧 성전은 오래전에 솔로몬("큰 왕")이 지었던 것인데 이스라엘의 죄 때문에 하나님께서 벌을 내려 바벨론의 왕이 그것을 헐도록 하셨다는 것이다. 하나님은 사람들의 관념에 불과한 존재가 아니라 역사적으로 심판을 행하시는, 살아 계신 참된 신이시다. 장로들의 이와 같은 증거는 심문자들의 목전에 놓인 엄숙한 사실(옛 성전이 무너진 폐허)로도 증명되었다. 그 심문자들은 그때까지 폐허로 남아 있는 성전 터를 보고 놀라지 않을 수 없었을 것이다. ③ 고레스 왕도 이 하나님을 높였다고 하였다(13-15절). 고레스 왕이 하나님을 높인 사실을 아는 자들은 그 하나님이 "천지의 하나님"이심을 알게 될 것이다. 살아 계신 하나님은 고레스의 마음을 감동시키셨다(1:1). 고레스는 왕이 된 첫해("원년")부터 유다의 예루살렘 성전 재건을 촉구하였고(5:13), 또 느부갓네살이 바벨론으로 옮겨 갔던 성전의 금, 은, 기구들을 돌려주었다(14-15절). 이것은 엄연한 역사적 사실이므로 이 말을 듣는 자들이 살아 계신 하나님을 깨닫게 되었을 것이다.

17 "닷드내"와 "스달보스내"는 그 보고서에 자신들의 의견을 첨부하지 않고 다만 페르시아 왕의 결재만을 요청하였다. 즉 그들은 다리오 왕에게 전

적으로 객관적이고 역사적인 사실에 근거하여 공정하게 지시해 주도록 청원하였다.

제 6 장

✣ 내용분해

1. 다리오 왕이 성전 건축에 대한 고레스 왕의 조서를 찾아냄(1-5절)
2. 다리오 왕이 이스라엘의 성전 건축을 다시 장려함(6-12절)
3. 성전 건축이 신속히 실행되어 완성됨(13-15절)
4. 성전 봉헌식(16-18절)
5. 이스라엘이 유월절과 무교절을 지킴(19-22절)

✣ 해석

1-2 "문서창고"는 "두루마리" 책들을 간직해 두는 장소를 가리킨다. 그때에는 두루마리에 글을 기록했다는 사실을 알 수 있다. "보물을 쌓아둔 보물전각에서 조사하게"한 것을 볼 때 중요한 문서 는 보물전각에 비치했던 것 같다. 그래서 사람들은 거기서 고레스 왕의 조서를 찾으려고 하였다. 그 때에 그 조서는 다른 곳에서 발견되었다. 바로 메대 지방 "악메다 궁성"이다.

"악메다 궁성"은 고레스 왕의 피서용 별궁이었다. 무슨 일이든 하나님께서 원하시면 일시적으로 어려움이 생긴다 해도 마침내 형통한다. 고레스의 조서가 바벨론에서 발견되지 않았을 때 원수들은 기뻐하였을 것이고 이스라엘은 근심하였을 것이다. 그러나 다른 곳에서라도 그것이 발견된 것은 하나님의 도우심이었다.

3-5절. 이 부분은 예루살렘 성전 건축에 대한 고레스 왕의 조서 내용으로 매우 자세하다. 우리가 여기서 깨달을 수 있는 것은, 하나님께서 원하시면 고레스 같은 왕의 마음도 감화시키신다는 것이다. 잠언 21:1에, "왕의 마음이 여호와의 손에 있음이 마치 봇물과 같아서 그가 임의로 인도하시느니라"고 하였다. 젊은 시절에 나는 어려움을 만났을 때 "고레스 왕의 마음도 주장하신 하나님이여!"라고 기도한 적이 여러 번 있었다. 우리가 하나님께 간절히 기도해도 그 기도가 이루어지지 않는 이유는 그 기도가 하나님의 뜻에 부합하지 않기 때문이다(약 1:6-8; 4:3; 참조. 시 66:18; 잠 28:9; 사 59:2).

3 제사 드리는 처소를 건축하되. 하나님의 섭리로 페르시아 왕들 중에는 유다의 종교를 존중하는 자들이 있었다. 엘레판티네(Elephantine) 파피루스 문서에도 애굽에 있는 유대인들에게 무교절을 지키라고 한 페르시아 왕의 조서가 기록되어 있다(B.C. 400년경의 조서).

높이는 육십 규빗으로, 너비도 육십 규빗으로. 여기에 길이에 대한 언급이 없는 이유는 길이도 60규빗이기 때문일 것이다(Delitzsch). 이것은 솔로몬의 성전보다 큰 규모다(왕상 6:2 참조).

4 큰 돌 세 켜에 새 나무 한 켜를 놓으라. 여기서 "켜"로 번역된 아람어(נִדְבָּךְ)는 "줄"(row)을 의미한다. 고레스가 이와 같이 성전의 청사진까지 말한 것은 솔로몬의 성전보다 더 크게 잘 짓도록 하려는 목적일 것이다. 그는 최대한으로 여호와를 기쁘시게 하려고 하였으며, 이것 역시 예언이 성취된 것이다. 이사

야 44:28에 말하기를, "고레스에 대하여는 이르기를 내 목자라 그가 나의 모든 기쁨을 성취하리라"고 하였다(대하 36:22-23; 렘 25:11; 단 9:2 참조).

그 경비는 다 왕실에서 내리라. 고레스 왕이 이렇게까지 히브리 종교에 호의를 베푼 것은 하나님의 감동으로 말미암은 것이었다. 사람의 마음이 보이지 않는 하나님을 인정하지 않다가도 영적 감동을 받은 후에는 보이는 것보다 오히려 보이지 않는 분을 믿으며 또 그분을 위하게 된다. 고레스 왕의 마음이 어느 정도 영감을 받은 것만은 확실하다.

5 또 느부갓네살이 예루살렘 성전에서 탈취하여 바벨론으로 옮겼던 하나님의 성전 금, 은 그릇들을 돌려보내어 예루살렘 성전에 가져다가 하나님의 성전 안 각기 제자리에 둘지니라 하였더라. 일이 이렇게 된 것은 우연이 아니라 하나님의 특별하신 간섭으로 말미암은 것이다. 이것은 ① 하나님께서 살아 계신다는 것을 그분이 직접 사람들에게 알리시기 위하여 그의 백성의 종교적인 범죄를 징계하시면서 그 징계가 해제될 때가 있다는 진리를 보여 주신 것이다. 그는 자기의 영광을 반드시 찾으신다. 이사야 48:9-11에 말하기를 "내 이름을 위하여 내가 노하기를 더디 할 것이며 내 영광을 위하여 내가 참고 너를 멸절하지 아니하리라 보라 내가 너를 연단하였으나 은처럼 하지 아니하고 너를 고난의 풀무 불에서 택하였노라 나는 나를 위하며 나를 위하여 이를 이룰 것이라 어찌 내 이름을 욕되게 하리요 내 영광을 다른 자에게 주지 아니하리라"고 하였다. ② 하나님의 섭리에 따라 만사에 때가 있다는 진리를 보여 주신 것이다. 느부갓네살이 예루살렘 성전의 그릇들을 바벨론으로 옮길 때에는 사람들이 여호와의 종교가 멸망한 줄 알았을 것이다. 그러나 그 후 70년이 지나서 이제 예루살렘에 여호와의 성전과 그 모든 시설이 복구되는 기쁜 일이 있게 되었다(전 3:1-11 참조).

6-12절. 이 부분은 다리오 왕이 친히 고레스의 조서를 뒷받침하여 재강조

하는 조서이다. 그는 이스라엘의 성전 건축을 도울 것을 확고히 보장했다. 전화위복이라는 말처럼, 이제는 원수들의 방해 공작이 도리어 이스라엘에 유리한 결과를 가져왔다. 하나님께서 함께해 주시는 일은 인간의 방해를 받을수록 더욱 형통하는 방향으로 굳어지는 법이다. 다리오 왕은 여기서 ① "닷드내"와 "스달보스내"에게 이스라엘의 성전 건축을 침해하지 말라고 하였다(6-7절). 이것은 이스라엘의 종교적 자유를 절대 보장하는 명령이다. ② 유브라데강 서쪽의 행정 책임자들에게 성전 건축비를 속히 지출하라고 하였다(8절). ③ 성전에서 사용될 제물을 공급해 주라고 하였다(9절). 그가 이렇게까지 이스라엘의 종교를 도와준 이유는 이스라엘에게 페르시아 왕실을 위해 기도해 달라고 요구하기 위해서였다. 이런 요구는 선한 것으로 간주되어야 한다(렘 29:7 참조). 기도는 언제나 헛되지 않다. ④ 다리오의 명령을 변경하는 자(폐지시키는 자)를 엄벌하겠다고 하였다(스 6:11).

11 들보를 빼내고 그를 그 위에 매어달게 하고. 이 문구의 히브리어(יִתְמְחֵא אע מִן־בַּיְתֵהּ וּזְקִיף)는 다음과 같이 개역되어야 한다. "재목을 빼어 내서 그것을 똑바로 세우고(וּזְקִיף) 그는 그 위에 못 박히리라"(יִתְמְחֵא). ⑤ 다리오 왕이 관할할 수 없는 어떤 임금들이나 민족들이 하나님의 성전을 헐면 하나님의 벌이 그들에게 임하기를 원한다고 하였다(12절).

13-15절. 여기서는 이스라엘의 성전 건축이 성공적으로 끝난 것에 대해 말한다.

학개와 잇도의 손자 스가랴의 권면을 따랐으므로(학 1:3-11; 슥 4:6-7 참조). "아닥사스다"는 캄비세스(Cambyses)의 뒤를 이어 반역자로 왕 된 자 고마테스(Gomates)를 말하는 것이 아니라 아하수에로 롱기마누스 왕을 가리킨다. "아달월"(אֲדָר)은 일반 월력의 3월에 해당된다. 사무엘서 주석에 있는 히브리 월력을 참조하라.

16-18절. "봉헌식"이라는 말(חֲנֻכָּה)은 '헌납한다'는 뜻이다. 그들이 봉헌식을 "즐거이"(בְּחֶדְוָה) 행한 것은 예배의 모범이다. 예배는 감사하는 마음과 기쁨으로 드리는 것이 그 생명이다. 하나님은 사람들이 억지로, 혹은 형식적으로 드리는 예배를 원하시지 않는다. 이때 드린 제물의 숫자는 수소 100, 숫양 200, 어린 양 400이었는데 솔로몬이 드린 제물의 숫자(왕상 8:5, 63)에 비하면 매우 빈약하다. 그러나 이때 이스라엘은 포로였다가 돌아온 자들이었으므로 가난한 과부와 같은 처지였다. 따라서 자기들의 처지에서는 이 일에 최선을 다한 셈이다. 특별히 "속죄제"(아람어로 חַטָּיָא)는 어떤 경우든 필요하였다. 사람이 하나님께 무언가를 바칠 때도 먼저 죄 사함 받는 순서를 거쳐야 한다.

18 모세의 책에 기록된 대로 하게 하니라. 이 말은 제사장들은 그들이 맡은 직분대로 봉사하고 레위인들도 그들이 맡은 직분대로 봉사한다는 뜻이다(출 29장; 레 8장; 민 3:5 이하; 8:5 이하 참조).

19-22절. 여기서는 이스라엘이 유월절을 지킨 것에 대하여 말한다. 이때 그들이 "즐거움으로"(בְּשִׂמְחָה) 그 절기를 지킨 것이 귀하다. 그 즐거움의 원천은 하나님이시다. 22절의 "여호와께서 그들을 즐겁게 하시고"라는 말(שִׂמְּחָם יְהוָה-כִּי)은 "여호와께서 그들을 즐겁게 하신 까닭이었더라"라고 개역되어야 한다. **또 앗수르 왕의 마음을 그들에게로 돌려 이스라엘의 하나님이신 하나님의 성전 건축하는 손을 힘 있게 하도록 하셨음이었더라.** 이 문구의 히브리어(אֱלֹהֵי יִשְׂרָאֵל וְהֵסֵב לֵב מֶלֶךְ־אַשּׁוּר עֲלֵיהֶם לְחַזֵּק יְדֵיהֶם בִּמְלֶאכֶת בֵּית־הָאֱלֹהִים)는 다음과 같이 개역되어야 한다. "왜냐하면 여호와께서 앗수르 왕의 마음을 그들에게로 돌이켜 하나님, 곧 이스라엘의 하나님의 집을 세우는 공사에 그들의 손을 강하게 하여 주셨기 때문이다." 여기서 "앗수르 왕"(מֶלֶךְ־אַשּׁוּר)이라는 말은 페르시아 왕 다리오를 가리킨다. 다리오 왕은 사실상 앗수르의 영토를 그대로 인수한 왕이었으므로 이와 같이 "앗수르 왕"이라고 말한 것이다.

앞의 논조를 통해 이스라엘이 바벨론에서 돌아와 성전 건축에 성공한 것은 전적으로 하나님 여호와의 은혜로 되었다는 것을 알 수 있다. "고레스와 다리오와 아하수에로" 등의 협조(14하)도 하나님의 섭리와 간섭에 의한 것이다. 하나님의 이와 같은 역사가 이스라엘 백성을 즐겁게 하였으므로 그들은 즐겁게 무교절을 지켰다.

제 7 장

✢ 내용분해

1. 에스라의 족보(1-5절)
2. 에스라가 바벨론에서 예루살렘으로 올라옴(6-10절)
3. 아닥사스다 왕이 에스라에게 준 편지(11-26절)
4. 에스라가 하나님께 감사함(27-28절)

✢ 해석

1-5절. 이 구절들에는 "에스라"(עֶזְרָא=하나님의 도움)의 족보가 상세히 기록되어 있다. 이는 에스라서의 저술자로서 자기의 역사적 위치를 명확히 한 것이다. 그 족보에 나오는 이름들의 뜻은 다음과 같다.

절수	이름	히브리어	의미
1	스라야	שְׂרָיָה	여호와께서 주관자이시다
〃	아사랴	עֲזַרְיָה	여호와께서 도와주셨다

절수	이름	히브리어	의미
〃	힐기야	חִלְקִיָּה	여호와께서 나의 기업이시다
2	살룸	שַׁלּוּם	보상(報賞)
〃	사독	צָדוֹק	여호와께서 의로우시다
〃	아히둡	אֲחִיטוּב	형제가 선하다
3	아마랴	אֲמַרְיָה	여호와께서 약속하셨다
〃	아사랴	עֲזַרְיָה	여호와께서 도와주셨다
〃	므라욧	מְרָיוֹת	반역자
4	스라히야	זְרַחְיָה	여호와께서 일어나셨다
〃	웃시엘	עֻזִּי	여호와께서 힘이시다
4	북기	בֻּקִּי	병(甁)
5	아비수아	אֲבִישׁוּעַ	아버지가 구원
〃	비느하스	פִּינְחָס	흑인
〃	엘르아살	אֶלְעָזָר	하나님이 도우셨다
〃	아론	אַהֲרֹן	알 수 없음

이 족보는 역대상 6:3-15에도 나오며, 에스라에 기록된 것과 몇 가지 차이를 보인다.

대상 6:3-15	스 7:1-5	대상 6:3-15	스 7:1-5
아론	아론	아사랴(1)	없음
엘르아살	엘르아살	아사랴(2)	〃
비느하스	비느하스	요하난	〃
아비수아	아비수아	아마랴	〃
북기	북기	아히둡	〃
웃시	웃시	사독	〃
스라히야	스라히야	살룸	〃
므라욧	므라욧	힐기야	힐기야

대상 6:3-15	스 7:1-5	대상 6:3-15	스 7:1-5
아마랴	아마랴	아사랴	아사랴
아히둡	아히둡	스라야	스라야
사독	사독	여호사닥	에스라
아히마아스	없음		

히브리인의 족보 기록법에 의하면 조상과 조상 사이에 여러 대를 건너뛰어 중점적으로 기록하는 일이 많다. 우리 한글 번역에 "손자", "증손", "현손", "오대손", "육, 칠, 팔, 구, 십, 십일, 십이, 십삼, 십사, 십오대손"등으로 표현된 것은 모두 히브리 원문에는 없는 것이다. 그 자리에는 "아들"이란 말(בן)이 있을 뿐이다. 그러므로 몇 대손이라는 번역에 매일 필요는 없다. 역대상 6:14에는 스라야의 아들을 "여호사닥"이라고 했는데 에스라 7:1에서는 "에스라"라고 하였다. 이것도 문제될 것은 없다. 여호사닥이라는 이름이 에스라의 별명이었을지 모르고, 에스라가 여호사닥의 형제였는지도 모른다.

6 **모세의 율법에 익숙한 학자.** 여기서 "익숙한 학자"라는 말(ספר מהיר)은 모세의 율법을 잘 알 뿐 아니라 그대로 실행하는 자(10절)를 가리킨다(시 119:129-130 참조).

그의 하나님 여호와의 도우심을 입음으로 왕에게 구하는 것은 다 받는 자이더니. 에스라서의 저자인 에스라는 자기가 집권자 앞에서 아부하는 자가 아니고 "하나님 여호와의 도우심"으로 왕의 혜택을 받는다고 밝힌다. 그는 "하나님 여호와의 도우심"을 귀히 여겨 그 사실을 종종 강조하였다(9, 28). 이것은 그의 신앙 사상의 특징인 듯하다. 그는 하나님의 은혜를 민감하게 느끼고 신실하게 감사하는 신앙인이었다.

7 **이스라엘 자손과 제사장들과 레위 사람들과 노래하는 자들과 문지기들과 느디님 사람들 중에 몇 사람이 예루살렘으로 올라올 때에.** 이 말의 히브리어(אל־ירושלם)

וַיַּעֲלוּ מִבְּנֵי־יִשְׂרָאֵל וּמִן־הַכֹּהֲנִים וְהַלְוִיִּם וְהַמְשֹׁרְרִים וְהַשֹּׁעֲרִים וְהַנְּתִינִים)를 문자대로 번역하면 "이스라엘 자손, 곧 제사장들, 레위 사람들, 노래하는 자들, 문지기들, 느디님 사람들 가운데서 예루살렘으로 올라올 때"이다. 그러므로 이때 예루살렘으로 올라온 자들은 소수가 아니라 많은 사람들이었다(8:15-20 참조).

8-9 바벨론에서 예루살렘까지의 거리는 520마일이며, 그들이 이 거리를 통과하는 데 4개월이 걸렸다. 이처럼 많은 시일이 소요된 것은 그들이 험한 곳을 피하려고 직행하지 못했기 때문이다. 그렇게 돌아간 길이 900마일이나 되었으며, 그 여정은 유브라데강부터 사막을 통과하는 것이었다. 그 당시 사막 지방에서는 강도들이 매복하였다가 그곳을 지나는 상인들을 약탈하였다고 한다(스 8:31 참조).[130] 에스라는 동행자들과 함께 신앙으로 군대의 호송을 거절하고 하나님께 기도하고 길을 떠났다(7:9; 참조. 8:21-23). 옛날 근동 지방의 여행 방법을 좀 더 자세히 살펴보면 ① 무리를 지어 다녔다(창 37:25). 사막과 광야에는 도적의 위험이 있었기 때문에 무리를 지어 대로로 행하였다. 신자들도 이 세상에서 살 동안 상부상조해야 신앙의 원수들을 막을 수 있다(빌 2:2-4 참조). ② 할 수 있는 한 시냇가로 다녔다(욥 6:18상). 당시에는 여행자들이 광야로 깊이 들어갔다가 심한 갈증 때문에 죽는 일이 있었다(욥 6:18하). 신자들도 그리스도 안에 있지 않고 세상과 깊이 타협하면 그들의 영혼이 죽는다. 영적인 생수는 성경 말씀과 성령이다(렘 15:16; 요 7:38-39; 참조. 암 8:11). ③ 약대를 이용하였다(창 24:14). 약대는 사막이나 광야의 유일한 교통수단이었다.

10 에스라가 여호와의 율법을 연구하여 준행하며 율례와 규례를 이스라엘에게 가르치기로 결심하였었더라. 히브리 원문에는 이 구절 앞부분에 "왜냐하면"이라

---

130) Batten. Ezra and Nehemiah, ICC. 1913, 305, William Jones, Ezra, The Preacher's Homiletic Commentary, 103.

는 접속사(כִּי)가 있다. 이것은 에스라가 예루살렘에 오게 된 이유를 보여 준다. 그가 조국으로 찾아온 것은 자기 개인의 유익을 도모하기 위해서가 아니라 이스라엘 사회가 여호와의 말씀에 확고히 서도록 돕기 위해서였다. 그는 자신이 친히 실행하면서 가르치려고 하였다. 이는 성경학자들의 참된 모본이다(시 119:129-130 참조).

에스라는 이스라엘에게 여호와의 율법을 가르치는 일에서 ① 자기 자신이 먼저 그것을 연구하였다. 여기서 "연구한다"는 말(לִדְרֹשׁ)은 '탐색한다'는 뜻이다. 여호와의 율법은 단순한 규칙이 아니다. 그것은 ⓐ 사람의 영혼을 살리는 완전한 말씀이고, ⓑ 우둔한 자를 지혜롭게 하는 진리이고, ⓒ 심령의 눈을 밝게 하는 순결한 말씀이고, ⓓ 여호와에 대한 경외를 가르치는 말씀이고, ⓔ 모두 다 의로운 말씀이다(시 19:7-10 참조). 그러므로 그것을 알기 위해서는 깊이 연구해야 한다. ② 에스라 자신이 그것을 준행하였다. 그는 "모세의 율법에 익숙한 학자"였으므로(스 7:6) 철저히 실행하였을 것이다. 남을 가르치는 자가 먼저 자기 자신이 그것을 행하지 않고 가르친다면 그는 ⓐ 거짓말하는 것처럼 양심이 괴롭고, ⓑ 그가 가르치는 교훈이 무력하고, ⓒ 효과가 적다.

11-26절. 아닥사스다 왕이 에스라를 돕기 위해 써 준 편지 내용이 여기에 기록되었다. ① 예루살렘으로 가기 원하는 자들은 에스라와 함께 가라고 하였다(13절). 그때 에스라의 경건의 유익은 나라 없이 외국에서 고생하던 이스라엘 전반에 미쳤다. ② 하나님의 율법이 유다로 돌아간 이스라엘에게 철저히 실시되기를 간절히 원하였다(14, 25-26절). 아닥사스다 왕이 이렇게까지 생각하게 된 것은 물론 하나님의 감동으로 된 것이지만, 그 당시 바벨론의 포로가 되었던 이스라엘(포로 2세)의 지도자들이 여호와의 빛을 드러냈기 때문이기도 하다. ③ 에스라의 이스라엘 종교 복구 운동에 재정과 물질로 후

원하였다(15-24절). 이것은 이사야가 예언한 대로 성취된 것이다(사 60:5-10 참조). 하나님의 말씀은 헛되지 않고 반드시 열매를 맺는다(사 55:10-11).

11 여호와의 계명의 말씀과 이스라엘에게 주신 율례 학자요 학자 겸 제사장인 에스라에게 아닥사스다 왕이 내린 조서의 초본은 아래와 같으니라. 이 말씀은 에스라의 제사장 자격을 중요시하면서 모세의 율법에 대한 그의 지식도 중요시한다. 외국에서 하나님의 율법과 경건의 질서를 떠났던 이스라엘이 이제 조국에 돌아가게 되면서 무엇보다 먼저 율법 교육이 이루어져야 했다. 그 일에 에스라는 가장 적절한 지도자였다. 하나님은 그의 거룩한 일을 이루시기 위하여 거기에 필요한 인물들을 예비해 두신다. 에스라는 제사장이었으므로 백성을 가르칠 지위를 가졌을 뿐 아니라 율법에 능숙하여 가르칠 능력도 있었다.

12 모든 왕의 왕 아닥사스다. 예수 그리스도만이 "모든 왕의 왕"이신데 아닥사스다는 참람하게도 스스로 자기가 모든 왕의 왕이라고 한다. 이것은 그의 무지로 인한 착각이다.

하늘의 하나님. 이 칭호는 이방인들이 사용한 것이며, 그들이 유대인의 하나님, 곧 여호와를 참된 신으로 알게 되었을 때에 이런 이름을 사용하였다(단 4:2, 17, 34 참조).

율법에 완전한 학자 겸 제사장. 하나님을 믿지 않았던 페르시아 왕이 에스라를 이렇게 칭찬한 사실로 볼 때 에스라의 경건이 어떠했는지 알 수 있다. 그는 불신자들에게 자기의 신앙을 가리거나 부끄러워하지 않고 언제나 담대히 드러내며 살았다. 또한 불신자들에게 인정도 받았다. 하나님께서는 이런 신자를 인정하신다(마 10:32-33).

13 예루살렘으로 올라갈 뜻이 있는 자는 누구든지 너와 함께 갈지어다. 이것은 유대인들을 강제로 추방하는 것이 아니고 전적으로 그들의 자유에 맡기는 것이다. 인간의 자유를 존중하는 것은 그에 대한 최고의 대접이다. 유대인으로서 그때 고국으로 돌아가게 된 것이 그들에게는 가장 행복한 일이었다. 그

러나 아닥사스다 왕은 그것 역시 그들의 자유에 맡겼다. 이런 혜택은 그 배후에 계신 하나님의 역사로 말미암은 것이다.

에스라는 그때 특별히 히브리 종교의 복구를 위하여 일어난 지도자였으므로 많은 협력자들이 절대적으로 필요했고, 그대로 이루어졌다(28하). 하나님은 그분의 뜻(이때에는 히브리 종교의 복구)을 이루시기 위해 그에게 헌신한 자를 세밀하게 도와주신다. 옛글에도 "덕은 외롭지 않다"고 하였다. 이것은 일반 은총에 대한 인류의 체험을 말해 준다.

14 너는 네 손에 있는 네 하나님의 율법을 따라 유다와 예루살렘의 형편을 살피기 위하여. 여기서 "유다와 예루살렘의 형편을 살핀다"고 한 것은 에스라의 조국 방문 목적이 종교적인 것임을 알려 준다. 그것은 유대인들의 율법 순종 여부를 알아보고, 그들을 가르치려는 것이다. 일설에 의하면, 그때 에스라가 유다에 간 목적이 정치적인 시찰이었다고 한다. 그러나 14절 앞부분에 있는 "네 손에 있는 네 하나님의 율법을 따라"라는 말은 에스라의 사명이 정치적인 것이 아니고 종교적인 것임을 알려 준다.

15-18 여기서는 아닥사스다 왕이 에스라에게 준 "은"과 "금"에 대하여 말해 준다. 이와 같이 그가 유대인들에게 재물을 준 것은 선지자 이사야의 예언이 성취된 것이다. 이사야 60:5에서 유대인들의 해방에 대하여 말하기를, "이방 나라들의 재물이 네게로 옴이라"고 하였다. 아닥사스다 왕은 그가 준 재물이 히브리 종교의 제사 비용이 되기를 원하였다. 그만큼 그도 히브리 종교에 열성을 기울였다. 이것은 에스라의 삶에 나타난 신앙과 덕이 이방인들을 감화시킨 결과이다. 마태복음 5:14-16은 말하기를, "너희는 세상의 빛이라 산 위에 있는 동네가 숨겨지지 못할 것이요 … 이같이 너희 빛이 사람 앞에 비치게 하여 그들로 너희 착한 행실을 보고 하늘에 계신 너희 아버지께 영광을 돌리게 하라"고 하였다.

19-22 아닥사스다 왕은 에스라의 종교 복구 운동을 돕는 데 만전을 기하

였다. 그는 에스라에게 재물을 주었을 뿐 아니라 제사에 필요한 것들도 청구하도록 보장해 주었다(20하). 이것은 "후히 주시고 꾸짖지 아니하시는 하나님"(약 1:5)의 감화로 말미암은 것이다. 신자들이 자기 개인의 욕심 없이 진실하게 하나님의 말씀을 따르면(에스라처럼) 모든 것을 소유하신 하나님의 보호와 인도하심을 받게 된다. 이 말은 신자가 반드시 물질적으로 부요해진다는 의미가 아니다. 이런 의미에서 바울은 말하기를, "내게 능력 주시는 자 안에서 내가 모든 것을 할 수 있느니라"고 하였다(빌 4:13).

"궁중창고"라는 말로 번역된 아람어(בֵּית גִּנְזַיָּא)는 왕의 보물 창고(King's treasure house)를 가리킨다.

21 신속히 시행하되. 이 말은 에스라의 종교 운동에 대한 아닥사스다 왕의 열성이 컸다는 것을 알려 준다. "달란트"는 450파운드 정도의 분량이고, "고르"는 75갤런 정도이다. "밀", "포도주", "기름", "소금" 등은 모두 히브리 종교에서 제사에 사용된 물질이다.

23 하늘의 하나님이 명령하신 것은 삼가 행하라. "삼가"라는 아람어(אַדְרַזְדָּא)는 "정확히"(exactly)라는 뜻이다.

진노가 왕과 왕자의 나라에 임하게 하랴. 아닥사스다 왕이 하나님을 두려워했다는 사실이 이 말에 드러났다. 하나님을 경외하는 자만이 범사에 염려 없이 형통하는 법이다(잠 3:7-10).

24-26 아닥사스다 왕은 여호와를 섬기는 자들이 국가의 특혜를 받도록 명하였다. 그는 성전에서 봉사하는 자들에 한하여 면세 혜택을 주었다고 한다. 일설에 의하면 이런 기록은 신빙성이 없다고 하지만, 세상 역사에도 페르시아 왕들이 자신들이 정복한 민족들의 제사 행위를 존중하고,[131] 제사장들

---

131) Meyer, Geschichte des Altertums IV, pt 1, 87-89, Herodotus III. 91.

에게 면세 혜택을 준 사실이 있다.[132]

아닥사스다 왕은 에스라에게 관직들을 세우거나 폐하는 권한까지 부여했다. 그것 역시 그가 여호와의 율법을 존중했다는 의미이다. 여기서 "네 하나님의 지혜를 따라"라는 말이 그런 의미를 보여 준다. 이방 임금이 이렇게까지 여호와께 순응하게 된 것은 에스라와 같은 제사장이 이방에서 신앙생활의 빛을 드러냈기 때문이다. 이는 요셉이 애굽에서 행한 경우와 같다(창 39:1-41:45 참조).

27-28 이 구절들은 에스라의 찬송이다. 그는 아닥사스다 왕의 도움이 하나님의 감화로 말미암은 것이라고 믿었다.

---

132) Olmstead, The History of Persian Empire, 156.

제 8 장

❖ 내용분해

1. 에스라와 함께 예루살렘으로 간 자들(1-20절)
2. 에스라 일행이 떠나기 전에 가진 금식기도회(21-23절)
3. 금품과 물품을 제사장들에게 맡겨 가져가게 함(24-30절)
4. 여행 중의 하나님의 보호하심과 은혜(31절)
5. 에스라 일행이 예루살렘에 도착한 뒤에 행한 일(32-36절)

❖ 해석

1-20절. 여기서는 에스라와 함께 바벨론을 떠나 예루살렘으로 올라간 자들의 명단을 말해 준다. 그때 그들이 조국으로 돌아가는 것은 하나의 모험이었다. 가는 도중에 있을 위험을 각오하는 신앙이 그들에게 요구되었다(21-23절 참조). 그때 고국으로 돌아가는 자들은 신앙으로 하나님 여호와께 순종하는 자들이었다. 그러므로 그들의 이름은 사실상 아름다운 이름이므로 후대

사람들에게 자랑할 만하다.

1 나와 함께(עִמִּי). 여기 나오는 "나"라는 대명사는 에스라 자신을 가리키는 것이므로(7:27-28 참조), 그가 에스라서의 저작자라는 것이 드러난다. "나"라는 대명사는 9:15까지 계속된다.

바벨론에서 예루살렘까지의 거리는 약 900마일 정도라고 한다. 그러나 그때 많은 사람이 함께 여행하였으므로 하루에 9마일 이상은 갈 수 없었을 것이라고 생각된다.[133] 이들의 여행은 4개월이나 걸렸고(7:9), 그 길은 도적이 많은 험한 길이었지만(8:31) 하나님의 은혜로 그들은 무사히 예루살렘에 도착하였다.

2-14절. 일설에 의하면, 이 부분에 기록된 이름들이 열두 지파에 관련되었다고 한다. 하지만 그것은 추측에 불과하다.[134]

2-3 "비느하스"는 아론의 셋째 아들 엘르아살의 아들이고, "이다말"은 아론의 넷째 아들이다. 에스라서의 저자인 에스라는 제사장 겸 학자로서 이스라엘에게 율법을 가르치는 사명 의식이 강했으므로(7:10-11) 자기와 동행하는 자들 중에서 대제사장 계열의 사람들을 앞에 내세웠다. 여기 나오는 "다니엘"은 사자굴에 들어갔던 유다 지파의 다니엘(단 1:1-7)이 아니라 레위 족에 속한 자이다.

다윗 자손 중에서는 핫두스요 스가냐 자손 곧(2하-3상). 이 문구(מִשּׁוּשׁ מִבְּנֵי שְׁכַנְיָה מִבְּנֵי דָוִיד)는 다음과 같이 개역되어야 한다. "다윗 자손 중에서는 핫두스 곧 스가냐 자손이요"(대상 3:22 참조). "바로스 자손"은 에스라 2:3에 기록된 것과 같이 스룹바벨과 함께 유다에 돌아온 무리 중에도 일부 포함되었다. 이것을

---

133) Jacob M. Myers, Ezra, Nehemiah, The Anchor Bible, 1965, 72.
134) H. H. Grosheide, Commentaar op Het Oude Testament, 1963, 223-224.

보면 그때 이스라엘이 바벨론에서 유다로 돌아올 때는 한꺼번에 다 돌아온 것이 아니라 한 지파 안에서도 선발대가 있었고, 또 그 후에 돌아온 무리도 있었다는 것을 알 수 있다.

족보에 기록된 남자. 이들은 에스라와 함께 유다에 돌아가도록 기록에 오른 자를 말한다. "남자"라는 말(האנשים)은 "그 남자들"이라는 뜻이다. 그 무리 가운데는 여자들과 아이들도 있었지만(21절) 남자들이 대표자라는 의미에서 남자들의 수만 여기에 기록되었다. 특히 그 위험한 길에서는 남자들이 중요하기도 하였다.

신약 시대의 신자들은 천성을 향하여 가는 자들이므로 신앙으로 남자답게 강해야 한다. 고린도전서 16:13에 말하기를, "깨어 믿음에 굳게 서서 남자답게 강건하라"고 하였다.

5-10 "스가냐"는 레위 지파에 속한 사람으로(대상 24:11; 대하 31:15), 3절에 나온 "스가냐"와는 다른 사람이다. "아딘", "엘람", "스바댜" 등의 자손들 중에서는 일찍이 스룹바벨과 함께 유다에 돌아간 자들도 있었다. 이제 그 남은 자들 가운데서 에스라와 함께 돌아가는 자들이 있었다. 유대인들이 바벨론에 포로가 되어 있는 동안 상업적으로 성공하여 그 방면에서 생활이 안정된 자들도 많았다. 예컨대 바벨론의 니푸르(Nippur) 지방에서 발견된 문서들은 유대인들 중 무라슈(Murashu) 족의 광범위한 상업 활동이 포로 시대에 있었다는 사실을 보여 준다.[135] 이와 같이 물질적으로 번창하여 생활 기반이 확고한 자들은 고국에 돌아갈 마음이 없었을 것이다. 그런데도 앞서 돌아간 자들의 계통에서 또다시 돌아가는 자들이 속출한 것은 하나님께서 그 사람들 가운데서 역사하신 결과이다. 그는 특별히 이스라엘의 해방을 기다리며 신앙적으로 살던 자들 가운데서 역사하셨다(시 137:1-9 참조).

---

135) C. F. Pfeiffer, Exile and Return, 1968, 127.

11-14 여기에도 에스라 2장에 나왔던 조상들의 이름이 또다시 언급된다(5-10절 해석을 참조하라). "스가랴"라는 이름이 3절에도 나왔는데 이 두 사람은 동명이인이다. 즉 이들은 선지자 스가랴와 다른 사람이다. 선지자 스가랴는 잇도의 손자로서 이들보다 일찍이 다리오 히스타스페스(Darius Hystaspes, B.C. 521-486) 제2년에 예루살렘에서 사역하였다(5:1; 슥 1:1).

아도니감 자손 중에 나중된 자(13상). 이 말씀은 그 지파에서는 최후 한 사람까지 모두 다 유다로 돌아갔다는 뜻이다. 바벨론에서 돌아온 자들의 명단은 이 밖에도 2장, 10장, 느헤미야 7장, 10장에 있다. 그때 유대인들이 돌아온 것은 여러 차례에 걸쳐 각기 다른 지도자를 따라서 이루어진 일이었다. 하나님께서 주시는 구원의 은혜는 특정 인물이나 어떤 장소나 시간에 매이지 않는다. 은혜를 먼저 받는 자들도 있고 나중에 받는 자들도 있다(민 11:24-29; 요 20:24-28 참조).

15-20절. 이 부분에는 에스라가 레위인들을 모집한 사실이 기록되어 있다.

15 아하와로 흐르는 강 가. "아하와" 지방은 그 당시 바벨론에 살던 유대인들의 중심지였다. 그곳은 유브라데 강 서쪽, 혹은 남쪽인 듯하다(Ewald). 에스라가 이때 무리를 그곳에 모은 목적은 금식기도를 하기 위함이었다(21절 참조).

레위 자손이 한 사람도 없는지라. 그때 예루살렘으로 돌아갈 무리 중에는 제사장들은 있었지만 일반 레위인은 없었다. 에스라는 예루살렘에 가서 성전의 제사 제도를 완비하려고 하였으므로 제사장들을 도울 수 있는 레위인들이 반드시 필요하였다.

16-17 에스라는 예루살렘에 올라가서 할 일 중에서 무엇보다 여호와께 제사드리는 일을 중요시하였다. 그래서 그는 그 일을 도울 수 있는 레위인들을 모집하는 데 착수하였다. 그는 사람들을 각처에 파견하여 이 일을 실행하

였으며, 그들의 이름은 다음과 같다.

이름	히브리어	의미
엘리에셀	אֱלִיעֶזֶר	하나님은 나의 도움이시라
아리엘	אֲרִיאֵל	하나님의 사자(獅子)
스마야	שְׁמַעְיָה	여호와께서 들으셨다
엘라단	אֶלְנָתָן	하나님이 주셨다
야립	יָרִיב	여호와께서 싸워 주신다
엘라단	אֶלְנָתָן	하나님이 주셨다
나단	נָתָן	하나님이 주셨다
스가랴	זְכַרְיָה	여호와께서 기억하신다
므술람	מְשֻׁלָּם	보상한다
요야립	יוֹיָרִיב	여호와께서 싸워 주시옵소서
엘라단	אֶלְנָתָן	하나님이 주셨다

이 이름들은 거의 전부가 "하나님", 혹은 "여호와"라는 칭호와 관련되어 있다. 이들은 특별히 에스라를 수종들었으므로 모두 다 경건한 자들이었다고 생각된다.

"잇도"는 가시뱌 지방의 레위인 족장이었다. 에스라는 수종자 11명을 잇도에게 보내어 그 지방의 레위인들을 모집하게 하였다. "느디님", 곧 성전에서 수종 들던 종들이 그 지방에 살고 있었다.

18-20 **우리 하나님의 선한 손의 도우심을 입고**(18상). 이와 같은 신앙은 에스라의 확신에 속한다(7:6, 28 참조). 에스라의 파견을 받은 지도자들이 나아가서 활동한 결과, 레위인 259명을 모집하였다. 그들은 모두가 하나님의 거룩한 사업에 적합한 일꾼들이었을 것이다. 18절에 특별히 "명철한 사람"이라는 말이 사용된 것이 이러한 사실을 보여 준다. 하나님께서는 하나님의 일을 위하여 적합한 일꾼을 구하는 자의 기도를 반드시 들어주신다(마 9:37-38 참조).

21-22 **금식을 선포하고 우리 하나님 앞에서 스스로 겸비하여**(21상). 에스라가 이와 같이 동행자를 모으고 금식을 선포한 것은 기도하기 위해서였다. 그 기도의 요지는 그들이 돌아가는 길에 하나님께서 보호해 주시기를 청하는 것이다. 에스라는 일찍이 왕에게 하나님을 증거하면서 자기는 하나님을 찾을 때에 하나님의 보호를 받는다고 하였고, 이제 그 간증대로 그는 왕에게 군대의 호송을 청하지 않았다. 이와 같이 그는 불신자에게 신앙 양심을 지켰으며, 자기가 말한 대로 신앙의 용단을 내렸다. 이 부분에 나타난 에스라의 신앙을 다음과 같이 분석할 수 있다. ① 그는 겸손하였다(21절). 그의 겸손은 기도 생활로 나타난다. 신자가 기도하지 않는 것은 하나님을 무시하는 큰 교만이다. 신자가 어떤 일을 하려고 할 때에 자기의 재주나 경험이나 지식만을 믿는 것은 하나님을 멸시하는 사상이다. ② 그는 권세 앞에서도 담대히 하나님을 증거하였다(22상). 신자가 불신자들 앞에서 하나님 여호와에 대하여 말하는 것을 부끄러워하면 하나님의 도우심을 받지 못한다. ③ 그는 언행이 일치하였다(22하). 신자들은 하나님의 말씀을 증거한 대로 실천해야 한다. 그렇게 하지 않으면 하나님 앞에서 가증한 자로 판정된다. 디도서 1:16에 말하기를, "그들이 하나님을 시인하나 행위로는 부인하니 가증한 자요 복종하지 아니하는 자요 모든 선한 일을 버리는 자니라"고 하였다.

23 **그러므로 우리가 이를 위하여 금식하며 우리 하나님께 간구하였더니 그의 응낙하심을 입었느니라.** 그들의 "금식"은 전심으로 기도하기 위한 것이었다. 그것이야말로 그들이 앞으로 당할 위험에서 하나님의 구원을 전적으로 기원한 행동이다. 어려운 때에 우리는 하나님의 영광을 위하여 육체의 지혜를 사용하지 말고 신앙의 용단을 내려야 한다. 그렇게 하면 하나님께서 기적적으로 도와주신다.

24-30절. 에스라는 사람들이 즐거이 드린 예물을 12인의 책임자에게 신중

히 맡겨 예루살렘으로 가져가게 하였다. 성경의 교훈은 언제나 공금을 취급할 때 실수가 없도록 하기 위하여 여러 사람이 함께 보관하며 처리하게 한다.

28-29 너희는 여호와께 거룩한 자요 이 그릇들도 거룩하고 그 은과 금은 너희 조상들의 하나님 여호와께 즐거이 드린 예물이니…삼가 지키라. 에스라의 이 교훈은 사도 바울의 연보 취급과 일치한다. 고린도후서 8:20-21에 말하기를 "이것을 조심함은 우리가 맡은 이 거액의 연보에 대하여 아무도 우리를 비방하지 못하게 하려 함이니 이는 우리가 주 앞에서뿐 아니라 사람 앞에서도 선한 일에 조심하려 함이라"고 하였다. "즐거이 드린 예물"이라는 말(נְדָבָה)은 하나님께 물질을 드리는 원리를 가르친다. 하나님께 물질을 드리는 자는 인색함이나 억지로 하지 말아야 한다(고후 9:7).

31-36절. 여기서는 에스라 일행이 예루살렘에 돌아와서 가장 먼저 처리한 것과 행한 것을 말해 준다. 그들은 ① 하나님께 즐거이 드린 예물을 신중히 전달하였으며(32-34절), ② 번제를 드렸고(35절), ③ 왕의 조서를 관원들에게 전달하였다(36절). 이와 같이 그들은 하나님과 사람들과의 관계에서 책임진 것을 먼저 실행함으로써 양심의 문제를 해결했다(32-34절). 이것은 종교 윤리의 모본이다. 그들이 맡아서 가지고 온 예물들은 하나님의 것이므로 그것이 완전히 전달되어야 그들의 양심이 평안해진다. 그뿐 아니라 그들은 오늘날의 기독교 신자들과 마찬가지로 언제나 죄인이었고 또 구속을 받아 하나님의 것이 되었으므로 헌신제(번제)를 먼저 드린 것이다(35절).

제 9 장

✣ 내용분해

1. 돌아온 백성과 책임자들의 범죄 사실이 알려짐(1-2절)
2. 죄를 원통히 여기는 에스라와 그의 동조자들(3-4절)
3. 에스라가 죄를 통탄하며 기도함(5-15절)
   1) 서론(5-6절)
   2) 과거의 죄에 대한 보응을 아룀(7절)
   3) 진노 중에도 긍휼을 베풀어 주신 하나님 앞에 감히 설 수 없다고 함 (8-15절)

✣ 해석

1-2 가증한 일을 행하여(1하). 여기서 "가증한 일"은 가나안에 있던 이방인들의 우상주의와 그들의 악행을 가리킨다. 하나님의 백성은 이 세상주의자들과 동화되지 말고 구별되어 살아야 한다. 그것은 바리새주의의 교만이 아

니라. ① 의의 표준을 보호하기 위함이고, ② 하나님의 영광을 위한 것이다(고후 6:14-18 참조). 이때 바벨론에서 돌아온 이스라엘이 가나안 본토인들과 합류하면 그들의 가증한 일에 동참케 되는 것이었다. 모세의 율법에 의하면 이스라엘 백성은 가나안 족속들과 통혼하지 못하게 하였다(신 7:1-3). 그것은 그런 혼인으로 말미암아 그들이 이방의 우상과 타협하거나 그 우상을 받아들일 우려가 있었기 때문이다(신 7:4 참조). 그런 우려가 없는 환경에서는 이스라엘이 이방 민족과 통혼하는 일이 금지되지 않았다. 예를 들면 요셉, 모세, 보아스, 다윗 등도 외국인과 결혼했다(창 41:45; 민 12:1; 룻 4:9-10; 삼상 25:40-42 참조). 그러나 이때 바벨론에서 돌아온 자들이 가나안 이방 민족들과 통혼한 일은 용납될 수 없었다. 그들이 돌아온 것은 거룩한 종교를 보존하기 위한 정화 운동이었기 때문이다. 또한 그것은 이사야의 예언이 성취된 것이었기 때문이다. "너희는 떠날지어다 떠날지어다 거기서 나오고 부정한 것을 만지지 말지어다 그 가운데에서 나올지어다 여호와의 기구를 메는 자들이여 스스로 정결하게 할지어다"(사 52:11; 참조. 고후 6:17). 그럼에도 불구하고 그들이 바벨론에서 떠나 귀국한 후에 우상을 섬기는 이방인들과 통혼하였기 때문에 그들이 돌아온 성민으로서 가질 거룩한 종교는 성립될 수 없게 되었다. 따라서 이 문제에 대한 에스라의 근심이 컸다.

3-4 속옷과 겉옷을 찢고 머리털과 수염을 뜯으며 기가 막혀 앉으니(3절). 에스라가 옷을 찢은 것은 그의 슬픔을 표시한 상징적 행동이었다(창 37:34 참조). 신자는 다른 사람들의 죄를 보고 그들을 업신여기지 말고 도리어 슬퍼해야 한다. 그것은 하나님께서 그런 죄를 미워하시기 때문이다(시 119:158; 참조. 렘 9:1; 14:17). "머리털과 수염을 뜯은" 것은 정의감과 원통함을 나타낸 것이다(느 13:25 참조). 그러나 이것은 범죄한 자들에 대한 의분이 아니라 다른 사람들의 과오에 연대 책임을 지고 원통히 여긴 심리 표현이었다. 에스라가 그 공동체의 책임을 함께 느꼈다고 할 수 있는 증거는, 그가 "우리"라는 대명사를

사용하며 기도한 것이다(5-15절). "기가 막혀"라는 말(משׁומם)은 말도 못할 만큼 괴로운 심리 상태를 가리킨다.

하나님의 말씀으로 말미암아 떠는 자가 사로잡혔던 이 사람들의 죄 때문에 다 내게로 모여오더라(4중). "하나님의 말씀으로 말미암아 떠는 자"는 하나님을 경외하는 자다. 하나님은 그런 신자들을 돌아보신다(사 66:2). 이런 신자들이 에스라의 개혁 운동에 동조한 것은 기쁜 일이었다. 하나님의 영광을 위하는 의인은 외로운 가운데서도 진실한 동조자들을 만나게 된다.

5-15절. 이 부분은 에스라의 기도 내용을 알려 준다. 그 요지는 에스라가 그 당시 바벨론에서 돌아온 이스라엘의 범죄 때문에 하나님 앞에서 부끄러워한 것이다(6-7하, 15절).

5 무릎을 꿇고 나의 하나님 여호와를 향하여 손을 들고. "무릎을 꿇"는 것은 하나님 앞에서 깊은 겸손과 애걸의 태도를 취하는 것이고(눅 22:41; 행 20:36). "손을 드는" 것은 몸을 바치는 모습이다(애 3:41).

6 내가 부끄럽고 낯이 뜨거워서 감히 나의 하나님을 향하여. 에스라가 하나님을 향하여 "나의 하나님"(אלהי)이라고 한 것은 하나님과 그의 가까운 관계를 알려 준다. 그가 이때까지 하나님의 도우심을 체험하였으므로(7:6, 9, 18; 8:23), 그는 하나님을 그렇게 실감한 것이다. 그는 관념적인 종교인이 아니었다.

얼굴을 들지 못하오니. 사람이 자기의 잘못으로 인하여 사람들 앞에서 부끄러움을 느끼는 것은 일반적인 일이지만 하나님 앞에서 이렇게 부끄러움을 느끼는 것은 신앙으로 진실하게 살아가는 자만이 가지는 영적 체험이다. 하나님의 계명을 범하면서도 뻔뻔하게 지내는 사람이 얼마나 많은가! 그러나 에스라는 자기 민족의 죄악 때문에 이와 같이 하나님 앞에서 부끄러움을 느꼈다. 그의 심령이 이렇게 된 것은 그가 무엇보다도 하나님을 중하게 여기고 마음을 정결케 했기 때문이다(마 5:8; 6:22-24 참조). 모든 것보다 하나님을 더

중하게 여기는 생활은 하나님의 율법을 순전하게 지키는 것으로 실현된다(시 119:9, 56, 136, 139, 158 참조). 에스라는 하나님의 율법을 깨닫는 데 정통하였고, 그 말씀대로 실행하였다(7:10, 12 참조).

하나님 앞에서 하나님의 율법대로 사는 자는 그 율법을 지키지 못하였을 때에 영적(하나님께 대한)으로 근심한다(고후 7:10-11).

우리 죄악이 많아. 여기서 "우리"라는 말은 접미어 대명사(Pronominal suffix)로 기록된 1인칭 복수이다. "우리"라는 이 접미어 대명사(ֵנוּ)가 여기서부터 15절까지 31회나 등장한다. 이 말은 매우 중요하다. 에스라는 다른 사람들의 과오에 대하여 자기 자신도 책임을 지고 자기 자신을 그 범죄자들과 동일시하여 "우리"라고 하였다. 이런 사랑의 마음으로 범죄자들을 접촉하거나 권면하는 지도자들은 언제나 그들의 사역에 참된 열매를 거둔다(갈 6:1-2 참조).

7 에스라는 이스라엘이 조상 때부터 범죄하고 하나님의 징벌을 받아 온 역사적 사실(느 9:29-38; 단 9:5-11)에 부끄러움을 느낀다고 고백하였다. 곧 그들이 바벨론에 사로잡혀 갔던 것이 하나님의 징벌이었으며, 그것은 그들이 여전히 눈으로 볼 수 있는 현실로 남아 있었다. "오늘날과 같으니이다"라고 한 말씀이 그 뜻이다.

신자들은 자기의 과거와 현재를 돌아보고 반성할 줄 알아야 하고, 그것에 대한 책임을 느껴야 한다. 미래의 밝은 전망은 과거를 검토하여 회개하는 자들의 것이다.

여러 나라 왕들의 손에 넘기사. 여기서 "여러 나라 왕들"이라는 것은 그 당시(이스라엘이 해방된 후)의 페르시아 왕들을 가리킨다는 학설이 있다.[136] 그러나 이 문구는 역사적으로 이스라엘을 정복한 외국의 군왕들을 가리킨다.

---

136) Business documents of Murashu's sons, 1904, 28, No.6.

8-10절. 여기서는 에스라가 그 민족의 더욱 부끄러운 일에 대하여 말한다. 곧 하나님께서 그들을 그 비참한 포로 생활에서도 망하지 않도록 남겨두셨다가 본국으로 돌아오게 하셨는데 이렇게 자비를 베푸시는 상황에서 그들이 또다시 범죄하였다는 것은 매우 부끄러운 일이라는 것이다.

그 거룩한 처소에 박힌 못과 같게 하시고(8상). 이 말씀의 히브리어(בִּמְקוֹם קָדְשׁוֹ יָתֵד לָנוּ)는 다음과 같이 개역되어야 한다. "그의 거룩한 곳에 우리를 위하여 못을 주시고." 이것은 하나님께서 그 남은 백성으로 하여금 팔레스타인에 장막 못을 박게 하셨다는 뜻이다. 다시 말하면 그들이 거기에 정착하게 하셨다는 것이다.

우리 눈을 밝히사 우리가 종노릇 하는 중에서 조금 소생하게 하셨나이다(8하). 이 말은 그들이 포로 생활 중에 당한 고생은 그들의 눈을 어둡게 할 정도였으나 이제 거기서 구원받은 기쁨은 눈이 밝아질 정도의 경사라는 것이다.

유다와 예루살렘에서 우리에게 울타리를 주셨나이다(9하). 여기서 "울타리"라는 말(גָּדֵר)은 '벽'을 의미하며, 보호를 비유한다. 하나님의 성전은 그때 그들을 보호하는 성곽과 같이 되었다는 것이다.

우리 하나님이여 이렇게 하신 후에도 우리가 주의 계명을 저버렸사오니 이제 무슨 말씀을 하오리이까(10절). 이것은 이스라엘의 배은망덕한 죄를 지적하며 탄식하는 말씀이다. 그들의 죄야말로 주인의 떡을 먹으면서 주인의 발꿈치를 들어 넘어뜨리는 것과 같은 죄악이다(요 13:18 참조). 에스라는 이 기도에서 하나님의 용서를 빌지 않았다. 그러나 참된 회개에는 하나님의 용서가 따르는 법이다. 잠언 28:13에 말하기를, "자기의 죄를 숨기는 자는 형통하지 못하나 죄를 자복하고 버리는 자는 불쌍히 여김을 받으리라"고 하였다. 이와 같은 긍휼은 죄의 경중을 가리지 않는다(사 1:18 참조).

11-12절. 에스라는 앞에서(10절) 말한 "계명"의 내용을 자세히 밝히며 계

속 기도한다. 여기 나온 말씀은 어느 일정한 구절의 인용이 아니라 여러 성구의 대의를 말한 것이다(출 34:16; 레 18:24; 신 7:1-4; 11:8; 23:4-7; 삿 3:5; 왕상 11:2; 왕하 17:23; 21:10; 24:2; 단 9:6, 10 참조). 신약 시대인 오늘날에도 신자들은 불신자와 통혼하지 않아야 된다(고후 6:14 참조). 신자들이 결혼 대상을 찾을 때에는 상대방의 신앙보다 물질적 부요나 육체미에 끌리는 일이 많다. 그것은 그들이 미혹에 빠져서 행하는 것이다. 그와 같이 배필을 구한 결과는 축복이 되지 못한다. 그러므로 신자들은 이 점에서 당사자들이나 부모가 다 함께 조심해야 한다.

13-15절. 에스라는 앞에 있는 말씀(8-12절)의 요지를 간단히 반복하여 기도한다. 곧 하나님은 이스라엘을 긍휼히 여겨 남겨 주셨는데 왜 그들이 또다시 하나님의 계명을 거역하였느냐고 한다(13-14절). 그리고 그는 이와 같은 통탄의 말씀을 그다음에(15절) 또다시(세 번째) 반복하였다. "남겨 두어 피하게"(לְהַשְׁאִיר לָנוּ פְּלֵיטָה)(8중), "남겨 주셨사오니"(נָתַתָּה לָּנוּ פְּלֵיטָה)(13하), "우리가 남아 피한 것"(נִשְׁאַרְנוּ פְלֵיטָה)이라는 말씀(15상)은 모두 다 같은 뜻이다. 또한 이 부분(8-15절)에서 중요한 말씀이고 그때 이스라엘이 하나님의 은혜로 팔레스타인에 돌아오게 된 것을 가리킨다.

주는 의로우시니(15상). 여기서 "의롭다"는 말(צַדִּיק)은 이스라엘 백성이 범죄하였음에도 불구하고 그들과 하나님의 관계가 변치 않는 것을 가리킨다.[137]

---

137) A. Bertholet, Die Bücher Esra und Nehemia, 1902, 41. "Tadelosigkeit des Vehaltens Jahwes gegenüber Israel Im Gegesatz gegen Israels Sünde."

제 10 장

✤ **내용분해**

1. 에스라와 백성이 이스라엘의 죄에 대하여 통회함(1절)
2. 스가냐의 제안(2-4절)
3. 스가냐의 제안대로 실행된 과정(5-44절)
    1) 지도자들과 백성들이 그 제안대로 실행하려고 맹세함(5절)
    2) 에스라가 금식하고 성회를 소집함(6-9절)
    3) 에스라의 주장에 대한 회중의 찬성과 반대(10-15절)
    4) 대중의 찬성에 따라 에스라의 주장이 실행됨(16-17절)
    5) 이방 여자를 취한 자들의 명단(18-44절)

✤ **해석**

1 에스라가 하나님의 성전 앞에 엎드려 울며 기도하여 죄를 자복할 때에 많은 백성이 크게 통곡하매. 일반 민중의 죄(가나안 사람의 딸을 취한 죄, 9:1-2)를 지도자

에스라가 자신의 범죄처럼 원통히 여겨 하나님 앞에 자복한 사실은 공동체인 교회의 질서 유지에 모범이 된다. 지도자가 일반 회원(혹은 회원들)의 죄악에 연대 책임을 지고 눈물로 호소할 때 그 문제가 해결될 수도 있다. 범죄한 자에 대하여 증오심을 앞세우고 헐뜯으며 능욕하면서 꾸짖기만 하는 지도자는 도리어 교회의 질서를 어지럽게 만들 위험이 있다. 이런 문제는 눈물과 하나님의 은혜로 해결되어야 한다(갈 6:1-2 참조).

2-4 이 부분에서 우리가 취할 수 있는 교훈이 몇 가지 있다. ① 교회의 일은 모든 회원이 서로 협력할 때 잘될 수 있다. 그때 이스라엘의 지도자 에스라는 별로 알려지지 않은 "스가냐"라는 사람의 협력과 권면도 받았다. ② 난처한 때에도 소망이 있다. 하나님은 무슨 시험이든지 감당할 수 있게 하여 주신다(고전 10:13 참조). ③ 참된 지도자와 그에 동조하는 자들이 하나님을 두려워하고 떨며 순종할 때 그들이 이끄는 공동체의 문제는 하나님의 능력으로 해결된다. 그들은 자기들의 이권 같은 것을 마음에 두지 않고 오직 하나님만을 바라보며(하나님과 언약을 세운다는 것은 이러한 뜻도 내포한다) 신앙적인 용단으로 난제 해결을 얻고자 한 것이다. 여기서 "내 주의 교훈"(3상)이라는 말(מִצְוַת אֲדֹנָי)은 그 당시의 지도자인 에스라의 지도를 가리킨다. 그리고 "하나님의 명령을 떨며 준행하는 자"(הַחֲרֵדִים בְּמִצְוַת אֱלֹהֵינוּ)라는 말은 "우리 하나님의 명령 앞에서 두려워 떠는 자들"이라고 개역되어야 한다.

5-11 이때 에스라의 처사는 신앙 용단으로 일관하였다. ① 그는 먼저 종교 지도자들(제사장들과 레위인들)과 거기 모인 무리로 하여금 스가냐의 제안대로 실행하도록 맹세하게 하였다(5절). 그 당시 이런 맹세는 신앙적인 용단으로만 할 수 있었다. ② 에스라 자신은 금식기도를 하였고, 그 결과(6절) 모든 돌아온 동포들을 예루살렘으로 소집하였다(7-8절). 이것도 하나님께서 주신 힘으로만 할 수 있었던 신앙적 용단이었다. 따라서 하나님의 감화하시는 역사로 민중이 순종하여 모였다. ③ 에스라는 그 회중에게 "죄를 자복

하고…이방 여인을 끊어 버리라"고 담대히 선포하였다(10-11절). 이것도 하나님만 두려워하고 사람을 두려워하지 않게 된 그의 신앙적 처사였다.

12-17 그때 에스라의 주장에 대다수가 순응하였고 몇 사람만이 반대하였다. 그러나 다수의 찬성으로 에스라의 주장은 마침내 성과를 거두게 되었다.

18-43절. 이 부분에 기록된 명단을 보면 그 이름의 거의 전부(84명)가 "여호와", 또는 "하나님"이라는 칭호와 관련되어 있다. 그런데도 그 이름의 소유자들은 이처럼 성스러운 이름을 가지고 일시 적으로 세상에 동화되어 하나님께 욕을 돌렸던 것이다. 그러나 그들이 깨우침을 받은 후에는 그 죄악을 청산하여 그 이름의 내용대로 하나님의 영광을 드러냈다. 그러므로 그 회개자들의 이름이 성경에 귀하게 기록되었다. 18절의 "예수아 자손 중 요사닥의 아들"이라는 말(מִבְּנֵי יֵשׁוּעַ בֶּן יוֹצָדָק)은 "요사닥의 아들인 예수아의 자손들 중"이라고 개역되어야 한다. 다음 표에 그들의 이름의 뜻을 밝힌다.

절수	이름	히브리어	의미
18	요사닥(의 아들)	יוֹצָדָק	여호와는 의로우시다
〃	마아세야	מַעֲשֵׂיָה	여호와의 일
〃	엘리에셀	אֱלִיעֶזֶר	내 하나님이 도우신다
〃	야립	יָרִיב	여호와께서 싸워 주신다
〃	그달랴	גְּדַלְיָה	여호와께서 크시다
20	하나니	חֲנָנִי	여호와는 은혜로우시다
〃	스바댜	זְבַדְיָה	여호와께서 주셨다
21	마아세야	מַעֲשֵׂיָה	하나님께서 만드셨다
〃	엘리야	אֵלִיָּה	여호와께서 나의 하나님이시다
〃	스마야	שְׁמַעְיָה	여호와께서 들으셨다
〃	여히엘	יְחִיאֵל	하나님이 살아 계시다
〃	웃시야	עֻזִיָּה	여호와는 나의 힘이시다

절수	이름	히브리어	의미
22	엘료에내	אֶלְיְהוֹעֵינַי	나의 눈이 하나님을 향하여 있다
〃	마아세야	מַעֲשֵׂיָה	여호와의 일
〃	이스마엘	יִשְׁמָעֵאל	나의 하나님이 들으신다
〃	느다넬	נְתַנְאֵל	하나님이 주셨다
〃	요사밧	יוֹזָבָד	여호와께서 주셨다
〃	엘라사	אֶלְעָשָׂה	하나님이 행하셨다
23	요사밧	יוֹזָבָד	여호와께서 주셨다
〃	시므이	שִׁמְעִי	여호와께서 들으셨다
〃	글라야	קֵלָיָה	받았다
〃	브다히야	פְּתַחְיָה	여호와께서 여셨다
〃	유다	יְהוּדָה	여호와를 찬송하라
〃	엘리에셀	אֱלִיעֶזֶר	나의 하나님이 도우신다
24	엘리아십	אֶלְיָשִׁיב	하나님이 회복해 주신다
〃	살룸	שַׁלֻּם	보상한다
〃	델렘	טֶלֶם	광명
〃	우리	אוּרִי	여호와께서 나의 빛이시다
25	라먀	רַמְיָה	여호와는 높으시다
〃	잇시야	יִזִּיָּה	여호와께서 뿌리실 것이다
〃	말기야	מַלְכִּיָּה	여호와께서 나의 왕이시다
〃	미야민	מִיָּמִן	행복의 길에서
〃	엘르아살	אֶלְעָזָר	하나님이 도우셨다
〃	말기야	מַלְכִּיָּה	여호와께서 나의 왕이시다
〃	브나야	בְּנָיָה	여호와께서 지으셨다
26	엘람	עֵילָם	높은 땅
〃	맛다냐	מַתַּנְיָה	여호와의 선물
〃	스가랴	זְכַרְיָה	여호와께서 기억하셨다

절수	이름	히브리어	의미
〃	여히엘	יְחִיאֵל	하나님은 살아 계시다
〃	압디	עַבְדִּי	여호와의 종
26	여레못	יְרֵמוֹת	두텁다
〃	엘리야	אֵלִיָּה	여호와께서 나의 힘이시다
27	엘료에내	אֶלְיוֹעֵינַי	나의 눈은 하나님을 향하여 있다
〃	엘리아십	אֶלְיָשִׁיב	나의 하나님이 회복해 주셨다
〃	맛다냐	מַתַּנְיָה	여호와의 선물
〃	여레못	יְרֵמוֹת	두텁다
〃	사밧	זָבָד	여호와께서 주셨다
〃	아시사	עֲזִיזָא	강하다
28	여호하난	יְהוֹחָנָן	여호와는 은혜로우시다
〃	하나냐	חֲנַנְיָה	여호와께서 은혜로우시다
〃	삽배	זַבַּי	여호와께서 주셨다
〃	아들래	עַתְלָי	여호와께서 높아지셨다
29	므술람	מְשֻׁלָּם	보상 받음
〃	말룩	מַלּוּךְ	왕
〃	아다야	עֲדָיָה	여호와께서 장식해 주셨다
〃	야숩	יָשׁוּב	그가 돌아온다
〃	스알	שְׁאָל	청구한다
〃	여레못	יְרֵמוֹת	두텁다
30	앗나	עַדְנָא	미친듯이 기뻐함
〃	글랄	כְּלָל	완전성
〃	브나야	בְּנָיָה	여호와께서 지으셨다
〃	마아세야	מַעֲשֵׂיָה	여호와의 일
30	맛다냐	מַתַּנְיָה	여호와의 선물
〃	브사렐	בְּצַלְאֵל	하나님의 그늘 안에

절수	이름	히브리어	의미
〃	빈누이	בִּנּוּי	지어진 것
〃	므낫세	מְנַשֶּׁה	여호와께서 잊어버리게 하신다
31	엘리에셀	אֱלִיעֶזֶר	하나님이 도우심
〃	잇시야	יִשִּׁיָּה	여호와께서 잊어버려 주셨으면
〃	말기야	מַלְכִּיָּה	여호와께서 나의 왕이시다
〃	스마야	שְׁמַעְיָה	여호와께서 들으셨다
〃	시므온	שִׁמְעוֹן	여호와께서 들으셨다
32	베냐민	בִּנְיָמִין	오른손의 아들
〃	말 룩	מַלּוּךְ	왕
〃	스마랴	שְׁמַרְיָה	여호와께서 들으셨다
33	맛드내	מַתְּנַי	여호와의 선물
〃	맛닷다	מַתַּתָּה	여호와의 선물
〃	사밧	זָבָד	여호와께서 주셨다
〃	엘리벨렛	אֱלִיפֶלֶט	하나님은 피난처
〃	여레매	יְרֵמַי	두텁다
〃	므낫세	מְנַשֶּׁה	하나님께서 잊어버리게 하신다
〃	시므이	שִׁמְעִי	하나님이 들어 주심
34	마아대	מַעֲדַי	알 수 없음
〃	아므람	עַמְרָם	아버지의 친척이 높아졌다
〃	우엘	אוּאֵל	하나님의 뜻
35	브나야	בְּנָיָה	여호와께서 지으셨다
〃	베드야	בְּדֵיָה	하나님의 종
〃	글루히	כְּלוּהִי	알 수 없음
36	와냐	וַנְיָה	알 수 없음
〃	므레못	מְרֵמוֹת	알 수 없음
〃	에랴십	אֶלְיָשִׁיב	하나님이 회복하신다

절수	이름	히브리어	의미
37	맛다냐	מַתַּנְיָה	여호와의 선물
〃	맛드내	מַתְּנַי	여호와의 선물
〃	야아수	יַעֲשַׂי	하나님이여 행하시옵소서
38	바니	בָּנִי	지어진 것
〃	빈누이	בִּנּוּי	건축자
〃	시므이	שִׁמְעִי	여호와께서 들으신다
39	셀레먀	שֶׁלֶמְיָה	여호와께서 갚아 주신다
〃	나단	נָתָן	여호와께서 주셨다
〃	아다야	עֲדָיָה	여호와께서 단장해 주신다
40	막나드배	מַכְנַדְבַי	알 수 없음
〃	사새	שָׁשַׁי	희다
〃	사래	שָׂרַי	여호와께서 놓아 주셨다
41	아사렐	עֲזַרְאֵל	하나님이 도우셨다
〃	셀레먀	שֶׁלֶמְיָהוּ	여호와께서 갚아 주셨다
〃	스마랴	שְׁמַרְיָה	여호와께서 지켜 주셨다
42	살룸	שַׁלּוּם	보상
42	아마랴	אֲמַרְיָה	여호와께서 말씀하셨다
〃	요셉	יוֹסֵף	여호와께서 더해 주시옵소서
43	여이엘	יְעִיאֵל	여호와께서 고쳐 주셨다
〃	맛디디야	מַתִּתְיָה	여호와의 선물
〃	사밧	זָבָד	여호와께서 주셨다
〃	스비내	זְבִינָא	샀다
〃	잇도	יַדּוֹ	여호와께서 아셨다
〃	요엘	יוֹאֵל	여호와께서 하나님이시다
〃	브나야	בְּנָיָה	여호와께서 지으셨다

여기 기록된 것같이 회개한 자들의 이름이 전해진 목적은 아마도 다음과 같을 것이다 ① 죄악의 위험성을 경고하려 하였다. 죄는 어느 계층의 사람들

에게나 침투한다. 이 명단에는 대제사장의 가문 네 사람이 있고, 일반 제사장 14명, 레위인들이 10명, 그리고 일반 백성 86명도 포함되어 있다. ② 회개의 모본을 보여 주려고 하였다. ③ 참된 회개를 장려하려는 것이다.

구약주석
느헤미야

A Commentary on THE BOOK of NEHEMIAH

느헤미야 주석
목차

서론
    Ⅰ. 느헤미야서의 저자 　　　　　　　　　　　　503
    Ⅱ. 느헤미야서 내용분해 　　　　　　　　　　　504

해석
    제1장 　　　　　　　　　　　　　　　　　　　507
    제2장 　　　　　　　　　　　　　　　　　　　512
    제3장 　　　　　　　　　　　　　　　　　　　519
    제4장 　　　　　　　　　　　　　　　　　　　526
    제5장 　　　　　　　　　　　　　　　　　　　534
    제6장 　　　　　　　　　　　　　　　　　　　539
    제7장 　　　　　　　　　　　　　　　　　　　544
    제8장 　　　　　　　　　　　　　　　　　　　550
    제9장 　　　　　　　　　　　　　　　　　　　555
    제10장 　　　　　　　　　　　　　　　　　　563
    제11장 　　　　　　　　　　　　　　　　　　573
    제12장 　　　　　　　　　　　　　　　　　　576
    제13장 　　　　　　　　　　　　　　　　　　582

참고서적 　　　　　　　　　　　　　　　　　　505

서론

I. 느헤미야서의 저자

느헤미야서가 느헤미야의 저술이라는 사실은 느헤미야서에 느헤미야의 말이 "나"라는 1인칭으로 기록된 것에서 드러난다(1-2, 5-7, 13장 참조). 어떤 학자들은 12:11, 22에 대제사장의 이름 "얏두아"(그는 헬라 시대의 초기 알렉산드로스 대왕과 동시대 사람이다)가 나온 것으로 보아 느헤미야서가 페르시아 시대 사람이었던 느헤미야의 저술일 수 없다고 주장한다. 그러나 12:11, 22의 기록은 얏두아가 느헤미야 당시의 현직 대제사장이었다는 의미가 아니라 다만 그때 그가 대제사장의 자손으로 있었다는 것뿐이다. 혹은 그가 자라서 알렉산드로스 대왕 시대에 이르기까지 대제사장으로 있었을 수도 있다(Delitzsch).

느헤미야서의 내용은 어디까지나 목격자의 기록이다(Canon Rawlinson). 그러므로 느헤미야서는 느헤미야 외에 다른 사람이 기록하였다고 할 수 없다.

II. 느헤미야서 내용분해

1. 느헤미야가 예루살렘 성을 재건함(1:1-7:73)
1) 서론(1:1-2:20)
2) 예루살렘 성을 개축함에 대하여(3:1-6:19)
3) 느헤미야가 하나니와 하나냐에게 예루살렘 성 수비의 책임을 맡김(7:1-4)
4) 바벨론에서 처음으로 돌아온 자의 보계(7:5-73)

2. 에스라와 느헤미야의 개혁에 대하여(8:1-13:31)
1) 계약을 갱신함(8:1-10:39)
2) 예루살렘에 거한 자들의 명단(11:1-36)
3) 제사장들과 레위인들의 명단(12:1-26)
4) 예루살렘 성을 완성함(12:27-43)
5) 제사장들을 도와준 것에 대하여(12:44-47)
6) 느헤미야가 예루살렘을 두 번째 방문함(13:1-31)

참고서적

Ackroyd, P. R. Ⅰ and II Chronicles, Ezra, Nehemiah. London: SCM, 1973.

Batten, L. W. A Critical and Exegetical Commentary on the Books of Ezra and Nehemiah (The International Critical Commentary on the Holy Scriptures of the Old and New Testaments 12). Edinburgh: T. & T. Clark, 1913.

Bertholet, A. Die Bücher Esra und Nehemia (Kurzer Hand - Commentar zum Alten Testament 19). Tübingen: J. C. B. Mohr, 1902.

Booth, W. H. / Goodman, J. H. / Gregory, S. (eds.). Homiletical Commentary on the Book of Nehemiah (Preacher's Complete Homiletical Commentary on the Old Testament 4). London, 1880.

Brockington, L. H. Ezra, Nehemiah and Esther (The Century Bible). London: Nelson, 1969.

Buttrick, G. A. Kings, Chronicles, Ezra, Nehemiah, Esther, Job (The Interpreter's Bible 3). New York, 1978.

Cook, F. C. (ed.). The Holy Bible with an Explanatory and Critical Commentary Ⅲ: Kings II-Esther. London: Murray, 1873.

Delitzsch, F. Ezra, Nehemiah, Esther (Commentary on the Old Testament). Grand Rapids: Eerdmans, 1970.

Douglas, J. D. The New Bible Dictionary. Grand Rapids: Eerdmans, 1971.

Grosheide, H. H. Esra - Nehemia (Commentaar op Het Oude Testament). Kampen: Kok, 1963.

Jahn, G. Die Bücher Esra, A und B, und Nehemia. Leiden: E. J. Brill, 1909.

Myers, J. M. Ezra, Nehemiah (The Anchor Bible). New York [et. al.]: Doubleday, 1965.

Nichol, F. D. (ed.). Seventh - Day Adventist Bible Commentary III: Ⅰ Chronicles to Song of Solomon. Washington: Review and Herald Pub. Association, 1953.

Pannenberg, W. / Dulles, A. / Braaten, Carl E. Spirit, Faith and Church. Philadelphia: Westminster, 1969.

Redpath, A. Victorious Christian Service Studies in the Book of Nehemiah.

Rubensohn, O. Elephantine Papyri. Berlin: Weidmann, 1907.

The People's Bible: Discourses upon Holy Scripture. London: Hazell, Watson & Viney [etc.], 1896 - 1907.

Turnbull, R. G. The Book of Nehemiah (Shield Bible Study Series). Grand Rapids: Baker Book House, 1974.

Vogt, H. C. M. Studie Zur Nachexilischen Gemeinde in Esra - Nehemia. Werl: Coelde, 1966.

제 1 장

✦ 내용분해

1. 느헤미야가 하나니에게 유다와 예루살렘의 형편을 물어봄(1-3절)
2. 그의 금식 기도와 그 기도의 응답(4-11절)
    1) 기도 응답을 간구함(4-6상)
    2) 이스라엘 민족의 죄상(6하-7)
    3) 모세에게 주신 말씀에 근거하여 이스라엘의 회복을 간구함(8-10절)
    4) 아닥사스다 왕과 하나님의 응답(11절)

✦ 해석

1 하가랴의 아들 느헤미야의 말이라. "하가랴"(הֲכַלְיָה)는 '여호와를 기다린다'는 뜻이고(Boehme: harre auf Jahwe), "느헤미야"(נְחֶמְיָה)는 '여호와의 위로'라는 뜻이다. 느헤미야의 인품에 대하여는 총서론 Ⅱ("유대인 귀환과 그 지도자들")에 소개되었으니 그것을 참조하라. "기슬르월"(בְּכִסְלֵו)은 일반 월력

12월에 해당한다. "수산 궁"은 페르시아 만에서 100마일 북쪽에 있는 을래(Ulai) 강 위(단 8:2) 엘람(Elam)의 수도에 있었고, 아닥사스다 왕의 겨울 궁전이었다. "수산"은 헬라어로 수사(Σοῦσα)라고도 하는데 엘람(Elam)이라는 나라의 수도였다(창 14:9). 앗수르 왕 아슈르바니팔(Ashurbanipal)이 주전 660년에 엘람을 정복한 후 수산은 바벨론에 속하였고 그 후에 페르시아의 소유가 되었다. 수산에는 네 개의 높은 곳이 있는데 그것은 페르시아 왕궁이 있던 곳들이다. "수산"이라는 말(שׁוּשַׁן)은 '백합화'를 의미하며, 그곳에 백합화가 많았다고 한다.

2 내 형제들 가운데 하나인 하나니가. "하나니"는 느헤미야의 친형제이며(7:2), 그는 역경을 무릅쓰고 유다에서 수산까지 느헤미야를 찾아왔다. 느헤미야는 그에게 이스라엘 공동체의 안부를 알기 원하였다. 그는 비록 외국에 서나마 왕궁에 거하여 평안을 누렸지만 그의 마음은 본국에 있었다.

3 그 지방 거기에서 큰 환난을 당하고 능욕을 받으며. 여기서 "그 지방"이라는 말(הַמְּדִינָה)은 파멸된 유다 나라가 이제는 페르시아국에 속한 하나의 지역(Province)이라는 사실을 알려 준다. 그 당시 이스라엘은 그만큼 낮아지고 미천해졌다. 그들은 이제 죄를 회개하며 기도해야 될 처지에 있었다. 야고보서 5:13에 말하기를, "너희 중에 고난 당하는 자가 있느냐 그는 기도할 것이요"라고 하였다. 고난은 사람을 옳게 만들고 하나님께로 인도하는 좋은 길이다(시 119:67, 71 참조).

4 수일 동안 슬퍼하며 하늘의 하나님 앞에 금식하며 기도하여. 여기서 "수일"이라는 말(יָמִים)은 "많은 날들"이라고도 번역될 수 있다. 사실상 느헤미야는 기슬르월(일반 월력으로 12월)부터 니산월(일반 월력으로 3, 4월에 걸침)까지 간절한 기도 생활을 하며 지냈다. 이렇게 그는 선한 일(기도)을 하기 위하여 세월을 보냈던 것이다. "아무리 좋은 일이라도 조급히 행하면 안 된다. 기도하며 깨어 있는 것이 선을 완성하는 데 필요하다. 많은 좋은 일이 덤비고 서두르다

가 실패한다."[138]

여기서 우리는 느헤미야의 참된 영적 지도자로서의 자격에 주목하게 된다. ① 그는 기도로 일관하였다. 그는 하나님의 전지전능하심을 믿는 것만으로 세월을 보내지 않았다. 그는 가만히 앉아서 일이 이루어지기를 기다리는 운명론자가 아니었다. 그는 우선 금식기도에 힘썼다(5-11절). ② 그는 하나님의 언약하신 말씀에 근거하여 선한 일의 성취를 확신하였다(9하). 무디(Moody)는 말하기를, "큰 바다가 마를지언정 하나님의 약속은 변하지 않는다"고 하였다. ③ 그는 하나님의 일을 책임감 있게 실행하기로 자각하였다(11하). 이와 같이 교회의 지도자들도 주님의 일에서 자기가 책임자인 것처럼 깨어 있어야 한다(히 13:17; 참조. 렘 48:10상).

5 크고 두려우신 하나님이여 주를 사랑하고 주의 계명을 지키는 자에게 언약을 지키시며 긍휼을 베푸시는 주여. 이 말은 하나님이 범죄하고 회개하지 않는 자에게는 두려운 분이지만, 회개하며 그의 계명을 지키는 자에게는 긍휼을 베푸시는 사랑의 하나님이시라는 뜻이다. "언약을 지키시며." 하나님께서는 언약 제도로 그의 백성과 관계를 맺으신다. 그 이유는 그가 그 방법으로 그의 진실성을 나타내셔서 그들의 신앙을 자라게 하시기 위해서이다. 신구약의 말씀은 그가 언약을 주시고 그대로 성취하신 사실에 대한 기록이다.

6 느헤미야는 이스라엘의 범죄를 자복하고 이스라엘을 위한 자기의 기도를 들어주시기를 간구하였다. 그는 자기의 기도가 이루어지기까지 계속 기도한 신앙의 사람이었다(2:4, 4:4-5, 5:19, 6:14, 13:14, 22, 29, 31 참조). 그는 자신의 기도가 헛되지 않은 줄 믿었기 때문에 주야로 기도하였다. "주야로"라고 번역된 히브리 원어(יומם ולילה)는 "오늘 주야로"라고 개역되어야 한다.

---

138) Joshua-Esther, Clarke's Commentary Vol.2, 1892.

자복하오니. 느헤미야도 에스라처럼 이스라엘 공동체의 죄악을 연대 책임지고 친히 자기의 죄처럼 여겨 회개하였다(스 9:6; 단 9장 참조).

나와 내 아버지의 집이 범죄하여. 이 문구에서 "나"라는 말(אֲנִי)은 강조체다. 즉 "내 아버지의 집"은 이스라엘 민족을 가리킨다.

8-9 만일 너희가 범죄하면 내가 너희를 여러 나라 가운데에 흩을 것이요 만일 내게로 돌아와 내 계명을 지켜 행하면 너희 쫓긴 자가 하늘 끝에 있을지라도 내가 거기서부터 그들을 모아 내 이름을 두려고 택한 곳에 돌아오게 하리라 하신 말씀을 이제 청하건대 기억하옵소서. 하나님께서는 모세를 통하여 이와 같은 약속을 여러 차례 주셨다(레 26:27-45; 신 28:15, 47, 58-68, 29:24-30:5 참조). 이 예언의 말씀이 이스라엘 역사에 그대로 이루어졌다. 이 예언과 같이 그 민족이 하나님의 징계를 받아서 세계 각국에 흩어진 사실을 누가 부인할 수 있겠는가! 이 사실은 엄연한 역사적 사실로 우리 눈앞에 보인다. 이 점에서 유다 민족은 분산 민족이라고 불릴 만하다. 이스라엘의 역사만 보아도 하나님은 살아 계신다. 그는 말씀하신 대로 이루신다. 그의 예언이 성취되기까지 오랜 세월이 걸리기는 하지만 마침내 성취된다. 이 말씀은 느헤미야가 본 대로(느 1:5) 하나님의 본질, 곧 그의 두려운 성품과 은혜로운 성품을 계시한다.[139] 곧 하나님의 계명을 위반한 이스라엘로 하여금 외국의 포로가 되게 하시는 것은 그의 두려운 성품이고, 회개하는 그들을 본토로 돌아가게 하시는 것은 그의 은혜로운 성품이다. 사람이 어떤 죄를 범하였든지 진실로 회개하기만 하면 여전히 하나님의 사랑을 받게 된다. 회개로 구원을 이루는 제도는 은혜에 속한다. 그러므로 사람은 기쁘게 회개해야 된다. "내게로 돌아와 내 계명을 지켜 행하면"이라는 말씀(9상)은 매우 중요하다. 여기서 "내게로 돌아와"라는 말(שׁוּב אֵלַי

---

[139] W. Rudolph, Handbuch Zum Alten Testament, Esra und Nehemia, 1949, 105.: "Die erweiterte Gebetsanrede umfasst beide Seiten des Wesens Jahwes, die furchtbare Macht und die Gnade."

ּ)은 죄에서 떠나 하나님께로 돌아오는 것을 의미하므로, 이것은 죄인이 돌아오는 것을 기뻐하시는 하나님의 자비로운 음성이다. 사실상 인류에는 의인이 한 사람도 없다(롬 3:9-10).

10 이들은 주께서 일찍이 큰 권능과 강한 손으로 구속하신 주의 종들이요 주의 백성이니이다. 문자적으로 번역하면 "주의 종"이라는 말(עֲבָדֶיךָ)은 "당신의 종"이고, "주의 백성"이라는 말(עַמְּךָ)은 "당신의 백성"이다. 이 말씀들은 이스라엘에 대한 하나님의 소유 관계를 보여 준다. 하나님께서는 사람들을 택하셔서 자기의 소유로 삼으신다(사 43:3-6; 45:4; 65:9; 벧전 2:9 참조). 신자들에 대한 하나님의 소유관계는 선택과 언약에 근거한다[140](느 9:7 참조).

11 이 사람 앞에서 은혜를 입게 하옵소서 하였나니 그 때에 내가 왕의 술 관원이 되었느니라. 여기서 말하는 "이 사람"은 아닥사스다 왕을 가리킨다 "술 관원"(מַשְׁקֶה)은 왕이 마시는 술을 관할하며, 술잔을 가지고 왕 앞에 나가는 관직이었다. 그만큼 느헤미야는 가장 신임이 두터운 인물이었다. 70인역(LXX)은 이 "술 관원"이라는 말을 "환관"(εὐνοῦχος)으로 번역하였다. 그러나 느헤미야가 환관이었는지는 확실히 알 수 없다. 어쨌든 술 맡은 관원은 왕과 가장 가까운 관계로, 왕의 행정에 큰 영향력을 미친다.[141] 느헤미야는 그의 기도 응답으로 이런 관직에 등용되었다. 여기서 "그 때에"라는 말(וְ)은 "그러고 나서"라고 번역될 수 있으며, 이는 "기도하고 나서"라는 의미이다. 이와 같이 느헤미야는 그의 기도가 응답되었음을 인식하였다.

---

140) H. C. M. Vogt Studie Zur Nachexilischen Gemeinde In Esra, Nehemia, 1966, 86.: "Dieses Besitzverhältnis begründete Gott durch Seine Erwählung und durch Seinen Bundeswillen."
141) J. D. Douglas, The New Bible Dictionary, 1971, 283.

제 2 장

✤ 내용분해

1. 아닥사스다 왕이 느헤미야의 청원을 허락함(1-8절)
2. 느헤미야가 예루살렘에 도착함(9-11절)
3. 느헤미야가 은밀히 폐허된 성터를 시찰함(12-16절)
4. 느헤미야가 돌아온 유대인들로 하여금 성을 재건하도록 격려함(17-20절)

✤ 해석

1 "니산월"(ניסן)은 일반 월력 3, 4월에 걸친 달이다.
왕 앞에 포도주가 있기로 내가 그 포도주를 왕에게 드렸는데. 느헤미야는 경건한 신자였는데 어떻게 왕에게 술을 가져다주는 일을 수종들었을까? 잠언 23:31에 술을 "보지도 말지어다"라고 했는데 말이다. 우리는 이 문제에 대한 성경의 교훈을 바르게 알아야 한다. 잠언 23:31 말씀은 술에 인 박힌 자를 경계하는 것이다. 술에 인 박힌 자는 술을 끊어야 하므로 그것을 보지도 않을 정도로 그것을 피해야 한다. 성경 말씀은 일관되게 사람이 술에 취하는 것을 금한다(레 10:8-11; 엡 5:18 참조). 그러나 술을 약으로 사용하는 것은 합당하게 여겼고,[142] 취하지 않을 정도의 약한 술은 신자들도 팔레스타인에서 음료로 사용하였다.[143]

한국교회가 술을 금하는 것은 술에 취하는 것을 금할 목적으로 하는 것이므로 잘하는 일이다. 그러므로 신자나 교회가 이 일에 지혜롭게 행하여 본래의 목적대로 실행하는 것이 아름답다.

이전에는 내가 왕 앞에서 수심이 없었더니. 느헤미야는 이때까지 그의 책임을 기쁘게 실행해 왔다. 그는 포로의 자손으로서 외국인을 섬기는 처지에 있었지만 하나님께만 소망을 두고 충성해 왔다.

2 이는 필연 네 마음에 근심이 있음이로다 하더라 그 때에 내가 크게 두려워하여. 느헤미야는 자기 중심에 문제를 안고 있는 것을 왕이 눈치챈 것에 놀랐고, 자기 마음에 있는 것을 왕 앞에 드러내는 것을 잠시 두려워하였다.

3 왕은 만세수를 하옵소서. 이와 같은 축복은 그 당시 사람들이 왕에게 했던 것이다. "만세"라고 번역된 히브리어(עוֹלָם)는 어떤 때에는 '영원'을 가리키지만, 어떤 때에는 '오랜 세월'을 의미하기도 한다. 블레셋 왕 아기스는 다윗이 평생토록 자기의 종이 되어 주기를 원할 때 이 말(עוֹלָם)을 사용하였다(삼상 27:12).

내 조상들의 묘실이 있는 성읍이 이제까지 황폐하고 성문이 불탔사오니 내가 어찌 얼굴에 수심이 없사오리이까. 느헤미야의 얼굴에 수심이 있게 된 것은 유다 땅이 황폐해졌다는 소식을 들은(1:3) 후부터다. 그의 근심은 자기 개인의 문제 때문이 아니라 이스라엘 공동체가 비참해진 사실 때문이었다. 위대하고 참된

---

142) 잠 31:6; 눅 10:34; 딤전 5:23.
143) 민 6:20; 신 14:26; 대하 2:15; 느 5:18; 마 11:19; 요 2:1-11.

지도자들은 이같이 사사로운 일이 아닌 대의를 위하여 기쁨이나 슬픔을 가진다.

4 내가 곧 하늘의 하나님께 묵도하고. 느헤미야는 왕에게 대답하기 전에 먼저 하나님께 기도하였다. "내가…묵도하고"라고 번역된 말(lLeP;t.a,)은 '내가…기도하고'라는 뜻이다. 그는 무엇보다 기도를 들으시는 하나님을 믿었다. 그는 어려운 일을 당할 때마다 하나님께 이런 기도를 드렸다.[144] 스펄전(Spurgeon)은 이 기도를 "갑자기 하는 기도"(ejaculatory prayer)라고 하면서 그것은 ① 여러 차례 나아가서 문을 두드리는 것 같은 기도가 아니라 단번에 집중적으로 드리는 힘 있는 기도이고, ② 기도하는 자가 자기 자신을 믿지 않고 하나님을 믿는 기도라고 하였다.

5 왕에게 아뢰되 왕이 만일 좋게 여기시고 종이 왕의 목전에서 은혜를 얻었사오면 나를 유다 땅 나의 조상들의 묘실이 있는 성읍에 보내어 그 성을 건축하게 하옵소서 하였는데. 느헤미야는 하나님을 제일로 높이는 동시에 집권자에게 경의를 가졌다. 그것은 성경적인 처신이다.[145] 그는 하나님을 의지하고 기도하는 신자였지만 하나님께서 사용하시는 통치자에게 자기의 소원을 말하였다. 그는 하나님께서 그 통치자의 마음을 감동하시는 섭리도 믿었다(잠 21:1 참조). 그러므로 그는 왕에게 청원하는 것을 부끄러워하지 않았다. 하나님은 간혹 기적으로도 일하시지만 주로 일반적인 섭리(사람들이나 자연법을 통한 역사)로 일하신다.

6 네가 몇 날에 다녀올 길이며 어느 때에 돌아오겠느냐 하고 왕이 나를 보내기를 좋게 여기시기로. 이 구절을 보면 그 당시 아닥사스다 왕은 느헤미야를 유다에 보내는 것을 조금도 문제로 삼지 않고 그의 여행 기간에 대해서만 물었다. 그러므로 느헤미야는 왕이 즐거이 허락하였다고 생각했다. 일이 이처럼 순조롭게

---

144) 느 1:4-11; 2:4; 4:4-9; 5:19; 6:9, 14.
145) 롬 13:1; 딛 3:1; 벧전 2:13-17.

되는 것은 느헤미야의 기도 응답이라고 생각된다. 하나님의 뜻에 합당한 기도는 속히 응답되는 경우가 많다.

7-9 느헤미야는 왕의 조서로 관리들의 도움과 물질적 원조까지 받을 수 있도록 왕에게 청원하였다. 신자로서 관권으로 남을 해하는 일은 할 수 없지만 선을 행하는 것은 정당하다(롬 13:4 참조). 수산에서 예루살렘까지 가는 길은 험하였다(스 8:31). 그런데도 느헤미야는 그런 문제에 대하여 자세히 말한 바 없고 자기의 공적 사명 실행에만 몰두하였다.[146] 느헤미야는 나라를 사랑하는 자라고 하기보다 근본적으로 하나님을 사랑하는 자였다.

10 느헤미야의 선한 사업을 두고 악한 원수들은 그를 방해할 기회를 노리고 있었다.

호론 사람 산발랏. 여기서 "호론 사람"이라는 말(החרני)은 모압의 '호론(Horon) 지방 사람'이라는 뜻이다.[147] "종이었던"이라는 말은 페르시아 왕의 종이었던 사실을 가리킨다. "암몬"에 대하여는 신명기 23:3-6을 참조하라. 이 원수들은 느헤미야가 예루살렘에 도착한 사실을 알고 심히 근심하였다. 이는 마치 그리스도께서 탄생하셨다는 소식을 들은 헤롯과 온 예루살렘이 소동한 것(마 2:3)과 같다.

12 **내 하나님께서 예루살렘을 위해 무엇을 할 것인지 내 마음에 주신 것.** 느헤미야는 예루살렘에 도착하여 고요히 지내는 3일 동안 하나님의 감화를 받았다. 사람에게는 일하는 시간도 귀하지만 고요히 거하는 시간도 중요하다. 이와 같이 신자가 고요히 지낼 때 하나님께 기도하게 되고 영감도 받게 된다. 우리가 일할 때는 주로 인간을 상대하게 되지만, 고요히 쉴 때는 하나님을 상대하게 된다(욥 4:12-16; 33:15-17; 시 4:4 참조).

---

146) Loring W. Batten, Ezra and Nehemiah, The International Critical Commentary, 1913. 195.
147) Winckler, Alt. Forsch. XV, 229.

내가 아무에게도 말하지 아니하고 밤에 일어나 몇몇 사람과 함께 나갈새. 그가 아무에게도 자기가 할 일을 알리지 않은 것은 지혜로운 처신이다. 큰일을 조용히 시작하는 것은 나약함이 아니며 위축됨도 아니다. 그것은 대기하는 것이고 준비하는 것이다. 대의명분이 뚜렷한 큰일도 당사자들의 무지와 만용 때문에 실패하는 경우가 얼마든지 있다. 느헤미야는 하나님의 감동으로 깨달은 사명도 얼마 동안은 다른 사람에게 말하지 않았다. 신자들은 "듣기는 속히 하고 말하기는 더디" 해야 한다(약 1:19). 이와 같이 느헤미야는 비밀리에 예루살렘 성의 폐허를 시찰하였다.

13 **그 밤에 골짜기 문으로 나가서 용정으로 분문에 이르는 동안에.** 느헤미야는 예루살렘 성을 쌓는 큰일을 이루기 위하여 먼저 은밀하게 준비 작업을 하였다. 큰일을 하는 자는 말을 앞세우지 않고 준비를 착실히 한다. "골짜기 문"은 예루살렘 서남쪽 모퉁이 문이고, "용정"이라는 말(עין תנין)은 어느 샘 근원을 가리키는지 알 수 없다. "분문"은 골짜기 문에서 약 450미터 되는 거리에 있었다.

14-15 "샘문"은 예루살렘 동남쪽에 있고, "왕의 못"은 기드론 골짜기 아래에 있던 솔로몬의 못을 가리킨다.

탄 짐승이 지나갈 곳이 없는지라(14절). 이처럼 자세한 이야기는 이 일을 직접 체험한 자만이 말할 수 있다. 바로 느헤미야서의 저자인 느헤미야 자신뿐이다.

시내를 따라 올라가서(15상). 이 말은 기드론 시내를 따라 성을 시찰하였다는 의미이다.

16 느헤미야는 자기가 성을 시찰한 사실을 아무에게도 말하지 않았다. 그만큼 그는 사람을 의지하지 않았고 하나님만 믿었다. 신앙의 사람은 자신의 마음을 하나님께 토하고(시 62:8) 사람들을 삼간다(시 39:2; 141:3).

17-18 느헤미야는 마침내 민중과 일반 지도자들에게 예루살렘을 재건하자고 하였다. 그는 그 출발에서 두 가지를 말하였다. ① 더 이상 수치를 당하

지 말자고 하였다(17하). 신자에게는 자기들의 죄 때문에 능욕과 수치를 당할 때 회개하고 바로 서는 양심의 분발이 필요하다(고후 7:11). 그와 같이 회개하는 자들은 사람을 두려워하는 두려움이 없고 하나님의 말씀만 순종한다. ② 예루살렘 성을 중건하는 일에 이미 하나님의 선한 손이 도우셨다고 하였다(느 2:18상). 이때 느헤미야가 왕의 후원("왕이 내게 이른 말씀")도 말하였지만(18하) 그것은 "하나님의 선한 손" 가운데서 이루어진 왕의 처사였다는 의미로 말한 것뿐이다. 왕의 말(6, 8하, 9상)은 사실상 느헤미야의 기도(4하)에 대한 하나님의 응답이었다. 그때 느헤미야의 말을 듣는 대중은 용기와 담력을 얻었을 것이다. 그들은 일어났고, 그 동기는 신앙적이었다.

19-20 원수들이 도전적으로 방해하는 것에 대하여 느헤미야는 담대하고 단호하게 막아냈다.

우리를 업신여기고 우리를 비웃어 이르되. 하나님의 사자를 조롱하는 것은 큰 죄악이다. 미갈은 다윗을 조롱한 죄로 자식이 없었고(삼하 6:23), 엘리사를 조롱한 소년들은 곰에게 물려 죽었다(왕하 2:24). 느헤미야를 대적하는 원수들은 그를 조롱할 뿐만 아니라 이 세상 권세로 성도들을 위협하려고 했다. "왕을 배반하고자 하느냐"라는 공박이 그런 내용이다. 예수님을 십자가에 못 박아 죽인 자들 역시 그러하였다(요 19:12, 15 참조).

느헤미야는 원수들의 위협 앞에서 도리어 굳게 서서 항변하였다. ① 그는 "하늘의 하나님", 곧 전능하신 하나님께서 형통하게 해 주실 것이라고 장담하였다(20상). 그가 이때 왕의 허락(8-9절)에 대하여 언급하지 않은 것은 하나님만 믿었기 때문이다. ② 그는 원수들이 "예루살렘에서 아무 기업도 없고 권리도 없고 기억되는 바도 없다"는 하나님의 법을 담대히 선언하였다(20하), 이것은 전통적인 하나님의 말씀에 근거한 신앙적 대답일 뿐(신 23:3-6), 육에 속한 민족 차별의 감정으로 한 말이 아니다.

그의 종들인 우리가 일어나 건축하려니와(20중). 여기서 "그의 종들인 우리"

라는 말(אֲנַחְנוּ עֲבָדָיו)은 그때의 이스라엘이 택함을 받은 백성이라는 말과 같은 뜻이다. 오직 하나님께서 택하신 백성만이 참된 하나님의 종이다.

제 3 장

⚜ 내용분해

느헤미야 3장에는 예루살렘 성 건축자들의 명단이 기록되었으며, 그들은 각각 성의 얼마씩 분담하여 일하였다.

1. 양문에서 어문 전까지(1-2절)
2. 어문에서 옛 문 전까지(3-5절)
3. 옛 문에서 골짜기문 전까지(6-12절)
4. 골짜기문에서 분문 전까지(13절)
5. 본문에서 샘문 전까지(14절)
6. 샘문에서 수문까지(15-27절)
7. 마문에서 양문까지(28-32절)

✣ 해석

1 그 때에 대제사장 엘리아십. 히브리 원문에는 한글 성경에 번역된 "때에"라는 말이 없다. "엘리아십"은 에스라 10:6과 느헤미야 3:20, 21, 12:10, 22, 23, 13:4에도 나온다. 그는 예수아(스룹바벨과 동역한 사람)의 손자이다. 성직에 있던 그가 이와 같이 솔선하여 예루살렘 성 중건에 앞장서서 협력한 것은 공사에 모본이 된다. 또한 이 점에서 제사장의 본분이 실현되었으니, 곧 제사장의 본분은 백성을 체휼하는 것이다(히 5:1-3). 성직자의 사역 효과는 그가 백성들과 거리를 둔 처신에 있는 것이 아니라 그들과 같아지는 처신에서 드러난다(히 2:14 참조). 그러나 유감스럽게도 얼마 후에는 그가 타락하여 원수와 타협하고 성전 골방을 원수에게 내어 주는 과오를 범하였다(느 13:4-5). "양문"은 양을 제물로 바치기 위해 끌어들이는 문이다.

함메아 망대에서부터 하나넬 망대까지 성별하였고. "함메아 망대"와 "하나넬 망대"는 예루살렘의 동북 모퉁이에 있었다(12:39; 렘 31:38; 슥 14:10 참조). 또한 이 두 망대는 양문과 어문 사이에 있었다. "성별하였다"는 것은 하나님께 바친 것을 가리킨다. 그들의 수고는 전적으로 신본주의 동기에서 관철되었다.

2 그 다음은 여리고 사람들이 건축하였고 또 그 다음은 이므리의 아들 삭굴이 건축하였으며. 그들은 각기 성의 한 부분씩을 나누어 쌓았다. ① 자기의 책임을 다하는 동시에, ② 다른 사람들이 계속 일할 수 있도록 서로 협조하였다. 그들이 한 일은 외적인 면보다 정신적으로 더욱 놀랍다. 이와 같은 정신은 오래도록 빛난다.

3 "어문"(שַׁעַר הַדָּגִים)은 바다의 고기를 파는 시장 가까이에 있었다. 그때 바벨론에서 돌아온 백성 중에서 개인적으로, 혹은 온 가문이 합하여 예루살렘 성을 한 부분씩 맡아서 수리했거나 새로 쌓았다. 이것은 아무리 큰일이라도 많은 사람이 협력할 때 그 일이 쉽게 이루어지는 진리를 가르친다.

4-5 이 부분에 "중수"라는 말이 모두 네 번 나온다. 이 말의 히브리어 (החזיקו)는 손상된 것을 수리하는 것을 가리킨다. "드고아"는 아모스의 고향이 었는데(암 1:1) 그곳의 일반 민중도 예루살렘 성 건축에 협력하였다.

그 귀족들은 그들의 주인들의 공사를 분담하지 아니하였으며(5하). 여기서 "그 귀족들"이라는 말(אדיריהם)은 "그들의 귀족들"이라는 뜻이며, 그 지방의 고위 관리들을 가리킨다. 그리고 "그 주인들"이라는 말(אדניהם) 은 '그들의 주들'이라는 뜻으로, 느헤미야와 그와 함께한 지도자들을 말한다. 저자는 그들의 지도하는 일에 귀족들이 협력하지 않은 것은 옳지 않다고 은근히 지적한다. 하나님의 일을 성취할 때는 이 세상 지위에 상관없이 다 함께 낮아져서 봉사해야 한다. 사실상 하나님 나라에서는 섬기는 자가 큰 자이다(막 10:43-44).

6-7 "옛 문"이라는 말(שער הישנה)은 예루살렘에서 20마일 북쪽에 있는 예샤나(ישנה)라는 곳을 향한 문을 가리켰다고 한다(W. F. Albright). "강 서쪽 총독의 관할에 속한"이라는 말(לכסא פחת עבר הנהר)은 "강 서편 총독의 관사에까지"라고 개역될 수 있다. 그때 "강 서편", 곧 수리아 총독의 관저가 예루살렘에도 있었을 것이다.

예루살렘 성을 중수할 때 가족 단위로 단합하여 협력한 것은 물론(1, 12절), 다른 지방(기브온과 미스바) 사람들과도 서로 협력하여 일하였다. 이때에는 이스라엘이 총단결하였다. 전도서 4:9-12에 말하기를, "두 사람이 한 사람보다 나음은 그들이 수고함으로 좋은 상을 얻을 것임이라 혹시 그들이 넘어지면 하나가 그 동무를 붙들어 일으키려니와 홀로 있어 넘어지고 붙들어 일으킬 자가 없는 자에게는 화가 있으리라 또 두 사람이 함께 누우면 따뜻하거니와 한 사람이면 어찌 따뜻하랴 한 사람이면 패하겠거니와 두 사람이면 맞설 수 있나니 세 겹 줄은 쉽게 끊어지지 아니하느니라"고 하였다.

8 여기서는 세공업자와 상인 역시 예루살렘 성을 중건하는 데 협력한 것에 대하여 말한다. 그들은 정치인도 아니고 제사장도 아니지만 예루살렘

성을 중건하는 거룩한 일에 참여하였다. 이것은 사람들이 하나님을 섬길 때 직종을 가리지 않고 단합해야 한다는 뜻을 가지기도 한다.

9-11 예루살렘 지방의 절반을 다스리는 후르의 아들(9중). 여기서 "다스리는" 자(-ㆍ)는 고위층 관리로서 권세 있는 자이다. 그 또한 겸손히 성을 중건하는 데 봉사했다.

자기 집과 마주 대한 곳을 중수하였고(10중). 이것은 두 가지 중요한 뜻을 보여 준다. ① 사람마다 가까운 데 있는 일을 잘 돌아보아야 한다. 신자들은 자기 가정을 위하여 신앙 운동을 힘 있게 실행해야 한다. ② 사람들은 애착심이 가는 것에 대하여 수고하는 것을 좋아한다. 누구든지 자기 집을 사랑하는 만큼 그 주위에 대해서도 관심이 많다. 이와 같이 우리가 진정으로 하나님을 사랑하고 나 자신을 사랑한다면 나와 가장 깊이 관련된 천국을 위하여 봉사하는 데 희생과 수고를 아끼지 않아야 할 것이다.

"화덕 망대"(11절)는 예루살렘 서북쪽 모퉁이 문을 방위하기 위한 것이었다.

12 여기서는 예루살렘 성을 중건하는 공사에 여인들도 참여한 사실이 드러난다. 남자들과 똑같이 하나님의 기업(영생의 축복)에 참여하는(벧전 3:7) 그들이 하나님의 자녀 된 책임에서 제외될 수는 없다(왕하 4:8-10; 눅 8:1-3 참조).

13-15 "골짜기 문"은 예루살렘 서남쪽 모퉁이 문을 가리키고, "분문"은 골짜기 문에서 약 450미터 거리에 있다(2:13 참조). "벧학게렘"은 지금의 예루살렘 서쪽 지역이며, 아인카림(Ain Karim)이라고 불린다. 그리고 "샘문"은 예루살렘 동남쪽 모퉁이 문이다.

문을 세우며 문짝을 달고 자물쇠와 빗장을 갖추고(13중). 이와 같은 말씀이 14-15절에도 나온다. 이것은 맡은 일에 대한 그들의 공사가 완성되었다는 뜻이다. 그들의 봉사는 중단이나 후퇴 없이 유종의 미를 거두었다. 이와 같이 신자들이 노력의 결실을 보려면 끝까지 투쟁하는 정신이 있어야 한다. 그들은 자기들의 태만을 싸워 이겨야 하고, 외부로부터의 방해를 막으며 물리쳐야 한다. 신자들은 언제나 자신들이 그리스도의 군병이라는 사명감을 가져야 한다. 태만과 위축과 도피는 기독교 신자들의 원수이다(고전 9:26-27; 엡 6:10-19; 딤후 2:4 참조).

16-19 "벧술 지방"은 헤브론 북쪽 5마일 즈음에 있는 곳이다. "아스북의 아들 느헤미야"는 느헤미야서의 저자인 느헤미야와 다른 사람이다(1:1 참조). 그는 고위층 관리였지만 겸손히 예루살렘 성을 중건하는 일에 봉사하였다.

파서 만든 못(왕하 20:20 참조). "용사의 집"은 어디인지 확실히 알려지지 않았다. 이 부분(느 3:16-19)에 "다스리는"이라는 말이 거듭 나온 것은 그들도 겸손히 예루살렘 성 중건에 종사하여 봉사와 협력으로 모본을 보여 준 것을 칭찬하기 위한 것이다.

20-24 여기에도 "한 부분"이라는 말이 세 번 나온다(20, 21, 24절) 이때 중건 공사에 봉사한 사람들이 각기 "한 부분씩" 맡아 수고하여 완성하였다. 사람들은 단체 생활에서 한 가지 분야에서 충성함으로써 그 일에 더욱 능률을 낼 수 있다. 그리고 여기에도 "자기 집 맞은편 부분", 혹은 "자기 집에서 가까운 부분"이라는 말이 나온다. 이것은 사람들이 봉사할 때(특별히 교회 봉사에서) 자기가 손쉽게 할 수 있는 일을 맡아야 함을 가르친다. 누구든지 자기의 재능으로 감당할 만한 일, 또는 자기가 하지 않으면 안 될 일을 맡아야 자연스럽고, 또 그 일이 능률적으로 잘 실행된다.

25-27 "성 굽이"는 성이 굽어져 돌아가는 모퉁이 부분을 가리키고, "내민" 것은 다른 부분보다 튀어나와 있는 부분을 가리킨다. "오벨"은 성전 남쪽에 있다. "내민 큰 망대"라는 것(27중)은 성전의 동남 모퉁이에 있는 큰 망대를 가리킨다. 얼마 전에 이 망대의 유적이 발견되었다고 한다(F. C. Cook).

28-32 "마문"(הַסּוּסִים שַׁעַר)은 성전이 있던 구역의 동남쪽 모퉁이에 있었다(대하 23:15 참조). 일설에 의하면 "함밉갓 문"(31절)은 '형벌 받는 곳에 이르는

문'이라는 뜻이고, "양문"(32절)은 제사에 사용될 양들을 들여보내는 문이다.

예루살렘 성을 중수하는 공사에 협력한 사람들의 명단은 대략 다음과 같다. 느헤미야는 귀한 일에 참여한 그들을 높이 평가하여 그 방명록을 남겼다.

절수	이름	히브리어	의미
1	엘리아십	אֶלְיָשִׁיב	하나님이 회복하신다
2	삭굴	זַכּוּר	기억함
3	하스나아(의 자손들)	בְּנֵי הַסְּנָאָה	미워함
4	므레못	מְרֵמוֹת	높아짐
〃	므술람	מְשֻׁלָּם	보상
〃	사독	צָדוֹק	의롭다
6	요야다	יוֹיָדָע	하나님이 아셨다
〃	므술람	מְשֻׁלָּם	보상
7	믈라댜	מְלַטְיָה	여호와께서 해방하셨다
〃	야돈	יָדוֹן	가늘다
8	웃시엘	עֻזִּיאֵל	하나님은 힘이시다
〃	하나냐	חֲנַנְיָה	여호와는 은혜로우시다
9	르바야	רְפָיָה	여호와께서 치료해 주셨다
10	여다야	יְדָיָה	여호와께서 아신다
〃	핫두스	חַטּוּשׁ	알 수 없음
11	말기야	מַלְכִּיָּה	여호와께서 나의 왕
〃	핫숩	חַשּׁוּב	여호와께서 간주하신다
12	살룸	שַׁלּוּם	보상한다
13	하눈	חָנוּן	은혜롭다
14	말기야	מַלְכִּיָּה	여호와는 나의 왕
15	살룬	שַׁלּוּן	보상한다

절수	이름	히브리어	의미
16	느헤미야	נְחֶמְיָה	여호와께서 위로하신다
17	르훔	רְחוּם	긍휼로 나타남
〃	하사뱌	חֲשַׁבְיָה	여호와께서 간주하셨다
18	바왜	בַּוַּי	알 수 없음
19	에셀	עֵזֶר	돕는다
20	바룩	בָּרוּךְ	복되다
21	므레못	מְרֵמוֹת	높아짐
23	베냐민	בִּנְיָמִן	오른손의 아들
〃	핫숩	חַשּׁוּב	여호와께서 간주하셨다
〃	아사랴	עֲזַרְיָה	여호와의 도우심
24	빈누이	בִּנּוּי	여호와께서 지으셨다
25	발랄	פָּלָל	여호와께서 간섭하셨다
〃	브다야	פְּדָיָה	여호와께서 구속하셨다
29	사독	צָדוֹק	의롭다
〃	스마야	שְׁמַעְיָה	여호와께서 들으셨다
30	하나냐	חֲנַנְיָה	여호와께서 은혜롭다
〃	하눈	חָנוּן	은혜를 받았다
〃	므술람	מְשֻׁלָּם	보상
31	말기야	מַלְכִּיָּה	여호와는 나의 왕

제 4 장

✣ 내용분해

1. 원수들의 조롱에 대한 느헤미야의 대처(1-6절)
2. 원수들의 폭력 전 계획과 느헤미야의 지도 원리(7-14절)
3. 예루살렘 성 중건 공사의 진행 (15-23절)

✣ 해석

1 이스라엘의 복구 운동에 대하여 "산발랏"은 본격적으로 방해 공작을 개시하였다. 그는 어느 나라 사람인지 분명하지 않으나 종교적으로는 혼합주의자였다. 따라서 그 또한 여호와를 따르는 것처럼 그의 두 아들의 이름을 여호와라는 성호와 관련지어 "들라야"와 "쉘레마야"라고 하였다.[148] "산발랏"(סנבלט)이라는 이름은 바벨론식 이름 "시누발릿"과 같으며, 그 뜻은 '신(월

---

148) A.N.E.T., 492.

신)이 생명을 주었다'는 것이다. 이와 같은 이름은 아람의 파피루스 문서에도 나온다.[149]

2 이 미약한 유다 사람들이 하는 일이 무엇인가. 이것은 산발랏의 교만한 말이다. 하나님께서 세우신 사람들을 멸시하는 자는 그 자신이 거꾸러진다. 우리는 이 점에서 산발랏과 느헤미야를 대조하여 생각할 수 있다. ① 느헤미야는 그 당시 구약 교회의 지도자로서 하나님의 감동에 의하여 이스라엘의 복구 운동에 이바지한 반면, 산발랏은 그것을 반대하는 적그리스도 정신으로 맞섰다. ② 여기서 성령의 구속하시는 역사와 타락한 인간 정신과의 대조도 생각해 볼 수 있다. 육체, 곧 인간 정신에 속한 자는 하나님의 성령의 일을 배척한다(고전 2:12-14; 참조. 롬 8:6-8). 그리스도인(기독교)의 참된 영적 경험을 일반적인 인간(인간 단체)의 정신적인 경험과 동일시하는 현대 판넨베르크(Wolfhart Pannenberg)의 주장도 이 점에서 잘못된 점을 드러낸다. 그는 말하기를, "하나님의 영과 인간의 영을 구분하는 것은 지혜로운 일이 아니다."라고 하였다.[150] 그는 또 말하기를, "하나님의 영이란 것은 다만 인간의 정신이 자신을 초월하여 살 때에 체험된다"고 하였다.[151] 판넨베르크의 이와 같은 주장은 결국 인간 정신의 전적 부패를 부인하고 인간과 하나님과의 교제는 인간의 자율로 가능하다는 것이다. 이것은 성경과 반대되는 그릇된 말이다(렘 17:9; 롬 3:4 참조).

하나님의 영을 받아서 이스라엘의 구속 운동에 이바지한 "느헤미야"는 그리스도의 사상 체계에 속하였으므로 어떤 의미에서 그리스도의 모형이고 "산발랏"은 순전히 인간 정신으로 느헤미야의 복구 운동을 핍박하였으므로

---

149) A.N.E.T., 492 : Cowley, Aram. Pap. No.30 line 29.
150) Wolfhart Pannenberg, Spirit, Faith and Church, 1969, 21."Theology loses this chance when a fundamental distinction is accepted between divine and human spirit. Therefore, such a distinction doesn't seem wise."
151) Ibid., pp.18-19.

적그리스도의 모형이다.

3 "도비야"는 "암몬 사람"인데도 그의 이름(טוֹבִיָּה)은 여호와의 성호와 관련되었다. "야"(יָה)는 여호와(יהוה)의 축소형이다. 이것을 보면 그 역시 산발랏처럼 종교적으로는 혼합주의자였다. 혼합주의는 하나님의 말씀을 혼잡하게 하는 것이므로 말씀의 순결성을 지키고 생명처럼 여기는 참된 여호와 종교와 배치된다.

4-5절. 느헤미야는 원수들의 비방이 일어날 때에 무엇보다 먼저 하나님께 기도하였다. 그것이 바로 신자들이 승리하는 비결이다. 그 기도의 내용은, ① 복구 운동에 가담한 자들이 원수들의 멸시를 당한다고 하였다(4상). ② 원수들이 패망하게 해 달라고 청하였다(4하). ③ 그들의 죄대로 보응하시기를 원하였다(5절). 그 당시 일어난 이스라엘의 복구 운동은 하나님께서 이루시는 일이었다. 따라서 그 일을 멸시하는 자들은 하나님께서 벌하실 것이다. 하나님과 싸워 이길 자는 없다. 느헤미야는 이 점에서 용기와 담력을 얻었다.

4 우리 하나님이여 들으시옵소서. 느헤미야는 하나님의 일이 난관을 당하였을 때 그것을 해결하기 위하여 먼저 기도하였다. 기도는 모든 풍랑에서 동요치 않게 하는 닻이다. 누구든지 환난을 당했을 때 지체하지 않고 기도에 전심하는 자는 멸망하지 않는다.[152] "우리 하나님"이라고 부르는 느헤미야는 자기가 하나님 편에 있다는 사실을 심령으로 느꼈다. 그때 이스라엘을 위한 하나님의 일이 무엇인지 확실히 알고 그 일에 가담한 그로서는 그 사실을 느낄 수밖에 없었다.

우리가 업신여김을 당하나이다 원하건대 그들이 욕하는 것을 자기들의 머리에 돌리사 노략거리가 되어 이방에 사로잡히게 하시고. 하나님께서 축복하시는 자를 저주

---

[152] The Preacher's Homiletic Commentary on The Book of Nehemiah, 94.

하는 자는 자신이 저주를 받게 된다. 창세기 12:3에, "너를 축복하는 자에게는 내가 복을 내리고 너를 저주하는 자에게는 내가 저주하리니"라고 하였다. 이때 느헤미야가 드린 기도는 이기주의도 아니고 독선주의도 아니다. 그것은 하나님을 대적하는 산발랏에 대한 정당한 심판 선언이었다.

"그들이 욕하는 것을 자기들의 머리에 돌리사"라는 것은 극악한 자들이 받을 수밖에 없는 심판 선언이다. 동양의 옛글에도 말하기를 "네게서 나온 것이 네게로 돌아온다"고 하였다. 이것은 성경과 같은 권위에 속하지 못하지만 양심과 경험에서 나온 말이다.

5 주 앞에서 그들의 악을 덮어 두지 마시며 그들의 죄를 도말하지 마옵소서 그들이 건축하는 자 앞에서 주를 노하시게 하였음이니이다. 하나님께서는 회개하는 자의 죄를 덮어 주기도 하시고 도말해 주기도 하신다. 미가 7:18-19에 말하기를 "주와 같은 신이 어디 있으리이까 주께서는 죄악과 그 기업에 남은 자의 허물을 사유하시며 인애를 기뻐하시므로 진노를 오래 품지 아니하시나이다 다시 우리를 불쌍히 여기셔서 우리의 죄악을 발로 밟으시고 우리의 모든 죄를 깊은 바다에 던지시리이다"라고 하였다. 반면에 회개하지 않고 죄악을 쌓는 악인의 죄는 도말되지 않고 그가 쌓아 놓은 죗값을 그대로 다 받게 된다(롬 2:4-5). 느헤미야는 이와 같이 진리대로 기도하였으므로 그의 기도는 하나님께 상달되었을 것이다.

6-12절. 여기서는 이스라엘이 예루살렘 성을 성공적으로 중건해 올릴 때 원수들의 방해가 있었던 것에 대하여 말한다.

6 이는 백성이 마음 들여 일을 하였음이니라. 일반 민중이 이와 같이 협력하게 된 것은 성령의 감동으로 말미암은 것이다. 느헤미야는 이때 예루살렘 성 중건에 대한 민중의 열성을 그 공사 성취의 능력으로 간주하였다. 즉 그는 그들의 열성이 하나님의 감동으로 말미암았다고 본 것이다(삿 5:2; 느 2:18 참

조). 그는 여기서 민중을 칭찬하기보다 하나님께 감사하였다.

7-8 산발랏과 도비야와 아라비아 사람들과 암몬 사람들과 아스돗 사람들이…다 함께 꾀하기를 예루살렘으로 가서 치고 그 곳을 요란하게 하자. 이들은 모두 다 이스라엘의 숙적이다. 그러므로 우리는 그들이 인간의 죄악성을 비유한다고 생각할 수 있다. 우리 속에도 이런 요소들이 기회만 있으면 발작한다. 이와 같이 악한 소질은 우리에게 좋은 일이 있을 때마다 방해 공작을 한다(롬 7:21-23 참조).

9 우리가 우리 하나님께 기도하며 그들로 말미암아 파수꾼을 두어 주야로 방비하는데. 느헤미야가 어려움을 당할 때마다 먼저 기도한 것은 그의 승리의 비결이다. 그가 이처럼 시종일관 하나님 제일주의로 행하기 때문에(2:4), 주 안에서 승리를 거둘 수밖에 없다(빌 4:13 참조). 하나님께서 기도를 들어주시지만 한편으로는 사람들을 사용하여 일을 해결해 주신다. 그러므로 기도하는 자는 사람으로서 할 일을 부지런히 해야 한다. 느헤미야는 그때 침략자들을 막기 위하여 파수꾼을 세웠다.

10-11 느헤미야는 그 복구공사를 진행하던 중에 난제를 만났다. ① 유대인들의 낙심(10절). 선한 사업을 할 때 주요한 난관은 당사자들의 의기가 저하되는 것이다. 선한 일에 대한 낙심은 언제나 마귀로부터 온다. 성경은 우리를 격려하여 말하기를, "우리가 선을 행하되 낙심하지 말지니 포기하지 아니하면 때가 이르매 거두리라"고 하였다(갈 6:9). 하나님께서 우리에게 선의 열매를 주실 때에는 우리의 오래 참는 덕을 배양하신 후에 주신다. 그러므로 선을 행하는 자는 모든 난관을 겪으면서 오래 참아야 한다. 참지 못하는 신자들은 선의 열매를 거두지 못한다. 예루살렘 성을 중건하던 유대인들이 낙심하였으나 느헤미야의 강력한 지도를 따라(느 4:13-14) 다시 굳게 서서 마침내 그 중건 사업에 성공하였다. 민중의 힘도 귀하지만 강한 지도자는 민중을 성공으로 이끈다. ② 원수들이 이스라엘의 실패를 위해 음모를 꾸밈(11절).

마귀의 특징은 사람들의 선행을 방해하는 것이며, 악한 비밀공작을 하는 것이다. 그러나 참된 성도는 언제나 공명정대하고 다른 사람들을 해롭게 하지 않는다. ③ 위험하다는 소문(12절). 안전을 해치는 소문은 선한 일을 행하는 자들의 심리를 혼란케 한다. 그러나 성도들은 하나님의 약속을 믿을 때 모든 의심을 물리치고 목표를 향해 돌진할 수 있다.

13-14절. 느헤미야는 많은 난관 중에도 낙심하지 않고 백성들로 하여금 폭력의 침해를 막도록 방위 태세를 갖추게 했다. 그러면서 그들이 하나님만 신뢰하도록 격려하였다.

너희는 그들을 두려워하지 말고 지극히 크시고 두려우신 주를 기억하고 너희 형제와 자녀와 아내와 집을 위하여 싸우라(14하). 느헤미야는 마땅히 두려워할 주님을 두려워할 때 인간을 두려워하지 않게 되는 비결을 체득한 신앙의 지도자였다. 이런 지혜를 소유한 자는 평안하고 침착하게 원수와 싸워 이긴다. 신약 시대의 신자들도 ① 영적 전쟁에서 하나님의 적에 맞서 하나님의 말씀과 기도로 힘 있게 싸워야 한다. ② 국민의 자격으로는 무력으로 도전해 오는 침략자에 대하여 마땅히 정당방어를 해야 된다. 그런 때에 싸우지 않는 자는 결과적으로 잔인한 자로 판정된다. 그 이유는 그가 그와 같이 옳지 않은 무저항주의로 자기 형제와 처자와 동포를 원수의 악독한 손에 내어 주기 때문이다. 그러나 ③ 신자가 전도하다가 그의 신앙 때문에 악인의 박해를 당할 경우에는 폭력으로 그를 대항하지 말고 주님을 위하여 고난을 감수해야 한다(마 5:10-12, 44).

15-23절. 그때에 느헤미야의 지도 아래에서 유다의 복구 운동이 어떻게 진전되었는지가 이 부분에 자세히 진술되었다.

15 하나님이 그들의 꾀를 폐하셨으므로. 원수들의 간교한 계획(11절)이 느헤

미야에게 알려졌고(12절), 그 결과 이스라엘의 방위 태세가 강화되었다(13절). 이것은 원수들의 전략 실패를 의미한다. 느헤미야는 일이 이렇게 된 것은 하나님의 간섭하심이라고 믿었다. 신자는 큰일이든 작은 일이든 잘된 것은 하나님의 은혜라고 바르게 판단한다.

16-17 그때 이스라엘은 성을 건설하면서도 전쟁 태세를 갖추고 일하였다. 신자들은 침략전을 하지 않아야 하지만 방어전은 정당하게 여겨야 한다. 정당한 방어전은 ① 정의를 세우는 일이며, ② 원수의 행동을 제재하여 악한 열매를 맺지 못하게 만든다. 그것은 원수를 반성과 회개로 인도해 주는 한 가지 방법이 된다.

18-20 느헤미야는 언제든 있을 수 있는 원수의 침해에 대비하여 이스라엘에게 전쟁을 수행할 수 있도록 지시하였다. 그는 전쟁의 승리를 하나님께서만 주장하신다고 선포하였다(20하). 이것은 그의 신앙이다. 어떻게 그에게는 이런 신앙이 있었던 것일까? 이점에 대한 그의 확신의 근거를 몇 가지로 분석할 수 있다. ① 하나님은 반드시 정의의 편을 도우시기 때문이다. ② 예루살렘 복구 운동은 하나님 자신의 일이기 때문이다. ③ 이스라엘의 역사상 하나님의 영광을 위한 전쟁(하나님의 말씀을 성취하기 위한 전쟁)은 모두 다 승리하였기 때문이다. ④ 하나님께서 반드시 함께하여 주시기 때문이다.

21 **동틀 때부터 별이 나기까지 창을 잡았으며.** 그 당시 위기에 직면한 이스라엘의 노력은 비상하였다. 전능하신 하나님을 믿는 신앙은 노력을 무시하는 것이 아니라 소망 중에 힘써야 할 것을 강조한다.

22 **사람마다 그 종자와 함께 예루살렘 안에서 잘지니 밤에는 우리를 위하여 파수하겠고 낮에는 일하리라.** 여기서 "종자"라는 말(נַעַר)은 '종'(노예)을 의미하고, "잘지니"라는 말(לִין)은 '유한다'는 뜻이다. 느헤미야는 백성으로 하여금 낮일(성을 중건하는 일)을 마친 후에도 집으로 돌아가지 말고 방위를 계속하기 위해 성 안에서 지내도록 당부하였다.

23 나나 내 형제들이나 종자들이나 나를 따라 파수하는 사람들이나 우리가 다 우리의 옷을 벗지 아니하였으며 물을 길으러 갈 때에도 각각 병기를 잡았느니라. "물을 길으러 갈 때에도 각각 병기를 잡았느니라"(איש שלחו המים). 이 문구는 다음과 같이 개역된다. "씻을 때 외에는 옷을 벗지 아니하였더라." 이것은 그들이 일상생활에서도 얼마나 긴장하고 있었는지를 말해 준다.

제 5 장

↓ 내용분해

1. 유다 민중의 불평(1-5절)
2. 지도자 느헤미야의 책망(6-13절)
3. 느헤미야가 자기의 행위와 처신에 대하여 밝힘(14-19절)

↓ 해석

1-5절. 이스라엘이 예루살렘 성을 중건하는 동안 내부에서도 문제가 생겼다. 그것은 바로 민중의 불평과 원망이었다. 하나님의 교회의 영적 사업에도 외부에서 오는 박해보다 내부에서 일어나는 불화가 더욱 난관이 되는 법이다.

1-3 백성들이 그들의 아내와 함께 크게 부르짖어 그들의 형제인 유다 사람들을 원망하는데(1절). 이때까지 단합하여 예루살렘 성 중건에 열성을 다하던 이스라엘이 서로 원망을 발하였다. 이와 같이 믿을 수 없는 것이 인류 사회의 성격이다. 그들이 불평한 이유는 물질 문제였다. "양식을 얻어 먹고 살아야 하겠

다"는 것(2절)은 곡식이 있어야 가족이 살 수 있다는 원망의 소리이다. 옛날부터 육에 속한 인류의 불평은 표면상으로 경제 문제였다. 초대교회의 화평한 분위기에도 물질 문제로 인하여 불평이 있었다(행 6:1).

이 흉년에 곡식을 얻자 하고(3하). 그때 흉년이 든 원인은 그들이 바벨론에서 돌아온 후 여호와의 전을 건축하지 않았기 때문이었다(학 1:1-11 참조).

4-5 이스라엘 백성들이 경제적인 곤란으로 토지를 저당 잡히고 돈을 빌린 것, 심지어 그들이 자녀들을 종으로 판 사실은 그들에게 고통스러운 일이었다. 이것은 그 당시의 부자들이 잘못하여 하나님의 말씀(출 22:25-27; 신 15:7-15)을 어긴 결과이다. 그들은 율법대로 가난한 형제에게 이자 없이 돈을 빌려주어야 했고, 가난한 자의 물건을 오랫동안 저당 잡지 말아야 했다. 그러나 느헤미야 시대의 부자들이 이 율법을 지키지 않았고, 결국 가난한 자들이 곤경에 빠져 불평하게 된 것이다(잠 28:27; 전 11:1-2 참조).

6 내가 백성의 부르짖음과 이런 말을 듣고 크게 노하였으나. 일반 민중의 사정을 잘 들어 주는 자가 참된 지도자이다. 느헤미야는 그들을 비참하게 만든 자들의 죄악에 대하여 분노하였다. 그것은 의로운 분노이다. 기독교 신자들은 사회 정의에 대하여 외면할 수 없다(약 5:1-6). 윌리엄 부스(William Booth)는 런던에서 가난한 사람들이 누추하게 사는 비참한 처지를 보고 의분을 발하여 구세군 운동을 시작했다. 그는 가난과 누추함과 비참함은 마귀에게서 왔다고 생각하였다.

7 깊이 생각하고 귀족들과 민장들을 꾸짖어. 느헤미야는 의분을 발하였지만 경거망동하지는 않았다. 그는 행동하기에 앞서 생각을 정하였다. 이러한 느헤미야의 태도는 지도자로서의 자격을 지킨 지혜이다. "깊이 생각하고"라는 말(מָלַךְ לִבִּי)을 문자대로 번역하면 "내 마음이 내게 왕이 되어"라고 할 수 있다. 이것은 그가 자기 마음으로 행동을 제재하여 침착해진 것을 가리킨다.

8 너희 형제를 팔고자 하느냐 더구나 우리의 손에 팔리게 하겠느냐. 이 말은 이

스라엘 사람이 동족을 종으로 매매하는 것은 있을 수 없는 일이라는 것이다. 형제를 구속해야 할 처지에 있는 자가 어떻게 형제를 종으로 매매하겠는가? 이것은 상상할 수 없는 죄악이었다.

9 우리의 대적 이방 사람의 비방을 생각하고 우리 하나님을 경외하는 가운데 행할 것이 아니냐. 신자가 이방인들의 비방을 막으려면 경전에 대하여 말만 하지 말고 그대로 살아야 된다(마 5:16; 약 1:27; 벧전 2:13-17; 3:16 참조).

10-12 느헤미야도 이때 민중의 곤경을 도와 그들에게 돈을 빌려주었다. 물론 그는 이자를 받지 않았을 것이다. 그러나 그는 자기 자신을 다른 사람들에게 포함시켜 겸손히 주장하기를, "우리가 그 이자 받기를 그치자"고 하였다(10하). 이와 같이 그는 자기를 내세우지 않고 진리만을 내세웠다. 느헤미야의 이러한 주장에 이스라엘 민중은 감동 받아 순종할 것을 맹세하였다(12절).

13 그는 곧 이렇게 털려서 빈손이 될지로다. 이 말은 맹세(12하)를 지키지 않는 자는 옷자락을 떨어 버린 것처럼 그의 소유가 모두 날아가고 빈손이 된다는 뜻이다.

14-18절. 느헤미야는 그의 청백한 생활에 대하여 스스로 증거한다. 이것은 교만이 아니라 특별한 지도자가 하나님 앞에서 사실을 고백함으로써(19절 참조) 사람들에게 모본을 보여 준 것이다. 사무엘이 그렇게 하였고(삼상 12:3-5), 바울도 그렇게 했다(고전 11:1). 느헤미야의 이 말에 그의 모본 된 생활이 나타났으니, 그는 ① 총독으로서 녹(보수)을 받지 않고 봉사하였다(느 5:14-15). ② 예루살렘 성 중건에 친히 민중과 함께 역사하였다(16절). ③ 개인 재산을 저축한 일(땅을 사 둔 일)이 없다(16절). ④ 많은 사람을 대접하였다(17절). 이 점에서 그는 신약 시대의 사도 바울과 같다.[153]

---

153) 행 20:35; 고전 9:15-18; 고후 11:9.

14 나와 내 형제들이 총독의 녹을 먹지 아니하였느니라. "총독의 녹"은 유다 민중이 지급하도록 되어 있었다. 그러나 그는 그것을 받지 아니함으로써 그들의 부담을 가볍게 해 주었다.

15 나보다 먼저 있었던 총독들은 백성에게서, 양식과 포도주와 또 은 사십 세겔을 그들에게서 빼앗았고 또한 그들의 종자들도 백성을 압제하였으나. 여기서 "빼앗았고"라고 번역된 말(חבכיד)은 '무거운 짐이 되었다'는 뜻이다. 느헤미야는 이렇게 행하지 않았다. 이처럼 민중을 위하여 희생만 하면서 그들을 아껴 준 통치자는 역사적으로 드물다. 다스리는 위치에 선 자들은 그 자리에서 물질, 명예, 또는 영광을 민중에게서 거두는 것에 주력한다. 이런 세상 풍토에 대하여 느헤미야의 생활은 심판의 의미를 지녔다. 그는 자기의 도리를 지키는 일에서 참된 왕 예수 그리스도의 계통에 속하였다(19절 해석 참조).

하나님을 경외하므로 이같이 행하지 아니하고. "하나님을 경외한다"는 말(יראת אלהים)은 ① 하나님의 말씀을 행동의 법칙으로 받는 것이고, ② 하나님의 영광을 행동의 이유로 받는 것이다.

17-18 우리 주위에 있는 이방 족속들 중에서 우리에게 나아온 자들이 있었는데(17하). 이 말은 유다의 이웃 나라에 살던 유대인들이 예루살렘에 찾아왔던 경우를 언급한 것이다. 이런 방문객들에게까지 느헤미야는 그들의 숙식을 부담했다.

19 내 하나님이여 내가 이 백성을 위하여 행한 모든 일을 기억하사 내게 은혜를 베푸시옵소서. 느헤미야는 기도로 무장한 지도자였다. 느헤미야서 그의 열한 가지 기도가 기록되어 있다. ① 하나님의 백성과 자기 자신을 위하여 기도함(1:5-11). ② 왕 앞에서 기도함(2:4). ③ 낙심을 이기도록 기도함(4:4-5). ④ 하나님의 보호하심을 구함(4:9). ⑤ 자기가 이룬 일로 인하여 상 주시기를 기도함(5:19). ⑥ 힘을 더 얻기 위해 기도함(6:9). ⑦ 불의한 자들을 막아 주시기를 기도함(6:14). ⑧ 자기를 기억해 주시기를 기도함(13:14). ⑨ 하나님의 긍휼이

자기에게 임하기를 기도함(13:22). ⑩ 영적 지도자들을 위하여 기도함(13:29). ⑪ 자기에게 하나님의 축복이 임하기를 기도함(13:31). 이와 같이 그가 기도로 일관한 것을 보면 그는 하나님만 소망으로 삼고 사람들의 보수를 바라지 않았다는 것을 알 수 있다. 그는 예수 그리스도께서 오시기 전에 성령에 의하여 그리스도의 정신으로 살았다.

… 제 6 장

↓ 내용분해

1. 산발랏과 도비야 및 그 무리가 느헤미야를 해하려고 함(1-4절)
2. 산발랏과 그의 무리가 거짓말로 느헤미야를 위협함(5-9절)
3. 악한 말을 지어 느헤미야를 비방하려는 그들의 음모(10-14절)
4. 원수들의 계속적인 음모 중에도 예루살렘 성이 중건되었음(15-19절)

↓ 해석

1-2 성도가 성공할수록 마귀의 무리는 시기와 질투로 방해 공작에 광분하는 법이다.

우리가 오노 평지 한 촌에서 서로 만나자(2중). "오노 평지"는 베냐민 지파의 땅에 있었으며, 예루살렘에서 20마일 북쪽이었고 룻다(Lydda)와 가까운 곳이었다(스 2:33; 느 11:35). 그들이 느헤미야를 촌으로 유인하려는 것은 지도자 한 사람을 해하여 이스라엘의 손을 약화시키려는 계책이다. 마귀가 성도를 해하는 방법도 그로 하여금 거룩한 무리에서 떠나도록 만들어 성도들의 교통(κοινωνία)과 도움을 받지 못하게 하는 것이다.

3 원수들이 느헤미야를 만나자고 하였으나 느헤미야는 이에 응하지 않았다. 일반적으로는 성도가 다른 사람들의 요구에 응하는 것이 사랑이고 겸손이다. 그러나 악한 목적으로 요청하는 것에는 응하지 않아야 된다(시 1:1 참조). 느헤미야는 원수들의 이런 요청을 담대히, 그리고 강경하게 거절하였다. 사람의 올바른 처세는 양보를 잘하는 것에만 있는 것이 아니다. 어떤 때에는 굳게 거절함으로써 성공한다. 특별히 교회의 지도자가 원수의 위협 때문에 직책을 떠나는 것은 하나님의 뜻이 아니므로 그런 때일수록 충성해야 한다(고전 4:2).

내가 이제 큰 역사를 하니. 하나님의 일(예루살렘 성을 재건하는 일)은 어떠한 것이든 큰 역사이다. 그렇기 때문에 그 일을 반대하기 위하여 마귀의 무리가 방해를 계속한다(느 2:19; 4:1, 7 참조). 영혼을 구원하는 일도 하나님의 큰일이므로 언제나 마귀는 그 일을 방해한다. 그래서 예수님은 영혼 구원의 길이 좁다고 말씀하셨다(마 7:13). 존 번연(John Bunyan)은 이런 뜻으로 자기의 꿈을 말하였다. 곧 "아름다운 왕궁으로 들어가는 문이 보였는데 그 궁 주위에는 무장한 원수들이 있어서 거기에 들어가려는 자들을 들어가지 못하도록 방해하더라"는 것이다.

4 **그들이 네 번이나 이같이 내게 사람을 보내되 나는 꼭 같이 대답하였더니.** 마귀는 성도를 시험할 때 한 번만 하지 않고 여러 번 시험하여 자신의 목적을 이루려 한다. 인간은 연약하여 이와 같이 계속되는 유혹에 넘어지기 쉽다. 느헤미야는 마귀의 이러한 계획을 알고 끝까지 흔들리지 않았다. 그는 거절의 이유를 분명히 밝혀 말하기를, "이제 큰 역사를 하니 내려가지 못하겠노라"(3 중)고 하였다. 하나님은 이런 일꾼을 기뻐하신다. 하나님께서 맡겨 주신 일을 성취하기 위하여 시험과 역경을 뚫고 나아가는 자리가 바로 하나님께서 함

께하시는 자리이고 피난처이다.

5-7 원수들은 다섯 번째 새로운 방법으로 도전해 왔다. 그 작전은 거짓 선전이었다. 곧 느헤미야가 왕이 되려고 반역 운동을 한다는 것이다. 마귀의 역사는 언제나 거짓으로 성도들을 두렵게 하여 하나님의 일에서 떠나게 한다. ① 성경 말씀대로 바르게 믿어도 소용없는 일 아닌가 하는 염려를 신자들의 마음에 일으키며, ② 신자로 하여금 불신자들의 비방을 꺼려 의를 행하지 못하도록 그들의 마음을 위축시킨다.

8 이런 일은 없는 일이요 네 마음에서 지어낸 것이라 하였나니. 느헤미야는 원수의 거짓된 선전을 묵과하지 않았다. 성도들이 원수에게 허무한 말로 비방을 받을 때에 묵과할 경우도 있겠지만 하나님의 인도를 따라 자기를 변호할 경우도 있다. 잠언 26:4-5에 말하기를 "미련한 자의 어리석은 것을 따라 대답하지 말라 두렵건대 너도 그와 같을까 하노라 미련한 자에게는 그의 어리석음을 따라 대답하라 두렵건대 그가 스스로 지혜롭게 여길까 하노라"고 하였다.

9 이는 그들이 다 우리를 두렵게 하고자 하여 말하기를 그들의 손이 피곤하여 역사를 중지하고 이루지 못하리라 함이라. 마귀는 언제나 허세를 꾸미고 역사하여 신자들이 두려움에 잠기게 한다. 그로 인해 많은 신자들이 헛된 염려와 두려움으로 할 일을 못하며 끝까지 의를 지키지 못한다. 우리가 주님만 믿고 담대히 설 때에 하나님께서 우리와 함께해 주시고 마귀는 물러간다(수 1:5-6; 벧전 5:8-9 참조). 그러므로 신자들은 언제나 마귀의 세력을 과대평가하지 말아야 한다. 우리는 의 자체의 힘이 군대의 힘보다 크다고 생각해야 한다. 그 이유는 하나님께서 의의 편에 계시기 때문이다. 그리고 우리는 우리의 일(하나님의 일)을 낮게 평가하지 말아야 한다. 모든 의로운 일은 어떤 것이든 큰일이다.

10 스마야가…이르기를 그들이 너를 죽이러 올 터이니 우리가 하나님의 전으로 가서 외소 안에 머물고 그 문을 닫자. "스마야"는 거짓 선지자이다. 그는 도비야와 산발랏에게 뇌물을 받고 느헤미야를 유인하려는 계책을 꾸몄다.

두문불출 하기로. 이 말(עָצוּר)은 '갇혀 있었다'(was shut up)는 뜻이다. 이때 스마야는 자기 집에 갇혀 있었다. 그는 참된 선지자를 모방하여 행동 예언으로써 느헤미야에게 '위험하니 숨으라'고 경고한 것이었다. 선지자들의 예언이 이러한 상징적 행위로 표현된 일이 있다(왕상 22:11 이하; 사 20:2; 겔 4:1-10; 12:3-9 참조). 이때 스마야의 목적은 느헤미야의 명예를 손상시키려는 것이었다. 만일 느헤미야가 스마야의 말대로 성전에 숨게 되면, 원수들은 그를 가리켜 비겁한 자라고 하고, 또 하나님을 의지하지 않는 자라고 악한 선전을 했을 것이다. 그렇게 된다면 그는 지도자로서 권위에 큰 손상을 입었을 것이다. 원수들은 이것을 노린 것이다.

11 내가 이르기를 나 같은 자가 어찌 도망하며. 느헤미야는 이때 사명 완수를 위한 자기 태도를 분명히 밝혔다. 즉 그로서는 피신하는 것을 생각할 수도 없다는 것이다. 이것은 그가 자기 생명보다 하나님께서 주신 사명을 더 귀하게 여긴 말이다.

나 같은 몸이면 누가 외소에 들어가서 생명을 보존하겠느냐. 이 말(אֶל הַהֵיכָל וָחָי וּמִי כָמוֹנִי אֲשֶׁר־יָבוֹא)은 다음과 같이 개역되어야 한다. "나 같은 자가 누구이기에 성전에 들어가서 살 수 있겠는가." 이 말은 그가 이스라엘의 지도자로서 비겁하게 숨어서 살 수 없다는 것이다. 다른 해석에는 느헤미야가 자기는 제사장이 아니므로 성소에 들어가면 살 수 없을 것을 알고 이렇게 말한 것이라고 한다(민 18:7 참조). 또 다른 해석은 그가 환관이었으므로(1:11) 고자였기에 성소에 들어갈 수 없다는 것(레 21:16-23; 신 23:1)을 알고 이렇게 말하였다고 한다.

14 느헤미야는 원수의 계책을 깨닫고 하나님께 기도하였다.

내 하나님이여…곧 나를 두렵게 하고자 한 자들의 소행을 기억하옵소서. 이때 느헤미야는 기도하는 시간과 장소를 정하지 않고 수시로 기도하였다. 이것을 보면 그는 하나님과 동행하는 신앙의 소유자였음을 알 수 있다. 하나님을 "내 하나님"이라고 한 말이 이 사실을 말해 주기도 한다. 누구든지 믿음으로 하나님을 가까이 모시지 않고는 이런 말을 사용하지 못할 것이다. "기억하옵소서"라는 것은 원수들의 악행을 살펴 심판해 주시기를 기도한 말이다.

15 "엘룰월"(אֱלוּל)은 일반 월력 8, 9월에 걸친 달이다. 예루살렘 성이 "오십이 일 만에" 중건된 것은 하나님의 도우심으로 된 일이었다. ① 그 일에 유대인들이 열성을 바쳤는데, 그것은 하나님께서 주신 열심이었고, ② 원수들의 방해 공작이 도리어 일꾼들로 하여금 초긴장된 심리로 역사하게 만들었으니 이것도 하나님의 섭리로 된 일이었다.

16 다 두려워하여 크게 낙담하였으니. 일이 너무도 빨리 이루어졌기 때문에 원수들과 이웃 나라 사람들까지도 그것이 하나님의 도우심으로 되었음을 부인할 수 없었다. 하나님의 축복으로 하나님의 백성이 잘되는 것을 보고도 기뻐하지 않고 도리어 시기하며 두려워하는 것은 마귀의 심리이다. 그런 시기심과 두려움이 있는 자들은 낙심하기도 한다. 그들이 그렇게 되는 이유는 하나님께서 그들을 대적하신다는 사실을 그들 자신이 알기 때문이다.

17-19 "그때에"라는 말은 유대인들이 느헤미야의 지도 아래에서 예루살렘 성을 중건하던 기간을 가리킨다. 그동안 유다의 고위층 인물들도 산발랏과 도비야와 은밀히 내통하면서 느헤미야를 낙심시키려고 계속 서신 왕래를 해 왔다. 그들이 ① 도비야와 또 그의 아들과 통혼까지 하고 느헤미야에게 해로운 공작을 하였고(18절), ② 그들이 이스라엘의 원수들에 관하여 느헤미야에게 좋게 말하기도 하고, 또한 느헤미야에 관하여는 원수들에게 좋지 않게 말하기도 하였으며(19상), ③ 또한 원수 도비야는 편지로 느헤미야를 위협하기도 하였다(19하). 이와 같이 그들은 배신, 참소, 위협 등으로 느헤미야를 계속 괴롭혔다. 그러나 느헤미야는 낙심하지 않고 끝까지 하나님께서 시키신 예루살렘 성 중건 사업을 관철하여 성공하였다. 신약 시대에도 성공하는 교역자들은 원수들의 괴롭힘을 잘 이기고 낙심하지 않는 자들이다.

제 7 장

✣ 내용분해

1. 느헤미야가 예루살렘을 하나니와 하나냐에게 맡겨 다스리게 함(1-4절)
2. 바벨론에서 선발대로 돌아온 자들의 명단(5-65절)
    1) 명단 작성에 대한 하나님의 감동(5절)
    2) 70년 전에 잡혀 갔던 사람들(6-7절)
    3) 일반 민중(8-38절)
    4) 제사장들(39-42절)
    5) 레위인들(43-45절)
    6) 느디님 사람들(46-56절)
    7) 솔로몬의 종들(57-62절)
    8) 족보의 증거가 나타나지 않은 제사장들(63-65절)
3. 돌아온 자들의 총수와 그들의 재산(66-69절)
4. 하나님께 바친 금품과 물품(70-72절)
5. 결론(73절)

❖ 해석

1 노래하는 자들과 레위 사람들을 세운 후에. 이들은 성전 봉사에 종사할 자들이었다(대상 23, 25장 참조). 느헤미야는 예루살렘 성을 쌓은 후에 성전에서 제사하는 제사장들을 도와주며 사역할 자들을 먼저 세웠다. 여기도 그의 하나님 제일주의가 나타난다. 다음 구절을 보면 그는 하나님을 경외하는 자로 하여금 그 성을 다스리도록 하였다. 그는 이와 같이 국가의 방위와 안전보장을 위해서도 하나님만을 바라보았다(시 127:1 참조).

2 내 아우 하나니와 영문의 관원 하나냐가 함께 예루살렘을 다스리게 하였는데. 어떤 학자는 "하나니"(חֲנָנִי)는 "하나냐"(חֲנַנְיָה)라는 이름을 단축한 것이라고 한다. 그렇다면 이 문구는 다음과 같이 개역할 수 있다. "내가 내 아우 하나니, 곧 영문의 관원 하나냐를 명하여 예루살렘을 다스리게 하였다." 느헤미야가 그의 아우 "하나니"(혹은 "하나냐")에게 예루살렘 통치권을 맡긴 이유는 그가 "충성스러운 사람이요 하나님을 경외함이 무리 중에서 뛰어난 자"였기 때문이다. "충성스럽다"는 말(אֱמֶת)은 '진실하다'는 뜻이며, 진실함은 하나님이 쓰시는 일꾼의 첫째 자격이다. 하나님은 진실한 자를 사용하신다(시 51:6 참조). 그런데 하나니의 진실성은 하나님을 두려워하는 신앙을 그 원천으로 가진다. 하나님을 두려워하는 자는 사람들이 보지 않는 은밀한 곳에서도 참되게 행하려고 힘쓰는 자이므로 진실할 수밖에 없다. 얼마나 많은 지도자들이 진실함 없이 단지 수단과 방법으로 단체를 유지하려 하는지 모른다. 고린도전서 4:2에 "맡은 자들에게 구할 것은 충성이니라"고 하였는데, 이 "충성"이라는 말(πιστός)도 '진실하다'는 뜻이다.

3-4 예루살렘 주민이 각각 자기가 지키는 곳에서 파수하되 자기 집 맞은편을 지키게 하라(3하). 이것은 성을 지키는 지혜로운 방법이라고 할 수 있다. 사람들은 누구나 자기 집을 지키는 데 전력을 다한다. 이때의 이스라엘, 특히 예루살렘

성의 주민들은 모두 다 군인으로서 가정생활을 유지하면서 예루살렘 성 방위에 전력하였다. 그때 예루살렘에는 아직 주민들의 수가 많지 않아 파수병들의 초소를 별도로 마련하지 않았고 각기 자기 집 맞은편을 감시하도록 되어 있었다.

5-65절. 이 부분은 바벨론에서 선발대로 돌아온 유대인들의 수에 대하여 말하는데, 에스라 2장의 내용과 거의 같다. 숫자에 차이가 있기도 하지만 거기에는 이유가 있다. 예를 들면 느헤미야는 빈누이 자손의 총수를 "648명"이라고 하였는데(15절), 에스라는 "642명"이라고 하였다(스 2:10). 그러나 이 차이는 문제 될 것이 없다. 그들이 돌아와서 정착한 뒤에 다시 여섯 명이 더 돌아와서 느헤미야가 얻은 수는 그만큼 더 많아진 것일 수 있기 때문이다.

5 내 하나님이 내 마음을 감동하사 귀족들과 민장들과 백성을 모아 그 계보대로 등록하게 하시므로 내가 처음으로 돌아온 자의 계보를 얻었는데 거기에 기록된 것을 보면. 여기서 "내 하나님이 내 마음을 감동하사"라는 말은, 7절 이하에 기록된 명단과 숫자가 성령의 감동으로 기록된 것임을 말해 준다. 이 사실은 그 족보의 중요성을 생각하게 하기도 한다. 사람들의 이름이 가득 찬 이 부분(7-65절)은 독자들이 흥미를 못 느낄 수 있다. 그러나 ① 이 이름들 가운데 나의 이름이 섞여 있다면 흥미롭게 이 이름들을 살펴볼 것이며, ② 이 이름들을 하나님께서 아신다면 나에게도 기쁜 일 아니겠는가!

6-7 7절에 기록된 명단은 이스라엘이 바벨론에서 처음 돌아올 때에 그들을 인솔한 지도자급 인물들이다. 이 구절부터 73절까지 기록된 내용이 에스라 2:3-70과 거의 같다. 이와 같은 느헤미야의 기록은 하나님의 지시에 의한 것이므로(느 7:5) 무의미한 것이 아니다. 그뿐 아니라 이것은 우리에게 몇 가지를 보여 준다. ① 이 기록은 그 당시 바벨론에서 돌아온 이스라엘의 순수성을 증거한다. 이스라엘이 외국에서 오랫동안 포로로 지냈지만 돌아온

자들은 순전한 이스라엘이라고 증거할 만하였다. 신약 시대의 교회도 언제나 신앙의 순수한 계통을 지키도록 힘쓰는 것이 복음을 그대로 보존하는 방법이다. ② 하나님께서는 사람들을 다루실 때 개인을 상대하시는 동시에 단체로도 상대하신다. 여기에는 개인의 이름이 등장하는 동시에 그 이름 아래 "자손"이라고 기록된 것도 있다. 뒤의 것은 계통과 단체를 가리킨다. 즉 개인의 처신도 중요하지만 단체의 활동도 그러하다. ③ 그때 바벨론에서 돌아온 자들은 회개한 자들이므로 그들의 이름과 수가 영광스럽게 자세히 기록될 만하다. 우리는 예언서에서 이스라엘 포로들의 귀환 소망을 보게 되며, 돌아오는 그들은 죄를 회개한 자들로 진술되어 있다. 예레미야 24:1하-9절에 말하기를 "여호와께서 여호와의 성전 앞에 놓인 무화과 두 광주리를 내게 보이셨는데 한 광주리에는 처음 익은 듯한 극히 좋은 무화과가 있고 한 광주리에는 나빠서 먹을 수 없는 극히 나쁜 무화과가 있더라 여호와께서 내게 이르시되 예레미야야 네가 무엇을 보느냐 하시매 내가 대답하되 무화과이온데 그 좋은 무화과는 극히 좋고 그 나쁜 것은 아주 나빠서 먹을 수 없게 나쁘니이다 하니 여호와의 말씀이 또 내게 임하니라 이르시되 이스라엘의 하나님 여호와께서 이와 같이 말씀하시니라 내가 이 곳에서 옮겨 갈대아인의 땅에 이르게 한 유다 포로를 이 좋은 무화과 같이 잘 돌볼 것이라 내가 그들을 돌아보아 좋게 하여 다시 이 땅으로 인도하여 세우고 헐지 아니하며 심고 뽑지 아니하겠고 내가 여호와인 줄 아는 마음을 그들에게 주어서 그들이 전심으로 내게 돌아오게 하리니 그들은 내 백성이 되겠고 나는 그들의 하나님이 되리라 여호와께서 이와 같이 말씀하시니라 내가 유다의 왕 시드기야와 그 고관들과 예루살렘의 남은 자로서 이 땅에 남아 있는 자와 애굽 땅에 사는 자들을 나빠서 먹을 수 없는 이 나쁜 무화과 같이 버리되 세상 모든 나라 가운데 흩어서 그들에게 환난을 당하게 할 것이며"라고 하였다(렘 30-31장; 겔 11:14-21 참조). 이 예언대로 바벨론 포로에서 1차로 돌아온 자들은 정화된 이스라엘을 대표한 자들이었다.

8-67절. 이 부분에 기록된 사람들의 수와 에스라 2장의 기록 사이에 서로 차이가 나는 것은 대표적으로 다음과 같다.

장절	이름	숫자	
		느헤미야서	에스라서
느 7:10 // 스 2:5	아라 자손	652	775
느 7:11 // 스 2:6	바핫모압 자손	2818	2812
느 7:13 // 스 2:8	삿두 자손	845	945
느 7:15 // 스 2:10	빈누이 자손	648	642
느 7:16 // 스 2:11	브배 자손	628	623
느 7:17 // 스 2:12	아스갓 자손	2322	1222
느 7:18 // 스 2:13	아도니감 자손	667	666
느 7:19 // 스 2:14	비그왜 자손	2067	2056
느 7:20 // 스 2:15	아딘 자손	655	454
느 7:23 // 스 2:17	베새 자손	324	323
느 7:24 // 스 2:32	하립 자손	112	320
느 7:37 // 스 2:33	로드, 하딧, 오노 자손	721	725
느 7:38 // 스 2:35	스나아 자손	3930	3630

이러한 숫자적 차이에 놀랄 필요가 없다. 다음과 같은 확실한 이유 때문이다. 바벨론에서 유다로 돌아온 자들의 수를 말할 때 저자들은 각기 개인의 관점에 따라 이렇게도 기록하고 저렇게도 기록하였다. 예를 들면 느헤미야는 베들레헴 사람의 수를 말할 때(7:26) "노도바 사람"의 수까지 합해서 말하였으므로(188명) 에스라서의 123(2:21)보다 65명이 많아져 188명이 된 것이다. 이 밖에도 합쳐서 말하지 않은 계산 때문에 두 기록에 차이가 나는

것 중에는 느헤미야가 스나아 자손의 수가 3,930명이라고 했는데(7:38) 에스라는 3,630명이라고 한 것이다(2:35). 그러나 이 난제는 다음과 같이 해결된다. 즉 원본에서는 스나아 자손의 수가 에스라서와 느헤미야서가 일치하였을 것이다. 다만 후대에 그것을 옮겨 적은 자들의 실수로 말미암아 서로 달라졌을 수 있다. 성경 원본에서는 같은 사항에 대한 두 저자의 기록이 상충되었을 리 없다(요 10:35; 딤후 3:16). 만일 원본에서도 두 기록에 차이가 있다면 그것은 수가 많아진 기록이 추후에 돌아온 자들까지 합산해서 말한 까닭일 것이다.

70-72 여기에 기록된 헌물의 수량은 에스라서의 기록(스 2:-69)과 다르다. 그러나 이것이 문제될 것은 없다. 두 기록이 각 저자의 관점에서 기록하였으므로 서로 다른 것뿐이다.

73 이 구절의 말씀은 에스라 2:70의 내용과 거의 동일하다. 이것은 이스라엘 민족이 각기 고향으로 복귀되었다는 것이며, 하나님께서 예언자들을 통하여 말씀하신 대로 성취하셨다는 의미이기도 하다(사 44:26-28 참조).

제 8 장

✦ 내용분해

1. 에스라가 회중 앞에서 율법을 읽음(1-8절)
2. 에스라가 그 장면에서 회중에게 기뻐하라고 명함(9-12절)
3. 에스라와 온 백성이 장막절을 지킴(13-18절)

✦ 해석

1-3 일반 민중은 이때 자진하여 모였고, 또 자진하여 율법을 듣기 원하였다. 이같이 은혜로운 분위기가 조성된 것은 하나님의 감동으로 그들에게 말씀을 사모하는 마음이 간절해졌기 때문이다. 여기서 "모든 백성"이라는 말(כל־העם)은 그들의 단합을 가리킨다.[154] 이들이 여호와의 율법을 중심으로

---

154) H. C. M. Vogt: die Gesamtheit des Volkes-Studie Zur Nachexilischen Gemeinde in Esra-Nehemia, 1966, 79.

자진하여 단결했으므로 그들은 거룩한 언약에 속한 택한 백성의 모형이다. 느헤미야 8장에 "백성"(הָעָם), 혹은 "모든 백성"(כָל־הָעָם)이란 말이 총 열네 번 나온다(1, 3, 5, 6, 7, 8, 9, 11, 12, 13, 16절).

4 에스라가 인도한 성회(율법을 듣는 모임)에서 그를 도와준 사람들의 이름이 여기 소개되었다.

이름	히브리어	의미
맛디댜	מַתִּתְיָה	여호와의 선물
스마	שֶׁמַע	여호와께서 들으신다
아나야	עֲנָיָה	여호와께서 대답하신다
우리야	אוּרִיָּה	여호와는 나의 빛이시라
힐기야	חִלְקִיָּה	여호와는 나의 분깃이라
마아세야	מַעֲשֵׂיָה	여호와의 일
브다야	פְּדָיָה	여호와께서 구속하셨다
미사엘	מִישָׁאֵל	누가 하나님이신가
말기야	מַלְכִּיָּה	여호와께서 나의 왕이시라
하숨	חָשֻׁם	부요함
하스밧다나	חַשְׁבַּדָּנָה	심판에 의하여 높아짐
스가랴	זְכַרְיָה	여호와께서 기억하셨다
므술람	מְשֻׁלָּם	보상

여기 나온 이름들의 뜻은 거의 대부분 "야"(יָה ='여호와'라는 말의 축약), 혹은 "엘"(אֵל ='하나님'이라는 말의 축약)이라는 말과 관련이 있다. 이 이름들의 뜻은 그들이 여호와를 경외하는 가문에서 났고, 또 어려서부터 신령한 훈련을 받았다는 사실을 생각하게 한다.

5-6 이때 하나님의 율법을 듣기 원하여 모인 백성의 태도는 택한 백성다운 자격을 보여 준다. ① 에스라가⋯책을 펼 때에 모든 백성이 일어서니라(5

절). 이것은 여호와 앞에 그들의 겸손과 경외를 표시한 것이다. ② 에스라가 위대하신 하나님 여호와를 송축하매 모든 백성이 손을 들고 아멘 아멘 하고 응답하고(6상). "위대하신 하나님 여호와"라고 한 것은 하나님의 사랑과 능력이 크심을 가리킨다. "손을 든" 것은 마음을 들어서 하나님께 바치는 모습이고(애 3:41), "아멘"(אָמֵן)은 '과연 그렇습니다.'라는 응종을 의미한다. ③ 몸을 굽혀 얼굴을 땅에 대고 여호와께 경배하니라(6절 하반). 그들은 자신들을 극도로 낮추고 하나님께 경배하였다.

7 그때 백성에게 율법을 가르친 사람들의 명단은 다음과 같다.

이름	히브리어	의미
예수아	יֵשׁוּעַ	여호와께서 구원하셨다
바니	בָּנִי	여호와께서 건축하셨다
세레바	שֵׁרֵבְיָה	여호와께서 타는 빛을 보내셨다
야민	יָמִין	오른손
악굽	עַקּוּב	보호자
사브대	שַׁבְּתַי	안식일에 났다
호디야	הוֹדִיָּה	여호와께서 광채이시다
마아세야	מַעֲשֵׂיָה	여호와의 일
그리다	קְלִיטָא	채납됨
아사랴	עֲזַרְיָה	여호와께서 도우셨다
요사밧	יוֹזָבָד	여호와께서 주셨다
하난	חָנָן	은혜롭다
블라야	פְּלָאיָה	여호와께서 기적적으로 역사하셨다

레위 사람들은 백성이 제자리에 서 있는 동안 그들에게 율법을 깨닫게 하였는데, "레위 사람들"이라는 말(הַלְוִיִּם)은 앞에 열거된 사람들이 모두 다 레위 사람들이라는 것을 알려 준다.

8 레위인들이 백성에게 율법을 가르치되 "그 뜻을 해석하여 백성에게 그 낭독하는 것을 다 깨닫게" 하였다. 이것을 보면 성경은 사람들이 바르게 깨닫도록 해석되어야 청중에게 은혜를 끼친다는 사실을 확연히 알 수 있다.

9 **백성이 율법의 말씀을 듣고 다 우는지라.** 이때 회중은 하나님의 말씀을 깨닫는 동시에 자기들의 죄를 깨닫고 울었다. 놀라운 것은 거기 모였던 회중이 "다" 울었다는 것이다. 이는 성령으로 말미암은 강한 회개 운동이었다. 이와 같은 눈물은 귀하다(마 5:4; 눅 6:21하; 약 4:9-10 참조).

오늘은 너희 하나님 여호와의 성일이니 슬퍼하지 말며 울지 말라. "성일"(안식일)은 '여호와를 즐거워하는 날'이라는 뜻이다(사 58:14). 신자들은 이날에 세속적 오락을 금해야 한다. 그래야 거룩한 즐거움(여호와를 즐거워함)을 누릴 수 있다. 느헤미야는 이사야 58:13에 근거하여 이날에는 좋은 음식을 먹고 가난한 자들에게 나눠 주라고 하였다(느 8:10).

10 **여호와로 인하여 기뻐하는 것이 너희의 힘이니라.** 여호와로 인한 기쁨은 우리에게 일할 힘과 고난을 견딜 힘을 준다. 앤더슨(D. E. Anderson)이 이와 같은 기쁨에 대하여 말한 아홉 가지 요소 중 몇 가지를 소개하면 다음과 같다. ① 이 기쁨은 견고한 터(하나님의 말씀)에 섰다고 하였다(시 119:16, 24). ② 이 기쁨은 하나님을 영화롭게 한다고 하였다(시 50:23). ③ 이 기쁨은 주님에게서 받는 것이므로 영구하다고 하였다(시 43:4). ④ 이 기쁨은 건강을 준다고 하였다(잠 17:22). ⑤ 이 기쁨은 우리가 얻을 수 있는 것이라고 하였다(갈 5:22; 요 15:11; 16:24 참조).

13-17 율법을 들은 백성이 그 말씀대로(레 23:39-43) 장막절을 지켰다. 그것은 그들의 선조들이 출애굽한 뒤에 광야에서 장막에 살았던 것을 기념하는 행사이다. 이 절기를 지키는 자들은 기쁨으로 지켜야 했다(신 16:13; 느 8:17). 그 이유는 그 기념행사로 그들이 광야에서 계시된 여호와의 사랑과 능력을 회상하며 더욱 믿음으로 나아가게 되기 때문이다.

눈의 아들 여호수아 때로부터 그 날까지 이스라엘 자손이 이같이 행한 일이 없었으므로(17하). 여기서 "이같이"라는 말(כֵּן)은 온 이스라엘이 한곳에 모여 장막절을 지킨 것을 가리킨다. 그전에도 이스라엘이 장막절을 지키기는 했지만 이때처럼 성대하게 지킨 적은 없었다. 이 구절의 의미는 일찍이 이스라엘이 장막절을 지킨 적이 없다는 것이 아니다. 그들이 장막절을 지켰다는 사실은 성경에 몇 차례 기록되었다(왕상 8:65; 대하 7:9; 스 3:4 참조).

이에 크게 기뻐하며(17하). 그들이 크게 기뻐한 이유는 눈의 아들 여호수아 때부터 그날까지 이스라엘 자손이 이처럼 성대히 장막절을 지킨 적이 없었으며, 또 그들이 장막절 행사로 인하여 지난날 광야에서 나타났던 여호와의 사랑과 능력을 깨닫게 되었기 때문이다.

18 날마다 하나님의 율법책을 낭독하고. 이것은 여호와께서 이스라엘 백성에게 주신 초막절 행사 중 하나이다. 신명기 31:11에 말하기를, "온 이스라엘이 네 하나님 여호와 앞 그가 택하신 곳에 모일 때에 이 율법을 낭독하여 온 이스라엘에게 듣게 할지니"라고 하였다(신 31:12-13 참조).

제 9 장

✦ 내용분해

1. 이스라엘의 금식기도와 회개(1-3절)
2. 여호와의 선하심에 관한 레위인들의 찬송과 기도(4-38절)
   1) 아브라함을 택하시고 언약을 세우심(4-8절)
   2) 이스라엘을 애굽에서 구원해 내시고 율법과 규례를 주심(9-15절)
   3) 여호와께서 자비와 긍휼을 베푸심(16-19절)
   4) 광야에서 보호하시고 마침내 가나안 땅을 주심(20-25절)
   5) 징계와 용서로 구원을 행하심(26-31절)
   6) 이스라엘은 현재 당한 고난의 원인을 살피고 다시 견고한 언약에 임한다고 함(32-38절)

✦ 해석

1-3 이 구절에는 이스라엘 민중이 죄를 자복하면서 하나님께 경배한 사

실이 기록되어 있다.

굵은 베 옷을 입고 티끌을 무릅쓰며(1절). 이것은 애통의 표시이며, 고대 이스라엘은 이런 방식으로 슬픔을 표현했다(창 37:34; 삼상 4:12; 삼하 1:2, 3:31, 21:10; 왕상 21:27; 욥 2:12 참조). 그들은 이처럼 중심에 있는 슬픔을 외적인 의식으로까지 표시하였다. (여기에도 어떤 경우에는 외식하는 폐단이 생길 수 있다). 오늘날 많은 사람들이 슬픈 감정을 조절하는 것도 좋지만 이것은 인격의 정서를 마비시키는 하나의 폐단이다. 현대인들은 슬퍼해야 할 일에 웃어 버리기도 한다. 그와 같이 슬픔을 표현하지 않는 자들의 심령은 완악해지기 쉽다.

낮 사분의 일(3절). 이것은 세 시간을 가리킨다. 이때 그들은 이와 같이 오랫동안 하나님의 말씀(모세의 율법)을 읽고 자신을 반성한 다음 세 시간 동안 죄를 자복하였다. 이렇게 그들은 하나님 앞에 많은 시간을 바쳤다. 우리의 인격이 하나님 앞에서 바르게 정비되려면 시간이 필요하다. 기독교 격언에도 말하기를 "거룩해지기 위하여 시간을 잡으라"고 하였다(Take time to be holy).

4-5 여기에 레위인들의 명단 두 개(둘 다 8명씩 기록됨)가 나와 있다. 그렇다면 이 두 명단은 각각 다른 것일까? 일설에 의하면, 이 두 명단은 같은 사람들의 이름이 두 번 나온 것뿐이라고 한다. 하지만 이 두 명단에서 다섯 사람의 이름은 서로 같지만 세 사람의 이름은 같지 않다. 두 번째 명단은 첫 번째 명단에 포함된 다섯 사람(예수아, 갓미엘, 바니, 스바냐, 분니, 세레뱌)에 세 사람(하삽느야, 호디야, 브다히야)을 추가한 듯하다. 열거된 이름의 뜻은 다음과 같다.

이름	히브리어	의미
예수아	יֵשׁוּעַ	여호와께서 구원하셨다
갓미엘	קַדְמִיאֵל	하나님은 첫째이시다
바니	בָּנִי	여호와께서 지으셨다

이름	히브리어	의미
스바냐	שְׁבַנְיָה	여호와께서 나를 회복하셨다
분니	בֻּנִּי	여호와께서 지으셨다
세레뱌	שֵׁרֵבְיָה	여호와께서 타는 열을 보내셨다
그나니	כְנָנִי	여호와께서 굳게 만드셨다
하삽느야	חֲשַׁבְנְיָה	여호와께서 나를 생각하신다
호디야	הוֹדִיָּה	여호와께서 빛이시다
브다히야	פְּתַחְיָה	여호와께서 여셨다

이 이름들은 모두 다 여호와의 성호와 관련이 있다. 이들이 하는 일은 그 당시 공중 예배를 인도하는 것이었으므로 주로 하나님께 기도로 부르짖는 것이었다. 그들이 "큰 소리로…부르짖었다"고 한 것을 볼 때(4절), 그들의 기도가 간절하였다는 것을 알 수 있다. 그뿐 아니라 그들의 기도는 길고 자세하였다(6-38절). 간절한 기도가 반드시 긴 것은 아니지만 그때 그들은 필요에 따라 예배에 많은 시간을 바쳤다. 현대인들, 특히 청년들은 예배 시간을 단축시켜 되도록 짧은 시간에 마치기를 원하는 경향이 있다. 그러나 충만한 은혜가 지배하는 예배는 사람들이 지루함을 느끼지 않게 된다.

6 여기서는 하나님 여호와의 능력이 무한히 큰 것을 찬송하기 위하여 그의 우주 만물 창조와 그것을 보존하시는 사역에 대하여 말한다.

7-8 이 부분 말씀은 느헤미야 9장에 기록된 이스라엘 역사의 머리말이라고 할 수 있다. 하나님께서 아브라함에게 행하신 일들이 몇 가지로 진술되었다. 그것은 의미심장하여 우리 기독교 신자들에게도 해당된다. ① 택하심(בָּחַר). 이것은 하나님께서 아브라함을 영원 전에 선택하신 사실을 가리킨다(엡 1:4). ② 갈대아 우르에서 인도하여 내심. 이것은 하나님께서 그를 이 세상에서 불러내신 사실을 가리킨다(창 12:1 참조). ③ 이름을 주심. 이것은 하나

님의 기적적인 역사로 아브라함에게서 많은 자손이 출생하게 될 것(열국의 아비가 될 것)을 보장하는 이름이다(창 17:4-5; 참조. 롬 4:16). 그의 자손으로 오신 그리스도를 영접하는 자들은 아브라함의 자손(롬 4:16-17)인 동시에 하나님의 자녀의 권세를 받는다(요 1:12). ④ 언약(בְּרִית)을 세우심. 이것은 하나님께서 아브라함의 믿음을 보시고 세우신 언약(아브라함의 자손들에게 가나안 땅을 주시겠다고 하신 약속)을 말한다(창 15:7-21 참조). 또한 이 언약은 내세의 구원을 포함한다(히 11:8-10, 16; 참조. 계 21:1-2). ⑤ 말씀대로 이루심. 하나님께서는 "의로우시므로"(צַדִּיק) 말씀하신 대로 반드시 이루신다(신 32:4 참조).

9-20절. 여기서는 이스라엘이 애굽을 떠나던 때와 광야에서 지낸 동안 그들을 돌보신 살아 계신 하나님의 역사에 대하여 말씀한다. 우리는 오랜 세월에 걸쳐 이루어진 긴 역사를 통해 하나님께서 살아 계신다는 것을 깨닫게 되는 경우가 많다. 저자는 하나님의 역사를 설명하기 위하여 거의 모든 절에 동사를 사용하였다. 그중 주요한 몇 가지를 들면, "감찰하심"(9절), "들으심"(9절), "치셨음"(10절), "아셨음"(10절), "갈라지게 하심"(11절), "통과하게 하심"(11절), "던지심"(11절), "인도하심"(12절), "강림하심"(13절), "말씀하심"(13절), "주심"(13절), "알리심"(14절), "명령하심"(14절), "주심"(15절), "내심"(15절), "맹세하심"(15절), "행하심"(17절), "버리지 아니하심"(17절), "주심"(20절) 등이다.

9-10 이 부분은 이스라엘이 애굽에서 놓여 홍해를 건너게 된 사건에 대하여 말한다. 여기서 "감찰하시며"라는 말(וַתֵּרֶא)은 '보시고 불쌍히 여겨 주신 것'(10절)을 가리킨다.

홍해에서 그들의 부르짖음을 들으시고(9하). 이 말은 이스라엘이 홍해 해안 "비하히롯"이라는 곳에서 애굽 군대의 추격을 보고 두려워서 부르짖어 기도한 것을 하나님께서 들으셨다는 것이다(출 14:9-10).

그들이 우리의 조상들에게 교만하게 행함을 아셨음이라(10중). 하나님께서는 교만한 자를 물리치신다(약 4:6 참조).

오늘과 같이 명예를 얻으셨나이다(10하). "오늘과 같이"(כהיום הזה). 이 말은 그 당시 이스라엘의 출애굽 사건과 동반되었던 하나님의 능력의 역사[155]는 칭송을 받으실 수밖에 없을 만큼 놀라웠는데 오늘날에도 역시 마찬가지라는 뜻이다(대상 12:22; 사 43:12, 14; 렘 32:20 참조).

12-15 여기서는 하나님께서 출애굽 직후에 이스라엘을 어떻게 가르치시고, 양육하셨는지에 대하여 말씀한다. ① "구름기둥과 불기둥으로" 인도하셨다(12절). "구름기둥"과 "불기둥"에 대하여는 민수기 9:15-23에 자세히 설명되었다. 그 설명의 요지는 광야에서 이스라엘의 여정이 전적으로 하나님의 인도하심대로만 순종하도록 되어 있었다는 것이다. 그것은 순종의 제도이다. ② "규례와…율법과…안식일" 제도 등을 가르쳐 주셨다(13-14절). 이 제도들이 "정직한"(ישרים), "진정한"(אמת = 절대로 신실한), "선한"(טובים), "거룩한"(קדוש)이라는 말로 수식되어 있는 것이 중요하다. 저자가 이런 형용사를 거듭 사용한 목적은 하나님의 규례와 율법에 대한 그의 신앙 체험에서 절감한 바를 강조하여 표현하려는 것이다(시 19:7-10; 119:43 참조). ③ "하늘에서 양식(만나)을 주시며", "반석에서 물을 내시"면서 약속의 땅을 차지하라고 명하셨다(느 9:15; 참조. 출 16:4, 10; 17:6; 민 20:8; 시 78:24, 15; 105:40-41). 이것은 하나님의 크신 사랑이었다.

16-17 여기서는 이스라엘이 광야에서 하나님께 순종하지 않은 때가 많았음에도 불구하고 하나님께서는 그들을 끝까지 버리시지 않았다는 것을 서론으로 말한다. 그 구체적인 내용은 그다음 구절인 18절부터 나온다. 여기서 출애굽한 이스라엘의 죄를 지적하면서 몇 가지 중요한 것을 말하였다. 즉

---

155) 출 14:21, 22, 28; 15:19; 15:5.

그들은 ① "교만하고 목을 굳게" 하였다(16절). 이것은 하나님의 명령에 순종하지 않는 태도를 말한다. ② "거역"하였다(17상). 그들은 여호와께서 행하신 기적적인 인도하심을 기억하지 않고 도리어 자기들 중에서 지도자를 세워 애굽으로 돌아가려고 하였다(민 14:4 참조). 그런데도 여호와께서는 그들을 용서하셨다.

주께서는 용서하시는 하나님이시라(17중). 이 말(וְאַתָּה אֱלוֹהַּ סְלִיחוֹת)은 "당신은 용서의 하나님이시라"고 개역될 수 있다. 즉 용서하시는 것이 그의 고유한 성품이라는 뜻이다(시 130:4; 단 9:9 참조).

스펄전(Spurgeon)에 의하면 하나님께서 죄인을 용서하시는 것은 그의 성품에서 비롯된다. 즉 하나님은 언제나 죄인을 용서하실 준비가 되어 있다는 것이다. 이 점에 대한 그의 용서를 다음과 같이 음미해 볼 수 있다.

법칙 세계에서는 "용서"라는 것을 전혀 찾아볼 수 없다. 자연계를 생각하여 보자. 자연계는 자연법칙으로 성립되어 있다. 고층 건물 위에서 떨어지면서 상하지 않기를 원한들 그 소원이 성취되겠는가? 인간 세계에서도 그렇다. 어떤 사람이 자기에게 잘못한 자를 쉽게 용서하여 주는가?

완전한 용서의 진리는 성경에 있다. 하나님만이 성품적으로 죄인을 용서하기를 원하신다. 이 말은 ① 그가 어쩌다 용서하신다는 의미가 아니고, ② 죄인의 간절한 요청에 따라 마지못해 용서해 주신다는 의미도 아니다. ③ 이 말은 잔치를 베풀어 놓고 손님을 청하는 것처럼 하나님께서 죄인을 용서하시려고 초청하신다는 의미이다. 이것은 그가 자주 범죄하는 이스라엘을 용서하신 역사를 통해 증명된다. 이스라엘처럼 하나님의 사랑과 기적을 많이 체험한 민족이 없었다. 그럼에도 불구하고 그들은 비일비재하게 하나님을 거역했다. 그런데도 하나님은 이스라엘 민족을 많이 용서하셨다. 일흔 번씩 일곱 번 용서하는 것 같은 사랑으로 하나님께서는 그 민족을 용서하셨다.

18-19 홍해를 건너 광야에 들어선 이스라엘이 제일 처음으로 범한 죄는

금송아지 우상을 만든 사건이다. 18절 앞부분에 "또"로 번역된 히브리어(גַּם־אַף)는 "심지어"라고 개역되어야 한다. 이 말은 그런 우상을 만든 것이 엄청난 죄라는 것이다(출 32:1-6 참조).

떠나지 아니하고. 이 말은 그들이 범죄한 후에도(18절) 하나님은 구름기둥과 불기둥으로 그들을 계속 도와주셨다는 뜻이다. 이것은 하나님의 오래 참으시는 긍휼을 가리킨다.

20-21 또 주의 선한 영을 주사 그들을 가르치시며(20상). 여기 언급된 "선한 영"(רוּחֲךָ הַטּוֹבָה)에 대하여는 민수기 11:17, 25의 말씀이 잘 설명한다(시 32:8; 143:10 참조). 하나님께서는 그들의 육체만 기르신 것이 아니라 그의 성령으로 그들의 심령을 선한 방향으로 인도해 주셨다.

만나가 그들의 입에서 끊어지지 않게 하시고(20중). 이 말씀 역시 이스라엘이 범죄하였음에도 불구하고 하나님께서 만나와 물을 계속 공급해 주셨다는 것이다. 하나님의 이러한 자비를 모르는 자들은 그가 계시지 않는다고까지 오해한다.

그 옷이 해어지지 아니하였고 발이 부르트지 아니하였사오며(21하; 참조. 신 8:4; 29:5). 이것은 하나님의 기적적인 보호만을 가리키는 것이 아니라 그가 베푸신 일반적인 은혜를 말한다. 불편한 광야에서도 이스라엘 민족의 의복이나 신이 계속 공급되었다는 것이다. 일반적인 은혜의 도움도 결국 하나님께서 주시는 것이다.

22-25 하나님께서는 마침내 이스라엘이 나라들을 정복하게 하시고 가나안을 차지하게 하셨다. 이것은 그들이 출애굽한 목적이 성취된 것이다. 하나님께서는 아브라함에게 약속하신 대로 이루셨다(8절 참조).

헤스본 왕의 땅과 바산 왕 옥의 땅을 차지하였나이다(22하; 참조. 민 21:21-35).

주께서 그들의 자손을 하늘의 별같이 많게 하시고(23상). 이것은 창세기 15:5에 약속해 주신 말씀대로 이루어 주신 결과이다. 이스라엘 자손이 일찍이 애굽으로 이주할 때는 남녀노소를 모두 합해 70여 명이었는데 400년 후에 출애 굽할 때는 20세 이상 남자만 60만 명이 넘었다(민 1:46 참조).

26-31 여기서는 이스라엘이 가나안 땅에 들어와 살면서 거듭 범죄한 사실에 대하여 말한다. 이 기도에서 강조한 점은 하나님께서는 그들이 범죄할 때 벌하셨고, 그들이 회개하면서 하나님을 찾을 때에는 그들을 긍휼히 여기시고 구원해 주셨다는 것이다(범죄, 벌, 회개, 용서, 구원). 이런 논법이 이 부분(26-31절)에 세 번이나 반복되었다. 이와 같이 하나님께서는 범죄한 자에게 긍휼을 계속 베푸시면서 죄인이 회개에 합당한 열매를 맺기 원하신다. 하나님께서 범죄자에게 벌을 내리시는 것도 그의 회개를 위한 것이므로 하나님의 긍휼이다.

32-37 이 구절에서는 기도하는 자가 하나님의 긍휼히 여기시는 처사를 간구한다.

앗수르 왕들의 때로부터 오늘까지 당한 모든 환난을 이제 작게 여기지 마옵소서(32하). 이 말은 이스라엘이 당한 많은 환난을 보시고 불쌍히 여겨 주시기를 원하는 것이다. 이 말이 하나님의 처사가 공평하지 못하다는 것은 아니다. 그것은 "주는 공의로우시니"(אַתָּה צַדִּיק)라는 말을 덧붙인 것으로 알 수 있다(33상). 주님의 공의로우심에 대하여는 34-37절이 해설해 준다.

38 우리가 이 모든 일로 말미암아 이제 견고한 언약을 세워. 그때 이스라엘 회중이 과거에 그들의 선조들이 자주 범죄하고 벌을 받았던 사실을 회고하고, 이제는 하나님을 떠나지 않기로 굳게 맹세하며 언약한다는 의미이다.

제 10 장

✤ 내용분해

1. 언약에 인친 자들의 이름들(1-29절)
2. 언약의 내용(30-39절)

✤ 해석

1-27절. 여기에는 언약에 인친 자들의 명단이 기록되어 있다. 그 이름들의 뜻은 다음과 같다.

절수	이름	히브리어	의미
1	느헤미야	נְחֶמְיָה	여호와의 위로
〃	시드기야	צִדְקִיָּה	여호와는 의로우시다
2	스라야	שְׂרָיָה	여호와께서 주가 되신다
〃	아사랴	עֲזַרְיָה	여호와가 도우셨다
〃	예레미야	יִרְמְיָה	여호와께서 던지신다

절수	이름	히브리어	의미
3	바스훌	פַּשְׁחוּר	알 수 없음
〃	아마랴	אֲמַרְיָה	여호와께서 약속하셨다
〃	말기야	מַלְכִּיָּה	여호와께서 나의 왕이시다
4	핫두스	חַטּוּשׁ	알 수 없음
〃	스바냐	שְׁבַנְיָה	여호와께서 나를 회복하셨다
〃	말룩	מַלּוּךְ	왕
5	하림	חָרִם	헌납됨
〃	므레못	מְרֵמוֹת	높음
5	오바댜	עֹבַדְיָה	여호와의 종
6	다니엘	דָּנִיֵּאל	하나님이 판단하셨다
〃	긴느돈	גִּנְּתוֹן	동산지기
〃	바룩	בָּרוּךְ	복이 있다 함
7	므술람	מְשֻׁלָּם	보상
〃	아비야	אֲבִיָּה	여호와께서 아버지이시다
〃	미야민	מִיָּמִין	오른손에서("좋은 운"이란 뜻)
8	마아시야	מַעֲזְיָה	여호와는 요새(要塞)
〃	빌개	בִּלְגַּי	기쁘다
〃	스마야	שְׁמַעְיָה	여호와께서 들으심
9	예수아	יֵשׁוּעַ	여호와의 구원
〃	빈누이	בִּנּוּי	여호와께서 지으셨다
〃	갓미엘	קַדְמִיאֵל	여호와께서 첫째이시다
10	스바냐	שְׁבַנְיָה	여호와께서 나를 회복하셨다
〃	호디야	הוֹדִיָּה	여호와께서 광채이시다
〃	그리다	קְלִיטָא	채납되다
〃	블라야	פְּלָאיָה	여호와께서 기적적으로 일하셨다
〃	하난	חָנָן	은혜

절수	이름	히브리어	의미
11	미가	מִיכָא	누가 여호와와 같으랴
〃	르홉	רְחוֹב	넓은 곳
〃	하사뱌	חֲשַׁבְיָה	여호와께서 간주하신다
12	삭굴	זַכּוּר	여호와께서 기억하신다
〃	세레뱌	שֵׁרֵבְיָה	여호와께서는 태우는 열이시다
〃	스바냐	שְׁבַנְיָה	여호와께서 나를 회복하셨다
13	호디야	הוֹדִיָּה	여호와께서 광채이시다
〃	바니	בָּנִי	여호와께서 지으신다
〃	브니누	בְּנִינוּ	우리의 아들
14	바로스	פַּרְעֹשׁ	알 수 없음
〃	바핫모압	פַּחַת מוֹאָב	모압의 총독
〃	엘람	עֵילָם	높은 땅
〃	삿두	זַתּוּא	알 수 없음
〃	바니	בָּנִי	여호와께서 지으신다
15	분니	בֻּנִּי	여호와께서 지으신다
〃	아스갓	עַזְגָּד	갓(족속)은 강하다
〃	베배	בֵּבָי	눈동자
16	아도니야	אֲדֹנִיָּה	여호와께서 주님이시다
〃	비그왜	בִּגְוַי	행복하다
〃	아딘	עָדִין	황홀함(rapture)
17	아델	אָטֵר	숨는 곳
〃	히스기야	חִזְקִיָּה	여호와께서 강하게 하신다
〃	앗술	עַזּוּר	여호와께서 도우셨다
18	호디야	הוֹדִיָּה	여호와께서 광채이시다
〃	하숨	חָשֻׁם	알 수 없음
〃	베새	בֵּצָי	하나님의 그늘 속

절수	이름	히브리어	의미
19	하립	הָרִיף	가을
〃	아나돗	עֲנָתוֹת	지방 이름
〃	노배	נוֹבָי	알 수 없음
20	막비아스	מַגְפִּיעָשׁ	알 수 없음
〃	므술람	מְשֻׁלָּם	보상
〃	헤실	חֵזִיר	알 수 없음
21	므세사벨	מְשֵׁיזַבְאֵל	하나님이 구원자이시다
〃	사독	צָדוֹק	여호와께서 의로우시다
〃	얏두아	יַדּוּעַ	여호와께서 아셨다
22	블라댜	פְּלַטְיָה	여호와께서 구조하셨다
〃	하난	חָנָן	은혜
〃	아나야	עֲנָיָה	여호와께서 대답하셨다
23	호세아	הוֹשֵׁעַ	여호와께서 구원하셨다
〃	하나냐	חֲנַנְיָה	여호와께서 은혜로우시다
〃	핫숩	חַשּׁוּב	여호와께서 생각하셨다
24	할르헤스	הַלּוֹחֵשׁ	휘파람 부는 자
〃	빌하	פִּלְחָא	맷돌
〃	소벡	שׁוֹבֵק	이기는 자
25	르훔	רְחוּם	여호와께서 넓은 곳에 두셨다
〃	하삽나	חֲשַׁבְנָה	여호와께서 생각하셨다
〃	마아세야	מַעֲשֵׂיָה	여호와의 일
26	아히야	אֲחִיָּה	여호와께서 나의 형제이시다
〃	하난	חָנָן	은혜
〃	아난	עָנָן	여호와께서 내게 응답하셨다
27	말룩	מַלּוּךְ	왕
〃	하림	חָרִם	헌납되었다
〃	바아나	בַּעֲנָה	알 수 없음

이 명단을 보면 "여호와"의 성호와 관련된 것이 많다. 그 이름을 지닌 자들이 이때 그 이름의 뜻에 부합하는 행동과 결단을 취한 것은 하나님의 은혜였다.

28-29 앞에 열거된 명단은 언약에 인친 자들이고, 여기서는 그 밖의 다른 사람들이 그 언약에 순종하겠다고 맹세한다.

이방 사람과 절교하고 하나님의 율법을 준행하는 모든 자. 이것은 바벨론에 잡혀가지 않고 팔레스타인에 남아서 이방인들과 함께 거주하면서도 영적으로는 그들과 절교하고 율법을 지켜 온 유대인을 가리킨다. 무릇 지식과 총명이 있는 자. 곧, 사리를 바르게 분별하는 자들을 가리킨다.

그들의 형제 귀족들(אדיריהם אחיהם). 이들은 앞에 열거된 명단에 오른 지도층을 가리킨다. "저주로 맹세하였다"는 것은 그들이 그 언약의 내용대로 지키지 않을 경우 저주를 받아 마땅하다고 맹세하는 것이다.

30-39 여기서는 그때 그들이 하나님 앞에서 언약한 조항들에 대하여 말한다. ① 이방인과 통혼하지 않겠다고 함(30절; 참조. 신 7:3). ② 안식일을 비롯한 모든 안식 제도를 잘 지키겠다고 함(느 10:31; 참조. 출 20:8; 레 25:2-7; 민 29:1, 7, 35; 신 5:12; 16:8; 사 58:13; 렘 17:21-22; 암 8:5). ③ 성전의 비용을 위하여 "세겔의 삼분의 일"을 내기로 함(느 10:32; 참조. 출 30:13). ④ 진설병과 제물의 재료를 공급하겠다고 함(느 10:33; 참조. 출 25:30; 레 4:1-5; 24:5-9; 민 15:22-31). ⑤ 성전의 제단에 불을 피우기 위한 나무를 공급하겠다고 함(느 10:34; 참조. 레6:12-13). ⑥ 레위인들과 제사장들의 생활 유지를 위하여 첫 열매와 처음 난 생축과 십일조를 드리겠다고 함(느 10:35-39; 참조. 출 13:13; 23:19; 34:20, 26; 레 19:23-25; 27:30; 민 15:20; 18:15-17; 겔 44:30; 말 3:8-9).

30 우리의 딸들을 이 땅 백성에게 주지 아니하고 우리의 아들들을 위하여 그들의 **딸들을 데려오지 아니하며.** 이것은 그 당시 이스라엘 사람들이 이방 사람들과 통혼하지 않겠다고 하는 서약인 동시에 하나님께서 일찍이 모세에게 주신

말씀(신 7:3-4)대로 돌아가는 회개 운동이다. 하나님께서 이와 같은 법을 주신 목적은 국제결혼을 무조건 금하신 것이 아니라 이스라엘이 이방 우상을 받아들이지 못하도록 하시려는 방지책이다. 부부 관계야말로 종교적인 영향을 강하게 받는다. 그러므로 신약의 교훈도 "믿지 않는 자와 멍에를 함께 메지 말라"고 강하게 말씀한다(고후 6:14). 신자가 불신자와 결혼하면 그의 신앙이 약해지거나 죄와 타협하게 될 경우가 많아진다. 신자로서 자녀의 결혼이 올바로 이루어지는지에 관심을 갖지 않으면 자녀가 불신자와 결혼할 경우 큰 손해를 보게 된다. 이것은 작은 문제가 아니고 흥망에 관한 중대한 문제이다.

31 우리가 안식일이나 성일에는 그들에게서 사지 않겠고. 이것은 안식일을 거룩하게 지키려고 다짐하는 말이다. 이 말은 매매 자체를 정죄하는 것이 아니라 육신의 안식을 방해할 정도로, 또는 신령한 예배에 지장을 줄 정도로 행해지는 상업 행위를 금지하는 것이다. 안식일에 육신이 쉬어야 하는 이유는, ① 그날을 종일 바쳐 하나님께 예배하기 위해서이다. 사람은 육신이 피곤하면 예배에 마음과 성품과 힘을 다하기 어렵다(신 6:5 참조). ② 그날이 영원한 안식(내세의 안식)을 비유하기 때문이다(히 4:4-6, 8-11).

우리는 여기서 쉰다는 것이 무엇인지 바르게 알아야 한다. 안식일에 쉰다는 것은 아무 활동도 하지 않는 정지 상태를 의미하지 않는다. 그날에 쉰다는 것은 세상일로 인한 고역을 하지 않고 육신과 영혼이 함께 하나님을 즐거워하며 평안을 누리는 것을 가리킨다. 그러므로 안식일은 즐거운 날이다(사 58:13-14 참조). 이것은 천지 만물을 창조하신 후에 하나님께서 안식하신 것을 모본으로 한다(출 20:8-11).

신약 시대에 신자들이 거룩하게 지키는 날은 구약의 안식일(안식일에는 불도 피우지 못했다. 출 35:3)과는 다른 "주의 날"(계 1:10)이다. "주일"은 시편 118:22-24의 말씀과 같이 즐거워할 날이다. 이것은 구약의 안식일이 예표한 것으로서(골 2:16-17), 칠 일 중 첫날에 지키는 것이다(행 20:7). 주일을 거룩하게 지키는 것은 바리새인들이 행한 율법주의의 번잡한 방법에 의한 것이 아니라 그리스도의 은혜 안에서 이루어지는 것이다. 신약성경은 이 문제로 서로 비평하지 않도록 주의하라고 가르친다(롬 14:5-6; 골 2:16). 주일은 구약 안식일이 성취된 것이므로 주일을 지키는 법이 안식일을 지키는 법과 똑같지는 않다. 그러나 원리에서는 둘이 서로 공통점들을 가진다. 예컨대 신자들이 그 날에 안식하는 것(육신의 사업과 노동을 정지함), 하나님을 예배하는 것, 기뻐하는 것 등이다.

우리가 명심해야 할 것은 주일 성수의 중요성이다. 주일 제도는 진리이므로 반드시 지켜야 된다. 이것을 지키지 않는 것은 불경건이다. 다만 그것을 지키는 방법은 그리스도 안에서 은혜로 실행되어야 한다. 어떤 사람들은 신약성경에는 주일 성수를 적극적으로 권장한 교훈이 없고 주일을 성수하지 못한 일 때문에 책망한 말씀도 없다고 하면서 주일 성수를 중요하게 여기지 않는 듯하다. 그러나 주일은 창조 질서에 속한(유대인에게만이 아니라 온 인류에게 주신) 안식일(창 2:1-3)에서 비롯된 것이므로 특별히 하나님의 자녀들은 그것을 거룩하게 지켜야 한다. 신약성경에는 신자들이 주일을 성수한 증거가 있다.[156]

일곱째 해마다 땅을 쉬게 하고 모든 빚을 탕감하리라 하였고. 이것은 레위기 25:1-7, 신명기 15:1-2, 12-15의 말씀대로 행하겠다는 서약이다. 7년마다 땅을 쉬게 하고 빚을 탕감해 주는 제도는 인류의 영과 육이 함께 복을 받는 데 유익할 것이다. 그것은, ① 영적으로 해방되는 제도로서 그리스도가 주시는 구원을 예표한 것이다. 예수님께서는 이 제도(희년의 영적 의미는 원리적으로 안식년과 같다)가 자기의 영적 구원사역을 비유한 것이라고 해석하셨다(눅 4:17-19).

---

156) 행 20:7; 고전 10:1; 계 1:10.

구약 시대의 사람들이 이 제도를 지킨 것은 영적으로 예수 그리스도를 바라보며 믿은 상징적 행위였다. ② 육적으로 땅을 비옥하게 만들 것이고 또 사회 공동체 안의 부조리와 불평을 해소시킬 것이다. 땅을 1년 동안 경작하지 않고 그대로 두면 그 땅이 비옥해질 것이다. 그뿐 아니라 그해에 채무자들의 빚이 탕감되면 그들은 다시 한번 경제적 기반을 닦아나갈 소망과 기회를 얻을 것이다. 이런 제도가 실시되는 사회에는 빈부의 격차가 심하지 않을 것이다. 모든 인류가 이 제도를 실시한다면 진정한 의미에서 땅 위에 사회 복지가 실현될 것이다.

32-33 해마다 각기 세겔의 삼분의 일을 수납하여 하나님의 전을 위하여 쓰게 하되 (32하). 이스라엘 사람은 본래 속전(贖錢) 반 세겔을 내야 했지만(출 30:11-16) 후에 외국의 압제를 받아 너무 가난해져서(느 9:37) 3분의 1세겔로 적어진 듯하다. 이 속전은 성전을 위하여 사용되었다(마 17:24-27). 하나님의 율법이 그 사회에 실시되게 하려면 우선 성전을 중심으로 한 모든 제도가 잘 정비되어야 할 것이다. 오늘날 신약 시대의 "성전"은 건물이 아니고 신자들 자신이다.[157] 그런데 오늘날의 신자들은 성전 된 자기 자신을 성화(성전을 성화하는 것처럼)할 목적으로 희생하는 일은 등한히 하면서 예배당을 구약 시대의 성전처럼 오해하여 그것을 위해서는 기꺼이 희생하는 일이 적지 않다. 물론 예배당도 필요하지만 우리가 먼저 힘써야 할 것은 우리 자신 안에 하나님을 모시도록 성화되기 위하여 하나님의 말씀 앞에서 신앙과 순종, 그리고 희생하는 일이 더욱 필요하다.

진설병…소제…번제. "진설병"은 성소 안에 떡 열두 개를 안식일마다 번갈아 진설하는 것을 가리킨다. 묵은 떡은 제사장들이 성소에서 먹도록 되어 있다(출 25:30; 레 24:5-9). 이것은 예수님께서 고난으로 말미암아 하늘에서 온

---

157) 고전 3:16-17; 6:19; 고후 6:16; 엡 2:21-22; 4:15-16; 벧전 2:5.

생명이 되실 것을 상징한다(요 6:33-35 참조). "소제"는 곡식으로 드려지는 제물이므로 노력을 제물로 드린다는 비유이다(레 2:1, 4, 13, 15; 5:11 참조). 그리고 "번제"는 드리는 자의 헌신을 의미하는 것이다(레 1:4; 17:11 참조).

안식일과 초하루와 정한 절기에 쓸 것. 이것은 제물로 드릴 것들을 가리킨다(민 28:9-15 참조). 구약 시대에는 이와 같이 생축을 제물로 드렸으며, 그것은 신약 시대에 그리스도 안에서 신자가 헌신하는 것을 비유한다. 신약 시대의 신자들은 물질보다 먼저 그리스도 안에서 자신을 하나님께 바쳐야 한다(롬 12:1-2; 고후 8:4 참조). 많은 기독교 신자들이 자기들의 헌신에 대하여는 별로 관심을 기울이지 않으면서 그저 물질을 드리는 것으로 만족한다(엡 5:1-2 참조).

34 나무를 우리 하나님의 전에 바쳐 율법에 기록한 대로 우리 하나님 여호와의 제단에 사르게 하였고. 이것은 "상번제"를 위한 것이다(레 6:8-13; 민 28:1-8 참조). 이 세상에서는 사람들의 죄가 없어지지 않으므로 그들을 대신하여 제물도 계속 있어야 한다. 이 일을 위하여 단번에 속죄 제물과 번제물이 되셔서 영원히 효과를 내시는(히 9:25-28) 예수 그리스도께서 이 세상에 오셨다. 구약 시대의 "상번제"는 장차 오실 그리스도를 예표한 것이다.

35-37상 출애굽기 13:2, 12-13, 23:19상, 34:26, 레위기 19:23-24, 23:17, 27:26, 27, 민수기 15:20-21, 18:12-16, 신명기 18:4, 26:2을 참조하라. "첫 열매"와 "처음 난 것"을 하나님께 바치는 이유는 무엇인가? 그것은 하나님께서 애굽인들의 맏아들을 죽이실 때 이스라엘의 처음 난 자들을 살려 주셨기 때문이다(민 8:17 참조).

37-39 거제물과 각종 과목의 열매와 새 포도주와 기름을 제사장들에게로 가져다가 우리 하나님의 전의 여러 방에 두고(민 18:8-14 참조). **십일조를 레위 사람들에게 주리라**(민 18:21-32 참조). 신약 시대의 교회도 십일조 헌납을 귀한 헌금으로 생각할 수 있다. 십일조 헌납은 유대인들에게 국한된 제도가 아니다. 일찍이 아브라함이 그것을 멜기세덱에게 바쳤고(창 14:20). 예수님께서도 이것을

좋게 여기셨다(마 23:23). 그러나 교회가 이것을 법제화하지는 말고 그 이상의 헌금이나 그 이하의 헌금도 기꺼이 감수하도록 권장해야 한다. 그 이유는 신자가 하나님께 드리는 것은 반드시 자원하는 마음으로 해야 하기 때문이다(고후 8:11-12; 9:1-7; 참조. 출 35:5, 20-29; 36:3; 대상 28:9; 29:5, 9, 14, 17). 그러나 신자가 구원의 은혜를 감사하여 즐거움으로 헌금을 드릴 때에는 십일조 이상을 바치게 된다.

우리가 우리 하나님의 전을 버려 두지 아니하리라. 그 당시 이스라엘의 경건은 전적으로 하나님의 말씀을 기준으로 삼아 움직일 뿐 아니라 뜨겁게 움직였다. 다시 말하면 그들은 교리적이면서도 영적인 열심에 불탔다. 이것이 하나님께서 기뻐하시는 경건이다. 교리만 강조하면서 영적인 열정을 가지지 못하는 것은 율법주의로 흘러가기 쉽고, 또한 열심에 치중하여 교리를 무시하는 것은 광신주의로 떨어지기 쉽다.

제 11 장

✤ 내용분해

1. 예루살렘에 거주할 사람들과 다른 곳에 거주할 사람들을 구분함(1-2절)
2. 예루살렘에 거주하게 된 자들(3-19절)
3. 결론(20-36절)

✤ 해석

1-2 제비 뽑아. 이 제도는 그 시대 사람들이 하나님의 뜻을 알기 위해 사용하는 방법이었다(잠 16:33 참조).

예루살렘에 거주하기를 자원하는 모든 자. 일설에 의하면, 여기서 말하는 "자원하는 모든 자"는 제비뽑기로 예루살렘에 거주하게 된 자들을 가리키지 않고 제비에 뽑히지 않았지만 "자원"하여 예루살렘에 거주하는 자들을 말하는 것이라고 한다. 그러나 이것은 제비에 뽑혀 예루살렘에서 기쁜 마음으로 살기 원하는 자들을 가리킨다. 그때 예루살렘은 외부의 적들로부터 습격을 받을 위험에 처해 있었다. 그럼에도 불구하고 바벨론에서 돌아온 이스라엘 백성들 중에서 군인이 되기 원하는 자들이 자원하여 그곳에 거주하기를 원하였을 것이다.

4 예루살렘에 거주한 자는 유다 자손과 베냐민 자손 몇 명이라 유다 자손 중에는 베레스 자손 아다야이니 그는 웃시야의 아들이요 스가랴의 손자요 아마랴의 증손이요 스바댜의 현손이요 마할랄렐의 오대 손이며. 여기서 "몇 명"으로 번역된 히브리어 (מִ)는 "소속"이라고 개역되어야 한다. "아다야"(עֲדָיָה)는 "우대"(עֵדָא)라고 축소될 수 있다(에 8:14). 여기서 "아다야"의 내력을 설명하면서 그의 5대 조상까지 소급하여 자세히 말한 것을 보면, 성경의 모든 저자들처럼 느헤미야서의 저자도 사실주의(혹은 역사주의)에 기반하여 말한 것이 분명하다. 그는 독자의 기호에 맞추어 신학적, 혹은 수사학적으로 말하는 데 치중하지 않고, 역사적 사실을 분명하고도 확실하게 기록하려고 노력하였다.

6 베레스 자손은 모두 사백육십팔 명이니 다 용사였느니라. 이 "용사"들의 대표자는 앞에 나온 "아다야"(4절)와 "마아세야"(5절)이다. 이들이 "다 용사"(אַנְשֵׁי־חָיִל)라고 한 것을 볼 때, 유다 자손을 "사자"로 비유하여 말한 야곱의 예언(창 49:8-9)이 여기서도 응한 것을 알 수 있다. 예루살렘에는 유다 민족을 보호할 수 있는 지도층이 거주해야 했다.

7-9 "살루", "갑배", "살래", "요엘", "유다" 등은 베냐민 자손의 대표자들이다. 이들 중에서 예루살렘을 다스리는 자들도 나왔다. 이렇게 제비가 뽑힌 것은 하나님의 뜻대로 된 것이다.

10-14 예루살렘에 거주한 제사장들은 세 부분으로 나뉜다. ① "스라야"로 대표된 "822명"(10-12상). 이들은 성전에서 일하는 자들이다. ② "아다야"로 대표된 "242명"(12하-13상). 이들은 족장들이다. ③ "아맛새"로 대표된 "128명"(13하-14절). 이들은 "큰 용사"들이었다.

12절의 "그들의 형제"라는 말(אֲחֵיהֶם)은 "그들의 형제들"이라고 개역되어야 한다. "그들의 형제들"이라는 말은 "여다야와 야긴"(10절)과 "스라야"(11상) 등과 같이 '제사장족'이라는 뜻이다. 그리고 13절 앞부분의 "그 형제의 족장된 자"라는 말(ראשים לאבות)은 "그의 형제들인 족장들"이라고 개역되어야 한다. 이 말은 '아다야 자신과 같은 족속으로서의 족장들'이라는 뜻이다. 또다시 14절 앞부분의 "그들의 형제의 큰 용사들"이라는 말(אחיהם גבורי חיל)은, "그들의 형제들인 힘 있는 용사들"이라고 개역되어야 한다. 이와 같이 지도층 인물들이 예루살렘에 거주하도록 제비가 뽑힌 것은 그때에 하나님께서 특별하게 간섭하신 결과이다.

15-19 여기서는 예루살렘에 거주한 레위인들의 수에 대하여 말한다. ① "스마야", "삽브대", "요사밧", "맛다냐", "박부갸", "압다" 등으로 대표된 "284명." 이 대표자들은 일정한 자격을 갖추고 중요한 일을 맡은 사람들이다.

하나님의 전 바깥 일을 맡았고(16하). 여기서 "맡았다"는 것은 감독하는 책임을 가리킨다.

감사하는 말씀을 인도하는 자(17중). 이 말은 성전 안에서 행해지는 예배에서 "감사의 찬송(일종의 기도)을 맡은 자"라는 뜻이다. "자"라고 번역된 말(ראש)은 '머리'라는 뜻이다. ② "악굽과 달몬"으로 대표된 "172명"(19절). 이들은 예루살렘 성의 문지기들이다.

20-36 여기서는 결론적으로 몇 가지를 덧붙인다. ① 예루살렘에 거하는 자들 이외의 "이스라엘 백성"은 모든 유다 성읍에 흩어져 거주하였다는 것(20절). ② "느디님 사람"(이방인으로서 이스라엘에 동화되어 성전에서 종의 일을 하는 자들)의 거주지(21절). ③ "웃시"라는 사람은 예루살렘에 거하는 레위인들의 "감독"이라는 것(22-23절). ④ 유다 지파의 "브다히야"는 페르시아 왕 수하에서 예루살렘 백성을 다스렸다는 것(24절). ⑤ "유다 자손"들과 "베냐민 자손"들이 거주한 지방의 이름들(25-36절)에 대한 내용이다.

제12장

✣ 내용분해

1. 스룹바벨과 함께 돌아온 제사장들(1-9절)
2. 페르시아 지배 시대에 대제사장들의 계승(10-11절)
3. 다른 중요한 제사장들(12-21절)
4. 느헤미야 때에 이름난 레위인들(22-26절)
5. 예루살렘 성 헌납식(27-43절)
6. 제사장들과 레위인들에게 분깃을 주심(44-47절)

✣ 해석

1-7 바벨론에서 "스룹바벨"(=‘바벨론의 종자’라는 뜻)과 "예수아"(=‘구원’이라는 뜻)를 좇아서 돌아온 제사장들과 레위인들의 명단은 다음과 같다.

절수	이름	히브리어	의미
1	스라야	שְׂרָיָה	여호와가 다스리셨다
〃	예레미야	יִרְמְיָה	여호와가 설립하신다
〃	에스라	עֶזְרָא	도움
2	아마랴	אֲמַרְיָה	여호와가 말씀하셨다
〃	말룩	מַלּוּךְ	왕
〃	핫두스	חַטּוּשׁ	알 수 없음
3	스가냐	שְׁכַנְיָה	여호와께서 거하신다
〃	르훔	רְחֻם	긍휼을 베푸셨다
〃	므레못	מְרֵמוֹת	알 수 없음
4	잇도	עִדּוֹא	알 수 없음
〃	긴느도이	גִּנְּתוֹי	동산지기
〃	아비야	אֲבִיָּה	여호와께서 아버지이시다
5	미야민	מִיָּמִין	알 수 없음
〃	마아댜	מַעַדְיָה	여호와께서 요새(要塞)이시다
〃	빌가	בִּלְגָּה	기쁨
6	스마야	שְׁמַעְיָה	여호와가 들으셨다
〃	요야립	יוֹיָרִיב	여호와께서 싸워 주신다
〃	여다야	יְדַעְיָה	여호와가 아신다
7	살루	סַלּוּ	빨리 갚으라
〃	아목	עָמוֹק	깊다
〃	힐기야	חִלְקִיָּה	여호와가 나의 분깃
〃	여다야	יְדַעְיָה	여호와가 아신다

 이들을 제사장들의 "지도자"라고 하였는데(7하), "지도자"라는 말(רֹאשׁ)은 대제사장을 가리키지 않고 제사장들 중 머리 된 자, 곧 대표적인 인물을 가리킨다. 바벨론에서 돌아온 유대인 지도자들은 특별히 하나님 중심으로

살던 자들이었다. 그러므로 그들이 돌아올 때 제사에 봉사할 제사장들과 레위인들을 우선적으로 동반하였다. 그들 중(제사장들과 레위인들)에서도 특별히 영적으로 우두머리가 될 만한 자들이 선발된 듯하다.

8-9 여기 기록된 명단 중에서 두 사람(예수아, 갓미엘)은 확실히 제1차로 돌아온 자들이다(7:43). 여기서는 두 찬양대에 대하여 말한다. 이것을 볼 때 하나님을 찬양하는 일이 얼마나 중요한 것인지 알 수 있다. 구원 계시가 더욱 풍부하게 나타난 신약 시대에는 비단 찬양대뿐 아니라 구원받은 모든 신자가 마음으로 주님의 구원의 은혜를 찬송해야 한다(엡 5:19 참조).

"직무를 따라 그들의 맞은편에 있"다는 말씀은 찬양의 직무를 위하여 다른 찬양대와 마주 서 있다는 것이다.

10-11 이 부분의 말씀은 스룹바벨과 함께 바벨론에서 돌아온 대제사장 "예수아" 이후의 대제사장들이 누구인지 알려 준다. 여기 나온 명단에서 "엘리아십"이 대제사장이었던 사실은 3:1이 알려 주고, "요나단"이 대제사장이었던 사실은 엘레판티네 파피루스(Elephantine Papyri)가 알려 준다.[158]

12-21 여기서는 대제사장 "요야김"(10상) 때에 제사장들의 우두머리였던 자들이 누구인지 말해 준다. 그들은 1-7절에 기록된 자들의 아들들이다.

절수	이름	히브리어	의미
12	므라야	מְרָיָה	반역자
〃	하나냐	חֲנַנְיָה	여호와는 은혜롭다
13	므술람	מְשֻׁלָּם	보상
〃	여호하난	יְהוֹחָנָן	여호와의 긍휼
14	요나단	יוֹנָתָן	여호와가 주셨다

---

158) Elephantine Papyri, 80, 372.

절수	이름	히브리어	의미
〃	요셉	יוֹסֵף	여호와께서 더 주신다
15	아드나	עַדְנָא	황홀 지경(rapture)
〃	헬개	חֶלְקַי	여호와는 나의 분깃
16	스가랴	זְכַרְיָה	여호와께서 기억하셨다
〃	므술람	מְשֻׁלָּם	보상
17	시그리	זִכְרִי	여호와가 기억하셨다
〃	빌대	פִּלְטַי	여호와가 구원하셨다
18	삼무아	שַׁמּוּעַ	여호와가 들으셨다
〃	여호나단	יְהוֹנָתָן	여호와께서 주셨다
19	맛드내	מַתְּנַי	여호와의 선물
〃	웃시	עֻזִּי	여호와는 내 힘이시다
20	갈래	קַלָּי	알 수 없음
〃	에벨	עֵבֶר	건너편
21	하사야	חֲשַׁבְיָה	여호와가 생각하신다
〃	느다넬	נְתַנְאֵל	하나님이 주셨다

이 모든 이름의 거의 전부가 여호와의 성호와 관련되어 있다.

22-26 여기서도 레위 사람들을 존귀하게 여기며 저자는 또 다른 면으로 말하였다. 곧 그들의 이름이 책에 기록되어 있다고 하였다. 또 어떤 이들은 성전에서 봉사하였다고 하면서 그들을 높이 평가한다. 그때 유다 사람들은 여호와를 섬기는 자들을 존귀하게 여겼다.

27-43절. 여기는 완전히 건축된 예루살렘 성곽을 하나님께 드린다는 의미로 "봉헌식"을 거행한 사실이 기록되어 있다. 이 봉헌식은 무의미한 세속적 행사와 다르다. 이것은 하나님께서 영적 즐거움을 민중에게 주셔서 이루

어진 행사였다. 그들의 행렬이나 찬송 등 모든 움직임은 하나님을 기쁘시게 하는 일종의 예배 행위였다.

27-30 레위인들이 사방에서 모여 왔는데 그들이 제일 먼저 한 일은 그들의 "몸"과 "백성", "성문", "성벽"을 모두 "정결케"(יְטַהֲרוּ)하는 것이었다. 인간은 다 죄인이므로 하나님 여호와를 위하여 무슨 일을 하려 할 때마다 먼저 정화의 순서를 거쳐야 한다. 그때 레위인들이 무슨 방법으로 "정결케" 하는 의식(儀式)을 행했는지는 알 수 없다. 그러나 정결케 하는 이때의 의식도 예수 그리스도의 속죄 사역을 가리킨 예표였을 것이다.

31-43 여기서는 예루살렘 성곽 봉헌식이 "항렬"과 "찬송"으로 실행된 사실을 말해 준다. ① 그들이 "성벽 위로" 항렬을 지어 간 것은(31중) 그 성을 하나님께 드린다는 의미였다. 예루살렘 성이 하나님께 속해야 하나님의 보호를 받는다는 것이 그들의 신앙 사상이었다. ② 그들이 "심히 즐거워"한(43상) 것은 하나님께 영광을 돌리는 성도에게만 있는 신령한 기쁨이다. 그것은 세속적인 즐거움과 천양지차로 다르다. 이때 봉헌식으로 말미암은 이스라엘의 즐거움은 하나님께서 주신 거룩한 것이었다.

하나님께서 주시는 즐거움은 무엇인가? 타락한 인생은 저주받은 뱀처럼 흙을 먹고 살기 원한다. 땅의 것은 결국 흙에서 났고 흙으로 돌아가지 않는가! 그러나 거듭난 자는 ① 하나님으로 즐거워한다. 그런 생활을 하는 자는 하나님의 모든 속성을 자기의 소유로 누린다. 예를 들면 하나님의 능력은 그를 보호하고, 하나님의 지혜는 그를 인도하고, 하나님의 진실하심은 그를 지탱하는 터가 되고, 하나님의 은혜는 그를 구원한다. ② 그의 장래에 무엇이 오든 그것이 하나님의 선으로 보장되어 있는 사실에 즐거워한다. ③ 하나님을 섬기는 것을 즐거워한다. 신자는 주님의 일을 하는 것을 생명처럼 귀하게 여긴다.

44-47절. 그 봉헌식에서 유다 민중은 "제사장들과 레위 사람들"의 거룩한 사역이 얼마나 고상하고 필요한지를 절실히 느꼈다. 따라서 민중은 그들에 대하여 율법의 규례대로 대우해야 할 책임을 깨닫고 그대로 실행하였다(47절).

제 13 장

✣ 내용분해

1. 암몬 사람과 모압 사람을 이스라엘 회중에서 갈라지게 함(1-3절)
2. 성전의 골방을 청결하게 함(4-9절)
3. 성전에서 떠났던 레위인들을 회복시킴(10-14절)
4. 안식일을 거룩히 지키게 함(15-22절)
5. 이스라엘의 이방 결혼을 막음(23-30상)
6. 레위인들의 사역 질서를 확립함(30하-31절)

✣ 해석

1-2 신명기 23:3-5에는 "암몬 사람과 모압 사람"을 이스라엘 총회에 용납하지 말라는 모세의 기록이 있다. 이들이 이스라엘에게 행한 일에 대하여는 민수기 22장-24장을 참조하라.

3 섞인 무리를 이스라엘 가운데에서 모두 분리하였느니라. 이 말은 암몬 사람

이나 모압 사람이 이스라엘 회중에 들어 있지 못하게 하였다는 것이다. 이것은 모세의 법대로 한 것이지 민족 차별의 감정으로 한 것이 아니다. 하나님께서 암몬과 모압을 그와 같이 이스라엘 회중에게서 분리하신 이유는 이스라엘이 광야를 통과할 때 그 민족들이 협조하지 않고 방해했기 때문이다.

4-9 대제사장 "엘리아십"은 성직자로서 세속주의자인 도비야와 타협하였다. "도비야"는 예루살렘 성의 건축 공사를 강하게 반대했다(6:17-19).

내가…왕에게 말미를 청하고(6하). 이 말(נשאלתי מן־המלך)은 '내가 왕에게 휴가를 청하였다'는 뜻이다.[159]

10-14 레위 사람들과 노래하는 자들이 각각 자기 밭으로 도망하였기로(10하). 성전의 모든 제사 행위에서 우두머리로 일하던 대제사장 "엘리아십"이 레위인들을 돌보지 않고 하나님의 원수 도비야를 성전 골방(레위인들에게 공급할 식료품 곳간)에 머물게 하였으므로(7절), 제사 행사가 폐지될 수밖에 없었다. 그로 인해 레위인들이 흩어진 것으로 추측된다. 그들은 악인 도비야 때문에 성전에서 제사와 예배의 사역을 할 수 없었을 뿐 아니라 생활 수단이 막연해져 농사일을 할 수밖에 없었다.

그 직분은 형제들에게 분배하는 일이었느니라(13하). 여기서 "분배하는 일"이라는 말(חלק)은 식료품이나 기타 물건을 분배해 주는 일을 의미한다.

15-18 베르톨레트(A. Bertholet)는 이 구절들의 목적이 "안식일"을 확고히 잘 지키도록 한 것이라(Sicherstellung der Sabbatfeier)고 하였다. 느헤미야는 "안식일" 성수의 몇 가지 주의사항을 말하였다. ① 그날에는 정규적인 육체 노동을 하지 말라고 하였다(15절). 노동 자체는 신성한 것이지만 안식일에는 그 일을 그치고 예배(영적 활동)에 전심해야 한다. 만일 노동이나 기타 육신의

---

159) A. Bertholet, Kurzer Hand-Kommentar Zum Alten Testament, Esra und Nehemia, 1902, 91.: "la;v. nII sich Urlaub erbitten, wie l Sam. 20:6, 28."

일을 예배에 대치시킨다면 그것은 범죄하는 것이다. 그뿐 아니라 안식일에 노동하는 것은 안식일의 본질 중 하나인 휴식을 범하는 것이다. 안식일의 휴식은 영원한 내세의 평안을 상징하는 요소였다(히 4:4-6 참조). ② 장사하지 말라고 하였다(느 13:16-17). "두로 사람"(외국인)이 안식일에 "물고기와 각양 물건"을 가져다가 예루살렘에서 팔았을 때 느헤미야는 그들을 꾸짖지 않고 도리어 "귀인들"(그 당시의 유다 관원들)을 꾸짖었다. 그것은 율법을 받은 유대인들에게 책임을 추궁한 공평한 처사였다. 귀인들은 민중이 안식일을 거룩하게 지키도록 인도할 책임을 지고 있었다.

너희 조상들이 이같이 행하지 아니하였느냐(18상).[160]

19-22 여기서는 민중이 "안식일"을 잘 지키도록 미리 단속하며 예비하도록 가르친다. ① 안식일이 시작되는 시각(제오일 해질 때) 전부터 성문을 닫았다(19절). 이것은 안식일을 온전히 거룩하게 지키기 위하여 짐을 운반하거나 상인의 출입을 막기 위함이었다. ② 상인들이 예루살렘 성 밖에서 자지 못하게 했다(20-21절). 각종 물건을 파는 사람들이 예루살렘에 찾아왔다가 안식일이어서 성문이 잠기면 성 밖에서 자면서 기회를 보아 물건을 팔았다. 그래서 느헤미야는 그러한 행위를 금했다. ③ 레위인들에게 몸을 정결케 하고 성문을 지키라고 하였다(22절). 느헤미야가 그의 종들을 시켜 이 일을 하게 하였으나(19절) 후에는 레위인들도 그 일에 종사하게 하였다. 레위인들은 이 일 때문에 자신들을 정결케 하였다. 정결케 하는 이 의식이 무엇이었는지는 알려지지 않았으나 그것 역시 예수 그리스도의 보혈로 인한 사죄함을 예표하는 것이었을 것이다.

23-30상. 여기서는 이방 여자와 결혼한 유대인들을 처리한 사건들에 대

---

[160] 참조. 사 58:13-14; 렘 17:19-27; 겔 20:13; 22:8, 26; 23:38; 암 8:5.

하여 말한다.

25 내가 그들을 책망하고 저주하며 그들 중 몇 사람을 때리고 그들의 머리털을 뽑고. 에스라는 유대인들이 이방 여자와 결혼한 사건 때문에 자기의 옷을 찢고 자기의 머리털을 뜯었는데(에 9:3), 그와 반대로 느헤미야는 그 일을 행한 장본인들에게 꾸지람과 구타를 가하였다. 어떤 학자들은 말하기를, "이러한 느헤미야의 행동은 합당하지 않고, 또 그가 그렇게까지 하였다는 것이 믿어지지 않는다. 70인역(LXX)에는 그들의 머리털을 뽑았다는 말이 없다. 이것은 후대의 광신적인 유대주의자들의 명백한 과장이다"라고 하였다.[161] 그러나 이러한 해석은 불필요하다. 느헤미야는 예루살렘 성을 다스리는 총독으로서 그가 직접 그런 행동을 취하지 않더라도 관리들을 시켜 그렇게 하였을 수 있다. 그런 간접적인 처사도 그가 친히 한 것이라고 말할 수 있다. 이러한 문제는 성경에 많이 나온다. 그가 그 사건에 관련된 자들을 그와 같이 엄하게 치리한 것은 민족주의적 동기에서 비롯된 것이 아니라 전적으로 하나님의 말씀의 권위를 위한 영적 동기에서 비롯된 것이다. 그가 죄를 범한 자들로 하여금 "맹세"케 한 것(25하)은 하나님의 말씀(신 7:3)에 근거한 것이다.

구약 시대에 모세의 율법이 이방 결혼을 금한 목적은 종교적(혹은 영적)인 것이었다. 곧 이스라엘이 이방인과 통혼함으로써 이방의 우상 종교가 유입되는 것을 막기 위함이었다(신 7:3-4 참조). 이와 같은 종교적 위험이 없는 경우에는 이스라엘 사람이 개인적으로 이방인과 통혼한 실례가 있다. 요셉과 모세도 이방 여자를 취하였다.[162]

26 옛적에 이스라엘 왕 솔로몬이 이 일로 범죄하지 아니하였느냐. 솔로몬은 이방 여자 때문에 우상 종교와 타협하는 죄를 범하였다(왕상 11:3-8 참조). 솔로몬

---

161) G. Jahn, Die Bücher Esra und Nehemia, 1909, 173.
162) 창 41:45; 출 2:21; 민 12:1.

은 비길 데 없는 지혜로운 왕으로서(왕상 4:34) 하나님의 사랑을 받던 자였으나 그의 아내였던 이방 여인들이 그로 하여금 우상을 용납하도록 만들었다.

28 대제사장 엘리아십의 손자 요야다의 아들 하나가 호론 사람 산발랏의 사위가 되었으므로 내가 쫓아내어 나를 떠나게 하였느니라. 느헤미야는 죄를 범한 자들을 처리할 때 공정하게 행하였다.

29-31 느헤미야는 레위인들이 성전에서 거룩한 일을 잘 돌볼 수 있도록 질서를 회복하였고, 또 그들의 육신 생활의 방법도 완비하였다. 그는 이러한 사실을 하나님께 고하면서 자기 자신이 하나님의 상급 받기를 간구한다. 이스라엘의 참된 종교 회복을 위한 그의 수고는 말할 수 없이 컸지만(6:1-19), 그것을 알아주실 분은 하나님밖에 없었다.

구약주석
에스더

A Commentary on THE BOOK of ESTHER

에스더 주석
목차

서론
    Ⅰ. 에스더서의 저자 589
    Ⅱ. 에스더서의 정경 문제 590
    Ⅲ. 에스더서에 대한 기독교 해석 역사 590
    Ⅳ. 부림절의 기원 591
    Ⅴ. 에스더서의 역사성 597
    Ⅵ. 에스더서에 대한 고등비평 598
    Ⅶ. 에스더서에 대한 반대론 600
    Ⅷ. 에스더서의 내용분해 601

해석
    제1장 605
    제2장 617
    제3장 629
    제4장 636
    제5장 647
    제6장 653
    제7장 659
    제8장 664
    제9장 669
    제10장 673

참고서적 602

서론

I. 에스더서의 저자

에스더서의 저자는 확실히 알려지지 않았다. 일설에 의하면 모르드개가 에스더서의 저자라고 하며(Ibn Ezra, Clement of Alexandria), 어떤 면에서는 이 학설에 일리가 있기도 하다. 유대인으로서 페르시아 왕궁의 그 당시 내막에 대하여 모르드개만큼 자세히 아는 사람은 거의 없었을 것이다. 에스더서가 알려 주는 페르시아 왕궁의 일들은 목격자의 기술임에 틀림없다. 특별히 유대인들에게 공포된 부림절 행사에 대하여는 모르드개가 기록한 것이 확실하므로(9:20, 23, 26), 이 점을 미루어 볼 때 모르드개가 에스더서를 저술하였다고 추측할 만하다. 이시도레(Isidore)와 아우구스티누스(Augustine)는 에스더서가 에스라의 저술이라고 주장하지만 그에 대한 확실한 증거를 보여 주지 못한다. 또한 탈무드(Talmud)의 한 문구는 대회당(Great Synagogue)의 서기관들이 에스더서를 내어놓은 것처럼 말한다. 그러나 이 문구에 대한 슐츠(Fr. W. Schultz)의 해석에 따르면 그것은 에스더서의 저작자에 관한 것이 아니라 그때 이미 에스더서가 있었다는 것을 그들이 인정한 것뿐이라고 한다. 그 저작자는 영적 감동을 받는 선지자급의 인물이었을 것이다. 그 이유는 이스라엘 민족은 선지자의 기록이 아닌 것을 정경으로 받지 않았기 때문이다.

우리는 에스더서의 저작자가 누구인지 확실하게 말할 수는 없다. 그러나 그가 유대인이었다는 것과 에스더와 동시대의 인물로서 그때의 일을 직접 체험한 자였다는 것만은 명백하다.

II. 에스더서의 정경 문제

유대인들은 역사적으로 에스더서의 권위를 높였다. 그들은 메시아가 오실 때 선지서들과 성록(룻기, 역대기 상하, 에스라서, 느헤미야서, 에스더서, 욥기, 시편, 잠언, 전도서, 아가, 예레미야애가, 다니엘서)이 거의 다 없어지지만 에스더서만은 율법서와 함께 영구 보존된다고 하였다. 유대인들은 해마다 부림절에 에스더서를 읽는다. 에스더서에는 하나님의 성호가 한 번도 나오지 않지만 하나님의 의로운 섭리가 시종일관 흐르고 있어서 하나님의 의와 구원이 어떠한지를 보여 준다.

III. 에스더서에 대한 기독교 해석 역사(종교개혁 시대까지)

1. 이 책에 대한 교부들의 태도

이 책에 나타난 복수(復讐) 정신 때문에 교부들은 에스더서를 좋아하지 않았고, 그 정경성에 대하여 의심하는 일도 적지 않았다. 그러나 아우구스티누스(Augustine)는 에스더서에 대하여 언급한 바 있고,[163] 알렉산드리아의 클레멘스(Clement of Alexandria)도 그러하였고,[164] 에우세비오스(Eusebius)도 그러하였다.[165] 주후 7세기 전에는 에스더서에 대한 주석을 아무도 저술하지 않았다.

2. 중세의 해석가들

이 시대의 기독교 해석가들은 해석체보다는 설교체로 에스더서를 설명하였다. 그들은 자유롭게 풍유적으로 해석하였으며, 그 대표자들로는 마우루스(Rhabanus Maurus, 836), 스트라부스(Wallafridus Strabus, 849), 튀티엔시스(Rupertus Abbatis Tuitiensis, 1135) 등이 있다.

3. 종교개혁 시대의 해석가들

이 시대에는 성경의 권위가 존중되었다. 유전과 풍유는 배척되고 문자적, 역사적, 문법적 해석이 강조되었다. 이 시대의 대표적 해석가로는 뮌스터(S. Münster), 드루시우스(Drusius), 그로티우스(Grotius) 등이 있다.

IV. 부림절의 기원

1. 유다 기원설

비평가들 중에는 에스더의 역사성을 의심하면서도 부림절이 유다

---

163) Augustine, Civ. Dei XVIII. 36.
164) Clement of Alexandria, Stromata, Ⅰ, 319.
165) Eusebius, Chronicorum libri duo, ed. Schoene, Ⅰ, 125, Ⅱ, 104.

민족에게서 기원한 것이 분명하다는 입장을 취하는 자들이 많다. 즉 부림절이 유다 역사에서 외세로부터 구출된 어떤 사실에 근거하고 있다는 것이다. 만일 그렇지 않다면 종교 지도자들이 그것을 성력에 명절로 채택한 사실을 설명할 수가 없다는 것이다. 이와 같은 전제 아래에서 미하엘리스(S. D. Michaelis)는 부림절이 주전 161년 아달월 13일에 예후다 마카비(Judas Maccabeus)가 수리아 왕 안디오코스 4세 에피파네스(Antiochus IV Epiphanes)의 명장 니카노르(Nicanor)를 쳐서 승리한 사실을 기념하기 위하여 세워진 명절이라고 하였다. 이때부터 아달월 13일이 명절로 지켜지게 되었다는 것이다(마카베오상 7:49; 마카베오하 15:36). 그러나 에스더서에 의하면 부림절(아달월 14-15일)은 유대인들이 하만에 의해 전멸될 뻔했다가 에스더의 개입으로 말미암아 구출된 날이다. 미하엘리스에 의하면, 부림은 '푸라'(פורה)에서 유래되었으며, '푸라'는 승리를 상징하는 '포도주틀'(wine-press)이라는 뜻이다. 이것은 하나님께서 택한 백성의 원수들을 멸하시는 진노의 포도주틀로 간주된다. 미하엘리스의 학설은 그 후 로이스(Reuss)와 에르브트(Erbt)의 지지를 받았다. 그러나 에르브트는 부림의 어원을 '산산조각 내다'(break in pieces)라는 의미를 가진 '파라르'(פרר)에서 찾았다.

　존스(C. H. W. Johns)도 같은 입장에서 말하기를, 니카노르절(Nicanor day)은 유다 명절의 출발점이지만 바벨론이나 페르시아의 명절을 적당히 뜯어 고쳐서 만들었을 가능성이 있다고 하였다. 하우프트(P. Haupt)도 동일한 학설을 더 발전시키며 에스더서는 예후다 마카비가 수리아 장군 니카노르를 쳐부순 승리의 날을 기념하기 위하여 페르시아계 유대인이 쓴 책이라고 하였다. 이 명절은 춘분 때 지키는 페르시아의 신년 축제와 관련된 것이다. 따라서 부림이라는 말은 고대 페르시아의 푸르티(purti, '몫'이란 뜻)에서 유래되었으며, 에스더서는 역사서가 아니라 명절 설화로 꾸며진 이야기에 불과하다는 것이다. 다시 말하면 에스더서는 예후다 마카비의 승리를 기념하기 위하여 고대 페르시아의 축제 설화와 바벨론의 축제 설화(하만과 모르드개의 적대 관계는 바벨론의 최고신과 엘람족의 최고신과의 적대 관계에서 유추해서 기록한 것이라고 하였다)를 참조하여 꾸민 우화라는 것이다.

이와 같이 부림의 기원을 수리아 장군 니카노르를 쳐부순 니카노르절에서 찾는 학설에 대한 반론이 많은데 그중 다음 두 가지를 소개한다.

1) 에스더서에 의하면 부림절은 아달월 13일이 아니라 아달월 14일과 15일이다(에 9:17-21). 마카베오상 7:49은 니카노르절을 아달월 13일이라고 하면서 부림절이라는 말이나 에스더와 모르드개에 관한 말을 전혀 언급하지 않았다. 마카베오하 15:36은 니카노르를 쳐부순 승리에 대하여 다음과 같이 말하였다. "그들은 이날을 구분하지 않고 아무렇게나 보낼 것이 아니라 12월(수리아어로 아달) 13일, 즉 모르드개의 날 하루 전날을 기념하기로 법적으로 규정하였다." 여기서는 14일에 지키는 "모르드개의 날"을 13일의 니카노르절과 엄격히 구분했다. 요세푸스(Josephus)도 이렇게 말했다(Ant. xi 292). "수사(Susa)에 있는 유대인들은 14일과 15일에 함께 모여 명절을 지켰다. 지금까지도 지구상에 있는 모든 유대인들은 이날을 기념하여 선물을 나누는 명절로 지키고 있다." 『미쉬나』(Mishna)라는 책에 인용될 만큼 오래된 고대 아람(Aramaic) 연감(Megillath Ta'anith)을 보면 금식이 금지된 날들이 다음과 같이 열거되어 있다(xii, 30-31행). "(아달월) 13일은 니카노르절이다. 14, 15일은 부림절이다. 이날들에는 금식이 금지되어 있다."[166] 이같이 가장 오래된 자료들에 의하면 니카노르절과 부림절은 명약관화하게 서로 구분된 독자적인 두 개의 명절이다.

2) 에스더서의 주인공 에스더는 예후다 마카비의 승리와 전혀 상관이 없다. 만일 하만이 니카노르이고, 모르드개가 예후다 마카비라면, 니카노르 정

---

166) Derenbourg, Histoire de la Palestine, 442 이하.

복에 관련된 어떤 여인이 있어야 이야기가 성립될 텐데 그런 여인이 없다.

2. 헬라 기원설

그래츠(H. Grätz)는 부림절이 포도주를 마시기도 하고 선물도 교환하는 헬라의 피토이기아(πιθοιγία '통을 딴다'는 의미) 명절이라고 주장했다. 이 명절을 프톨레마이오스 필로파토르(B.C. 222-205년) 치하에서 요셉이라는 이름의 어떤 사람이 유대인들에게 유입시켰다는 것이다. 그래츠는 미하엘리스처럼 부림의 어원을 '푸라'(포도주틀)에서 찾았고, 이 말이 포도주 통 뚜껑을 따는 것과 관련이 있다고 하였다. 그러나 '포도주틀'과 '포도주 통'은 엄연히 다른 것이며, 헬라의 피도이기아는 봄철에 지키는 명절이지만 부림절(그래츠의 주장대로 '포도주틀' 명절)은 가을과 관계된 것이다. 또한 유대인은 헬라에 대한 강렬한 적대 의식이 있었는데 그런 헬라의 명절이 그 당시 유대인들에게 그토록 의미 있는 명절로 받아들여졌을지도 의문이다. 따라서 헬라 기원설은 비평가들 간에 별로 인정을 받지 못하고 있다.

3. 페르시아 기원설

이 학설대로 부림절의 기원을 유다 나라 밖에서 찾으려고 하면 가장 먼저 페르시아를 생각하지 않을 수 없다. 그 이유는 에스더서의 배경이 페르시아이고 에스더서 속에 상당한 페르시아어와 페르시아 풍습이 있기 때문이다. 에스더 3:7; 9:26의 "부르"라는 말(פּוּר)에서 "부림"이 나왔는데, '부르'는 페르시아어라고 한다. 에스더 9:17 이하에 부림절을 지키기로 결정한 사람들이 페르시아계 유대인들이었다. 이런 사실에 근거하여 부림절은 본래 페르시아의 명절이었는데 수사와 그 근방에 살던 유대인들이 이 풍습을 배워서 훗날 세계 각처에 있는 유대인들에게 전해졌다는 것이다. 이에 대한 마이어의 자세한 학설은 다음과 같다.

마이어(E. Meier)는 부림이라는 이름 자체가 페르시아의 기원을 보여 준다고 하면서 에스더서의 저자가 페르시아의 봄 축제를 팔레스타인에 있는 자기 동포들에게 소개해 주려는 의도에서 그것을 기록하였다고 했다.[167] 그리고 슈발레이(F. Schwally)는 부림절이 페르시아의 파르바르디간(Farvardigan)절, 곧 '죽은 자들의 날'(영혼들을 위한 연회의 날)과 같은 것이라고 하였다.[168] 그러나 부림을 페르시아의 '파르바르디간'과 동일시하는 것은 옳지 않다. '파르바르디간'은 매해 마지막 10일 동안 지키는 명절이지만, 부림절은 마지막 달인 아달월 14일과 15일에 지키는 것이므로 둘 사이의 연결이 자연스럽지 않다.

4. 바벨론 기원설

이 학설을 주장하는 자들의 말에 의하면, 부림이 이방에서 기원한 것이라면 그 기원은 당연히 바벨론이다. 설령 유대인들이 그것을 페르시아에서 배웠다고 하더라도 궁극적으로는 바벨론에서 기원했을 것이다. 지난 50년간의 고고학 발굴을 통하여 히브리 문명이 초기부터 후대까지 바벨론의 영향을 받았다는 사실이 명백히 입증되었다. 이런 사실을 볼 때 부림 역시 바벨론에서 유래했을 것이라고 보는 것이다. 근대의 비평가들도 바벨론 기원설을 주장하는 자들이 대다수이다. 여기에는 홈멜(Hommel), 침머른(H. Zimmern), 옌젠(P. Jensen), 노바크(Nowack), 빌데부어(Wildeboer), 궁켈(Gunkel), 마이스너(B. Meissner), 빙클러(H. Winckler), 토이(C. H. Toy), 프레이저(J. G. Frazer) 등 여러 학자가 포함된다. 그들의 말을 조금 더 자세히 소개하면, 부림은 바벨론의 축제이며 에스더서는 이 축제와 관련된 전설이다. 에스더서의 주요 인물은 바벨론과 엘람의 신들이며, 에스더서의 설화는 바벨

---

167) E. Meier, Geschichte des poetischen National Literatur der Hebräer, 1856, 506.
168) F. Schwally, Das Leben nach dem Tode, 1892, 42-45.

론 신화를 바꾸어 놓은 것이다. 모르드개는 마르두크(Marduk, Merodach), 즉 바벨론 최고신의 이름이다. 그는 새벽별(the Morning star)과 같다. 에스더는 바벨론의 최고의 여신 이슈타르(Ishtar)다. 에스더의 다른 이름 하닷사(Hadassah)는 여신의 명칭으로 흔히 사용되는 '신부'라는 의미를 가진 하닷사투(hadassatu)이다. 에스더가 모르드개의 사촌인 것처럼 이슈타르도 마르두크의 사촌이다. 후기 유다 문헌에 보면 에스더와 이슈타르의 관련성을 많이 언급하고 있다. 바벨론 탈무드(Babylonian Talmud) 메길라 편(Meghilla 13a)에는 이러한 기록이 있다. 랍비 느헤미야(Rabbi Nehemiah)에 의하면 에스더의 이름은 본래 하닷사였다. 그런데 왜 에스더라고 부르게 되었는가? 그것은 세상 사람들이 비너스 유성(Venus, אסתהר)의 이름을 따서 불렀기 때문이다. 하단은 엘람족의 최고신 훔만(Humman), 혹은 훔반(Humban)으로서 본래 태양신이었다. 와스디(Vashti)는 엘람족의 여신 마쉬티(Mashti)와 같다. 세레스(Zeresh)는 게레스(Geresh)가 글자 파손으로 잘못 기록된 듯하며, 게레스는 훔만과 동일 계열의 엘람족의 여신 기리샤(Girisha, Kirisha)를 말한다. 혹은 세레스는 바벨론의 포도주 여신 시리스(Siris)일지도 모른다(Jensen).

이와 같이 에스더서의 주요 인물과 바벨론 신화에 나오는 인물들의 이름이 유사한 것은 결코 우연이 아니다. 이것을 보면 에스더서에서 모르드개와 에스더가 하만, 와스디, 세레스 등과 투쟁한 것은 바벨론 신화에서 마르두크와 이스타르가 훔만, 와스디, 기리샤(혹은 시리스)와 투쟁한 것을 적당히 뜯어고친 설화인 것처럼 느껴진다. 따라서 부림절은 바벨론의 축제와 동일한 것임이 분명하다는 것이다.

비평가들 사이에서 부림이 바벨론에서 직접 유래되었거나, 아니면 페르시아를 경유해서 간접적으로 유래된 것이라는 점에 대해서는 의견이 일치하지만, 그 바벨론 축제가 정확하게 무엇이냐는 점에 대해서는 확실한 결론에 도달하지 못했다. 에스더서의 내용이 바벨론의 신화와 많은 유사점을 가지고 있다고 해도 에스더서의 원형이라고 할 만한 바벨론 신화는 여전히 발견되지 못했으므로 이 학설은 성립될 수 없다.

5 에스더서 자체의 해답

에스더서는 유대인들이 페르시아에서 하만의 전멸 음모로부터 구원받은 날을 부림절로 제정하였다고 한다(에 9:20-32). 위대한 구약학자 알더스(G. Ch. Aalders)는 말하기를, "이 모든 학설이 이 문제에 해결을 가져오지 못하였다. 그것은 간접적으로 에스더서에 있는 그대로의 설명이 옳다는 증언이 될 뿐이다"라고 했다.[169]

V. 에스더서의 역사성

비평가들은 에스더서의 역사적 신빙성을 의심한다. 그러나 최근의 고고학 발굴에 의하여 에스더서의 내용이 역사적 사실이라는 것이 증명되고 있다. 이 점에 관한 네덜란드의 세계적인 구약학자 알더스(G. Ch. Aalders)의 증언 몇 가지를 소개한다. ① 페르시아 왕국의 넓은 영토(1:1)와 수산의 왕궁(1:2)과 왕궁의 동산(1:5-6)의 유적들이 발굴되었으며, 왕의 거처와 왕후, 또는 후궁들의 집(2:3)과 대문(2:21)들까지 각각 자세히 알려졌다. ② 페르시아의 높은 관리들이 7수로 된 사실(1:10, 14)과 메디아 페르시아의 법률의 불변성(1:19; 8:8; 단 6:9, 13)에 대하여는 헬라 역사가들의 기록으로도 확인됐다.

---

169) G. Ch. Aalders, Christelijke Encyclopedie ed. by F.W.Grosheide, G.P. Van Itterzon Vol. III, 640. "Deze grote verscheidenheid van opvattingen en de klaarblijkelijke onmogelijkheid om een bevredigende verklaring voor de oorsprong van het Purimfeest te geven zijn een indirect bewijs voor de historische juistheid van de verklaring die het boek Esther geeft."

③ 옛날 페르시아 제국에 많은 다른 민족이 통합되어 있었기 때문에 그 민족들의 글을 다 사용하였다는 사실(1:22; 3:12)도 오늘날 발견된 유적에서 증명된다. ④ 왕이 처녀들을 면접한 것에 관한 기사(2:14)와 왕을 암살하려던 반역자들(2:21)에 대한 기사도 헬라 역사가들의 증언에 의해 확인되었다. ⑤ 페르시아 왕이 특별한 경우에는 백성에게 세금을 면제시키는 일도(2:18) 오늘날 고고학적으로 증명되었다. ⑥ 왕에게 특별히 봉사한 자의 이름을 궁중 일기에 적어두는 풍습(2:23)도 확증되었다. ⑦ 페르시아의 우편 제도(3:13, 15; 8:10)와 페르시아의 왕주(1:7)를 붓는 데 금잔을 사용했다는 사실도 알려졌다.[170] 에스더서의 내용 가운데 어떤 사건들은 아직 고고학적으로 증명되지 않았다 해도 문제 될 것은 없다고 본다. 성경에 있는 것이 세속 역사에 기록되지 못하였을 수도 있다. 예를 들면 이사야 20:1에 기록된 앗수르 왕 사르곤의 행적이 앗수르 사기에는 전혀 기록되지 않았는데 근대에 살곤 왕의 고적이 발견되어 성경의 정확성이 알려졌다.

VI. 에스더서에 대한 고등비평

고등비평가들은 에스더서의 내용을 역사적 사실이라고 하기 어렵다고 한다. 그렇게 주장하는 이유는 다음과 같다.

1. 유다 여자 에스더가 왕후가 되었다는 것은 페르시아의 법에서 용납될 수 없다고 한다. 그러나 이것은 문제될 것이 없다. 아하수에로 왕은 크세르크세스(Xerxes) 왕이며, 그는 폭군이었다. 그러므로 그는 자기 보기에 아름다

---

170) G. Ch. Aalders, Esther, Korte Verklaring Der Heilige Schrift, 8-10.

운 여자를 임의로 취하였을 것이다.

2. 헤로도토스(Herodotus)에 의하면 크세르크세스 왕 제7년 이후의 왕후는 아메스트리스(Amestris)인데, 이때 에스더가 왕후가 되었다는 에스더서의 기록은 신빙성이 없다고 한다. 그러나 크세르크세스가 주전 480년에 헬라와의 싸움에서 패전하고 돌아와 궁녀들로부터 위로받기를 원하였고(Herodotus), 이때 에스더가 왕후로 선발되었을 것이다(에 2:16 이하 참조). 즉 크세르크세스는 아메스트리스라는 왕후가 있었음에도 불구하고 에스더를 취하였을 것이다.

3. 아하수에로 왕, 곧 크세르크세스가 에스더의 생각을 따라 유대인의 원수 75,000명이나 되는 많은 사람을 죽였다는 것(9:16)을 믿을 수 없다고 한다. 그러나 이 점에 대해서도 다음과 같이 답할 수 있다. ① 모르드개의 원수 하만은 유다 민족을 전멸시킬 음모를 세웠다(3:6). 그런데 이제 그의 계획이 실패하였고, 권세를 잡게 된 에스더는 자기 민족을 끝까지 구출하기 위하여 근본적인 대책을 세웠을 것이다. 그것은 유다 민족을 멸절하려던 자들을 처치하는 것이었다. ② 옛날 히브리 문헌에는 숫자를 문자로, 또는 표호로 기록하는 일이 있었다. 따라서 옮겨 적는 자들이 그것을 잘못 본 경우에는 숫자에 차질이 생겼다. 70인역(LXX)에는 앞에서 말한 숫자(75,000)가 15,000명으로 기록되었으므로, 그 당시 죽임을 당한 자들의 수가 75,000명이었다고 고집하기도 어렵다. ③ 옛날 근동 국가들의 폭군들이 많은 사람을 죽이는 것을 별로 문제시하지 않았다는 사실도 고려해야 한다.

4. 모르드개가 유다의 여고냐 왕과 함께 바벨론에 포로가 되었을 때(2:5-6)가 주전 597년이었다면 아하수에로 왕의 페르시아 집권 시대(B.C. 485-

465)에는 그가 이미 노인이 되었을 것이다. 그렇다면 그와 같이 늙은 사람이 어떻게 아하수에로 왕에게 등용되었겠느냐는 것이다. 그러나 에스더 2:6 끝에 "모르드개도 함께 사로잡혔더라"고 한 문구의 "모르드개"라는 말이 히브리 원문에는 없고 "그"(אֲשֶׁר)라는 관계대명사만 있을 뿐이다. 따라서 그것은 (히브리 원문의 순서대로) 바로 그 위에 있는 말(2:5) "기스"를 선행어로 가진다고 보는 것이 자연스럽다. "기스"라는 사람은 모르드개의 증조부였다. 그렇다면 이 문제는 자연스럽게 해결된다.

Ⅶ. 에스더서에 대한 반대론

에스더서에 대한 반대자들 중 대표적으로 두어 명을 소개한다.

1. 루터(Martin Luther)는 성역 초기에 에스더서를 반대하였다. 그 이유는, 에스더서가 너무 유대인 중심이고 다른 민족들을 무시한 까닭이었다. 그러나 루터의 이 주장은 에스더서의 역사적 근거에 의한 것은 아니다. 이 주장은 루터의 생애 초기의 것이고 후년에는 그가 이 주장을 취소하였다(Locher).

2. 젬러(Semler)는 에스더서가 단순한 상상 작품이라고 하였고, 데 베테(De Wette)는 말하기를, 에스더서는 역사적 개연성을 가지지 못하고 난제들을 포함하였을 뿐 아니라 페르시아의 풍습에 맞지 않는 말이 많다고 하였다. 그러나 고등비평가인 드라이버(Driver)는 에스더서의 저자가 페르시아의 풍습과 제도들을 익숙하게 알고 있다고 말하였다.

3. 또 다른 학자는 말하기를, 하만을 아각 사람이라고 한 것이 믿어지지

않는다고 한다. 다시 말하면 아말렉 족속의 왕 아각은 자식 없이 죽었는데 (삼상 15:33) 어떻게 에스더서의 저자는 하만을 아각의 자손이라(에 3:1)고 하였느냐는 것이다. 그러나 고고학자들에 의하면, "아각"은 족속의 명칭이 아니라 페르시아 영토 안에 있었던 지명이라고 하였으므로(Oppert) 에스더서의 기록은 사실에 어긋나지 않는다.

4. 에스더서에 의하면 에스더 시대에 페르시아 왕국이 127 지방으로 나뉘어 있었다고 하는데 학자들은 그것이 잘못된 기록이라고 한다. 그 이유는 헤로도토스(Herodotus=에스더 시대의 헬라 역사가)는 그때의 행정구역이 20개 지방이었다고 했기 때문이다. 그러나 페르시아의 지방의 숫자는 그 나라 왕들이 각각 변경시켰다고 한다. 그뿐 아니라 에스더 1:1의 "지방"으로 번역된 말은 작은 부속 행정구역을 의미한다.

Ⅷ. 에스더서의 내용분해

1. 유다 민족의 위기(1:1-3:15)
    1) 에스더가 왕후가 됨(1:1-2:23)
    2) 유대인들을 멸망시키려는 하만의 음모(3:1-15)

2. 유다 민족이 구원을 받음(4:1-10:3)
    1) 에스더의 용단이 구원을 가져옴(4:1-7:10)
    2) 유다 민족을 위한 보복(8:1-9:19)
    3) 부림절(9:20-32)
    4) 모르드개가 높아짐(10:1-3)

참고서적

Archer, G. L. A Survey of Old Testament Introduction. Chicago: Moody, 1964.

Bardtke, H., Hertzberg, H. W. Der Prediger, das Buch Esther (Kommentar Zum Alten Testament XVII / 4 - 5). Gutersloh: Mohn, 1963.

Baxter, J. S. Explore the Book. Michigan: Academie Books, 1966.

Brockington, L. H. Ezra, Nehemiah and Esther (The Century Bible). London: Nelson, 1969.

Buttrick, G. A. Kings, Chronicles, Ezra, Nehemiah, Esther, Job (The Interpreter's Bible 3). New York, 1978.

Cook, F. C. (ed.). The Holy Bible with an Explanatory and Critical Commentary III : Kings II - Esther. London: Murray, 1873.

Delitzsch, F. Ezra, Nehemiah, Esther (Commentary on the Old Testament). Grand Rapids: Eerdmans, 1970.

Derenbourg, J. Histoire de la Palestine depuis Cyrus jusqu'? Westmead, et. al.: Gregg, 1971.

Grosheide, F. W., van Itterzon, G. P. (eds.). Christelijke Encyclopedie. 3 Vols. Kampen: Kok, 1956-1961.

Hoschander, J. The Book of Esther in the Light of History. Philadelphia: Dropsie College for Hebrew and Cognate Learning, 1923.

Ian Thomas, M. W. If I Perish, I Perish: The Christian Life As Seen in Esther. London: Marshall, Morgan & Scott, 1967.

Ironside, H. A. Notes on the Book of Esther. New York: Loizeaux Brothers, 1921.

Jellie, W. H. Homiletical Commentary on the Book of Jeremiah, etc. (Preacher's Complete Homiletical Commentary on the Old Testament 10). London, 1882.

Koehler, L., Baumgartner, W. Lexicon in Veteris Testamenti Libros. Leiden: Brill, 1958.

Meier, E. Geschichte der poetischen National - Literatur der Hebräer. Leipzig: Engelmann, 1856.

Moore, C. A. Esther (The Anchor Bible 7B). New York, et. al.: Doubleday, 1971.

Nichol, F. D. (ed.). Seventh - Day Adventist Bible Commentary III: I Chronicles to Song of Solomon. Washington: Review and Herald Pub. Association, 1953.

Paton, L. B. A Critical and Exegetical Commentary on the Book of Esther (The International Critical Commentary on the Holy Scriptures of the Old and New Testaments 13).

Edinburgh: Clark, 1916.

Rawlinson, G. Seven Great Monarchies of the Ancient Eastern World I - Ⅲ. New York: Alden, 1885.

Schoene, A. (ed.). Eusebii Chronicorum libri duo I - II. Dublin, et. al.: Weidmann, 1967.

Schwally, F. Das Leben nach dem Tode. Nach den Vorstellungen des Alten Israel und des Judentums einschließlich des Volksglaubens im Zeitalter Christi. Giessen: Ricker, 1892.

The People's Bible: Discourses upon Holy Scripture. London: Hazell, Watson & Viney [etc.], 1896-1907.

Wilson, R. D. Studies in the Book of Daniel. Grand Rapids: Baker Book House, 1917.

제 1 장

✤ 내용분해

1. 페르시아의 아하수에로 왕이 그 나라의 요인들을 위하여 큰 잔치를 베풂(1-9절)
2. 아하수에로 왕이 왕후의 위를 폐함(10-22절)

✤ 해석

1 이 일은 아하수에로 왕 때에 있었던 일이니 아하수에로는 인도로부터 구스까지 백이십칠 지방을 다스리는 왕이라. 세속 문헌에는 "아하수에로"(אֲחַשְׁוֵרוֹשׁ)가 크세르크세스(Xerxes)로 알려져 있다. 그로텐펜드(Georg Frederich Grotenfend)라는 학자에 의하면, 다리오(Darius) 왕의 아들의 이름이 "크솨얄솨"(Khshayarsha)라는 암호로 되어 있었는데 그것이 헬라어로는 "아닥사스다"(Αρταξέρξης)로 번역되었고, 영어로는 "크세르크세스"(Xerxes), 히브리

어로는 "아하쉬베로쉬"라고 번역되었다고 한다.[171] 아하수에로는 주전 486-465년에 페르시아 왕으로 있었다. "인도"와 "구스"(에티오피아)도 그의 속령이었다.

"백이십칠 지방"("지방"으로 번역된 히브리어 הַמְּדִינָה는 '세금'이라는 뜻이다)은 일찍이 다리오 왕이 세금 징수의 편이를 위하여 민족과 언어 차이를 따라 나눈 것이다. 이처럼 페르시아가 큰 나라를 이룬 것은 우연이 아니라 하나님의 섭리이고, 또한 다니엘의 예언 성취였다(단 7:5). 학자들은 헬라의 역사가 헤로도토스(Herodotus)의 역사에 근거하여 말하기를 성경(에 1:1)이 기록된 페르시아 왕국의 넓이(127 지방)는 신빙성이 없다고 한다. 헤로도토스는 그 당시 페르시아 왕국의 넓이를 20 지역이었다고 기술했다. 그러나 이와 같은 구분은 크게 나눈 지역을 말한 것이고, 에스더서의 "지방"은 조금 더 세분하여 말한 지역일 것이다.[172] 이렇게 생각하면 에스더서와 헤로도토스의 역사 사이에는 상충되는 점이 없다.

70인역(LXX)에는 1장 앞부분에(1절보다 앞에) 모르드개의 꿈 이야기가 기록되어 있다. 그것을 옮기면 다음과 같다.

"아하수에로스 대왕 제2년 니산월 초하루에 야일의 아들이요 시므이의 손자요 베냐민 지파 기스의 증손인 모르드개가 꿈을 꾸었다. 그는 수산에 살던 유대인으로서 왕궁에 수종 들던 유명한 자였다. 바벨론 왕 느부갓네살이 그를 유다 왕 여고냐와 함께 예루살렘에서 잡아 왔다. 그의 꿈은 이러했다. 곧 부르짖음, 우레 소리, 지진, 그리고 혼란이 땅 위에 있었는데 두 큰 용이 나와서 크게 소리를 지르며 전쟁을 준비하였다. 그 용들의 소리에 따라 모든 나라가 의로운 나라를 대항하는 전쟁에 들어갔다. 이때야말로 흑암, 고

---

171) J. S. Baxter, Explore The Book, 1956, 262.
172) G. L. Archer, A Survey of old Testament Introduction, 1965, 405.

난, 압박, 그리고 큰 혼란의 때였다. 그때 그 의로운 나라는 전체적으로 놀라고 두려워하며 죽기를 기다리면서 하나님께 부르짖었다. 그들의 부르짖음 때문에 작은 샘에서 큰 강이 생겨 홍수같이 되었으며, 빛과 태양이 올라오더니 낮아졌던 자들이 높아지고 높고 유명한 자들을 삼켜 버렸다. 하나님께서 하시려는 것을 꿈으로 본 모르드개는 종일 이상히 생각하며 그 꿈을 자세히 깨닫고자 하였다. 그리고 왕궁 문에서 그곳을 파수하던 환관 두 사람과 함께 평안히 있었다. 그러던 중 그들의 토론을 엿들었는데, 그들이 왕을 암살하려는 음모를 꾸미고 있었다. 그래서 그가 그 사실을 왕에게 고하였더니 왕이 그들을 심문하고 사형에 처했다. 왕은 이 일을 기록해 두게 하였고 모르드개가 왕궁에서 수종 들게 하였으며, 그에게 상금을 주었다. 그러나 함므다다의 아들 하만이 왕에게 가까이 수종 들며 모르드개와 그의 동포들을 해하려고 하였다."

    70인역(LXX)에는 이 꿈 이야기 외에도 여러 부분이 추가되어 있다. 그 부분들이 "에스더서에 대한 원래의 70인역에 속한 것도 아니고 히브리어 원본에 속한 것도 아니다. 그 이유는 ① 그런 이야기가 히브리어 원본에 있었다는 증거가 없으며, ② 그것이 히브리어나 아람어에서 번역된 증거를 나타내지 못하기 때문이다. 이 사실은 여러 근대 학자들이 주장하는 것이다.[173] ③ 추가된 부분의 내용이 히브리어 에스더서와 상충되는 점이 많다. 예를 들면 ⓐ 에스더 3:5에는 하만이 분노한 이유가 모르드개가 절하지 않은 까닭인데, 70인역(A 12:6)에서는 모르드개가 두 환관을 비난한 까닭이라고 하며, ⓑ 에스더 6:3-4에서는 모르드개가 상을 받은 일이 없다고 하는데, 70인역(A 12:5)에서는 그가 많은 상금을 받은 적이 있다고 한다.[174]

---

173) Fritzsche, Nöldeke, Bertheau, Ryssel, Bissel, Schürer, André, Fuller, Jellinek.
174) Paton, Esther, The International Critical Commentary, 1908, 43.

2-9절. 여기서는 페르시아 왕과 왕후가 각기 큰 연회를 베푼 사실에 대하여 말한다. 왕후는 별도로 부녀들을 위하여 연회를 베풀었다. 그들이 이런 연회를 베푼 목적은 그 당시 페르시아의 적국이었던 그리스(Greece)를 상대로 전쟁을 도모하기 위해서였다.[175]

2 당시에 아하수에로 왕이 수산 궁에서 즉위하고. "수산"(שׁוּשַׁן)이라는 도시는 울라이(Ulai) 강 상류에 있는 엘람 도에 속하였다. 이곳에서 현대 고고학자들이 페르시아 왕들의 궁터로 추측되는 유적을 많이 발견하였다.[176] "즉위하였다"는 말(שֶׁבֶת עַל כִּסֵּא)은 아하수에로 왕이 모든 반란을 진압하고 안전하게 왕으로 앉게 된 것을 의미한다.

3 왕위에 있은 지 제삼년에 그의 모든 지방관과 신하들을 위하여 잔치를 베푸니 바사와 메대의 장수와 각 지방의 귀족과 지방관들이 다 왕 앞에 있는지라. "바사"는 오늘날의 이란(Iran)이다. 본래 페르시아만으로 둘려 있는 지방으로, 5만 평방마일 정도의 영토를 소유하였다. 그 나라의 발전사를 살펴보면 주전 700년경에 그 민족의 테이스페스(Teispes)라는 사람이 엘람을 정복하였고, 그의 증손 고레스 2세가 메대(B.C. 550)와 바벨론을 정복하였다(B.C. 539). 후에는 그 나라가 2백만 평방마일이나 커져 유럽의 절반을 차지하였다.

"메대"는 카스피해 남쪽에 있는 자그로스(Zagros) 산 동쪽에 있었다. 이 나라는 본래 15만 평방마일 정도의 영토를 소유했었다. 이 나라가 앗수르에 정복을 당한 일도 있으나 주전 7세기(B.C. 625)에는 메대 왕 키악사레스(Cyaxares)가 바벨론과 합세하여 앗수르를 멸망시키고 앗수르 영토를 차지하였다. 그러나 그 후에 페르시아 왕 고레스가 메대와 바벨론을 정복하고 메디아 페르시아라는 큰 나라를 이루었다.

---

175) Brisson, Lib. Ⅱ. c. 131.
176) Paton, Esther, The International Critical Commentary, 1908, 126.

"장수와 각 지방의 귀족과 지방관들이 다 왕 앞에 있는지라." "장수"라는 말(שׂר)은 군관을 가리키고, "지방관"은 각 지역의 총독을 의미한다. 이런 연회에서 일어난 일이 결국 이스라엘 민족에 영향을 미친 것으로 미루어 볼 때 세속 역사의 사건도 우연한 것이 아니고 하나님의 백성과 간접적인 인연을 가진다.

4 왕이 여러 날 곧 백팔십 일 동안에. 연회가 이렇게 오랫동안 계속되었다는 것에 대하여 해석가들의 의견이 다양하다. 어떤 사람은 이 날수가 메시아 왕국의 기간에 대한 상징적 의미를 가진다고 한다. 또 다른 학자는 그것이 그렇게 긴 연회는 아니고 닷새 동안의 연회였는데 그 당시 압제를 당하던 유다 민족에게는 그와 같이 길게 느껴졌다는 의미라고 한다. 그러나 이러한 해석은 타당하지 않다. 이 점에서 우리는 180일간의 긴 연회를 문제시할 필요가 없다. 그때에 각처에서 귀인들과 고관들이 일제히 왕 앞에 모인 것이 아니라 몇 사람씩 나아왔을 것이므로 그들을 위한 잔치에 상당한 시일(180일)이 소요되었을 것으로 생각된다.

이상과 같은 엄청난 연회를 베푼 폭군 아하수에로의 행동도 하나님 여호와께서 간접적으로 섭리하셨다. 성경이 말씀하는 하나님은 이 사건을 통하여 하실 일을 하셨다. 이때에 페르시아 왕은 자기 자유로 하나님의 주권(sovereignty) 아래에서 그렇게 한 것이다. 하나님은 바로 왕도 세우셨다(롬 9:17). 만일 페르시아 왕이 이 연회를 열지 않았다면 왕후 와스디가 폐위되지 않았을 것이고, 따라서 에스더가 왕후로 뽑히는 일도 없었을 것이다. 그렇게 되었다면 페르시아 영토 안에 살던 유대인들이 하만의 모략에 의한 학살을 면할 수 없었을 뻔하였다.

하나님은 이 세상의 임금들뿐 아니라 심지어 악인들도 그의 주권 아래에 두신다. 잠언 16:4은 말하기를, "여호와께서 온갖 것을 그 쓰임에 적당하게 지으셨나니 악인도 악한 날에 적당하게 하셨느니라"고 한다. 이와 같은 하나님의 주권을 믿는 신자는, ① 하나님만 믿게 되고, ② 부조리한 환경 속에서도 하나님의 주권을 바라보고 안심하게 되고(잠 3:6), ③ 자기도 하나님이 사용하시는 줄 믿고 자기의 사명과 책임을 귀히 여겨 충성하게 된다.

5-6 아하수에로 왕은 다시 일반 민중을 위하여 연회를 베풀었다.

후원 뜰에서. 페르시아 왕궁은 넓은 공원으로 둘러 있었다는 사실이 역사적으로 증명되었다.[177] 1884-1886년에 걸쳐 디월라포이(Dieulafoy)는 페르시아의 아하수에로 왕궁의 유적을 발굴하였다. 이 세상의 폭군들은 권력과 재물과 향연으로 사람들이 자기의 왕권을 지지하게 만든다. 이 점에서 그들은 참되신 왕 그리스도와 다르다. 그리스도는 자기 자신을 속죄제물로 희생하신 대가로 모든 믿는 사람들까지 영적인 왕이 되게 하셨다.

7 금 잔으로 마시게 하니 잔의 모양이 각기 다르고. 타르굼(2nd Targum)에는 "잔의 모양이 각기 다르고"라는 말(וכלים מכלים שונים)을 다음과 같이 해석하였다. "각기 다른 잔들의 수가 많으므로 한 사람이 한번 사용한 것은 다시 쓰지 않고 또다시 마시려면 새 잔을 사용했다." 그러나 이런 해석은 상상에 불과하다. 히브리 원어의 뜻은 술잔이 여러 종류라는 것이다. 즉 아하수에로 왕의 부요함을 말하는 것뿐이다. 페르시아 왕들은 다른 민족들을 정복하고 그 노획물로 금잔을 많이 가져와서 그것을 자랑하였다는 세속 역사의 기록도 있다.[178]

왕이 풍부하였으므로 어주가 한이 없으며. "어주"라는 말(יין מלכות)은 '왕주'(王酒)라는 뜻이다. 왕은 술을 얼마든지 사람들에게 내어 줄 수 있었다. 타르굼(2nd Targum)은 이 말을 해석하기를 "사람들이 각기 연령만큼 오래 묵은 술을 받았다"고 한다. 예를 들면 40세 된 사람은 40년 된 술을 받아 마셨다는

---

177) Xen. *Cyrop.* 1 : 3, 11 ; EBi., Art. "Garden".
178) Herodotus IX.80,82, Xen. Cyrop. VIII.8,18, Athen XI.465, Strabo, XV. 3,19.

것이다. 그러나 이런 뜻은 히브리 원문에 없는 것이다. 여기서도 타르굼은 상상적인 해석을 붙였다. 해석자는 성경이 말씀하는 만큼만 말해야 한다.

옛날의 폭군들은 술을 즐겼고 유흥으로 세월을 보냈다. 중국 하나라의 걸 임금은 술을 연못처럼 보유했다고 한다. 이렇게 술을 많이 사용하는 자들이 과오를 범하게 될 것은 자명하다. 성경은 말하기를 "술 취하지 말라 이는 방탕한 것이니 오직 성령으로 충만함을 받으라"고 한다(엡 5:18). 구약 시대에도 술 취하는 것은 엄히 금했다. 잠언 23:29-35에 말하기를, "재앙이 뉘게 있느뇨 근심이 뉘게 있느뇨 분쟁이 뉘게 있느뇨 원망이 뉘게 있느뇨 까닭 없는 상처가 뉘게 있느뇨 붉은 눈이 뉘게 있느뇨 술에 잠긴 자에게 있고 혼합한 술을 구하러 다니는 자에게 있느니라 포도주는 붉고 잔에서 번쩍이며 순하게 내려가나니 너는 그것을 보지도 말지어다 그것이 마침내 뱀 같이 물 것이요 독사 같이 쏠 것이며 또 네 눈에는 괴이한 것이 보일 것이요 네 마음은 구부러진 말을 할 것이며 너는 바다 가운데에 누운 자 같을 것이요 돛대 위에 누운 자 같을 것이며 네가 스스로 말하기를 사람이 나를 때려도 나는 아프지 아니하고 나를 상하게 하여도 내게 감각이 없도다 내가 언제나 깰까 다시 술을 찾겠다 하리라"고 하였다. 술에 취하는 자를 이처럼 위태하게 여기는 성경 말씀이 아하수에로의 술 남용을 좋게 여겼을 리 만무하다. 에스더서의 저자가 여기서 말씀한 요지는 하나님께서 술 취하는 왕도 그의 거룩한 목적을 이루시는 데 섭리적으로 이용하신다는 것이다. 그는 나귀의 턱뼈도 삼손의 손을 통하여 이용하셨다(삿 15:14-17).

8 마시는 것도 법도가 있어 사람으로 억지로 하지 않게 하니 이는 왕이 모든 궁내 관리에게 명령하여 각 사람이 마음대로 하게 함이더라. 술을 마시는 "법도"라는 것은 억지로 술을 많이 마시도록 강권하지 않는 것을 가리킨다. 그러나 이것은 사람들이 자유롭게 술을 많이 마시는 것을 금하지 않는 것도 의미한다. 하반절에 "각 사람이 마음대로 하게 함이더라"라고 한 말씀으로도 이러한 사실

을 알 수 있다.

타르굼(2nd Targum Ⅵ)에 의하면, 술 맡은 관리들이 사람들에게 술을 부어 줄 때에는 그것을 단숨에 마시는 것이 페르시아의 법이었는데 이때 왕은 사람들로 하여금 이 법에서 자유하도록 하였다는 것이다. 이때 아하수에로 왕이 잔치를 베푼 것은 자기의 위엄을 드러내고 민중을 기쁘게 하기 위함이었다. 이와 같이 옛날 이방의 폭군들은 향연과 술로 민심을 사서 자기의 노예로 삼으려고 하였다. 반면에 참되신 왕 그리스도는 그의 보혈로 사람들을 사서 하나님 아버지 앞에서 왕과 제사장이 되게 하셨다(계 5:9-10; 벧전 2:9).

9 왕후 와스디도 아하수에로 왕궁에서 여인들을 위하여 잔치를 베푸니라. 아하수에로 왕의 아내는 역사상 아메스트리스(Amestris)인데 여기서 "와스디"(ושתי)라고 한 것이 문제가 된다. 그러나 학자들은 "와스디"는 이름이 아니라 와히쉬타(Vahishta='가장 달다'라는 뜻)라는 존호라고 한다.[179] 유대인들의 전통에 의하면, "와스디"는 역사적인 악녀들 중 한 사람이라고 하였고, 사대 악녀 중 첫째는 이세벨(Jezebel), 둘째는 아달랴(Athaliah), 셋째는 세미라미스(Semiramis), 넷째는 와스디(Vasti)라고 하였다.[180] 역사가 헤로도토스(Herodotus)와 크테시아스(Ctesias)는 와스디의 잔인성에 대하여 말한 바 있다. 타르굼역도 이 여인이 베푼 연회의 목적에 대하여 말하기를, 그 여인도 자기의 남편 아하수에로 왕처럼 죄를 범하기 위함이었다고 하였다.[181]

10-12 여기서는 아하수에로 왕이 연회에 왕후를 참석시키려고 명령한 사실에 대하여 말한다. "주흥이 일어나서"라는 말(כטוב לב המלך ביין)은 '왕의 마음이 술로 인하여 좋아져서'라는 뜻으로 번역될 수 있다. 이것은 왕이 술

---

179) F. C. Cook, Holy Bible With Commentary Ⅲ, 1873, 477.
180) P. Cassel, Commentary on Esther.
181) Tractate Meg. 12ᵃ.

에 취한 사실을 가리킨다. 그가 술에 취하여 자기 아내에게 명하기를 연회석에 와서 그의 아름다움을 자랑하라고 하였다.

우리가 타르굼(2nd Targum)의 해설을 그대로 받을 수는 없어도 해석상 참고할 점은 있다. 타르굼은 구약성경을 아람어로 번역하고 상상적인 해설을 붙인 책인데, 에스더서의 아하수에로 왕을 좋지 않게 말한다. 그 한 부분을 인용하면 다음과 같다. "크세르크세스 왕(아하수에로)은 왕후 와스디로 하여금 나체로 연회에 나오라고 하였는데 그 여인은 나오지 않았다." 우리는 타르굼의 이 말이 사실 그대로라고 보기 어렵다. 에스더서 본문에 없는 말을 첨가한 것은 옳지 않다. 또 타르굼의 다른 말에 의하면, 그 연회석상에서 토론 문제가 있었는데 어느 민족의 여자가 가장 아름다운가, 하는 것이었다고 한다. 타르굼의 이 해설도 에스더서 본문에 없는 것이므로 그대로 받을 수는 없다. 우리는 에스더서에 기록된 대로 그때 아하수에로가 왕후를 부른 목적이 다만 그 여인의 아름다움을 보이려는 것이었다고 말해야 한다.

이때 왕의 명령을 전달한 내시들의 이름은 다음과 같다.

이름	히브리어	의미
므후만	מְהוּמָן	신실하다
비스다	בִּזְתָא	고자 된 자
하르보나	חַרְבוֹנָא	나귀를 모는 자
빅다	בִּגְתָא	하나님이 주셨다
아박다	אֲבַגְתָא	하나님이 주셨다
세달	זֵתַר	정복자
가르가스	כַּרְכַּס	독수리

왕명을 따르기를 싫어하니(12중). 여기서 "싫어한다"는 말로 번역된 히브리어 (מָאֵן)는 '거절한다'는 뜻이다. 이때 그 여인이 왕명을 거절했다는 것은 일반적으로는 있을 수 없는 일이라고 생각된다. 폭군은 천하의 모든 사람이 다 자

기에게 순종해 주기를 기대한다. 그러나 폭군 아하수에로의 궁중에도 순종하지 않는 왕후 와스디가 있지 않았는가! 사람들로 하여금 기꺼이 순종하게 하는 방법은 폭력과 압제가 아니라 의리이다(잠 11:10 참조).

13-15 와스디가 왕의 명령에 복종하지 않은 사건에 대하여 왕은 박사들에게 그 처리 방안을 물었다.

사례를 아는 현자들(13중). "사례"라는 말(הָעִתִּים)은 '시대들'을 의미한다. 시대를 바르게 판단하는 자가 지혜로운 자이다. "현자들"로 번역된 말(חֲכָמִים)은 '지혜로운 자들'이라는 뜻이다. 이들은 나라의 "첫 자리에 앉은 자"들이다.

규례대로 하면 어떻게 처치할까(15하). 아내에게 허물이 있다고 해서 즉시 그를 법률로 처리하려고 강구하는 것은 남편 된 왕으로서 할 수 없는 일이다. 이것은 심리적으로 잘 풀리지 않는 기록처럼 보인다. 그러나 다음과 같은 사실을 생각할 때 이것은 조금도 문제가 되지 않는다. ① 왕후 와스디는 악한 여자였으므로(9, 12절 해석 참조), 이번 사건 전에도 자주 왕을 괴롭혔을 것이다. 그렇다면 그 여인의 이번 행동이 왕으로 하여금 최후 결단을 내리게 하였을 것이다. ② 이때에 아하수에로 왕이 술에 취하였고(10절), 또 진노로 불붙었으므로(12절) 이성을 잃어 지나친 처사를 하였을 것이다. 사람이 술에 취한 상태에서는 무슨 일이든 바르게 처사하기 어렵다. 잠언 31장에 보면 르무엘 왕의 어머니가 아들을 교훈한 말씀이 있다. "르무엘아 포도주를 마시는 것이 왕들에게 마땅하지 아니하고 왕들에게 마땅하지 아니하며 독주를 찾는 것이 주권자들에게 마땅하지 않도다 술을 마시다가 법을 잊어버리고 모든 곤고한 자들의 송사를 굽게 할까 두려우니라"고 하였다(4-5절).

페르시아 왕국의 첫 자리에 앉아서 왕을 보좌한 현자들의 페르시아어 이름과 그 뜻은 다음과 같다.

이름	히브리어	의미
가르스나	כַּרְשְׁנָא	밭 가는 자
세달	שֵׁתָר	주인
아드마다	אַדְמָתָא	제재를 받지 않는다
다시스	תַרְשִׁישׁ	주인
메레스	מֶרֶס	시련
마르스나	מַרְסְנָא	기억하는 자
므무간	מְמוּכָן	구름

16-20 앞에 언급된 일곱 "지방관" 가운데 "므무간"이라는 사람이 대표로 나와 와스디에 대한 징계 방침을 내놓았다. 그것은 민중의 질서를 표방한 것이다. 곧 왕후가 왕의 명령에 순종하지 않았는데도 아무 징계가 없다면 페르시아 전국의 여성들에게 좋지 못한 본이 되어 남편을 멸시하는 풍조가 생겨 국가적으로 손실을 당할 것이라는 것이다. 이상과 같은 논리로 므무간이 제시한 징계의 방침은 와스디의 왕후 자리를 폐하고 그것을 법률로 확정하는 것이었다(19절).

귀천을 막론하고 모든 여인들이 그들의 남편을 존경하리이다(20절). 아내가 남편에게 순종해야 된다는 도덕은 옛날 페르시아의 정치 지도자도 구호처럼 사용하였다(1:16-22). 그것이 어느 나라에서나 그렇게 주장된(동양에는 '부창부수'라는 말이 있다) 이유는 그것이 하나님의 말씀이고(엡 5:22), 또 창조질서의 자명한 진리이기 때문이다(고전 11:8-10). 교회(혹은 신자 개인)는 그리스도의 신부로 비유되어 있으므로 그리스도를 순종하는 데 어김이 없어야 된다(엡 5:23-32 참조).

21-22 **자기 민족의 언어로 말하게 하라 하였더라**(22하). 이 말은 그 당시 페르시아는 여러 나라가 통합되어 있었으므로 왕의 조서 내용이 각 나라 민족에

게 각기 제 나라말로 전달되어야 한다는 것이다. 여기서 한 가지 생각할 것이 있다. 어떻게 그가 아름답게 보던 왕후(11절)에 대하여 돌연히 마음을 바꾸고 그 여인을 버리게 되었을까? 참으로 옛날의 폭군들은 사람들이 상상도 못할 일을 자행하였다. 느부갓네살 왕도 자기의 꿈을 해몽하지 못한 술사들을 죽이라고 명령했다(단 2:10-12).

제 2 장

✢ 내용분해

1. 아하수에로 왕의 후회와 신하들의 제안(1-4절)
2. 에스더의 내력(5-7절)
3. 처녀들 중에서 뛰어난 에스더(8-9절)
4. 에스더와 모르드개의 긴밀한 소통(10-11절)
5. 처녀들의 단장과 에스더가 왕후로 뽑힌 과정(12-18절)
6. 에스더가 모르드개에게 순종함(19-20절)
7. 반역을 저지한 모르드개의 공적(21-23절)

✢ 해석

1-7절. 아하수에로 왕이 왕후 와스디를 끊은 뒤에 새로 왕후를 택하기 위하여 전국에서 아름다운 처녀들을 선발하여 왕궁으로 데려왔고, 그중에 유다 처녀 "에스더"가 있었다. 에스더서의 저자는 여기에 에스더의 내력에 대

하여 특필하였다(5-7절). 그녀는 본래 불행한 고아였다는 것이다. 이와 같은 사실에서 우리가 깨닫는 진리는 하나님께서는 종종 높은 자를 떨어뜨리시기도 하고 낮은 자를 높이시는 일도 있다는 것이다. 사무엘상 2:7-8에 말하기를, "여호와는 가난하게도 하시고 부하게도 하시며 낮추기도 하시고 높이기도 하시는도다 가난한 자를 진토에서 일으키시며 빈궁한 자를 거름더미에서 올리사 귀족들과 함께 앉게 하시며 영광의 자리를 차지하게 하시는도다"라고 하였다.

1 그 후에 아하수에로 왕의 노가 그치매 와스디와 그가 행한 일과 그에 대하여 내린 조서를 생각하거늘. 여기서 "생각하거늘"이라고 번역된 히브리어(זָכַר)는 자기가 행한 과거의 행동을 유감스럽게 생각하는 '후회'를 의미하였을 것이다. 물론 루트비히 쾰러(Ludwig Koehler)에 의하면 이 낱말의 뜻은 '기억한다'(gedenken), 혹은 '고려한다'(in Rücksicht nehmen)는 것뿐이다.[182] 그러나 이것이 후회하는 의미의 회고라고 해석되는 것은 이 구절의 문맥에서 알 수 있다. 아하수에로 왕이 진노 중에(1:12) 와스디를 폐위시켰다면 진노가 그친 후에 그의 사고방식이 달라졌을 것이다. 즉 이 구절 앞부분의 "아하수에로 왕의 노가 그치매"라는 말을 전제하고 "생각하거늘"이라는 말이 해석되어야 한다.

하나님의 말씀은 여기서 분노의 영향력이 얼마나 큰지를 보여 준다. 사람이 분노에 사로잡히면 그의 정신이 변질되어 정상적인 기운을 잃고 공연히 일을 그르친다. 그러므로 성경의 말씀은 신자들의 분노를 많이 경계한다. "사람이 성내는 것이 하나님의 의를 이루지 못함이라" 하였고(약 1:20), "분을 내어도 죄를 짓지 말며 해가 지도록 분을 품지 말고 마귀에게 틈을 주지 말라"고 하였다(엡 4:26-27). 아하수에로 왕은 이후 분노가 가라앉자 와스디에

---

182) Ludwig Koehler, Lexicon In Veteris Testamenti Libros, 1951, 255-256.

대한 처사를 회고하게 된 것이다. 타르굼(아람어역 구약)은 이 점에 관하여 말하기를, 아하수에로 왕이 와스디를 정죄하도록 건의한 그 신하들(1:14)을 죽였다고 한다. 그리고 그들 중 하나였던 "므무간"이라는 사람은 다니엘이라고 한다.[183] 그러나 이와 같은 해설은 정경에서 아무런 근거도 갖지 못할뿐더러 2-4절과도 모순된다. 아하수에로 왕은 그 신하들의 새로운 건의를 잘 받아들였다.

2-4 왕의 측근 신하들이 아뢰되 왕은 왕을 위하여 아리따운 처녀들을 구하게 하시되 전국 각 지방에 관리를 명령하여 아리따운 처녀를 다 도성 수산으로 모아 후궁으로 들여 궁녀를 주관하는 내시 헤개의 손에 맡겨 그 몸을 정결하게 하는 물품을 주게 하시고 왕의 눈에 아름다운 처녀를 와스디 대신 왕후로 삼으소서 하니 왕이 그 말을 좋게 여겨 그대로 행하니라. 와스디를 폐위시킨 것에 대하여는 그 일을 제안한 신하들도 책임을 지게 되었다(1:14, 21). 만일 왕의 마음이 와스디 편으로 강하게 쏠려서 법이 바뀌게 될 경우에는 도리어 그 신하들의 신변이 위태하여질지도 모른다. 그래서 그들은 이때 왕의 마음을 다른 여자에게로 이끌리게 하려고 만전의 대책을 세웠다. 그것은 최대한으로 왕의 정욕을 만족시키려는 방침이었다. 폭군들의 마음은 이런 것에 잘 끌렸기 때문이다. ① 전국에서 아름다운 처녀들을 강제로(관리의 권력으로) 다 징집하도록 했으므로, 왕이 전국의 미녀들을 모두 다 보게 되었다. ② 왕의 눈에 드는 처녀를 왕이 마음대로 채택하도록 한 것도 그가 최대한의 쾌락을 얻을 기회였다.

그리스도 안에 있는 참된 평안과 기쁨을 모르는 이 세상주의자들은 모두 다 앞에 말한 것과 같은 쾌락에 휩쓸린다. 자기 욕심만 채우려고 허덕이는 자들은 모두 다 폭군과 같은 자들이다. 오직 그리스도를 진실하게 믿는 자만이 하늘의 것으로 만족하고 이 세상 쾌락을 거절한다. 히브리서 11:24-

---

183) 2nd Targum Ⅵ, Ⅶ.

26에 말하기를 "믿음으로 모세는 장성하여 바로의 공주의 아들이라 칭함 받기를 거절하고 도리어 하나님의 백성과 함께 고난받기를 잠시 죄악의 낙을 누리는 것보다 더 좋아하고 그리스도를 위하여 받는 수모를 애굽의 모든 보화보다 더 큰 재물로 여겼으니 이는 상 주심을 바라봄이라"고 하였다.

"헤개"(הֵגַי)라는 사람의 신분에 대하여는 우리가 자세히 알 길이 없다. 다만 같은 이름이 일반 페르시아 역사에도 나오는데 페르시아 왕의 관리 중에 그런 이름을 가진 자가 나오고,[184] 페르시아의 환관 중에도 그런 이름을 가진 자가 있었다.[185]

그 몸을 정결하게 하는 물품을 주게 하시고(3절). 이때 처녀들의 몸을 "정결하게 하는" 기간은 12개월이었다(12절). 이처럼 오랜 기간을 잡고 처녀들로 하여금 그들의 몸을 가꾸도록 한 것을 볼 때 왕후 선발을 위한 준비를 매우 신중히 한 것 같다. 그렇게 하는 동안 왕은 미녀를 뽑는 일에 신경을 쓰게 되었을 것이고, 또 그 일로 말미암아 즐거움을 얻었을 것이다. 따라서 그는 왕후 와스디에 대한 생각을 완전히 버렸을 것이다. 이와 같은 신하들의 방안은 자기들의 목적을 성취할 수 있도록 꾸며졌다(1절 해석 참조). 이러한 그들의 시책은 폭군의 마음을 얻기 위한 아첨이었다. 그것은 모든 민중을 폭군 한 사람의 노예로 삼게 하는 불의한 일이다. 이처럼 집권자의 측근에서 그 집권자의 욕심을 충족시키는 데만 열중하는 자들은 모두 다 나라를 망치는 자들이다. 이때 그들의 행위는 폭군의 마음을 기쁘게 하려는 것이었으나 결과적으로는 하나님의 뜻이 이루어지는 데 이용되었다. 전능하신 하나님께서는 이 세상 사람들의 행한 것(선악 간)을 사용하셔서 그의 선을 이루신다(잠 16:4 참조). 즉 악한 사람들이 예수님을 십자가에 못 박아 죽였으나 하나님께서는

---

184) Ctesisa, Pers., C.24, Herodotus IX. 33.
185) Montasnamen, 192.

그 사건을 가지고 인류를 구원하신다(행 3:14-15; 4:27-28).

5-6 도성 수산에 한 유다인이 있으니 이름은 모르드개라 그는 베냐민 자손이니 기스의 증손이요 시므이의 손자요 야일의 아들이라 전에 바벨론 왕 느부갓네살이 예루살렘에서 유다 왕 여고냐와 백성을 사로잡아 갈 때에 모르드개도 함께 사로잡혔더라. 이 말씀에 대하여 고등비평가들은 난제를 붙인다. 곧 모르드개가 유다의 여고냐 왕과 함께 바벨론에 포로가 되었을 때가 주전 597년이었다면 그가 아하수에로왕의 페르시아 집권 시대(B.C. 485-465)에는 노인이었을 텐데 그렇게 늙은 사람이 어떻게 아하수에로 왕에게 등용되었겠느냐는 것이다. 그러나 6절 끝에 "모르드개도 함께 사로잡혔더라"고 한 문구의 "모르드개"라는 말은 히브리 원문에 없고 "그"(-אֲשֶׁר)라는 관계대명사가 있을 뿐이다. 따라서 그것은 바로 윗말인 "기스"(5절)를 선행어로 가진다고 생각할 수 있다. 70인역(LXX)도 이 부분에서 "그"(-אֲשֶׁר)라는 관계대명사를 가지고 있을 뿐 "모르드개"라는 이름을 가지지 않았다. "기스"라는 사람은 모르드개의 증조부였다. 그렇다면 이 문제는 자연스럽게 해결된다.

7 하닷사 곧 에스더. "에스더"의 이름을 "하닷사"라고도 한다. "하닷사(הֲדַסָּה)라는 말은 "화석류"를 의미하는데 타르굼(2nd Targum Ⅶ)은 이 말에 근거하여 이사야 55:13을 여기에 연결시켰다. 이사야 55:13은 말하기를 "잣나무는 가시나무를 대신하여 나며 화석류는 찔레를 대신하여 날 것이라 이것이 여호와의 기념이 되며 영영한 표징이 되어 끊어지지 아니하리라"고 하였다. 타르굼은 이 예언의 성취로 "하닷사", 곧 에스더가 나서 유다 민족을 하만이 계획한 멸망에서 구원하였다고 한다. 타르굼은 계속하여 말하기를 "잣나무"는 모르드개, "가시나무"는 하만을 비유하고, "화석류"는 에스더, "찔레"는 와스디를 비유한다고 하였다. 이와 같은 타르굼의 주장은 하나의 흥미로운 해설이라고 생각된다.

"에스더"라는 이름(אֶסְתֵּר-)은 페르시아 말이며 '별'을 의미한다. 이것은 아카드어 "이스타르"(Istar=별)와도 관련이 있다. 고전적 인도어의 "스트리"(stri) 도 이것과 관련되었을 것이다. "스트리"는 '젊은 여인'을 의미한다.[186]

용모가 곱고 아리따운 처녀라(7하). 여기서 "곱다"는 말(יְפַת)은 '환하다'는 뜻이고, "아리따운"이라는 말(טוֹבַת)은 '착하다'는 뜻이다. 이 낱말들로 미루어 볼 때 에스더의 아름다움은 단순한 육체미만이 아니라 덕스러운 미를 갖추었던 듯하다.

8 처녀들이 도성 수산에 많이 모여. 여기서 "모여"라는 말(וּבְהִקָּבֵץ)은 "집합되어"라고 번역되는 동사이다. 그 처녀들은 자원하여 모인 것이 아니라 징집된 것이다.

에스더도 왕궁으로 이끌려 가서. "이끌려 가서"라는 말(וַתִּלָּקַח)을 보면 그때 에스더가 자진하여 왕궁을 찾아간 것이 아니라 강제로 끌려갔다는 사실을 알 수 있다. 페르시아의 풍속은 법률로 다처주의가 제정되어 있어서 처녀들에게 결혼이 강요되기도 하였다.[187] 그와 같은 풍토에서는 왕이 임의로 처녀들을 징집하는 일도 있었을 것이다. 이때 수산 궁에 집합된 처녀들 중에서 에스더는 가장 아름다운 자로 인정을 받아 궁녀를 주관하는 헤개라는 사람으로부터 특별대우를 받았다. 그것은 에스더에게 필요한 것을 "곧 주며"라는 말을 통해 알 수 있다. "곧 준다"는 말(וַיְבַהֵל)은 '빨리 준다'는 뜻이고, "일용품"으로 번역된 말(מָנוֹתֶהָ)은 "그의 분깃"(her portion)이라고 개역되어야 하는데, 이것은 그가 받은 음식이라고 해석된다(Revised Standard Version).

10-11 에스더가 자기의 민족과 종족을 말하지 아니하니 이는 모르드개가 명령하여 말하지 말라 하였음이라 모르드개가 날마다 후궁 뜰 앞으로 왕래하며 에스더의 안부와 어떻게 될지를 알고자 하였더라. 이 말씀을 보면 그 당시 페르시아의 캄캄한 불

---

186) L. Koehler, W. Baumgartner, Lexicon In Veteris Testamenti Libros, 1958, 74.
187) George Rawlinson, Seven Great Monarchies of The Ancient Eastern World, 1884, Vol.Ⅲ. 237, 488.

신 세계에서 하나님을 아는 단 두 사람이 불붙는 듯한 협력으로 하나님의 의를 세우려고 하는 모습이 보인다. 모르드개와 에스더는 그들만이 아는 선한 비밀을 지켰다. 하나님의 백성을 돕는 운동에는 비밀을 지켜야 할 일도 있다. 그것은 원수들의 방해 공작을 막기 위한 것이다. 이들은 함께 이스라엘 공동체를 가슴에 품고 대외적으로 선한 싸움을 싸웠다. 기독교 신자들은 이와 똑같은 복음을 가슴에 안고 서로 단결하여 세상과 싸워야 된다.

12-15절. 이때 수산 궁에 모인 처녀들이 "몸을 정결하게" 하는 기간이 "열두 달 동안"이었다(12중). 그들이 왕 앞에 나아가기 위해서 이렇게 오랫동안 육체를 단장하였던 것이다.

12 정한 규례대로 열두 달 동안을 행하되 여섯 달은 몰약 기름을 쓰고 여섯 달은 향품과 여자에게 쓰는 다른 물품을 써서. "여자에게 쓰는 다른 물품을 써서"라고 번역된 것은 오역이다. 이 문구의 히브리어(בְּתַמְרוּקֵי הַנָּשִׁים)는 "여자들의 마찰에 의하여"라고 번역해야 한다. 히브리 원문에는 "다른 물품"이라는 말이 없고 "마찰"이 라는 말(תַּמְרוּק)이 있을 뿐이다. 이것은 얼굴을 아름답게 하는 마사지(Knetung zur Schönheitspflege)를 의미한다.[188]

몸을 정결하게 하는 기한을 마치며. 여기서 "몸을 정결하게 하는"으로 번역된 말(מְרוּקֵיהֶן)은 "아름답게 하는"이라고 개역되어야 한다. 처녀들이 아하수에로 왕의 눈에 들기 위하여 12개월 동안이나 화장하는 데 세월을 보내며 몸 치장을 하였다. 인간은 이처럼 헛된 일에 분주하다(시 39:6). 성경 말씀에 의하면 "고운 것도 거짓되고 아름다운 것도 헛되나 오직 여호와를 경외하는 여자는 칭찬을 받을 것이라"(잠 31:30)고 하였다. 에스더 이외에 다른 처녀들은 왕에게 나아갈 때에 그들이 구하는 것을 청하여 그것을 가지고 들어갔다고

---

188) L. Koehler, W. Baumgartner, Lexicon in Veteris Testamenti Libros, 1958, 1033.

하였다(13절). 그들은 왕에게 잘 보이려고 장식품을 많이 썼다. 이 점에서 에스더는 그들과 다르다(15절 참조).

14 둘째 후궁으로 돌아와서. 여기서 "둘째 후궁"이라는 것은 왕의 첩들이 모여 있는 곳이다. 즉 왕후로 택함을 받지 못한 처녀들은 평생 왕의 첩이 되는 것이었다. "사아스가스"(שַׁעַשְׁגַז)라는 이름은 페르시아 이름인데, '수염 없는 자'라는 뜻이다. 그는 아하수에로 왕의 내시였다. "내시"로 번역된 히브리어(סָרִיס)는 왕의 가정일을 맡은 관원이다. 일반적으로 왕의 심복이 이 직책을 맡았다. 이 말의 어원이 앗수르어라고 보는 학자들이 많은데,[189] 앗수르 어원은 왕의 머리가 되는 자를 가리킨다. 곧 그는 왕의 처사에 큰 영향을 미치는 주요 인물이라는 뜻을 가진다. 일반적으로 내시는 고자였는데 특히 페르시아에서 그러하였다.[190]

왕이 그를 기뻐하여 그의 이름을 부르지 아니하면 다시 왕에게 나아가지 못하더라. 그 당시 그들은 왕에게 부름을 받지 못한 사실을 부끄럽게 생각하였을 것이다(13절 해석을 참조하라). 그러나 그것은 세속주의자들의 사고방식이다. 불륜한 폭군의 아내가 되는 것이 무슨 영광이겠는가? 이 점에서 에스더는 적극적이지 않았다. 그는 왕후를 뽑는 곳에 자발적으로 온 것도 아니었고 강요에 의해 끌려왔다(8절). 그뿐 아니라 에스더는 그때 자기를 아름답게 하는 일에도 소극적이었다.

15 에스더가 차례대로 왕에게 나아갈 때에 궁녀를 주관하는 내시 헤개가 정한 것 외에는 다른 것을 구하지 아니하였으나 모든 보는 자에게 사랑을 받더라. 이것은 에스더가 아하수에로 왕궁에서 지조 있게 처신한 역사적 사실이다. 요컨대 에스더는 그의 몸을 단장하는 데 전력하지 않고 "헤개"가 정해 준 범위 안에서

---

189) Jensen, ZA, Ⅶ 1892, 174 A. 1; Zimmern, ZDMG, LⅢ, 1899, 116 A2; S.R. Driver and L. Koehler in their Lexicons.
190) Herodotus Ⅷ. 105, tr. Selingcourt.

단장품을 사용하였을 뿐 그 이상의 것을 요구하지 않았다. 카셀(P. Cassel)은 말하기를, "그녀는 싫은 마음으로 자기 집을 떠나왔고, 그 모든 처녀 중에서 으뜸이 되려는 경쟁심도 없었다. 그래서 그는 높은 자리에 대한 야심도 없었고, 광채 나는 왕궁에 왔어도 모르드개의 가정에서 받은 율법의 교육에 의한 덕스러운 인격을 지키며 동요하지 않았다"고 하였다.[191] 카셀(P. Cassel)의 이러한 해석은 정당하다. 에스더는 권력에 순응하는 태도를 가졌으나 왕후의 영광을 탐하지는 않았다. 에스더 2장에는 그의 피동적인 태도가 몇 차례 나타난다(8, 15, 16, 20절 참조).

아이언사이드(Harry Ironside)는 그의 『에스더서 강해』에서 에스더의 인격을 비평하여 말하기를, "왕후가 되는 에스더의 처신은 명백하게 하나님의 말씀을 위반한 것이었다. 그가 믿음으로 행하였다면 자기가 수모를 당하는 여호와의 백성, 곧 유다 여자라는 것을 내세워야 했다. 그러나 그는 그렇게 하지 않았다. 물론 모르드개가 그에게 자기 민족과 종족을 밝히지 말라고 부탁하기는 했지만(10절), 결국 그는 하나님의 백성을 위하기보다 왕후의 자리를 찾아간 것이다. 모르드개도 유다 민족의 성별 문제에서 하나님의 마음에 합당하게 행하지 못하였다. 이스라엘의 율법은 분명히 이방인과 혼인하지 말라고 하였음에도 불구하고 에스더와 모르드개는 그때 그와 같은 혼인이 이스라엘 민족에게 축복이 될 것으로 생각하였다. 후에 그 기대대로 되기는 했으나 그 혼인이 하나님의 말씀을 어긴 것은 사실이다."라고 하였다.[192] 그러나 이와 같은 아이언사이드(Ironside)의 말은 에스더서를 오해한 것이다. ① 에스더는 (모르드개도) 그때 이방의 포로였고 그가 아하수에로 왕궁에 들어가게 된 것도 강제로 끌려간 것인데 그것이 어떻게 왕후의 영광을 탐해서

---

191) P. Cassel, Commentary on Esther, 1888, 71-73.
192) Ironside, Notes on The Book of Esther, 1921, 24-25.

자진하여 들어간 것으로 간주될 수 있는가? ② 그 당시 에스더가 페르시아의 왕후 선발에 순응한 것은 물론 모르드개의 지도를 받은 까닭이었을 것이다. 우리는 모르드개의 신앙 인격을 바르게 알아야 그의 지도를 받은 에스더를 이해할 수 있다. 모르드개는 압박을 받는 이스라엘 민족을 구원하기 위해 헌신한 사람이다(10:3). 그러나 그의 투쟁 방법은 신앙 양심에 거리끼지 않는 한, 집권자에게 순응하는 것이었다. 문제는 그때 이방 페르시아 왕에게 자기의 사촌 동생을 혼인시키는 것이 죄였는가 하는 점이다. 이스라엘로 하여금 이방인과 혼인하지 말라고 하신 하나님의 말씀(신 7:3)은 특별히 가나안 민족을 염두에 둔 것이었다. 이스라엘이 가나안 민족과 혼인할 경우에는 그 민족의 우상주의와 동화될 위험이 있었기 때문에 하나님께서 그것을 금하신 것이다. 그러나 그 외에는 이스라엘 사람이 다른 민족과 결혼한 일이 적지 않다. 요셉도 이방 여자를 취하였고(창 41:45), 모세도 그러하였다(출 2:21).

16 "데벳월"(חֹדֶשׁ טֵבֵת)은 유다 월력 10월이며, 일반 월력 1월에 해당한다. "인도되어"라는 말(וַתִּלָּקַח)은 '취해졌다'는 뜻이다. 이 말씀을 보아도 에스더가 왕궁에 오게 된 것은 어디까지나 피동적이었다.

17 와스디를 대신하여 왕후로 삼은 후에. 에스더가 왕후로 세워진 것은 장차 유다 민족의 구원을 이루는 좋은 방법이 된 것이다(4:13-17). 약소민족이었던 이스라엘은 종종 강국들의 틈바구니에 있었지만 요직을 맡은 개인들(이스라엘의 개인)로 말미암아 민족적으로 혜택을 입은 사례가 적지 않다. 요셉 때문에 이스라엘이 흉년의 피해를 면했고, 느헤미야와 에스라 때문에 이스라엘이 복귀 운동의 혜택을 입기도 하였다. 이와 같은 성경의 사건들은 한 사람 때문에 대중이 잘되는 법칙을 가르쳐 준다. 이 진리의 그 정점은 예수 그리스도 한 분 때문에 하나님의 백성(어느 나라 사람이든지)이 구원을 받게 되는 사실로 나타난다.

19 처녀들을 다시 모을 때에는. 여기 나오는 "다시"라는 말(שֵׁנִית=두 번째)은

해석하기 어렵다. 이미 에스더가 왕후로 뽑혔는데(17-18절), 또다시 처녀들을 모았다는 것에 대하여 학자마다 해석이 다르다. ① 이것은 전에 차례대로 왕궁에 나아갔던 처녀들이 둘째 후궁으로 모이게 된 사실을 가리킨다고 한다(13-14절 참조). 그렇다면 이 사건은 에스더가 왕후로 택함을 받기 전에 있었던 것이다. ② 에스더가 왕후가 된 후에도 왕의 신하들이 계속 다른 여자를 왕후로 세우려고 처녀들을 모집한 사실을 가리킨다고 한다. ③ 와스디가 왕후로 택함을 받을 때도 처녀들이 전국에서 징집된 일이 있었으며, 이번에 에스더가 택함을 받게 된 기회는 두 번째 징집이었다고 한다(J. Mariana, F. Vatable). ④ 처녀들이 처음에는 각 지방에서 징집되었고 그다음에는 수산(페르시아의 수도)에서 징집되었는데 이것이 두 번째라고 한다. ⑤ 70인역(LXX)에는 이 사건에 대한 기록이 없으므로 이 기록은 받아들일 수 없다고 한다(R. A. F. Barrett, Jahn).

이러한 모든 해석 가운데 첫 번째가 옳을 것이다. 그때 모르드개는 에스더를 돕기 위하여 "대궐 문에 앉아서" 출입하는 사람들의 실정도 유심히 살피고 있었다.

20 에스더는 모르드개가 명령한 대로 그 종족과 민족을 말하지 아니하니 그가 모르드개의 명령을 양육 받을 때와 같이 따름이더라. 모르드개가 에스더에게 그의 민족적 배후(혹은 민족적 유래)를 누구에게도 말하지 말라고 부탁한 것은 지혜로운 일이었다. 만일 에스더가 유다 여자라는 사실이 주위 사람들에게 알려진다면 민족 차별의 편견을 가진 자들 때문에 어떤 방해를 받을 우려가 있었다. 이런 처세는 개인의 정당한 자유일 뿐 속이는 행동이 아니다.

에스더는 왕후가 된 후에도 모르드개의 지도대로 순종하였다. 사람은 남녀를 막론하고 지위가 높아지면 다른 사람의 지도를 받으려 하지 않는다. 그러나 에스더는 변함없이 순종의 미덕을 지녔다. 만일 그가 왕궁에 들어간 후 모르드개의 지도에 순종하지 않는 자로 변하였다면 훗날 유대인들을 하만의 손에서 건져내는 의인이 되지 못하였을 것이다. 물론 에스더가 그와 같이 모르드개에게 순종한 것은 하나님의 은혜로 된 일이었다.

21 문을 지키던 왕의 내시 빅단과 데레스 두 사람이 원한을 품고 아하수에로 왕을 암살하려는 음모를 꾸미는 것을. 내시 두 사람이 왕에게 반역한 것은 아랫사람이 윗사람(피지도자가 지도자)을 모해하는 행동이다. 성경은 그것이 하나님을 거스르는 일이므로 심판을 자초하는 것이라고 말한다(롬 13:1-2). 윗사람이 잘못할 때 온순하게 충고하는 것은 의롭지만 그를 모해하는 것은 하나님의 형벌을 받을 죄악이다(벧후 2:10 참조).

22-23 모르드개가 알고 왕후 에스더에게 알리니 에스더가 모르드개의 이름으로 왕에게 아뢴지라 조사하여 실증을 얻었으므로 두 사람을 나무에 달고 그 일을 왕 앞에서 궁중 일기에 기록하니라. 그때 아하수에로 왕을 암살하려던 두 반역자의 음모를 모르드개가 발견하여 에스더에게 고하였고, 그의 공적이 궁중 일기에 기록되었다. 이 일로 훗날 모르드개는 왕에게 높임을 받았다(6:1-11). 이것은 하나님의 섭리로 된 묘한 일이었다. 하나님께서 하시는 일의 대부분은 기적보다 섭리로 이루어진다. 하나님께서는 이적을 흔하게 행하시지 않는다. 그 이유는 ① 이적이 흔하면 이적도 자연법칙처럼 되어 버려서 이적의 특질이 상실되기 때문이며, ② 자연계도 하나님께서 잘 지으셨으므로,[193] 인간이 그것을 바르게 사용하기만 하면 하나님의 이적이 없어도 부족할 것이 없기 때문이다. 인간의 죄 때문에 만물이 그에게 복이 되지 못한다(창 3:17-19). 죄만 없으면 이 세상과 만물은 좋은 것이다. ③ 신약 시대의 표준 이적은 예수 그리스도께서만(사도들은 그리스도의 대리자들이었다) 행하신 것이어야 사람들이 예수 그리스도만 믿고 바라보게 되기 때문이다.

---

193) 창 1:10하, 12하, 18하, 21하, 25하, 31; 딤전 4:4.

제 3 장

✤ **내용분해**

1. 하만의 높아짐과 유다 민족에 대한 그의 잔인한 계획(1-7절)
2. 하만이 유다 민족을 전멸하려고 왕의 허락을 받아 전국에 조서를 전함(8-15절)

✤ **해석**

1 아각 사람 함므다다의 아들 하만. "아각 사람"(אֲגָגִי)이라는 것은 아말렉 족속의 왕명과 관련된 족속의 이름이며(삼상 15:8, 32-33), 하만은 아말렉의 왕족이다. 아말렉은 에서의 후손으로(창 36:12), 이스라엘의 영원한 원수였다(출 17:14-16 참조). 그렇게 된 원인은 에서가 이삭의 맏아들로서 신령한 축복인 장자의 기업을 팔아먹었기 때문이다(히 12:15-17). 이런 이유로 에서는 영

을 버리고 육을 택하는 자들의 조상이다. 영과 육은 서로 원수가 된다.[194] 페르시아 시대에 아말렉 자손인 하만이 이스라엘을 대적하여 전멸하려고 한 것(에 3:6)은 신자의 마음에서 일어나는 영과 육의 투쟁을 상징하기도 한다. 그와 동시에 하만은 적그리스도의 모형이다. 백스터(J. S. Baxter)에 의하면 "에스더가 그를 가리켜 '악한 하만'이라고 말했는데(7:6), 이 이름(הָרָע הָמָן)의 숫자를 풀면 666이 된다. 요한계시록 13:18에 의하면 적그리스도의 이름의 수치가 '666'이다."라고 하였다.[195] 백스터의 이 이론을 그대로 받아들일 수는 없지만 하만의 행동이 적그리스도의 성격을 지닌 것은 분명하다. 즉 그의 교만과 하나님의 백성에 대한 그의 대적 행위(3:10; 8:1; 9:10, 24)는 적그리스도에 속한 것이다.

2 대궐 문에 있는 왕의 모든 신하들이 다 왕의 명령대로 하만에게 꿇어 절하되. 무엇 때문에 "하만"(הָמָן = 엘람 신의 이름)이 높아졌는지는 알려지지 않았다. "꿇어 절하"는 것은 특별히 페르시아의 풍습에서 신에 대한 종교적 경배를 의미하였다. 헬라의 역사가 헤로도토스(Herodotus)에 의하면, 스파르타(Sparta) 사람들이 페르시아 왕 크세르크세스(Xerxes=아하수에로 왕)에게 꿇어 절하는 것을 거절하였는데, 그 이유는 그런 경배는 페르시아 사람들의 풍수에서 신에게 하는 것이기 때문이었다고 한다.[196]

모르드개는 꿇지도 아니하고 절하지도 아니하니. 모르드개가 하만에게 절하지 않은 이유는 그의 신앙 때문이었다. 이것은 그가 자신을 "유대인"이라고 밝힌 것(4절)에서 알 수 있다. 그가 자기의 신분을 밝힌 것은 여호와 외에 다른 신을 섬길 수 없다는 뜻이었다. 즉 여호와께 돌릴 경배와 영광을 다른 그 무

---

194) 롬 8:5-8; 갈 5:16-17; 벧전 2:11.
195) J. S. Baxter, Explore The Book, Ⅱ, 1956, 282.
196) Herodotus, Ⅶ, 136.

엇에 돌릴 수 없다는 결의였을 것이다. 타르굼(2nd Targum Ⅷ = 아람어역 구약)도 이러한 종교적 이유를 길게 진술하였다. 그 한 부분을 인용하면 다음과 같다. "모르드개는 말하기를, 사람(하만을 가리킴)이 그토록 교만할 수 있는가? 그도 여인에게서 났고 몇 날밖에 살지 못할 자요, 날 때에 울었고 평생 탄식과 한숨과 고난으로 살다가 티끌로 돌아갈 자가 아닌가! 내가 그에게 꿇어 절하겠는가? 나는 하늘에 계신 하나님께만 꿇어 절한다. 하나님은 소멸하시는 불이요, 그의 사자들도 불이며…" 이러한 타르굼의 말을 정경의 일부라고 볼 수는 없지만 모르드개의 동기가 종교적이었다는 것을 말해 주는 것만은 확실하다. 모르드개는 하나님을 두려워하였기에 사람을 두려워하지 않았다. 참된 두려움(하나님만 두려워하는 마음)을 가진 자는 다른 것 앞에서 담대해진다. 참된 두려움은 모든 두려움을 물리친다.

모르드개가 끝까지 이 지조를 지키려면 몇 가지 난관을 돌파해야 했다. ① 왕의 명령을 어김(2-3절). ② 여러 동료의 계속적인 권면에 불응함(4절). ③ 하만의 미움을 살 것을 각오함 등이다.

의인이 악인에게 굴하지 않을 때 하나님의 백성의 살 길이 열린다. 모르드개가 하만에게 굴복하지 않은 결과로 사태는 험하게 전개되었다(6절). 그러나 마침내 전화위복이 되어(7:10) 멸절할 뻔한 유다 민족이 구원을 받았다. 의인이 악인에게 굴복하면 그와 반대의 결과가 나타난다. 잠언 25:26에 말하기를 "의인이 악인 앞에 굴복하는 것은 우물이 흐려짐과 샘이 더러워짐과 같으니라"고 하였다. 여기서 "샘물"은 생명(혹은 구원)을 비유한다. 구원 운동을 위하여 굳게 서는 자가 없으면 민중은 살 길이 없다.

3 대궐 문에 있는 왕의 신하들이 모르드개에게 이르되 너는 어찌하여 왕의 명령을 거역하느냐. "왕의 신하"라는 말(עַבְדֵי הַמֶּלֶךְ)은 "왕의 종들"이라고 개역되어야 한다. "너는 어찌하여 왕의 명령을 거역하느냐." 이 말은 모르드개에게 호감을 가지지 않고 위협하는 성격을 지녔다. 그렇게 생각되는 이유는 그들이 모

르드개를 이해해 주지 않고 그의 문제를 하만에게 참소하였기 때문이다. 그들은 소인들이었고, 권세 잡은 자 앞에서 아부하는 자들이었다. 언제나 윗사람에게 아부하느라 의리를 매장하는 자들이 의인을 괴롭힌다. 이런 세상에서 의인은 고난을 받을 수밖에 없다(딤후 3:12 참조).

4 자기는 유다인임을 알렸더니. 모르드개는 하만에게 꿇어 절할 수 없는 이유로 자기는 "유다인"이기 때문이라고 밝혔다. 그는 그 장면에서 하등의 종교적 변론을 내어놓지 않고 간단한 말로 "유다인"임을 밝힌 것뿐이다. 사실상 이와 같은 말의 배경은 민족주의 같은 육체적 자랑이 아니라 유일하신 하나님 여호와의 말씀이다. 곧 하나님께 드릴 깊은 경배를 사람에게 줄 수 없다는 신앙에 근거한 것이다(출 20:4-6; 행 10:26; 계 22:8-9 참조). 모르드개는 그때까지 자기가 유다인이라고 말하는 것을 피해 오다가(2:10, 20) 이제야 그 사실을 공개하였다. 이것을 보면 자기 국적에 대한 그의 침묵은 하나의 전략이었다. 자랑스러운 자기의 종교적 배후를 부끄러워했던 것이 아니다. 그는 이제 진리를 지키는 일에 생명을 걸었다. 이제부터 그와 하나님의 관계는 더욱 긴장 상태가 되었을 것이다(시 37:1-10; 잠 3:5-6; 15:9 참조).

6 하만이 모르드개만 죽이는 것이 부족하다고 생각하고 아하수에로의 온 나라에 있는 유다인 곧 모르드개의 민족을 다 멸하고자 하더라. ① 이것은 아무 제재도 받지 않고 분노를 그대로 방임한 잔인성이다. 잠언 27:4에 말하기를, "분은 잔인하고 노는 창수 같다"고 하였다(잠 27:3 참조). ② 이와 같은 그의 태도는 넘치는 교만의 행동이다(잠 21:24). 그는 모르드개 한 사람에 대한 불만을 풀기 위하여 페르시아 전국에 있는 유대인을 모두 다 학살하려고 한 것이다. 그의 안중에는 자기 외에 아무도 없었다.

7 아하수에로 왕 제십이년 첫째 달 곧 니산월. 이것은 일반 달력으로 주전 474년 4월을 가리킨다.

무리가 하만 앞에서 날과 달에 대하여 부르 곧 제비를 뽑아 열두째 달 곧 아달월을 얻

은지라. "날과 달에 대하여"라는 말(מיום ליום ומחדש לחדש)은 "날에서 날, 달에서 달"이라고 개역될 수 있다. "아달월"은 일반 월력 3월이다. 하만은 유다 민족 학살일을 정하면서 페르시아의 미신 사상에 따라 길한 날을 찾았는데 그것이 "아달월"이었다. 그렇다면 그 학살이 이루어지는 날짜가 그 음모를 꾸미던 때부터 1년 후로 정해진 셈이다. 근동 지방의 민족들은 어떤 일을 실행할 날짜를 점술로 정하는 미신을 가지고 있었다. 앗수르에서는 이 미신이 주전 8세기에 이미 유행했다.

하만이 유대인 학살일을 여유 있게 정했으므로 모르드개와 에스더는 하만의 음모를 분쇄할 방침을 세울 수 있는 시간적 여유가 있었다. 그리고 보면 하만의 무리는 결국 미신 때문에 실패한 셈이다. 타르굼(2nd Targum Ⅷ)에 의하면, 하만의 무리가 유대인 학살일을 제비뽑아 정하던 그 시간에 이스라엘 사람들에게는 하늘의 음성이 임하였다고 한다. 곧 "이스라엘 회중이여! 두려워하지 말라. 너희가 회개하며 하나님께 돌아오면 네게 임할 재앙이 그에게로 갈 것이라." 이것은 타르굼 역자의 상상적인 해설이므로 정경으로 받을 수는 없다. 타르굼 역자는 이스라엘을 학살하려던 하만의 음모가 뒤집혀서 하만 자신이 죽게 되고, 이스라엘은 구원을 받게 된 추후의 역사적 사실에 의하여 여기에 이런 말을 해설적으로 첨부하였을 것이다. 신자들이 억울하게 역경에 처한 경우에 그들이 죄를 회개하기만 하면 하나님께서 그 일을 해결해 주신다는 진리가 여기서 강조된 셈이다.

8-9 하만이 아하수에로 왕에게 아뢰되…왕이 옳게 여기시거든 조서를 내려 그들을 진멸하소서. 하만은 드디어 페르시아 영토 안에 살고 있는 유다 민족을 전멸하기 위하여 왕의 허락을 얻고자 하였다. 그가 이 일로 왕에게 접촉한 방법은 매우 간교하였다. ① 유다 민족이라고 하지 않고 "한 민족"이라고만 하였다(8절 상반). 그가 이렇게 말한 이유는 역대의 페르시아 왕들(고레스, 다리오, 아닥사스다)이 유다 민족을 도와주었기 때문이다(6:1-14; 7:1-26 참조). ②

그 민족의 "법률이 만민의 것과 달라서" 그들이 페르시아의 법률을 지키지 않는다고 하였다(3:8하). 그는 이런 말로 그 민족에 대한 왕의 증오심을 일으키려고 했다. ③ 왕의 창고에 "은 일만 달란트"를 들여놓겠다고 하였다(9절). 하만은 유다 민족을 전멸하는 데 소비될 재정을 뒷받침하기 위하여 자기의 재산에서 거액을 내어 놓을 작정이었다. 일설에 의하면, 이 "일만 달란트"는 유다 민족에게 징수될 세액이며, 그들이 전멸할 경우 그 손실액을 하만이 미리 보상하기로 한 것이라고 한다. 이와 같이 하만은 왕의 허락을 받기 위하여 공교한 말로 완벽을 기하였다.

10-11 아하수에로 왕이 하만의 제안에 동의하여 자기의 "반지"(טַבַּעַת)를 하만에게 주었다. 그것은 그의 권세를 넘겨주는 것과 같은 행동이다. 그는 하만이 문제시한 "한 민족"에 대하여 자세히 알아보지도 않고 그들을 전멸하려는 하만에게 전권을 위임하였다. 이것이 폭군들의 행동 원리다. 그들은 ① 백성을 위한 행정에 무관심하여 자세히 살피지 않으며, ② 아부할 줄만 아는 간신들을 전적으로 신임하며, ③ 많은 사람이 그의 부주의로 인하여 희생당하는 것을 문제시하지 않는다.

이르되 그 은을 네게 주고 그 백성도 그리하노니 너의 소견에 좋을 대로 행하라(11절). "그 은을 네게 주고." 이것은 하만이 유다 민족을 전멸할 경우 그 민족의 재산을 하만에게 주겠다는 약속이다. 그리고 "백성도 그리하노니"라는 말은 유다 민족도 하만에게 넘겨주겠다는 허락이다. 아하수에로 왕(크세르크세스)의 이러한 처사는 마치 광인의 행동과도 같다. 그러나 그가 역사적으로 매우 드문 폭군이었으므로 그런 처사가 있을 수 있다. 아하수에로 왕 당시에 헬레스폰토스(Hellespont) 강의 다리가 넘치는 강수로 인하여 파괴되었는데, 그는 사람들로 하여금 그 강을 300번 치도록 명령하였고, 그것을 결박시킨다는 의미로 물 가운데 쇠사슬을 던져 넣으라고 하였으며, 그 다리를 공사

한 자들을 교수형에 처했다고 한다.[197]

12-14 하만은 자기의 명령을 왕의 반지로 인쳐서 왕의 조서를 작성하고 그 조서의 초본을 페르시아의 각 지방 모든 민족에게 보냈다. 13절에 "역졸"로 번역된 말(רָצִים)은 '달음질하는 자들'을 말한다. 이들은 왕의 명령을 전달하는 데 종사한 배달부들이다. 이때 왕의 명령(조서)을 전하는 방법은 한 사람이 말을 타고 하룻길을 달리고, 뒤이어 다른 사람이 인계를 받아서 다른 말을 타고 또 하룻길을 달리는 방식으로 목적지까지 전달하였다고 한다.

15 왕은 하만과 함께 앉아 마시되 수산 성은 어지럽더라. 여기서 "어지럽다"는 말(נָבוֹכָה)은 "뒤숭숭하다"(gossip)라고 개역되어야 한다. 수산성이 뒤숭숭한 것은 그 나라(혹은 수산 도시)의 불안을 의미한다. 아하수에로 왕과 하만이 술을 마시며 서로 즐기는데 왜 백성이 불안하였을까? 이것은 우리 개인의 생활과 관계된 영적 진리를 가르친다. 곧 사람이 진리를 따르지 않고 육체의 악한 욕심을 좇으면 멸망으로 빠지게 된다. 그러므로 그런 때에는 그 사람이 겉으로는 웃는다 할지라도 그의 인격 전체가 불안하다. 사람이 비진리와 짝하여 즐거워하는 것은 멸망으로 달려가는 것이다.

---

197) J. S. Baxter, Explore The Book, II, 1956, 262.

제 4 장

✣ 내용분해

1. 모르드개와 각처 유대인들의 애통(1-3절)
2. 에스더가 모르드개가 애통하는 이유를 알아봄(4-9절)
3. 에스더의 통정과 모르드개의 경고(10-14절)
4. 에스더가 유대인 전체에게 금식을 부탁하고 왕에게 나아가기로 결심함(15-17절)

✣ 해석

1-2 모르드개가 이 모든 일을 알고 자기의 옷을 찢고 굵은 베 옷을 입고 재를 뒤집어 쓰고 성중에 나가서 대성 통곡하며 대궐 문 앞까지 이르렀으니. 이와 같은 모르드개의 행동은 분명 슬픔의 표현이었다(창 37:34; 44:13 참조).

1) 성경의 다른 부분에서는 이러한 행동이 기도(회개)와 관련되었으므

로,[198] 모르드개도 이때 하나님께 기도했을 것이다. 다만 문제가 되는 것은 에스더서에는 "여호와", 혹은 "하나님"이라는 성호가 전혀 없다는 사실이다. 커밍(James Elder Cumming)은 이 문제를 다음과 같이 설명한다. 곧 유대인들이 어떤 때에는 "여호와"(혹은 "하나님")라는 이름을 신성시하여 부르지 않았다는 것이다.[199] 이 해석은 일리가 있다고 생각된다. 이와 달리 백스터(J. S. Baxter)는 말하기를 "페르시아 시대의 유대인들은 아직 본토에 돌아가지 않고 외국에 머물러 있었으므로 그들은 세상을 사랑하는 자들이었다. 그러므로 저자는 그들의 구원과 하나님의 이름을 결부시키지 않았다. 하나님께서는 그를 사랑하지 않는 자에게 그의 이름을 결부시키지 않으신다. 페르시아 시대의 유대인들은 후대의 불신(그리스도를 믿지 않는) 유대인들의 모형이기도 하다. 불신 유대인들에 대하여도 하나님께서 특별하게 간섭하시지만 하나님의 이름은 그들에게 가려져 있다"고 하였다.[200] 그러나 이 해석은 자연스럽지 않다. 모르드개와 같은 의인이 그 당시의 타락한 신자였다고 할 수 없다. 그뿐 아니라 성경에는 하나님께서 연약한 신자들, 또는 타락한 자들에게 그의 이름을 알려 주신 실례가 있다(민 22:21-35 참조).

2) 모르드개의 행동은 이스라엘 민족의 비참한 처지를 천하에 알리려는 목적도 가졌다. 그는 미천한 의복("굵은 베"옷)을 입고 대성통곡함으로써 전국에 자기 민족의 위기를 알린 것이다. 호쉬앤더(J. Hoschander)도 이 점에서 같은 해석을 하였다.[201]

진실한 신자는 억울하게 역경을 당하였을 때 고자세로 발악하거나 남을 공격하는 태세로 악한 선전을 하지 않고 하나님 앞에 바로 서서 고요히, 혹

---

198) 수 7:6; 사 37:1; 단 9:3.
199) James Elder Cumming, The Book of Esther, 1907, 10-14.
200) J. S. Baxter, Explore The Book III, 1956, 280-281.
201) J. Hoschander, The Book of Esther In The Light of History, 1923, 186-187.

필요하다면 대중에게 그의 사정을 알려야 한다. 모르드개가 그때에 민족적인 애통을 공개한 것으로 말미암아 유다 민족의 난제가 해결되기도 하였다. 슬픈 일을 당하고도 슬퍼할 줄 모르는 자들은 하나님의 섭리 앞에서 반응이 없는 자들이다. 하나님께서는 그런 자들을 기뻐하시지 않는다. 그러므로 예수님께서 말씀하시기를 "지금 우는 자는 복이 있나니 너희가 웃을 것임이요"라고 하셨고(눅 6:21하), 또 "너희 지금 웃는 자여 너희가 애통하며 울리로다"라고 하셨다(눅 6:25하). 심령이 완악한 사람도 재앙이나 징계를 받으면 그의 완악한 마음이 부드러워지면서 눈물을 흘리게 된다. 그러므로 회개의 눈물은 귀하다(왕하 20:5; 시 56:8 참조).

3) 토마스(Major W. Ian Thomas)는 이 부분(1-3절)에서 다음과 같은 풍유적 의미를 찾았다. ① 모르드개의 슬픔은 성령의 슬픔이고, 에스더는 사람의 영이고, 아하수에로 왕은 혼이고, 하만은 육체(부패성)를 비유한다고 하였다. ② 그때 왕궁에서 권세를 잡은 하만(육체)이 쫓겨나기 전에는 이스라엘이 구원을 받을 수 없었던 것과 같이, 사람이 거듭나지 못하여 육체(부패성)가 그의 영과 혼을 지배하는 동안에는 구원을 받을 수 없다고 하였다. ③ 모르드개는 에스더에게 하만의 악을 인식시키려고 힘썼고 마침내 에스더가 그 사실을 깨닫게 된 것처럼, 사람은 성령으로 거듭남으로써 육체의 죄악을 깨닫고 또 죄악과 싸운다고 하였다.[202]

이러한 토마스의 풍유적 해석이 본문이 목적한 뜻인지는 확실하지 않다. 그러나 성경의 중생 원리를 에스더서의 재료로 표현해 보는 것은 가능한 일이라고 생각된다. 우리는 존 번연(John Bunyan)의 『천로역정』(Pilgrim's Progress)이 성경의 일정한 본문 해석이라고 하지 않는다. 그러나 그것은 성경이 말하는 그리스도인의 구원 과정을 일반적인 비유로 맞추어 본 결과이다.

---

202) Major W. Ian Thomas, If I Perish, 1967, 35-52.

3 왕의 명령과 조서가 각 지방에 이르매 유다인이 크게 애통하여 금식하며 울며 부르짖고 굵은 베 옷을 입고 재에 누운 자가 무수하더라. "왕의 명령과 조서"라는 것은 하만이 왕의 이름으로 만들어 선포한 것이다. 그것은 유다인들을 전멸하라는 명령이다(3:13). 여기서 "금식"이라는 말은 그때에 대중이 금식하며 기도한 것을 가리킨다. 대중의 금식기도는 하나님께서 장려하신다(욜 1:14; 2:12). 이와 같은 금식기도는 니느웨 사람들이 실행하였고, 그 결과로 멸망할 뻔한 니느웨가 구원을 받았다(욘 3:5-10). 그리고 이스라엘 민중이 바벨론에서 돌아오기 직전에 에스라 역시 대중에게 금식기도를 선포하였다(스 8:21). 역경을 당한 자들이 금식하며 기도하는 것은 하나님의 구원의 능력을 힘 있게 의지하려는 것이다.

4-11절. 이때 하나님의 백성을 구원하려는 모르드개의 운동은 역경으로 싸여 있었다. ① 모르드개는 왕궁에 있는 에스더를 만날 길이 없었다(2절). ② 에스더는 유대인의 민족적 수난을 전혀 알지 못하고 있었다(3, 5절). ③ 모르드개는 에스더와 직접 대화할 수 없었다(7-8절). ④ 에스더는 비록 왕후의 신분이었으나 자유롭게 왕을 만날 수 없었다(9-11절). 하만이 그의 든든한 권세로 유다 민족을 전멸하려는 방침을 확고하게 한 상황에서 모르드개라는 한 개인의 구원 운동은 풍전등화와 같이 미약했다. 그러나 여호와께서는 약한 것을 택하사 강한 것들을 부끄럽게 하신다(고전 1:27-29 참조).

4 굵은 베 옷을 벗기고자 하나 모르드개가 받지 아니하는지라. "굵은 베"를 입고 "대성통곡"하는 모르드개의 사정을 모르는 에스더는 그의 의복을 갈아 입히려고 하였다. 그러나 모르드개는 거기 응하지 않았다. 이 점에서도 그는 투지만만한 대장부의 기세를 보여 준다. 그는 옳은 주장과 생사를 같이하는 지도자의 정신을 가진 자였다.

5-9 민족의 슬픔을 걸머지고 초지일관한 모르드개는 마침내 깊은 왕궁

에 묻혀 있는 에스더에게 그때 유다 민족이 당면한 위기가 무엇인지를 자세히 전달하게 되었다. 에스더는 한 명의 약한 여성이었으나 그 시점에서는 하나님께서 세우신 유일한 구원의 방편이었다. 하나님을 두려워하는 모르드개는 그 사실을 알고 있었다. 그는 인간을 의지하지 않고 하나님을 의지하면서도 하나님이 세우신 사람을 바로 알고 그에게 접촉한 것이다. 하나님께서는 그가 세우신 사람들을 방편으로 삼아 일하신다. 누구든지 자기가 당한 문제를 안고 기도하는 것은 첫 번째로 해야 할 일이다. 그러면서도 모르드개처럼 사람이 할 일은 해야 된다. 하나님은 사람을 통하여 일하신다. 잠언 16:1에 말하기를, "마음의 경영은 사람에게 있어도 말의 응답은 여호와께로부터 나오느니라"고 하였다. 사람은 일을 "경영"해야 한다.

자기가 당한 모든 일(7상; 참조. 3:1-6).
왕의 금고에 바치기로 한 은의 정확한 액수(7하; 참조. 3:9).
수산 궁에서 내린 조서(8상; 참조. 3:12-15).

10-11 에스더는 모르드개의 청원대로 실천하는 데 난관이 있다고 말하였다. 곧 페르시아 왕국의 법에 임금의 허락이 없이는 비록 왕후라도 그 앞에 나아갈 수 없다는 것이다. 이렇게 말하는 에스더의 중심은 아직 신앙적 결단을 내리지 못한 것이다.

12-14절. 모르드개의 제안을 따르는 데 난색을 띤 에스더는 다시 그의 권면을 듣고 힘을 얻었다(16절). 신자가 이 세상에서 의를 행하려면 언제나 난관을 만난다. 이런 때에 비록 약한 자라도 신앙이 강한 자의 권면을 받고 힘을 얻는 일이 종종 있다. 그러므로 성경은 서로 붙들어 주며 권면하라고 가르친다(살전 5:14). 옳은 권면을 받아들여서 유익을 얻은 자들이 많다. 예를 들면, 다윗(삼상 25:23-35). 나아만(왕하 5:13-14), 나다나엘(요 1:45-49) 등이다.

이 부분에 나타난 모르드개의 강한 신앙 인격은 다음과 같다. 그는 에스더에게 말하기를 ① "너는 왕궁에 있으니 모든 유다인 중에 홀로 목숨을 건지리라 생각하지 말라"고 하였다(13하). 여기서 "목숨을 건진다"는 말(jleM'hi)은 도피한다는 뜻이다. 에스더에게 전한 모르드개의 말은 공동체가 당할 환난 앞에서 개인적으로 피할 길이 있어도 그 길을 취하지 말라는 것이다. 이것은 특별한 환란 때에 신자들이 단합하여 그 난관을 통과해야 할 문제 앞에서 누구든지 개인주의로 행하지 말 것을 가르친다. 이런 경우를 제외하고는 신자들도 환난을 피할 수 있다(잠 22:3; 마 10:23 참조). ② "네가 만일 잠잠하여 말이 없으면 유다인은 다른 데로 말미암아 놓임과 구원을 얻으"리라고 하였다(14절). 유대인들의 과거 역사를 볼 때 현재 그들이 당하는 환난은 하나님의 진노가 해제됨과 동시에 물러가고 그들은 결국 구원을 받게 될 것이 명백하였다. 페르시아 시대로 말하면 유대인들이 그들의 죗값으로 당하던 바벨론 포로 생활이 끝난 때라고 할 수 있다. 그러므로 하나님 앞에서 살던 모르드개는 이 진리를 확신하였다. 그는 하나님께서 그의 원수 하만의 손에 그의 백성을 내어 주시지 않을 줄로 확신하였다. ③ "너와 네 아버지 집(모르드개의 집)은 멸망하리라"고 하였다(14하). 에스더가 왕후의 지위에 있으면서 동족을 멸망의 위험에서 건져 내지 않는다면 그것은 자신과 그 가문이 멸망을 받을 죄라는 의미이다.

의인의 경고는 사람들로 하여금 각성케 하여 신앙을 정비하게 한다. 모르드개는 이러한 세 가지 논리로 에스더를 깨우쳤다. 사람은 자신이 받은 사명에 충성하지 않을 때 존재의 가치를 상실한다. 왕후가 된 에스더는 분경히 그 때 유다 민족을 멸망의 위기에서 구원할 사명을 지녔던 것이다.

스펄전(Spurgeon)에 의하면 이 부분(13-14절)에서 중요한 두 가지 뜻을 취할 수 있다. ① 개인의 이해 문제와 공동체. 사람은 그의 소속 공동체를 떠나서 혼자 잘될 수 없다. 에스더에 대한 모르드개의 말("유다인 중에 홀로 목숨을 건지리라 생각하지 말라")이 그 뜻이다. 다른 사람들이 다 무식해도 나 홀로 많은 지식을 가지면 된다거나, 다른 민족들은 예수를 모르고 멸망해도 나 한 사람만 믿고 구원받으면 된다는 것은 나 자신도 멸망할 심리이다. 그것은 남도 구원하지 못하고 나 자신도 멸망하게 하는 개인주의이다. ② 받은 은혜와 그 책임. 신자가 하나님의 은혜를 입은 것은 자신을 위함이 아니라 남을 위해 봉사하기 위한 것이다. 모르드개의 말("네가 왕후의 자리를 얻은 것이 이 때를 위함이 아닌지 누가 알겠느냐")이 이 사실을 가리킨다. 우리가 하나님께 은혜(영적인 은혜, 혹은 일반적인 은혜)를 받았다면 그것은 우리가 남을 도와줄 책임을 맡았다는 것이다. 우리는 그런 처지에서 받은 은혜를 가지고 남을 도와주어야 한다. 만일 우리가 그렇게 하지 않고 우리 자신만을 위하여 산다면 우리는 하나님의 것을 가지고 개인의 복만 채우는 도적이 된다.

15-16 여기에 나타난 에스더의 신앙 인격은 다음과 같다. ① 그는 시녀로 더불어 "밤낮 삼 일" 동안 금식하기로 결심하였다(16절 중간). 여기서 말하는 "금식"(צוּם)은 식음을 폐하는 것으로 끝나는 것이 아니라 원칙적으로 남을 도와주고 기도하기 위하여 육체를 제재하는 것이다(사 58:4-12). 아우구스티누스(Augustine)는 말하기를 "금식은 두 개의 날개를 가져야 한다. 바로 기도와 구제이다."라고 하였다[203] ② 그는 동족의 금식을 요청하였다(16상). 에스더는 반드시 난제를 해결하기 위해 많은 동포들의 합심기도를 부탁하였다. 그것은 살아 계신 하나님과 기도 응답을 확신한 증거이다. ③ 그는 "규례를 어기고" 왕에게 나아가겠다고 하였다. 여기서 말하는 "규례"(דָּת)는 왕의 부름을 받기 전에는 왕 앞에 나아가지 못하는 법을 가리킨다. 에스더는 의를 위하여 죽음을 각오한 것이다.

죽으면 죽으리이다(כַּאֲשֶׁר אָבַדְתִּי אָבָדְתִּי)(16하). 이것은 에스더가 신앙 결단으로 한 말이며, 문자적으로 "망하면 망했지!"(망한다는 말은 죽는다는 뜻이다)라고

---

203) Augustine, On. Ps.XLII Cap.8, Opp. ed. Migen, IV.1,82.

번역할 수 있다. 이와 같은 말은 미래의 일인 죽음을 눈앞에서 벌어지는 확실한 현실처럼 보고 말한 것이다. 한스 바르드케(Hans Bardtke)도 이 문구를 그런 뜻으로 보았다.[204] "죽으면 죽으리이다"라는 말은 주로 두 가지 의미를 내포한다. ① 죽음이 찾아올 때에 사람은 그것을 당할 수밖에 없다는 것이다. 그것은 사람마다 가는 길이다(왕상 2:2). 에스더는 죽음 앞에서 평안한 마음을 가졌다. ② 의를 행하는 것이 생명이라는 것이다. 에스더의 결심은 죽음 때문에 의를 버리지 않겠다는 것이다.

17 모르드개가 가서 에스더가 명령한 대로 다 행하니라. 모르드개는 의를 위하여 남을 가르치기도 했지만(13-14절) 남에게 순종도 잘 하였다. 70인역(LXX)에는 이 말씀에 이어 이때 모르드개가 드린 기도가 기록되어 있다. 그것을 다음과 같이 소개하고 비판해 보겠다.

"모르드개는 주님의 모든 행위와 처사를 기억하면서 기도하기를 '모든 것을 다스리시는 주님이시여! 우주는 주님께 속하였으니 주님께서 이스라엘을 구원하신다면 막을 자가 없나이다. 이는 주님께서 하늘과 땅과 하늘 아래 모든 놀라운 것들을 지으셨기 때문입니다. 주님은 모든 것의 주님이시므로 주님께 반항할 자가 없습니다. 주님은 모든 것을 아시나이다. 주님이시여! 내가 교만한 하만에게 절하지 않은 것이 나의 교만이나 무례에서 된 것이 아닌 줄을 주님께서 아시나이다. 내가 이스라엘을 위하여는 그의 발뒤꿈치에라도 입을 맞출 수 있습니다. 다만 나는 사람의 영광을 하나님의 영광 위에 두지 않으려고 하만에게 꿇어 절하지 않았습니다. 주님이시여! 왕이시여! 아브라함의 하나님이시여! 주님의 백성을 아끼시옵소서. 사람들이 우리를 멸망시키려고 하나이다. 그들이 주님의 옛 기업을 멸망시키려 하나이다. 주님이

---

204) Hans Bardtke, Das Buch Esther, Kommentar Zum Alten Testament, 1963, 335. "Das Perfektum Wird hier zum Ausdruck einer Tatsache verwendet, die "als in der Zukunft vollendet vorliegende bezeichnet werden soll."

애굽에서 주님을 위하여 구속하신 분깃을 등한히 하지 마옵소서. 내 기도를 들으사 주님의 기업에 긍휼을 베푸시고 우리의 슬픔을 연회로 바꾸어 주옵소서. 그렇게 하셔서 우리가 주님을 찬송하며 살게 하옵소서. 주님을 찬송할 입이 막히지 않게 하옵소서. 모든 이스라엘이 힘껏 부르짖는 것은 그들에게 종말이 가깝기 때문입니다'라고 하였다."

우리는 70인역(LXX)의 이러한 기록이 반드시 원본에 속한 것이었다고 말하지 않는다. 이 기록에 대한 학자들의 반대 이유는 다음과 같다. ① 이 문구의 문체가 히브리어에서 번역된 것 같지 않고 후대의 헬라어 원작으로 생각된다. ② 타르굼(아람어역 구약이나 수리아역 구약이 이 추가 문구를 포함하지 않았다. ③ 이 추가 문구들이 에스더서의 내용과 다소 상충되므로 에스더서 저자의 원작으로 인정될 수 없다.[205] 우리는 앞에 인용된 모르드개의 기도를 강단에서 말하지 않아야 된다. 70인역(LXX)에는 이러한 모르드개의 기도에 뒤이어 에스더의 신앙적 결단과 기도가 더 추가되어 있다. 그것도 여기에 소개하고 비판해 보겠다.

"에스더는 놀라서 주님께로 피하였다. 그는 화려한 옷을 벗고 고난과 애통에 적합한 옷을 입었으며, 향을 버리고 재와 불결한 것으로 머리에 덮어쓰고 완전히 낮아졌다. 그는 화장하던 머리털을 흐트러지게 하였다. 그가 이스라엘의 하나님, 주님께 기도하여 말하기를 '내 주님이시여! 당신만이 우리의 왕이십니다. 당신밖에 도울 자 없는 외로운 나를 도우소서. 그 이유는 내가 나의 생명을 내놓았기 때문입니다. 나는 내 족속 가운데서 듣기를 주님께서 이스라엘을 모든 나라 가운데서 택하시고 우리 조상들을 택하사 영원한 기업을 삼으셨다 하더이다. 그리고 주께서 약속하신 것과 같이 그들에게 행하셨나이다. 지금 우리가 주님을 거슬러 범죄하였나이다. 그래서 주님이 우

---

205) Carey A. Moore, Esther, The Anchor Bible, 1971, LXIII-LXIV.

리를 우리 원수들에게 내어 주셨나이다. 그 이유는 우리가 그들의 신을 높인 까닭입니다. 주님이 정당하십니다. 주님이시여! 그러나 원수들은 우리의 괴로운 종살이 처지를 보고도 만족하지 않고 그들의 신들과 약속하고, 주님의 약속을 폐하고, 주님의 기업을 없애고, 주님을 찬송할 자들의 입을 없애려 하나이다. 그리고 주님의 제단의 영광을 없애 버리고 우상을 찬송하는 이방인들의 입을 열게 하려 하나이다. 그들은 죽을 왕을 영원히 우상화하려고 하나이다. 주님이시여! 주님의 왕권을 존재하지도 않는 신들에게 내어 주지 마소서. 그들이 우리의 무너짐을 보고 비웃는 일이 없게 하소서. 그들의 음모가 실패하게 하소서. 이 음모를 시작한 자를 실패자의 표본으로 삼으소서. 주님이시여! 우리의 환난 중에 주님을 계시하소서. 나에게 용기를 주소서. 신들의 왕이시며 모든 정부의 주재자시여! 나로 하여금 사자 앞에서 설득력 있게 하소서. 그로 하여금 우리를 대적하는 자를 미워하게 하옵소서. 그리하심으로 원수와 그에게 동조하는 자들이 끝나게 하소서. 주님의 손으로 나를 구원하시고 주님밖에 도울 자 없는 외로운 나를 도우소서. 주님은 무엇이든지 아시나이다. 내가 악인들의 외식을 미워하는 줄을 주님이 아시며, 내가 할례받지 않은 자들의 침상을 싫어하는 줄도 주님이 아시나이다. 주님은 내가 궁지에 몰린 것을 아시나이다. 내가 조정에 나타날 때에 내 머리 위에 쓰는 높은 지위의 상징을 내가 싫어하는 줄 주님이 아시나이다. 나는 그것을 월경누더기같이 싫어하나이다. 내가 조정에 있지 않는 때에는 그것을 쓰지 않나이다. 주님의 종이 하만의 식탁에서 먹지 아니하였사오며, 귀족 파티를 칭찬하지 않았고, 제사의 술도 마시지 않았나이다. 내가 이곳에 온 후로 지금까지 아브라함의 하나님이신 주님 외에 다른 것은 즐거워하지 아니하였나이다. 모든 것을 이기시는 능력 있는 하나님이시여! 절망하는 자의 소리를 들으시고 악인들의 손에서 우리를 구원하소서. 주님이시여! 나의 두려움에서 나를 구원하소서'라고 하였다."

우리는 이상과 같은 70인역(LXX)의 내용이 반드시 원본에 속한 것이었다고 말하지 않는다. 따라서 우리는 강단에서 이것을 받아들이는 태도로 말하지 않아야 된다(1:1에 대한 해석 참조).

제 5 장

⚜ 내용분해

1. 에스더가 왕과 하만을 연회에 초대함(1-4절)
2. 연회석에서의 왕과 에스더의 담화(5-8절)
3. 하만이 그의 아내와 친구들에게 자기의 영광을 자랑함(9-12절)
4. 하만이 모르드개를 처치하려고 높은 나무를 세움(13-14절)

⚜ 해석

1 제삼일에 에스더가 왕후의 예복을 입고 왕궁 안 뜰 곧 어전 맞은편에 서니 왕이 어전에서 전 문을 대하여 왕좌에 앉았다가. "제삼일"은 에스더의 금식이 끝난 날이다. 성경에 "제삼일"은 소망의 날로 나와 있다(왕하 20:5; 호 6:2). 예수님께서는 죽으신 지 삼 일 만에 무덤에서 다시 살아나셨다(눅 24:1-10; 고전 15:4). "어전"으로 번역된 말(בֵּית־הַמֶּלֶךְ)은 "왕궁"이라고 개역되어야 한다.

2 손에 잡았던 금 규를 그에게 내미니 에스더가 가까이 가서 금 규 끝을 만진지라.

"금 규"(שַׁרְבִיט הַזָּהָב)는 '금지팡이'(LXX: χρυσῆν ῥάβδον)를 가리킨다. 왕은 이것으로 그의 뜻을 나타낸다(4:11). 이때 아하수에로 왕이 부름을 받지 않고 들어온 에스더에게 즉시 금 규를 내민 것은 에스더와 모르드개와 민중의 간절한 기도 응답이 아닐 수 없다. 잠언 21:1에 말하기를 "왕의 마음이 여호와의 손에 있음이 마치 봇물과 같아서 그가 임의로 인도하시느니라"고 하였다. 사람들이 알든 모르든 간에 하나님께서 인간들의 나라를 다스리신다(단 4:25).

70인역(LXX)은 에스더 5:1-2 내용을 다음과 같이 확대했다. 이것이 정경이 아니라는 사실은 누구든지 그것을 읽어보면 알 수 있다. 독자들의 판단에 맡기면서 다음과 같이 그 기록을 소개한다.

"제삼일에 그가 기도를 끝내고는 금식기도하던 옷을 벗고 화려한 복장으로 갈아입었다. 그가 모든 것을 아시는 구주 하나님께 부르짖은 결과로 아주 빛나는 얼굴로 나타났으며, 두 시녀를 데리고 오는데 한 시녀에게 기대고 다른 시녀는 그 뒤를 따라오며 그의 옷자락을 거들며 수종들게 하였다. 그의 아름다움이 절정에 이르러 빛나는데 자기는 사랑을 받는 자라는 확신으로 움직였다. 그러나 그의 마음은 두려움으로 두근거렸다. 그가 모든 문을 통과하여 왕 앞에 서게 되었다. 왕은 왕좌에 앉았는데 금과 보석으로 덮인 빛나는 복장을 입었으므로 그 모습이 찬란하였다. 왕은 불그스레한 얼굴을 들면서 에스더를 향하여 맹렬한 분노로 쳐다보았다. 그 여자는 그 앞으로 가던 시녀 위에 엎드러져서 얼굴이 창백해졌다. 그러나 그때에 하나님께서 왕의 마음을 부드럽게 하셨으므로 그가 놀라며 일어서서 두 팔로 에스더를 안게 되었고, 그 여자는 회생하게 되었다. 왕은 그 여자를 위로하며 말하기를 '에스더여! 무엇 때문인가? 나는 오빠와 같으니 기운을 차려라. 너는 죽지 않는다. 이런 법규는 나의 일반 백성에게만 관계된 것이다. 이리 오너라'라고 하였다. 그리고 그가 금지팡이(금 규)로 에스더의 목을 가만히 스치고 그를 껴안고 말하기를 '자! 전부 내게 말하여라'라고 하였다. 에스더는 말하기를 '나의 주여! 내가 보니 왕은 천사와 같군요. 나는 왕의 위엄 있는 모습 때문에 당황하였습니다. 당신은 놀랍고 당신의 얼굴은 은혜로 충만해 있습니다.' 에스더가 말할 때에는 그 정신이 가라앉고 회복되어 있었다. 왕은 놀랐고, 그의 모든 수종자들은 에스더를 안심시키려고 애썼다."

이상의 70인역(LXX)의 문구는 본래의 정경 원본이 아니고 후대에 추가된 것으로 생각된다(1:1 해석 참조). 그것은 마르틴 루터(Luther)도 히에로니무스(Jerome)와 같이 에스더서에서 이 부분을 제외시키고 "에스더서의 단편"이라는 제목을 붙여 가경으로 여겼다. 이 점에 관한 문헌들을 참조하라.[206]

3 왕이 이르되 왕후 에스더여 그대의 소원이 무엇이며 요구가 무엇이냐 나라의 절반이라도 그대에게 주겠노라. 이것은 폭군들이 자기가 사랑하는 여자에게 (그의 마음을 기쁘게 하려고) 흔히 사용하는 말이다. 헤롯 안디바도 이런 말을 하였다(막 6:22 참조). 폭군들은 이와 같이 자기 나라보다 자기 자신의 쾌락을 사랑한다. 이러한 폭군의 심리는 모든 인간의 부패한 마음에 대한 표본이기도 하다. 사람은 그리스도 안에서 변화되기 전에는 폭군과 같다. 그래서 하나님보다 쾌락을 더 사랑한다(딤후 3:4 참조).

아이언사이드(H. A. Ironside)는 이 점에서 아하수에로 왕의 후의가 풍성한 은혜를 주기 좋아하시는 하나님의 후의를 비유하는 것처럼 해설하였다.[207] 그러나 우리는 이 부분의 말씀을 그렇게 응용할 수 없다. 에스더서 저자의 의도는 이 부분에서 폭군의 심리를 묘사하려는 것이다. 폭군은 쉽게 완악해지기도 하고 또 쉽게 너그러워지기도 한다는 것이다. 한때 유다 민족을 페르시아 국내에서 섬멸해 버리라는 조서를 내린 그가 또 얼마 후에는 그 조서를 당장 취소하다시피 한다. 이러한 폭군의 치하에서는 정상적인 정치 체

---

206) C. F. Keil, Lehrbuch der Einleitung, (§ 327); O.F. Fritzsche, kurzgef. exeget Hdb. zu den Apokryphen des N.T. (p.68).
207) H. A. Ironside, Notes on The Book of Esther, 1921, 58-59.

제에서는 상상조차 할 수 없는 엄청난 사건들이 발생한다. 우리는 에스더서에 기록된 사건들이 순전한 역사적 사실이라는 것을 의심할 여지가 없다.

4 에스더가 이르되 오늘 내가 왕을 위하여 잔치를 베풀었사오니 왕이 좋게 여기시거든 하만과 함께 오소서. 에스더가 이렇게 말할 수 있었던 것은 그가 기도 응답으로 받은 영적 담력과 지혜 때문이었다. 그는 연회를 베푼 목적이 왕과 더불어 개인적인 의사소통을 하기 위해서가 아니었으므로 자기 민족의 원수 하만도 왕과 함께 연회에 참석하도록 제안하였다. 그것은 하나님만 두려워하고 사람을 두려워하지 않는 그의 신앙 용단이기도 하다. 그는 중요한 회담에 원수를 참석시켜 문제(유다 민족을 전멸하려는 하만의 책동)에 대한 안전한 해결을 도모하려 하였다. 이런 처사는 만약의 경우 하만이 거짓말로 문제를 번복하지 못하도록 미연에 방지하려는 것으로 생각된다. 설령 에스더가 단독으로 왕과 상담하여 문제를 해결한다 하더라도 충동을 잘 받는 아하수에로 왕이 후에 하만과 접촉할 때에 다시 변심할 가능성이 얼마든지 있는 것이다. 그러므로 에스더는 왕과 하만이 동석한 장소에서 일을 바로잡고자 하였다.

5-8 에스더는 첫 번째 연회석상에서 자기의 소원을 왕에게 말할 만한 좋은 기회를 얻었다. 왕이 "그대의 소청이 무엇이뇨 곧 허락하겠노라 그대의 요구가 무엇이뇨 나라의 절반이라 할지라도 시행하겠노라"고 하였고(6절), 그것은 에스더가 왕에게 두 번째로 듣는 말이었다. 이처럼 왕은 같은 말을 거듭하면서 간절하게 에스더를 돕고자 하였다. 그럼에도 불구하고 에스더는 아직 실정을 토하지 않고 하나님께서 주시는 지혜와 때를 기다렸다. 큰일을 올바르게 해결하는 인물은 남녀를 막론하고 입이 무거운 사람들이다. 그들은 울분한 중에도 자신의 감정을 터뜨리지 않고 잘 참으면서 하나님의 지혜와 감동을 기다리는 데 많은 시간을 할애한다.

내가 왕과 하만을 위하여 베푸는 잔치에 또 오소서 내일은 왕의 말씀대로 하리이다 (8하). 에스더가 이처럼 문제의 발설을 연기한 것은 하나님의 인도하심을 잘 기다리는 자들이 받는 하나님의 지혜였다. 그로 인해 그 이튿날 문제가 바로 해결되었다.

9 그 날 하만이 마음이 기뻐 즐거이 나오더니 모르드개가 대궐 문에 있어 일어나지도 아니하고 몸을 움직이지도 아니하는 것을 보고 매우 노하나. 하만은 명예와 대접받는 것만을 기뻐하였다. 그러나 악인의 기쁨은 잠깐 동안일 뿐이다. 욥기 20:5-9에 말하기를 "악인이 이긴다는 자랑도 잠시요 경건하지 못한 자의 즐거움도 잠깐이니라 그 존귀함이 하늘에 닿고 그 머리가 구름에 미칠지라도 자기의 똥처럼 영원히 망할 것이라 그를 본 자가 이르기를 그가 어디 있느냐 하리라 그는 꿈 같이 지나가니 다시 찾을 수 없을 것이요 밤에 보이는 환상처럼 사라지리라 그를 본 눈이 다시 그를 보지 못할 것이요 그의 처소도 다시 그를 보지 못할 것이며"라고 하였다(잠 15:21; 전 7:6 참조).

10-13 이 부분에 기록된 하만의 자랑과 그의 불만은 다음과 같다.

1) 그의 자랑은, ① 물질이 풍부한 것에 대한 자랑. 11절 앞부분의 "큰 영광"이라는 말(כבוד עשרו)은 "그의 부함의 영광"이라고 개역되어야 한다. ② 많은 자녀에 대한 자랑(11중). ③ 자기의 제일 높은 관직에 대한 자랑(12하). ④ 왕후가 베푸는 잔치에 초대받은 사실에 대한 자랑(12절) 등이다. 이 네 가지는 사실상 자랑거리가 아니다. 인간의 참된 자랑은 주님을 아는 진리 지식이어야 한다(렘 9:23-24 참조).

2) 그의 불만은 모르드개의 존재였다(13절). 의인을 기뻐하는 자는 의인인데(마 10:41) 하만은 의인의 존재를 싫어하므로 그 자신이 악인인 것이 증명된다.

14 그의 아내 세레스와 모든 친구들이 이르되 높이가 오십 규빗 되는 나무를 세우고 내일 왕에게 모르드개를 그 나무에 매달기를 구하고 왕과 함께 즐거이 잔치에 가소서 하니 하만이 그 말을 좋게 여기고 명령하여 나무를 세우니라. 아내는 남편을 돕는 자가 되어야 하고(창 2:18). 친구는 진실히 충고하는 자가 참된 친구이다(잠

27:6, 9; 참조. 시 141:5). 그런데 하만의 아내와 친구들은 모두 다 그에게 잘못된 제안을 하였다.

"오십 규빗"은 25미터나 되는 높이이다. 이렇게 "높은 나무"에 모르드개를 달아 죽이려는 그들의 의도는 그들이 가장 통쾌하게 자기들의 분을 풀어 보려는 것이었다. 권세욕으로 어두워진 그들은 그렇게 하는 것이 거역하는 자에 대한 올바른 처사라고 오판하였다. 그러나 사실상 그런 처사는 자기들의 불의를 온 천하에 드러내는 악행이다. 악인들은 이와 같이 선악을 분별하는 데 어둡다(사 5:20 참조). 하만의 무리는 하만의 악한 마음에 만족을 주기 위하여 우선 모르드개를 처치한 뒤에 왕후의 연회에 참석하라고 그에게 권하였다. 악인들은 이처럼 사람을 해하는 데 열심이고 또한 조급하다(잠 1:16; 사 5:7 참조). 이 제안에 주동적 역할을 한 하만의 아내는 남편을 악한 데로 이끌었으니, 그는 ① 여자의 덕, 곧 온유의 덕을 지키지 아니하였고, ② 잔인하였으며, ③ 악한 궤계로 남편과 온 가족을 멸망시켰다(에 9:12). 잠언 14:1은 말하기를, "지혜로운 여인은 자기 집을 세우되 미련한 여인은 자기 손으로 그것을 허느니라"고 하였다.

제 6 장

❖ 내용분해

1. 아하수에로 왕이 모르드개의 공적을 발견하고 상을 주기로 작정함 (1-3절)
2. 모르드개를 존귀케 하는 일을 하만이 맡아서 실행함(4-11절)
3. 하만이 번민한 중에 왕후의 연회에 나아감(12-14절)

❖ 해석

1 그 날 밤에 왕이 잠이 오지 아니하므로. 역사적으로 폭군들이 잠을 자지 못한 실례가 적지 않다. 로마의 역사가 수에토니우스(Suetonius)의 기록에 의하면 로마의 황제들 가운데 칼리굴라(Caligula)가 잠을 이루지 못해 고통을 받았고, 프로코피우스(Procopius)가 잠들지 못하는 유스티니아누스

(Justinian) 황제를 책망한 사실도 있다.[208] 폭군들이 잠을 자지 못한 것은 양심의 고통 때문이었다. 그러나 특별한 경우에는 하나님께서 그들로 하여금 마땅히 할 일을 하게 하시려고 그들에게 먼저 꿈을 주시기도 하고, 불면증이 생기게도 하신다(창 41:1-8; 단 2:1).

성경은 왕의 마음이 여호와의 손에 있기 때문에 그가 임의로 주장하신다고 말한다(잠 21:1). 이 세상 왕들이 무엇이나 자기 마음대로 하는 것처럼 보이지만, 그 이면에는 하나님의 섭리하심이 있다. 하나님께서 나라들을 주장하시는 것은 쉬운 일이다. 이사야 40:15에 말하기를 "그에게는 열방이 통의 한 방울 물과 같고 저울의 작은 티끌 같으며 섬들은 떠오르는 먼지 같으리니"라고 하였다. 그러므로 신자들은 폭군의 정치 아래에서도 하나님의 간섭하심이 있을 것을 믿고 안심해야 된다. 하나님께서는 필요에 따라 폭군이나 악한 정권을 땅 위에 한동안 머물게도 하시고(롬 13:1; 9:17-18; 마 2:1-18), 그들을 감화시켜 하실 일을 행하시기도 한다(대하 36:22-23).

역대 일기를 가져다가 자기 앞에서 읽히더니. 페르시아의 역사를 보면 크세르크세스 왕(Xerxes=아하수에로 왕)이 해전에 공적이 있는 사람에 대해서도 자세히 조사하여 서기관으로 하여금 그것을 기록해 두게 한 일이 있다.[209] 그러므로 아하수에로 왕이 "역대 일기"를 상고한 것은 역사적 사실임을 알 수 있다.

2 빅다나와 데레스가 아하수에로 왕을 암살하려는 음모를 모르드개가 고발하였다 하였는지라. 이 사실은 2:21-23에 기록되었다. 왕이 잠이 오지 않아서 역대 일기를 듣게 된 것은 우연한 일이 아니라 하나님의 섭리이다. 에스더서에는 "하나님", 혹은 "여호와"라는 말이 한 번도 나오지 않는다. 그러나 거기 기록

---

208) Hist. Arcana. ed. Bonn, 81-82.
209) Herodotus, VIII, 90.

된 사건들의 진전은 살아 계신 하나님의 섭리로 되었음을 알게 한다. 그러므로 에스더서의 제목을 "섭리"(providence)라고 해도 좋을 것이다.

3 왕이 이르되 이 일에 대하여 무슨 존귀와 관작을 모르드개에게 베풀었느냐 하니 측근 신하들이 대답하되 아무것도 베풀지 아니하였나이다. 일찍이 모르드개의 공적이 보상 없이 지나갔는데 이때에 그 사실이 왕에게 알려진 것은 살아 계신 하나님의 섭리적 간섭이라고 생각된다. 이렇게 해석되는 것은 왕이 이상하게도 잠을 이루지 못하였다는 말씀에 근거한다. 이런 일을 가리켜 섭리라고 한다. 섭리는 이적과 다르다. 이적은 초자연적인 사건이지만 섭리는 일반 역사적 사건 이면에 하나님의 간섭이 포함되어 있는 것이다. 타르굼(2nd Targum)에 의하면, 이때에 천사 미가엘이 아하수에로에게 나타나 하만의 계획을 예언해 주어 그가 긴장했다고 한다. 그러나 이러한 기사는 에스더서(섭리서)의 성격에 맞지 않는다.

성도가 억울한 일을 당했을 때는 섭리적으로도 하나님의 보상을 받는 때가 있다. "여호와의 손이 짧아 구원하지 못하심도 아니요 귀가 둔하여 듣지 못하심도 아니"다(사 59:1). 그의 간섭하시는 때가 정해져 있는 만큼(계 9:15) 성도들은 난관을 주님께 맡기고 잠잠히 기다려야 된다(시 37:1-9).

4-11절. 이 부분에 기록된 사태의 진전은 우연이라고 할 수 없다. 그렇게 생각되는 이유는 그것이 묘하게도 "제가 만든 함정"에 빠짐으로써(시 7:15) 하나님의 심판을 정확하게 드러내기 때문이다. ① 왕이 모르드개의 공적을 보상하여 높이려고 사람을 찾을 때 마침 하만이 왕궁 뜰에 나타난 것(에 6:4-5). ② 모르드개를 존귀케 하는 행사를 하만이 고안하고 그가 친히 실행하게 된 것(6-9절). ③ 모르드개는 높여지고 하만은 낮아지게 된 것(10-11절). 사무엘상 2:4에 말하기를, "용사의 활은 꺾이고 넘어진 자는 힘으로 띠를 띠도다" 하였고, 2:6-8에는 말하기를, "여호와는 죽이기도 하시고 살리기도 하시

며 스올에 내리게도 하시고 거기에서 올리기도 하시는도다 여호와는 가난하게도 하시고 부하게도 하시며 낮추기도 하시고 높이기도 하시는도다 가난한 자를 진토에서 일으키시며 빈궁한 자를 거름더미에서 올리사 귀족들과 함께 앉게 하시며 영광의 자리를 차지하게 하시는도다"라고 하였다.

4 왕이 이르되 누가 뜰에 있느냐 하매 마침 하만이 자기가 세운 나무에 모르드개 달기를 왕께 구하고자 하여 왕궁 바깥뜰에 이른지라. 하만은 모르드개를 죽일 방침으로 왕을 찾아왔다. 그러나 이와 같은 그의 걸음이 자기 자신을 올무에 걸리게 만들었다. 사람의 죄악이 절정에 이르면 스스로 멸망에 빠진다(시 7:14-16 참조). 시편 9:15-16에 말하기를, "이방 나라들은 자기가 판 웅덩이에 빠짐이여 자기가 숨긴 그물에 자기 발이 걸렸도다 여호와께서 자기를 알게 하사 심판을 행하셨음이여 악인은 자기가 손으로 행한 일에 스스로 얽혔도다"라고 하였다.

6 하만이 들어오거늘 왕이 묻되 왕이 존귀하게 하기를 원하는 사람에게 어떻게 하여야 하겠느냐 하만이 심중에 이르되 왕이 존귀하게 하기를 원하시는 자는 나 외에 누구리요 하고. 이때 왕은 총리대신인 하만을 여전히 신임하고 그의 의견을 물은 것이다. 그러나 왕은 자기도 모르는 중에 하나님의 섭리의 손 가운데서 움직였다. "나 외에 누구리요." 악인은 언제나 자기를 제일로 알고 무슨 일에나 자기중심적으로 생각한다. 그것은 자기를 하나님 자리에 앉히는 큰 교만이다. 이런 교만은 패망의 선봉이다(잠 16:18). 그와 반대로 진정한 성도는 자기를 언제나 셋째로 생각한다. 첫째는 "하나님", "둘째는 다른 사람들", 셋째는 "나"이다.

7-9 왕이 존귀케 하려는 사람을 높이는 방법에 대한 하만의 고안은 자기 자신을 위한 욕심으로 표현되었다. 그러므로 그 이상 더 높일 수 없는 가장 존귀케 하는 방법이었다. 곧 ① 왕복을 입히고 왕관을 씌우고 왕의 말에 태움. 이것은 왕에게 가장 가까운 자로 여기는 것이다. ② 왕의 신하 중 가장

존귀한 자가 그를 수종 들게 함. ③ "왕이 존귀하게 하기를 원하시는 사람에게는 이같이 할 것이라"고 외치며 성 중 거리로 다니게 함. 이 세 가지는 페르시아 전국에서 가장 높여지는 조항이다.

10 이에 왕이 하만에게 이르되 너는 네 말대로 속히 왕복과 말을 가져다가 대궐 문에 앉은 유다 사람 모르드개에게 행하되 무릇 네가 말한 것에서 조금도 빠짐이 없이 하라. 하만은 자기의 제안대로 백성 중에서 가장 높은 지위에 있는 그 자신이 모르드개를 높이는 역할을 하게 되었다. 이때 왕은 하만을 "가장 존귀한 자"로 알아주는 뜻으로 이 일을 그에게 맡겼다. 하만과 모르드개 사이에 있는 갈등을 모르는 왕으로서는 자연스럽게 이런 명령을 내릴 수 있었다.

11 하만이 왕복과 말을 가져다가 모르드개에게 옷을 입히고 말을 태워 성 중 거리로 다니며 그 앞에서 반포하되 왕이 존귀하게 하시기를 원하시는 사람에게는 이같이 할 것이라 하니라. 하만은 모르드개를 위하여 이렇게 행동하는 것이 부끄럽게 생각되었지만 그 일을 피할 수가 없었다. 그는 자기의 높아짐을 계획했는데 정반대로 자기가 가장 미워하고 멸시하는 모르드개를 친히 높여 주었다. 이것은 하나님의 섭리로 이루어진 일이다(잠 11:6-8 참조).

죄를 회개하지 않고 끝까지 행하는 자는 흥하려다가 도리어 망한다. 그런 자는 시편 69:22의 말씀과 같이 된다. 거기서 말하기를 "그들의 밥상이 올무가 되게 하시며 그들의 평안이 덫이 되게 하소서"라고 하였다.

12-13 모르드개를 억지로 높이고 돌아온 하만의 번뇌와 슬픔("머리를 싼" 것은 슬픔의 표시이다)은 매우 컸다. 그래서 그는 그의 아내와 친구들에게 자기가 행한 일을 고하고 그들에게서 위로와 격려를 받으려고 하였다. 그는 과거에도 그러하였다(5:10-14). 이제 그가 위로를 받을 곳은 오직 가정뿐이었다. 그런데 이번에는 거기서도 소망 없는 말을 들었다. 그의 번뇌는 절망으로 끝났다. 하나님께 버림받은 자는 가장 가까운 자들의 도움도 받을 수 없게 된다. 반면에 하나님께서 보호하시는 자는 그 누구도 해하지 못한다.

당신이 그 앞에서 굴욕을 당하기 시작하였으니 능히 그를 이기지 못하고 분명히 그 앞에 엎드러지리이다(13하). 이 말은 그때 하나님께서 하시는 일에 대하여 바르게 지적한 것이 되었다. 어떤 때에는 하나님께서 원수의 입을 통해서도 장래 일에 대하여 바르게 예언하게 하신다. 이렇게 그 일의 확실성이 강조된 것이다. 가야바도 예수님의 대속적인 죽음을 예언하였다(요 11:49-50).

악인의 길은 암흑이고 의인의 길은 광명이다. 잠언 4:19에 말하기를, "악인의 길은 어둠 같아서 그가 걸려 넘어져도 그것이 무엇인지 깨닫지 못하느니라"고 하였다. 반면에 "의인의 길은 돋는 햇살 같아서 크게 빛나 한낮의 광명에 이르거니와"라고 하였다(잠 4:18).

14 아직 말이 그치지 아니하여서 왕의 내시들이 이르러 하만을 데리고 에스더가 베푼 잔치에 빨리 나아가니라. "아직 말이 그치지 아니하여서." 이 말씀은 하만의 아내와 친구들의 말을 염두에 두고 그 당시 상황이 그들의 말대로 진전되기 시작함을 지적하는 것이다. 저자의 이와 같은 표현은 그 당시 사람들의 말과 행위의 배후에 있었던 하나님의 은밀한 섭리를 가리킨다. 이때에 하만은 계속 추락하는 처지에 놓였다. 하나님께서 심판하실 때는 이처럼 현저히 판국이 바뀌며, 그렇게 되는 것을 인력으로 막지 못한다. 아모스 5:18-19에 말하기를 "화 있을진저 여호와의 날을 사모하는 자여 너희가 어찌하여 여호와의 날을 사모하느냐 그 날은 어둠이요 빛이 아니라 마치 사람이 사자를 피하다가 곰을 만나거나 혹은 집에 들어가서 손을 벽에 대었다가 뱀에게 물림 같도다"라고 하였다.

반면에 모르드개는 이제부터 계속 높여지게 된다. 그는 원수의 목전에서 하나님이 현저하게 높여 주시는 은혜를 받는다. 다윗도 이러한 은혜를 체험하고 고백하기를, "주께서 내 원수의 목전에서 내게 상을 차려 주시고 기름을 내 머리에 부으셨으니 내 잔이 넘치나이다"라고 하였다(시 23:5).

제 7 장

✣ 내용분해

1. 에스더가 왕에게 소원을 말함(1-4절)
2. 에스더가 하만을 걸어 고소함(5-6절)
3. 왕이 하만에게 분노함(7-8절)
4. 하만이 모르드개를 매달기 위해 세운 나무에 그 자신이 달려 죽게 됨 (9-10절)

✣ 해석

1-2 왕이 하만과 함께 또 왕후 에스더의 잔치에 가니라 왕이 이 둘째 날 잔치에 술을 마실 때에. 여기서 "잔치에"라고 번역된 말(מִשְׁתֶּה)은 "술을 마시려고"라고 개역되어야 한다. 페르시아 왕궁의 연회는 주로 술이 많이 사용되었다(1:7 참조). 그러므로 에스더가 발언하기 전에 왕은 이미 술을 마시고 있었다.

그대의 소청이 무엇이냐 곧 허락하겠노라 그대의 요구가 무엇이냐 곧 나라의 절반이

라 할지라도 시행하겠노라. 이와 같은 말이 왕의 입에서 이미 두 번 나왔다(5:3, 6). 그만큼 그가 에스더에게 마음을 깊이 주었으므로 에스더는 이제 안심하고 큰 문제를 내놓을 때가 되었다는 것을 알 수 있었다. 그는 하나님의 인도를 기다리느라 이때까지 시간을 끌었던 것이다. 하나님께서는 그동안 섭리적으로 역사하셔서 에스더의 기도를 이루어 주신 것이 분명하다. 기도 응답을 확신하는 성도는 하나님과 함께 기다리다가 적합한 때에 행동을 개시한다. 이사야 30:18에 말하기를 "여호와께서 기다리시나니 이는 너희에게 은혜를 베풀려 하심이요 일어나시리니 이는 너희를 긍휼히 여기려 하심이라 대저 여호와는 정의의 하나님이심이라 그를 기다리는 자마다 복이 있도다"라고 하였다(사 40:31; 49:23; 애 3:25 참조).

3 내 소청대로 내 생명을 내게 주시고 내 요구대로 내 민족을 내게 주소서. 에스더는 자기 자신과 자기 민족이 함께 진멸할 위기에 놓여 있음을 왕에게 고하면서 구원을 호소했다. 그가 이 장면에서 자기 민족보다 자기 자신을 먼저 거론한 것도 지혜로운 표현이다. 그가 그렇게 말해야 하는 까닭은 왕의 관심이 무엇보다도 왕후 에스더를 향하여 뜨거웠기 때문이다.

4 나와 내 민족이 팔려서 죽임과 도륙함과 진멸함을 당하게 되었나이다. "팔려서"라는 말은 돈에 팔렸다는 말이 아니고 내어줌이 되었다는 의미이다.

만일 우리가 노비로 팔렸더라면 내가 잠잠하였으리이다. 그들(에스더와 그 민족)이 "노비"로 팔린다면 그들 자신은 괴롭겠지만 왕에게는 큰 손해가 없으므로 그런 경우라면 에스더가 침묵을 지키고 문제를 일으키지 않았을 것이라는 의미이다.

그래도 대적이 왕의 손해를 보충하지 못하였으리이다. 이 말씀의 히브리어(כִּי אֵין הַצָּר שֹׁוֶה בְּנֵזֶק הַמֶּלֶךְ)는 카셀(P. Cassel)의 번역을 따르는 것이 좋다. 그것은 "왜냐하면 그 고난(유다 민족이 종으로 팔리는 것)은 왕을 괴롭게 할 정도는 아니기 때문이니이다."라는 것이다. 에스더가 생각할 때 왕을 괴롭게 하는 환난은 유다 민족이 전멸당하는 박해였다. 바르드케(Hans Bardtke)도 이렇게 해석하여 말하기를, "에스더의 청원은 정확하고 겸손했다. 그 내용은, '우리는 죽음의 환난을 당하였습니다. 그것은 왕 자신께 괴로움이 되는 것입니다'라는 것이다"라고 하였다.[210]

5 아하수에로 왕이 왕후 에스더에게 말하여 이르되 감히 이런 일을 심중에 품은 자가 누구며 그가 어디 있느냐. 아하수에로 왕은 일찍이 유다 민족을 전멸하기 위한 하만의 음모에 동의했다. 그러나 그때에는 하만이 유다 민족이라고 분명하게 말하지 않고 그저 "한 민족"이라고 말하였을 뿐이다(3:7-11).

6 에스더가 이르되 대적과 원수는 이 악한 하만이니이다. 에스더가 하만을 앞에 두고 이와 같이 그를 정죄할 수 있게 된 것은 그가 하나님의 은혜를 받아서 담대해졌기 때문이다. 그는 조심성 있게 이 시점까지 이르러서 아하수에로 왕의 심리를 어느 정도 파악한 뒤에 드디어 중심에 있는 것을 털어놓았다. 이것이 기도하는 자의 행동 원리이다. 하나님의 도우심을 받는다고 하면서 지혜 없이 덤비는 것은 도리어 하나님의 일을 그르치는 어리석은 행동이다.

에스더의 당당한 고소 앞에서 하만은 공포에 사로잡혔다. 잠언 28:1에, "악인은 쫓아오는 자가 없어도 도망하나 의인은 사자 같이 담대하니라"고 하였다. 의인은 역경과 난관에 처하여도 담대해지며 평안해지는 비결(기도 생활과 순종에 의한 하나님의 능력 체험)을 배운다. 반면에 악인은 평안한 때에 담대하고 어려운 때에는 비겁해진다.

7 왕이 노하여 일어나서 잔치 자리를 떠나 왕궁 후원으로 들어가니라 하만이 일어서서 왕후 에스더에게 생명을 구하니 이는 왕이 자기에게 벌을 내리기로 결심한 줄

---

210) Hans Bardtke, Der Prediger, Das Buch Esther, Kommentar Zum Alten Testament, 1963, 354. "Damit ist die Bitte der Esther treffsicher und in aller Selbstbescheidung und in Bescheidenheit vorgebracht. Mit anderen Worten: Wir sind eine Todesnot gekommen, in der der Konig selbst in Anspruch genomen werden muss."

앎이더라. 왕이 왕궁 후원으로 들어간 목적이 무엇이었을까? 이에 대한 학자들의 몇 가지 추측이 있다. ① 미운 하만을 보지 않으려고 그리하였다(J. S. Menochius). ② 시간을 잡아서 하만에 대한 결정을 내리려고 그리하였다(Lyra, Haupt). ③ 그가 여전히 하만에게서 마음을 떼지 못하여 결정 내리는 것을 주저하여 그리하였다(J. Drusius). ④ 그가 술과 분노로 인하여 몸에 열이 올라서 불편했기 때문에 밖에 나가 몸을 식히려고 그리하였다(E. Bertheau, S. Oetli, C. Siegfried). ⑤ 타르굼(2nd Targum)은 그때 왕궁 후원에 하만의 아들들과 같은 천사들이 와서 나무를 찍었기 때문에 그가 거기에 나가게 되었다고 한다. 그러나 이와 같은 여러 의견은 모두 다 추측에 불과하다.

"왕이 노하여 일어나서" 나갔다고 한 말씀을 보아 그가 너무도 뜻밖의 일을 당하여 격분한 마음을 진정시키기 위해 그 자리를 떠났던 것 같다. 여기서 분명히 알 수 있는 한 가지는, 그가 후원에 나간 사이에 하만이 에스더에게 애걸하며 접근하였고, 왕이 들어와서 그 행동을 보고 정죄하였으므로 신하들이 그를 즉결 처분하게 된 사실이다. 그러므로 왕이 후원에 나갔다 옴으로써 하만을 속히 벌하는 데 유리한 조건이 생긴 것이다.

8 왕이 후원으로부터 잔치 자리에 돌아오니 하만이 에스더가 앉은 걸상 위에 엎드렸거늘 왕이 이르되 저가 궁중 내 앞에서 왕후를 강간까지 하고자 하는가 하니 이 말이 왕의 입에서 나오매 무리가 하만의 얼굴을 싸더라. 하만은 에스더에게 살려 달라고 간구했으나 그 행동이 도리어 죽음에 이르게 하는 것이 되었다. 죄악이 가득 차서 하나님의 심판을 받게 된 자에게는 모든 것이 올무가 된다. 시편 69:22에, "그들의 밥상이 올무가 되게 하시며 그들의 평안이 덫이 되게 하소서"라고 하였는데, 이 말씀은 이런 자에게 적용된다. "하만의 얼굴을 싼" 것은 그를 사형에 처하려는 준비였다.

9-10 하만이 모르드개를 달려고 준비한 "오십 규빗 되는 나무"를 세운 사실이 왕에게 알려졌고, 왕은 하만을 그 나무에 달도록 명하여 그대로 집행

되었다(시 7:14-16; 9:15-16; 잠 26:27 참조).

역사에는 극악한 자가 그의 행위대로 받은 사건들이 현저하다. ① 헤롯(Herod the great)은 베들레헴의 어린아이들을 학살하였는데, 그 후 100년이 지나 그의 가문이 전부 멸절되고 말았다. ② 로마 황제 발렌스(Valens)는 장로 40명을 배에 태워 바다에서 불태워 죽였다. 그 뒤에 그 자신이 고트족(Goths)과 전쟁하다가 패하여 불태워져 죽임을 당했다.[211]

---

211) The Preacher's Homiletic Commentary Vol. 10, 253-254.

제 8 장

↓ 내용분해

1. 왕이 하만 대신 모르드개를 등용함(1-2절)
2. 에스더가 왕의 조서를 취소하게 함(3-14절)
3. 유대인들이 기뻐함(15-17절)

↓ 해석

1 하만의 집을 왕후 에스더에게 주니라. 하루 전에는 하만이 그의 많은 재산을 자랑하였다(5:11). 그러나 이제 그는 나무에 매달려 죽게 되었고(7:10), 그의 집도 남의 소유가 되고 말았다. 시편 39:6에 말하기를 "진실로 각 사람은 그림자 같이 다니고 헛된 일로 소란하며 재물을 쌓으나 누가 거둘는지 알지 못하나이다"라고 하였다.

2 왕이 하만에게서 거둔 반지를 빼어 모르드개에게 준지라. 이 말은 하만의 직위를 이제는 모르드개에게 주었다는 것과 같은 말씀이다. 하만이 차지하였

던 영광도 이제 모르드개에게로 옮겨졌다. 이 세상 영광을 자랑하던 하만의 생명과 부귀는 하루 사이에 사라져 버렸다. 과연 모든 육체는 풀과 같고 그 모든 영광은 풀의 꽃과 같다(벧전 1:24).

3-6 에스더는 다시 왕 앞에서 유다 민족의 구원을 위해 간곡히 호소하였다. 이때 에스더의 태도는 폭군이라도 감동할 수밖에 없었다. ① "왕의 발 아래 엎드려" 간구하였다(3하). 이것은 겸손한 태도다. 사람이 무엇을 남에게 청구할 때는 겸손하게 해야 한다. ② "울며 구하"였다(3하). 이것은 온유한 태도다. 눈물의 호소는 부드러운 심령의 표현이다. 잠언 15:1에, "유순한 대답은 분노를 쉬게" 한다고 하였다. ③ "하만이 왕의 각 지방에 있는 유다인을 진멸하려고 꾀하고 쓴 조서를 철회하소서"라고 하였다(5하). 이것은 에스더의 신중한 처사이다. 그는 유대인을 멸절하기 위한 하만의 음모를 좌절시킨 것으로 안심하지 않고 그것을 철저히 근절하기 원하였다. 이 일을 위하여 그는 왕에게 눈물로 호소하였다. 이것은 악을 깨끗이 소탕하는 것에 대한 비유이기도 하다. 죄악이 근절되지 않으면 후환을 가져온다.

9-10 모르드개는 소집된 왕의 서기관들을 시켜서 "각 지방의 문자와 각 민족의 언어와 유다인의 문자와 언어로" 왕의 명의로 된 "조서"를 쓰게 하였다. "시완월"(סיון)은 일반 월력으로 6월이다.

그 조서를 역졸들에게 부쳐 전하게 하니 그들은 왕궁에서 길러서 왕의 일에 쓰는 준마를 타는 자들이라. 이 문구(הָרֶכֶשׁ רֹכְבֵי הָרָצִים בְּיַד בַּסְּפָרִים וַיִּשְׁלַח הָאֲחַשְׁתְּרָנִים)는 다음과 같이 개역되어야 한다. "그 조서는 빨리 달리는 자들에게 부쳐 전하게 하였는데 곧 말을 타고 달리는 자들, 노새를 타고 달리는 자들, 약대를 타고 달리는 자들, 젊은 준마를 타고 달리는 자들이었다."

11 모르드개로 말미암아 새롭게 작성된 조서의 내용은, 유다 민족이 공격을 받을 경우 단결하여 방위할 것과 저항할 것을 허락한 것이다. 여기서 "허락하여"라는 말(נתן)이 중요하다. 왕의 반지로 인친 조서는 취소될 수 없

으므로(8하) 이미 하만의 음모로 반포된 조서(3:12-15)도 취소되지는 않았다. 즉 하만의 음모에 찬동한 자들이 유다 민족을 해할 가능성은 여전히 농후하였다. 그래서 아하수에로 왕은 유다 민족에게 자체 방위의 전투를 허락한 것이었다.

그들의 처자를 죽이고 도륙하고 진멸하고 그 재산을 탈취하게 하되. 이것은 학자들의 난제로 남아 있는 말씀이다. 아하수에로 왕이 어떻게 자기 동포들(페르시아 사람들)을 유대인들의 손에 죽도록 허락하였겠는가? 그러나 폭군의 행정은 자기감정 위주로 자행되는 것을 역사적으로 종종 볼 수 있다. 로마의 폭군 헤롯은 자기 아들까지 죽였다고 한다.[212]

12 아달월 곧 십이월 십삼일. 이것은 일반 월력 3월 13일이다. 이날은 바로 하만이 유다 민족을 학살하려던 날이었는데(3:13), 이제 그 일이 완전히 뒤바뀌어 하만의 무리가 죽는 날이 되었다. 여기서도 자기가 판 함정에 자기가 빠지게 되는 하나님의 심판의 성격이 나타난다(시 9:15-16 참조). 에스더 8:12 끝에 이어서 70인역(LXX)은 아하수에로 왕의 둘째 조서 내용을 첨부하였다. 이것이 본래의 원본에 속한 것은 아니라는 것이 일반 학자들의 주장이다.[213] 그 조서와 내용을 번역하면 다음과 같다.

"크세르크세스 대왕(아하수에로)은 인도에서부터 에티오피아까지 모든 총독과 모든 충성된 민중에게 조서를 내리노라. 많은 사람이 은인에게 혜택을 받고도 교만해진다. 그들이 성공하지 못하며 우리 백성을 해롭게 할 뿐 아니라 은인들도 해하려고 계획을 꾸민다. 어리석은 자들의 아첨 때문에 그들이 교만해져서 자기들이 전지하신 하나님의 공의를 피할 듯이 생각하기도 한다. 이들은 흔히 고위층 사람들인데 그 친구들로 말미암아 무죄한 피를 흘

---

212) Josephus, Beel. I : 38, 1, 5 ; Autiq XVII. 6, 5.
213) Keil and Delitzsch, Commentary, on the Old Testament Ezra, Nehemiah, Esther, 1950, 318.

리는 데 도구가 된다. 그 친구들은 공직을 맡은 자이며 그들을 속여 불행하게 만든다. 지금은 이와 같은 일을 옛 기록에서 볼 수 있다기보다 최근에 무자격한 관리들의 행동에서 볼 수 있다. 앞으로는 나라를 평안하게 하기 위해 우리가 최선의 노력을 다할 것인데 그 노력은 떠도는 훼방에 기울어지지 않고 사건들을 바르게 알고 처리하는 데 집중하는 것이다. 함므다다의 아들 하만으로 말하면 페르시아의 혈통에 속하지 않은 자인데 우리가 그를 손님으로 취급해 왔다. 그는 우리가 주는 혜택을 입어 나라의 아버지라고 불렸고 왕 다음으로 존경을 받아 왔다. 그는 교만이 넘쳐서 우리나라와 우리의 생명도 빼앗으려고 하였다. 그는 스스로 속아서 우리의 구주인 모르드개와 우리의 허물 없는 배필 에스더와 그 민족을 멸망시키려고 하였다. 이와 같은 전술에 의하여 그는 우리를 어찌 할 수 없는 처지에 빠뜨리고 페르시아의 주권을 마케도니아 사람들에게 넘겨주려고 하였던 것이다. 이와 같이 멸망할 뻔한 유다 민족은 죄인들이 아니고 옳은 율법의 다스림을 받고 있다. 그리고 그들은 우리 선조들과 우리를 위하여 나라를 지도하신 살아 계신 하나님의 아들들이다. 그러므로 당신들은 함므다다의 아들 하만으로 말미암아 발송된 편지대로 행하지 않는 것이 좋다. 그 악한 음모를 가졌던 사람은 자기의 가족과 함께 수산의 문 앞에 달려 죽었다. 이 형벌은 전능하신 하나님이 그에게 주신 것이다. 이 조서를 한 통씩 공중이 모이는 장소에 붙이라. 유대인들로 하여금 자기들의 풍속을 지키도록 자유를 누리게 하라. 그리고 그들이 환난을 당할 뻔한 그날, 곧 아달월 13일에 그들로 하여금 자기들을 공격해 오는 자들을 막도록 하라. 전능하신 하나님께서 이 택한 백성을 위하여 이날을 그들의 멸망하는 날로 만드신 것이 아니라 기쁨의 날로 만드셨다. 그러므로 이날을 모든 기념일 중 특별한 날로 기쁘게 축하하라. 그래야 지금과 장래에 유대인들이나 페르시아 사람들을 위한 구원을(원수들에게는 멸망을) 표징하게 되리라. 이대로 행하지 않는 도시나 지방은 가차 없이 불과 칼로 멸할 것이다.

그런 도시는 사람들이 가까이 갈 수 없는 곳이 될 뿐 아니라 들짐승과 새들에게도 가증스러운 곳이 될 것이다."

70인역(LXX)의 이 부분이 본래의 원본에 속한 것은 아니라는 주장에 대하여는 4:17의 해석 끝에 붙인 모르드개의 기도문에 대한 견해와 1:1의 해석을 참조하라.

14 역졸이 왕의 일에 쓰는 준마를 타고 빨리 나가고. 10절에 대한 해석을 참조하라.

15-17 "모르드개"는 이제 페르시아 왕의 신하들 가운데 우두머리가 되었다. **수산 성이 즐거이 부르며 기뻐하고**(15하). 의인 모르드개가 높아지고 형통한 것을 보고 모든 사람이 즐거워했다. 잠언 11:10에 말하기를, "의인이 형통하면 성읍이 즐거워하고 악인이 패망하면 기뻐 외치느니라"고 하였다.

제 9 장

✧ 내용분해

1. 페르시아 국내에서 유다 민족의 권세가 커짐(1-4절)
2. 유대인들이 원수들을 죽임(5-16절)
3. 부림절을 제정함(17-32절)

✧ 해석

1-4 페르시아에서 유대인들의 세력이 커졌다. ① 그들이 원수를 막으려고 단결하였다. 그들이 "각 지방, 각 읍에 모여"(2상) 단결한 것은 모르드개가 작성한 조서의 지시대로 된 것이다(8:11 참조). 비록 소수라도 단결하기만 하면 마음이 합하지 않는 다수보다 우세하다. ② 전국의 관리들이 유대인들을 돕게 되었다(9:3). 모든 관리들은 이제 모르드개의 지배 아래 있다.

이때 유대인들이 세력을 잡았지만 그들은 그 세력을 자신들을 방어하는 일에만 정당하게 사용했다. 이와 같이 생각되는 이유는 그들이 "자기들을 해하고자 한 자를 죽이려" 하였기 때문이다.

5-10 페르시아의 수도 "수산"에서 유대인들에게 죽임을 당한 원수들의 수가 "오백 명"이나 되었는데 그중에는 "하만의 열 아들"도 포함되었다.

그들의 재산에는 손을 대지 아니하였더라(10절). 그들이 페르시아인의 재산에는 손을 대지 않았으므로 그들의 처사가 자신들을 방어하는 데에만 그 목적이 있을 뿐 물질 문제에 있지 않았음이 밝혀졌다. "칠만 오천 명"이 70인역(LXX)에는 "일만 오천 명"으로 되어 있다.

11-12 아하수에로 왕은 많은 사람이 수산 도성에서 유대인의 손에 죽임을 당했다는 보고를 듣고도 에스더의 의견을 또 물었다. 그는 에스더의 마음이 만족할 때까지 유대인의 원수들을 소탕하도록 허락할 방침이었다. 그의 마음이 이렇게까지 움직인 것은 하나님의 섭리적인 간섭이었다. 타르굼역(아람어역 구약의 두루마리)이 이 사건을 말할 때 그 원인을 하나님의 기적적인 간섭으로 돌린 것은 잘못이다. 하나님은 섭리적으로도 큰일을 이루신다.

13-16 에스더가 왕에게 요청하여 원수 갚을 권세를 받았으므로 유대인들이 ① "하만의 열 아들의 시체"를 나무에 매달았고(14하), ② 수산 성에서 원수 "삼백 명"을 죽였다(15절). 피상적으로 보면 에스더의 청원이 잔인하다고 생각하기 쉽다. 그러나 다음과 같이 생각해야 한다. 에스더의 청원은 하나님의 공의를 만족시킬 때까지 한계를 둔 것이었다. 하나님께서는 이스라엘을 바벨론에서 해방하셨는데 하만의 무리가 그들을 박해한 것은 그들이 하나님을 대적한 것과 같다. 하나님께서 그 박해자들을 벌하시는 데 에스더를 사용하신 것이다.

17-32절. 여기서는 부림절을 제정한 사실에 대하여 말한다. 페르시아의 수도 수산에서는 아달월 "십오일"에 즐거워하며 연회를 베풀고(18절), 페르시아의 모든 다른 지역에서는 "십사일"에 그렇게 하였다(17-19절). 그러므로 모르드개가 페르시아의 방방곡곡에 편지를 보내어 아달월 14, 15일(이틀)을

"부림절"로 정하도록 하였다(20-28절). 그 편지의 내용은, ① 부림절을 지키는 방법으로서 "잔치를 베풀고 즐기며 서로 예물을 주며 가난한 자를 구제하라"고 하였다(22절). 그리고 ② 부림절을 지키는 목적은 유다 민족이 그들을 전멸하려던 하만의 꾀에서 구원받은 사실을 "기념"하고 부림절을 대대로 지키게 하려는 것이다(26-28절).

17 아달월 십삼일에 그 일을 행하였고 십사일에 쉬며 그 날에 잔치를 베풀어 즐겼고. 원수를 이긴 유대인은 이제 쉬며 즐거워하게 되었다. 우리 기독교 신자들도 원수(죄악)를 정복하고 이겨야 평안과 즐거움을 누린다. 이 승리는 우리를 대신하여 이겨 주신 예수 그리스도를 믿고 의지할 때만 우리의 것이 된다. 예수님께서 말씀하시기를 "세상에서는 너희가 환난을 당하나 담대하라 내가 세상을 이기었노라"고 하셨고(요 16:33하), 요한일서 5:4에는 말하기를 "세상을 이기는 승리는 이것이니 우리의 믿음이니라"고 하였다.

18-19 유대인들 중에는 아달월 십사일에 잔치를 베푸는 자들도 있었고, 또 십오일에 그렇게 하는 자들도 있었다. 모르드개의 지시가 없을 때도 그들이 자발적으로 그렇게 즐거워하였다. 이와 같이 승리는 자발적인 기쁨을 주는 법이다.

20-22 모르드개는 유대인의 승리의 기쁨을 축하하는 날로 "두 날"(14일, 15일)을 정하였다. 그것은 슬픔이 변하여 기쁨이 된 사건을 기념하기 위한 것이다. 슬픔이 변하여 기쁨이 되는 것은 오직 하나님의 간섭으로만 성립된다. 그러므로 그날의 축하는 하나님을 믿고 감사하는 데 도움을 주는 것이다.

가난한 자를 구제하라. 신자들의 기쁨은 개인주의에 속한 것이 아니고 이기주의를 장려하는 것도 아니다. 그것은 남을 도와주는 것으로 열매를 맺는다. 기쁨으로 남을 돕는 자는 자기의 기쁨도 증가시킨다. 이기주의와 개인주의는 기쁨을 없애 버리고 염려와 걱정과 두려움을 배양한다.

23-28 여기서는 부림절의 어원을 알려 주고, 그것을 지키게 한 모르드개

의 편지에 대하여 말한다. "부림"의 어원은 하만이 페르시아 영토 안에 있던 유대인들을 죽이려던 "부르"(פור = 제비 뽑는 일)와 관련이 있다(3:7). 하만이 제비를 뽑아서 작정한 날에 그가 목적했던 것(유다 민족을 죽이려던 것)은 이루어지지 않고 반대의 결과가 나온 것이다. 제비를 뽑아서 유익을 보는 것은 언제나 진실한 신자들에게 국한된다. 하만과 같은 악인은 제비를 뽑아서 오히려 화를 받았다. 그러므로 신자는 영적인 상황에서 불신자와 짝하지 않아야 된다(고후 6:14 참조).

29-32 모르드개와 에스더는 유대인들이 부림절을 잘 지키도록 하기 위하여 각처에 재차 편지를 보냈다. 이 편지와 관련하여 모르드개의 이름도 나오지만(29절), 그것은 에스더가 주동이 되어 기록된 편지였다. 바르드케(Hans Bardtke)도 20-28절을 '모르드개의 부림절 제정'[214)]으로 보고, 29-31절 상반절을 가리켜 '에스더의 부림절 제정'[215)]이라고 하였다.[216)]

금식하며 부르짖은 것으로 말미암아(31절). 이것은 유대인들이 하만의 음모(3:7-15) 때문에 금식하며 기도한 사건(4:16)을 가리킨다. 여기서 "부르짖은"이라는 말(זעק)은 하나님께 기도한 것을 의미한다(출 3:7 참조). 에스더서에 "하나님"이라는 말이 한 번도 나오지 않지만 이런 문구를 보면 거기 기록된 내용이 하나님과 관련된 것임이 확실하다.

---

214) Mardocha's Purim-Ordnung.
215) Esther's Purim-Ordnung.
216) Hans Bardtke, Der Prediger, Das Buch Esther, Kommentar Zum Alten Testament, Band XVII. 4-5, 1963, 389, 397.

제 10 장

✣ 내용분해

1. 아하수에로 왕의 행적(1-2절)
2. 모르드개의 선한 행적(3절)

✣ 해석

1-2 그의 본토와 바다 섬들로 하여금 조공을 바치게 하였더라(1절). "조공"이라는 말(מַס)은 '세금'을 의미한다. "본토와 바다 섬들"(הָאָרֶץ וְאִיֵּי הַיָּם)은 그의 영토가 넓었음을 알려 준다. 그 넓은 영토의 백성들에게 세금을 받았다는 것은, 그의 행정력이 강했다는 증거이기도 하다. 2절의 왕의 "능력 있는 모든 행적"이라는 말씀이 이 해석을 지지해 준다. 이와 같은 그의 유력한 행정은 의인인 모르드개를 등용한 결과였다. 그래서 이 말씀(2상) 뒤에 곧바로 "모르드개를 높여 존귀하게" 하였다는 말씀이 따른 것이다. 비록 무능한 왕이라도 현명한 재상의 말을 잘 들으면 나라를 유익하게 한다.

모르드개를 높여 존귀하게 한 사적(ופרשת גדלת מרדכי אשר גדלו המלך). 이것은 다음과 같이 개역되어야 한다. "왕이 모르드개를 높인 대로 모르드개의 위대함에 대한 진술."

3 유다인 중에 크게 존경받고 그의 허다한 형제에게 사랑을 받고 그의 백성의 이익을 도모하며 그의 모든 종족을 안위하였더라. 이 간단한 말씀은 모르드개의 지위와 인격과 행적에 대하여 말한다.

아하수에로 왕의 다음이 되고. 이 말은 페르시아에서 모르드개는 왕의 다음되는 직위와 권세를 차지하였다는 뜻이다. "존경받고"(גדול)라는 것은 그의 인격이 유대인들 중에서도 '위대하였다'는 뜻이고, "사랑을 받"았다(רצוי)는 것은 '열납되었다'(기쁘게 받아들여짐), 혹은 '환영받았다'는 뜻이고, "그의 백성의 이익을 도모"함(דרש טוב לעמו)은 '그 백성의 유익을 계속 추구하였다'는 뜻이다. "그의 모든 종족을 안위하였더라"고 한 것(דבר שלום לכל־זרעו)은 "계속하여 그 백성의 후손(유대인의 후손)에게 평화를 말한다"라고 개역되어야 한다. 모르드개는 유대인들의 원수들(예컨대 하만과 그의 무리)을 전멸하였으므로 그들(유대인들)의 후손에게까지 평강을 보장하여 준 것이다. "평화를 말한다"(דבר שלום)는 것은 '평강을 약속하며 보장하여 준다'는 뜻이다.

이같이 모르드개가 페르시아는 물론 특히 유다 민족에게 유익을 준 것은 그가 하나님을 두려워했기 때문이었다. 에스더서에 모르드개의 이름과 관련하여 "하나님"이라는 성호나 "여호와"라는 성호는 나온 적이 없지만 그의 인격과 생활에서 여호와를 두려워한 것이 드러난다. 즉 그는 실생활로 하나님을 증거하였다.